Beck-Rechtsberater:
Ich mache mich selbständig

**Beck-Rechtsberater:**
# Ich mache mich selbständig

Von Günter Schaub
Richter am Bundesarbeitsgericht

3. Auflage
Stand: April 1989

Deutscher
Taschenbuch
Verlag

dtv

Redaktionelle Verantwortung: Verlag C. H. Beck, München
Umschlaggestaltung: Celestino Piatti
Umschlagbild: Birgit Koch
Gesamtherstellung: C. H. Beck'sche Buchdruckerei, Nördlingen
ISBN 3 423 05236 8 (dtv)
ISBN 3 406 33767 8 (C. H. Beck)

# Inhaltsverzeichnis

## Teil II. Bürgerlich- und handelsrechtliche Fragen der Unternehmensgründung

## Teil III. Hilfen bei der Unternehmensgründung

## Abkürzungsverzeichnis

| | |
|---|---|
| AbzG ........ | Gesetz betr. die Abzahlungsgeschäfte vom 16. 5. 1894 |
| AEVO ....... | Ausbildereignungsverordnung |
| AFG ......... | Arbeitsförderungsgesetz |
| AG .......... | Aktiengesellschaft |
| AGB-Gesetz ... | Gesetz zur Regelung des Rechts der Allgemeinen Geschäftsbedingungen |
| AktG ........ | Aktiengesetz |
| AO .......... | Abgabenordnung |
| AOK ........ | Allgemeine Ortskrankenkasse |
| AP .......... | Arbeitsrechtliche Praxis, Entscheidungssammlung |
| Arbeitgeber.... | Zeitschrift des Bundesverbandes Deutscher Arbeitgeberverbände |
| ArbR-Hdb .... | Arbeitsrechtshandbuch, 5. Aufl., 1983 von Schaub |
| ArbR-Formb .. | Arbeitsrechtliche Formularsammlung und Arbeitsgerichtsverfahren, 4. Aufl., 1986 von Schaub |
| Arge ......... | Arbeitsgemeinschaft |
| Art .......... | Artikel |
| AuslG ........ | Ausländergesetz |
| AVB ......... | Allgemeine Versicherungsbedingungen |
| Bad-Württemberg ......... | Baden Württemberg |
| BAG ......... | Bundesarbeitsgericht |
| BAnz ........ | Bundesanzeiger |
| BÄrzteO ...... | Bundesärzteordnung |
| BB .......... | Der Betriebs-Berater, Zeitschrift |
| BBankG ...... | Bundesbankgesetz |
| BBiG ........ | Berufsbildungsgesetz |
| BeurkG ....... | Beurkundungsgesetz |
| BewG ........ | Bewertungsgesetz |
| BFH ......... | Bundesfinanzhof |
| BGBl ........ | Bundesgesetzblatt |
| BGH......... | Bundesgerichtshof |
| BGHZ ....... | Entscheidungssammlung des BGH |
| BörsenG ...... | Börsengesetz |
| BRAO ....... | Bundesrechtsanwaltsordnung |
| BSGE ........ | Entscheidungen des Bundessozialgerichts |
| BStBl ........ | Bundessteuerblatt |
| BVerfG ....... | Bundesverfassungsgericht |
| BVerfGE ..... | Entscheidungen des Bundesverfassungsgerichtes |

BVerwG ...... Bundesverwaltungsgericht
BZRG ........ Gesetz über das Zentralregister und das Erziehungsregister (Bundeszentralregistergesetz)

DB .......... Der Betrieb, Zeitschrift
DÖV ........ Die öffentliche Verwaltung
Durchführungs-
VO .......... Durchführungsverordnung
DVBl ........ Deutsches Verwaltungsblatt
DVO ........ Durchführungsverordnung

EG .......... Europäische Gemeinschaft
ErbStDV ...... Erbschaftssteuer-Durchführungsverordnung
ErbStG ....... Erbschafts- und Schenkungssteuergesetz
EStG ......... Einkommensteuergesetz
EStDV ....... Einkommensteuerdurchführungsverordnung
EStR ......... Einkommensteuerrichtlinien
EuStBefrO .... Einfuhrumsatzsteuer-Befreiungsordnung
EWiR ........ Entscheidungen zum Wirtschaftsrecht, Entscheidungssammlung

FGG ......... Gesetz über die freiwillige Gerichtsbarkeit

GAL ......... Gesetz über eine Altershilfe für Landwirte
GastG ........ Gaststättengesetz
GaststVO ..... Gaststättenverordnungen
GBO ......... Grundbuchordnung
GbR ......... Gesellschaft bürgerlichen Rechts
GenG ........ Genossenschaftsgesetz
GewArch ..... Gewerbearchiv, Zeitschrift
GewAnzV..... VO über die Anzeigen nach § 14 und 55c der Gewerbeordnung (GewerbeanzeigenVO)
GewO ....... Gewerbeordnung
Gewerberechts-
ÄndG ........ Gesetz zur Änderung des Titels III der GewO und anderer gewerberechtlicher Vorschriften vom 25. 7. 1984 (BGBl I 1008)
GewStDV ..... Gewerbesteuer-Durchführungsverordnung
GG .......... Grundgesetz der Bundesrepublik Deutschland
GmbH ....... Gesellschaft mit beschränkter Haftung
GmbHG ...... Gesetz betreffend die Gesellschaften mit beschränkter Haftung
GrEStG ...... Grunderwerbsteuergesetz
GrStG........ Grundsteuergesetz

GS .......... Gemeinsamer Senat
GüKG ....... Güterkraftverkehrsgesetz
GVG ........ Gerichtsverfassungsgesetz
GZR......... Gewerbezentralregister

HausTWG .... Gesetz über den Widerruf von Haustürgeschäften und ähnlichen Geschäften vom 16. 1. 1986 (BGBl I 122)
HGB ........ Handelsgesetzbuch
HPG......... Heilpraktikergesetz
HRV......... Handelsregisterverfügung
HwO ........ Handwerksordnung
HwVG ....... Handwerkerversicherungsgesetz

IHK-G ....... Gesetz zur vorläufigen Regelung des Rechts der Industrie- und Handelskammern
IKK ......... Innungskrankenkasse

JMBl......... Justizministerialblatt
JR........... Juristische Rundschau, Zeitschrift

KG .......... Kommanditgesellschaft
KGaA........ Kommanditgesellschaft auf Aktien
KonsG ....... Konsulargesetz
KStDV ....... Körperschaftssteuer-Durchführungsverordnung
KStG ........ Körperschaftssteuergesetz
KStR......... Körperschaftssteuerrichtlinien
KVStDV ...... Kapitalverkehrssteuer-Durchführungsverordnung
KVStG ....... Kapitalverkehrssteuergesetz
KWG ........ Kreditwesengesetz

MaBV........ VO über die Pflichten der Makler, Darlehens- und Anlagenvermittler, Bauträger und Baubetreuer (Makler und Bauträgerverordnung)
MitbestErgG... Mitbestimmungs-Ergänzungsgesetz
MitbestG ..... Mitbestimmungsgesetz
Montan-Mitbest G ....... Montan-Mitbestimmungsgesetz

Nieders....... Niedersachsen
NJW......... Neue Juristische Wochenschrift
NRW ........ Nordrhein-Westfalen
NW ......... Nordrhein-Westfalen
NVwZ ....... Neue Zeitschrift für Verwaltungsrecht, Zeitschrift

| | |
|---|---|
| oHG | offene Handelsgesellschaft |
| OLG | Oberlandesgericht |
| OVG | Oberverwaltungsgericht |
| OWiG | Gesetz über Ordnungswidrigkeiten |
| PBefG | Personenbeförderungsgesetz |
| PostscheckO | Postscheckordnung |
| PublizitätsG | Gesetz über die Rechnungslegung von bestimmten Unternehmen und Konzernen |
| RBerG | Rechtsberatungsgesetz |
| RGZ | Entscheidungssammlung des Reichsgerichts |
| RPflG | Rechtspflegergesetz |
| Saarl | Saarland |
| ScheckG | Scheckgesetz |
| Schl.-Holst | Schleswig-Holstein |
| SprengstoffG | Sprengstoffgesetz |
| StBerG | Steuerberatergesetz |
| StGB | Strafgesetzbuch |
| StVG | Straßenverkehrsgesetz |
| UKVO | VO über die Unabkömmlichstellung Wehrpflichtiger |
| UmwandlungsG | Umwandlungsgesetz |
| UmwStG | Gesetz über steuerliche Maßnahmen bei Änderung der Unternehmensform |
| UStDV | Umsatzsteuer-Durchführungsverordnung |
| UStG | Umsatzsteuergesetz |
| UWG | Gesetz gegen den unlauteren Wettbewerb |
| VAG | Versicherungsaufsichtsgesetz |
| VersicherungsaufsichtsG | Versicherungsaufsichtsgesetz |
| VG | Verwaltungsgericht |
| VOB | Verdingungsordnungen für Bauleistungen |
| VStG | Vermögenssteuergesetz |
| VVG | Gesetz über den Versicherungsvertrag |
| VwGO | Verwaltungsgerichtsordnung |
| VwV | Verwaltungsverordnung |
| VwVfG | Verwaltungsverfahrensgesetz |
| WährG | Währungsgesetz |
| WG | Wechselgesetz |

WM ......... Wertpapier-Mitteilungen, Zeitschrift
WPrO........ Wirtschaftsprüferordnung
WZG ........ Warenzeichengesetz

ZHG ........ Gesetz über die Ausübung der Zahnheilkunde
ZIP .......... Zeitschrift für Wirtschaftsrecht

# Teil I. Öffentlich-rechtliche Voraussetzungen einer eigenständigen Existenzgründung

## Abschnitt I. Der Weg in die Selbständigkeit und die Einteilung der Betätigung

### § 1. Einführung

#### I. Der Weg in die Selbständigkeit

Der Weg in die Selbständigkeit ist lang und dornenreich, sofern das geplante Unternehmen erfolgreich arbeiten soll. Es bedarf regelmäßig einer Idee, die sich vermarkten läßt. Es bedarf aber auch einer genauen Einschätzung und Beurteilung der eigenen Fähigkeiten, fachlichen Kenntnisse und Fähigkeiten, der eigenen Leistungen und Leistungsbereitschaft. Hinzu kommt die Beobachtung der Marktdaten, die dem geplanten Unternehmen eine Chance geben müssen. Alsdann erwachsen eine Fülle von betriebswirtschaftlichen und juristischen Fragen, die zu erkennen und zu lösen sind.

#### II. Zielsetzung

Zielsetzung des vorliegenden Taschenbuches ist nicht, Ihnen die Idee abzunehmen, Ihnen Hilfestellung bei der Beurteilung Ihrer Fähigkeiten zu geben, die Beobachtungen des Marktes überflüssig zu machen, betriebswirtschaftliche Fragen zu lösen, sondern Sie bei den juristischen Voraussetzungen der Unternehmensgründung zu beraten. Zürnen Sie daher dem Verfasser nicht, wenn er gerade Ihr Problem nicht behandelt. Es soll eine Auflistung der Fragen gegeben werden, die bei jeder Begründung einer selbständigen Existenz anfallen. Das Taschenbuch soll Sie vor Torheiten und Dummheiten bewahren, die – namentlich im Bereich des Unternehmenskaufes – jedem routinierten Wirtschaftsberater geläufig sind, aber häufig wegen des günstigen Objektes außer Acht gelassen werden. Die so notwendige Sozialgesetzgebung macht es gelegentlich ausgeschlossen, ein günstiges Angebot auszunutzen.

### III. Wirtschaftliche Beratung

**1. Beratung.** Gerade auf betriebswirtschaftlichem Gebiet wird eine Existenzgründungs- und Aufbauberatung gewährt (§ 42).[1]

**2. Prüfliste zur Betriebsgründung.**[2] Vor der Gründung eines Unternehmens sind betriebswirtschaftlich gewisse Mindestprüfungen anzustellen, deren Voraussetzungen anhand einer Prüfliste zusammengestellt werden.

A. Persönliche Voraussetzungen
- 1. a) Sind die erforderlichen Prüfungen abgelegt?
  - b) Sind die für das Unternehmen erforderlichen fachlichen Kenntnisse und Erfahrungen vorhanden?
  - c) Besteht die notwendige Fortbildungsmöglichkeit?
- 2. Sind die für die Unternehmensführung erforderlichen kfm. Fähigkeiten (vgl. § 45) vorhanden (Buchführung, kfm. Verwaltung usw.)?
- 3. Bestehen die erforderlichen Ausbildungsbefugnisse, notwendigen Kenntnisse der Menschenführung usw.?
- 4. Vergleichsberechnung:
  - a) Wie hoch ist die direkte und indirekte Vergütung im Arbeitsverhältnis einschl. Zukunftssicherung?
  - b) Wie hoch ist das Unternehmerrisiko, die Planungsberechnung des Gewinnes, die Aufwendungen für die Zukunftssicherung?

B. Prüfung der Absatzmöglichkeit
- 1. Besteht langfristig eine Absatzmöglichkeit für das Vertriebsprogramm, welche Änderungen sind künftig zu erwarten?
- 2. Welche Zielgruppe kommt für das geplante Unternehmen in Betracht?
  - a) Private Nachfrage, gewerbliche Abnehmer, öffentliche Hand.
  - b) Läßt sich die Zielgruppe weiter einschränken (Geschlecht, Lebensalter, Kaufkraft, Branche)?

---

[1] Pardun, Selbständig werden – aber wie?, Arbeitgeber 87, 955.

[2] Bearbeitung nach einem von der Handwerkskammer Münster herausgegebenem Merkblatt.

3. Durch welche Marktdaten wird die Zielgruppe und das Vertriebsprogramm beeinflußt?
   a) Allgemeine wirtschaftliche Daten.
   b) Beeinflussung der Zielgruppen (Werbung, Beratung, persönliche Betreuung usw.).
4. Wie sind die Konkurrenzverhältnisse?
   a) Wieviel Konkurrenten bestehen?
   b) Wie groß ist der Marktanteil der Konkurrenz?
   c) Vor- und Nachteile des Vertriebsprogramms gegenüber der Konkurrenz?
5. Welche Preispolitik soll betrieben werden?
   a) Billigpreise.
   b) Preiswettbewerb, wie sind die Chancen?
6. Besteht die Möglichkeit der Verkaufsförderung?
   a) Werbung.
   b) Welche Werbemaßnahmen und Kosten kommen in Betracht?

C. Standortplanung

1. Standortplanung bei Ladengeschäften.
   a) Wie groß wird der Einzugsbereich des Unternehmens sein?
   b) Wieviel Einwohner leben im Einzugsgebiet, wie groß ist der Anteil der Zielgruppe?
   c) Wie sind die Einkommens- und Vermögensverhältnisse im Einzugsbereich?
   d) Wie stark ist die Konkurrenz im Einzugsbereich?
   e) Besteht ausreichend Werkraum, sind Haltestellen öffentlicher Verkehrsmittel in der Nachbarschaft des Unternehmens?
   f) Welche Planungsmaßnahmen und Veränderungen aufgrund städtebaulicher Maßnahmen sind zu erwarten?
2. Standortplanung für Dienstleistungsbetriebe.
   a) Wie ist die Verkehrslage des geplanten Standortes?
   b) Welche Anbindung an Schnellstraßen und Autobahnen besteht?
   c) Sind die notwendigen Fachkräfte im Einzugsbereich zu gewinnen?
   d) Kann das Unternehmen in einer billigeren Gegend gegründet werden?

D. Planung des Beschäftigungsprogrammes
1. Welche Dienstleistungen oder Waren sollen angeboten werden?
2. Welche Spezialisierung gegenüber der Konkurrenz ist gegeben?
3. Inwieweit bestehen Unterschiede zur Konkurrenz, die sinnvoll herausgestellt werden können?

E. Planung der Betriebsgröße
1. Wo liegt die ideale Betriebsgröße (Vergleichsberechnungen einholen)?
2. Welches Auftragsvolumen muß vorhanden sein, um eine Produktivkraft sinnvoll auszunutzen?
3. Welcher Umsatz muß erreicht werden, um eine ideale Betriebsgröße zu erreichen?

F. Planung und Einrichtung der Betriebsräume
1. Wie groß ist der Raumbedarf für die Anlaufphase, die ideale Betriebsgröße?
2. Besteht die Möglichkeit der Erweiterung bis zur idealen Betriebsgröße?
3. Besteht eine betriebswirtschaftlich vernünftige Aufteilungsmöglichkeit der Betriebsräume (Werkstatt, Lager, Laden, Sozial- und Verwaltungsräume, freie Flächen, Parkplätze für Kunden und Mitarbeiter)?
4. Sind die Betriebsräume betriebswirtschaftlich vernünftig in ein- oder mehrgeschossiger Bauweise unterzubringen?
5. Welche Vorkehrungen sind für Immissionen und Umweltschutz erforderlich?

G. Planung der Rechtsformen (vgl. §§ 18–26)
1. Die Unterschiede der einzelnen Gesellschaftsformen sind in Abschn. VII erörtert.
2. Neben den betriebswirtschaftlichen, haftungsrechtlichen und steuerrechtlichen Erwägungen ist vor allem zu prüfen, ob *a)* die Partner die gleichen persönlichen, fachlichen oder sie ergänzenden Voraussetzungen erfüllen, *b)* ein Vertrauensverhältnis zwischen den Partnern besteht, *c)* der Partner zusätzliche Impulse geben kann.

H. Aufstellung eines Investitionsplanes

Vor Geschäftseröffnung empfiehlt es sich einen Investitionsplan aufzustellen. Aus ihm sollten sich ergeben:

1. Bauliche Investitionen
   a) Baukosten
   b) Installationen
   c) Umbauten
   d) Renovierungskosten
2. Werkstatteinrichtung nach Zeitwert
   a) Maschinen
   b) Werkzeuge
   c) Sonstiges
3. Ladeneinrichtung
   a) Ladeninventar
   b) maschinelle Hilfsmittel
   c) Schaufenstergestaltungsmittel
4. Verwaltung
   a) Büroausstattung (Mobiliar)
   b) maschinelle Büroausstattung (Schreib-, Rechenmaschinen, Personal-Computer usw.)
   c) Verbrauchbares Büromaterial (Schreib- und Geschäftspapiere, Buchhaltungsunterlagen usw.)
   d) Telefonanschluß
5. Kraftfahrzeuge nach Zeitwert
   a) PKW
   b) Lieferwagen
   c) LKW
6. Materiallager
7. Verkaufswarenlager
8. Mietkaution und Mietvorauszahlung
9. Werbung
10. Betriebsmittel, Anlauffinanzierung
    Deren Höhe ist abhängig von der einzuplanenden Anlaufzeit, der Zeitspanne zwischen Auftragseingang und Zahlungseingang, den Allgemeinkosten und den notwendigen Privatentnahmen zur Bestreitung des Lebensunterhaltes.

I. Aufstellung eines Finanzierungsplanes
1. Eigenmittel
   a) Vorhandene Ersparnisse
   b) Bis zur Betriebseröffnung noch anzusparende Mittel
   c) Vorhandenes Anlagevermögen (Kraftfahrzeuge, Maschinen, Werkzeuge)

d) Eigenkapitalhilfe aus Bundesmitteln
e) Zuschüsse aus Landesmitteln für Ausbildungsplätze
2. Darlehen zur Existenzgründung (vgl. §§ 43, 44)
a) Landesmittel (Mittelstandsprogramm); regelmäßig 15jährige Laufzeit bei drei tilgungsfreien Jahren
b) Bundesmittel gemäß ERP-Programm regelmäßig, 10jährige Laufzeit davon zwei Jahre tilgungsfrei
3. Sonstige Fremdmittel
4. Sicherheiten
a) Grundstücke
b) Wertpapiere
c) Private Bürgschaften
d) Bürgschaften von Kreditgarantiegemeinschaften (regelmäßig 1% Provision für verbürgten Restpreis)
5. Jährliche Belastung
a) Kapitaldienst während der tilgungsfreien Zeit
b) Kapitaldienst nach der tilgungsfreien Zeit

J. Umsatz-Vorausschauberechnung
1. Umsatz im Betriebsvergleich
a) Umsatz je Beschäftigtem in Montage/Fertigung
b) Umsatz je Beschäftigtem im Verkauf
c) Umsatz je qm-Betriebsfläche
d) Umsatz je Bedienungsplatz
2. Verkaufswarenlager
a) eingeplantes Verkaufswarenlager
b) Umschlagshäufigkeit
c) Rohgewinnaufschlag
d) Sollumsatz

K. Kostenplanung
1. Variable Kosten
a) Bruttolöhne
b) Urlaubs- und Weihnachtsgelder
c) Vermögenswirksame Leistungen
d) Bruttolöhne insgesamt
e) Arbeitgeberanteil zur Renten-, Kranken-, Arbeitslosen- und Unfallversicherung
f) Kalkulatorischer Lohn des Inhabers
g) Materialeinsatz

h) Handelswareneinsatz
i) Fremdarbeiten
2. Feste Kosten
a) Personalverwaltung
b) Raumkosten
c) Kraftfahrzeugkosten
d) Versicherungsbeiträge
e) Verwaltungskosten
f) Rechtsberatung
g) Werbung
h) Zinsen
i) Abschreibung
j) sonstige Kosten
= Summe der Jahresgesamtkosten

L. Kalkulation
1. Welcher Teil der Fixkosten kann durch den Wareneinsatz gedeckt werden?
2. Wieviel Produktivstunden können der Unternehmer und seine Mitarbeiter jährlich leisten (Zahl der Stunden abzüglich Ausfallstunden wegen Urlaub, Krankheit usw.)?
3. Wie hoch sind die Unkosten je Produktivstunde?
4. Welcher Anteil der Fixkosten muß durch die Produktivstunden abgedeckt werden?
a) Fixkosten je Produktivstunde
b) Lohnkosten je Produktivstunde

M. Rentabilitätsvorausschau

## § 2. Urproduktion, Gewerbe, Handwerk und freie Berufe

### I. Übersicht und Grundsatz der Freiheit der Berufswahl

**1.** Bei der *Einteilung der wirtschaftlichen Betätigung* wird herkömmlich zwischen der Urproduktion, dem Gewerbe, dem Handwerk und den freien Berufen unterschieden. Diese Einteilung ist auch für die Voraussetzungen einer eigenen Existenzgründung sachdienlich.

**2.** Für alle Arten der beruflichen Betätigung gilt der Grundsatz der *Freiheit der Berufswahl.*

a) Nach Art. 12 Abs. 1 GG haben alle Deutschen das Recht, Beruf, Arbeitsplatz und Ausbildungsstätte frei zu wählen. Die

Berufsausübung kann durch Gesetz oder aufgrund eines Gesetzes geregelt werden. Das BVerfG hat in dem sog. Apothekenurteil vom 11. 6. 1958 (BVerfGE 7, 377 = NJW 58 S. 1035) das Grundrecht der Freiheit der Berufswahl grundlegend interpretiert. Anlaß war, daß ein approbierter Apotheker die Betriebserlaubnis für eine neu zu eröffnende Apotheke beantragt hatte. Diese war ihm mit der Begründung verweigert worden, daß nach Vorschriften des Landesrechtes die Betriebserlaubnis nur erteilt werden dürfe, wenn die Errichtung der Apotheke zur Sicherung der Versorgung der Bevölkerung mit Arzneimitteln im öffentlichen Interesse liege und anzunehmen sei, daß ihre wirtschaftliche Grundlage gesichert und durch sie die wirtschaftliche Lage der benachbarten Apotheken nicht soweit beeinträchtigt werde, daß die Voraussetzungen für einen ordnungsgemäßen Apothekenbetrieb nicht mehr gewährleistet sind. Diese Bestimmungen hat das BVerfG für nichtig erklärt.

b) Im Apothekenurteil hat das BVerfG eine sog. 3-Stufentheorie entwickelt. Sie besagt: Die Regelungsbefugnis nach Art. 12 Abs. 1 S. 2 GG zur Berufsausübung erstreckt sich sowohl auf die Berufsausübung als auch auf die Berufswahl. Der Gesetzgeber ist bei seinen Regelungen um so freier je mehr sich die Regelung auf die reine Berufsausübung bezieht; die Regelungskompetenz ist um so eingeschränkter, je mehr die Berufswahl berührt wird.

Die Freiheit der Berufsausübung kann beschränkt werden, soweit vernünftige Gründe des Gemeinwohls es zweckmäßig erscheinen lassen.

Die Freiheit der Berufswahl darf nur dann eingeschränkt werden, wenn der Schutz besonders wichtiger Gemeinschaftsgüter es zwingend erfordert. Insoweit ist zwischen subjektiven und objektiven Zulassungsvoraussetzungen zu einer Berufstätigkeit zu unterscheiden. Subjektive Zulässigkeitsvoraussetzungen, z.B. Qualifikationen, auf die der Bewerber Einfluß nehmen kann, dürfen vom Gesetzgeber nach dem Grundsatz der Verhältnismäßigkeit eingeführt werden. Sie dürfen nicht außer Verhältnis zu der angestrebten Berufstätigkeit stehen. Im Gewerberecht (unter III) kann also Zuverlässigkeit und Sachkunde verlangt werden. Objektive Zulassungsbeschränkungen, die der Einflußnahme des Bewerbers entzogen sind, kommen nur ausnahmsweise in Betracht zur Abwehr nachweisbarer oder höchstwahrscheinlich schwerer Gefahren für ein überragend wichtiges Gemeinschaftsgut. Der Gesetzgeber darf die Freiheit der Berufswahl jeweils nur insoweit einschränken, wie sie den geringsten Eingriff in die Freiheit enthalten. Nur dann, wenn auf der niederen Stufe eine Einschränkung unzureichend ist, kann er eine Regelung auf der nächsthöheren Stufe vornehmen. Er kann also zunächst nur Regeln für die Berufsausübung aufstellen, alsdann subjektive Zulässigkeitsvoraussetzungen schaffen und äußerstenfalls einmal objektive.

## II. Urproduktion

**1.** Zur *Urproduktion gehören* die Land- und Forstwirtschaft, der Weinbau, der Gartenbau, die Tierzucht, die Jagd, die Fischerei und das Bergwesen. In diesen Bereichen werden rohe Naturerzeugnisse in Verbindung mit dem Grund und Boden gewonnen. Auf sie findet das Gewerberecht keine Anwendung. Dies hat vor allem historische Gründe, beruht aber auch auf den besonderen Arbeitsbedingungen der Landwirtschaft.

**2.** Im Einzelfall kann es schwierig sein, die Urproduktion von den Gewerbebetrieben *abzugrenzen.*

a) Schwierigkeiten können sich z.B. bei den modernen Vieh- und Tierzuchtbetrieben ergeben. Sind Schweinemastbetriebe oder sog. Hühnersilos noch Urproduktion? In jedem Fall sind die Vieh- und Tierzucht aus der Gewerbeordnung ausgenommen (§ 6 GewO).

b) Urproduktionsnebenbetriebe unterliegen nicht den gewerberechtlichen Vorschriften. Werden die Erzeugnisse unmittelbar vom Bauernhof verkauft, so liegt keine gewerbliche Tätigkeit vor. Nichts anderes gilt dann, wenn die Erzeugnisse bereits auf dem Bauernhof weiter verarbeitet worden sind, also z.B. Brot gebakken oder Fleisch und Wurstwaren hergestellt und verkauft werden. Der Urproduktionsnebenbetrieb unterliegt aber bereits dann gewerberechtlichen Vorschriften, wenn er nicht mehr dem Hauptbetrieb untergeordnet und nicht mehr in einem räumlichen und wirtschaftlichen Zusammenhang mit diesem ausgeübt wird. Dies gilt z.B., wenn der Gärtner selbst gezogenes Obst und Gemüse nicht mehr am Tor der Gärtnerei, sondern in der nahe gelegenen Stadt verkauft.

**3.** Die Voraussetzungen, unter denen eine *Urproduktion aufgenommen werden darf,* sind unterschiedlich.

**Bergbau:** Das Recht des Bergbaues ergibt sich im wesentlichen aus dem Bundesberggesetz vom 13. 8. 1980 (BGBl. I S. 1311), zul. geänd. 8. 12. 1986 (BGBl. I S. 2191).

**Fischerei:** Nach Art. 74 Nr. 17 GG hat der Bund nur für die Hochsee- und Küstenfischerei die konkurrierende Gesetzgebungszuständigkeit. Im übrigen sind die Länder allein zuständig, das Fischereiwesen zu regeln. Zur Fischerei zählen der Fang von Krebsen, Muscheln und anderen nutzbaren Wassertieren sowie die Fischzucht. Ferner unterfällt nicht der Gewerbeordnung die Verarbeitung und der Verkauf selbst gewonnener Erzeugnisse, sofern nicht der Verkauf in einem offenen Ladengeschäft erfolgt. Alsdann findet hierauf die Gewerbeordnung Anwendung.

Im Rahmen der Hochsee- und Küstenfischerei sind auch zahlreiche internationale Verträge zu beachten. Ferner bestehen in den einzelnen Bundesländern besondere landesrechtliche Vorschriften.

**Viehzucht** ist grundsätzlich Urproduktion und als solche nicht Gewerbe. Die Gewerbeordnung enthält Bestimmungen über die Tierzucht in § 55a Abs. 1 Nr. 2 (Reisegewerbekartenfreiheit für selbstgewonnene Erzeugnisse) und § 67 Abs. 1 Nr. 2, 3 (Gegenstände des Wochenmarktes). Das Verbot des Umherziehens mit männlichen Zuchttieren zum Decken und der Vertrieb von Tiersamen ist durch das GewerberechtsÄndG 1984 aufgehoben. Viehzucht ist sowohl die Züchtung wie die Aufzucht. (Vgl. TierzuchtG vom 20. 4. 1976 [BGBl. I S. 1045], zul. geänd. 18. 2. 1986 [BGBl. I S. 265] mit verschiedenen DVO.)

### III. Gewerbe[1]

**1.** In der Gewerbeordnung ist der *Begriff des Gewerbes* nicht definiert. Der Gesetzgeber hat von einer Definition abgesehen, weil die Vielgestaltigkeit der gewerblichen Entwicklung eine solche Abgrenzung nicht gestattet (BGH GewArch 64 S. 55). Eine Definition ist in § 15 Abs. 2 EStG enthalten. Hiernach ist Gewerbe eine selbständige, nachhaltige Betätigung, die mit Gewinnabsicht unternommen wird und sich als Beteiligung am allgemeinen wirtschaftlichen Verkehr darstellt, wenn die Betätigung weder als Ausübung von Land- und Forstwirtschaft, noch als Ausübung

[1] Stober, Die Entwicklung des Gewerberechts in den Jahren 1982/1983, NJW 84, 2499; 1984/1985, NJW 86, 2613; 88, 562.

eines freien Berufes, noch als eine andere selbständige Arbeit anzusehen ist. In Rechtsprechung und Schrifttum findet sich zumeist eine der Rechtsprechung des BVerwG entnommene Begriffsbestimmung (BVerwG NJW 77 S. 772). Gewerbe i.S. der Gewerbeordnung ist jede nicht sozial unwertige, auf Gewinnerzielung gerichtete und auf Dauer angelegte selbständige Tätigkeit, ausgenommen Urproduktion, freie Berufe und bloße Verwaltung eigenen Vermögens.

Schon hieraus zeigt sich, daß eine gewerbliche Tätigkeit verschiedene Inhalte haben kann. Sie kann als Industrie, Handwerk, Handel oder Dienstleistungsgewerbe ausgeübt werden. Zu dem Dienstleistungsgewerbe zählen z.B. Banken, Versicherungen, Gaststätten und das Beherbergungsgewerbe.

2. Gleichwohl bedarf es noch einer besonderen Untersuchung des *Gewerbebegriffes im einzelnen,* um die Klassifizierung der wirtschaftlichen Betätigung zu ermöglichen.

a) Der Begriff des Gewerbes setzt nach der Rechtsprechung des BVerwG eine Reihe positiver Elemente voraus, wie Gewinnerzielungsabsicht, Selbständigkeit, auf Dauer angelegte Tätigkeit. Es handelt sich insoweit um unbestimmte Rechtsbegriffe, die sich den gesellschaftlichen und wirtschaftlichen Verhältnissen anpassen. Anders ausgedrückt, auch solche wirtschaftlichen Betätigungen können in den Gewerbebegriff hineinwandern, die bislang noch unbekannt sind.

*Gewinnerzielungsabsicht* ist das planmäßige Streben, mehr zu erwirtschaften, als das, was zur Deckung der betrieblichen Kosten erforderlich ist. Entscheidend ist die Absicht der Gewinnerzielung; unerheblich ist, ob der Betrieb tatsächlich mit Gewinn arbeitet. Ideelle und karitative Zielsetzungen schließen die Gewinnerzielungsabsicht nur dann aus, wenn sie unmittelbar verfolgt werden. Im Einzelfall ist das Anbieten einer Mitfahrgelegenheit gegen Erstattung der Kosten kein Gewerbebetrieb, weil die Gewinnerzielungsabsicht fehlt. Gewerbebetriebe sind dagegen die sog. Dritte-Welt-Läden. Bei ihnen sollen Gewinne durch Verkauf von Waren aus Entwicklungsländern erzielt werden, die diesen alsdann zur Verfügung gestellt werden. Schwierige Probleme können sich bei der Vermietung und Verpachtung von Grund und Boden ergeben. Ein Grundeigentümer, der auf einem ihm gehörenden 12 ha großen, mit sanitären Einrichtungen versehenen Gelände 1200 Standplätze an Dauercamper vermietet, unterhält einen Gewerbebetrieb, da hierzu eine eigene Verwaltung notwendig ist, die das Maß der Verwaltung und Nutzung eigenen Grund und Bodens übersteigt (BVerwG NJW 77 S. 772). Die Vermietung von Ferienwohnungen begründet dann einen Gewerbebetrieb, wenn eine für kurzfristiges Wohnen voll eingerichtete und ausgestattete Eigentumswohnung in einem Feriengebiet im Verband mit einer Vielzahl gleichartig genutzter Wohnungen anderer Wohnungseigentümer liegt, zu einer einheitlichen Wohnanlage gehört und wenn die Werbung für kurzfristige Vermietung an laufend wechselnde Mieter und die Verwaltung einer für die Wohnungsanlage bestehenden Dienstorganisation übertragen wird (BFH NJW 76 S. 1863). Dagegen macht die Vermietung einer Ferienwohnung dann nicht zum Gewerbetreibenden, wenn nur eine einzeln gelegene Ferienwohnung im Feriengebiet vermietet wird, die weder hotelmäßig genutzt oder hotelmäßig angeboten wird (BVerwG DÖV 77 S. 245; VG Braunschweig NJW 86, 1704). Dasselbe soll auch dann gelten, wenn jemand drei Ferienappartements eines mehrere 100 Wohnungseinheiten umfassenden Appartement und Sporthotel erwirbt und diese durch den Hotelbetrieb vermieten läßt (BGH NJW 79 S. 1650).

Grundsätzlich gehört zum Begriff des Gewerbes die *Selbständigkeit.* Eine Ausnahme besteht nur für Reisegewerbetreibende (§ 55 Abs. 1 GewO). Selbständig ist, wer nach außen im eigenen Namen auftritt, auf eigene Rechnung und Gefahr handelt, im Innenverhältnis eigene Verantwortung trägt und dem in persönlicher und sachlicher Hinsicht keine Weisungen erteilt werden können (Schaub, ArbR-Hdb., § 8 ). Nach Auffassung des OLG Karlsruhe (GewArch 79 S. 259) ist ein Fotomodell, das sich in Annoncen zur Verfügung stellt, nicht selbständig, da ihm persönliche Weisungen im Hinblick auf Aufnahmeort, Aufnahmezeit, Aufmachung, Frisur und Make-up erteilt werden können.

Schließlich ist nur dann eine gewerbliche Tätigkeit gegeben, wenn sie *auf Dauer angelegt* ist; hierzu ist die Nachhaltigkeit des Gewinnstrebens erforderlich. Belanglosigkeiten sollen vom Begriff des Gewerberechtes freigehalten werden.

b) Der Begriff des Gewerbes enthält eine Reihe *negativer Elemente.* Die Tätigkeit darf nicht *sozial unwertig* sein. Die gewerbsmäßige Hehlerei (§ 260 StGB), das gewohnheitsmäßige Glücksspiel (§ 284 StGB) sind ebensowenig eine gewerbliche Tätigkeit wie nach richtiger, aber bestrittener Auffassung die Ausübung der Prostitution oder die Unterhaltung eines Bordells (OVG Lüneburg GewArch 74 S. 102; OVG Münster GewArch 74 S. 354, dagegen BVerwG GewArch 84 S. 141 = NJW 84, 1574).[2] Dagegen führt bereits der Ausschank von Getränken oder die Verabreichung von Speisen in einem Dirnenwohnheim zur gewerblichen Tätigkeit (BVerwG GewArch 74 S. 201). Der BFH GS hat bereits im Jahre 1964 entschieden, daß Einkünfte aus gewerbsmäßiger Unzucht keine Einkünfte aus Gewerbebetrieb, aber als sonstige Einkünfte zu versteuern sind (BStBl. II S. 185).

Aus dem Begriff ausgenommen sind die Urproduktion (oben II) sowie die freien Berufe (unten IV).

**3.** Nach § 1 Abs. 1 GewO ist der *Betrieb eines Gewerbes jedermann gestattet,* soweit nicht durch die Gewerbeordnung oder sonstiges Bundesrecht Ausnahmen oder Beschränkungen vorgeschrieben oder zugelassen sind. Dagegen hat grundsätzlich der Landesgesetzgeber keine Kompetenz, die Gewerbefreiheit weiter einzuschränken. Allerdings kann ihm insoweit eine Zuständigkeit nach § 38 GewO übertragen sein. Unberührt bleiben seine Kompetenzen, die aus der konkurrierenden Gesetzgebungsbefugnis des Art. 74 Nr. 11 GG folgen. Hieraus folgt im einzelnen: Aus dem Grundrecht der Freiheit der Berufswahl ergibt sich, daß die Aufnahme gewerblicher Tätigkeit grundsätzlich erlaubnisfrei ist, soweit Erlaubnispflichten gesetzlich nicht besonders vorgeschrieben sind (vgl. § 2 I 2). Werden in einigen Wirtschaftsbereichen Erlaubnispflichten vorgesehen, dürfen sie die sich aus der 3-Stufentheorie des BVerfG ergebenden Grenzen nicht übersteigen.

Die Entscheidung der Verwaltungsbehörden über die Erteilung oder Versagung einer Erlaubnis ist verwaltungsgerichtlich voll nachprüfbar.

## IV. Freie Berufe

**1.** Nach der Rechtsprechung des BVerfG ist für die *freien Berufe* kennzeichnend „der persönliche Einsatz bei der Berufsausübung, der Charakter des jeweiligen Berufes, wie er sich in der allgemein-rechtlichen und berufsrechtlichen Ausgestaltung und in der Verkehrsanschauung darstellt, die Stellung und Bedeutung der Berufe im Sozialgefüge sowie die Qualität und Länge der erforderlichen Berufsausbildung" (BVerfG E 17 S. 232). Das

---

[2] Schatzschneider, Rechtsordnung und Prostitution, NJW 85, 2793.

BVerwG definiert die freien Berufe als die Ausübung freier wissenschaftlicher, künstlerischer und schriftstellerischer Tätigkeit höherer Art sowie persönliche Dienstleistungen höherer Art, die eine höhere Bildung (BVerwG GewArch 87, 331) erfordern.

a) Bei der *wissenschaftlichen Tätigkeit* steht die Anwendung selbst erarbeiteter wissenschaftlicher Methoden im Vordergrund.

b) Bei der *künstlerischen Betätigung*[3] wird regelmäßig von einer Dreiteilung ausgegangen in freie Kunst, Kunstgewerbe und Kunsthandwerk. Bei der freien, zweckfreien Kunst ist ohne weiteres die Zuordnung zur künstlerischen Tätigkeit gegeben (zu Mischtätigkeiten: VG Augsburg GewArch 86, 133). Bei der zweckgebundenen Gebrauchskunst mit praktischem Nützlichkeitswert ist dagegen nach den Verhältnissen des Einzelfalles zu entscheiden, ob die Tätigkeit noch als eine künstlerische, also nicht gewerbliche zu werten ist. Dies ist zu bejahen, wenn sie eine eigenschöpferische Leistung, also eine individuelle Anschauungsweise und besondere Gestaltungskraft widerspiegeln (BFH BStBl. 82, II S. 22).

c) Bei den *persönlichen Dienstleistungen höherer Art* (Ärzte, Rechtsanwälte, Lehrberufe) dient zur Abgrenzung zumeist die wissenschaftliche Ausbildung. Dagegen ist der Betrieb einer Fahr- oder Tanzschule ein gewerblicher Betrieb.

2. a) In § 18 Abs. 1 Nr. 1 EStG sind *Beispiele freiberuflicher Tätigkeit* aufgeführt. Dort heißt es in S. 2–4: „Zu der freiberuflichen Tätigkeit gehören die selbständig ausgeübte wissenschaftliche, künstlerische, schriftstellerische, unterrichtende oder erzieherische Tätigkeit, die selbständige Berufstätigkeit der Ärzte, Zahnärzte, Tierärzte, Rechtsanwälte, Notare, Patentanwälte, Vermessungsingenieure, Ingenieure, Architekten, Handelschemiker, Wirtschaftsprüfer, Steuerberater, beratenden Volks- und Betriebswirte, vereidigten Buchprüfer (vereidigte Bücherrevisoren), Steuerbevollmächtigten, Heilpraktiker, Dentisten, Krankengymnasten, Journalisten, Bildberichterstatter, Dolmetscher, Übersetzer, Lotsen und ähnlicher Berufe. Ein Angehöriger eines freien Berufes i.S. der Sätze 1 und 2 ist auch dann freiberuflich tätig, wenn er sich der Mithilfe fachlich vorgebildeter Fachkräfte bedient; Voraussetzung ist, daß er aufgrund eigener Fachkenntnis

---

[3] Roemer-Blum, Zur Abgrenzung zwischen Handwerk und Kunst, GewArch 86, 9; dazu Böttger GewArch 86, 14.

leitend und eigenverantwortlich tätig wird. Eine Vertretung im Fall vorübergehender Verhinderung steht der Annahme einer leitenden und eigenverantwortlichen Tätigkeit nicht entgegen."

Auch für die Abgrenzung der freien Berufe vom Gewerbe kann die in § 18 Abs. 1 Nr. 1 S. 3 EStG enthaltene Bestimmung herangezogen werden, daß ein Freiberufler noch nicht dadurch zum Gewerbetreibenden wird, daß er Hilfskräfte heranzieht, sofern er diese überwacht. Eine Steuerberatungsgesellschaft ist demnach nach wie vor freiberuflich und nicht gewerblich tätig.

b) Auch aus den *Musterverwaltungsvorschriften* zu den §§ 14, 55c GewO ergeben sich Anhaltspunkte für solche Berufe, die zu den freien Berufen und solche die zum Gewerbe zählen. Hierin heißt es: „Ausgenommen ... sind insbesondere die in § 6 S. 1 GewO genannten Tätigkeiten. Dazu gehören beispielsweise auch der Musikunterricht oder der Privatunterricht, jedoch nicht der gewerbsmäßig betriebene Tanz- oder Reitunterricht, weil letztere dem Unterrichtswesen i.S. des § 6 GewO zugerechnet werden können. Zur Ausübung der ärztlichen und anderen Heilberufe i.S. des § 6 S. 2 GewO gehören auch die Tätigkeit von Heilpraktikern oder die Tätigkeit selbständiger Hebammen, Masseure, Krankenpfleger, medizinisch-technischer Assistenten, Logopäden usw., nicht jedoch die sog. Gewerbe für Gesundheits- und Körperpflege (z.B. die in den Nr. 89ff. der Anlage A zur HwO aufgeführten Berufe sowie Schönheits- oder Fußpfleger usw.). Der Betrieb von Apotheken ist anzeigepflichtig; ebenso aufgrund des § 14 Abs. 2 GewO der Handel mit Arzneimitteln, mit Losen und Lotterien und Ausspielungen sowie mit Bezugs- und Anteilsscheinen auf solche Lose und für den Betrieb von Wettannahmestellen (z.B. Lotto- und Totoannahmestellen) aller Art."

3. Die Zulassung zu den freien Berufen ist sehr unterschiedlich geregelt.

a) Für die freiberufliche künstlerische oder schriftstellerische Tätigkeit bestehen überhaupt keine Zulassungsvoraussetzungen. Der An- und Verkauf von Werken der bildenden Kunst und der Bibliophilie zählt zum Gewerbe. Zur Erleichterung einer wirksamen Überwachung können die Länder nach § 38 Nr. 9 GewO durch RechtsVO besondere Buchführungs-, Auskunfts- und Meldungspflichten zur behördlichen Nachschau begründen. Hiervon ist bislang noch kein Gebrauch gemacht worden.

b) Dagegen ist die Zulassung zu den freien Berufen, die persönliche Dienstleistungen höherer Art erbringen, regelmäßig ausführlich gesetzlich geregelt.

**Architekt:** Der Beruf des Architekten ist in den Architektengesetzen und DurchführungsVO der Länder geregelt (*Bad.-Württemberg:* G vom 7. 7. 1975 (GBl 581), zul. geänd. 19. 3. 1985 (GBl 71); Eintragung: VO vom 22. 8. 1975 (GBl 644); *Bayern:* G vom 26. 2. 1982 (BayRS 2133–1–I); VO vom 14. 12. 1970 (BayRS 2133–1–1–I); *Berlin:* G vom 28. 6. 1984 (GVBl 895); *Bremen:* G vom 27. 4. 1971 (GBl 122) i.d. Änd. vom 15. 5. 1984 (GBl 107); *Hamburg:* G vom 26. 11. 1965 (GVBl 205), zul. geänd. 5. 6. 1984 (GVBl 106); *Hessen:* G vom 4. 10. 1977 (GVBl I 397), zul. geänd. 14. 6. 1982 (GVBl I 139); VO vom 29. 11. 1977 (GVBl I 461), zul. geänd. 14. 6. 1982 (GVBl I 139); *Nieders.:* G vom 23. 2. 1970 (GVBl 37), zul. geänd. 30. 7. 1985 (GVBl 246), VO vom 6. 5. 1970 (GVBl 157), zul. geänd. 15. 2. 1975 (GVBl 81); Zuständigkeiten: VO vom 29. 5. 1985 (GVBl 119); *NRW:* G vom 4. 12. 1969 (GVNW 888), zul. geänd. 26. 6. 1984 (GVNW 370); VO vom 11. 3. 1970 (GVNW 240), zul. geänd. 18. 5. 1982 (GVNW 250); *Rheinl.-Pfalz:* G vom 29. 3. 1974 (GVBl 143), zul. geänd. 5. 11. 1974 (GVBl 469); VO vom 5. 11. 1974 (GVBl 534), zul. geänd. 4. 1. 1984 (GVBl 1); *Saarl.:* G vom 21. 6. 1972 (ABl 369), zul. geänd. 11. 9. 1985 (ABl 977); *Schleswig-Holst.:* G vom 12. 1. 1971 (GVOBl 15); VO vom 25. 1. 1968 (GVOBl 31), VO vom 29. 5. 1981 (GVOBl 122). Nach den Vorschriften darf die Bezeichnung Architekt nur führen, wer in die Architektenliste eingetragen ist (vgl. § 1 HessArchG). In die Liste wird nur eingetragen, wer eine abgeschlossene Berufsausbildung für die Aufgaben als Architekt besitzt und eine nachfolgende berufliche Tätigkeit ausübt (vgl. § 4 HessArchG). Regelmäßig kann ausnahmsweise auch dann eine Eintragung erfolgen, wenn eine zehnjährige berufliche Tätigkeit im Architektenberuf ausgeübt worden ist (vgl. § 5 HessArchG). Die persönlichen Zulassungsvoraussetzungen sind zum Schutze wichtiger Gemeinschaftsgüter geboten (BVerwG Buchholz 11 GG Art. 12 Nr. 146; auch OVG Koblenz DÖV 81 S. 112). Die Honorare sind in der Honorarordnung vom 17. 9. 1976 (BGBl I 2805), zul. geänd. 17. 3. 1988 (BGBl I 359) geregelt.

**Heil- und Heilhilfsberufe:** Nach Art. 74 Nr. 19 GG erstreckt sich die konkurrierende Gesetzgebungszuständigkeit des Bundes auf die Zulassung zu ärztlichen und anderen Heilberufen und zum Heilgewerbe. Als ärztliche Berufe gemäß Art. 74 Nr. 19 GG sind lediglich die Berufe des Arztes, des Zahnarztes und des Tierarztes anzusehen (BVerfGE 33, 125, 154 = NJW 72 S. 1504).

**Arzt:** Nach § 2 Abs. 1 Bundesärzteordnung i.d.F. vom 16. 4. 1987 (BGBl. I S. 1218) – BÄrzteO – bedarf, wer den ärztlichen Beruf ausüben will, der Approbation als Arzt (§ 3 BÄrzteO i.V.m. Approbationsordnung für Ärzte i.d.F. vom 14. 7. 1987 (BGBl. I S. 1593). Wer keine Approbation besitzt und auch nicht aufgrund des EG-Rechts (§ 2 Abs. 3 BÄrzteO), eines zwischenstaatlichen Vertrages (§ 2 Abs. 4 BÄrzteO) oder einer widerruflichen Erlaubnis (§ 2 Abs. 2, § 10 BÄrzteO) zur Ausübung des ärztlichen Berufes befugt ist (für türkische Arbeitnehmer BVerwG NJW 84, 679), darf keine Bezeichnung führen, die den Anschein erwecken könnte, er sei zur Ausübung des ärztlichen Berufes berechtigt. Die Heilkunde darf nicht berufs- oder erwerbsmäßig ausgeübt werden, solange durch vollziehbare Verfügung das Ruhen der Approbation angeordnet ist. In der Bundesrepublik ist grundsätzlich nur eine Approbation gültig, die von der zuständigen deutschen Behörde ausgestellt ist. Anerkannt werden können auch Ausbildungen in der DDR und Ostberlin (vgl. § 3, 10 BÄrzteO). Unberührt bleiben die Voraussetzungen für die Zulassung als Kassenarzt.

**Tierarzt:** Die Voraussetzungen für die Ausübung des Berufes als Tierarzt ergeben sich aus der Bundestierärzteverordnung i.d.F. vom 20. 11. 1981 (BGBl. I S. 1193), zul. geänd. 18. 2. 1986 (BGBl. I S. 265) i.V.m. Approbationsordnung vom 22. 4. 1986 (BGBl. I S. 600). In den EG-Staaten gelten die Ratsrichtlinien 78/1026 – 78/27 (Niederlassungsrecht für Tierärzte) und die VO vom 20. 6. 1986 (BGBl. I S. 932).

**Zahnheilkunde:** Nach § 1 Abs. 1 Gesetz über die Ausübung der Zahnheilkunde vom 16. 4. 1987 (BGBl. I S. 1225) mit späteren Änderungen bedarf, wer die Zahnheilkunde „dauernd ausüben" will, einer Bestellung nach Maßgabe dieses Gesetzes oder als Arzt nach Bundesgesetzen. Die vorübergehende Ausübung der Zahnheilkunde bedarf einer jederzeit widerruflichen Erlaubnis. Die §§ 2–6 und § 12 ZHG regeln die Bestellung und deren Rücknahme (vgl. BVerwG NJW 87, 1501, 1502). Nach § 7 ZHG kann das Ruhen der Befugnis zur Ausübung der Zahnheilkunde angeordnet werden. Die Prüfungsordnung ergibt sich aus der VO vom 26. 1. 1955 (BGBl. I S. 37), zul. geänd. 8. 1. 1987 (BGBl. I S. 114). § 13 ZHG enthält eine Regelung für die Erteilung der Erlaubnis zur Ausübung der Zahnheilkunde und die Bestellung, wenn die zahnärztliche Prüfung im Ausland abgelegt wurde. Die Zahntechniker, die für Zahnärzte in zahnärztlichen Laboratorien Zahnersatz herstellen, fallen nicht unter das ZHG. Sie üben ein Handwerk und keine Zahnheilkunde aus. Zu den Voraussetzungen der Begründung eines Handwerksbetriebes vgl. § 6.

**Heilpraktiker:** Die Zulassung zum Beruf des Heilpraktikers ist im Heilpraktikergesetz vom 17. 2. 1939 (RGBl. I S. 251 – HPG – i.d.Änd. vom 2. 3. 1974, BGBl. I S. 469) und der 1. DurchführungsVO zum Heilpraktikergesetz vom 18. 2. 1939 (RGBl. I S. 259) m.spät.Änd. geregelt. Er gehört zu den freien Berufen (LG Tübingen NJW 83 S. 2093). Ausübung der Heilkunde ist nach § 1 Abs. 2 HPG „jede berufsmäßig oder gewerbsmäßig vorgenommene Tätigkeit zur Feststellung, Heilung oder Linderung von Krankheiten, Leiden oder Körperschäden wie Schmerzen, auch wenn sie im Dienste von anderen Menschen ausgeübt wird". Dazu kann das bloße „Handauflegen" gehören (BGH GewArch 87, 398; LG Berlin GewArch 87, 399). Erfaßt sind mithin auch der Diplompsychologe, der Personen psychotherapeutisch behandeln will (BVerwG NJW 84, 1414). Nicht erfaßt ist mithin die Heilkunde bei Tieren. Beim Vorliegen der persönlichen und sachlichen Voraussetzungen nach § 2 1. DVO HPG besteht ein Rechtsanspruch auf Zulassung zur Ausübung der Heilkunde ohne Approbation. Die Gesundheitsbehörde kann dem Heilpraktiker im Einzelfall eine Behandlungsmethode untersagen, die konkrete Gesundheitsgefahren für die Patienten herbeiführt. Nicht unter das HPG fallen alle handwerklichen und nebenärztlichen Hilfstätigkeiten; dazu gehören insbesondere die Vornahme von Sehschärfenbestimmungen (Refraktionieren) durch Optiker zur Brillenglasbestimmung sowie die Messung der Hörgrenze durch Audiometer. Insoweit handelt es sich um ärztliche Hilfeleistungen im Rahmen eines Kaufvertrages.

**Hebamme:**[4] Die Tätigkeit der Hebammen ist geregelt durch das Gesetz über den Beruf der Hebamme und des Entbindungspflegers (Hebammengesetz – HebG) vom 4. 6. 1985 (BGBl. I S. 902) und einige Durchführungsverordnungen. Hier sind von Bedeutung die Ausbildungs- und Prüfungsordnung für Hebammen vom 10. 11. 1986 (BGBl. I S. 1732), die Hebammenhilfe-Gebüh-

---

[4] Lieber, Die neue Gebührenordnung für Hebammen, NJW 87, 1474.

renverordnung (HebGV) vom 28. 10. 1986 (BGBl. I S. 1662), VO zur Änderung der Anlage zum Hebammengesetz und der Anlage zum Krankenpflegegesetz vom 22. 5. 1986 (BGBl. I 833). Zur Beleg-Hebamme: BVerwG NJW 83, 2652.

**Masseur:** Die Zulassungsvoraussetzungen zur Tätigkeit der Masseure, der Masseure und medizinischen Bademeister und der Krankengymnasten ergeben sich aus dem entspr. Gesetz vom 21. 12. 1958 (BGBl. I 985) zul. geänd. am 18. 2. 1986 (BGBl. I 265). Hierzu vorläufige Ausbildungsregelung G. vom 9. 12. 1986 (BGBl. I S. 2343) und Prüfungsordnung vom 7. 12. 1960 (BGBl. I 880) zul. geänd. 19. 11. 1982 (BGBl. I 1561).

**Rechtsanwalt:** Zum Rechtsanwalt kann nur zugelassen werden, wer die Befähigung zum Richteramt nach dem Deutschen Richtergesetz erlangt hat (§ 4 BRAO). Das Zulassungsverfahren ergibt sich aus der Bundesrechtsanwaltsordnung vom 1. 8. 1959 (BGBl. I S. 565) mit späteren Änderungen.

**Rechtsbeistand:** Die Besorgung fremder Rechtsangelegenheiten, einschl. der Rechtsberatung und der Einziehung fremder oder zu Einziehungszwecken abgetretener Forderungen, darf geschäftsmäßig ohne Unterschied zwischen haupt- und nebenberuflicher oder entgeltlicher oder unentgeltlicher Tätigkeit nur von Personen betrieben werden, denen dazu von der zuständigen Behörde die Erlaubnis erteilt ist. Vgl. dazu Rechtsberatungsgesetz (RBerG) vom 13. 12. 1935 (RGBl. I S. 1478) m. spät. Änd. sowie Verordnung zur Ausführung des RBerG vom 13. 12. 1935 (RGBl. I S. 1481). Sie ist bei fehlender Zuverlässigkeit zu versagen (BVerwG GewArch 87, 351). Die Verordnung ist mit Art. 12 Abs. 1 GG (oben I 2) unvereinbar und nichtig, soweit sich daraus eine örtliche Begrenzung der Erlaubnis zur Besorgung fremder Rechtsangelegenheiten ergibt (BVerfG v. 25. 2. 1976, BGBl. 76 I S. 1419). Sie ist weiter nichtig, soweit in ihr eine Bedürfnisprüfung vorgesehen ist (BVerwG NJW 75 S. 1532). In den Ländern bestehen noch Sonderregelungen.

**Steuerberater, Steuerbevollmächtigter:**[5] Die Tätigkeit der **Steuerberater, Steuerberatungsgesellschaften und der Steuerbevollmächtigten** ist im Steuerberatungsgesetz (StBerG) i. d. F. vom 4. 11. 1975 (BGBl. I S. 2735, zul. geänd. 18. 8. 1980 (BGBl. I 1537) geregelt. Im Gesetz werden der Steuerberater und der Steuerbevollmäch-

---

[5] Foerster, Die Zulassung zur Steuerberaterprüfung, Beil. 11 zu DB 84.

tigte unterschieden. Die Bezeichnung Steuerbevollmächtigter ist an die Stelle der Berufsbezeichnung Helfer in Steuersachen getreten (§ 154 Abs. 1 StBerG). Aufgaben und Tätigkeit des Steuerberaters und des Steuerbevollmächtigten waren früher nicht die gleichen. Für die Tätigkeit eines Steuerberaters wurde eine qualifizierte Ausbildung gefordert (BFH BStBl. 65 III S. 391, 392; BVerfGE 21 S. 227, 235). Heute sollen die Berufe zusammengeführt werden (§ 157 StBerG). Steuerberater und Steuerbevollmächtigte leisten geschäftsmäßig Hilfe in Steuersachen nach den Vorschriften des StBerG (§ 32 Abs. 1 StBerG).

Als Steuerberater darf nur bestellt werden, wer die Prüfung als Steuerberater bestanden oder von dieser Prüfung befreit worden ist. Die Zulassung zur Prüfung kann in bestimmten Fällen versagt werden (§ 37 StBerG). Die Bestellung wird für die Steuerberater durch die Oberste Landesbehörde ausgesprochen. Durch Aushändigung einer Berufsurkunde wird der Bewerber als Steuerberater bestellt.

Als Steuerbevollmächtigter darf nur bestellt werden, wer die Prüfung als Steuerbevollmächtigter bestanden hat (§ 156 Abs. 1 StBerG). Die Bestellung wird durch die Oberfinanzdirektion als Landesbehörde ausgesprochen (§ 156 Abs. 4 S. 2 StBerG). Die Bestellung erfolgt wiederum durch Urkunde (§ 156 Abs. 4 StBerG).

Die Voraussetzungen der Berufsausübung als Steuerberater und als Steuerbevollmächtigter sind in §§ 35 bis 39 bzw. §§ 156, 157 StBerG geregelt.

Steuerberatungsgesellschaften bedürfen der Anerkennung (§ 50 StBerG). Voraussetzung für die Anerkennung ist, daß die Mitglieder des Vorstandes, die Geschäftsführer oder die persönlich haftenden Gesellschafter Steuerberater sind (vgl. §§ 49, 50 StBerG).

Steuerberater und Steuerbevollmächtigte bilden im Bereich der für sie zuständigen Oberfinanzdirektion eine Berufskammer. Diese führt die Bezeichnung Steuerberaterkammer. Sie ist eine Körperschaft des öffentlichen Rechtes (vgl. §§ 73–88 und §§ 89–104 StBerG).

**Wirtschaftsprüfer:** Die Tätigkeit der **Wirtschaftsprüfer, Wirtschaftsprüfungsgesellschaften und vereidigten Buchprüfer und Buchprüfungsgesellschaften** ist im Gesetz über eine Berufsordnung der Wirtschaftsprüfer (Wirtschaftsprüferordnung – WPrO) i.d.F.

vom 5. 11. 1975 (BGBl. I S. 2803), zul. geänd. 24. 4. 1986 (BGBl. I S. 560) geregelt. Wirtschaftsprüfer ist, wer als solcher öffentlich bestellt ist (§ 1 Abs. 1 S. 1 WPrO). Vereidigter Buchprüfer ist, wer nach den Vorschriften der WPrO als solcher anerkannt ist (§ 128 Abs. 1 S. 1 WPrO). Ferner bedürfen Wirtschafts- und Prüfungsgesellschaften der Anerkennung (§ 1 Abs. 3 S. 1, § 128 Abs. 1 S. 2 WPrO).

Die Betätigung als Wirtschaftsprüfer setzt eine Bestellung voraus, die nach einer bestandenen Prüfung (Prüfungsordnung für Wirtschaftsprüfer vom 31. 7. 1962, BGBl. I S. 529, i. d. Änd. vom 16. 6. 1986, BGBl. I S. 904) auf Antrag von der Obersten Landesbehörde durch Aushändigung einer Urkunde vorgenommen wird (§ 15 WPrO). Die Zulassung zum Beruf des Wirtschaftsprüfers setzt voraus, daß der Bewerber den Abschluß eines betriebswirtschaftlichen, volkswirtschaftlichen, juristischen, technischen oder landwirtschaftlichen Hochschulstudiums oder eines anderen Hochschulstudiums mit wirtschaftswissenschaftlicher Ausrichtung nachweist (§ 8 Abs. 1 Nr. 1 WPrO) und eine für die Ausübung des Berufes genügende praktische Ausbildung von mindestens fünf Jahren im Wirtschaftsleben dartut, von der wenigstens vier Jahre als Prüfungstätigkeit abgeleistet sein müssen (§ 8 Abs. 1 Nr. 2 WPrO). Auf den Nachweis des abgeschlossenen Hochschulstudiums kann verzichtet werden, wenn die Voraussetzungen von § 8 Abs. 2 WPrO vorliegen. Hierzu gehören u. a. 10jährige Tätigkeit als Mitarbeiter eines Wirtschaftsprüfers, mindestens 5 Jahre Ausübung des Berufes als vereidigter Buchprüfer oder Steuerberater. Über die Prüfungszulassung entscheidet ein Zulassungsausschuß (§ 5 Abs. 1 WPrO). Wirtschaftsprüfer haben die berufliche Aufgabe, betriebswirtschaftliche Prüfungen wirtschaftlicher Unternehmen durchzuführen und Bestätigungsvermerke über die Vornahme und das Ergebnis der Prüfungen zu erteilen (§ 2 Abs. 1 WPrO).

Wirtschaftsprüfungsgesellschaften bedürfen der Anerkennung. Voraussetzung ist, daß sie von Wirtschaftsprüfern verantwortlich geführt werden (§ 1 Abs. 3 S. 2 WPrO). Die Mitglieder des Vorstandes, die Geschäftsführer oder persönlich haftenden Gesellschafter müssen mithin Wirtschaftsprüfer sein (vgl. §§ 27–35 WPrO). Für die Anerkennung zuständig ist die Oberste Landesbehörde.

Das Berufsrecht der vereidigten Buchprüfer und Buchprüfungsgesellschaften ist in der WPrO enthalten (§ 128 bis 131 WPrO).

Zur Erfüllung der beruflichen Selbstverwaltungsaufgaben ist eine Kammer für Wirtschaftsprüfer als Körperschaft des öffentlichen Rechtes gebildet. Sie hat die Aufgabe, die beruflichen Belange ihrer Mitglieder zu wahren und zu fördern.

**Fahrlehrer:** Die Tätigkeit eines Fahrlehrers ist im Gesetz über das Fahrlehrerwesen (Fahrlehrergesetz – FahrlG) vom 25. 8. 1969 (BGBl. I S. 1336), zul. geänd. 13. 5. 1986 (BGBl. I S. 700) und der DV-FahrlG vom 16. 9. 1969 (BGBl. I S. 1763), zul. geänd. 22. 1. 1987 (BGBl. I S. 471) geregelt. Das FahrlG befaßt sich mit der Fahrlehrererlaubnis, der Fahrschülererlaubnis und den Fahrlehrerausbildungsstätten. In der DV-FahrlG sind die Anforderungen an Fahrlehrer, Fahrschulen und Fahrlehrerausbildungsstätten im einzelnen festgelegt. In der Anlage ist die Ausbildung und Prüfung geregelt (VO vom 20. 11. 1987 – BGBl. I S. 2387). I. d. R. werden Fahrschulen gewerbsmäßig und nicht freiberuflich betrieben.

## § 3. Die Einteilung der gewerblichen Tätigkeit

### I. Die Einteilung der Gewerbearten

Die Gewerbearten werden eingeteilt in *(1)* das stehende Gewerbe, *(2)* das Reisegewerbe und *(3)* den Marktverkehr. Jede Gewerbeart unterliegt eigenen gewerberechtlichen Voraussetzungen. Das stehende Gewerbe ist grundsätzlich in Titel II, das Reisegewerbe in Titel III und der Marktverkehr in Titel IV der GewO geregelt. Vorschriften eines anderen Titels finden jeweils nur dann Anwendung, wenn sie in der GewO ausdrücklich in Bezug genommen worden sind.

### II. Stehendes Gewerbe

Ein stehendes Gewerbe ist immer dann gegeben, wenn weder Reisegewerbe noch Marktverkehr vorliegen. Der Begriff des stehenden Gewerbes wird mithin negativ abgegrenzt. Auf das stehende Gewerbe findet Titel II der GewO Anwendung.

### III. Reisegewerbe

**1. Begriff.** a) Der Begriff des Reisegewerbes ist in § 55 Abs. 1 GewO definiert. Ein Reisegewerbe betreibt, wer gewerbsmäßig ohne vorhergehende Bestellung außerhalb seiner gewerblichen Niederlassung (§ 42 Abs. 2 GewO) oder ohne eine solche zu haben *(1)* selbständig oder unselbständig in eigener Person Waren feilbietet oder Bestellungen aufsucht (vertreibt) oder ankauft, Leistungen anbietet oder Bestellungen auf Leistungen aufsucht oder *(2)* selbständig unterhaltende Tätigkeiten als Schausteller oder nach Schaustellerart ausübt. Wer ein Reisegewerbe ausüben will, bedarf der Erlaubnis.

b) Das Reisegewerbe war lange Zeit erheblichem Mißtrauen ausgesetzt. Inzwischen ist es zu einem beachtlichen Wirtschaftszweig angewachsen. Nach Angaben der Berufsverbände der Reisegewerbetreibenden sind rund 190000 Personen, darunter 5000 Schausteller im Reisegewerbe tätig. Nach Schätzungen werden zusammen mit 50000 Wochenmarkt- und Jahrmarktbeschikkern jährlich Umsätze in Höhe von fünfzehn Milliarden DM erzielt. Der Wert des investierten Kapitals wird auf sieben Milliarden DM geschätzt (BT-Drucks. 10/1125 S. 11).

**2. Eigene Person.** Reisegewerbebetreibender ist derjenige, der selbst umherzieht. Da es nicht darauf ankommt, daß er eine eigene Niederlassung hat, kann Reisegewerbetreibender auch ein Angestellter sein, vorausgesetzt, er handelt gewerbsmäßig (BT-Drucks. 10/1125 S. 17). Keiner Reisegewerbekarte bedarf mithin, wer die Parteizeitungen einer Partei im Umherziehen aus ideellen Gründen verkauft (BGH NJW 80 S. 1585). Eine juristische Person kann nicht Reisegewerbebetreibender sein (BVerwG GewArch 65 S. 246). Hieraus folgt, ein in der Rechtsform einer GmbH geführter Zeitungsverlag, der die Zeitungen durch Werbekolonnen verteilen läßt, betreibt ein stehendes Gewerbe, dagegen die Kolonnenmitglieder ein Reisegewerbe.

**3. Gewerbliche Niederlassung.** a) Der *Begriff der gewerblichen Niederlassung* ist in § 42 Abs. 2 GewO definiert. Eine gewerbliche Niederlassung ist vorhanden, wenn der Gewerbetreibende im Geltungsbereich der GewO einen zum dauernden Gebrauch eingerichteten, ständig oder in regelmäßiger Wiederkehr von ihm benutzten Raum für den Betrieb seines Gewerbes besitzt. Der Begriff der gewerblichen Niederlassung enthält mithin zwei Merkmale. Eine gewerbliche Niederlassung setzt voraus, daß ein zum dauernden Gebrauch bestimmter Raum vorhanden ist. Dies braucht kein besonderer Geschäftsraum zu sein; es kann auch die Wohnung sein, von der aus die Geschäfte abgewickelt werden.

Andererseits braucht es kein umbauter Raum zu sein. In Ausnahmefällen kann es ein Verkaufsstand oder Wagen sein, wenn dieser ständig am Ort bleibt, z.B. der Verkaufswagen des Gebrauchtwagenhändlers. Eine gewerbliche Niederlassung setzt ferner eine zeitliche Komponente voraus; es muß ein Raum vorhanden sein, der ständig oder mit regelmäßiger Wiederkehr benutzt wird.

b) Ein *Reisegewerbe* ist gegeben, wenn die Geschäfte nicht von der gewerblichen Niederlassung ausgeführt oder eine solche nicht vorhanden ist. Verkaufswagen und Verkaufsstände lassen mithin regelmäßig auf ein Reisegewerbe schließen, es sei denn, daß sie immer am Ort bleiben. Das wird in der Praxis bei einem Verbleiben für sechs Wochen angenommen. Wird ein Straßenstand täglich auf- und abgebaut, liegt Reisegewerbe vor. Werden Zeitungen beständig von einem Zeitungskiosk verkauft, liegt ein stehendes Gewerbe vor. In Ausnahmefällen ist aber auch dann ein stehendes Gewerbe gegeben, wenn ein Stand etwa vor einem Kaufhaus täglich auf- und abgebaut wird, für diesen aber feste Installationen geschaffen wurden (VG Köln GewArch 67 S. 59).

**4. Verkauf ohne Bestellung.** Für das Reisegewerbe typisch ist, daß in ihm ohne Bestellung Waren oder Dienstleistungen angeboten werden. Hieraus folgt, bleibt der Gewerbetreibende innerhalb seiner gewerblichen Niederlassung oder geht er nur auf Bestellung nach außen, so betreibt er ein stehendes Gewerbe. Geht er jedoch von sich aus zum Kunden, liegt ein Reisegewerbe vor. Damit sind Straßenhändler und Hausierer Reisegewerbetreibende; der Bauunternehmer oder Handwerker, der auf Bestellung ein Haus baut oder Reparaturen ausführt, betreibt dagegen ein stehendes Gewerbe. Der Handelsvertreter, der sich bei Kunden telefonisch anmeldet und damit eine Bestellung provoziert, ist jedoch Reisegewerbetreibender.

**5. Schaustellergewerbe.** Von § 55 Abs. 1 Nr. 2 wird das gesamte Schaustellergewerbe erfaßt. Hierzu gehören auch Kleinkunst, Varieté und Showdarbietungen (vgl. unter § 14).

## IV. Marktverkehr

**1. Marktfreiheit.** a) Für den Marktverkehr gilt das Prinzip der Marktfreiheit; d.h., jeder Anbieter, Aussteller oder Besucher hat das Recht zur Teilnahme an festgesetzten Veranstaltungen zu den für alle geltenden Bedingungen. Die gewerblichen Teilnehmer sind von allen Beschränkungen des stehenden Gewerbes und des Reisegewerbes freigestellt (vgl. oben II, III).

b) Die Marktfreiheit ist historisch gewachsen. Im Mittelalter wurden auch Nichtmitglieder der Gilden und Zünfte zum Marktverkehr zugelassen. Heute ist der Marktverkehr im Interesse der Konzentration des Angebotes priviligiert.

**2. Voraussetzungen der Marktfreiheit.** Die Marktfreiheit setzt voraus, daß es sich *(a)* um eine der in §§ 64–68 bzw. in § 60b GewO näher umschriebene Veranstaltung handelt, *(b)* diese Veranstaltung behördlich gemäß § 69 GewO festgesetzt ist (vgl. § 15). Handelt es sich um einen privaten Markt, so müssen die Teilnehmer regelmäßig die Voraussetzungen eines stehenden Gewerbes oder eines Reisegewerbes erfüllen.

## Abschnitt II. Die Eröffnung eines stehenden Gewerbebetriebes nach der Gewerbeordnung (GewO)

### § 4. Die Eröffnung eines stehenden Gewerbes[1]

#### I. Die Anzeigepflicht

**1. Zweck.** a) Grundsätzlich kann jedermann nach dem Prinzip der *Gewerbefreiheit* (oben § 2 I) ein stehendes Gewerbe (oben § 3 II) beginnen, verändern oder beenden, ohne daß er dazu einer behördlichen Erlaubnis bedarf. Eine Erlaubnis zum Beginn eines stehenden Gewerbes ist nur dann notwendig, wenn in §§ 30ff. GewO oder in gewerberechtlichen Nebengesetzen für die Betätigung im stehenden Gewerbe eine besondere Erlaubnis vorgesehen ist (vgl. §§ 5 und 6).

b) Die *Anzeigepflicht* nach § 14 GewO ist der notwendige Ausgleich der Gewerbefreiheit. Die Gewerbebehörden sollen einen Überblick darüber erhalten, wieviel und welche Gewerbebetriebe in ihrem Bereich vorhanden sind. Da der Zugang zum Gewerbe möglichst erlaubnisfrei gehalten werden soll, soll die

[1] Die wesentlichen Kommentare zur GewO sind: *Landmann/Rohmer*, Gewerbeordnung, Kommentar, Loseblattausgabe, Stand: Febr. 1988 (Beck-Verlag); *Sieg/Leifermann*, Gewerbeordnung (Beck-Verlag); *Fuhr/Stahlhacke*, Kommentar zur Gewerbeordnung, Loseblattausgabe, Stand: 1988 (Luchterhand-Verlag).

Überwachung der Gewerbeausübung durch die Anzeigepflicht erleichtert werden (BVerwG GewArch 72 S. 189; NJW 77 S. 772).

c) Die Anzeigepflicht nach § 14 GewO besteht für alle stehenden Gewerbe, unabhängig davon, ob nach anderen gesetzlichen Vorschriften *weitere Anzeigen* notwendig sind, ob es sich um ein erlaubnisfreies Gewerbe handelt oder ob nach Sondervorschriften noch eine Erlaubnis notwendig ist (VGH Bad.-Württemb. GewA 65, 156). Die Anzeige nach § 14 GewO muß selbst dann erstattet werden, wenn ein Erlaubnisverfahren vorangegangen ist, da die Erlaubnisbehörde nicht mit der für die Anzeige zuständigen Behörde zusammenzufallen braucht (OLG Düsseldorf GewA 83, 331).

**2. Anzeigepflichtiger Tatbestand.** a) Nach § 14 Abs. 1 S. 1 GewO muß der für den betreffenden Ort zuständigen Behörde gleichzeitig anzeigen, wer einen selbständigen Betrieb eines stehenden Gewerbes (vgl. § 3 II) oder den Betrieb einer Zweigniederlassung oder einer unselbständigen Zweigstelle anfängt. Das gleiche gilt, wenn der Betrieb verlegt wird, der Gegenstand des Gewerbes gewechselt oder auf Waren oder Leistungen ausgedehnt wird, die bei Gewerbebetrieben der angemeldeten Art nicht geschäftsüblich sind, oder der Betrieb aufgegeben wird (§ 14 Abs. 1 S. 2 GewO). Form und Inhalt der Anzeige sind in der Gewerbeanzeigeverordnung vom 19. 10. 1979 (BGBl. I S. 1767) geregelt, die gemäß § 14 Abs. 4 GewO vom Bundesminister für Wirtschaft erlassen worden ist. In den Ländern sind Ausführungsvorschriften ergangen.

b) Anzeigepflichtig ist der *Beginn eines selbständigen Betriebes*, der Beginn einer Zweigniederlassung oder einer unselbständigen Zweigstelle. Eine selbständige Zweigniederlassung ist gegeben, wenn sie im Verhältnis zur Hauptniederlassung eine selbständige Organisation, selbständige Betriebsmittel, eine gesonderte Buchführung besitzt und der Leiter befugt ist, Geschäfte selbständig abzuschließen und durchzuführen. Eine unselbständige Zweigstelle ist gegeben, wenn eine feste örtliche Anlage oder Einrichtung gegeben ist, die zur Ausübung eines stehenden Gewerbes dient oder die Abwicklung der von der Hauptniederlassung abgeschlossenen Geschäfte erleichtern soll. Zu den unselbständigen Zweigniederlassungen zählen mithin Repräsentanzen ausländischer Unternehmen, Auslieferungslager, Annahmestellen von

Wäschereien. Keine unselbständigen Zweigniederlassungen sind dagegen Lagerplätze, Baustellen, Montagestellen, da von ihnen kein unmittelbarer Geschäftsverkehr mit Dritten durchgeführt wird. Nicht anzeigepflichtig sind insbesondere Montagestellen ausländischer Unternehmen, die lediglich die im Ausland gefertigten Gegenstände montieren, sofern der Montagewert ca. 10–15% des Auftragswertes nicht übersteigt.

*Anzeigepflicht* besteht, wenn *(1)* ein bestehender Betrieb übernommen wird, da für den Übernehmer der Beginn eines Gewerbes und für den Veräußerer die Beendigung eines Gewerbes anzuzeigen ist; *(2)* eine Personalgesellschaft in eine juristische Person umgewandelt wird, da ein neuer Rechtsträger in Erscheinung tritt; *(3)* ein neuer Gesellschafter in eine Personalgesellschaft eintritt (vgl. §§ 27 V, 28).

Mangels Änderung des Rechtsträgers besteht *keine Anzeigepflicht,* wenn *(1)* ein neuer Gesellschafter in eine juristische Person (GmbH) eintritt, *(2)* das Unternehmen aufgespalten wird, z.B. in eine GmbH & Co KG, wobei der Betrieb durch die Komplementär-GmbH fortgeführt wird.

c) Anzeigepflichtig ist die *Verlegung des Betriebes.* Zu unterscheiden ist die Verlegung innerhalb und außerhalb des Zuständigkeitsbereiches der zuständigen Gewerbebehörde. Wird innerhalb des zuständigen Bereiches eine Verlegung vorgenommen, so ist die Ummeldung anzuzeigen. Wird dagegen außerhalb des Zuständigkeitsbereiches eine Verlegung vorgenommen, so ist der Gewerbebetrieb ab- und anzumelden.

d) Anzeigepflichtig ist der *Wechsel des Gegenstandes* des Gewerbebetriebes auf dem Formular Ummeldung. Wird das Sortiment geändert, empfiehlt sich insoweit der Kontakt mit der Industrie- und Handelskammer.

e) Anzeigepflichtig ist die *Aufgabe des Betriebes* auf dem Formular Abmeldung. Die Aufgabeanzeige beinhaltet nicht gleichzeitig den Verzicht auf eine besondere Gewerbeerlaubnis. Ein Gewerbebetrieb kann mithin u.U. aufgrund derselben Gewerbeerlaubnis erneut aufgenommen werden. Nicht anzeigepflichtig ist die Aufgabe eines Teils der Geschäftstätigkeit.

f) Anzeigepflichtig ist nach § 14 Abs. 3 GewO die *Aufstellung von Automaten* als selbständiges Gewerbe. Die Anzeige muß an alle zuständigen Gewerbebehörden erfolgen, in deren Bereich Automaten aufgestellt werden. Nicht anzeigepflichtig ist der

1762 Bundesgesetzblatt, Jahrgang 1979, Teil I

GewA 1

**Gewerbe-Anmeldung** nach § 14 GewO oder § 55 c GewO sowie § 1 GewAnzV

Bitte mit Schreibmaschine oder in Blockschrift vollständig und gut lesbar ausfüllen sowie die zutreffenden Kästchen ankreuzen.

**Angaben zum Betriebsinhaber**

Bei Personengesellschaften (z. B. OHG) ist für jeden geschäftsführenden Gesellschafter ein eigener Vordruck auszufüllen. Bei juristischen Personen (z. B. GmbH) ist bei Feld Nr. 3 bis 10 und Feld Nr. 30 und 31 der gesetzliche Vertreter anzugeben. Die Angaben für weitere gesetzliche Vertreter zu diesen Nummern sind auf der Rückseite des Vordrucks ☐ oder einem Beiblatt ☐ oder weiteren Vordrucken ☐ gemacht.

1 Im Handels-, Genossenschafts- oder Vereinsregister eingetragener Name
2 Ort und Nr. der Eintragung

3 Familienname
4 Vornamen

5 Geburtsname (nur bei Abweichung vom Familiennamen)
6 Geburtsname der Mutter

7 Geburtsdatum
8 Geburtsort (Ort, Kreis, Land)

9 Staatsangehörigkeit
deutsch ☐ andere:

10 Anschrift der Wohnung und Telefon-Nr.

**Angaben zum Betrieb**

11 Zahl der geschäftsführenden Gesellschafter (nur bei Personengesellschaften):
Zahl der gesetzlichen Vertreter (nur bei juristischen Personen):

12 Anschrift der Betriebsstätte und Telefon-Nr.

13 Anschrift der Hauptniederlassung und Telefon-Nr.

14 Anschrift der früheren Betriebsstätte

15 Angemeldete Tätigkeit (genau angeben; z. B. Herstellung von Möbeln, Elektroinstallationen u. Elektroeinzelhandel, Großhandel mit Lebensmitteln usw.)

17 Datum des Beginns der angemeldeten Tätigkeit

18 Art des angemeldeten Betriebes
Industrie ☐ Handwerk ☐ Handel ☐ Sonstiges ☐

19 Anzahl der voraussichtlich im angemeldeten Betrieb beschäftigten Arbeitnehmer:

Die Anmeldung wird erstattet für
20 einen selbständigen Betrieb ☐ eine Zweigniederlassung ☐ eine unselbständige Zweigstelle ☐
21 ein Automatenaufstellungsgewerbe ☐ 22 ein Reisegewerbe ☐

Wegen
23 Neuerrichtung des Betriebes ☐
24 Übernahme eines bereits bestehenden Betriebes (z. B. durch Kauf, Pacht, Erbfolge, Änderung der Rechtsform, Gesellschaftereintritt) ☐

26 Name des früheren Betriebsinhabers (falls bekannt)

Falls der Betriebsinhaber für die angemeldete Tätigkeit eine Erlaubnis benötigt, in die Handwerksrolle einzutragen oder Ausländer ist:

28 Liegt eine Erlaubnis vor? Nein ☐ Ja, erteilt am/von (Behörde):

29 Liegt eine Handwerkskarte vor? Nein ☐ Ja, ausgestellt am/von (Handwerkskammer):

30 Liegt eine Aufenthaltserlaubnis vor? Nein ☐ Ja, erteilt am/von (Behörde):

31 Die Aufenthaltserlaubnis enthält keine Auflage oder Beschränkung ☐ enthält folgende Auflage oder Beschränkung:

Hinweis: Diese Anzeige berechtigt nicht zum Beginn des Gewerbebetriebes, wenn noch eine Erlaubnis oder eine Eintragung in die Handwerksrolle notwendig ist. Zuwiderhandlungen können mit Geldbuße oder Geldstrafe oder Freiheitsstrafe geahndet werden. Die Fortsetzung eines derartigen Betriebes kann verhindert werden.

32 ............................ (Datum)
33 ............................ (Unterschrift)

Nr. 63 — Tag der Ausgabe: Bonn, den 26. Oktober 1979 **1763**

**GewA 2**

**Gewerbe-Ummeldung** nach § 14 GewO oder § 55 c GewO sowie § 1 GewAnzV

Bitte mit Schreibmaschine oder in Blockschrift vollständig und gut lesbar ausfüllen sowie die zutreffenden Kästchen ankreuzen.

**Angaben zum Betriebsinhaber**

Bei Personengesellschaften (z. B. OHG) ist für jeden geschäftsführenden Gesellschafter ein eigener Vordruck auszufüllen. Bei juristischen Personen (z. B. GmbH) ist bei Feld Nr. 3 bis 10 und Feld Nr. 30 und 31 der gesetzliche Vertreter anzugeben. Die Angaben für weitere gesetzliche Vertreter zu diesen Nummern sind auf der Rückseite des Vordrucks ☐ oder einem Beiblatt ☐ oder weiteren Vordrucken ☐ gemacht.

1 Im Handels-, Genossenschafts- oder Vereinsregister eingetragener Name

2 Ort und Nr. der Eintragung

3 Familienname

4 Vornamen

5 Geburtsname (nur bei Abweichung vom Familiennamen)

6 Geburtsname der Mutter

7 Geburtsdatum

8 Geburtsort (Ort, Kreis, Land)

9 Staatsangehörigkeit
deutsch ☐ andere:

10 Anschrift der Wohnung und Telefon-Nr.

**Angaben zum Betrieb**

11 Zahl der geschäftsführenden Gesellschafter (nur bei Personengesellschaften):
Zahl der gesetzlichen Vertreter (nur bei juristischen Personen):

12 Anschrift der Betriebsstätte und Telefon-Nr.

13 Anschrift der Hauptniederlassung und Telefon-Nr.

14 Anschrift der früheren Betriebsstätte (nur bei Verlegung)

Nach der Änderung, Erweiterung oder Verlegung

15 wird neu ausgeübt (z. B. Möbeleinzelhandel)

16 wird weiterhin ausgeübt (z. B. Möbelgroßhandel)

17 Datum der Änderung, Erweiterung oder Verlegung

18 Art des umgemeldeten Betriebes
Industrie ☐ Handwerk ☐ Handel ☐ Sonstiges ☐

19 Anzahl der voraussichtlich im umgemeldeten Betrieb beschäftigten Arbeitnehmer:

Die Ummeldung wird erstattet für
20 einen selbständigen Betrieb ☐ eine Zweigniederlassung ☐ eine unselbständige Zweigstelle ☐
21 ein Automatenaufstellungsgewerbe ☐ 22 ein Reisegewerbe ☐

Wegen
23 Änderung der Betriebstätigkeit (z. B. Umwandlung eines Großhandels in einen Einzelhandel) ☐
24 Erweiterung der Betriebstätigkeit (z. B. Erweiterung eines Großhandels um einen Einzelhandel) ☐
25 Verlegung des Betriebes ☐

Falls der Betriebsinhaber für die angemeldete Tätigkeit eine Erlaubnis benötigt, in die Handwerksrolle einzutragen oder Ausländer ist:

28 Liegt eine Erlaubnis vor? Nein ☐ Ja, erteilt am/von (Behörde):

29 Liegt eine Handwerkskarte vor? Nein ☐ Ja, ausgestellt am/von (Handwerkskammer):

30 Liegt eine Aufenthaltserlaubnis vor? Nein ☐ Ja, erteilt am/von (Behörde):

31 Die Aufenthaltserlaubnis enthält keine Auflage oder Beschränkung ☐ enthält folgende Auflage oder Beschränkung:

Hinweis: Diese Anzeige berechtigt nicht zum Beginn des Gewerbebetriebes, wenn noch eine Erlaubnis oder eine Eintragung in die Handwerksrolle notwendig ist. Zuwiderhandlungen können mit Geldbuße oder Geldstrafe oder Freiheitsstrafe geahndet werden. Die Fortsetzung eines derartigen Betriebes kann verhindert werden.

32 ........................ (Datum)

33 ........................ (Unterschrift)

1764 Bundesgesetzblatt, Jahrgang 1979, Teil I

GewA 3

**Gewerbe-Abmeldung** nach § 14 GewO oder § 55 c GewO sowie § 1 GewAnzV | Bitte mit Schreibmaschine oder in Blockschrift vollständig und gut lesbar ausfüllen sowie die zutreffenden Kästchen ankreuzen.

**Angaben zum Betriebsinhaber**
Bei Personengesellschaften (z. B. OHG) ist für jeden geschäftsführenden Gesellschafter ein eigener Vordruck auszufüllen. Bei juristischen Personen (z. B. GmbH) ist bei Feld Nr. 3 bis 10 der gesetzliche Vertreter anzugeben. Die Angaben für weitere gesetzliche Vertreter zu diesen Nummern sind auf der Rückseite des Vordrucks ☐ oder einem Beiblatt ☐ oder weiteren Vordrucken ☐ gemacht.

1 Im Handels-, Genossenschafts- oder Vereinsregister eingetragener Name | 2 Ort und Nr. der Eintragung

3 Familienname | 4 Vornamen

5 Geburtsname (nur bei Abweichung vom Familiennamen) | 6 Geburtsname der Mutter

7 Geburtsdatum | 8 Geburtsort (Ort, Kreis, Land)

9 Staatsangehörigkeit
deutsch ☐ andere:

10 Anschrift der Wohnung und Telefon-Nr.

**Angaben zum Betrieb** | 11 Zahl der geschäftsführenden Gesellschafter (nur bei Personengesellschaften):
Zahl der gesetzlichen Vertreter (nur bei juristischen Personen):

12 Anschrift der Betriebsstätte und Telefon-Nr.

13 Anschrift der Hauptniederlassung und Telefon-Nr.

14 Falls an einem anderen Ort eine Neuerrichtung beabsichtigt ist, Anschrift der künftigen Betriebsstätte und Telefon-Nr.

17 Datum der Betriebsaufgabe

18 Art des abgemeldeten Betriebes
Industrie ☐ Handwerk ☐ Handel ☐ Sonstiges ☐ | 19 Anzahl der zuletzt im abgemeldeten Betrieb beschäftigten Arbeitnehmer:

Die Abmeldung wird erstattet für
20 einen selbständigen Betrieb ☐ eine Zweigniederlassung ☐ eine unselbständige Zweigstelle ☐
21 ein Automatenaufstellungsgewerbe ☐ 22 ein Reisegewerbe ☐

Wegen
23 vollständiger Aufgabe des gesamten Betriebes ☐
24 teilweiser Aufgabe eines weiterhin bestehenden Betriebes (z. B. Aufgabe einer Zweigniederlassung) ☐
25 Aufgabe eines weiterhin bestehenden Betriebes (z. B. wegen Verkauf, Verpachtung, Erbfolge, Änderung der Rechtsform, Austritt als Gesellschafter) ☐
26 Name des künftigen Betriebsinhabers (falls bekannt)

27 Gründe für die Betriebsaufgabe (z. B. Alter, Betriebsübergabe, wirtschaftliche Schwierigkeiten, Konkursverfahren usw.)

Hinweis: Eine Wiederaufnahme der abgemeldeten Tätigkeit ist erneut anzeigepflichtig.

32 (Datum) | 33 (Unterschrift)

Standort der Automaten. Keine Anzeigepflicht besteht für Automaten im Zusammenhang mit dem eigenen Gewerbebetrieb. Der Zigarettenhändler braucht mithin nicht anzuzeigen, wenn er an seinem Laden einen Zigarettenautomaten anbringt.

**3. Die anzeigepflichtigen Personen.** Anzeigepflichtig sind alle Gewerbetreibenden, in deren Person ein anzeigepflichtiger Tatbestand eintritt. Anzeigepflichtig ist mithin derjenige, der einen selbständigen Gewerbebetrieb eröffnet; das kann im Falle der Betriebsnachfolge der Pächter für die Anmeldung und der Verpächter für die Abmeldung sein. Anzeigepflichtig ist bei juristischen Personen der

Geschäftsführer, bei Personalgesellschaften die jeweiligen geschäftsführenden Gesellschafter. Bei der Anzeige ist Kaufleuten der Gebrauch der Firma (§ 17 HGB) gestattet (vgl. § 22).

**4. Muster der Gewerbeanzeigen** (vgl. VO über die Anzeigen nach § 14 und § 55c der Gewerbeordnung [Gewerbeanzeigen-VO – GewAnzV] vom 19. 10. 1979, BGBl. I S. 1761). Vgl. dazu S. 28ff.

## II. Die Bestätigung der Gewerbeanzeige und der Behördenverkehr

**1. Die Empfangsbescheinigung (Gewerbebescheinigung).** a) Nach § 15 Abs. 1 GewO bestätigt die Behörde innerhalb von drei Tagen den Empfang der Gewerbeanzeige. Dem Anzeigenden soll Gewißheit verschafft werden, daß seine Anzeige ordnungsgemäß erfolgt ist. Die Erteilung der Bescheinigung setzt nur voraus, daß eine gewerbliche Betätigung vorliegt. Auf die Erteilung der Bescheinigung hat der Gewerbetreibende einen Rechtsanspruch. Die Bescheinigung besagt indes nichts über die Berechtigung zur Ausübung der gewerblichen Betätigung; sie ist mithin auch dann zu erteilen, wenn für die Ausübung eine besondere Gewerbeerlaubnis vorliegen muß, diese aber noch nicht erteilt ist (BVerwG GewArch 72 S. 10).

b) Ob für die Erteilung des Gewerbescheins eine Gebühr erhoben wird, richtet sich nach Landesrecht.

**2. Benachrichtigung anderer behördlicher Stellen.** a) Die Anzeige hat den Zweck, der zuständigen Gewerbebehörde die Überwachung der gewerblichen Tätigkeit zu ermöglichen. Ist für die Ausübung der gewerblichen Tätigkeit eine besondere Zuverlässigkeit erforderlich, so wird die zuständige Behörde Auskünfte einholen, und zwar *a)* ein Führungszeugnis beim Bundeszentralregister in Berlin (vgl. Gesetz über das Zentralregister und das Erziehungsregister [Bundeszentralregistergesetz – BZRG] i.d.F. vom 22. 7. 1976 [BGBl. I S. 2005] u. spät. Änd.) *b)* eine Auskunft aus dem Gewerbezentralregister, das gleichfalls dort geführt wird. Bei erlaubnispflichtigen Gewerben wird die Behörde überprüfen, ob die erforderlichen Erlaubnisse vorliegen.

b) Die zuständige Gewerbebehörde *benachrichtigt* aufgrund der Anzeigedurchschriften weiter eine Reihe von anderen Behörden, und zwar

*(1)* das Finanzamt;
*(2)* das für den Arbeitsschutz zuständige Gewerbeaufsichtsamt;
*(3)* die Industrie- und Handelskammern bzw. Handwerkskammern;
*(4)* die Berufsgenossenschaften, damit die Haftpflicht bei Arbeitsunfällen sichergestellt ist;
*(5)* u.U. die Ausländerbehörden;
*(6)* die statistischen Landesämter.

Bei der Übermittlung der Benachrichtigungen werden jeweils die Daten gelöscht, die für die andere Behörde nicht von Interesse sind.

**3. Auskunftserteilung an Dritte.** a) Die Angaben in den Anzeigen der Gewerbebehörden werden regelmäßig in der sog. *Gewerbekartei* zusammengefaßt. Die Gewerbekartei ist jedoch kein öffentliches Register. Die Einsichtnahme privater Stellen in die Gewerbeanzeigen oder in die Gewerbekartei ist unstatthaft.

b) Die Gewerbebehörden erteilen jedoch regelmäßig *Auskunft* aus der Gewerbekartei über Namen, Betriebsanschrift und ausgeübte Tätigkeit des Gewerbebetriebes, um z.B. einem Gläubiger die Geltendmachung von Forderungen aus Geschäftsverbindungen zu ermöglichen. Ein Rechtsanspruch auf eine derartige Auskunft besteht nicht. Da die Landesdatenschutzgesetze einen unterschiedlichen Inhalt haben, ist in den einzelnen Ländern der Umfang der Auskünfte unterschiedlich in Verwaltungsvorschriften geregelt. Diese haben zumeist nachfolgenden Inhalt:

„1. Bei Auskünften lediglich über Namen, betriebliche Anschrift und angemeldete Tätigkeiten eines einzelnen Gewerbetreibenden (einfache Einzelauskünfte) werden in der Regel an die Glaubhaftmachung eines berechtigten Interesses keine besonderen Anforderungen zu stellen und – falls der Gemeinde keine gegenteiligen Umstände bekannt sind – Beeinträchtigungen schutzwürdiger Belange des Gewerbetreibenden nicht zu befürchten sein. Dies gilt auch für Einzelauskünfte an Auskunfts- oder Detektivunternehmen, ferner für die Erteilung von Einzelauskünften sowie von Gruppenauskünften ... an Berufsverbände nur zum Zwecke der Mitgliederwerbung.

Über die in Abs. 1 genannten Daten hinaus dürfen Auskünfte (erweiterte Einzelauskünfte) über einen einzelnen Gewerbetreibenden nur erteilt werden, soweit ein berechtigtes Interesse des Auskunftsuchenden glaubhaft gemacht wird und durch die Auskunft schutzwürdige Belange des Gewerbetreibenden nicht beeinträchtigt werden (z.B. Auskunft über die Privatadresse eines Gewerbetreibenden, wenn deren Kenntnis zur Durchsetzung privatrechtlicher Ansprüche im Zusammenhang mit einer im Rahmen des Gewerbebetriebes erbrachten Leistung erforderlich ist). Ob diese Voraussetzungen gegeben sind, ist in jedem Einzelfall zu prüfen.

2. Außer den in Nr. 1 genannten Auskünften kann die Gemeinde über die dort in Abs. 1 genannten Daten Auskünfte nur für Zwecke der Werbung oder Meinungsforschung (beispielsweise an Adreßbuchverlage, Versicherungsvertreter, Markt- oder Meinungsforschungsinstitute usw.) erteilen, die sich auf mehrere oder eine Vielzahl nicht namentlich bezeichneter Gewerbetreibender beziehen (Gruppenauskünfte), falls die betreffenden Gewerbetreibenden ausdrücklich zugestimmt haben ..."

**4. Sanktionen bei unterlassener Anzeige.**[2] Wer eine Anzeige entgegen § 14 Abs. 1–3 GewO nicht, nicht richtig, nicht vollständig oder nicht rechtzeitig erstattet, handelt ordnungswidrig (§ 146 Abs. 2 Nr. 1 GewO). Es können Bußgeld und Verwaltungszwangsmaßnahmen verhängt werden; indes kann ein ordnungsgemäßes Gewerbe nicht allein wegen Unterlassens der Anzeige untersagt werden (vgl. BGH GewArch 64 S. 55). Ferner kann die Unterlassung der Anzeige im Rahmen des § 1 Abs. 1 Nr. 2 des Gesetzes zur Bekämpfung der Schwarzarbeit i.d.F. vom 29. 1. 1982 (BGBl. I S. 109) Bedeutung erlangen.

## III. Name und Firma

**1. Die Anbringung von Namen und Firma.** a) Gewerbetreibende, die eine offene Verkaufsstelle haben, eine Gaststätte betreiben oder eine sonstige offene Betriebsstätte haben, sind verpflichtet, ihren *Familiennamen mit mind. einem ausgeschriebenen Vornamen* an der Außenseite oder am Eingang der offenen Verkaufsstelle, der Gaststätte oder der sonstigen offenen Betriebsstätte in deutlich lesbarer Schrift anzubringen (§ 15a Abs. 1 GewO). Kaufleute, die eine Firma führen (vgl. § 22), haben außerdem ihre Firma in der beschriebenen Weise anzubringen. Bei ihnen ist dann die Anbringung des Namens entbehrlich, wenn aus der Firma der Familienname und mind. ein Vorname ersichtlich sind. Sinn dieser Vorschrift ist, daß sich der Kunde über den Inhaber des Gewerbebetriebes Klarheit verschaffen kann.

---

[2] Richter, Bußgeldrechtliche Probleme gewerberechtlicher Meldungen, GewArch. 84, 78; Ganske, Keine Verjährung bei Verstoß gegen die Pflicht zur Gewerbe-, An-, Um- oder -Abmeldung, GewArch 85, 318.

b) *Anbringungspflichtig* ist der Gewerbetreibende, also derjenige, auf dessen Rechnung das Gewerbe geführt wird. Das kann ein Pächter, ein Erbe des Gewerbetreibenden usw. sein. Eine offene Verkaufsstelle ist gegeben, wenn von einer festen, für jedermann zugänglichen Stelle aus Warenverkauf betrieben wird, wobei es gleichgültig ist, ob die Verkaufsstellen auch anderen Zwecken dienen. Eine offene Betriebsstätte ist gegeben, wenn Geschäfte mit dem Endverbraucher durchgeführt werden. Zu den offenen Verkaufsstellen gehört der Einzelhandel in seinen sämtlichen Erscheinungsformen, also Kaufhäuser, Supermärkte, Selbstbedienungsläden, Bedienungsgeschäfte, Imbißstände, Kioske, Handwerksbetriebe mit Warenverkauf. Zu den offenen Betriebsstätten gehören Reisebüros, Detektivbüros, Auskunfteien, Pfandleiher, Makler, Reparaturwerkstätten usw.

c) *Offene Handelsgesellschaften, Kommanditgesellschaften und Kommanditgesellschaften auf Aktien* haben den Namen bzw. die Firma anzubringen. Die Anbringung der Firma genügt, wenn aus ihr der Familienname und jeweils mind. ein ausgeschriebener Vorname der persönlich haftenden Gesellschafter zu ersehen ist. Andernfalls muß zusätzlich Familienname und Vorname der persönlich haftenden Gesellschafter mitgeteilt werden. Eine juristische Person genügt ihren Verpflichtungen, wenn die Firma oder der Name angegeben wird (§ 15a Abs. 3 S. 2 GewO).

d) Sind mehr als *zwei Beteiligte* vorhanden, deren Namen in der Anschrift anzugeben wäre, so genügt es, wenn der Name von zwei mit einem das Vorhandensein weiterer Beteiligter andeutenden Zusatz aufgenommen wird. Bei den Handelsgesellschaften werden regelmäßig die dort üblichen Bezeichnungen verwandt (& Co). Im übrigen kann beigefügt werden u. A. (und Andere).

e) Die vorstehenden Vorschriften gelten entspr. für *Spielhallen* sowie die Aufstellung von *Automaten* außerhalb der Betriebsräume (§ 15a Abs. 5 GewO).

**2. Verwendung des Namens im Schriftverkehr.** Gewerbetreibende, für die keine Firma im Handelsregister eingetragen ist (vgl. §§ 21, 22), müssen auf allen Geschäftsbriefen, die an einen bestimmten Empfänger gerichtet werden, ihren Familiennamen mit mind. einem ausgeschriebenen Vornamen angeben. Hierzu gehören Bestellungen, Rechnungen, Vertragsangebote, Vertragsannahmen; nicht dagegen Werbeprospekte, denn sie sind nicht an einen bestimmten Empfänger gerichtet. Vgl. § 16 II.

## IV. Besondere landesrechtliche Überwachungsvorschriften für das stehende Gewerbe

**1. Landesrechtliche Überwachungsvorschriften.** a) In § 38 GewO sind eine Reihe von Gewerbezweigen aufgezählt, für die die Landesregierungen durch Rechtsverordnung bestimmen können, in welcher Weise die Gewerbetreibenden ihre Bücher zu führen haben, welche Auskünfte sie den für die Überwachung zuständigen Behörden zu erteilen haben und welcher behördlichen Nachschau sie sich zu unterwerfen haben. Aufgrund § 38 GewO können keine Zulassungsvoraussetzungen für die Ausübung des Gewerbes geschaffen werden (vgl. oben § 2 I). Vielmehr kann allein die Gewerbeausübung geregelt werden (vgl. § 2 I 2). Erfaßt sind solche Gewerbezweige, von denen erfahrungsgemäß besondere Gefahren ausgehen können.

b) Zu den *Gewerbezweigen*, die nach § 38 GewO besonders überwacht werden können, *gehören*

*(1)* An- und Verkauf von Gebrauchtwaren

*(2)* An- und Verkauf von Edelmetallen und edelmetallhaltigen Legierungen sowie von Waren aus Edelmetall oder edelmetallhaltigen Legierungen;

*(3)* An- oder Verkauf von Altmetallen, soweit sie nicht unter Nr. 2 fallen;

*(4)* Auskunftserteilung über Vermögensverhältnisse und persönliche Angelegenheiten (Auskunfteien, Detekteien);

*(5)* (weggefallen);

*(6)* Vermittlungen von Eheschließungen (vgl. BayVGH GewArch. 84, 121); hierzu gehört auch der Partnerschaftsservice oder eine Bekanntschaftsvermittlung, wenn die Umstände den Schluß nahelegen, daß eine Verheiratung angestrebt wird.[3]

*(7)* Betrieb von Reisebüros und die Vermittlung von Unterkünften;

*(8)* die Vermittlung der Beförderung von Personen mit Kraftfahrzeugen oder Luftfahrzeugen in einem Verkehr, der nach dem Personenbeförderungsgesetz und dem Luftverkehrsgesetz nicht genehmigungspflichtig ist;

*(9)* An- und Verkauf von Werken der bildenden Künste und der Bibliophilie;

---

[3] Gilles, Partnerschaftsservice statt Ehemaklei, NJW 83, 361; einschränkend BayVGH GewArch 86, 271.

*(10)* (weggefallen); die Vorschrift betraf den Betrieb von Altenheimen, Altenwohnheimen und Pflegeheimen. Sie ist nunmehr durch das Heimgesetz vom 7. 8. 1974 (BGBl. I S. 1873) ersetzt.

Die Nr. 1 bis 3 sind durch das GewerberechtsÄndG neu gefaßt. Das Gesetz über den Verkehr mit unedlen Metallen ist aufgehoben. Die Strafvorschriften sind in §§ 147a ff GewO enthalten.

c) In den Ländern bestehen zahlreiche Verordnungen.

**2. Buchführungspflicht, Auskunft und Nachschau.** a) Die *gewerberechtliche Buchführungspflicht* soll eine bessere Überwachung der Gewerbebetriebe ermöglichen. Unberührt bleiben weitergehende Buchführungspflichten (vgl. § 45 I), z.B. aufgrund des Handels- oder Steuerrechts. Die gewerberechtliche Buchführungspflicht orientiert sich an gewerberechtlichen Gesichtspunkten. Sie soll den Behörden einen umfassenden Einblick in die Geschäftstätigkeit des Unternehmens gewähren; die Buchführung ist daher zu beanstanden, wenn sie keine hinreichende und übersichtliche Auskunft gibt. Dies ist z.B. der Fall, wenn sie auf Schmierzetteln geführt wird.

b) *Auskunft* bedeutet die Beantwortung der im Einzelfall gestellten Fragen, nicht dagegen eine beständige Benachrichtigungspflicht der Behörden. Die Verpflichtung, schriftlich Auskunft zu erteilen, umfaßt die Verpflichtung, Abschriften, Auszüge und Zusammenstellungen vorzulegen. Die Verwaltungsbehörde darf ihre Rechte nicht mißbräuchlich ausüben. Es gilt der Grundsatz der Verhältnismäßigkeit.

c) Das *Recht zur Nachschau* umfaßt die Verpflichtung, der zur Nachschau zuständigen Behörde den Zutritt zu den Geschäftsräumen zu gestatten, die Geschäftsbücher und sonstigen Unterlagen vorzulegen. Die Nachschau soll nach Möglichkeit nicht in Gegenwart Dritter durchgeführt werden. Vorlage der Geschäftsbücher in der Behörde kann nur in Ausnahmefällen verlangt werden. Ähnliche Verpflichtungen, wie sie sich aus landesrechtlichen Verordnungen ergeben, bestehen z.B. nach §§ 3, 4 Pfandleiherverordnung, §§ 11, 12 VO über das Bewachungsgewerbe, §§ 21, 22 der Versteigerervorschriften und §§ 10, 15 der Makler- und BauträgerVO. Auch hier gilt, daß die Nachschau der Gewerbeüberwachung dient, dagegen nicht ohne weiteres der Aufklärung strafbarer Handlungen Dritter. Das BVerwG (GewArch 71 S. 153) hat daher ausgeführt, es sei bedenklich, „ohne konkrete

Anhaltspunkte und ohne bestehenden Zweifel an der ordnungsgemäßen Gewerbeausübung, alle Aufzeichnungen eines Gebrauchtwarenhändlers anhand allgemeiner Listen als gestohlen gemeldeter Sachen fortlaufend und in kürzesten Abständen darauf zu überprüfen, ob vielleicht einer dieser Gegenstände von ihm angekauft wurde. Anders liegen die Verhältnisse, wenn Anhaltspunkte dafür vorliegen, daß der Gebrauchtwarenhändler gestohlene Gegenstände angekauft haben könnte; dann liegt es im Rahmen der Überwachung nachzuprüfen, ob dies der Fall ist und ob der Gewerbetreibende hierbei seine Pflichten zur ordnungsgemäßen Gewerbeausübung verletzt hat".

**3. Reisebüro und Vermittlung von Unterkünften.** a) Besondere Bedeutung hat die *Buchführung und Auskunftspflicht der Reisebüros* erlangt. Die Überwachung der Reisebüros und Unterkunftsvermittlungsstellen hat ihren Grund darin, daß die Reisenden vielfach die gebuchten Reisen im voraus bezahlen müssen; sie sind daher auf die korrekte Abführung der Gelder usw. angewiesen.

b) Zum *Betrieb eines Reisebüros* gehört die Veranstaltung, Durchführung oder Vermittlung von Reisen, die sich auf die Beförderung mit eigenen Beförderungsmitteln beschränken, sowie die Ausgabe oder Vermittlung von Beförderungsausweisen oder Nebenausweisen für nicht eigene, dem Personenverkehr dienende Beförderungsmittel. Durch das Reisevertragsgesetz vom 4. 5. 1979 (BGBl. I S. 509) sind die §§ 651 a bis 651 k in das BGB eingeführt worden, um Mißbräuche zu verhindern, die durch zu mißbilligende vertragliche Gestaltung des Verhältnisses zwischen Reiseveranstaltern und Kunden entstehen. Nicht zur Reisebürotätigkeit gehört die Vermittlung der Mitnahme gegen bloße Kostenbeteiligung (arg. § 38 Nr. 8 GewO).

c) Die von den Ländern erlassenen VO lehnen sich an einen gemeinsam erarbeiteten Musterentwurf an. Sie stimmen daher im wesentlichen überein. Sie legen fest, welche Auskunftspflichten die Gewerbetreibenden haben, welcher behördlichen Nachschau sie sich unterwerfen müssen und welche Angaben die Geschäftsunterlagen der Betriebe haben müssen. Ferner enthalten die VO Bestimmungen über die Aufbewahrung von Unterlagen und die Führung eines Inseratenbuches, d.h. Sammlung je eines Stückes sämtlicher Veröffentlichungen und Werbeschriften. Ausgenommen von der Buchführungspflicht sind regelmäßig Tagesfahrten ohne Übernachtungsmöglichkeit und die Ausgabe von Beförderungsausweisen einschl. Nebenausweisen.

d) Der *Vermögensverfall* eines Reisebüros kann die Unzuverlässigkeit herbeiführen, da regelmäßig größere Kundengelder verwaltet werden müssen. Vgl. dazu BGH NJW 59 S. 491; BVerwG NJW 61 S. 1834; GewArch 66 S. 9; 82 S. 301.

## § 5. Erlaubnispflichtige Gewerbe nach der Gewerbeordnung

### I. Einleitung

**1. Grundsatz.** a) Nach dem Grundsatz der *Gewerbefreiheit* bedarf es für die Eröffnung eines Gewerbebetriebes grundsätzlich keiner Erlaubnis sondern nur der Anzeige (vgl. § 4). Lediglich bei Unzuverlässigkeit kann die Gewerbebehörde die Ausübung des Gewerbes untersagen.

b) In Ausnahmefällen bedarf die Eröffnung bestimmter Gewerbe einer Zulassung (Erlaubnis, Genehmigung, Konzession, Bewilligung) (vgl. § 5 III). In diesen Fällen prüft die Behörde bereits vor der Eröffnung des Gewerbebetriebes, ob der Bewerber das Gewerbe durchführen darf. Indes ist nach der Rechtsprechung des BVerfG nur dann ein Zulassungsvorbehalt rechtmäßig, wenn überragende Gemeinschaftsgüter auf dem Spiel stehen (vgl. § 2 I). Besteht schon eine Erlaubnispflicht für die Zulassung zum Gewerbe, so ist i. d. R. auch die Gewerbeausübung besonders geregelt.

**2. Arten der Zulassung.** Es sind verschiedene Erlaubnisarten zu unterscheiden:

a) Die *personengebundene Erlaubnis* wird natürlichen oder juristischen Personen erteilt, wenn die persönlichen Erlaubnisvoraussetzungen erfüllt sind. Die Erlaubnis ist an den Inhaber des Gewerbebetriebes, also die natürliche oder juristische Person gebunden. Die Erlaubnis ist nicht übertragbar. Personengebundene Erlaubnisse sind die Erlaubnisse für Pfandleiher (§ 34 GewO), die Ausübung des Bewachungsgewerbes (§ 34a GewO), des Versteigerungsgewerbes (§ 34b GewO) und für Makler, Bauträger und Baubetreuer (§ 34c GewO).

b) Bei der (auch) *raumgebundenen Erlaubnis* sind zusätzlich zu den persönlichen Erlaubnisvoraussetzungen auch die räumlichen Verhältnisse des Betriebes zu überprüfen. Sie gilt nur für die Tätigkeit einer bestimmten Person in bestimmten Betriebsräumen. Die Erlaubnis erlischt, wenn der Inhaber wechselt oder die Betriebsräume gewechselt werden. Raumgebunden sind die Erlaubnisse für Privatkrankenanstalten nach § 30 GewO, für die Schaustellung von Personen nach § 33a GewO, für Spielhallen nach § 33i GewO und für Gaststätten nach dem Gaststättengesetz (vgl. §§ 5 III, 8).

c) Daneben bestehen noch *Anlagegenehmigungen*. Sie sind unabhängig von den persönlichen Verhältnissen des Betreibers der Anlage. Ist die Anlage genehmigt, so bleibt die Genehmigung regelmäßig auch bestehen, wenn der Inhaber wechselt (vgl. §§ 24ff. GewO).

## II. Voraussetzungen der Erlaubniserteilung

**1. Träger der Erlaubnis.** a) Grundsätzlich können *natürliche oder juristische Personen* Träger der Zulassung sein. Eine Ausnahme besteht für das Versteigerungsgewerbe. Insoweit ist die Erlaubnis natürlichen Personen vorbehalten (§ 34b GewO).

b) Bei nicht rechtsfähigen *Personengesellschaften* (oHG, KG, GbR) bedarf jeder geschäftsführende Gesellschafter einer Erlaubnis (BVerwG DÖV 72 S. 137). Die Gaststättenerlaubnis (§ 8 I) darf auch nichtrechtsfähigen Vereinen erteilt werden.

c) Die *juristische Person* entsteht erst mit der Eintragung in das Handelsregister (§ 11 GmbHG). Eine der juristischen Person erteilte Erlaubnis deckt mithin nicht die Gewerbeaufnahme in der Vorgründungs- oder Gründungsgesellschaft (vgl. dazu § 30 III). Sollen diese bereits die gewerbliche Tätigkeit aufnehmen, bedarf es einer Erlaubnis für alle Gründungsgesellschafter. Vielfach wird die Tätigkeit der Vorgesellschaft nach § 15 Abs. 2 GewO geduldet, wenn der positive Ausgang des Erlaubnisverfahrens für die juristische Person bereits absehbar ist. Andererseits erfolgt nach § 8 Abs. 1 Nr. 6 GmbHG die Eintragung einer GmbH in das Handelsregister nur dann, wenn die notwendigen behördlichen Genehmigungen erteilt sind. Die Registerbehörden erkennen jedoch von den Gewerbebehörden ausgestellte Bescheinigungen an, daß die Voraussetzungen für die Gewerbeerlaubnis gegeben sind. Vgl. auch § 30.

d) Nach § 45 GewO dürfen die Befugnisse zum stehenden Gewerbebetrieb durch *Stellvertreter* ausgeübt werden. Diese müssen jedoch den für das betreibende Gewerbe vorgeschriebenen Erfordernissen genügen. Stellvertreter im gewerberechtlichen Sinn ist, wer den Gewerbebetrieb im Namen und für Rechnung des Gewerbeinhabers selbständig führt (vgl. BVerwG GewArch 61 S. 59).

Nach dem Tode eines Gewerbetreibenden darf das Gewerbe für Rechnung des überlebenden Ehegatten durch einen nach § 45 GewO befähigten Stellvertreter betrieben werden, wenn die für den Betrieb einzelner Gewerbe bestehenden besonderen Vorschriften nicht etwas anderes bestimmen (§ 46 GewO). Das Fortführungsrecht hat nur für erlaubnispflichtige Gewerbe Bedeutung, da bei den erlaubnisfreien Gewerben ohne weiteres der überlebende Ehegatte eine Gewerbeanzeige abgeben kann. Für die meisten erlaubnisbedürftigen Gewerbetätigkeiten sieht § 47 GewO eine besondere Stellvertretererlaubnis vor.

**2. Antrag.** a) Zulassungen werden nur auf Antrag erteilt. Die Gewerbebehörde kann eine unerlaubte Tätigkeit unterbinden (§ 15 Abs. 2 GewO). Duldet sie die unerlaubte Tätigkeit, so erwächst daraus noch kein Anspruch auf Zulassungserteilung. Wird die Erlaubnis innerhalb angemessener Frist nach Antragstellung nicht erteilt, kann eine Untätigkeitsklage nach § 75 VwGO erhoben werden.

b) Der *Gang des Zulassungsverfahrens,* die am Verfahren zu beteiligenden Stellen, die beizufügenden Unterlagen und Auskünfte ergeben sich aus den jeweiligen AusführungsVO der Länder.

c) Die Zulassung selbst ist ein begünstigender, rechtsgestaltender *Verwaltungsakt,* der über den Zuständigkeitsbereich der Gewerbebehörde hinaus für den ganzen Geltungsbereich der GewO wirksam ist. Die Form der Erlaubnis ist zumeist in den Ausführungsvorschriften der Länder geregelt.

**3. Voraussetzungen der Zulassung.** Die Erlaubnisvoraussetzungen ergeben sich jeweils aus den Vorschriften für die erlaubnisbedürftigen Gewerbe. Bei persönlichen Erlaubnissen müssen die Erlaubnisvoraussetzungen in der Person des Gewerbetreibenden, bei juristischen Personen in der Person des geschäftsführenden Vertreters gegeben sein. Jedoch kommen bestimmte Voraussetzungen immer wieder vor. Hierzu gehören:

a) Die *Zuverlässigkeit.* Sie besteht, wenn die Prognose gerechtfertigt ist, daß der Antragsteller die Gewähr für eine ordnungsgemäße Ausführung der gewerblichen Tätigkeit bietet. Zumeist sind in den einzelnen gesetzlichen Vorschriften Tatbestände aufgezählt, bei denen die Unzuverlässigkeit indiziert ist. Auch bei Vorliegen dieser Tatbestände kann die Erlaubnis erteilt werden, wenn z. B. eine strafbare Handlung lange zurückliegt usw.

b) *Wirtschaftliche Voraussetzungen.* Die Erlaubnis für Pfandleiher (§ 34 Abs. 1 Nr. 2 GewO), für die Ausübung des Bewachungsgewerbes (§ 34a Abs. 1 Nr. 2 GewO), für Versteigerer (§ 34b Abs. 4 Nr. 2 GewO), für Makler, Bauträger und Baubetreuer (§ 34c Abs. 2 GewO) ist zu versagen, wenn die wirtschaftlichen Verhältnisse der Antragsteller nicht geordnet sind.

c) *Räumliche Verhältnisse.* Die räumlichen Verhältnisse sind nur bei raumbezogenen Erlaubnissen zu prüfen (§§ 33a Abs. 2 Nr. 2, 3; 33i Nr. 2, 3 GewO).

d) Keine Zulassungsvoraussetzungen sind regelmäßig die *Sachkunde* sowie das Bedürfnis (vgl. oben § 2 I). Eine Ausnahme vom Sachkundennachweis besteht für Handwerker (vgl. § 6).

e) Liegen die Voraussetzungen der Erlaubnis vor, so besteht auf ihre Erteilung ein *Rechtsanspruch,* der notfalls klageweise durchzusetzen ist.

**4. Nebenbestimmungen.** In der verwaltungsrechtlichen Praxis werden Verwaltungsakte vielfach unter Nebenbestimmungen erlassen. Zu den Nebenbestimmungen gehören Auflagen, Befristungen, Bedingungen usw.

a) Nach § 36 Abs. 1 Verwaltungsverfahrensgesetz (VwVfG) vom 25. 5. 1976 (BGBl. I S. 1253) m. spät. Änd. darf ein Verwaltungsakt, auf den ein Rechtsanspruch besteht, mit einer Nebenbestimmung nur versehen werden, wenn diese durch Rechtsvorschrift zugelassen ist oder wenn die Nebenbestimmung sicherstellen soll, daß die gesetzlichen Voraussetzungen des Verwaltungsaktes erfüllt werden. Die Erteilung einer Gewerbeerlaubnis ist ein begünstigender rechtsgestaltender Verwaltungsakt (oben II 2), auf den ein Rechtsanspruch besteht. Hieraus folgt, daß die Gewerbeerlaubnis nur mit Nebenbestimmungen versehen werden darf, wenn diese gesetzlich besonders vorgesehen sind. Aus diesem Grundsatz folgt im einzelnen:

b) Von einer *Befristung* spricht man dann, wenn die Erlaubnis bei Eintritt eines zukünftigen gewissen Ereignisses beginnen oder enden soll. Da ein Gewerbetreibender sich regelmäßig auf eine Erlaubnis einrichten muß, ist eine Befristung im allgemeinen nicht möglich. Sie würde pflichtgemäßem Ermessen widersprechen (§ 36 Abs. 2 VwVfG). Dies gilt vor allem für Erlaubnisse nach §§ 30 (Privatkrankenanstalten), 33a (Schaustellungen), 33c Abs. 1 (Spielgeräte mit Gewinnmöglichkeit), 34 (Pfandleihgewerbe), 34a (Bewachungsgewerbe), 34b (Versteigerungsgewerbe) und 34c (Makler, Bauträger und Baubetreuer). Das frühere Verbot in § 53 Abs. 1 GewO ist dagegen aufgehoben. Dasselbe wie für Befristungen gilt für Bedingungen, die sich auf zukünftige ungewisse Ereignisse beziehen. Auch insoweit würde eine Rechtsunsicherheit für die Gewerbetreibenden erwachsen. Dagegen sind solche Bedingungen zulässig, mit denen sichergestellt werden soll, daß die gesetzlichen Voraussetzungen der Gewerbeerlaubnis erfüllt werden. Zulässig wäre z.B. die Erteilung der Erlaubnis an eine Makler-GmbH unter der Bedingung, daß sie in das Handelsregister eingetragen wird (§ 36 Abs. 1 2. Halbs. VwVfG).

Umstr. ist die Rechtslage, wenn die Befristung im Einverständnis des Gewerbetreibenden vorgenommen worden ist. Nach wohl herrschender Meinung ist auch in diesen Fällen die Befristung unwirksam. In jedem Fall kann sich die Gewerbebehörde nicht darauf berufen, die gesamte Erlaubnis sei nichtig, wenn sie selbst eine unwirksame Befristung vorgenommen hat (§ 44 Abs. 4 VwVfG).

c) Die meisten Erlaubnisvorschriften der Gewerbeordnung sehen Auflagen vor (vgl. dazu §§ 33a, 33c, 34, 34a, 34b, 34c GewO). Die Nebenbestimmungen müssen aber so genau formuliert sein, daß sie auch in der Vollstreckung durchgesetzt werden können. Die Auflagen können in einem Verwaltungsstreitverfahren gesondert angegriffen werden (vgl. BVerwG NJW 82 S. 2269).

**5. Das Erlöschen der Erlaubnis.** Erlaubnisse erlöschen:

a) wenn der Inhaber verstirbt oder die juristische Person aufgelöst wird;

b) wenn der Erlaubnisträger auf die Erlaubnis verzichtet. Ein Verzicht liegt aber noch nicht in der Anzeige, ein erlaubnisbedürftiger Betrieb werde aufgegeben (§ 14 Abs. 1 Nr. 3 GewO), da seine Wiedereröffnung beabsichtigt sein kann;

c) wenn bei raumgebundener Erlaubnis die Räume wesentlich verändert werden;

d) wenn bei bestimmten Gewerben der Betrieb nicht innerhalb bestimmter Fristen aufgenommen wird (§ 49 GewO);

e) wenn die Erlaubnis zurückgenommen wird (vgl. V).

## III. Die erlaubnispflichtigen Gewerbearten nach der Gewerbeordnung

**1. Allgemeines.** Eine ausführliche Erörterung der einzelnen erlaubnispflichtigen Gewerbearten ist im Rahmen einer Übersicht ausgeschlossen. Im wesentlichen sind insoweit nur die wichtigsten Rechtsgrundlagen und Rechtsgrundsätze darzustellen.

**2. Private Krankenanstalten.**[1] a) Unternehmer von Privatkranken-, Privatentbindungs- und privaten Nervenkliniken bedürfen einer *Konzession* der zuständigen Behörde. Die Konzession ist nur dann zu versagen, wenn *(1)* Tatsachen vorliegen, welche die Unzuverlässigkeit des Unternehmers in Beziehung auf die Leitung oder Verwaltung der Anstalt dartun, *(2)* nach den von dem Unternehmer einzureichenden Beschreibungen und Plänen die baulichen und die sonstigen technischen Einrichtungen der Anstalt den gesundheitspolizeilichen Anforderungen nicht entsprechen, *(3)* die Anstalt nur in einem Teil eines auch von anderen Personen bewohnten Gebäudes untergebracht werden soll und durch ihren Betrieb für die Mitbewohner dieses Gebäudes erhebliche Nachteile oder Gefahren hervorrufen kann oder *(4)* die Anstalt zur Aufnahme von Personen mit ansteckenden Krankheiten oder von Geisteskranken bestimmt ist und durch ihre örtliche Lage für die Besitzer oder Bewohner der benachbarten Grundstücke erhebliche Nachteile oder Gefahren hervorrufen kann. Vor Erteilung der Konzession sind über die Fragen zu *Nr. (3)* und *(4)* die Ortspolizei und die Gemeindebehörden zu hören (§ 30 GewO).

Unternehmer ist derjenige, in dessen Namen und für dessen Rechnung der Betrieb der Anstalt geführt wird und der die erforderlichen Bestimmungen für Leitung und Verwaltung der Anstalt trifft. Dies kann der Eigentümer oder der Pächter sein. Der Unternehmer ist nicht identisch mit dem ärztlichen Leiter. Die Konzession wird dem Unternehmer für seine Person erteilt. Im Falle eines Personenwechsels bedarf der neue Unternehmer einer neuen Erlaubnis. Die nach § 30 GewO erteilte Konzession gilt nur mit der Maßgabe, daß der Unternehmer Lage, bauliche Gestaltung und die Einrichtung der privaten Krankenanstalt nicht wesentlich ändert.

---

[1] Braun, Die ärztliche Praxis und die Privatkrankenanstalt, NJW 85, 2739.

b) *Genehmigungspflichtig* sind nur privat betriebene Kranken- und Entbindungsanstalten sowie Nervenkliniken. Nicht genehmigungspflichtig sind öffentliche Anstalten, auch wenn sie mit der Absicht der Gewinnerzielung betrieben werden oder gemeinnützige Anstalten, die nicht gewerbsmäßig betrieben werden. Etwas anderes gilt für gemeinnützige Anstalten dann, wenn sie planmäßig darauf hinarbeiten, mehr zu erwirtschaften, als sie einsetzen.

c) *Zuständige Stellen* sind die Landesregierung oder die von ihr bestimmten Stellen (§ 155 Abs. 2 GewO).

d) Die Vorschrift des § 30 GewO ist in *neuerer Zeit umstritten.* Aufgrund der medizinischen Entwicklung sind eine Reihe von privaten Einrichtungen entstanden, die von § 30 GewO nicht erfaßt werden. Hierzu gehören Praxiskliniken, Einrichtungen für ambulante Operationen, Schwangerschaftsabbrüche, Dialysezentren (OVG NW GewArch 84, 84; BVerwG NJW 85, 1414), Sauerstoffkammern usw. Es bestehen daher Bestrebungen, gesetzliche Sonderbestimmungen zu schaffen, die nicht in die Gewerbeordnung eingegliedert sind.

**3. Orthopädische Maßschuhe.**[2] Orthopädische Maßschuhe dürfen nur in einem Handwerksbetrieb oder in einem handwerksähnlichen Nebenbetrieb angefertigt werden, dessen Leiter die Voraussetzung für den selbständigen Betrieb des orthopädischen Schuhmacherhandwerks nach der Handwerksordnung erfüllt (§ 30b GewO). Mit dieser Vorschrift wird die industrielle Fertigung von orthopädischen Maßschuhen verhindert. Dies verstößt nicht gegen Art. 12 GG, da nur die Berufsausübung geregelt wird. Orthopädische Schuhe können dagegen auch industriell gefertigt werden.

**4. Schaustellungen von Personen (§ 33a GewO).**[3] a) Wer gewerbsmäßig Schaustellungen von Personen in seinen Geschäftsräumen veranstaltet oder für deren Veranstaltung seine Geschäftsräume zur Verfügung stellen will, bedarf der Erlaubnis der zuständigen Behörde. Dies gilt nicht für Darbietungen mit überwiegend künstlerischem, sportlichem, akrobatischem oder ähnli-

---

[2] Krause, Das Gesundheitshandwerk zwischen Gewerbe-, Gesundheits-, Sozial- und Wettbewerbsrecht, GewArch 84, 313; 358.

[3] Gusy, „Gute Sitten" als Grenze der Gewerbefreiheit, GewArch 84, 151; Starosta, Zur Sittenwidrigkeit von Veranstaltungen i.S. des § 33a GewO mit geschlechtlichem Charakter, GewArch 85, 290.

chem Charakter. Die Erlaubnis kann mit einer Befristung erteilt und mit Auflagen verbunden werden, soweit dies zum Schutze der Allgemeinheit, der Gäste oder der Bewohner des Betriebsgrundstücks oder der Nachbargrundstücke vor Gefahren, erheblichen Nachteilen oder erheblichen Belästigungen erforderlich ist; unter denselben Voraussetzungen ist auch die nachträgliche Aufnahme, Änderung und Ergänzung von Auflagen zulässig.

b) Die Vorschrift ist durch das GewerberechtsÄndG neu gefaßt und wesentlich eingeschränkt worden. Erlaubnispflichtig sind vor allem Varieté-, Kabarett-, Tanz- oder Stripteasevorführungen (BayVGH GewArch. 84, 17; BVerwG GewArch 85, 161). Nicht mehr erlaubnispflichtig sind Singspiele, Gesangs- oder deklamatorischer Vortrag, Orchesterdarbietungen sowie Sportdarbietungen (Eisrevuen, Motorsportveranstaltungen usw). Erlaubnispflichtig ist der Veranstalter, soweit dieser im stehenden Gewerbe (§ 3 II) tätig ist, sowie derjenige, der für die Veranstaltung seine Räume benutzen lassen will (Vermieter). Ist der Veranstalter im Reisegewerbe tätig, so benötigt er eine Erlaubnis nach § 60a GewO. Findet die Veranstaltung in einer Gaststätte statt, so ist daneben die Gaststättenerlaubnis notwendig.

c) Die Erlaubnis ist nur dann zu *versagen,* wenn *(1)* Tatsachen die Annahme rechtfertigen, daß der Antragsteller die für den Gewerbebetrieb erforderliche Zuverlässigkeit (vgl § 5 II 3) nicht besitzt, *(2)* zu erwarten ist, daß die Schaustellungen den guten Sitten zuwiderlaufen werden, *(3)* der Gewerbebetrieb im Hinblick auf seine örtliche Lage oder auf die Verwendung der Räume dem öffentlichen Interesse wiederspricht, insbesondere schädliche Umwelteinwirkungen im Sinne des Bundes-Immissionsschutzgesetzes oder sonst erhebliche Nachteile, Gefahren oder Belästigungen der Allgemeinheit befürchten läßt (§ 33a Abs. 2 GewO).

Die Erlaubnis ist zu versagen, wenn die Vorführung des Geschlechtsverkehrs gegen Entgelt beabsichtigt ist (BVerwG NJW 82 S. 665) oder eine Peep-Schau veranstaltet werden soll (BVerfG NJW 87, 3246; BVerwG NJW 82 S. 664; GewArch 87, 297 = NJW 87, 1779; VG Düsseldorf GewArch. 84, 19; VG Berlin GewArch 86, 89; zur Verletzung der Würde der Frau: VG Stuttgart GewArch 86, 90; OVG Hamburg NJW 86, 2841). Umstritten ist, ob Erlaubnisse der Peep-Schau zurückgenommen werden können, die vor der Entscheidung des BVerwG erteilt worden sind (OVG NW GewArch 84, 332; vgl. dagegen OVG Hamburg

GewArch 85, 125; VG Oldenburg GewArch 85, 124). Zulässig ist die Vorführung von Striptease-Darbietungen (vgl. OVG NW GewArch 87, 158).

**5. Tanzlustbarkeiten.** Die Abhaltung von Tanzlustbarkeiten richtet sich nach den landesrechtlichen Vorschriften (§ 33b GewO).

Einschränkungen enthalten die landesrechtlichen Vorschriften über den Schutz der Sonn- und Feiertage: *Bayern:* G vom 21. 5. 1980 (BayRS 1131–3–I); *Rheinland-Pfalz:* G vom 15. 7. 1970 (GVBl. S. 225); *Niedersachsen:* G vom 29. 4. 1969 (GVBl. S. 113), geändert durch G vom 21. 6. 1972 (GVBl. S. 309) und vom 2. 12. 1974 (GVBl. S. 535). Die eigentlichen landesrechtlichen Vorschriften wurden durch Polizeirecht getroffen. Es bestehen nur noch in drei Bundesländern Polizeiverordnungen. *Hessen:* PolizeiVO über öffentliche Tanzveranstaltungen vom 19. 2. 1957 (GVBl. S. 16), geändert durch Gesetz vom 5. 10. 1970 (GVBl. S. 598); *Rheinland-Pfalz:* LandespolizeiVO über Tanzveranstaltungen vom 4. 3. 1963 (GVBl. S. 93), geänd. durch G vom 15. 7. 1970 (GVBl. S. 225); *Schleswig-Holstein:* VO vom 29. 9. 1960 (GVOBl. 186).

Die Durchführung regelmäßiger Tanzveranstaltungen in einer Schank- und Speisewirtschaft wird von einer auf die Betriebsart beschränkten Gaststättenerlaubnis nicht gedeckt (HessVGH GewArch 85, 274).

**6. Spielrecht:**[4] a) Die Vorschriften der §§ 33c bis 33i GewO dienen der *Eindämmung des übermäßigen Glückspiels.* Dies wird erreicht durch *(1)* die gewerberechtliche Erlaubnispflicht, *(2)* die Pflicht zur Bauartzulassung für Spielgeräte mit Gewinnmöglichkeit durch die Physikalisch-Technische Bundesanstalt und *(3)* die Pflicht zur Einholung einer Unbedenklichkeitsbescheinigung für sog. andere Spiele mit Gewinnmöglichkeit bei dem Bundeskriminalamt.

Neben den gewerberechtlichen Vorschriften bestehen die Strafvorschriften. Das strafrechtliche Glücksspielverbot (§§ 284ff. StGB) erfaßt alle Spiele, bei denen nach der Verkehrsanschauung nicht unerhebliche Vermögenswerte eingesetzt werden und die Entscheidung über Gewinn und Verlust nicht wesentlich von den Kenntnissen, Fähigkeiten und der Aufmerksamkeit der Spieler abhängt, sondern allein oder hauptsächlich vom Zufall.

---

[4] Backherms, Die Spielhallenerlaubnis, GewArch 84, 49; Höfling, Gewerbliches Spielrecht und Lotterierecht, GewArch 87, 222; dazu Marcks GewArch 87, 328; Kummer, Zur Reform des Spielrechts, GewArch 85, 108; Odenthal, Erlaubnispflicht und Erlaubnisfähigkeit benachbarter Spielhallen, GewArch 85, 257; ders., Gaststättenleistungen in Spielhallen, GewArch 85, 105; Orlob, Spielhallen – Gaststätten, GewArch 84, 255.

b) Die *gesetzlichen Regelungen des Glückspiels,* insbesondere die Zulassung von Spielbanken, Lotterien und Ausspielungen gehören zum Polizeirecht und damit zur Gesetzgebungskompetenz der Länder (§ 33h GewO).

c) Nach § 33c GewO bedarf der *Erlaubnis,* wer *gewerbsmäßig Spielgeräte,* die mit einer dem Spielausgang beeinflussenden technischen Vorrichtung ausgestattet sind, und die die Möglichkeit eines Gewinnes bieten, aufstellen will. Diese Erlaubnis kann unter Auflagen, auch im Hinblick auf den Aufstellungsort, erteilt werden, soweit dies zum Schutz der Allgemeinheit, der Gäste oder der Bewohner des jeweiligen Betriebsgrundstücks oder der Nachbargrundstücke oder im Interesse des Jugendschutzes erforderlich ist; die nachträgliche Änderung, Ergänzung oder Beifügung von Auflagen ist zulässig (§ 33c Abs. 1 GewO).

Die Erlaubnis berechtigt nur zur Aufstellung von Spielgeräten, deren Bauart von der Physikalisch-Technischen Bundesanstalt zugelassen ist. Die Bauartzulassung ist zu versagen, wenn der Spieler in kurzer Zeit unangemessen hohe Verluste erleiden kann (§ 33e S. 1 GewO). Für die Bauartzulassung müssen die in der SpielVO i.d.F. vom 11. 12. 1985 (BGBl. I 2245) aufgestellten Voraussetzungen gegeben sein. Hierzu gehören ein bestimmtes Verhältnis von Einsatz und Gewinn, Mindestspieldauer und Mindestgewinnquote.

Die Erlaubnis nach § 33c GewO wird allgemein für die Aufstellung von Spielgeräten erteilt, also nicht für jedes einzelne Gerät. Die Aufstellung darf nur an dazu geeigneten Orten erfolgen. Über die Geeignetheit der Orte ist von der zuständigen Behörde nach § 33c Abs. 3 GewO eine schriftliche Bestätigung auszustellen. Entspr. § 1 SpielVO dürfen Spielgeräte, bei denen der Gewinn in Geld besteht, nur aufgestellt werden in Räumen von Schank- oder Speisewirtschaften, in denen Getränke oder zubereitete Speisen zum Verzehr an Ort und Stelle verabreicht werden, oder in Beherbergungsbetrieben, in Spielhallen oder ähnlichen Unternehmen oder in Wettannahmestellen der konzessionierten Buchmacher. Die Erlaubnis ist zu versagen, wenn Tatsachen die Annahme rechtfertigen, daß der Antragsteller die erforderliche Zuverlässigkeit (oben II 3a) nicht besitzt.

d) Nach § 33d GewO bedarf der *Erlaubnis* der zuständigen Behörde, wer gewerbsmäßig *ein anderes Spiel* mit Gewinnmöglichkeit veranstalten will. Die Erlaubnis kann befristet und unter

Auflagen erteilt werden, soweit dies zum Schutze der Allgemeinheit, der Gäste oder Bewohner des Betriebsgrundstückes oder der Nachbargrundstücke oder im Interesse des Jugendschutzes erforderlich ist. Die nachträgliche Änderung, Ergänzung oder Beifügung von Auflagen ist zulässig (§ 33d Abs. 1 GewO).

Die Erlaubnis ist personen- und ortsbezogen (oben I 2). Sie darf nur erteilt werden, wenn der Antragsteller im Besitz einer vom Bundeskriminalamt erteilten Unbedenklichkeitsbescheinigung ist (§ 33d GewO). Zu den anderen Spielen mit Gewinnmöglichkeit gehören Geschicklichkeitsspiele ohne technische Spieleinrichtung, also z.B. Karten- oder Wurfspiele, aber auch die Ausspielung geringwertiger Gegenstände. Andere Spiele, bei denen der Gewinn in Geld besteht, dürfen nach der SpielVO nur in Spielhallen oder ähnlichen Unternehmen veranstaltet werden; andere Spiele mit Warengewinn dürfen nur auf Volksfesten, Schützenfesten oder ähnlichen Veranstaltungen, Jahrmärkten oder Spezialmärkten sowie in Gaststätten veranstaltet werden.

e) Nach § 33i GewO bedarf der Erlaubnis, wer gewerbsmäßig eine *Spielhalle* oder ein ähnliches Unternehmen betreiben will, das ausschließlich oder überwiegend der Aufstellung von Spielgeräten oder der Veranstaltung anderer Spiele i.S. des § 33c Abs. 1 S. 1 oder des § 33d Abs. 1 S. 1 GewO oder der gewerbsmäßigen Aufstellung von Unterhaltungsspielen ohne Gewinnmöglichkeit dient. Eine Spielhalle liegt vor, wenn der Betrieb durch das Aufstellen der Spielgeräte oder das Veranstalten der Spiele sein Gepräge erhält; dabei kann es sich auch ausschließlich um Unterhaltungsspiele ohne Gewinnmöglichkeit handeln. Keine Spielhalle ist gegeben, wenn einzelne Unterhaltungsspielgeräte ohne Gewinnmöglichkeit aufgestellt werden, z.B. in Vorräumen von Kinos, auf Flugplätzen oder in Fluren von Gaststätten. Durch das Tatbestandsmerkmal „oder ein ähnliches Unternehmen" soll sichergestellt werden, daß insbesondere auch Spielkasinos, also Räume, in denen andere Spiele veranstaltet werden, erfaßt werden.

Nach § 3 Abs. 1 SpielVO dürfen in Schankwirtschaften, Speisewirtschaften, Beherbergungsunternehmen und Wettannahmestellen der konzessionierten Buchmacher höchstens zwei Geld- oder Warenspielgeräte aufgestellt werden. Nach § 3 Abs. 2 SpielVO dürfen in einer Spielhalle oder in einem ähnlichen Unternehmen je 15 qm Grundfläche höchstens ein Geld- oder Warenspielgerät aufgestellt werden; die Gesamtzahl darf jedoch zehn Geräte nicht übersteigen.

Die Erlaubnis ist zu versagen, *(1)* wenn Tatsachen vorliegen, die die Annahme rechtfertigen, daß der Unternehmer die für den Betrieb der Spielhalle erforderliche Zuverlässigkeit nicht besitzt (§ 33i Abs. 2 Nr. 1 GewO), *(2)* die zum Betrieb des Gewerbes bestimmten Räume wegen ihrer Beschaffenheit oder Lage den polizeilichen Anforderungen nicht genügen oder *(3)* der Betrieb des Gewerbes eine Gefährdung der Jugend, eine übermäßige Ausnutzung des Spieltriebs, schädliche Umwelteinwirkungen i. S. des Bundes-Immissionsschutzgesetzes oder sonst eine nicht zumutbare Belästigung der Allgemeinheit, der Nachbarn oder einer im öffentlichen Interesse bestehenden Einrichtung befürchten läßt (§ 33i Abs. 2 GewO). Die Erlaubnis zum Betrieb einer Spielhalle kann aber nicht wegen eines benachbarten Gymnasiums mit der Begründung versagt werden, sie gefährde die Jugend (OVG NW GewArch 86, 369; 87, 159).

7. **Pfandleihgewerbe.** a) Wer das Geschäft eines Pfandleihers oder Pfandvermittlers betreiben will, bedarf der *Erlaubnis* der zuständigen Behörde (§ 34 Abs. 1 S. 1 GewO). Das Pfandleih- und Vermittlungsgewerbe darf nach h. M., der aber kaum zu folgen ist, nur im stehenden Gewerbe (oben § 3 II) ausgeübt werden. Für das Reisegewerbe soll ein entspr. Verbot (§ 56 Abs. 1 Nr. 6 GewO) bestehen. Nach dem Gesetzeswortlaut sind aber nur Rückkaufsgeschäfte im Reisegewerbe untersagt (§ 34 Abs. 4 GewO). Der Pfandleiher verleiht gewerbsmäßig Geld gegen Verpfändung von beweglichen Gegenständen; ein Pfandvermittler verpfändet die ihm übergebenen Sachen auf seinen eigenen Namen bei einem Pfandleiher oder in einem öffentlichen Leihhaus und führt die erhaltenen Darlehen an seine Auftraggeber ab (OVG Münster GewArch 67 S. 9). Die Erlaubnis kann mit Auflagen versehen werden (§ 34 Abs. 1 S. 2 GewO); sie ist rein personenbezogen.

b) Die Erlaubnis ist zu *versagen,* wenn *(1)* Tatsachen die Annahme rechtfertigen, daß der Antragsteller die für den Gewerbebetrieb erforderliche Zuverlässigkeit nicht besitzt oder *(2)* der die für den Gewerbebetrieb erforderlichen Mittel oder entspr. Sicherheiten nicht nachweist. Die erforderlichen Mittel brauchen nicht ausschließlich aus Eigenkapital zu bestehen. Der Gewerbetreibende muß aber in der Lage sein, zumindest für die ersten

Monate nach Betriebsbeginn die notwendigen Mittel für die Darlehensgewährung, die Bestreitung der Geschäftsunkosten und des Lebensunterhaltes aufzubringen.

c) Die *Verpflichtungen* der Gewerbetreibenden *bei der Berufsausübung* sind in der VO über den Geschäftsbetrieb der gewerblichen Pfandleiher i.d.F. der Bekanntmachung vom 1. 6. 1976 (BGBl. I S. 1334) i.d.Änd. der VO vom 28. 11. 1979 (BGBl. I S. 1986) geregelt. Aus ihr ergeben sich insbesondere Verpflichtungen im Hinblick auf Annahme, Aufbewahrung und Verwertung des Pfandgegenstandes, Art und Höhe der Vergütung für die Hingabe des Darlehens und über die Ablieferung des sich bei der Verwertung des Pfandes ergebenden Pfandüberschusses, der Versicherungspflicht des Pfandleihers und der Verpflichtung zur Buchführung, zur Erteilung von Auskünften und zur Bildung des behördlichen Nachschaus (§ 34 Abs. 2 GewO). Die Nachschau darf nur zur Überwachung des Gewerbebetriebs des Pfandleihers, nicht aber zur laufenden Feststellung von Straftaten Dritter erfolgen (BVerwG GewArch 71 S. 153).

d) Der *gewerbsmäßige Ankauf* von beweglichen Sachen unter Einräumung des Rückkaufrechtes ist nach § 34 Abs. 4 GewO verboten, weil hierdurch die Vorschriften über die Pfandverwertung umgangen werden könnten.

**8. Bewachungsgewerbe.** a) Wer gewerbsmäßig Leben oder Eigentum fremder Personen bewachen will (Bewachungsgewerbe), bedarf der *Erlaubnis* der zuständigen Behörde. Die Erlaubnis kann unter Auflagen zum Schutz der Allgemeinheit erteilt werden (§ 34a Abs. 1 S. 1, 2 GewO). Die Bewachung setzt tätige Obhut voraus. Zu ihr zählen die Fahrzeugbewachung auf bewachten Parkplätzen, die Bewachung von Ladengeschäften zum Schutz vor Ladendiebstählen (BayObLG GewArch 82 S. 128), die Bewachung von Geld- und Wertsachen in technisch dafür ausgerichteten Fahrzeugen. Nicht zur Bewachung gehört die Verwahrung von Garderobe in Theatern, die Verwahrung von Kraftfahrzeugen durch den Gastwirt im Rahmen des Beherbergungsvertrages, die Tätigkeit von angestellten Warenhausdetektiven (OLG Zweibrücken NVwZ 87, 448), die Beobachtung von Detektivinstituten usw. Ein Indiz, wann Bewachungstätigkeit bei der Obhut im Vordergrund steht, kann bei Verträgen, die auf Raumgewährung und Obhut gerichtet sind, das Maß der Gefährdung der Sachen im unbeaufsichtigten Zustand sein (vgl. dazu die Muster-VerwaltungsVO zu § 34a GewO).

b) Die Erlaubnis für die Ausübung des Bewachungsgewerbes ist zu *versagen* (§ 34a Abs. 1 S. 3 GewO), wenn *(1)* Tatsachen die Annahme rechtfertigen, daß der Antragsteller die für den Gewerbebetrieb erforderliche Zuverlässigkeit nicht besitzt, oder *(2)* er die für den Gewerbebetrieb erforderlichen Mittel oder entspr. Sicherheiten nicht nachweist. Für die Beurteilung der Zuverlässigkeit sind vor allem Umstände zu berücksichtigen, die das Verhältnis des Gewerbetreibenden zu fremdem Eigentum und Vermögen oder der körperlichen Unversehrtheit betreffen (vgl. auch dazu Muster-VerwVO zu § 34a GewO). Die Mittel oder Sicherheiten müssen es dem Gewerbetreibenden ermöglichen, zuverlässiges Wachpersonal einzustellen und die Einrichtungen für den Gewerbebetrieb anzuschaffen.

c) Nach § 34 Abs. 2 GewO ist die VO über das Bewachungsgewerbe i.d.F. vom 1. 6. 1976 (BGBl. I S. 1341) i.d.Änd. vom 28. 11. 1979 (BGBl. I S. 1986) ergangen. In ihr sind insbesondere *Berufsausübungspflichten* geregelt, nämlich Pflichten des Gewerbetreibenden bei der Einstellung und Entlassung der im Bewachungsgewerbe beschäftigten Personen, den Anforderungen, denen diese Personen genügen müssen, sowie die Durchführung des Wachdienstes; die Verpflichtung zum Abschluß einer Haftpflichtversicherung, sowie die Verpflichtung zur Durchführung, Erteilung von Auskünften und zur Duldung der behördlichen Nachschau.

d) Die im Bewachungsgewerbe tätigen Personen haben keine *hoheitlichen Befugnisse.* Ihnen stehen lediglich das Notwehr- und das Nothilferecht zu. Im Falle der Bewaffnung der im Bewachungsgewerbe tätigen Personen sind die waffenrechtlichen Vorschriften zu beachten.

**9. Versteigerungsgewerbe.** a) Wer gewerbsmäßig fremde bewegliche Sachen oder fremde Rechte mit Ausnahme grundstücksgleicher Rechte versteigern will, bedarf der *Erlaubnis* der zuständigen Behörde. Zu den beweglichen Sachen i.S. dieser Vorschrift gehören auch Früchte auf dem Halm und Holz auf dem Stamm. Einer besonderen Erlaubnis bedarf, wer gewerbsmäßig fremde Grundstücke oder fremde grundstücksgleiche Rechte versteigern will. Die Erlaubnis zur Versteigerung von Grundstücken schließt die Erlaubnis zur Versteigerung fremder beweglicher Sachen oder Rechte ein (§ 34 Abs. 2 GewO). Beide Erlaubnisse dürfen nur natürlichen Personen erteilt werden. Sie können mit Auflagen versehen sein (§ 34b Abs. 3 GewO).

b) Nach § 34b Abs. 4 GewO sind die Erlaubnisse zu *versagen*, wenn *(1)* Tatsachen die Annahme rechtfertigen, daß der Antragsteller die für den Gewerbebetrieb erforderliche Zuverlässigkeit nicht besitzt oder *(2)* der Antragsteller in ungeordneten Vermögensverhältnissen lebt. Das Gesetz enthält Einzelheiten zur Beurteilung dieser Tatbestandsmerkmale.

c) Zur *Durchführung der Versteigerungen* und der Berufspflichten der Versteigerer sind in § 34b Abs. 6, 7 GewO sowie in der VersteigererVO i.d.F. vom 1.6. 1976 (BGBl. I S. 1345) i.d.Änd. vom 28.11. 1979 (BGBl. I S. 1986) und vom 24.8. 1984 (BGBl. I S. 1154) besondere Vorschriften enthalten. Nach § 34 Abs. 6 Nr. 5 GewO, § 12 S. 1 Nr. 3 VersteigererVO ist die Versteigerung neuer Handelsware verboten (Orientteppiche usw.). Zur Auslegung vgl. dazu: VG Lüneburg GewArch 85, 378; BayVGH GewArch 84, 196; VG Oldenburg GewArch 84, 196. Die Versteigerung von Gebrauchtwagen ist werktags auch während der Ladenschlußzeiten möglich (BayObLG GewArch 86, 170). Zur Zulässigkeit: OLG Koblenz GewArch 86, 171; vgl. BGH NJW 88, 2244.

d) Besonders sachkundige Versteigerer können nach dem Ermessen der zuständigen Behörde allgemein oder für bestimmte Arten von Versteigerungen *öffentlich bestellt* werden (§ 34b Abs. 5 GewO). Die Bestellung liegt im pflichtgemäßen Ermessen der Behörde; auf sie besteht kein Rechtsanspruch (BVerwG GewArch 66 S. 94). Durch die Bestellung wird den Versteigerern eine zusätzliche Betätigungsmöglichkeit eröffnet. Sie erlangen das Recht zu Versteigerungen nach §§ 383 Abs. 3, 966, 1235 BGB sowie §§ 373, 376 HGB; zur Durchführung der Versteigerung: VG Trier GewArch 87, 17.

**10. Makler, Bauträger, Baubetreuer (§ 34c GewO).** a) Einer Erlaubnis nach § 34c Abs. 1 GewO bedarf, wer gewerbsmäßig *(1)* den Abschluß von Verträgen über *a)* Grundstücke, grundstücksgleiche Rechte, gewerbliche Räume, Wohnräume oder Darlehen, *b)* den Erwerb von Anteilscheinen einer Kapitalanlagegesellschaft, von ausländischen Investmentanteilen, von sonstigen öffentlich angebotenen Vermögensanlagen, die für gemeinsame Rechnung der Anleger verwaltet werden, oder von öffentlich angebotenen Anteilen an einer und von verbrieften Forderungen gegen eine Kapitalgesellschaft oder Kommanditgesellschaft vermitteln oder die Gelegenheit zum Abschluß solcher Verträge nachweisen, *(2)* Bauvorhaben *(a)* als Bauherr im eigenen Namen für eigene oder fremde Rechnung vorbereiten oder durchführen und dazu Vermögenswerte von Erwerbern, Mietern, Pächtern oder sonstigen Nutzungsberechtigten oder von Bewerbern um Erwerbs- oder Nutzungsrechte verwenden, *(b)* als Baubetreuer im fremden Namen für fremde Rechnung wirtschaftlich vorbereiten oder durchführen will. In sämtlichen Bundesländern sind Verwaltungsvorschriften zu § 34c GewO ergangen, die auf einem bundeseinheitlichen Musterentwurf beruhen (MusterVwV).

b) Nach § 34c Abs. 1 GewO wird die Erlaubnispflicht an die Ausübung bestimmter *Tätigkeiten* geknüpft. Dagegen ist unerheblich, welche Berufsbezeichnung derjenige führt, der die Tätigkeit ausübt. Dies kann dazu führen, daß auch ein freiberuflicher (Architekt, Rechtsanwalt) einer Erlaubnis bedarf, wenn er Tätigkeiten nach § 34c Abs. 1 GewO verrichtet.

Im einzelnen ergeben sich aus der erst im Jahre 1972 in die GewO eingeführten Vorschrift zahlreiche Streitfragen. Bauherr ist der Herr des Baugeschehens, der bei der Vorbereitung oder Durchführung des Bauvorhabens im Außenverhältnis zu Dritten in eigenem Namen tätig wird oder Bevollmächtigte in seinem Namen tätig werden läßt und einen bestimmenden Einfluß auf Ablauf und Planung des gesamten Bauvorhabens ausübt (vgl. dazu BGH NJW 78 S. 1054; 81 S. 757; BVerwG NJW 87, 511; BFH BStBl. 80 II S. 441). Baubetreuer werden im Außenverhältnis zu Dritten nur im Namen des Bauherrn und im Innenverhältnis zum Bauherrn für dessen Rechnung tätig. Die Tätigkeit des Baubetreuers besteht in der wirtschaftlichen Vorbereitung und Durchführung des Bauvorhabens auf einem i.d.R. dem Betreuten gehörenden Grundstück (vgl. dazu BGH NJW 81 S. 757). Auftraggeber i.S. von § 34c GewO ist der Geschäftspartner des Gewerbetreibenden, dem die in § 34c Abs. 1 S. 1 Nr. 1 u. Nr. 2 GewO erwähnten Leistungen erbracht werden oder der dem Bauherren gem. Nr. 2 Vermögenswerte zur Durchführung von Bauvorhaben zur Verfügung stellt. In den Fällen des § 34c Abs. 1 S. 1 Nr. 1 GewO hat der Gewerbetreibende grundsätzlich zwei Geschäftspartner. Von ihnen ist nach dem Schutzzweck des Gesetzes „Auftraggeber nur derjenige, dem in diesem Vorhaben die Verbraucherfunktion zukommt, also der Erwerber von Grundstükken oder grundstücksgleichen Rechten, der Mieter, der Darlehensnehmer und der Erwerber der Wertpapiere" (Begründung zur Verordnung zur Durchführung des § 34c der GewO vom 20. 6. 1974, BRat-Drucks 786/73).

c) Die Erlaubnis ist nach § 34c Abs. 2 GewO zu *versagen*, wenn *(1)* Tatsachen die Annahme rechtfertigen, daß der Antragsteller oder eine der mit der Leitung des Betriebes oder einer Zweigniederlassung beauftragten Person die für den Gewerbebetrieb erforderliche Zuverlässigkeit nicht besitzt; die erforderliche Zuverlässigkeit besitzt i. d. R. nicht, wer in den letzten Jahren vor Stellung des Antrages wegen eines Verbrechens oder wegen Diebstahls, Unterschlagung, Erpressung, Betruges, Untreue, Urkundenfälschung, Hehlerei, Wuchers oder einer Konkursstraftat rechtskräftig verurteilt worden ist, oder wenn *(2)* der Antragsteller in ungeordneten Vermögensverhältnissen lebt; dies ist i. d. R. der Fall, wenn über das Vermögen des Antragstellers der Konkurs oder das Vergleichsverfahren eröffnet worden oder er in das vom Konkursgericht oder vom Vollstreckungsgericht zu führende Verzeichnis (§ 107 Abs. 2 KO, § 915 ZPO) eingetragen ist. *(3)* Die Erlaubnis kann widerrufen werden (vgl. OVG Bremen GewArch 86, 57).

Die *Zuverlässigkeit* des Gewerbetreibenden ist nach allgemeinen gewerberechtlichen Grundsätzen zu beurteilen (vgl. oben § 5 II). I. d. R. ist von der Unzuverlässigkeit auszugehen, wenn der Antragsteller wegen der in § 34c Abs. 2 Nr. 1 GewO aufgezählten Delikte verurteilt worden ist. Die lange Dauer des Strafverfahrens rechtfertigt nicht von der 5-jährigen Wartefrist abzusehen (OVG Hamburg GewArch 85, 266).

d) Die *Berufsausübung* ist insbesondere in der Makler- und BauträgerVO – MaBV – i. d. F. vom 11. 6. 1975 (BGBl. I S. 1351) geänd. durch VO vom 14. 3. 1985 (BGBl. I S. 580) sowie dem Gesetz zur Regelung der Wohnungsvermittlung vom 4. 11. 1971 (BGBl. I 1745) geregelt. Die Berufsausübungspflichten der MaBV beziehen sich insbesondere auf *(1)* die Sicherheitsleistung oder den Abschluß einer Versicherung, sofern der Gewerbetreibende Vermögenswerte des Auftraggebers erhält oder verwendet (§§ 2, 3, 7 MaBV), *(2)* die zweckgebundene Verwendung der Vermögenswerte des Auftraggebers (§ 4 MaBV), *(3)* die getrennte Verwaltung der Vermögenswerte des Auftraggebers (§ 6 MaBV), *(4)* die Pflicht des Gewerbetreibenden zur Vorlage von Prüfungsberichten an die zuständige Behörde (§§ 16, 17 MaBV; dazu BVerwG NJW 83 S. 1922), *(5)* die Anzeige-, Informations-, Buchführungs-, Aufbewahrungs-, Rechnungslegungs- und Auskunftspflichten des Gewerbetreibenden sowie die Pflicht zur Billigung der behördlichen Nachschau (§§ 8, 9, 10, 11, 13, 14, 15 MaBV).

Von besonderer Bedeutung sind die Verpflichtungen zur Sicherheitsleistung bzw. Versicherung und die Verpflichtung zur jährlichen Vorlage eines Prüfungsberichtes. Der Prüfungsbericht ist durch einen geeigneten Prüfer zu erstellen, der vom Gewerbetreibenden beauftragt wird. Geeignet sind Wirtschaftsprüfer, vereidigte Buchprüfer, Wirtschaftsprüfungs- und Buchführungsgesellschaften sowie bestimmte Prüfungsverbände. Mit der Prüfung können auch andere Personen betraut werden, die öffentlich bestellt oder zugelassen sind. Hierzu zählen insbesondere die in § 36 GewO (vgl. unten 11) aufgezählten Personen (vgl. Muster-VwV). Der Prüfungsbericht muß die erforderlichen Aussagen über Art, Umfang und Durchführung der unter § 34c GewO fallenden Geschäfte enthalten. Werden Verstöße gegen §§ 2 bis 14 MaBV festgestellt, ist der Gewerbetreibende anzuhalten, diese zu unterlassen. In schwerwiegenden Fällen kann auch die Rücknahme der Erlaubnis in Betracht kommen. Die Vorlage eines jährlichen Prüfungsberichtes ist verfassungsgemäß (BVerfG GewArch 77 S. 159).

e) In § 34c Abs. 5 GewO ist für bestimmte Institutionen die *Befreiung von der Erlaubnispflicht* vorgesehen. Hierzu gehören insbesondere Organe der staatlichen Wohnungspolitik, ländliche Siedlungsunternehmen, Kreditinstitute, Kursmakler und freie Makler, die an einer deutschen Wertpapierbörse zugelassen sind.

**11. Öffentlich bestellte Sachverständige** (§ 36 GewO).[5] a) Personen, die als Sachverständige gewerbsmäßig tätig sind oder tätig werden wollen, können durch die von den Landesregierungen bestimmten Stellen nach deren Ermessen für bestimmte Sachgebiete öffentlich bestellt werden, wenn sie besondere Sachkunde

---

[5] Bleutge, Die neuere Rspr. zu § 36 GewO, GewArch 86, 145; Ecken, Der Kraftfahrzeugsachverständige als Gutachter, GewArch 85, 187; Pause, Die Unabhängigkeit des Sachverständigen, GewArch 86, 218; Tettinger, Die öffentliche Bestellung von Sachverständigen (§ 36 Abs. 1 GewO) im Lichte der jüngeren Rspr., GewArch 84, 41.

(bei erneuter Bewerbung: VG Stuttgart GewArch 87, 17) nachweisen und keine Bedenken gegen ihre Eignung bestehen; sie sind zu vereidigen. Die Bestellung muß für ein bestimmtes Gebiet erfolgen (VG Hannover GewArch 85, 269).

Durch § 36 GewO wird keine Erlaubnispflicht begründet; die Tätigkeit als Sachverständiger kann frei ausgeübt werden. Die öffentliche Bestellung und Vereidigung soll aber den genannten Personen eine besondere Vertrauens- und Glaubwürdigkeit verleihen. Ihre Dienste werden alsdann bevorzugt von Gerichten in Anspruch genommen.

b) Die *öffentliche Bestellung und Vereidigung* kommt nur bei besonderer Sachkunde und uneingeschränkter Vertrauenswürdigkeit (OVG NW GewArch 87, 160; VG Stuttgart GewArch 87, 379) in Betracht. Die besondere Sachkunde setzt eine erheblich über dem Durchschnitt liegende Sachkunde voraus (vgl. VGH Freiburg GewArch 86, 92). Zuständige Stellen für die Bestellung sind regelmäßig die Industrie- und Handelskammern sowie die Handwerkskammern. Ob sie die Bestellung vornehmen, liegt in ihrem pflichtgemäßen Ermessen (§ 36 Abs. 1 S. 1 GewO). Auf die Bestellung und Vereidigung besteht kein Rechtsanspruch (BVerfG GewArch 75 S. 334). Es besteht lediglich ein Anspruch auf fehlerfreie Ermessensausübung (OVG Rheinl.-Pfalz GewArch 85, 195; OVG Hamburg GewArch. 84, 162). Im Rahmen dieser Ermessensausübung kann auch berücksichtigt werden, in welcher Anzahl überhaupt Sachverständige benötigt werden. (VG Stade GewArch 86, 147), Insoweit wird nicht gegen den Grundsatz der Berufsfreiheit (oben § 2 II) verstoßen, da der Beruf als Sachverständiger ausgeübt werden kann (BVerwG GewArch 57 S. 78; 86, 127). Es ist nicht ermessensfehlerhaft, wenn für Sachverständige des Kraftfahrzeughandwerks die Meisterprüfung im Karosseriebauer-Handwerk und des Kfz-Mechaniker-Handwerks gefordert wird (VG München GewArch 86, 138). Der Sachverständige muß im allgemeinen der deutschen Sprache mächtig sein (vgl. VGH Bad.-Württemberg GewArch 84, 380; OVG NW GewArch 86, 164). Es besteht kein Anspruch gegen die Bestellungsbehörde, die Bestellung eines Konkurrenten zu unterlassen (VG Oldenburg GewArch 87, 19).

c) Die Tätigkeit als öffentlich bestellter und vereidigter Sachverständiger kann *freiberuflich* (oben § 2 IV) oder *gewerblicher Natur* (oben § 2 III) sein. Bei gewerblicher Natur ist also eine

Gewerbeanmeldung erforderlich (oben § 4 I). Eine freiberufliche Tätigkeit ist dann gegeben, wenn der Sachverständige eine qualifizierte, insbesondere eine auf Hochschulen gelehrte wissenschaftliche Tätigkeit ausübt. Dagegen handelt es sich um gewerbliche Tätigkeit, wenn der Sachverständige an seine Marktkenntnisse oder an handwerkliche Erfahrungen anknüpft. Bei nebenberuflich tätigen Sachverständigen richtet sich die Qualifizierung nach der Haupttätigkeit.

d) Die Verwendung der *Bezeichnung Sachverständiger* ist gesetzlich nicht geschützt. Die Rechtsprechung sieht jedoch die Verwendung der Bezeichnung als Sachverständiger mit einem Rundstempel als einen unzulässigen Wettbewerbsverstoß nach § 3 UWG an, wenn der Sachverständige nicht öffentlich bestellt ist (a.A. OLG Hamm GewArch 86, 332; vgl. dagegen LG Duisburg GewArch 87, 20). Die öffentlich bestellten Sachverständigen üben keine hoheitliche Gewalt aus. Anders ist es bei den sog. beliehenen Sachverständigen, also z.B. den Techn. Überwachungsvereinen.

e) Folgende Landesbehörden haben besondere Rechtsverordnungen für Sachverständige erlassen:

*Bremen:* VO über die öffentliche Bestellung und Vereidigung von Sachverständigen vom 23. 5. 1977 (GBl. S. 253); *Baden-Württemberg:* VO des Wirtschaftsministeriums über die öffentliche Bestellung von Sachverständigen auf dem Gebiet der Land- und Forstwirtschaft einschl. des Garten- und Weinbaus vom 21. 12. 1967 (GBl. 68 S. 3 i.d.Änd. vom 19. 3. 1984 (GBl. 281); *Bayern:* Entschädigung: VO v. 10. 5. 1978 (BayRS 2013–3–1–F); Kraftfahrzeuge v. 11. 10. 1950 (BayRS 702–1–W); Landesplanungsbeirat v. 16. 3. 1971 (BayRS 230–1–2–U); Lebensmittelrecht i.d.F. v. 4. 10. 1976 (BayRS 2125–1–I); öffentl. G. v. 11. 10. 1950 (BayRS 702–1–W); Schiffahrtsangelegenheiten VO v. 10. 3. 1983 (BayRS 95–4–W = GVBl 83, 110); *Bremen:* Vereidigung, VO v. 23. 5. 1977, GBl. 253; *Hamburg:* VO über die öffentliche Bestellung und Vereidigung von Sachverständigen vom 17. 10. 1961 (GVBl. S. 327) i.d.Änd. vom 9. 4. 1963 (GVBl. S. 42); *Hessen:* VO vom 3. 11. 1977 (GVBl. I S. 422).

### IV. Die Verhinderung unerlaubter Betriebsausübung (§ 15 Abs. 2 GewO)

**1. Voraussetzungen.** Nach § 15 Abs. 2 GewO kann die Fortsetzung des Gewerbebetriebes durch die zuständige Behörde verhindert werden, wenn ein Gewerbe, zu dessen Ausübung eine besondere Zulassung (Erlaubnis, Genehmigung, Konzession, Bewilligung) erforderlich ist, ohne diese Genehmigung begonnen wird. Das gleiche gilt, wenn ein Gewerbe von einer ausländischen juristischen Person (vgl. § 16) begonnen wird, deren Rechtsfähigkeit nicht anerkannt wird.

**2. Geltungsbereich.** Der Geltungsbereich erstreckt sich nicht nur auf die nach §§ 30ff. GewO, sondern auch auf die nach gewerberechtlichen Nebengesetzen, z.B. dem GaststG, erlaubnispflichtigen Gewerbe. Die Vorschrift ist entspr. anzuwenden, wenn das Gewerbe zwar erlaubt begonnen, die Erlaubnis aber durch vollziehbare Rücknahmeverfügung nachträglich entfallen ist (OVG Münster GewArch 72 S. 42).

**3. Zuständige Behörde.** Zuständig für die Anordnung und Vollstreckung ist grundsätzlich die Behörde, die den Verwaltungsakt erlassen hat.

**4. Ermessen.** Ob die zuständige Behörde die Fortsetzung des Gewerbebetriebes verhindert, steht in ihrem pflichtgemäßen Ermessen. Die Betriebsschließung kann ermessensfehlerhaft sein, wenn der Betriebsinhaber alle Voraussetzungen für die Erteilung einer Erlaubnis erfüllt, diese aber z.B. wegen einer zögerlichen Verwaltungshandlung noch nicht erteilt worden ist. Die Betriebsschließung ist dann nicht ermessensfehlerhaft, wenn mit der Erteilung der Erlaubnis nicht mit hinreichender Wahrscheinlichkeit gerechnet werden kann (VGH Bad.-Württemberg GewArch 74 S. 128).

**5. Verwaltungsakt.** a) Die Betriebsschließung ist ein *Verwaltungsakt,* der mit den im Verwaltungsrecht zulässigen Rechtsbehelfen angegriffen werden kann. Die Schließungsverfügung bildet erst die Rechtsgrundlage für vollstreckungsrechtliche Maßnahmen (OVG NW GewArch 77 S. 122; DÖV 82 S. 412).

b) Die unerlaubte Führung eines erlaubnispflichtigen Betriebes stellt eine *Ordnungswidrigkeit* nach § 144 Abs. 1 Nr. 1 GewO dar, die mit einer Geldbuße bis zu 10000 DM geahndet werden kann.

## V. Die Gewerbeuntersagung[6]

**1. Zwecksetzung.** Nach dem Grundsatz der Gewerbefreiheit kann jedermann ein stehendes Gewerbe beginnen, verändern oder beenden, ohne daß er dazu einer Erlaubnis bedarf (oben §§ 2

---

[6] Heß, Die Gewerbeuntersagung nach § 35 GewO, 1987.

I, 4 I). Zum Ausgleich der Gewerbefreiheit muß den Behörden aber die Möglichkeit eingeräumt sein, die Ausübung eines Gewerbes zu untersagen, wenn sich jemand als ungeeignet erweist. Bis zum Jahre 1960 gab es keine allgemeine Untersagungsvorschrift. Durch das 4. ÄndG zur Gewerbeordnung wurde § 35 GewO eingeführt. In der Gesetzesbegründung (BT-Drucks 7/111) heißt es dazu, daß es mit den wirtschaftspolitischen Zielsetzungen übereinstimmt, wenn der Beginn einer gewerblichen Tätigkeit von beschränkenden Vorschriften möglichst freigestellt sein solle, daß aber andererseits der Staat dann einzugreifen befugt sein müsse, wenn ein Gewerbetreibender das ihm gewährte Recht der freien gewerblichen Betätigung mißbrauche.

**2. Voraussetzungen der Untersagung.** a) Nach § 35 Abs. 1 S. 1 GewO kann die Ausübung eines Gewerbes von der zuständigen Behörde ganz oder teilweise untersagt werden, wenn Tatsachen vorliegen, welche die Unzuverlässigkeit des Gewerbetreibenden oder einer mit der Leitung des Gewerbebetriebes beauftragten Person in Bezug auf dieses Gewerbe dartun, sofern die Untersagung zum Schutz der Allgemeinheit oder der im Betrieb Beschäftigten erforderlich ist.

Von § 35 Abs. 1 S. 1 GewO wird nur das stehende Gewerbe erfaßt. Für das Reisegewerbe und für den Marktverkehr gelten Sondervorschriften in §§ 59, 70a GewO. Zum stehenden Gewerbe gehören auch Handwerksbetriebe. Dagegen findet § 35 Abs. 1 S. 1 GewO keine Anwendung, soweit für einzelne Gewerbe besondere Untersagungs- oder Betriebsschließungsvorschriften bestehen (§ 35 Abs. 8 GewO). Damit findet § 35 Abs. 1 GewO keine Anwendung bei Privatkrankenanstalten (§ 30 GewO), Schaustellung von Personen (§ 33a GewO), Spielgeräten mit Gewinnmöglichkeiten (§ 33c Abs. 1), im Pfandleih-, Bewachungs-, Versteigerer- und Maklergewerbe (§§ 34–34c GewO) sowie im Bereich des Gaststättengesetzes (§ 15 GaststG).

Liegen die Voraussetzungen einer Untersagung vor, so muß die Behörde sie aussprechen (ist). Anders ist es bei Untersagungsverfügungen nach § 35 Abs. 1 S. 2 GewO. Hiernach kann die Untersagung auf die Tätigkeit des Vertretungsberechtigten eines Gewerbebetriebes oder des mit der Leitung eines Gewerbebetriebes beauftragten Person sowie auf einzelne andere oder auf alle Gewerbe erstreckt werden.

Die Einzelheiten der Gewerbeuntersagung werden erläutert in

einer Allgemeinen Verwaltungsvorschrift zum Vollzug des § 35 GewO i.d.F. vom 5. 6. 1986 (MBl. NW S. 895).

b) Die Gewerbeausübung ist zu untersagen, wenn Tatsachen vorliegen, welche die Unzuverlässigkeit des Gewerbetreibenden oder einer mit der Leitung des Gewerbebetriebes beauftragten Person ergeben. Der Begriff der Unzulässigkeit ist ein unbestimmter Rechtsbegriff, der voll der verwaltungsgerichtlichen Kontrolle unterliegt. Es müssen beweiskräftige Tatsachen vorliegen, aufgrund derer eine Prognose für das künftige Verhalten des Gewerbetreibenden möglich ist. Wegen des schwerwiegenden Eingriffs in die Gewerbefreiheit ist die Prognose einzelfallbezogen nach der jeweiligen Gewerbebranche vorzunehmen. Die dem Gewerbetreibenden zur Last gelegten Verfehlungen müssen von einigem Gewicht sein; eine Vielzahl von kleineren Verfehlungen ist ausreichend, wenn sie auf eine Mißachtung der Berufspflichten schließen lassen. Die Verstöße müssen einen Zusammenhang mit dem Gewerbe haben. Unzureichend sind reine Werturteile. Ein Verschulden braucht nicht vorzuliegen, da die Gewerbeuntersagung keine Strafe, sondern eine Verwaltungsmaßnahme darstellt.

Die Unzuverlässigkeit kann sich ergeben bei: *Straftaten und Ordnungswidrigkeiten* von einigem Gewicht. Die Verwaltungsbehörde kann diese selbst bewerten; jedoch entfalten Strafurteile in gewissem Umfang Bindungswirkung (§ 35 Abs. 3 GewO). Bei länger zurückliegenden Straftaten bedarf es einer besonders sorgfältigen Abwägung der Interessen; *Verletzung steuerrechtlicher Pflichten.* Ein Gewerbetreibender, der längere Zeit seinen steuerrechtlichen Leistungs- und Erklärungspflichten nicht nachkommt, bietet nicht die Gewähr, daß er in Zukunft seine Gewerbe im Einklang mit den öffentlichrechtlichen Vorschriften ausüben wird (BVerwG DVBl. 82, 694 = GewArch 82, 294; BayVGH GewArch 87, 378). Vgl. dazu auch den Mustererlaß vom 25. 6. 1981 BlStBl. 81 I 500; *bei maßgeblichem Einfluß eines Dritten:* VGH Bad.Württ. GewArch 86, 58. Umstr. ist, in welchem Umfang die Finanzbehörden steuerliche Tatsachen an die Gewerbebehörden mitteilen dürfen (§ 30 AO); dazu BVerwG GewArch 82, 294; BFH GewArch 87, 335; *Nichtentrichtung von Sozialversicherungsbeiträgen,* insbesondere solcher, die vom Lohn abzuhalten sind. Nach § 35 Abs. 2 SGB I sind die Sozialbehörden zur Auskunftserteilung an die Gewerbebehörden berechtigt (BT-Drucks 8/4022 S. 85); *Mangel wirtschaftlicher Leistungs-*

*fähigkeit.* Dies gilt jedenfalls dann, wenn das Gewerbe die Verwaltung fremden Vermögens umfaßt (vgl. BVerwG GewArch 61, 166; 66, 9; 32, 301; BayVGH GewArch 87, 379); *Mangel an Fachkenntnissen* führt nur ausnahmsweise zur Unzuverlässigkeit, da die Behörden keine Prüfung der Sach- und Fachkunde durchführen; *Wettbewerbsverstöße* führen nur ausnahmsweise zur Unzuverlässigkeit.

c) Die Gewerbeuntersagung darf nur erfolgen, wenn sie erforderlich ist. Nach dem Grundsatz der Verhältnismäßigkeit ist zu prüfen, ob weniger einschneidende Maßnahmen ausreichend sind, z. B. Abmahnungen, Auflagen, Geldbußen, Teiluntersagungen usw. Eine erweiterte Untersagung (§ 35 Abs. 1 S. 2 GewO) kommt in Betracht, wenn sich die Unzuverlässigkeit auf einzelne Gewerbe erstreckt (BVerwG GewArch 82, 298; 303).

**3. Die Wirkungen der Untersagung.** a) Der Untersagungsbescheid muß in seinem Tenor genau festlegen, in welchem Umfang die Ausübung des Gewerbes untersagt ist. Die Untersagung gilt für den Geltungsbereich des GG. Die Untersagung kann beschränkt sein, wenn z. B. einem Reiseveranstalter noch gestattet wird, die Reisenden zurückzubringen.

b) Adressat der Untersagungsverfügung können natürliche und juristische Personen sein. Ist einer natürlichen Person die Ausübung des Gewerbes untersagt worden, so kann sie das Verbot nicht dadurch umgehen, daß sie eine GmbH gründet und deren Geschäftsführer wird (vgl. § 6 GmbHG).

c) Ist das Gewerbe untersagt worden, so kann nach § 35 Abs. 5 GewO die Betriebsschließung angeordnet werden.

**4. Das Verfahren der Gewerbeuntersagung.** a) Das Verfahren wird von Amts wegen eingeleitet, wenn sich besondere Anzeichen für die Unzuverlässigkeit ergeben, z. B. Eintragungen in das Gewerbezentralregister, Führungszeugnisse, Prozesse usw. Örtlich zuständig ist die Gewerbebehörde, in deren Bezirk der Gewerbetreibende eine Niederlassung unterhält. Verlagert der Gewerbetreibende seinen Betrieb in einen anderen Bezirk, so bleibt die ursprüngliche Behörde zuständig, weil sonst das Untersagungsverfahren verzögert werden könnte (umstr.; vgl. OVG Münster GewArch 79, 165). Das Verfahren wird nach dem VwVfG durchgeführt, soweit sich aus § 35 GewO keine Besonderheiten ergeben. Im Untersagungsverfahren hat der Gewerbetreibende der zuständigen Behörde oder ihren Beauftragten auf

Verlangen jede für die Durchführung des Verfahrens erforderliche mündliche oder schriftliche Auskunft zu geben (§ 35 Abs. 3a GewO). Vor der Anhörung sind bestimmte Stellen zu hören (§ 35 Abs. 4 GewO). Hierzu gehören Industrie- und Handelskammern, Handwerkskammern, Gewerbeaufsichtsämter. Das Verfahren endet mit dem Untersagungsbescheid oder der Einstellung des Verfahrens. Hiervon ist der Gewerbetreibende zu unterrichten (§ 28 VwVfG).

## VI. Die Aufhebung von Erlaubnissen

**1. Rechtsentwicklung.** Die Aufhebung besonderer Gewerbeerlaubnisse war in § 53 Abs. 2 GewO geregelt. Die Vorschrift ist durch das GewerberechtsÄndG aufgehoben worden, weil der Gesetzgeber der Auffassung war, daß es einer besonderen Regelung wegen der umfassenden Regelung von Befristung, Rücknahme, Widerruf und Wiederaufgreifen in §§ 48ff VwVfG nicht bedarf (BT-Drucks 10/1125 S. 13).

**2. Begriff.** a) Der Oberbegriff ist die Aufhebung des Verwaltungsaktes (der Gewerbeerlaubnis). Von Rücknahme eines Verwaltungsaktes wird dann gesprochen, wenn ein von vornherein rechtswidriger Verwaltungsakt aufgehoben wird; von Widerruf, wenn ein ursprünglich rechtmäßiger Verwaltungsakt aufgehoben wird. Rücknahme und Widerruf können sich auf begünstigende oder den Bürger belastende Verwaltungsakte, auf sie im ganzen oder einen bestimmten, abtrennbaren Teil beziehen. Von Wiederaufgreifen ist die Rede, wenn die Behörde einen nicht mehr mit Rechtsbehelfen angreifbaren Verwaltungsakt aufhebt oder ändert. Ist ein Verwaltungsakt nichtig, so wird dies lediglich festgestellt (vgl. §§ 44 V; 43 I VwVfG). Rücknahme und Widerruf sind selbst Verwaltungsakte, so daß sie wiederum mit den zulässigen Rechtsbehelfen angegriffen werden können.

b) Im allgemeinen wird der Betroffene die Rücknahme oder den Widerruf der ihn belastenden Verwaltungsakte begrüßen. Dagegen wird er sich gegen die Aufhebung ihn begünstigender Verwaltungsakte zur Wehr setzen. Es bedarf daher der Klärung, ob und unter welchen Voraussetzungen besondere Gewerbeerlaubnisse wieder aufgehoben werden können.

**3. Die Rücknahme rechtswidriger Verwaltungsakte.** a) Ein rechtswidriger, belastender Verwaltungsakt kann für die Zukunft oder auch für die Vergangenheit ganz oder teilweise zurückgenommen werden (§ 48 Abs. 1 S. 1 VwVfG).

b) Ist der Bürger etwa durch eine besondere Gewerbeerlaubnis begünstigt worden, so streiten zwei Prinzipien miteinander. Einerseits besteht der Grundsatz der Gesetzmäßigkeit der Verwaltung, die jeden unter Gesetzesverstoß erlassenen Verwaltungsakt verbietet. Andererseits kann der Bürger im Vertrauen auf den Verwaltungsakt (Gewerbeerlaubnis) sein Leben eingerichtet haben. Wegen dieses Interessenwiderstreits hat das BVerwG eine umfassende Rücknahmelehre entwickelt (BVerwG 19, 188; 24, 294; 38, 290, 294; 41, 277; 48, 87, 91ff). Ein rechtswidriger begünstigender Verwaltungsakt darf nur zurückgenommen werden, wenn nicht der Grundsatz des Vertrauensschutzes entgegensteht. Vertrauensschutz ist anzunehmen, wenn (1) der Begünstigte auf den Bestand des Verwaltungsaktes vertraut hat, (2) das Vertrauen schutzwürdig ist, (3) das Vertrauensinteresse gegenüber dem öffentlichen Interesse an der Gesetzmäßigkeit der Verwaltung überwiegt. Die Schutzwürdigkeit ist zu verneinen, wenn (2.1) der Begünstigte den Verwaltungsakt erschlichen oder durch unlautere Mittel erwirkt hat (2.2) die Rechtswidrigkeit kannte oder kennen mußte, (2.3) die Rechtswidrigkeit in seinem Verantwortungsbereich liegt, wenn er z.B. auch schuldlos falsche oder unvollständige Angaben gemacht hat. Darüber hinaus wird i.d.R. Vertrauensschutz nur eingeräumt, wenn der Bürger sich auf den Bestand des Verwaltungsaktes (Gewerbeerlaubnis) eingerichtet hat.

c) Diese Rückwirkungslehre hat der Gesetzgeber weitgehend in § 48 VwVfG übernommen. Nach § 48 Abs. 1 S. 1 VwVfG können auch begünstigende Verwaltungsakte grundsätzlich zurückgenommen werden. Die Rücknahme darf jedoch nur unter den eingeschränkten Voraussetzungen von § 48 Abs. 2–4 VwVfG erfolgen. Zu unterscheiden ist zwischen Verwaltungsakten, die einmalige oder laufende Geldleistungen oder teilbare Sachleistungen gewähren oder die Voraussetzungen dafür schaffen (Leistungsbescheide; hierzu § 48 Abs. 2 VwVfG) und den sonstigen Verwaltungsakten (§ 48 Abs. 3 VwVfG). Sonstige Verwaltungsakte können, soweit das Vertrauen nicht entgegensteht zurückgenommen werden; jedoch ist dem Bürger alsdann das Vertrauensinteresse zu ersetzen. Der Anspruch auf das Vertrauensinteresse kann nur innerhalb eines Jahres geltend gemacht werden (§ 48 Abs. 3 VwVfG). Aber auch die Behörde darf den Verwaltungsakt grundsätzlich nur innerhalb eines Jahres nach Kenntnis der die Rücknahme (BVerwG GS GewArch 87, 55) begründenden Tatsachen zurücknehmen (§ 48 Abs. 4 VwVfG). Für Rechtsstreitigkeiten sind jeweils die Verwaltungsgerichte zuständig.

**4. Der Widerruf rechtmäßiger Verwaltungsakte** (Gewerbeerlaubnis). Bei rechtmäßigen Verwaltungsakten tritt der Grundsatz des Vertrauensschutzes noch mehr in den Vordergrund. Nach § 49 Abs. 1 VwVfG kann ein rechtmäßiger nicht begünstigender Verwaltungsakt, auch nach dem er unanfechtbar geworden ist, widerrufen werden (§ 49 Abs. 1 VwVfG). Dagegen kann ein begünstigender Verwaltungsakt (besondere Gewerbeerlaubnis) nur dann für die Zukunft widerrufen werden, wenn ein besonderer in § 49 Abs. 2 VwVfG genannter Widerrufsgrund vorliegt. In einigen Fällen, in denen ein Widerruf berechtigt ist, ist eine Entschädigung vorgesehen (§ 49 Abs. 5 VwVfG).

## Abschnitt III. Die Eröffnung eines stehenden Gewerbebetriebes nach gewerberechtlichen Nebengesetzen

### § 6. Gründung und Ausübung eines Handwerks[1]

#### I. Die Anmeldung eines Handwerksbetriebes

**1. Anmeldungen vor Betriebseröffnung.** Vor Eröffnung eines Handwerksbetriebes sind folgende Anmeldungen vorzunehmen, die z. T. von den Behörden untereinander weitergeleitet werden (vgl. oben § 4 II):

a) Gewerbeanmeldung bei der Stadt bzw. Gemeindeverwaltung (hierzu § 4 I);
b) Eintragung in die Handwerksrolle der Handwerkskammer. Die Anmeldung erfolgt zweckmäßig über die örtliche Kreishandwerkerschaft. Vgl. dazu § 6;
c) Nicht zwingend vorgeschrieben, aber regelmäßig zweckmäßig ist der Beitritt zur Innung. Vgl. dazu § 37;

---

[1] Die wichtigsten Kommentare zur HwO sind: Siegert/Musielak, Das Recht des Handwerks, Kommentar zur Handwerksordnung nebst anderen für das Handwerksrecht bedeutsamen Rechtsvorschriften und Bestimmungen (Verlag Vahlen), 2. Aufl., 1985; Eyermann/Fröhler/Honig, Handwerksordnung, 4. Aufl. (i. V.); Kübler/Aberle/Schubert, Die deutsche Handwerksordnung, Kommentar (Verlag E. Schmidt), Stand 1987.

d) Anmeldung beim Arbeitsamt, das eine Betriebs-Nr. zur Eintragung in die Versicherungsnachweise zuteilt;
e) Anmeldung bei der AOK oder der IKK.
f) Anmeldung bei der zuständigen Berufsgenossenschaft, damit Haftpflichtschutz bei Arbeitsunfällen eintritt;
g) Anmeldung beim Handelsregister, wenn es sich um einen kaufmännisch betriebenen Handwerksbetrieb handelt (dazu § 21).

**2. Anmeldung und Nachfragen.** Die vorstehend aufgeführten Anmeldungen werden z.T. dadurch überflüssig, daß sich die Behörden untereinander Mitteilung machen.

Die Anmeldung eines Gewerbes bei der Gemeinde führt dazu, daß eine Mitteilung an die Finanzämter erfolgt. Diese übersenden dann ihrerseits Fragebogen wegen der Ermittlung zukünftiger Umsätze zur Berechnung der Umsatzsteuer. Derartige Fragen sollten unter Mithilfe des Steuerberaters ausgefüllt werden.

## II. Allgemeine Grundlagen

**1. Besonderer Gewerbebetrieb.** Auch die Handwerksbetriebe sind Gewerbebetriebe. Für sie gelten also zunächst einmal die Ausführungen zu §§ 4 und 5 sinngemäß. Sie nehmen aber innerhalb der Gewerbebetriebe eine besondere Stellung ein. Dies hat z.T. historische Gründe; das Handwerksrecht war bereits im Mittelalter das Recht eines besonderen Berufsstandes. Z.T. hat das Handwerksrecht aber auch eine besondere Ausgestaltung erfahren, um seine Leistungsfähigkeit zu erhalten und zu gewährleisten.

**2. Zulassungsvoraussetzungen.** Für die Zulassung zum Handwerk gelten strenge Zulassungsvoraussetzungen. Das BVerfG hat in einer Entscheidung vom 17. 7. 1961 (NJW 61 S. 2011) die in den §§ 1, 7 HwO enthaltenen Zulassungsbeschränkungen für zulässig gehalten (Einzelh. § 6 III). Es hat ausgeführt, daß Zulassungsbeschränkungen das Grundrecht der Berufsfreiheit (oben § 2 I) zum Schutz wichtiger Gemeinschaftsgüter einschränken können. Als wichtiges Gemeinschaftsgut hat das BVerfG nicht auf das Sicherheitsinteresse der Gemeinschaft abgestellt, die daran interessiert ist, daß bestimmte Handwerke (Kfz-Reparaturwerkstätten, Gas-, Wasser- und Elektrizitätsinstallationsbetriebe) entspr. den Sicherheitsbestimmungen ausgeübt werden; es hat vielmehr ganz allgemein als wichtiges Gemeinschaftsgut auf die Erhaltung des Leistungsstandes und die Leistungsfähigkeit des Handwerkes sowie die Sicherung des Nachwuchses für die gewerbliche Wirtschaft abgestellt. Damit sind auch strenge Zulässigkeitsvoraussetzungen bei einem Friseur verfassungsgemäß.

**3. Rechtsgrundlagen.** Auch für die Handwerksbetriebe gilt die Gewerbeordnung. Das Recht des Handwerks ist aber vor allem im Gesetz zur Ordnung des Handwerks (Handwerksordnung – HwO) i.d.F. vom 28. 12. 1965 (BGBl. 1966 I S. 2), zul. geänd. 24. 4. 1986 (BGBl. I S. 560) geregelt. Der Inhaber eines Handwerksbetriebes kann Kaufmann sein. Insoweit gilt ferner das Handelsgesetzbuch (vgl. § 19).

**4. Bedeutung.** Das Handwerk ist in Deutschland der zweitgrößte Wirtschaftsbereich. Es bestehen z.Z. rd. 500000 selbständige Handwerksbetriebe. Sie erwirtschaften 12% des Sozialproduktes. Die Handwerksbetriebe beschäftigen ca. 4 Mill. Arbeitnehmer. Im allgemeinen können sich handwerkliche Klein- und Mittelbetriebe veränderten Marktverhältnissen leicht anpassen. Dagegen führen Nachfrageveränderungen in Großbetrieben mit einem hohen Grad an Spezialisierung und Fließband-Fertigung häufig zu starken wirtschaftlichen Einbrüchen und Massenentlassungen.

### III. Berechtigung zum selbständigen Betrieb eines Handwerks

**1. Voraussetzungen:** Der selbständige Betrieb eines Handwerks als stehendes Gewerbe ist nur den in der Handwerksrolle eingetragenen natürlichen und juristischen Personen und Personengesellschaften (selbständige Handwerker) gestattet. Personengesellschaften i.S. der Handwerksordnung sind Personenhandelsgesellschaften und Gesellschaften des bürgerlichen Rechtes (§ 1 Abs. 1 HwO; vgl. dazu § 25).

**2. Inhaber eines Handwerks.** a) Inhaber eines Handwerksbetriebes kann sein, *(1)* eine einzelne natürliche Person, *(2)* eine juristische Person; insoweit kommen vor allem die GmbH und GmbH & Co KG in Betracht (Einzelheiten § 25 III u. IV; §§ 30, 31), *(3)* eine bürgerlich-rechtliche Gesellschaft (vgl. § 25 II; § 27), *(4)* eine Personengesellschaft des Handelsrechts. Hierzu gehören die oHG und die KG (Einzelh. § 25 II; §§ 28, 29). Man kann sich auch als partiarischer Darlehensgeber oder stiller Gesellschafter (§ 26 II u. III) an einem Handwerk beteiligen; da dies indes nicht nach außen in Erscheinung tritt, ist dies handwerksrechtlich ohne Bedeutung.

b) Welche der genannten Gesellschaftsformen gewählt wird, ist nach den in §§ 25, 26 dargestellten Grundsätzen zu beurteilen.

c) In die Handwerksrolle wird eingetragen, sofern die Zulässigkeitsvoraussetzungen vorliegen (vgl. § 6 III), *(1)* der Inhaber des Handwerksbetriebes (§ 7 Abs. 1 S 1 HwO), *(2)* bei juristischen Personen diese, wenn der Betriebsleiter die Zulässigkeitsvoraussetzungen erfüllt (§ 7 Abs. 4 HwO; vgl. dazu aber BGH ZIP 88, 433 = NJW 88, 1087; OLG Hamm DB 85, 1460; zu Gründungsgesellschaften: VG Neustadt GewArch 86, 200), *(3)* eine Personenhandelsgesellschaft, wenn für die techn. Leitung ein persönlich haftender Gesellschafter verantwortlich ist, der den Voraussetzungen genügt (§ 7 Abs. 4 S. 2 HGB). Gewerbetreibende bleiben aber auch in diesem Fall die einzelnen Personengesellschafter, so daß z.B. Maßnahmen nach § 16 Abs. 3 HwO gegen sie zu richten sind.

**3. Handwerk.** Nur für den Betrieb eines Handwerks gelten die strengen Zulässigkeitsvoraussetzungen. a) Ein Handwerksbetrieb ist dann gegeben, wenn er handwerksmäßig betrieben wird und vollständig oder im wesentlichen Tätigkeiten eines Gewerbes umfaßt, die in der Anlage A zur HwO aufgeführt sind (§ 1 Abs. 2 HwO).

b) Kennzeichen eines handwerksmäßigen Betriebes[2] sind eine durch qualifizierte Handarbeit erzielte individuelle Einzelleistung, Überschaubarkeit des Betriebsablaufes, Mitarbeit des Betriebsinhabers und Qualifikation der Mitarbeiter, individuelle Fertigung, Arbeit auf Bestellung für bekannte Abnehmer und nicht für einen anonymen Absatzmarkt. Kennzeichen einer industriellen Fertigung sind dagegen umfassender Einsatz technischer Hilfsmittel, Automatisierung der Fertigung, Arbeitsteilung und Spezialisierung des Fertigungsverfahrens, Produktion auf Vorrat für anonymen Absatzmarkt, Größe des Betriebes (vgl. z.B. VG Wiesbaden GewArch 85, 132; VGH Bad.-Württemberg GewArch 85, 338). Das Gesetz hat davon abgesehen, den Begriff der

---

[2] Gaul, Die Abgrenzung des Handwerksbetriebes vom Industriebetrieb, BB 88, 651; Hagebölling, Handwerksbegriff und struktureller Wandel, GewArch 84, 209 ; Müller, Die Abgrenzung Handwerk/Industrie in der Tiefbau-Branche, GewArch 86, 79.

Handwerksmäßigkeit weiter zu definieren, um die Entwicklung nicht zu behindern.

c) Die Anlage A zur HwO enthält ein Verzeichnis der Gewerbe, die als Handwerk betrieben werden können. Der Bundesminister für Wirtschaft ist ermächtigt, durch RechtsVO mit Zustimmung des Bundesrates die Anlage A zur HwO dadurch zu ändern, daß er darin aufgeführte Gewerbe streicht, ganz oder teilweise zusammenfaßt oder trennt, Bezeichnungen für sie festsetzt oder die Gewerbegruppen aufteilt, soweit es die wirtschaftliche und technische Entwicklung fordert. Zu den in der Anlage A aufgeführten Gewerbe gehören (vgl. VO vom 19. 3. 1989, BGBl. I S. 551):

**I Gruppe der Bau- und Ausbaugewerbe**

| Nr. | |
|---|---|
| 1 | Maurer |
| 2 | Beton- und Stahlbetonbauer |
| 3 | Feuerungs- und Schornsteinbauer |
| 4 | Backofenbauer |
| 5 | Zimmerer |
| 6 | Dachdecker |
| 7 | Straßenbauer |
| 8 | Wärme-, Kälte- und Schallschutzisolierer |
| 9 | Fliesen-, Platten- und Mosaikleger |
| 10 | Betonstein- und Terrazzohersteller |
| 11 | Estrichleger |
| 12 | Brunnenbauer |
| 13 | Steinmetzen und Steinbildhauer |
| 14 | Stukkateure |
| 15 | Maler und Lackierer |
| 16 | Kachelofen- und Luftheizungsbauer |
| 17 | Schornsteinfeger |

**II Gruppe der Metallgewerbe**

| | |
|---|---|
| 18 | Metallbauer |
| 20 | Karosserie- und Fahrzeugbauer |
| 21 | Maschinenbaumechaniker |
| 22 | Werkzeugmacher |
| 23 | Dreher |
| 24 | Zweiradmechaniker |
| 24 a | Kälteanlagenbauer |
| 25 | Büromaschinenmechaniker |
| 26 | Kraftfahrzeugmechaniker |

Nr.
27 Kraftfahrzeugelektriker
28 Landmaschinenmechaniker
29 Feinmechaniker
30 Büchsenmacher
31 Klempner
32 Gas- und Wasserinstallateure
33 Zentralheizungs- und Lüftungsbauer
34 Kupferschmiede
35 Elektroinstallateure
36 Elektromechaniker
37 Fernmeldemechaniker
38 Elektromaschinenbauer
39 Radio- und Fernsehtechniker
40 Uhrmacher
41 Graveure
42 Ziseleure
43 Galvaniseure und Metallschleifer
44 Gürtler und Metalldrücker
45 Zinngießer
46 Metallformer und Metallgießer
47 Glockengießer
48 Schneidwerkzeugmechaniker
49 Goldschmiede
50 Silberschmiede
51 Gold-, Silber- und Aluminiumschläger

**III Gruppe der Holzgewerbe**

52 Tischler
53 Parkettleger
54 Rolladen- und Jalousiebauer
55 Bootsbauer
56 Schiffbauer
57 Modellbauer
58 Wagner
59 Drechsler (Elfenbeinschnitzer)
60 Schirmmacher
61 Holzbildhauer
62 Böttcher
63 Bürsten- und Pinselmacher
64 Korbmacher

**IV Gruppe der Bekleidungs-, Textil- und Ledergewerbe**

65 Herrenschneider
66 Damenschneider

Nr.

67 Wäscheschneider
68 Sticker
69 Stricker
70 Modisten
71 Weber
72 Seiler
73 Segelmacher
74 Kürschner
75 Hut- und Mützenmacher
76 Handschuhmacher
77 Schuhmacher
78 Orthopädieschuhmacher
79 Gerber
80 Sattler
81 Feintäschner
82 Raumausstatter

**V Gruppe der Nahrungsmittelgewerbe**

83 Bäcker
84 Konditoren
85 Fleischer
86 Müller
87 Brauer und Mälzer
88 Weinküfer

**VI Gruppe der Gewerbe für Gesundheits- und Körperpflege sowie der chemischen und Reinigungsgewerbe**

89 Augenoptiker[3]
90 Hörgeräteakustiker[4]
91 Bandagisten
92 Orthopädiemechaniker
93 Chirurgiemechaniker
94 Zahntechniker
95 Friseure
96 Textilreiniger
97 Wachszieher
98 *(gestrichen)*
99 Gebäudereiniger

---

[3] Papier, Verwaltungsrechtliche Anforderungen und Beschränkungen des Vertriebs von Fertigbrillen, GewArch 87, 41.

[4] Dohrn, Besonderheiten bei der Ausübung des Hörgeräteakustiker-Handwerks, GewArch 86, 116.

| Nr. | VII Gruppe der Glas-, Papier-, keramischen und sonstigen Gewerbe |
|---|---|
| 100 | Glaser |
| 101 | Glasschleifer und Glasätzer |
| 102 | Feinoptiker |
| 103 | Glasapparatebauer |
| 103a | Thermometermacher |
| 104 | Glas- und Porzellanmaler |
| 105 | Farbsteinschleifer, Achatschleifer und Schmucksteingraveure |
| 106 | Fotografen |
| 107 | Buchbinder |
| 108 | Buchdrucker: Schriftsetzer; Drucker |
| 109 | Steindrucker |
| 110 | Siebdrucker |
| 111 | Flexografen |
| 112 | Chemigrafen |
| 113 | Stereotypeure |
| 114 | Galvanoplastiker |
| 115 | Keramiker |
| 116 | Orgel- und Harmoniumbauer |
| 117 | Klavier- und Cembalobauer |
| 118 | Handzuginstrumentenmacher |
| 119 | Geigenbauer |
| 120 | Metallblasinstrumenten- und Schlagzeugmacher |
| 121 | Holzblasinstrumentenmacher |
| 122 | Zupfinstrumentenmacher |
| 123 | Vergolder |
| 124 | Schilder- und Lichtreklamehersteller |
| 125 | Vulkaniseure |

d) Es können sich Schwierigkeiten ergeben, ob ein Gewerbebetrieb den strengen Zulassungsvoraussetzungen für einen Handwerksbetrieb unterliegt, wenn im Gewerbebetrieb nur ein Ausschnitt aus dem Betätigungsbereich eines Handwerks verrichtet wird. Ein Salon für Hand- und Fußpflege befaßt sich z. B. nur mit einem Ausschnitt des Tätigkeitsbereiches eines Friseurs; in einer „Absatzbar" werden Ausschnitte der Tätigkeit eines Schuhmachers verrichtet (BVerwG GewArch 87, 125). Gleichwohl muß deren Inhaber nicht den Zulässigkeitsvoraussetzungen eines Handwerkers genügen und bedarf nicht der Eintragung in die Handwerksrolle. Eine Eintragung in die Handwerksrolle ist nur dann erforderlich, wenn Arbeiten ausgeführt werden, die nach

Art und Umfang nicht einfach und die wesentlicher Bestandteil des Berufsbildes des betroffenen Handwerks sind (zur Schuhexpreßbar OVG Hamburg GewArch 84, 27). Nicht einfach sind solche Tätigkeiten, zu deren einwandfreier Ausführung es wegen der Art oder ihres Umfanges einer handwerklichen Befähigung bedarf.

**4. Stehendes Gewerbe.** Nur dann sind die Zulassungsvoraussetzungen eines Handwerks zu erfüllen, wenn ein stehendes Gewerbe betrieben werden soll.

a) Der Begriff des stehenden Gewerbes ist in § 3 II erörtert.

b) Keine Eintragung in die Handwerksrolle bedarf es mithin, wenn das Gewerbe allein im Umherziehen (vgl. § 3 III) verrichtet wird. Von der HwO nicht erfaßt wird das Reisegewerbe und der Marktverkehr. Ein Fernsehschnelldienst, der ausschließlich mit dem Montagewagen betrieben wird, braucht mithin nicht in die Handwerksrolle eingetragen werden. Im allgemeinen werden aber auch Fernsehschnelldienste zum Handwerk gehören, da sie eine Werkstatt und einen Standort für die Werbung benötigen.

**5. Persönliche Voraussetzungen der Eintragungen in die Handwerksrolle.** In die Handwerksrolle wird grundsätzlich nur eingetragen, wer in dem von ihm zu betreibenden Handwerk die Meisterprüfung bestanden hat (§ 7 Abs. 1 S. 1 HwO) oder wer eine Ausnahmebewilligung für das zu betreibende Handwerk oder für ein diesem verwandtes Handwerk besitzt (§ 7 Abs. 3 HwO).

a) Die Handwerkskammer hat ein Verzeichnis zu führen, in welches die selbständigen Handwerker ihres Bezirkes mit dem von ihnen betriebenen Handwerk oder, sofern sie mehrere Handwerke ausführen, mit diesen einzutragen sind (§ 7 Abs. 1 HwO). Für die Eintragung eines selbständigen Handwerkers in die Handwerksrolle, der im Geltungsbereich dieses Gesetzes eine gewerbliche Niederlassung unterhält, ist die Handwerkskammer zuständig, in deren Bezirk er den selbständigen Betrieb des Handwerks als ständiges Gewerbe erstmalig beginnen will. Der Bundesminister für Wirtschaft bestimmt die Einzelheiten der Eintragung (vgl. VO über die Einrichtung der Handwerksrolle und den Wortlaut der Handwerkskarte vom 2. 3. 1967 – BGBl. I S. 274). Die Einsicht in die Handwerksrolle ist jedem gestattet, der daran ein berechtigtes Interesse hat. Ein solches kann z.B. gegeben sein, um im Rahmen eines Gewährleistungsprozesses die Vorbildung festzustellen, die Inhaberverhältnisse zu prüfen usw.

b) In die Handwerksrolle wird grundsätzlich nur eingetragen, wer die Meisterprüfung bestanden hat. Die Voraussetzungen der Meisterprüfung sind in §§ 45ff. HwO geregelt (Einzelh. § 41 III). Zur Meisterprüfung werden nur Personen zugelassen, die eine Gesellenprüfung bestanden haben und in dem Handwerk, in dem sie die Meisterprüfung ablegen wollen, eine mehrjährige Tätigkeit als Geselle zurückgelegt haben oder zum Ausbilden von Lehrlingen in diesem Handwerk fachlich geeignet sind (§ 49 Abs. 1 S. 1 HwO). Der Bundesminister für Wirtschaft kann im Wege der RechtsVO mit Zustimmung des Bundesrates verwandte Handwerke bestimmen, bei denen die Meisterprüfung in dem einen Handwerk die fachgerechte Ausübung des anderen Handwerkes gewährleistet (z.B. Bäcker und Konditor). In der RechtsVO vom 18. 12. 1968 (BGBl. I S. 1355), geändert durch VO vom 10. 7. 1978 (BGBl. I S. 984) und 19. 3. 1989 (BGBl. I S. 551) sind im übrigen die verwandten Berufe bestimmt (vgl. unten):

c) Besonderheiten ergeben sich bei *Schornsteinfegern.* Die Eigentümer von Grundstücken sind verpflichtet, die kehr- und überprüfungspflichtigen Anlagen fristgerecht reinigen und überprüfen zu lassen. Sie werden in Kehrbezirken zusammengefaßt; für jeden Kehrbezirk wird ein Bezirksschornsteinfeger bestellt. Zum Bezirksschornsteinfeger wird bestellt, wer in eine Bewerberliste eingetragen ist, gesundheitlich zur Tätigkeit in der Lage ist und in den letzten drei Jahren mindestens zwei Jahre im Bezirk praktisch tätig gewesen ist (§ 5 Gesetz über das Schornsteinfegerwesen – Schornsteinfegergesetz – SchfG vom 15. 9. 1969 (BGBl. I S. 1634, ber. 2432), zul. geänd. 18. 2. 1986 (BGBl I S. 265). Vgl. VO über das Schornsteinfegerwesen vom 19. 12. 1969 (BGBl. I S. 2363) m. spät. Änd. Die Durchführung eines akademischen Studiums führt nicht zur Zurücksetzung in der Bewerberliste (BVerwG GewArch 86, 304).

| Spalte I | Spalte II |
|---|---|
| 1. Bäcker | Konditoren |
| 2. Bandagisten | Orthopädiemechaniker |
| 3. Beton- und Stahlbetonbauer | Maurer |
| 4. Böttcher | Weinküfer |
| 5. Bootsbauer | Schiffbauer |
| 6. Damenschneider | Herrenschneider |
| 7. Dreher | Maschinenbaumechaniker |

| Spalte I | Spalte II |
|---|---|
| 8. Feinmechaniker | Maschinenbaumechaniker; Werkzeugmacher |
| 9. Feintäschner | Sattler |
| 10. Galvanoplastiker | Stereotypeure |
| 11. Glaser | Glasschleifer und Glasätzer |
| 12. Glasschleifer und Glasätzer | Glaser |
| 13. Graveure | Werkzeugmacher |
| 14. Gürtler und Metalldrücker | Metallbauer; Silberschmiede |
| 15. Herrenschneider | Damenschneider |
| 16. Holzbildhauer | Steinmetzen und Steinbildhauer |
| 17. Karosserie- und Fahrzeugbauer | Wagner |
| 18. Klempner | Kupferschmiede |
| 19. Konditoren | Bäcker |
| 20. Kupferschmiede | Klempner |
| 21. Landmaschinenmechaniker | Metallbauer |
| 22. Maschinenbaumechaniker | Dreher; Feinmechaniker; Zweiradmechaniker; Metallbauer; Werkzeugmacher |
| 23. Maurer | Beton- und Stahlbetonbauer |
| 24. Zweiradmechaniker | Maschinenbaumechaniker; Werkzeugmacher |
| 25. Orthopädiemechaniker | Bandagisten |
| 26. Sattler | Feintäschner |
| 27. Schiffbauer | Bootsbauer |
| 28. Metallbauer | Gürtler und Metalldrücker; Maschinenbaumechaniker; Werkzeugmacher; Landmaschinenmechaniker |
| 30. Silberschmiede | Schlosser; Gürtler und Metalldrücker |
| 31. Steinmetzen und Steinbildhauer | Holzbildhauer |
| 32. Sterotypeure | Galvanoplastiker |
| 33. Wagner | Karosserie- und Fahrzeugbauer |
| 34. Weinküfer | Böttcher |
| 35. Werkzeugmacher | Graveure; Maschinenbaumechaniker; Feinmechaniker; Zweiradmechaniker; Metallbauer |

c) Der Bundesminister für Wirtschaft kann ferner durch RechtsVO mit Zustimmung des Bundesrates bestimmen, welche anderen Prüfungen als ausreichende Voraussetzungen für die Eintragung in die Handwerksrolle anzuerkennen sind. Er kann dabei bestimmen, daß eine zusätzliche praktische Tätigkeit nachzuweisen ist (§ 7 Abs. 2 HwO). Hierzu vgl. VO über die Anerkennung von Prüfungen bei der Eintragung in die Handwerksrolle und bei Ablegung der Meisterprüfung vom 2. 11. 1982 (BGBl. I S. 1475).

d) Schließlich kann die Eintragung in die Handwerksrolle aufgrund einer Ausnahmebewilligung erfolgen (§ 7 Abs. 3 HwO).[5]

Nach § 8 Abs. 1 S. 1 HwO ist eine Ausnahmebewilligung zu erteilen, wenn der Antragsteller die zur selbständigen Ausübung des Handwerks notwendigen Kenntnisse und Fähigkeiten nachweist. Indes wird die Ausnahmebewilligung allein in Ausnahmen erteilt. Ein Ausnahmefall liegt vor, wenn die Ablegung der Meisterprüfung für den Bewerber eine unzumutbare Härte darstellte (§ 8 Abs. 1 S. 2 HwO); z.B. weil sie im höheren Lebensalter abzulegen wäre, schuldlos früher eine Prüfung nicht abgelegt werden konnte (VGH Bad.-Württemberg GewArch 86, 375; VG Augsburg GewArch 86, 376; VG Oldenburg GewArch 86, 378) usw. Die Ausnahmebewilligung kann befristet (bis zur Ablegung der Meisterprüfung), unter Auflagen oder Bedingungen erteilt werden (§ 8 Abs. 2 HwO). Die Erteilung erfolgt durch die höhere Verwaltungsbehörde (§ 8 Abs. 3 HwO). Vor der Erteilung haben Antragsteller, Handwerkskammer und sonstige zuständige Stellen ein Anhörungsrecht. Erteilung wie Ablehnung kann bei den Verwaltungsgerichten angegriffen werden (BayVGH GewArch 84, 125). Dagegen hat ein selbständiger Handwerksmeister kein Klagerecht, weil einem Dritten eine Ausnahmebewilligung erteilt worden ist (BVerwG GewArch 84, 30).

Ausnahmebewilligungen können ferner an Angehörige der Mitgliedstaaten der EG erteilt werden (§ 9 HwO). Wegen der Einzelheiten vgl. RechtsVO über die für Staatsangehörige der übrigen Mitgliedstaaten der EWG geltenden Voraussetzungen der Eintragung in die Handwerksrolle (VO Handwerk EWG) vom 4. 8. 1966 (BGBl. I S. 469) zul. geänd. durch VO vom 10. 2. 1984 (BGBl. I S. 252) und 8. 10. 1985 (BGBl. I S. 1957).

e) Eine juristische Person wird in die Handwerksrolle eingetragen, wenn der Betriebsleiter die Meisterprüfung bestanden hat oder eine Ausnahmebewilligung besitzt (§ 7 Abs. 4 HwO). Die

---

[5] Faber, Die befristete Ausnahmebewilligung gem. § 8 HwO bei noch nicht bestandener Meisterprüfung, GewArch 87, 6.

Personengesellschaft wird eingetragen, wenn für die technische Leitung ein persönlicher Gesellschafter zuständig ist, der den entspr. Voraussetzungen genügt.

## IV. Berechtigung zur Führung von Handwerksneben- und Handwerkshilfsbetrieben sowie das Fortführungsrecht[6]

**1. Nebenbetriebe** Die HwO findet auch auf handwerkliche Nebenbetriebe Anwendung (§ 2 Nr. 3 HwO). Handwerkliche Nebenbetriebe sind Betriebe, die mit einem Unternehmen des Handwerks, der Industrie, des Handels, der Landwirtschaft oder sonstiger Wirtschafts- und Berufszweige betrieben werden.

Beispiel: Frischfleischabteilung in einem Kaufhaus, Restaurierung im Antiquitätenhandel (OLG Karlsruhe GewArch 84, 29); Montage industriell gefertigter Normfenster (BVerwG GewArch 84, 96, 98); Reparaturwerkstatt an Tankstelle (OLG Stuttgart GewArch 85, 19; BVerwG GewArch 87, 25).

Ein Nebenbetrieb ist gegeben, wenn er mit dem Hauptbetrieb verbunden ist, dem Nebenbetrieb im Verhältnis zum Hauptbetrieb eine dienende Funktion zukommt und in ihm Waren handwerksmäßig hergestellt oder Leistungen für Dritte handwerksmäßig erbracht werden (§ 3 Abs. 1 HwO). Der Inhaber des Nebenbetriebes wird in die Handwerksrolle eingetragen, wenn der Leiter des Nebenbetriebes die Meisterprüfung, gleichgestellte Prüfungen oder eine Ausnahmebewilligung besitzt (§ 7 Abs. 5 HwO). Keiner Eintragung in die Handwerksrolle bedarf es, wenn in dem Nebenbetrieb handwerksmäßige Leistungen nur in einem unerheblichen Umfang erbracht werden. Eine Tätigkeit ist unerheblich, wenn sie während eines Jahres den durchschnittlichen Umsatz und die durchschnittliche Arbeitszeit (BayObLG GewArch 84, 383) eines ohne Hilfskräfte arbeitenden Betriebes des betreffenden Handwerks nicht übersteigt (§ 3 Abs. 1 HwO). Unerhebliche Nebenbetriebe können z. B. Fleischereibetriebe als Nebenbetriebe zu einer Schweinemästerei (OVG Münster GewArch 77 S. 196) oder eine Metzgerei in einem Hotelbetrieb (OLG Koblenz GewArch 81 S. 14) sein. Insbesondere gehören hierhin aber

---

[6] Schwappach/Klinge, Handwerksrechtliche Voraussetzungen zur Annahme eines Nebenbetriebes i.S. von §§ 2 und 3 HwO, GewArch 87, 73.

Reparaturbetriebe im Rahmen des Gebrauchtwagenhandels (KG Berlin GewArch 87, 26.)

**2. Hilfsbetriebe.** Auf handwerkliche Hilfsbetriebe eines anderen Unternehmens findet die HwO keine Anwendung; sie sind also nicht in die Handwerksrolle einzutragen (§ 2 Nr. 3 HwO i.V.m. mit § 3 Abs. 3 HwO).

a) Hilfsbetriebe sind unselbständige, der wirtschaftlichen Zweckbestimmung des Hauptbetriebes dienende Handwerksbetriebe, wenn sie *(1)* Arbeiten für den Hauptbetrieb oder für andere dem Inhaber des Hauptbetriebes ganz oder überwiegend gehörende Betriebe ausführen oder *(2)* Leistungen an Dritte bewirken, die *a)* als handwerkliche Arbeiten untergeordneter Art zur gebrauchsfertigen Überlassung üblich sind oder *b)* in unentgeltlichen Pflege-, Instandhaltungs- oder Instandsetzungsarbeiten bestehen oder *c)* in entgeltlichen Pflege-, Instandhaltungs- oder Instandsetzungsarbeiten an solchen Gegenständen bestehen, die in dem Hauptbetrieb selbst erzeugt worden sind, sofern die Übernahme dieser Arbeiten bei der Lieferung vereinbart worden sind, oder *d)* auf einer vertraglichen oder gesetzlichen Gewährleistungspflicht beruhen.

b) Zu den Hilfsbetrieben zählen z.B. die Kraftfahrzeugreparaturwerkstatt eines großen Speditionsunternehmens; Reparatur- und Lackierwerkstatt eines Gebrauchtwagenhandels (BVerwG GewArch 86, 297; auch KG Berlin GewArch 87, 26) oder die von einem Kaufhaus betriebene Werkstatt, die Kundendienstarbeiten oder Fernsehreparaturen usw. ausführt.

**3. Fortführung eines Handwerksbetriebes nach dem Tod des Inhabers (Witwenprivileg).** Nach dem Tod eines selbständigen Handwerkers dürfen der Ehegatte, der Erbe bis zur Vollendung des 25. Lebensjahres, der Testamentsvollstrecker, Nachlaßverwalter, Nachlaßkonkursverwalter oder Nachlaßpfleger den Betrieb fortführen (§ 4 Abs. 1 S. 1 HwO). Die Handwerkskammer kann Erben bis zur Dauer von zwei Jahren über das 25. Lebensjahr hinaus die Fortführung des Betriebes gestatten (§ 4 Abs. 1 S. 2, 3 HwO). Nach Ablauf eines Jahres seit dem Tode des selbständigen Handwerkers darf der Betrieb nur fortgeführt werden, wenn er von einem Handwerker geleitet wird, der den persönlichen Zulassungsvoraussetzungen genügt, also grundsätzlich die Meisterprüfung bestanden hat (§ 4 Abs. 2 S. 1 HwO). Indes kann die höhere

Verwaltungsbehörde bereits vor Ablauf eines Jahres die Fortführung des Betriebes davon abhängig machen, daß er von einem Handwerker geleitet wird. Eine derartige Verfügung ergeht dann, wenn dies zur Verhütung von Gefahren für die öffentliche Sicherheit erforderlich ist. Dies ist vor allem in den sog. gefährlichen Gewerben (Kraftfahrzeug-Reparaturwerkstatt, Installationsunternehmen usw.) der Fall.

### V. Eintragungsverfahren

Die Eintragung erfolgt aufgrund von Formularen, die von den Handwerkskammern ausgegeben werden. Nachfolgend ein solches Musterformular auf S. 80, 81.

### VI. Untersagung der Durchführung des Handwerksbetriebes[7]

**1. Betriebsschließung.** Die Fortsetzung eines Handwerksbetriebes kann verhindert werden,

a) durch Untersagung nach § 16 Abs. 3 HwO;
b) durch Schließung der Betriebs- oder Geschäftsräume nach § 16 Abs. 4 HwO;
c) durch Gewerbeuntersagung nach § 35 GewO (dazu § 5 IV, V).

**2. Untersagung.** Wird der selbständige Betrieb eines Handwerkers als stehendes Gewerbe entgegen den Vorschriften der HwO ausgeübt, so kann die zuständige Behörde von Amts wegen oder auf Antrag der Handwerkskammer die Fortsetzung des Betriebes untersagen.

a) Welche Behörde zuständig ist, richtet sich nach Landesrecht.

b) Ein Handwerk wird entgegen den Vorschriften der HwO ausgeübt, wenn der Inhaber nicht entspr. §§ 1, 7 HwO in die Handwerksrolle eingetragen ist (oben III 5) oder den Betrieb nicht selbst oder durch einen zugelassenen Vertreter führt. Ist ein Betriebsinhaber irrtümlich in die Handwerksrolle eingetragen worden, so ist die Eintragung zu löschen (§ 13 HwO). Indes kann das Versagungsverfahren schon vorher durchgeführt werden.

c) Wird die Fortsetzung des Betriebes untersagt, so betrifft dies nur den Betrieb; die Versagung bezieht sich nicht allgemein auf

---

[7] Pauly, Die Untersagungsverfügung nach § 16 Abs. 3 der Handwerksordnung, GewArch 85, 10.

die Betätigung im Handwerk. Die Untersagungsverfügung muß hinreichend bestimmt sein, so daß die Betroffenen genau erkennen können, was von ihnen verlangt wird (VG Oldenburg GewArch 85, 198). Ob das Untersagungsverfahren eingeleitet wird, steht im pflichtgemäßen Ermessen der zuständigen Behörde. Anders ist es bei einer Untersagung nach § 35 GewO (§ 5 IV, V).

**3. Schließung der Geschäfts- und Betriebsräume.** Eine Schließung der Geschäfts- und Betriebsräume nach § 16 Abs. 4 HwO kommt in Betracht, wenn verhindert werden soll, daß der Gewerbetreibende das untersagte Gewerbe ausübt. In der Verwaltungsverfügung sind die konkreten Anschriften der Betriebe anzugeben, da ja nur sie untersagt bzw. geschlossen werden sollen. Ein Verwaltungsakt, durch den ein Handwerksbetrieb untersagt und geschlossen wird, enthält im allgemeinen vier Bestandteile: *a)* Die Untersagung der Fortsetzung des unerlaubten Betriebes (§ 16 Abs. 3 HwO); *b)* die Anordnung der Schließung des Betriebes (§ 16 Abs. 4 HwO); *c)* die Anordnung eines geeigneten Zwangsmittels nach dem Verwaltungsvollstreckungsgesetz für den Fall der Nichtbefolgung der Schließungsaufforderung und *d)* u. U. die Anordnung der sofortigen Vollziehung nach § 80 Abs. 2 Nr. 4 VwGO.

**4. Gewerbeuntersagung wegen Unzuverlässigkeit.** Nach § 35 GewO ist die Ausübung eines Gewerbes von der zuständigen Behörde ganz oder teilweise zu untersagen, wenn Tatsachen vorliegen, aus denen sich die Unzuverlässigkeit des Gewerbetreibenden oder einer mit der Leitung des Gewerbebetriebes beauftragten Person in bezug auf dieses Gewerbe ergibt, sofern die Untersagung zum Schutz der Allgemeinheit oder der im Betrieb Beschäftigten erforderlich ist. Die Ausübung eines Handwerks entgegen den Vorschriften der HwO begründet noch keine Unzuverlässigkeit, denn insoweit stehen für das Handwerk arteigene Mittel zur Verfügung. Als Untersagungsgründe kommen vor allem strafbare Handlungen des Handwerkers in Betracht. Vgl. Einzelheiten auch oben § 5 IV, V.

**5. Wirksamkeit der Werkverträge.** Schließt ein Bauhandwerker ohne Eintragung in die Handwerksrolle Werkverträge, so sind diese gleichwohl wirksam (BGH NJW 84 S. 230).

**Landkreis:**

**Gemeinde:** **Finanzamt:**

**Reg.-Nr.:**

# ANTRAG

**auf Eintragung in die Handwerksrolle**
**bzw. Änderung der Handwerksrolleneintragung**

Handwerkskammer
Kassel

Scheidemannplatz 2
3500 Kassel

HWK

| Betr.-Nummer | Gemeinde Kenn-Nr. | IHK | Land | Steuer Nr. | BA | RF | ZW |
|---|---|---|---|---|---|---|---|
| | | | | | | | |

(mit Schreibmaschine oder Blockschrift ausfüllen !)

Betriebsinhaber bzw.
Firmenbezeichnung

Tel.-Nr.

Straße, Haus-Nr.

Postleitzahl, Ort der gewerblichen Niederlassung

Rechtsform des Unternehmens (z. B. Einzelfirma, OHG, KG, GmbH)

Ort der Handelsregistereintragung ______ Nr. der Handelsregistereintragung ______

Datum der Ha.-Reg.-Eintragung ______

Mitglied der Industrie- und Handelskammer

☐ ja ☐ nein

Eintragungs-Datum

Welche Handwerke werden betrieben?

| Beruf-Nr. | BR | EGRL | Eintragungs-Datum Tag | Monat | Jahr | Prüfungsdatum Tag | Monat | Jahr | AB |
|---|---|---|---|---|---|---|---|---|---|
| | | | | | | | | | |

Sonstige gewerbliche Tätigkeit
(Handel, Industrie)

Welches Gewerbe überwiegt

Datum der 1. Betriebsgründung ______

Bestehen Zweigbetriebe ☐ ja ☐ nein Anschrift

Beschäftigte insgesamt ☐ Gewerbliche Fachkräfte ☐ Kaufmännische Fachkräfte ☐

Waren Sie früher in der Gewerbe- bzw. Handwerksrolle eingetragen von–bis

Bei welcher Handwerkskammer ______ Betriebssitz ______

Handelt es sich um eine Teilhaberschaft ☐ oder Übernahme ☐ oder Betriebsaufspaltung ☐

Name und Anschrift des bisherigen Inhabers ______

Ist der bisherige Inhaber mit Ihnen verwandt, ggf. wie? ______

Falls bisheriger Inhaber verstorben, bitte, sofern bekannt, Todestag angegeben ______

**Eingetragen am** ______ **§** ______ **HwO** **befristet bis** ______

**Ausbildungsbefugnis** ______ **Handwerkskarte ausgestellt am** ______

Betriebsinhaber, pers. haft. Gesellschafter (OHG, KG, GbR), Geschäftsführer (GmbH)

| KZ | | Zuname | Vorname | Geb.-Datum | Geb.-Ort |
|---|---|---|---|---|---|
| | 1) | | | | |
| | 2) | | | | |
| | 3) | | | | |

| | Staatsangehörigkeit | Wohnort | Straße | Kreis |
|---|---|---|---|---|
| 1) | | | | |
| 2) | | | | |
| 3) | | | | |

**Meister-/Ingenieurprüfung**

| | am | vor welcher Stelle | in welchem Handwerk/Fachrichtung |
|---|---|---|---|
| 1) | | | |
| 2) | | | |
| 3) | | | |

Sind Sie neben Ihrer Selbständigkeit zeitweise oder ständig als Arbeitnehmer tätig? ☐ ja ☐ nein

Wenn ja, Name und Anschrift des Arbeitgebers:

Nur für juristische Personen (GmbH, AG), Witwen und Minderjährige sowie für handwerkliche Nebenbetriebe:
Wer ist Betriebs- bzw. Werkstattleiter?

| KZ | | Zuname | Vorname | Geb.-Datum | Geb.-Ort |
|---|---|---|---|---|---|
| | 1) | | | | |
| | 2) | | | | |
| | 3) | | | | |

| | Staatsangehörigkeit | Wohnort | Straße | Kreis |
|---|---|---|---|---|
| 1) | | | | |
| 2) | | | | |
| 3) | | | | |

**Meister-/Ingenieurprüfung**

| | am | vor welcher Stelle | in welchem Handwerk/Fachrichtung |
|---|---|---|---|
| 1) | | | |
| 2) | | | |
| 3) | | | |

Ist der Betriebs- bzw. Werkstattleiter neben seiner Tätigkeit bei Ihnen selbständig ☐ ja ☐ nein
oder als Arbeitnehmer tätig ☐ ja ☐ nein

Name und Anschrift des Arbeitgebers:

Folgende Unterlagen füge ich im Original – in beglaubigter Abschrift bei

☐ Meisterprüfungszeugnis (soweit Meisterprüfung nicht im Kammerbezirk abgelegt wurde)

☐ Ingenieurzeugnis mit Nachweis der praktischen Tätigkeit oder Gesellenprüfung

Ich bestätige die Richtigkeit und Vollständigkeit der Angaben und beantrage meine Eintragung in die Handwerksrolle.

Ort/Datum

Ich/Wir erkläre(n) mich/uns mit der Eintragung des Antragstellers in die Handwerksrolle als Teilhaber/Nachfolger einverstanden.

(Nichtzutreffendes streichen) Unterschrift der/des bisherigen Inhaber(s)

Unterschrift der/des Antragsteller(s)

## § 7. Die Gründung und Ausübung eines handwerksähnlichen Betriebes

### I. Die Anmeldung eines handwerksähnlichen Betriebes

Wer den selbständigen Betrieb eines handwerksähnlichen Gewerbes als stehendes Gewerbe beginnt oder beendet, hat dies unverzüglich der Handwerkskammer, in deren Bezirk die gewerbliche Niederlassung liegt, anzuzeigen (§ 18 Abs. 1 HwO) und die Eintragung in das Verzeichnis der handwerksähnlichen Betriebe zu beantragen (vgl. hierzu unten II 3). Daneben ist die Gewerbeanmeldung nach § 14 GewO notwendig (vgl. § 4).

### II. Die Berechtigung zum Betrieb eines handwerksähnlichen Betriebes

**1. Anwendung der Handwerksordnung.** Auf einen handwerksähnlichen Betrieb, der als stehendes Gewerbe (oben § 3 II) betrieben wird, findet grundsätzlich die HwO keine Anwendung. Hieraus folgt, daß für die Betriebseröffnung nicht die strengen Zulässigkeitsvoraussetzungen zu erfüllen sind, die für einen Handwerksbetrieb bestehen. So sind mit Ausnahme der Anzeige bei der Handwerkskammer allein dieselben Zulässigkeitsvoraussetzungen wie bei einem stehenden Gewerbe zu erfüllen (vgl. § 4).

**2. Handwerksähnlicher Betrieb.** Die Anzeigepflicht besteht bei Eröffnung eines handwerksähnlichen Betriebes. Ein Gewerbe ist handwerksähnlich, wenn es in einer handwerksähnlichen Betriebsform betrieben wird und in der Anlage B zur HwO aufgeführt ist (§ 18 Abs. 2 HwO).

a) Das Begriffsmerkmal der *handwerksähnlichen Betriebsform* entspricht dem handwerksmäßigen Betrieb und soll der Abgrenzung zur industriellen Produktion dienen. Die Abgrenzungsmerkmale sind in § 6 aufgezählt.

Gelegentlich können sich Schwierigkeiten bei der Abgrenzung von handwerksähnlichen Betrieben zum Vollhandwerk ergeben. Das ist z.B. bei einem Flickschneider einerseits und einem Herren- und Damenschneider andererseits der Fall. Der Flickschneider an der Ecke, der eine Hose oder einen Rock kürzt, führt nur einen handwerksähnlichen Betrieb und bedarf mithin keiner Eintragung in die Handwerksrolle.

b) In der Anlage B zur HwO sind folgende Gewerbe aufgezählt:

**I Gruppe der Bau- und Ausbaugewerbe**

Nr.
1 Gerüstbauer (Aufstellen und Vermieten von Holz-, Stahl- und Leichtmetallgerüsten)
2 Bautentrocknungsgewerbe
3 Bodenleger (Verlegen von Linoleum-, Kunststoff- und Gummiböden)
4 Asphaltierer (ohne Straßenbau)
5 Fuger (im Hochbau)
6 Holz- und Bautenschutzgewerbe (Mauerschutz und Holzimprägnierung in Gebäuden)
7 Rammgewerbe (Einrammen von Pfählen im Wasserbau)

**II Gruppe der Metallgewerbe**

8 Herstellung von Drahtgestellen für Dekorationszwecke in Sonderanfertigung
9 Metallschleifer und Metallpolierer
10 Metallsägen-Schärfer
11 Tankschutzbetriebe (Korrosionsschutz von Öltanks für Feuerungsanlagen ohne chemische Verfahren)

**III Gruppe der Holzgewerbe**

12 Holzschuhmacher
13 Holzblockmacher
14 Daubenhauer
15 Holz-Leitermacher (Sonderanfertigung)
16 Muldenhauer
17 Holzreifenmacher
18 Holzschindelmacher

**IV Gruppe der Bekleidungs-, Textil- und Ledergewerbe**

19 Bügelanstalten für Herren-Oberbekleidung
20 Dekorationsnäher (ohne Schaufensterdekoration)
21 Fleckteppichhersteller
22 Klöppler
23 Theaterkostümnäher
24 Plisseebrenner
25 Posamentierer
26 Stoffmaler
27 Handapparate-Stricker
28 Textil-Handdrucker

29 Kunststopfer
30 Flickschneider

**V Gruppe der Nahrungsmittelgewerbe**

31 Innerei-Fleischer (Kuttler)
32 Speiseeishersteller (mit Vertrieb von Speiseeis mit üblichem Zubehör)

**VI Gruppe der Gewerbe für Gesundheits- und Körperpflege sowie der chemischen und Reinigungsgewerbe**

33 Appreteure, Dekateure
34 Schnellreiniger
35 Teppichreiniger
36 Getränkeleitungsreiniger
37 Schönheitspfleger

**VII Gruppe der sonstigen Gewerbe**

38 Bestattungsgewerbe
39 Lampenschirmhersteller (Sonderanfertigung)
40 Klavierstimmer

c) Muster für die Anmeldung eines handwerksähnlichen Betriebs vgl. S. 85, 86.

**3. Verzeichnis.** Die handwerksähnlichen Betriebe werden bei der Handwerkskammer in ein Verzeichnis der handwerksähnlichen Betriebe eingetragen (§ 19 HwO). In dieses Verzeichnis kann jedermann Einsicht nehmen, der ein berechtigtes Interesse nachweist (§ 19 Abs. 2 HwO).

**4. Anwendbare Vorschriften der Handwerksordnung.** Nur wenige Vorschriften der HwO finden auch auf handwerksähnliche Betriebe Anwendung. Sie sind in § 20 HwO aufgezählt. Danach kann auch ein handwerksähnlicher Betrieb in die Handwerksrolle eingetragen werden. In jedem Fall sind die handwerksähnlichen Betriebe auch beitragspflichtig zur Handwerkskammer.

**Landkreis:**

**Gemeinde:** **Finanzamt:**

**Reg.-Nr.:**

# ANTRAG

**auf Eintragung in die Gewerberolle**
**bzw. Änderung der Gewerberolleneintragung**

Handwerkskammer
Kassel

Scheidemannplatz 2
3500 Kassel

HWK

| Betr.-Nummer | Gemeinde Kenn-Nr. | IHK | Land | Steuer Nr. | BA | RF | ZW |
|---|---|---|---|---|---|---|---|
| | | | | | | | |

(mit Schreibmaschine oder Blockschrift ausfüllen!)

Betriebsinhaber bzw. Firmenbezeichnung

Tel.-Nr.

Straße, Haus-Nr.

Postleitzahl, Ort der gewerblichen Niederlassung

Rechtsform des Unternehmens (z. B. Einzelfirma, OHG, KG, GmbH)

Ort der Handelsregistereintragung Nr. der Handelsregistereintragung

Datum der Ha.-Reg.-Eintragung

Mitglied der Industrie- und Handelskammer

☐ ja ☐ nein

Eintragungs-Datum

Welche handwerksähnlichen Gewerbe werden betrieben?

| Beruf-Nr. | BR | EGRL | Eintragungs-Datum Tag | Monat | Jahr | Prüfungsdatum Tag | Monat | Jahr | AB |
|---|---|---|---|---|---|---|---|---|---|
| | | | | | | | | | |

Sonstige gewerbliche Tätigkeit (Handel, Industrie)

Welches Gewerbe überwiegt?

Datum der 1. Betriebsgründung

Bestehen Zweigbetriebe ☐ ja ☐ nein Anschrift

Beschäftigte insgesamt Gewerbliche Fachkräfte Kaufmännische Fachkräfte

Waren Sie früher in der Gewerbe- bzw. Handwerksrolle eingetragen von–bis

Bei welcher Handwerkskammer Betriebssitz

Handelt es sich um eine Teilhaberschaft ☐ oder Übernahme ☐ oder Betriebsaufspaltung ☐

Name und Anschrift des bisherigen Inhabers

Ist der bisherige Inhaber mit Ihnen verwandt, ggf. wie?

Falls bisheriger Inhaber verstorben, bitte, sofern bekannt, Todestag angegeben

**Eingetragen am** ____ **§** ____ **HwO**

**Gewerbekarte ausgestellt am** ____

Betriebsinhaber, pers. haft. Gesellschafter (OHG, KG, GbR), Geschäftsführer (GmbH)

| KZ | | Zuname | Vorname | Geb.-Datum | Geb.-Ort |
|---|---|---|---|---|---|
| | 1) | | | | |
| | 2) | | | | |
| | 3) | | | | |

| | Staatsangehörigkeit | Wohnort | Straße | Kreis |
|---|---|---|---|---|
| 1) | | | | |
| 2) | | | | |
| 3) | | | | |

Berufliche Vorbildung bzw. eventuell abgelegte Prüfungen

| | am | Prüfung / vor welcher Stelle | in welchem Handwerk/Fachrichtung |
|---|---|---|---|
| 1) | | | |
| 2) | | | |
| 3) | | | |

Sind Sie neben Ihrer Selbständigkeit zeitweise oder ständig als Arbeitnehmer tätig? ☐ ja ☐ nein

Wenn ja, Name und Anschrift des Arbeitgebers:

Es ist mir bekannt, daß mir gegen eine Entscheidung der Handwerkskammer über die Eintragung in das Verzeichnis handwerksähnlicher Gewerbe der Verwaltungsweg offensteht.

Eine Löschung mit dem Hinweis, daß es sich um keinen handwerksähnlichen Betrieb handele, kann erst nach Ablauf eines Jahres seit der Eintragung beantragt werden, und auch nur dann, wenn eine wesentliche Veränderung in den für die Eintragung maßgeblichen Verhältnissen eingetreten ist. Es ist mit ferner bekannt, daß ich gem. § 16 der Handwerksordnung die nach § 14 der Gewerbeordnung zu erstattende Anzeige sofort unter Vorlage der Gewerbekarte bei der zuständigen Behörde, dem Bürgermeisteramt oder dem Gewerbeamt vorzunehmen habe.

Ich erkläre mich bereit, gem. § 17 HwO auf Anforderung der Handwerkskammer weitere Auskunft über Art und Umfang des Betriebes, über die Zahl der im Betrieb Beschäftigten und über Prüfungen des Betriebsinhabers bzw. Betriebsleiters zu geben.

Ich bestätige die Richtigkeit und Vollständigkeit der Angaben und beantrage meine Eintragung in die Gewerberolle.

Ort/Datum

Ich/Wir erkläre(n) mich/uns mit der Eintragung des Antragstellers in die Gewerberolle als Teilhaber/Nachfolger einverstanden.

(Nichtzutreffendes streichen) Unterschrift der/des bisherigen Inhaber(s)

Unterschrift der/des Antragsteller(s)

## § 8. Das Gaststättengewerbe[1]

### I. Erlaubnispflichten des Gaststättengewerbes

**1. Erlaubnispflicht.** Nach § 2 Abs. 1 GaststG bedarf, wer eine Gaststätte betreiben will, der Erlaubnis. Die Erlaubnis kann auch nicht rechtsfähigen Vereinen erteilt werden.

[1] Hoffmann/Seitter, Gaststättenrecht, Kommentar zum GaststG mit den einschlägigen Vorschriften des Bundes und der Länder, 3. Aufl.,

**2. Geschichte.** Das Gaststättenrecht ist wiederholt geändert worden. Es hat sich 1923 aus der Gewerbeordnung heraus entwickelt. Im Gaststättengesetz von 1930 war die Erteilung der Erlaubnis zum Betrieb einer Gaststätte davon abhängig gemacht, daß für sie ein Bedürfnis bestand. Nach Inkrafttreten des GG hat das BVerwG (DVBl. 54 S. 258) entschieden, daß die Bedürfnisprüfung gegen das Grundrecht der Berufsfreiheit verstoße (vgl. oben § 2 I). Die Bedürfnisprüfung sei kein geeignetes Mittel, die Volksgesundheit vor Alkoholgefahren zu schützen. So lange bereits bestehende Gaststätten unbeschränkt Alkohol ausschenken dürften, könne die Eröffnung neuer Gaststätten nicht von einer Bedürfnisprüfung abhängig gemacht werden. Daraufhin ist das derzeit geltende Gaststättengesetz verabschiedet worden.

**3. Rechtsgrundlagen.** Das Gaststättenrecht ist im GaststG vom 5. 5. 1970 (BGBl. I S. 465 ber. 1298), zul. geänd. am 16. 12. 1986 (BGBl. I S. 2441) enthalten. Nach § 31 GaststG ist, soweit das GaststG keine Sonderregelungen enthält, ergänzend die GewO anzuwenden. Anwendbar sind insbesondere die Vorschriften der GewO über die Anzeigepflicht (§§ 14, 15 Abs. 1 GewO; vgl. § 4 I), über die Verhinderung der Fortsetzung eines nicht zugelassenen Betriebes (§ 15 Abs. 2 GewO), über die Namensanbringung und Namensangabe (§§ 15a, 15b; dazu oben § 3 III) und über die Schaustellung von Personen (§ 33a GewO; dazu § 5 III 4). In den einzelnen Ländern sind GaststVO zur Durchführung des GaststG erlassen worden, die allgemeine Bestimmungen über die Mindestanforderungen an die Räume, Straußwirtschaften, Sperrzeiten, beschäftigte Personen, Zuständigkeit und Verfahren, sowie einzelne Sonderregeln in Bayern und Rheinland-Pfalz enthalten.

Zur Durchführung des Gaststättengesetzes sind u.a. folgende landesrechtlichen Vorschriften ergangen:

*Baden-Württemberg:* GaststättenVO i.d.F. v. 19. 11. 1979 (GBl. 1980 S. 42), geänd. 19. 3. 1984 (GBl. S. 281).

*Bayern:* GaststättenVO v. 23. 4. 1971 (BayRS 7130–1–W), geänd. durch VO v. 22. 3. 1983 (GVBl. S. 102).

---

1985; Mörtel/Metzner, Gaststättengesetz, 4. Aufl., 1988; Michel/Kienzle, Gaststättengesetz, 9. Aufl., 1986; Sprandel/Buske, Hotel- und Gaststättenrecht, Loseblattausgabe, Stand 1987.

*Berlin:* GaststättenVO v. 10. 9. 1971 (GVBl. S. 1778); AusfVorschr. v. 14. 1. 1974 (ABl. S. 149).

*Bremen:* GastVO v. 3. 5. 1971 (GBl. S. 131), zuletzt geänd. durch G v. 15. 11. 1976 (GBl. S. 243).

*Hamburg:* SperrzeitVO v. 15. 12. 1970 (GVBl. S. 315), zul. geänd. durch VO v. 27. 4. 1982 (GVBl. S. 100); GaststättenVO v. 27. 4. 1971 (GVBl. S. 81).

*Hessen:* SperrzeitVO v. 19. 4. 1971 (GVBl. S. 96), geänd. durch VO v. 8. 8. 1979 (GVBl. S. 207); GaststättenVO v. 21. 4. 1971 (GVBl. S. 97), geänd. durch Art. 13 VO v. 24. 10. 1974 (GVBl. S. 551); RdErl. v. 6. 9. 1973 (StAnz. S. 1746).

*Niedersachsen:* VO zur Durchf. des GaststättenG v. 7. 5. 1971 (GVBl. S. 215); VO über die Festsetzung der Sperrzeit für Schank- und Speisewirtschaften sowie für öffentliche Vergnügungsstätten v. 8. 6. 1971 (GVBl. S. 223), geänd. durch VO v. 15. 10. 1982 (GVBl. S. 400).

*Nordrhein-Westfalen:* GaststättenVO v. 20. 4. 1971 (GVBl. S. 119), geänd. durch VO v. 21. 6. 1984 (GVBl. S. 196).

*Rheinland-Pfalz:* Gaststätten-SperrzeitVO v. 12. 7. 1972 (GVBl. S. 255), geänd. durch VO v. 26. 9. 1977 (GVBl. S. 331); GaststättenVO v. 12. 12. 1971 (GVBl. S. 274), geänd. durch VO v. 22. 6. 1983 (GVBl. S. 160).

*Saarland:* GaststättenVO v. 27. 4. 1971 (ABl. S. 257), geänd. durch Art. 2 Ges. v. 5. 12. 1973 (ABl. 1974 S. 33) und § 47 VO v. 22. 1. 1979 (ABl. S. 237).

*Schleswig-Holstein:* GaststättenVO v. 3. 5. 1971 (GVBl. S. 220); SperrzeitVO v. 2. 5. 1972 (GVBl. S. 50 ber. S. 62); VwV GaststG v. 9. 8. 1973 (ABl. S. 690).

Es bestehen Bestrebungen, die baulichen Anforderungen an die Gaststätten in den einzelnen Bundesländern zu vereinheitlichen. Dies hat zu einem Musterentwurf einer Gaststätten-Bauverordnung geführt, der noch in den Bund-Länder-Gremien der Bauaufsichtsbehörden beraten wird. Bislang ist lediglich im Saarland eine entspr. VO vom 22. 1. 1979 (ABl. 79 S. 237) erlassen worden.

Aufgrund eines gemeinsam erarbeiteten Musterentwurfs haben die einzelnen Länder zur Ausführung des GaststG und der GaststättenVO allgemeine Verwaltungsvorschriften erlassen. Ferner besteht eine allgemeine Verwaltungsvorschrift über den Unterrichtungsnachweis im Gaststättengewerbe nach § 4 Abs. 1 Nr. 4

GaststG vom 22. 4. 1971, neu gefaßt am 24. 2. 1981 (BAnz. vom 26. 2. 1981 Nr. 39).

**4. Voraussetzungen für die Zulassung.** Da das Gaststättenrecht besonderes Gewerberecht ist, müssen

*(1)* die Voraussetzungen für die Ausübung eines stehenden Gewerbes gegeben sein (vgl. § 3 II);

*(2)* die Erlaubnis nach dem GaststG vorliegen (§ 31 GaststG).

## II. Der Begriff des Gaststättengewerbes

**1. Gesetzliche Definitionen.** a) Was zum Gaststättengewerbe gehört oder was eine Gaststätte im Rechtssinne ist, ergibt sich aus § 1 GaststG. Hiernach betreibt ein Gaststättengewerbe, wer im stehenden Gewerbe (vgl. § 3 II)

*(1)* Getränke zum Verzehr an Ort und Stelle verabreicht (Schankwirtschaft);

*(2)* zubereitete Speisen zum Verzehr an Ort und Stelle verabreicht (Speisewirtschaft) oder

*(3)* Gäste beherbergt (Beherbergungsgewerbe),

wenn der Betrieb jedermann oder bestimmten Personenkreisen zugänglich ist.

Nach § 1 Abs. 2 GaststG betreibt ferner ein Gaststättengewerbe, wer als selbständiger Gewerbetreibender im Reisegewerbe von einer für die Dauer der Veranstaltung örtlich festen Betriebsstätte aus Getränke oder zubereitete Speisen zum Verzehr an Ort und Stelle verabreicht, wenn der Betrieb jedermann oder bestimmten Personenkreisen zugänglich ist.

b) Beim Gaststättengewerbe wird mithin grundsätzlich vorausgesetzt, daß es sich um eine gewerbliche Tätigkeit mit Gewinnerzielungsabsicht handelt. Insoweit kann auf die Ausführungen zu § 2 III verwiesen werden.

**2. Schankwirtschaft.** Schankwirtschaften umfassen den Ausschank von alkoholischen und alkoholfreien Getränken, und zwar auch dann, wenn dieser im Wege der Selbstbedienung erfolgt. Verabreichen zum Verzehr an Ort und Stelle erfordert einen räumlichen und zeitlichen Zusammenhang zwischen der Abgabe der Getränke und dem Verzehr. Einzelheiten ergeben sich aus der allgemeinen Verwaltungsvorschrift. Das Bereitstellen von Abstell- und Sitzgelegenheiten, Bechern, Flaschenöffnern usw. spricht für das Vorliegen eines Ausschankes.

**3. Speisewirtschaften.** Sie verabreichen zubereitete Speisen zum Verzehr an Ort und Stelle. Zubereitete Speisen sind zum alsbaldigen Verzehr eßfertig gemachte Lebensmittel. Dazu gehören nicht rohes Obst, Konserven, Brot oder Dauerwurst, wohl dagegen die Fertigung belegter Brötchen, zubereiteter Konserven, die Herstellung von Suppen aus Instantpulver und heißem Wasser in Automaten (OLG Celle GewArch 84, 297). Die Abgabe der Speisen muß an Ort und Stelle erfolgen. Eine Speisewirtschaft betreibt mithin der Trinkhallenbesitzer, der einen besonderen Standplatz zum Verzehr der belegten Brötchen schafft, anders dagegen der Speiseeisverkäufer, weil das Speiseeis etwa auf einem Volksfest nicht an Ort und Stelle verzehrt wird, sondern im Weitergehen. Regelmäßig kommen Speisewirtschaften nur zusammen mit Schankwirtschaften vor.

**4. Beherbergungsbetriebe.** Beherbergungsbetriebe sind ganz überwiegend auch Schank- und Speisewirtschaften, da regelmäßig auch Frühstück ausgegeben wird. Beherbergung ist die Gewährung von Unterkunft mit Schlafgelegenheit. Gast ist jeder, der in den Betrieb zur Inanspruchnahme der angebotenen Leistungen vorübergehend aufgenommen wird. Das ist auch der Fall bei Aufnahme für mehrere Wochen in Kurpensionen, Erholungsheimen usw. Dagegen sind gewerbliche Wohnheime sowie gewerbliche Einrichtungen i. S. des Heimgesetzes keine Beherbergungsbetriebe, wenn der Vertrag für längere Zeit geschlossen wird. Die Aufnahme einzelner Dauergäste im Beherbergungsbetrieb ändert an seiner Beurteilung nichts.

**5. Zugänglichkeit.** Schank-, Speise- und Beherbergungsbetriebe müssen jedermann oder bestimmten Personenkreisen zugänglich sein (§ 1 Abs. 1 GaststG). Da auch bestimmte Personenkreise erfaßt werden, sind Vereins- oder Clubgaststätten ebenfalls Gaststättenbetriebe, auch wenn sie nur Mitgliedern Zutritt gewähren. Es kommt entscheidend auf die abstrakte Zugehörigkeit zum Verein oder Club an.

**6. Gaststätten im Reisegewerbe.**[2] a) Nach § 1 Abs. 2 GaststG kann das Gaststättengewerbe auch als Reisegewerbe ausgeübt werden. Durch § 1 Abs. 2 GaststG werden vor allem Festzelte, Imbißkioske, Verkaufsstände am Strand (VG Berlin GewArch

---

[2] Lässig, Gaststättenerlaubnispflicht für fliegende Händler, GewArch 87, 184.

87, 205) usw. erfaßt, die bei festlichen und sportlichen Anlässen aufgestellt werden.

b) Die gewerblichen Voraussetzungen für die im Reisegewerbe (vgl. § 3 III) betriebenen Gaststätten brauchen nicht vorzuliegen. Es ist demnach keine Reisegewerbekarte, wohl aber eine Gaststättenerlaubnis notwendig.

c) Eine Ausnahme von der Erlaubnispflicht für das Gaststättengewerbe im Reisegewerbe besteht nach § 68a GewO. Hiernach dürfen auf Märkten alkoholfreie Getränke und zubereitete Speisen, auf Messen, Ausstellungen, Großmärkten, Wochenmärkten, Spezialmärkten und Jahrmärkten (§§ 64 bis 68 GewO) Kostproben zum Verzehr an Ort und Stelle verabreicht werden.

### III. Erlaubnisfreie Gaststättenbetriebe

**1. Durchbrechung des Grundsatzes.** Der Grundsatz, daß der Betrieb eines Gaststättengewerbes erlaubnispflichtig ist, wird in § 2 Abs. 2 bis 4 GaststG durchbrochen. Die Freistellung von der Gaststättenerlaubnis befreit jedoch nicht von der Beachtung sonstiger gewerblicher Vorschriften, insbesondere der Anzeigepflicht nach § 14 GewO (vgl. § 4 I).

**2. Erlaubnisfreie Gewerbe.** Zu den erlaubnisfreien Gewerben gehören *a)* die Abgabe von Milch, Milcherzeugnissen oder alkoholfreien Milchmixgetränken zum Verzehr an Ort und Stelle, sowie die Abgabe loser Milch nach den Vorschriften des MilchG vom 31. 7. 1930 (RGBl. I S. 421), geändert durch das Einführungsgesetz über Ordnungswidrigkeiten vom 24. 5. 1968 (BGBl. I S. 503); *b)* die Verabreichung unentgeltlicher Kostproben; *c)* die Verabreichung alkoholfreier Getränke aus Automaten; *d)* die Verabreichung von Getränken oder zubereiteter Speisen in Betrieben an dort Beschäftigte; *e)* die Verabreichung alkoholfreier Getränke oder zubereiteter Speisen in Kraftfahrzeugen anläßlich der Beförderung von Personen.

### IV. Die Gaststättenerlaubnis

**1. Inhalt der Gaststättenerlaubnis.** Die Gaststättenerlaubnis ist eine personen- und raumgebundene Erlaubnis (oben § 5 I).

a) Die Gaststättenerlaubnis wird für eine *bestimmte Betriebsart* und für *bestimmte Räume* erteilt (§ 3 Abs. 1 S. 1 GaststG). Die Bezeichnung der *Betriebsart* ist für die Prüfung der Versagungsgründe bedeutsam (§ 4 Abs. 1 GaststG). In der Regel wird ein Gaststättenbetrieb als Schank- oder Speisewirtschaft betrieben. Bei Imbißständen, Beherbergungsbetrieben mit Schank- und Speisewirtschaften, Schank- und Speisewirtschaften mit Musikaufführungen (VGH Mannheim NJW 85, 2149; OVG Hamburg GewArch 87, 62), mit regelmäßigen Tanzveranstaltungen (VGH Kassel NJW 85, 2158), mit einer Diskothek (BayVGH GewArch 87, 31) handelt es sich um eine besondere Art der Betriebsführung[3]. Namentlich in den letzten Fällen wird geprüft, inwieweit von der Gaststätte Lärmbelästigungen ausgehen können. Soll die Betriebsart gewechselt werden, bedarf es einer neuen Gaststättenerlaubnis (vgl. BayObLG NJW 83 S. 2713).

b) Die Gaststättenerlaubnis ist an *bestimmte Räume* gebunden. Sie wird für einen bestimmten Betrieb unter einer bestimmten Betriebsanschrift erteilt. Durch die Bindung der Erlaubnis an bestimmte Betriebsräume soll deren Überprüfung auf ihre Eignung ermöglicht werden (§ 4 Abs. 1 Nr. 2 GaststG). Erlaubnispflichtig ist daher die Hinzunahme neuer Räume, die Verlegung einer Gaststätte und auch die wesentliche Änderung der Betriebsräume. Die zum Betrieb des Gewerbes notwendigen Räume sind nach Lage, Größe und Zweckbestimmung in die Erlaubnis oder deren Anlage aufzunehmen. Zu den notwendigen Räumen gehören nicht nur die eigentlichen Schank-, Speise- und Beherbergungsräume, sondern auch die Nebenräume für das Personal, Küche, Zugänge, Toiletten, Abstellräume usw.

Soll z.B. eine Schank- und Speisewirtschaft zu einer Diskothek umgebaut werden, so bedarf es hierzu einer besonderen Erlaubnis. Einzelheiten: BayVGH GewArch 75 S. 340; 87, 31; OVG Münster GewArch 73 S. 103; OLG Zweibrücken GewArch 81 S. 337; BayObLG NJW 83 S. 2713; Kahler, Rechtsfragen zur Konzessionierung einer Diskothek, GewArch 82 S. 354.

Ist eine Bauerlaubnis unanfechtbar erteilt, so ist sie auch für das gaststättenrechtliche Erlaubnisverfahren verbindlich (GewArch 86, 384; VGH Bad.-Württ. GewArch 87, 32).

c) Werden die Betriebsart oder die Betriebsräume unbefugt geändert, so ist die zuständige Behörde berechtigt, die Erlaubnis zu widerrufen (§ 15 Abs. 3 Nr. 1 GaststG).

---

[3] Aßflag, Gaststättenrechtliche Besonderheit der Diskotheken, GewArch 87, 119.

**2. Antrag.** a) Die Gaststättenerlaubnis wird nur auf *Antrag* erteilt. Die Entscheidung über den Antrag und Zusagen auf Erlaß einer Gaststättenerlaubnis bedürfen der Schriftform (§ 38 Abs. 1 VwVfG).

b) Die Gaststättenerlaubnis *ersetzt keine anderen Meldungen,* Erlaubnisse und Genehmigungen. Es sind also grundsätzlich dieselben Meldungen zu erstatten, die bei Eröffnung eines Gewerbes abzugeben sind (vgl. § 4).

c) Bei der Beantragung der Gaststättenerlaubnis ist insbesondere zu beachten, daß diese eine raum- und personengebundene Erlaubnis (vgl. oben IV 1) darstellt. Ihre Erteilung setzt mithin voraus, daß für die vorgesehenen Räume eine Baugenehmigung vorhanden ist, die die beabsichtigte Betriebsart zuläßt und daß ein entsprechender Schlußabnahmeschein erteilt ist. Falls bei Erteilung der Gaststättenerlaubnis ein Schlußabnahmeschein noch nicht vorliegt, darf von der Erlaubnis erst Gebrauch gemacht werden, wenn eine mängelfreie Schlußabnahme vorliegt oder die vorzeitige Inbetriebnahme durch die Bauaufsichtsbehörde erlaubt ist. Die Gewerbebehörde wird bereits im bauaufsichtlichen Verfahren beteiligt. Sofern die Baugenehmigungsbehörde die Zulässigkeit der Nutzung der Räume als Gaststätte bereits umfassend geprüft hat, kann im Genehmigungsverfahren um die Gaststättenerlaubnis die Gewerbeaufsichtsbehörde nicht mehr zu einer anderen Entscheidung kommen (VG Aachen GewArch 77 S. 274; 86, 382; VGH Bad.-Württ. GewArch 87, 32).

Bei besonderen Betriebsformen einer Gaststätte können weitere Erlaubnisse in Betracht kommen. So ist z. B. für die Errichtung von Imbißstuben auf Straßenland eine Sondernutzungsgenehmigung nach den landesrechtlichen Straßengesetzen und eine verkehrsrechtliche Ausnahmegenehmigung nach § 46 Abs. 1 StVO notwendig. Ferner können Genehmigungen nach dem Bundes-Immissionsschutzgesetz oder nach wasserrechtlichen Vorschriften notwendig sein. Gerade bei der Eröffnung einer Gaststätte sind rechtzeitig alle Behörden einzuschalten.

**3. Versagungsgründe.** Die Versagungsgründe für eine Gaststättenerlaubnis sind in § 4 Abs. 1 GaststG aufgezählt.

a) Nach § 4 Abs. 1 Nr. 1 GaststG ist die Erlaubnis zu versagen,[4]

---

[4] Meier, Die Bhagwan-Sekte und die Gaststättenkonzession, GewArch 84, 115.

wenn Tatsachen die Annahme rechtfertigen, daß der Antragsteller die für den Gewerbebetrieb erforderliche Zuverlässigkeit nicht besitzt, insbesondere dem Trunke ergeben ist oder befürchten läßt, daß er Unerfahrene, Leichtsinnige oder Willensschwache ausbeuten wird oder dem Alkoholmißbrauch, verbotenem Glücksspiel, der Hehlerei oder der Unsittlichkeit Vorschub leisten wird oder die Vorschriften des Gesundheits- oder Lebensmittelrechts, des Arbeits- oder Jugendschutzes nicht einhalten wird.

Die für die Versagung aufgezählten Eigenschaften sind nicht abschließend, wie sich aus dem Wort „insbesondere" ergibt. Die Versagung kann mithin auch darauf gestützt werden, daß der Gewerbetreibende die Rauschgiftsucht fördert (v. Ebner, Bekämpfung des Drogenmißbrauchs in Gaststätten, GewArch 82 S. 105; Konrad, Betäubungsmittelmißbrauch in Gaststätten – Zur Zusammenarbeit des Gastwirts mit der Polizei, GewArch 84, 73). Für die Prüfung der Zuverlässigkeit gelten die allgemeinen gewerberechtlichen Grundsätze (vgl. oben § 5 II 3). Es wird also jeweils geprüft, ob die für den jeweiligen Betrieb erforderliche Zuverlässigkeit gegeben ist (BVerwG GewArch 73 S. 243). So können unterschiedliche Anforderungen bei der Führung eines Tanzlokals, eines Imbißkioskes oder je nach Örtlichkeit der Gaststätte angebracht sein. Die Aufsichtspflicht des Gewerbetreibenden erstreckt sich auf alle Personen, die im Gaststättenbetrieb tätig werden oder sich darin aufhalten. Es sind Maßnahmen zu treffen, damit es nicht zu Mißständen kommen kann; notfalls sind also z. B. Lokalverbote für bestimmte Personen auszusprechen. Ist der Gewerbetreibende mit einer unzuverlässigen Person verheiratet, so rechtfertigt dies noch nicht ohne weiteres die Versagung der Gaststättenerlaubnis. Indes kann ein Widerruf der Erlaubnis darauf gestützt werden, wenn der unzuverlässige Ehepartner maßgeblichen Einfluß auf die Gaststätte erlangt (vgl. BVerwG GewArch 64 S. 206; VGH Bad.-Württ. GewArch 86, 58; VGH Kassel NJW 89, 245).

Die Gaststättenerlaubnis ist zu versagen, wenn der Antragsteller befürchten läßt, er würde Unerfahrene, Leichtsinnige und Willensschwache ausbeuten. Dies ist aber nicht bereits ohne weiteres anzunehmen, wenn die Gaststätte von Angehörigen der Bhagwann-Shree-Rajnush-Bewegung betrieben wird (OVG NW GewArch 86, 389; BayVGH GewArch 87, 130).

Einen Bedeutungswandel hat die Versagung wegen der Förderung der Unsittlichkeit erfahren. Eine Förderung der Unsittlichkeit i.S. des § 4 Abs. 1 Nr. 1 GaststG ist gegeben, wenn strafbare Handlungen oder Ordnungswidrigkeiten geschlechtsbezogener Art gefördert werden oder strafrechtlich nicht verbotene sexuelle Handlungen anderer in strafbarer Weise gefördert werden oder sonst schutzwürdige Belange der Allgemeinheit berührt werden; dies ist der Fall, wenn sexuelle Handlungen in Erscheinung treten, durch die die ungestörte sexuelle Entwicklung von jungen Menschen gefährdet oder andere Personen belästigt werden, die hiervon unbehelligt bleiben wollen (BVerwG GewArch 75 S. 385). Für die Ausübung der Prostitution ist grundsätzlich keine Erlaubnis notwendig, denn dabei handelt es sich nicht um ein Gewerbe (oben § 2 III). Eine Gaststättenerlaubnis ist jedoch dann erforderlich, wenn die Damen auch Getränke servieren (BVerwG GewArch 74 S. 201; vgl. auch VGH Baden-Württemberg GewArch 82 S. 384). Sehr differenziert wird die Vorführung von Pornofilmen beurteilt. Nach § 184 Abs. 1 Nr. 7 StGB ist die Vorführung pornographischer Filme nur dann strafbar, wenn die Filme in einer öffentlichen Filmvorführung gegen Entgelt gezeigt werden, das ganz oder überwiegend für die Vorführung verlangt wird. Zulässig ist mithin die Vorführung in einem Nachtclub oder einer Nachtbar, es sei denn, daß es sich um sog. harte Pornographie (§ 184 Abs. 3 StGB) handelt (vgl. BVerfG GewArch 78 S. 123; BVerwG GewArch 85, 168, 169, 170). Zu Einzelfragen: v. Ebner, Gewerberechtliches Pornofilm-Verbot?, GewArch 76 S. 216; ders., Pornofilme, GewArch 84, 16; zur Kombination mit der Abgabe von Pornoheften: BGH GewArch 80 S. 69; zur Koppelung von Pornofilmen mit Stripteasedarbietungen: OVG NW GewArch 83 S. 58; zur Gaststättenerlaubnis an Kinobesitzer: OVG Münster NJW 84 S. 320; auch BayVGH GewArch 86, 65; zu Pärchenclub mit wechselndem Geschlechtsverkehr: VG Köln GewArch 84, 33; zur Prostitutionsausübung[5] in Verbindung mit Sauna-Club: BGH GewArch 82 S. 384; VG Neustadt NJW 85, 2846; zur Werbung für die Prostitution: BayVGH GewArch 82 S. 96.

b) Eine Gaststättenerlaubnis ist als raumgebundene Erlaubnis (oben IV 1) zu versagen (§ 4 Abs. 1 Nr. 2 GaststG), wenn die zum Betrieb des Gewerbes oder zum Aufenthalt der Beschäftig-

---

[5] Schatzschneider, Rechtsordnung und Prostitution, NJW 85, 2793.

ten bestimmten Räume wegen ihrer Lage, Beschaffenheit, Ausstattung oder Einteilung für den Betrieb nicht geeignet sind, insbesondere wenn sie den notwendigen Anforderungen zum Schutze der Gäste und der Beschäftigten gegen Gefahren für Leben, Gesundheit oder Sittlichkeit oder den sonst zur Aufrechterhaltung der öffentlichen Sicherheit oder Ordnung notwendigen Anforderungen nicht genügen.

Durch landesrechtliche Verordnungen (vgl. die Aufstellung unter § 8 I 3) sind nähere Bestimmungen über die Mindestanforderungen an Schankräume, Schlafräume für Gäste, Toilettenanlagen, Küchen, Arbeitnehmerräume und die Zugängigkeit des Betriebes getroffen worden. Ferner ist in diesen das Verbot enthalten, die Benutzung der Aborte nur gegen Entgelt (Münzautomaten) zuzulassen (BVerwG GewArch 73 S. 139) und die Einrichtung hygienisch einwandfreier Handtrocknungseinrichtungen geboten (Verbot von Gemeinschaftshandtüchern). Fehlen bauaufsichtliche Voraussetzungen für die Gaststättenräume, so darf auch die Gaststättenerlaubnis nicht erteilt werden. Baugenehmigung und Gaststättenerlaubnis sind nebeneinander notwendig.

Umstritten ist, ob aufgrund der Forderung, die Gaststättenräume leicht zugänglich zu machen, gegen solche Gaststätten (insbesondere Nachtbars) eingeschritten werden kann, die ihre Außentür während der Betriebszeit verschlossen halten und sie nur auf Klingel- oder Klopfzeichen öffnen (bejahend BVerwG GewArch 84, 35; OVG Hamburg GewArch 84, 103; HessVGH GewArch 84, 239; VG Hamburg GewArch 82 S. 63; VGH Bad.-Württemberg GewArch 82 S. 65; a. A. HessVGH GewArch 82 S. 93).

Nach § 4 Abs. 1 Nr. 2 GaststG kann jedoch nicht die Einrichtung besonderer Räume für Nichtraucher verlangt werden.

c) Nach § 4 Abs. 1 Nr. 3 GaststG ist die Gaststättenerlaubnis zu versagen, wenn der Gewerbebetrieb im Hinblick auf seine örtliche Lage oder auf die Verwendung der Räume dem öffentlichen Interesse widerspricht, insbesondere schädliche Umwelteinwirkungen i. S. des Bundes-ImmissionsschutzG oder sonst erhebliche Nachteile, Gefahren oder Belästigungen für die Allgemeinheit befürchten läßt.

Nach § 4 Abs. 1 Nr. 3 GaststG kann die Erlaubnis ferner wegen der Einflüsse der Gaststätte auf die Umwelt versagt werden. Namentlich in reinen Wohngebieten kann dies für eine Diskothek der Fall sein (vgl. VGH Bad.-Württemberg GewArch 74

S. 130; BayVGH GewArch 82 S. 238; 239; OVG Rheinland-Pfalz GewArch 82 S. 339). Ferner wird die Versagung der Gaststättenerlaubnis in Wohngebieten für zulässig angesehen, soweit es um Großbetriebe der Beherbergungs- und Restaurationsgewerbe geht (OVG Lüneburg NJW 80 S. 253), Autofahrer-Schnellgaststätten (OVG NW GewArch 81 S. 133), Video-Filmbars (OVG Rheinland-Pfalz GewArch 82 S. 162). Da die Erteilung der Gaststättenerlaubnis voraussetzt, daß eine entsprechende Baugenehmigung vorliegt, ist die planungsrechtliche Zulässigkeit bereits im bauaufsichtlichen Verfahren zu prüfen.

d) Nach § 4 Abs. 1 Nr. 4 GaststG ist die Gaststättenerlaubnis zu versagen, wenn der Antragsteller nicht durch eine Bescheinigung einer Industrie- und Handelskammer nachweist, daß er oder sein Stellvertreter (§ 9 GaststG) über die Grundzüge der für den in Aussicht genommenen Betrieb notwendigen lebensmittelrechtlichen Kenntnisse unterrichtet worden ist und mit ihnen als vertraut gelten kann.[6] Bei Erlaß des GaststG war umstritten, ob für einen Gastwirt ein Sachkundenachweis gefordert werden könne. Dieser ist durch den Unterrichtungsnachweis ersetzt worden. Inzwischen hat sich herausgestellt, daß die Verbände und Institutionen der Gastwirte für einen hohen Ausbildungs- und Weiterbildungsstandard sorgen.

Einzelheiten über die notwendigen lebensmittelrechtlichen Kenntnisse und die Unterweisung sind in einer Verwaltungsvorschrift des Bundesministers für Wirtschaft i. d. F. vom 24. 2. 1981 (BAnz Nr. 39 vom 26. 2. 1981) geregelt. Für die Unterrichtung und die Erteilung der Bescheinigung sind die Industrie- und Handelskammern zuständig. Die verlangte Unterrichtung darf die Dauer von vier Stunden nicht überschreiten.

**4. Personenbezogene Erlaubnis.** a) Aus dem Grundsatz der Personenbezogenheit der Gaststättenerlaubnis folgt, daß sie weder unter Lebenden noch von Todes wegen auf einen anderen übertragen werden kann. Vielmehr ist jeweils wieder zu prüfen, ob der Rechtsnachfolger die Voraussetzungen für die Erteilung der Gaststättenerlaubnis in seiner Person erfüllt.

b) Träger der Gaststättenerlaubnis können natürliche und juristische Personen sowie nicht rechtsfähige Vereine sein (§ 2 Abs. 1 GaststG). Bei der Gesellschaft des bürgerlichen Rechts (GbR),

---

[6] v. Ebner, Sachkundenachweis für Gastwirte, GewArch 85, 281.

der oHG oder KG (vgl. § 25 II) ist für jeden zur Geschäftsführung berechtigten Gesellschafter eine besondere Erlaubnis notwendig.

Eine juristische Person des Handelsrechts entsteht erst mit der Eintragung in das Handelsregister (§ 41 AktG, § 11 GmbHG). Solange die Eintragung nicht erfolgt ist, besteht eine Vorgründungs- oder Vorgesellschaft (vgl. § 30). Eine mit der Maßgabe erteilte Gaststättenerlaubnis, daß sie mit der Eintragung wirksam wird, entfaltet noch keine Wirkungen für die Vorgesellschaften. Soll bereits die Vorgesellschaft tätig werden, bedürfen die Gesellschafter bereits der Erlaubnis. Indes kann die Gewerbebehörde nach § 15 Abs. 2 GewO die Tätigkeit der Vorgesellschaft dulden, wenn die Erlaubniserteilung für die juristische Person mit Sicherheit zu erwarten ist.

Werden juristische Personen verschmolzen, so ist eine neue Gaststättenerlaubnis notwendig, wenn diese auf die übertragende juristische Person ausgestellt war. Sowohl bei der Verschmelzung durch Aufnahme als auch bei der Verschmelzung durch Neubildung geht zwar das Vermögen auf die übernehmende Gesellschaft ohne Einzelübertragung über; jedoch erlöschen etwaige gewerberechtliche Erlaubnisse.

**5. Erlöschen der Erlaubnis.** a) Die Gaststättenerlaubnis erlischt, wenn der Inhaber den Betrieb nicht innerhalb eines Jahres nach Erteilung der Erlaubnis begonnen oder sie binnen eines Jahres nicht mehr ausgeübt hat. Die Fristen können verlängert werden, wenn hierfür ein wichtiger Grund besteht (§ 8 GaststG).

b) Die Gaststättenerlaubnis erlischt als personenbezogene Erlaubnis mit dem Tode des Inhabers oder dem Erlöschen einer juristischen Person (vgl. § 30).

c) Die Erlaubnis endet ferner durch Rücknahme nach § 15 Abs. 1 GaststG, wenn bekannt wird, daß bei ihrer Erteilung Versagungsgründe vorlagen, oder durch Widerruf nach § 15 Abs. 2, 3 GaststG, wenn z.B. nachträglich Tatsachen eintreten, die die Versagung der Erlaubnis rechtfertigen würden. Einzelh. unter VII.

d) Schließlich endet die Gaststättenerlaubnis durch Verzicht. Ein Verzicht liegt aber noch nicht in der Gewerbeabmeldung nach § 14 GewO (oben § 4), da der Inhaber die Absicht haben kann, innerhalb der Jahresfrist eine neue Gaststätte zu beginnen.

**6. Unerlaubter Gaststättenbetrieb.** a) Wird ein erlaubnispflichtiger Gaststättenbetrieb ohne Erlaubnis geführt, so kann die zuständige Behörde nach § 31 GaststG i.V.m. § 15 Abs. 2 GewO die Fortsetzung des Betriebes verhindern (vgl. dazu § 5 II). Ob die Behörde von dieser Möglichkeit Gebrauch macht, steht in ihrem pflichtgemäßen Ermessen. Die Ermessensausübung ist jedenfalls dann nicht fehlerhaft, wenn mit der Erteilung der Erlaubnis nicht mit hinreichender Wahrscheinlichkeit gerechnet werden kann (vgl. dazu OVG Hamburg GewArch 82 S. 384; VGH Bad.-Württemberg GewArch 74 S. 128; VG Arnsberg GewArch 81 S. 25). Die Aufforderung zur Schließung ist noch keine Maßnahme der Verwaltungsvollstreckung.

b) Wird der Gaststättenbetrieb im Reisegewerbe ausgeübt, so findet § 15 Abs. 1 GewO keine Anwendung (BVerwG GewArch 60 S. 213). Insoweit muß auf die allgemeinen polizeilichen Vorschriften zurückgegriffen werden.

c) Die unerlaubte Führung eines Gaststättenbetriebes ist eine Ordnungswidrigkeit, die mit Bußgeld bis zu 10000 DM bedroht ist (§ 28 GaststG).

## V. Weiterführungsrecht, vorläufige Gaststättenerlaubnis und Gestattungsrecht

**1. Weiterführungsrecht.** Nach dem Tode des Inhabers einer Gaststättenerlaubnis darf das Gaststättengewerbe aufgrund der bisherigen Erlaubnis weitergeführt werden durch *a)* den Ehegatten, *b)* die minderjährigen Erben während der Minderjährigkeit, *c)* den Nachlaßverwalter, Nachlaßpfleger und Testamentsvollstrecker bis zur Dauer von 10 Jahren (§ 10 GaststG). Kein Weiterführungsrecht erwächst aufgrund einer vorläufigen Erlaubnis oder einer Gestattung. Die zur Weiterführung berechtigten Personen haben der Erlaubnisbehörde unverzüglich anzuzeigen, daß sie die Gaststätte weiterführen wollen, damit die notwendigen Überwachungsmaßnahmen eingeleitet werden können. Unberührt von der Anzeige nach § 10 GaststG bleibt die Anmeldung des Gewerbes nach § 14 GewO.

**2. Vorläufige Erlaubnis (§ 11 GaststG).** a) Um die Betriebsnachfolge im Gaststättenbetrieb zu erleichtern, sieht § 11 GaststG eine vorläufige Erlaubnis vor. Personen, die einen erlaubnisbedürftigen Gaststättenbetrieb von einem anderen übernehmen wollen, kann die Ausübung des Gaststättengewerbes bis zur Erteilung der Erlaubnis auf Widerruf gestattet werden. Die vorläufige Erlaubnis soll nicht für eine längere Zeit als drei Monate erteilt werden; die Frist kann verlängert werden, wenn hierfür ein wichtiger Grund besteht.

b) Die vorläufige Erlaubnis soll eine Betriebsübernahme erleichtern; sie kann daher nicht für neu errichtete Betriebe erteilt werden. Im allgemeinen setzt sie voraus, daß der bisherige Betriebsinhaber eine Erlaubnis besitzt. Hiervon wird dann eine Ausnahme zu machen sein, wenn dieser verstorben ist und volljährige Erben den Betrieb weiterführen wollen. In diesen Fällen wird den Erben eine vorläufige Erlaubnis erteilt werden können, da sie ein Weiterführungsrecht nicht haben (oben V 1).

**3. Gestattung.** Aus besonderem Anlaß kann der Betrieb eines erlaubnisbedürftigen Gaststättenbetriebes unter erleichterten Voraussetzungen vorübergehend auf Widerruf gestattet werden (§ 12 Abs. 1 GaststG). Gedacht ist z.B. an Volksfeste, Veranstaltungen von Vereinen, Umzügen, Festen oder Werbeveranstaltungen. Dem Gewerbetreibenden können Auflagen erteilt werden. Werden die Gestattungen wiederholt beantragt, wird die Gewerbebehörde prüfen, ob eine Umgehung der Vorschriften für eine Gaststättenerlaubnis vorliegt. Dies kann z.B. der Fall sein, wenn die Gestattung wiederholt für Festlichkeiten eines Vereins beantragt wird.

## VI. Auflagen, Sperrzeitanordnungen, Beschäftigungsverbote

**1. Auflagen.** a) Gewerbetreibenden, die einer Gaststättenerlaubnis bedürfen, können jederzeit Auflagen zum Schutze *(1)* der Gäste gegen Ausbeutung und gegen Gefahren für Leben, Gesundheit oder Sittlichkeit, *(2)* der im Betrieb Beschäftigten gegen Gefahren für Leben, Gesundheit oder Sittlichkeit oder *(3)* gegen schädliche Umwelteinwirkungen i.S. des Bundes-ImmissionsschutzG und sonst gegen erhebliche Nachteile, Gefahren oder Belästigungen für die Bewohner des Betriebsgrundstückes oder der Nachbargrundstücke sowie der Allgemeinheit erteilt werden (§ 5 Abs. 1 GaststG). Gegenüber Gewerbetreibenden, die ein erlaubnisfreies Gaststättengewerbe betreiben (oben III), können entsprechende Anordnungen ergehen (§ 5 Abs. 2 GaststG).

b) Besondere Bedeutung kommt Auflagen nach § 5 Abs. 1 Nr. 3 GaststG zu, weil von Gaststättenbetrieben häufig Geräusch- und Geruchsbelästigungen ausgehen.

Gaststättenbetriebe gehören nicht zu den nach § 24 Bundes-ImmissionsschutzG genehmigungsbedürftigen Anlagen. Mit Erlaß dieses Gesetzes im Jahre 1974 wurde der Immissionsschutz ausdrücklich im Gaststättengesetz geregelt.

Lärmbelästigungen, die mit einer Gaststätte in unmittelbarem Zusammenhang stehen, werden nach der Richtlinie des Vereins Deutscher Ingenieure – VDI 2058 Bl. 1 „Beurteilung von Arbeitslärm in der Nachbarschaft" beurteilt. Ob auch auf die DIN-Norm 18005 (Beurteilung von Verkehrslärm) zurückgegriffen werden kann, ist umstritten. Ob der Außenlärm noch zulässig ist, richtet sich ferner nach den Klassifizierungen der BaunutzungsVO in dem jeweiligen Baugebiet.

c) Die dem Gewerbetreibenden erteilten Auflagen müssen eindeutig und bestimmt sein. Unzulässig wäre eine Auflage: „Ventilatoren sind geräuscharm zu betreiben." Hinreichend bestimmt ist eine Auflage auf dem Gebiet der Lärmbekämpfung, wenn die Einhaltung bestimmter gemessener Richtwerte vorgeschrieben wird, dagegen die Ausführung der baulichen Maßnahmen dem Gewerbetreibenden überlassen bleibt (BVerwG GewArch 69 S. 83, VG Berlin GewArch 86, 344). Der Gewerbetreibende kann sich insoweit durch Sachverständige beraten lassen.

d) Auflagen sind nur zulässig, soweit sie notwendig sind, um das gewerbliche Ziel zu erreichen (vgl. BVerwG GewArch 86, 96). Ferner müssen sie dem Grundsatz der Verhältnismäßigkeit genügen, d. h., die Behörde ist gehalten, das jeweils mildeste Mittel zu wählen, um das Ziel zu erreichen. Ob die Gewerbebehörde Auflagen erteilt, steht in ihrem Ermessen. Indes kann der Ermessensspielraum stark eingeengt sein. Insbesondere können z. B. die Nachbarn einen Anspruch auf Erlaß von Auflagen haben, wenn sie durch die Gaststätte in besonderem Maße belästigt werden (OVG Saarland GewArch 74 S. 235).

**2. Sperrzeitanordnungen.** a) Nach § 18 Abs. 1 GaststG ist durch RechtsVO der Landesregierungen für Schank- und Speisewirtschaften sowie für öffentliche Vergnügungsstätten eine Sperrzeit allgemein festzusetzen. Die Landesregierung kann die Ermächtigung auf oberste Landesbehörden oder andere Behörden übertragen. Die RechtsVO hat zu bestimmen, daß die Sperrzeit bei Vorliegen eines öffentlichen Bedürfnisses oder besonderer örtlicher Verhältnisse allgemein oder für einzelne Betriebe verlängert, verkürzt oder aufgehoben werden kann. Es besteht dann ein öffentliches Bedürfnis für eine abweichende Festsetzung der Sperrzeit, wenn sie im Interesse der Allgemeinheit liegt (vgl. VGH Bad.-Württemberg GewArch 85, 138). Die Sperrzeit in Berlin ist z.B. für die Zeit von 5 bis 6 Uhr festgesetzt worden. Dagegen liegt die Sperrzeit für Schank- und Speisewirtschaften in Bad.-Württemberg bei 0–6 Uhr und in der Nacht zum Sonntag von 1–6 Uhr. Da die Sperrzeit der Nachtruhe, der Volksgesundheit, der Bekämpfung des Alkoholmißbrauchs, dem Arbeitsschutz dient, soll sie nur ausnahmsweise geändert werden (vgl. BVerwG GewArch 71 S. 38; zu Volksfesten: OVG NW GewArch 85, 382). Eine Verlängerung der Sperrzeit kommt insbesondere in Betracht, wenn dies zum Schutz der Nachtruhe der Anwohner notwendig ist (VGH Kassel NJW 84, 321; VGH Bad.-Württ. GewArch 87, 65; HessVGH GewArch 87, 245).

b) Die Sperrzeiten in den einzelnen Bundesländern ergeben sich aus den bereits aufgeführten landesrechtlichen Verordnungen (§ 8 I 3). Die Sperrzeit für Bundesautobahnbetriebe ist in der VO 26. 6. 1956 (BGBl. I 632) geregelt.

**3. Beschäftigungsverbot** (**§ 21 GaststG**). a) Dem Gewerbetreibenden kann die Beschäftigung einer Person in einem Gaststättenbetrieb untersagt werden, wenn Tatsachen die Annahme rechtfertigen, daß die Person die für ihre Tätigkeit erforderliche Zuverlässigkeit nicht besitzt (§ 21 Abs. 1 GaststG). Maßnahmen nach § 21 Abs. 1 GaststG kommen insbesondere bei erheblich oder einschlägig Vorbestraften in Betracht.

b) In einem Verfahren nach § 21 Abs. 1 GaststG ist die Behörde berechtigt, dem Gewerbetreibenden die Gründe und die Verfehlungen des Dritten zu offenbaren. Ob der Dritte ein eigenes Anfechtungsrecht im Verwaltungsstreitverfahren hat, weil seine Beschäftigung dem Gastwirt untersagt worden ist, ist umstritten.

c) Die Landesregierungen können zur Aufrechterhaltung der Sittlichkeit oder zum Schutz der Gäste durch RechtsVO Vorschriften erlassen über die Zulassung, das Verhalten und die Art der Tätigkeit und, soweit tarifvertragliche Regelungen nicht bestehen, die Art der Entlohnung in Gaststättenbetrieben Beschäftigter.

## VII. Widerruf und Rücknahme der Gaststättenerlaubnis

**1. Rücknahme der Gaststättenerlaubnis.** Von der Rücknahme einer Erlaubnis wird dann gesprochen, wenn die Erlaubniserteilung ursprünglich rechtswidrig war.

a) Die Erlaubnis zum Betrieb eines Gaststättengewerbes ist zurückzunehmen, wenn bekannt wird, daß bei ihrer Erteilung Versagungsgründe nach § 4 Abs. 1 Nr. 1 GaststG vorlagen (§ 15 Abs. 1 GaststG). Mangelt es an der Zuverlässigkeit, so ist die Erlaubnis zu versagen oder später zurückzunehmen. Unzuverlässige Personen sollen mithin in jedem Fall von dem Betrieb einer Gaststätte ferngehalten werden. Im GaststG ist nicht besonders geregelt, ob die Erlaubnis auch dann zurückgenommen werden kann, wenn die Tatsachen, die die Unzuverlässigkeit begründen, bereits bei Erteilung der Erlaubnis bekannt waren. Insoweit gelten die allgemeinen Regeln der §§ 48, 49 VwVfG einschließlich der dort geregelten Jahresfrist. Indes kann eine Schadensersatzpflicht der Behörden in Betracht kommen.

b) Unterhält ein Gewerbetreibender mehrere Gaststätten, so ist für jeden einzelnen Betrieb die Zuverlässigkeit zu prüfen. Es ist denkbar, daß ein Gewerbetreibender nicht die hinreichende Zuverlässigkeit besitzt, eine Gaststätte in einem Gebiet zu führen, in dem starke Kriminalität herrscht, dagegen wohl in einem Außenbezirk einer Großstadt.

**2. Widerruf nach § 15 Abs. 2 GaststG.** Vom Widerruf wird dann gesprochen, wenn ein ursprünglich rechtmäßiger Verwaltungsakt zurückgenommen werden soll.

a) Nach § 15 Abs. 2 GaststG ist die Erlaubnis zu widerrufen, wenn nachträglich Tatsachen eintreten, die die Versagung der Erlaubnis wegen hinreichender Unzuverlässigkeit rechtfertigen.

b) Die Rechtsprechung zur Rücknahme und zum Widerruf von Gaststättenerlaubnissen ist außerordentlich umfangreich. Es können daher nur einige Beispiele herausgegriffen werden, bei denen Rücknahme und Widerruf anerkannt worden sind. Hierzu gehören:

Beharrlicher Verstoß des Gewerbetreibenden gegen steuerliche und sozialversicherungsrechtliche Vorschriften.

Ablehnung der Zusammenarbeit mit der Polizei, wenn in der Gaststätte Betäubungsmittel eingenommen und gehandelt werden (BVerwG NJW 79 S. 772; VG Köln GewArch 82 S. 386;

BayVGH GewArch 84, 101; vgl. IV 3). Ein Widerruf ist aber noch nicht dann gerechtfertigt, wenn sich eine Gaststätte zu einem Kontaktlokal für Rauschgiftkonsumenten entwickelt, wenn der Gastwirt davon nichts weiß (OVG NW GewArch 86, 385).

Sandelei (Sand in die Augen streuen); sie geschieht in der Weise, daß die Sandlerin den Geschädigten anspricht, in ein Lokal lockt, wo ihm nach Bestellung und Verzehr von Waren eine überhöhte Rechnung präsentiert wird, die gelegentlich sogar mit Gewalt beigetrieben wird (vgl. HessVGH GewArch 75 S. 299; BayVGH GewArch 75 S. 300; auch OVG Hamburg GewArch 87, 65).

Förderung der Prostitution (BVerwG GewArch 75 S. 385; VGH Bad.-Württemberg GewArch 74 S. 350).

Zurückweisung von Gästen wegen Hautfarbe, Rasse, Herkunft oder Nationalität. (Kühner NJW 86, 1397). Der Gastwirt kann sein Hausrecht ausüben (Muster VwVV 3.2.1; VG Stuttgart GewArch 76 S. 27).

Verstöße gegen die Sperrzeit und Abgabeverpflichtungen (VGH Bad.-Württemberg GewArch 85, 200).

Verstöße gegen Hygienevorschriften, sonstige Rechtsvorschriften, die zur Aufrechterhaltung eines ordnungsgemäßen Gaststättenbetriebes unerläßlich sind.

Unerlaubte Beschäftigung von Ausländern.

**3. Widerruf nach § 15 Abs. 3 GaststG.** a) Die Erlaubnisbehörde kann eine Gaststättenerlaubnis widerrufen, wenn die in § 15 Abs. 3 GaststG genannten Voraussetzungen vorliegen. Ob sie von dem Widerruf Gebrauch macht, steht in ihrem pflichtgemäßen Ermessen.

b) Die wichtigsten Widerrufstatbestände sind in § 15 Abs. 3 Nr. 1 und 2 GaststG enthalten; hierzu gehören der Wechsel der Betriebsart oder die Verwendung anderer als der zugelassenen Räume oder die Nichtbeachtung inhaltlicher Beschränkungen der Erlaubnis (vgl. § 8 IV 1). Indes kann auch in diesen Fällen nur dann der Gesamtbetrieb verhindert werden, wenn die unzulässige Änderung nicht beseitigt und im übrigen die Erlaubnis insgesamt widerrufen worden ist.

**4. Erforderlichkeit und Zuverlässigkeit.** a) Rücknahme und Widerruf der Gaststättenerlaubnis sind nur rechtmäßig, wenn dies zur Erreichung des gewerberechtlichen Zieles notwendig ist. Sie müssen daher das erforderliche und angemessene Mittel darstellen.

b) Ist die Rücknahme oder der Widerruf der Gaststättenerlaubnis vollziehbar, so wird der weitere Betrieb der Gaststätte unerlaubt und der weitere Betrieb kann daher verhindert werden.

## VIII. Sonderbestimmungen des Gaststättenrechtes

**1. Erlaubnisfreier Schankbetrieb.** Nach § 2 Abs. 2 GaststG ist der Schankbetrieb teilweise erlaubnisfrei. Die Einzelheiten sind oben III beschrieben. Nach §§ 16, 17 GaststG konnte der erlaubnisfreie Betrieb einer Schankwirtschaft untersagt werden. Die Vorschriften sind durch G vom 16. 12. 1986 (BGBl. I S. 2441) aufgehoben worden. Insoweit ist jetzt § 35 GewO (oben § 5 V) anzuwenden.

**2. Einzelhandel mit alkoholischen Getränken.** Es bestehen keine besonderen Vorschriften des GaststG.

**3. Verbot der Förderung des Ausschanks alkoholischer Getränke.** a) Ist der Ausschank alkoholischer Getränke gestattet, so sind auf *Verlangen auch alkoholfreie Getränke* zum Verzehr an Ort und Stelle zu verabreichen (§ 6 GaststG). Die Vorschrift ist im Interesse motorisierter Gäste erlassen.

b) Nach § 20 GaststG ist *verboten, (1)* Branntwein oder überwiegend branntweinhaltige Lebensmittel durch Automaten feilzuhalten, *(2)* in Ausübung eines Gewerbes alkoholische Getränke an erkennbar Betrunkene zu verabreichen, *(3)* im Gaststättengewerbe das Verabreichen von Speisen von der Bestellung von alkoholfreien und alkoholischen Getränken abhängig zu machen oder bei der Nichtbestellung von solchen Getränken die Preise zu erhöhen, *(4)* das Verabreichen alkoholfreier Getränke von der Bestellung alkoholischer Getränke abhängig zu machen oder bei Nichtbestellung alkoholischer Getränke die Preise zu erhöhen. Die *Koppelungsverbote* des § 20 Nr. 3, 4 GaststG sind nicht verletzt, wenn z.B. Cola-Getränke nur zusammen mit Branntwein abgegeben werden, sofern sonst alkoholfreie Getränke verabreicht werden (vgl. dazu BayObLG GewArch 74 S. 31).

**4. Vorübergehendes Alkoholverbot.** Ein vorübergehendes Alkoholverbot kann von der zuständigen Behörde durch Allgemeinverfügung an eine bestimmte Zahl von Gast(Schank)wirten oder eine Einzelverfügung an einen bestimmten Gast(Schank)wirt erlassen werden, wenn dies zur Aufrechterhaltung der öffentlichen Sicherheit oder Ordnung erforderlich ist (§ 19 GaststG). Dies ist z.B. bei Sportveranstaltungen, Demonstrationen usw. der Fall.

**5. Straßenverkauf.** a) Nach § 7 Abs. 1 GaststG dürfen die Gaststätteninhaber oder Dritte auch während der Ladenschlußzeiten des Einzelhandels Zubehörwaren an Gäste abgeben und ihnen Zubehörleistungen erbringen. Hierzu gehören z.B. Streichhölzer, Tabakwaren, Zeitungen, Ansichtskarten usw.

b) Der Schank- oder Speisewirt darf außerhalb der Sperrzeit während der Ladenschlußzeiten zum alsbaldigen Verzehr oder Verbrauch an Jedermann über die Straße abgeben *(1)* Getränke und zubereitete Speisen, die er in seinem Betrieb verabreicht, *(2)* Flaschenbier, alkoholfreie Getränke, Tabak- und Süßwaren.

**6. Straußwirtschaft.** Nach § 14 GaststG können die Landesregierungen den Verkauf von selbsterzeugtem Apfelwein oder Wein und Speisen zum Verzehr an Ort und Stelle erlaubnisfrei für die Dauer von vier bzw. sechs Monaten zulassen. Sonderregeln bestehen in Baden-Württemberg, Bayern, Hessen, NRW, Rheinland-Pfalz, Saarland. Vgl. § 8 I 3.

**7. Vereinsgastronomie.** Entfaltet ein Verein eine gewerbliche Tätigkeit (§ 2 III), so muß er bei Ausschank alkoholischer Getränke an Vereinsmitglieder ein Gewerbe anzeigen (§ 4) und eine Gaststättenerlaubnis erwerben (oben IV). Nach § 23 GaststG findet das GaststG aber auch dann auf Vereine und Gesellschaften Anwendung, die kein Gewerbe betreiben, wenn alkoholische Getränke ausgegeben werden. Von einigen Vorschriften sind Ausnahmen gemacht. Der Sinn der Vorschrift besteht darin, insbesondere die Erlaubnisvoraussetzungen auch auf die nicht gewerbsmäßige Abgabe von Alkohol in Vereinen zu erstrecken.

**8. Einschränkung des Anwendungsbereiches des GaststG.** a) Das GaststG findet *keine Anwendung* auf Betreuungseinrichtungen, insbesondere Kantinen und Kameradschaftsheime, der in seinem Geltungsbereich stationierten ausländischen Streitkräfte, der Bundeswehr, des Bundesgrenzschutzes oder der in Gemeinschaftsunterkünften untergebrachten Polizei sowie auf die Messen an Bord, soweit sich diese Betriebe überwiegend auf die Bewirtung der Angehörigen dieser Verbände beschränken. Dies gilt auch für Betreuungseinrichtungen der Bundespost und für Luftfahrzeuge (§ 25 Abs. 1 GaststG).

b) Ferner findet das GaststG keine Anwendung für den Betrieb der Deutschen Bundesbahn und die Nebenbetriebe, die den Bedürfnissen des Eisenbahn- und Schiffahrtsbetriebes und Verkehrs der Deutschen Bundesbahn zu dienen bestimmt sind (§ 25 Abs. 2 GaststG i.V.m. § 41 Abs. 1 BundesbahnG). Für nicht bundeseigene Eisenbahnen gilt die Verordnung über die Anwendung des GaststG auf Bahnhofswirtschaften und andere Nebenbetriebe von nicht bundeseigenen Eisenbahnen des öffentlichen Verkehrs vom 7. 5. 1963 (BGBl. I S. 315) i.d. Änd. vom 26. 1. 1970 (BGBl. I S. 113).

## § 9. Die Eröffnung eines Einzelhandelsunternehmens

### I. Die Eröffnung des Einzelhandels

**1. Rechtsentwicklung.** Nach § 3 Gesetz über die Berufsausübung im Einzelhandel (EHG) bedurfte derjenige, der einen Einzelhandel eröffnen wollte, der Erlaubnis. Durch Entscheidungen des BVerfG vom 14. 12. 1965 (NJW 66, 291 = BVerfGE 19, 330) und vom 11. 10. 1972 (NJW 72, 2261 = BVerfGE 34, 71) wurde der im EHG für die Erlaubniserteilung geforderte Nachweis der Sachkunde für den Einzelhandel mit Waren aller Art und Lebensmitteln wegen Unvereinbarkeit mit dem Grundrecht der Berufsfreiheit (Art. 12 GG; dazu oben § 2 I) für verfassungswidrig erklärt. Alsdann wurden eigenständige Regelungen durch das Gesetz über den Verkehr mit Lebensmitteln, Tabakerzeugnissen, kosmetischen Mitteln und sonstigen Bedarfsgegenständen (Lebensmittel- und Bedarfsgegenständegesetz) vom 15. 8. 1964 (BGBl. I 1945) m. spät. Änd. und durch das Gesetz zur Neuordnung des Arzneimittelrechtes (Arzneimittelgesetz) vom 24. 8. 1976 (BGBl. I 2445), zul. geänd. 26. 11. 1986 (BGBl. I S. 2089) geschaffen. Das Arzneimittelgesetz hatte bereits das EHG weitgehend aufgehoben. Es ist vollständig aufgehoben durch das Gesetz zur Änderung des Titels III der Gewerbeordnung und anderer gewerberechtlicher Vorschriften vom 25. 7. 1984 (BGBl. I 1008).

2. Der **Begriff des Einzelhandels** ist gesetzlich nicht definiert. Nach § 1 EHG, das inzwischen aufgehoben ist, betreibt Einzelhandel, wer gewerbsmäßig Waren anschafft und sie unverändert oder nach im Einzelhandel üblicher Be- oder Verarbeitung in

einer oder mehreren offenen Verkaufsstellen zum Verkauf an jedermann feilhält. Einzelhandel betreibt auch, wer gewerbsmäßig zum Verkauf an jedermann *(1)* in einer oder mehreren offenen Verkaufsstellen Muster oder Proben zeigt, um Bestellungen auf Waren entgegenzunehmen, oder *(2)* Waren versendet, die nach Katalog, Mustern, Proben oder aufgrund eines sonstigen Angebots bestellt sind (Versandhandel). Diese Definition enthält einen allgemeinen Rechtsgrundsatz zur Umschreibung des Einzelhandels.

**3. Bestehende Rechtslage bei Eröffnung des Einzelhandels.** a) Ein Einzelhandelsunternehmen kann heute eröffnet werden, ohne daß der Inhaber besondere Voraussetzungen zu erfüllen braucht. Er muß lediglich die in § 4 beschriebenen Gewerbemeldungen und sonstige dort erörterte Meldungen abgeben. Ein besonderer Sachkundenachweis ist nicht erforderlich. Die SachkundeVO vom 4. 3. 1960 (BGBl. I S. 172) ist aufgehoben.

b) Auch im Lebensmittel- und Bedarfsgegenständegesetz sind keine besonderen Voraussetzungen für die Eröffnung eines entspr. Einzelhandels vorgesehen. Unberührt hiervon bleiben jedoch etwaige besondere Gesundheitszeugnisse nach § 18 des Gesetzes zur Verhütung und Bekämpfung übertragbarer Krankheiten bei Menschen (Bundes-Seuchengesetz) i.d.F. vom 18. 12. 1979 (BGBl. I 2262 ber. BGBl. 1980 I S. 151) m. spät. Änd. Es enthält im wesentlichen Vorschriften für die Herstellung.

c) Arzneimittel dürfen im wesentlichen nur in Apotheken vertrieben werden (§ 43 ArzneimittelG). Hiervon sind einige Ausnahmen vorgesehen (§ 44, 45 ArzneimittelG).

4. Vor allem für den Einzelhandel gilt das G über den Ladenschluß vom 28. 11. 1956 (BGBl. I S. 875), zul. geänd. 18. 12. 1987 (BGBl. I S. 2793). Aus ihm ergeben sich die Ladenschlußzeiten für die Verkaufsstellen, (vgl. Schaub, Arbeitsrecht vom A–Z, 12.Aufl., Stichwort: Ladenschluß). Die Überschreitung der Ladenschlußzeiten kann auch unlauterer Wettbewerb darstellen (BGH NJW 88, 2243).

## II. Apotheke

1. Zur Eröffnung einer Apotheke ist neben den gewerberechtlichen Voraussetzungen (oben § 4) eine besondere Erlaubnis nach dem Gesetz über das Apothekenwesen i.d.F. vom 15. 10. 1980

(BGBl. I S. 1993) notwendig. Die Erlaubnis gilt nur für den Apotheker, dem sie erteilt ist und für die in der Erlaubnisurkunde bezeichneten Räume (§ 1 Abs. 3 ApothG). Die persönlichen Voraussetzungen sind in § 2 ApothG zusammengefaßt. Hierzu gehört insbesondere die Approbation nach der Bundesapothekerordnung vom 5. 6. 1968 (BGBl. I 601) m. spät. Änd. Nach dieser darf den Beruf des Apothekers nur ausüben, der als Apotheker approbiert ist, was u. a. das Bestehen der pharmazeutischen Prüfung sowie die körperliche und geistige Tauglichkeit voraussetzt. In der Approbationsordnung vom 23. 8. 1971 (BGBl. I 1377), zul. geänd. am 26. 2. 1986 (BGBl. I S. 328) sind u. a. die Mindestanforderungen des Studiums der Pharmazie, die praktische Ausbildung sowie die pharmazeutische Prüfung und Approbation geregelt. Besonderheiten können sich aus dem EG-Recht ergeben.

**2.** Erlöschen, Rücknahme und Widerruf der Erlaubnis zum Betrieb einer Apotheke ergeben sich im einzelnen aus dem ApothG.

**3.** Mehrere Personen können eine Apotheke nur in der Rechtsform einer Gesellschaft bürgerlichen Rechts (§ 27) oder einer oHG (§ 28) betreiben. In diesen Fällen bedürfen alle der Erlaubnis. Im beschränkten Umfang ist die Verpachtung einer Apotheke möglich (§ 9 ApothG).

**4.** Der Betrieb einer Apotheke ist in der VO über den Betrieb von Apotheken – Apothekenbetriebsordnung – ApBetrO – vom 9. 2. 1987 (BGBl. I S. 547) geregelt.

**5.** Nach den Berufsordnungen der Apotheker ist zumeist die Werbung eingeschränkt (vgl. BGH NJW 83, 2085; OLG Frankfurt NJW 85, 2765; BVerwG GewArch 86, 19)[1]. Die Selbstbedienungsmöglichkeit bei frei verkäuflichen Arzneimitteln muß in Apotheken und Einzelhandelsgeschäften gleich geregelt sein (BVerfG NJW 87, 2919).

## § 10. Der Großhandel

### I. Grundsatz

**1. Begriff.** Eine Großhandelstätigkeit ist dann gegeben, wenn der Verkauf entweder an Wiederverkäufer oder gewerbliche Ab-

---

[1] Kramm, Werbeverbote für Apotheker, GewArch 86, 16.

nehmer erfolgt (BGH NJW 78 S. 267; BAG AP Nr. 131 zu § 1 TVG Auslegung = DB 84 S. 55).

**2. Erlaubnisfreiheit.** Die Großhandelstätigkeit war seit jeher erlaubnisfrei. Zur Eröffnung eines Großhandelsunternehmens sind daher lediglich die Gewerbeanmeldungen entsprechend den in § 4 dargestellten Grundsätzen erforderlich. Einer Erlaubnis bedarf es nicht, da der Großhändler regelmäßig mit Fachleuten Geschäfte macht, die die Waren und Gegenstände beurteilen können. Damit besteht keine Gefahr, daß einem Endverbraucher etwas angedreht wird.

**3. Ladenschluß.** Für den Großhandel gilt nicht das G über den Ladenschluß vom 28. 11. 1956 (BGBl. I S. 875), zul. geänd. am 18. 12. 1987 (BGBl. I S. 2793).[1]

## II. Ausnahmen

Für die Eröffnung eines Großhandelsunternehmens bestehen einige Ausnahmen von dem Grundsatz der Erlaubnisfreiheit, und zwar:

1. Nach § 17 Abs. 1 Nr. 3 des Chemikaliengesetzes vom 16. 9. 1980 (BGBl. I S. 1718), zul. geänd. 15. 9. 1986 (BGBl. I S. 1505) ist die BReg. ermächtigt, Anforderungen an die Zuverlässigkeit, Gesundheit und Sachkunde solcher Personen zu stellen, die Gifte herstellen, in den Verkehr bringen oder verwenden. Nr. 4 sieht die Möglichkeit vor, eine Anzeige und Erlaubnispflicht einzuführen.
2. Der Handel mit Sprengstoffen ist nach dem Gesetz über explosionsgefährliche Stoffe (SprengstoffG) vom 17. 4. 1986 (BGBl. I S. 577) erlaubnispflichtig. Sprengstoffe sind je nach ihrer Gefährlichkeit in Klassen eingeteilt. Für die weniger gefährlichen Schießmittel, wozu auch einfache Feuerwerkskörper und pyrotechnische Artikel gehören, bedarf es keiner besonderen Erlaubnis, sondern lediglich einer Anzeige bei der Gemeindebehörde. Der Verkauf ist nur zu bestimmten Zeiten, etwa vor Silvester, erlaubt (vgl. 1. VO zum SprengstoffG vom 10. 3. 1987, BGBl. I S. 793).

---

[1] Leisner, Ladenschlußregeln für den Großhandel, BB 88, 1757.

## § 11. Die Personenbeförderung[1]

### I. Begriff und Rechtsgrundlagen für die Personenbeförderung

**1. Erlaubnispflicht.** Wer Personenbeförderung betreiben will, braucht eine Erlaubnis. Daneben ist die Gewerbeanzeige nach § 14 GewO (vgl. § 4) notwendig.

**2. Rechtsgrundlagen.** Das Recht der Personenbeförderung ist im Personenbeförderungsgesetz (PBefG) vom 21. 3. 1961 (BGBl. I S. 241) mit zahlreichen Änderungen geregelt. Ergänzend sind Bundes- und Landesverordnungen ergangen.

**3. Begriff.** a) Nach § 1 Abs. 1 S. 1 PBefG unterliegt den Vorschriften des PBefG die *entgeltliche oder geschäftsmäßige Beförderung* von Personen mit Straßenbahnen, mit Oberleitungsbussen (Obussen) und mit Kraftfahrzeugen. Den Vorschriften des Gesetzes unterliegt nicht die Beförderung mit Personenkraftwagen, wenn das Gesamtentgelt die Betriebskosten der Fahrt nicht übersteigt (§ 1 Abs. 2 PBefG).

b) Die Personenbeförderung wird vom PBefG erfaßt, wenn sie mit *Kraftwagen* (§ 4 Abs. 4 PBefG) erfolgt. Nicht genehmigungspflichtig ist mithin die Personenbeförderung mit Pferdefuhrwerken oder Droschken. Will ein Gewerbetreibender Hochzeitspaare mit der Droschke zur Kirche oder zum Standesamt fahren oder im übrigen mit Pferdedroschken Stadtbesichtigungen durchführen, so braucht er wegen der Personenbeförderung nur eine Gewerbeanmeldung nach den in § 4 dargestellten Grundsätzen abzugeben. Dasselbe gilt wegen der Beförderung mit Schlitten, z.B. an Wintersportorten. Gewisse Beschränkungen können sich allein aus verkehrsrechtlichen Vorschriften ergeben.

Personenkraftwagen sind nach § 4 Abs. 4 Nr. 1 PBefG Kraftfahrzeuge, die nach ihrer Bauart und Ausstattung zur Beförderung von nicht mehr als neun Personen (einschl. Führer) geeignet und bestimmt sind. Ein Kleinbus fällt mithin noch in die Gruppe der Personenkraftwagen. Nicht genehmigunggspflichtig sind Mitfahrergemeinschaften, wenn die Mitfahrer sich lediglich an den Benzinkosten beteiligen. Für Mitfahrerzentralen können jedoch landesrechtlich besondere Vorschriften ergangen sein (§ 38

---

[1] Bidinger, Personenbeförderungsrecht, Kommentar, Loseblatt, 1988; Fielitz/Meier/Montigel, Personenbeförderungsgesetz, Kommentar, 1988.

Nr. 8 GewO; dazu § 4 IV). Wird die Personenbeförderung im Werksverkehr mit Kleinbussen durchgeführt, so ist sie genehmigungsfrei. Zulässig ist also, die Arbeitnehmer mit einem PKW zu Hause abzuholen oder zur Baustelle zu fahren.

c) Eine Personenbeförderung wird vom PBefG erfaßt, wenn sie *entgeltlich oder geschäftsmäßig* erfolgt. Der Begriff des Entgeltes setzt kein Gewinnstreben voraus. Auch ein nicht gewerbliches öffentliches Verkehrsunternehmen, das ohne Gewinnerzielungsabsicht handelt, ist daher dem Gesetz unterworfen. Das Entgelt kann in einer direkten oder indirekten wirtschaftlichen Leistung oder Vorteilseinräumung bestehen. Eine entgeltliche Personenbeförderung ist bereits dann gegeben, wenn ein am Stadtrand gelegenes Kaufhaus für seine Kunden einen Zubringerverkehr in die Stadt einrichtet oder in einem Kurort ein Bettenverkäufer seine Kunden herantransportiert. Geschäftsmäßig handelt, wer mit der Absicht der Wiederholung handelt. Der Begriff der Geschäftsmäßigkeit kann daher auch dann erfüllt sein, wenn es an der Erwerbsabsicht fehlt. Ein Arbeitgeber, der seine Arbeitnehmer mit Autobussen herbeitransportiert, braucht mithin eine Genehmigung zur Personenbeförderung, da er mit Wiederholungsabsicht handelt. Erlaubnisfrei ist dagegen die Beförderung der Arbeitnehmer zwischen Arbeitsstellen desselben Betriebes zu betrieblichen Zwecken (§ 2 Abs. 4 PBefG).

d) Keine Personenbeförderung ist die *Vermietung von Mietwagen.* Der Gewerbetreibende muß lediglich eine Gewerbeanmeldung nach den Grundsätzen vornehmen, die in § 4 dargestellt sind. Die Mietwagen unterliegen jedoch einer häufigeren Kontrolle durch den Technischen Überwachungsverein (VO über die Überwachung von gewerbsmäßig an Selbstfahrer zu vermietenden Kraftfahrzeugen und Anhängern i.d.F. vom 21. 7. 1969, BGBl. I S. 875).

## II. Die Personenbeförderungserlaubnis

**1. Erlaubnis.** Einer Genehmigung bedarf, wer Personenbeförderung (oben I) mit *(1)* Straßenbahnen, *(2)* Obussen, *(3)* Kraftfahrzeugen im Linienverkehr oder *(4)* Kraftfahrzeugen im Gelegenheitsverkehr betreiben will (§ 2 Abs. 1 PBefG).

a) Die Genehmigung wird dem Unternehmer für einen *bestimmten Verkehr* (§ 9 PBefG) und für *seine Person* erteilt (§ 3 Abs. 1 PBefG). Jede Erweiterung oder wesentliche Änderung des

Unternehmens bedarf der Genehmigung. Zur Änderung des Unternehmens gehört z.B. sogar der Ersatz einer Taxe, die bei einem Verkehrsunfall beschädigt worden ist. Unternehmer kann jede natürliche oder juristische Person oder Personengesellschaft (vgl. §§ 25–31) sein. Unternehmer ist, wer den Betrieb im eigenen Namen unter eigener Verantwortung und für eigene Rechnung betreibt (§ 3 Abs. 2 PBefG). Die Verpflichtungen des Unternehmers werden durch rechtsgeschäftliche oder firmenrechtliche Gestaltungen oder Scheintatbestände nicht berührt (§ 6 PBefG). Selbst bei Notständen und Betriebsstörungen im Verkehr sind zwar keine Erlaubnispflichten, wohl aber Meldepflichten nach § 2 Abs. 5 PBefG festgelegt.

b) Genehmigungspflichtig ist die *Personenbeförderung* (oben I) *im Linienverkehr.* Linienverkehr ist eine zwischen bestimmten Ausgangs- und Endpunkten eingerichtete regelmäßige Verkehrsverbindung, auf der Fahrgäste an bestimmten Haltestellen ein- und aussteigen können. Er setzt nicht voraus, daß ein Fahrplan mit bestimmten Abfahrts- und Ankunftszeiten besteht oder Zwischenhaltestellen eingerichtet sind (§ 42 PBefG). Linienverkehr ist mithin die regelmäßige Beförderung von Berufstätigen zwischen Wohnung und Arbeitsstelle, von Schülern zwischen Wohnung und Lehranstalt, von Personen zum Besuch von Märkten oder Theatern (§ 43 PBefG). Der Linienverkehr wird nicht dadurch ausgeschlossen, daß der Verkehr wechselnden Bedürfnissen der Beteiligten angepaßt wird.

c) Genehmigungspflichtig ist der *Gelegenheitsverkehr.* Gelegenheitsverkehr ist die Personenbeförderung mit Kraftfahrzeugen, die nicht Linienverkehr ist (§ 46 PBefG). Zum Gelegenheitsverkehr gehört nach § 46 Abs. 2 PBefG *(1)* Verkehr mit Kraftdroschken, *(2)* Ausflugsfahrten und Ferienzielreisen, *(3)* Verkehr mit Mietomnibussen und mit Mietwagen.

*Taxiverkehr* ist die Beförderung von Personen mit Personenkraftwagen, die der Unternehmer an behördlich zugelassenen Stellen bereithält und mit denen er Fahrten zu einem vom Fahrgast bestimmten Ziel ausführt. Der Unternehmer kann Beförderungsaufträge auch während einer Fahrt oder am Betriebssitz entgegennehmen. Die Taxen dürfen nur in der Gemeinde bereitgehalten werden, in der der Unternehmer seinen Betriebssitz hat (§ 47 Abs. 2, 3 PBefG). Die Landesregierungen können AusführungsVO erlassen.

*Ausflugsfahrten* sind Fahrten, die der Unternehmer mit Kraftomnibussen oder Personenkraftwagen nach einem bestimmten von ihm aufgestellten Plan und zu einem für alle Teilnehmer gleichen und gemeinsam verfolgten Ausflugszweck anbietet und ausführt. Die Fahrt muß wieder an den Ausgangsort zurückführen (§ 48 Abs. 1 PBefG). Ähnlich ist der Begriff der Ferienziel-Reisen definiert. Hierbei handelt es sich um Fahrten vom und zum Ferienort, wobei der Beförderte dort eine Zeitlang verweilt (§ 48 Abs. 2 PBefG).

Personenbeförderung mit *Mietomnibussen und Mietwagen* ist die Beförderung von Personen mit Kraftwagen, die im ganzen zur Beförderung angemietet werden und mit denen der Unternehmer Fahrten ausführt, deren Zweck, Ziel und Ablauf der Mieter bestimmt (§ 49 PBefG). Die Teilnehmer bei Omnibusreisen müssen einen zusammengehörigen Personenkreis darstellen. Grundsätzlich müssen die Mietomnibusse und Mietwagen erst wieder zum Betriebssitz oder der Wohnung des Unternehmers zurückkehren, ehe eine neue Fahrt ausgeführt werden darf (vgl. Einzelh. § 49 PBefG). Die Rückkehrpflicht ist verfassungsrechtlich nicht zu beanstanden (BVerfG NJW 86, 3131).

**2. Antragsverfahren.** a) Der Antrag auf Erteilung der Genehmigung einer Personenbeförderung soll enthalten (§ 12 PBefG):

*(1)* in allen Fällen Namen sowie Wohn- und Betriebssitz des Antragstellers, bei natürlichen Personen außerdem Geburtstag und Geburtsort sowie Angaben darüber, ob der Antragsteller bereits eine Genehmigung für eine Verkehrsart besitzt oder besessen hat;

*(2)* bei einem Straßenbahn- oder Obusverkehr eine Übersichtskarte, in der die beantragte Strecke mit Haltestellen und alle in dem Verkehrsgebiet bereits vorhandenen Schienenbahnen usw. eingezeichnet sind, Angaben über Beförderungsentgelte und Fahrpläne sowie auf Verlangen der Genehmigungsbehörde einen Bauplan über die erforderlichen Anlagen;

*(3)* bei einem Linienverkehr mit Kraftfahrzeugen Übersichtskarte, Angaben zur Streckenführung und Fassungsvermögen sowie Beförderungsentgelte und Fahrplan;

*(4)* bei einem Gelegenheitsverkehr mit Kraftfahrzeugen Verkehrsform des Gelegenheitsverkehrs und Angaben über die Zahl, Art und das Fassungsvermögen der zu verwendenden Fahrzeuge.

Dem Antrag sind Unterlagen beizufügen, die ein Urteil über

die Zuverlässigkeit des Antragstellers und die Sicherheit und Leistungsfähigkeit des Betriebes ermöglichen. Die Genehmigungsbehörde kann weitere Unterlagen, insbesondere die Vorlage eines polizeilichen Führungszeugnisses verlangen (§ 12 Abs. 2, 3 PBefG).

b) Vor der Entscheidung über den Antrag werden von Amts wegen die in § 14 PBefG bezeichneten *Stellen gehört.* Das sind das Kraftfahrtbundesamt in Flensburg, die zuständige Industrie- und Handelskammer, einschlägige Verkehrsverbände, die großen Verkehrsträger wie Bundesbahn und Bundespost, evtl. beeinträchtigte private Verkehrsunternehmer sowie die beteiligten Landkreise und kreisfreien Städte.

c) Anhand der vorgelegten oder beigezogenen Unterlagen erfolgt die Prüfung, ob die *Voraussetzungen für eine Personenbeförderungserlaubnis* vorliegen. Insoweit ergeben sich die Einzelheiten aus § 13 PBefG.

Nach § 13 Abs. 4 S. 1 PBefG ist beim Verkehr mit Taxen die Genehmigung zu versagen, wenn die öffentlichen Verkehrsinteressen dadurch beeinträchtigt werden, daß durch die Ausübung des beantragten Verkehrs das örtliche Taxengewerbe in seiner Funktionsfähigkeit bedroht wird. Für einen bestimmten Ort besteht nur ein begrenzter Bedarf an Taxen. Der Gesetzgeber hat im Interesse des Taxengewerbes eine Art Bedürfnisprüfung eingeführt, weil einerseits ein öffentliches Interesse daran besteht, daß ein leistungsfähiges Taxengewerbe existiert, andererseits aber verhindert werden soll, daß durch einen breiten Zugang zur Berufsausübung die Leistungsfähigkeit herabgesetzt wird. Die Genehmigungsbehörde hat mithin bei der Genehmigung zu berücksichtigen *(1)* die Nachfrage nach Beförderungsaufträgen im Taxenverkehr, *(2)* die Taxendichte, *(3)* die Entwicklung der Ertrags- und Kostenlage unter Einbeziehung der Einsatzzeit, *(4)* Anfall und Ursachen der Geschäftsaufgaben. Die Berücksichtigung der Funktionsfähigkeit des örtlichen Taxengewerbes rechtfertigt nicht die Versagung weiteren Taxengenehmigungen mit dem Ziel, den am Ort ansässigen Taxenunternehmen eine angemessene wirtschaftliche Existenz zu gewährleisten (BVerwG NJW 82, 1168; 88, 3221; BayVGH GewArch 87, 227). Ein zur Personenbeförderung zugelassenen Unternehmer wird sich aber im allgemeinen nicht gegen die Zulassung weiterer Unternehmen wehren können (vgl. BayVGH GewArch 84, 262 = NJW 85, 758).

Die Personenbeförderungserlaubnis wird befristet erteilt. Die Befristung beträgt im Linienverkehr mit Kraftfahrzeugen acht, bei Gelegenheitsverkehr höchstens vier Jahre (§§ 16, 38, 44, 50 PBefG). Über die Genehmigung wird eine Genehmigungsurkunde ausgestellt, die stets mitzuführen ist (§ 17 PBefG).

d) Eine *einstweilige Erlaubnis* kann erteilt werden, wenn die Einrichtung, Erweiterung oder wesentliche Änderung eines Linienverkehrs mit Kraftfahrzeugen keinen Aufschub duldet (§ 20 PBefG). Die einstweilige Erlaubnis ist jederzeit widerruflich und höchstens sechs Monate gültig. Sie begründet keinen Anspruch auf spätere Erteilung einer Erlaubnis (§ 20 PBefG).

**3. Betriebsnachfolge.** Die Betriebsübertragung im Personenverkehr ist im öffentlichen Interesse eingeschränkt (vgl. § 2 PBefG).

### III. Beförderungsverträge

**1.** Die Beförderungsverträge sind in aller Regel bürgerlichrechtlich. Dem Beförderungsunternehmer und seinen Bediensteten stehen keine Hoheitsbefugnisse zu (vgl. BVerwG GewArch 84, 264).

**2.** Taxen dürfen keine Eigen- oder Fremdwerbung anbringen (BVerwG 24, 12; DÖV 84, 1026; NJW 87, 206).

## § 12. Die Güterbeförderung[1, 2]

### I. Begriff und Rechtsgrundlagen

**1. Erlaubnispflicht.** Grundsätzlich bedarf derjenige, der Güter für einen anderen befördern will, der Erlaubnis. Güter sind alle Waren, Sachen oder körperlichen Gegenstände, sei es nun Zement oder optische Präzisionsgegenstände. Die Rechtslage ist sehr unübersichtlich. Daneben ist die Gewerbeanzeige nach § 14 GewO abzugeben (vgl. § 4).

**2. Rechtsgrundlagen.** Die Beförderung von Gütern ist im Güterkraftverkehrsgesetz (GüKG) i.d.F. vom 10. 3. 1983 (BGBl. I

---

[1] Hein u.a., Güterkraftverkehrsrecht, Kommentar, Stand 1988; Helm, Frachtrecht. Güterbeförderung auf der Straße, 1979.

[2] Bojahr/Faecks, Das Recht des Güterverkehrs auf der Straße, AnwBl. 86, 7.

S. 256), zul. geänd. am 16. 12. 1986 (BGBl. I S. 2441) geregelt. Zu seiner Durchführung ist die VO über die Befreiung bestimmter Beförderungsfälle von den Bestimmungen des Güterkraftverkehrsgesetzes (FreistellungsVO-GüKG) vom 29. 7. 1969 (BGBl. I S. 1022) m. spät. Änd. ergangen. Es bestehen ferner noch weitere DurchführungsVO. Auch die Länder haben zahlreiche VO erlassen, die im folgenden aufgeführt sind:

*Baden-Württemberg:* AO v. 24. 8. 1959 (GABl. S. 486); VO v. 9. 3. 1976 (GBl. S. 290) i. d. Änd. v. 19. 3. 1985 (GBl. S. 71); *Bayern:* VO v. 7. 11. 1975 (BayRS 923-1-W); *Bremen:* VO v. 22. 6. 1971 (GBl. S. 166, geänd. durch VO v. 16. 1. 1973, GBl. S. 9); VO v. 11. 6. 1981 (GVBl. S. 149); *Hamburg:* VO v. 14. 8. 1973 (GVBl. S. 400); *Hessen:* VO v. 9. 12. 1975 (GVBl. S. 281, geänd. durch VO v. 9. 11. 1976, GVBl. S. 437); VO v. 13. 8. 1969 (GVBl. S. 154); *Niedersachsen:* VO v. 27. 1. 1976 (GVBl. S. 18); *Nordrhein-Westfalen:* VO v. 25. 6. 1962 (GVBl. S. 362, zuletzt geänd. durch VO v. 16. 11. 1979, GVBl. S. 876); *Rheinland-Pfalz:* VO v. 9. 11. 1976 (GVBl. S. 276); VO v. 14. 9. 1970 (GVBl. S. 378); *Saarland:* VO v. 14. 4. 1977 (ABl. S. 354); VO v. 3. 12. 1963 (ABl. S. 745); VO v. 1. 1. 1978 (ABl. S. 74); *Schleswig-Holstein:* VO v. 22. 3. 1977 (GVBl. S. 87); VO v. 16. 8. 1973 (GVBl. S. 318, geänd. durch VO v. 13. 5. 1977, GVBl. S. 170).

Von Interesse sind auch die allgemeinen Verwaltungsvorschriften zum Güterkraftverkehrsgesetz vom 3. 12. 1986 (BAnz. Nr. 234 a).

**3. Begriffe des öffentlich-rechtlichen Güterbeförderungsrechtes.** Auf dem Gebiet der Waren- und Güterbeförderung müssen zum besseren Verständnis eine Reihe von Begriffen und Abgrenzungen erläutert werden:

a) *Güternahverkehr.* Was Güternahverkehr ist, ergibt sich aus § 2 Abs. 1 GüKG. Es ist jede Beförderung von Gütern mit einem Kraftfahrzeug für andere innerhalb der Nahzone mit Ausnahme des Umzugsverkehrs. Zum Güternahverkehr zählt auch die Beförderung mit Kraftfahrzeugen, die die nach der StVZO höchstzulässigen Abmessungen oder Gewichte um mehr als 10 v. H. überschreiten, soweit Güter zu unmittelbar anschließender Beförderung mit der Eisenbahn zu einem Bahnhof oder in unmittelbarem Anschluß an eine Beförderung mit der Eisenbahn von einem Bahnhof jeweils innerhalb der Nahzone befördert werden. Die Nahzone ist gemäß § 2 Abs. 2 GüKG das Gebiet innerhalb eines Umkreises von 50 km, gerechnet in der Luftlinie vom Mittelpunkt des Standortes des Kraftfahrzeuges aus. Im Interesse der Klarstellung gibt es schließlich noch ein amtliches Verzeichnis aller Orte mit ihren Nahzonenbereichen.

b) *Güterfernverkehr* ist jede Beförderung von Gütern mit einem Kraftfahrzeug für andere über die Grenzen der Nahzone hinaus oder außerhalb dieser Grenzen mit Ausnahme des Umzugsverkehrs (§ 3 Abs. 1 GüKG).

c) *Umzugsverkehr* ist die Beförderung von Umzugsgut, Erbgut und Heiratsgut mit einem Kraftfahrzeug für andere (§ 37 GüKG).

d) *Werksverkehr* ist jede Beförderung von Gütern für eigene Zwecke (§ 48 Abs. 1 GüKG).

**4. Handelsrechtliche Vorschriften des Güterkraftverkehrsrechtes.** a) Während im GüKG die Voraussetzungen geregelt sind, unter denen die Güterbeförderung gewerbsmäßig durchgeführt werden darf, enthält das HGB Sondernormen für die mit dem Warentransport beschäftigten Personenkreise. Dabei stimmen die Berufsbezeichnungen des Handelsrechts nicht mit denen des GüKG überein.

b) *Spediteur* ist, wer gewerbsmäßig übernimmt, Güterversendungen durch Frachtführer oder Verfrachter auf Seeschiffen für Rechnung eines anderen (des Versenders) in eigenem Namen zu besorgen (§ 407 Abs. 1 HGB). Der Spediteur transportiert also keine Waren; er ist lediglich Vermittler. Er braucht überhaupt keine Erlaubnis. Zur Unternehmenseröffnung reicht eine Gewerbeanmeldung nach den zu § 4 dargestellten Grundsätzen.

*Frachtführer* ist, wer es gewerbsmäßig übernimmt, die Beförderung von Gütern zu Lande oder auf Flüssen oder sonstigen Binnengewässern auszuführen (§ 425 HGB). Die Begriffe des Frachtführers und des Transportunternehmers überlagern sich mithin teilweise. Während das HGB die Abwicklung der Rechtsgeschäfte des Frachtführers mit dessen Kunden regelt, ergeben sich aus dem GüKG die berufsrechtlichen Voraussetzungen. Zur Haftung des Frachtführers: EWiR Art. 17 CMR 1/88.

*Lagerhalter* ist derjenige, der gewerbsmäßig die Lagerung und Aufbewahrung von Gütern übernimmt (§ 416 HGB). Auch für den Lagerhalter gibt es keine öffentlich-rechtlichen Berufszulassungsbeschränkungen. Zur Unternehmenseröffnung reicht eine Gewerbeanmeldung nach den zu § 4 dargestellten Grundsätzen.

## II. Erlaubnisse im Güternahverkehr

**1. Erlaubnisfreiheit.** Teilweise ist der Gütertransport im Güternahverkehr erlaubnisfrei.

a) Erlaubnisfrei ist der gewerbsmäßige Güternahverkehr mit Lastkraftwagen mit einer Nutzlast von weniger als 750 kg oder mit Zugmaschinen (§ 80 Abs. 1 GüKG). Erlaubnisfrei ist demnach ein Unternehmen, das sich darauf spezialisiert hat, Kleinwaren von Kaufhäusern und Supermärkten den Kunden zuzustellen. Erforderlich ist lediglich eine Gewerbeanmeldung nach § 14 GewO (dazu § 4).

b) Erlaubnisfrei sind die „Bahnamtlichen Rollfuhrunternehmen", sofern sie etwa mit Pferdefuhrwerken Waren von und zum Bahnhof transportieren.

c) Erlaubnisfrei ist der in §§ 89a ff. GüKG beschriebene landwirtschaftliche Sonderverkehr.

d) Vom GüKG nicht erfaßt werden die in § 4 GüKG umschriebenen Transportunternehmer und Transporte. Hierzu gehört die Beförderung von Gütern durch den Bund, die Länder, Gemeinden oder sonstige Körperschaften des öffentlichen Rechtes, die Beförderungen mit Personenkraftwagen und Krafträdern sowie die Beförderung von Leichen, beschädigten Fahrzeugen, von lebenden Tieren mit Ausnahme des Schlachtviehs. Nicht erlaubnispflichtig ist mithin der Transport von Pferden zum Reitturnier.

**2. Erlaubnispflicht des Güternahverkehrs.** Erlaubnispflichtig ist dagegen der gewerbsmäßige Güternahverkehr mit Lastkraftwagen mit einer Höchstlast von mehr als 750 kg (§ 80 GüKG).

a) Die Erlaubnis ist personengebunden. Sie wird erteilt, wenn *(1)* der Unternehmer oder die für die Führung der Geschäfte bestellte Person zuverlässig sind, *(2)* der Unternehmer oder die für die Führung der Geschäfte bestellte Person fachlich geeignet ist und *(3)* die finanzielle Leistungsfähigkeit des Betriebes gewährleistet ist.

b) Zuständig für die Erlaubnis ist die untere Verkehrsbehörde.

**3. Beförderungsentgelt:** Die Tarife im Güternahverkehr sind Höchstentgelte (§ 84 GüKG), soweit nichts anderes bestimmt.

## III. Güternahverkehr im Linienverkehr

Soll der Güternahverkehr im Linienverkehr (vgl. § 11 II 1b) betrieben werden, so war neben der allgemeinen Erlaubnis des

Güternahverkehrs eine besondere Genehmigung erforderlich (§ 90 Abs. 1 S. 1 GüKG). Die Vorschriften sind aufgehoben.

## IV. Güterfernverkehr

**1. Genehmigungspflicht.** a) Der Güterfernverkehr ist *genehmigungspflichtig* (§ 8 Abs. 1 GüKG). Die Genehmigung kann nach § 10 GüKG nur erteilt werden, wenn *(1)* der Unternehmer oder die für die Führung der Geschäfte bestellte Person zuverlässig ist, *(2)* der Unternehmer oder die für die Führung der Geschäfte bestellte Person fachlich geeignet ist und *(3)* die finanzielle Leistungsfähigkeit des Betriebes gewährleistet ist.

b) Die *fachliche Eignung* wird durch eine angemessene Tätigkeit in einem Unternehmen des Güterkraftverkehrs oder in einem Speditionsunternehmen, das Güterkraftverkehr betreibt, oder durch Ablegung einer Prüfung nachgewiesen. Über den Nachweis der fachlichen Eignung ist die 2. VO über den Nachweis der fachlichen Eignung und der Sachkunde zur Führung von Güterkraftverkehrsunternehmen vom 24. 6. 1973 (BGBl. I S. 331), zul. geänd. 10. 12. 1985 (BGBl. I S. 2218) ergangen. Der Gewerbetreibende muß danach die erforderlichen Kenntnisse auf dem Gebiet der Gewerbevorschriften, Tarife, Beförderungsbedingungen, Buchführung, Kostenberechnung, Steuer- und Sozialwesen, Arbeitszeit und Straßenverkehrsvorschriften haben.

**2. Höchstzahlen.** Nach § 9 Abs. 1 GüKG setzt der Bundesminister für Verkehr mit Zustimmung des Bundesrates unter Berücksichtigung des öffentlichen Verkehrsbedürfnisses und der Verkehrssicherung auf den Straßen die Höchstzahlen der Kraftfahrzeuge für den allgemeinen Güterfernverkehr und den Bezirksgüterfernverkehr fest und teilt sie auf die Länder auf. Die Festsetzung von Höchstzahlen ist mit dem Grundgesetz vereinbar (BVerfG NJW 76 S. 179). Vgl. dazu die VO über die Höchstzahlen der Genehmigungen für den Güterfernverkehr (GuKHöZV) vom 9. 12. 1986 (BGBl. I S. 2452).

**3. Inhalt der Genehmigung.** Die Genehmigung wird einem Unternehmer für die Dauer von acht Jahren nach Maßgabe der §§ 11, 12 GüKG erteilt. Die Genehmigung ist nicht übertragbar. Über sie wird eine Urkunde ausgestellt (§ 15 GüKG).

**4. Beförderungsentgelt.** Die Beförderungsentgelte sind durch Tarife geregelt. Zur Sicherung seiner Kunden hat sich der Unternehmer weitgehend zu versichern (§§ 26ff. GüKG).

**V. Umzugsverkehr**

Die Erlaubnispflichtigkeit und die Voraussetzungen der Erlaubnis für die Beförderung von Umzugsgut ergeben sich aus §§ 37ff. GüKG.

## § 13. Die gewerbsmäßige Arbeitnehmerüberlassung[1]

### I. Begriff und Rechtsgrundlagen

**1. Begriff.** a) Ein *Leiharbeitsverhältnis* liegt vor, wenn ein selbständiger Unternehmer einen Arbeitnehmer, mit dem er einen Arbeitsvertrag geschlossen hat, für vorübergehende Zeit an einen anderen Unterehmer derart abgibt, daß unter Fortbestand des Vertragsverhältnisses der Arbeitnehmer für den Betrieb des Entleihers nach dessen Weisungen zu arbeiten hat. Von einem *echten* Leiharbeitsverhältnis wird gesprochen, wenn der Arbeitnehmer mit seiner Zustimmung vorübergehend einem Dritten ausgeliehen wird, vom *unechten,* wenn der Arbeitnehmer von vornherein für Zwecke der Arbeitsleistung bei Dritten eingestellt wird. Die Abordnung von Arbeitnehmern zu einer zur Herstellung eines Werkes gebildeten Arbeitsgemeinschaft ist keine Arbeitnehmerüberlassung, wenn der Arbeitgeber Mitglied der Arbeitsgemeinschaft ist, für alle Mitglieder der Arbeitsgemeinschaft Tarifverträge desselben Wirtschaftszweiges gelten und alle Mitglieder auf Grund des Arbeitsgemeinschaftsvertrages zur selbständigen Erbringung von Vertragsleistungen verpflichtet sind (§ 1 Abs. 1 S. 2 AÜG). Keine Leiharbeitsverhältnisse sind gegeben, wenn ein Unternehmer Montageaufträge in einem Drittbetrieb ausführt und seine Arbeitnehmer in einem Drittbetrieb arbeiten (vgl. Schaub, Arbeitsrecht von A–Z, 12. Aufl., Stichwort Leiharbeitsverhältnis; ders. ArbR HdB, 6. Aufl., § 120).

b) Nur dann, wenn von vornherein beabsichtigt ist, die angestellten Arbeitnehmer Dritten gewerbsmäßig zur Arbeitsleistung zu überlassen, liegen echte Leiharbeitsverhältnisse vor. Nur für

---

[1] Becker/Wulfgramm, Kommentar zum Arbeitnehmerüberlassungsgesetz, 3. Aufl., 1985 m. Nachtrag; Sandmann/Marschall, Kommentar zum Arbeitnehmerüberlassungsgesetz, Loseblatt, Stand 1988; Schaub, Arbeitsrechts-Handbuch, 6. Aufl., 1987 zu § 120; Schubel/Engelbrecht, Kommentar zum Gesetz über die gewerbsmäßige Arbeitnehmerüberlassung, 2. Aufl., 1986.

die echte Arbeitnehmerüberlassung sind *besondere Vorschriften* ergangen. Diese Vorschriften sind nicht anzuwenden auf die Arbeitnehmerüberlassung zwischen Arbeitgebern desselben Wirtschaftszweiges zur Vermeidung von Kurzarbeit oder Entlassungen, wenn ein für den Entleiher und Verleiher geltender Tarifvertrag dies vorsieht und zwischen Konzernunternehmen, wenn der Arbeitnehmer seine Arbeit vorübergehend nicht bei seinem Arbeitgeber leistet (BAG NZA 89, 18).

**2. Rechtsgrundlagen.** Die gewerberechtlichen Voraussetzungen für die Eröffnung eines Unternehmens zur Arbeitnehmerüberlassung sind in der GewO und im Gesetz zur Regelung der gewerbsmäßigen Arbeitnehmerüberlassung (Arbeitnehmerüberlassungsgesetz – AÜG) i.d.F. vom 14. 6. 1985 (BGBl. I S. 1068) zul. geänd. 20. 12. 1988 (BGBl. I S. 2330) geregelt. Die Kosten für die Erlaubnis zur gewerbsmäßigen Arbeitnehmerüberlassung sind in der VO vom 18. 6. 1982 (BGBl. I S. 692) geregelt. Landesrechtliche Besonderheiten ergeben sich für *Hessen:* ZuständigkeitsVO vom 14. 6. 1974 (GVBl. I S. 286); *Nieders.:* Zuständigkeit VO vom 29. 5. 1985 (GVBl. S. 119); *Nordrhein-Westfalen:* Beitreibung von Geldbußen, VO vom 26. 11. 1974 (GVNW S. 1490), zul. geänd. vom 18. 5. 1982 (GVNW S. 250); *Rheinland-Pfalz:* ZuständigkeitsVO vom 20. 4. 1983 (GVBl. S. 84); *Saarland:* Vollstreckungsbehörde VO vom 7. 6. 1974 (ABl. S. 486).

## II. Die Erlaubnis zur Arbeitnehmerüberlassung

**1. Allgemeine gewerberechtliche Vorschriften:** Zur Eröffnung eines Betriebes zur Arbeitnehmerüberlassung müssen die allgemeinen gewerberechtlichen Voraussetzungen vorliegen, wie sie oben § 4 beschrieben sind.

**2. Die Erlaubnis zur Arbeitnehmerüberlassung:** a) Nach § 1 Abs. 1 AÜG bedürfen Arbeitgeber, die Dritten (Entleihern) Arbeitnehmer (Leiharbeitnehmer) gewerbsmäßig zur Arbeitsleistung überlassen wollen, ohne damit Arbeitsvermittlung nach § 13 AFG zu betreiben (Verleiher), der Erlaubnis. Werden Arbeitnehmer Dritten zur Arbeitsleistung überlassen und übernimmt der Überlassende weder die üblichen Arbeitgeberpflichten noch das Arbeitgeberrisiko oder übersteigt die Dauer der Überlassung im Einzelfall sechs Monate, so wird vermutet, daß der Überlassende Arbeitsvermittlung betreibt (vgl. I 1).

Die nach § 1 Abs. 1 AÜG vorgesehene Erlaubnis ist eine rein *personengebundene Erlaubnis* (vgl. § 5 I 2). Hieraus folgt, daß für die Arbeitnehmerüberlassung jeweils eine neue Erlaubnis notwendig ist, wenn die Person des Verleihers (Inhaber des Unternehmens) wechselt. Es handelt sich andererseits um eine sog. gebundene Erlaubnis, die nur versagt werden kann, wenn die im Gesetz umschriebenen Versagungsgründe vorliegen. Die Erlaubnis befreit von dem Verbot der Arbeitnehmerüberlassung.

b) Die Erlaubnis benötigt der Arbeitgeber, der Entleihern gewerbsmäßig Arbeitnehmer zur Arbeitsleistung überlassen will, ohne damit Arbeitsvermittlung zu betreiben. Verleiher sind insbesondere die Inhaber der reinen Verleihunternehmen, die sich ausschließlich mit der gewerbsmäßigen Arbeitnehmerüberlassung beschäftigen. Der Erlaubnis bedürfen aber auch Inhaber von sog. gemischten Unternehmen, also Unternehmen, die auch eigene Produktionsstätten unterhalten. Dies gilt unabhängig davon, ob der Unternehmer die Arbeitnehmerüberlassung überwiegend oder nur im Nebenerwerb betreibt (BAG NJW 79 S. 2636; NJW 77 S. 1413). Arbeitgeber kann eine Einzelperson, eine Personenmehrheit (GbR, OHG, KG) oder eine juristische Person sein. Wird die Überlassung von einer Innengesellschaft betrieben (§ 26), so benötigt nur der nach außen in Erscheinung Tretende die Erlaubnis. Bei einer Personenmehrheit bedarf jeder der Gewerbetreibenden für seine Person der Erlaubnis (vgl. § 4 I 2). Bei juristischen Personen (GmbH, AG, KGaA) ist diesen die Erlaubnis zu erteilen. Wird eine Personengesellschaft in eine juristische Person oder umgekehrt umgewandelt, so bedarf es der erneuten Erlaubniserteilung. Dies kann dazu führen, daß eine bereits nach § 2 Abs. 5 AÜG unbefristet erteilte Erlaubnis erlischt.

Der Erlaubnis nach § 1 Abs. 1 AÜG bedarf es auch dann, wenn der Unternehmer bereits eine andere Gewerbeerlaubnis besitzt, z.B. als Inhaber eines Bewachungsunternehmens (vgl. § 5 III).

c) *Sachlich* ist die Erlaubnis nach § 1 AÜG nur notwendig, wenn *a)* die Arbeitnehmerüberlassung gewerbsmäßig erfolgen soll und kumulativ *b)* Arbeitnehmer zur Arbeitsleistung überlassen werden. Unzulässig ist die gewerbsmäßige Arbeitnehmerüberlassung in Betriebe des Baugewerbes, für Arbeiten, die üblicherweise von Arbeitern verrichtet werden (§ 12a AFG). Dies ist verfassungsrechtlich zulässig (BVerfG BB 88, 561).

Eine *gewerbsmäßige Arbeitnehmerüberlassung* liegt nur dann

vor, wenn der Hauptzweck des Betriebes oder eines Betriebsteiles darauf gerichtet ist, aus der Arbeitnehmerüberlassung einen wirtschaftlichen Gewinn zu erzielen (BT-Drucks VI/2303 S. 10). Unerheblich ist dagegen, ob der Betrieb überwiegend auf dem Gebiet der Arbeitnehmerüberlassung tätig ist, (BayObLG AP Nr. 1 zu § 1 AÜG = NJW 78, 1869; BGH EzAÜG Nr. 48, 164 (1981); BAG NJW 79 S. 2636). Gewerbsmäßig ist jede nicht nur gelegentliche, sondern auf eine gewisse Dauer angelegte und auf die Erzielung unmittelbarer oder mittelbarer wirtschaftlicher Vorteile ausgerichtete selbständige Tätigkeit (vgl. § 2 III). Der hier verwandte Begriff der Gewerbsmäßigkeit entspricht damit im wesentlichen dem gewerberechtlichen Begriff der Gewerbsmäßigkeit (BVerwG 14, 125; dazu oben § 2 III). Eine gewerbsmäßige Überlassung liegt auch dann vor, wenn nur ein Arbeitnehmer auch mit größeren Unterbrechungen an einen Dritten ausgeliehen werden soll. Entscheidend ist, ob die Tätigkeit der Überlassung auf Dauer ausgeübt werden soll, nicht dagegen, ob ein Arbeitnehmer auf Dauer überlassen wird.

d) *Keine gewerbsmäßige Arbeitnehmerüberlassung* liegt im allgemeinen vor bei *(1)* der Überlassung von Maschinen mit Bedienungspersonal, *(2)* zentralen Personalführungsgesellschaften, also regelmäßig den Gesamthafenbetrieben *(3)* der Abordnung von Arbeitnehmern im Konzernbereich (§ 1 Abs. 3 Nr. 2 AÜG), *(4)* dem Zusammenschluß von Unternehmen im Rahmen einer Werksarbeitsgemeinschaft, *(5)* echten Subunternehmerverhältnissen, *(6)* Zwischenmeisterverhältnissen, *(7)* Selbsthilfeorganisationen der Landwirtschaft, *(8)* Gestellung von Schwestern und sonstigem Pflegepersonal (vgl. v. Hoyningen-Huene BB 85, 1669; Marschall NZA 84, 150; Schaub Beil. 3 zu NZA 85).

Das AÜG ist nicht anzuwenden auf die Arbeitnehmerüberlassung zwischen Arbeitgebern desselben Wirtschaftszweiges zur Vermeidung von Kurzarbeit oder Entlassungen, wenn ein für den Entleiher und Verleiher geltender Tarifvertrag dies vorsieht.

e) Die Erlaubnispflicht besteht nach dem *Territorialitätsprinzip* für die gewerbsmäßige Arbeitnehmerüberlassung im Inland.

**3. Versagung.** Die Erlaubnis oder ihre Verlängerung ist zu versagen, wenn die Voraussetzungen von § 3 AÜG vorliegen. Zu den Versagungsgründen gehören fehlende Zuverlässigkeit, Unfähigkeit zur Übernahme von Arbeitgeberpflichten, Abschluß von befristeten Arbeitsverträgen oder deren jeweils kurzfristige Kündigung, langfristige Überlassung an einen Entleiher (Einzelh. § 3 AÜG; dazu Schaub Arbeitsrecht von A–Z, 12. Aufl., Stichwort Leiharbeitsverhältnis; ders. ArbR HdB, 6. Aufl., § 120).

### III. Rücknahme und Widerruf

**1. Allgemeine Vorschriften.** Der Gewerbebetrieb kann unter den allgemeinen gewerberechtlichen Voraussetzungen untersagt werden (§ 5 IV, V). Daneben bestehen jedoch besondere Vorschriften für die gewerbsmäßige Überlassung.

**2. Rücknahme.** Nach § 4 AÜG kann eine rechtswidrige Erlaubnis mit Wirkung für die Zukunft zurückgenommen werden. Im Falle der Rücknahme kann die Erlaubnisbehörde schadensersatzpflichtig werden. Schadensersatzansprüche sind jedoch ausgeschlossen, wenn der Arbeitgeber die Erlaubnis erschlichen hat oder ihre Rechtswidrigkeit kannte oder grobfahrlässig nicht kannte.

**3. Widerruf.** Die Erlaubnis kann widerrufen werden, wenn der Widerruf vorbehalten war, der Arbeitgeber eine Auflage nicht erfüllt, die Erlaubnisbehörde aufgrund nachträglich eingetretener Tatsachen oder infolge Veränderung der Rechtslage berechtigt wäre, die Erlaubnis zu versagen (§ 5 AÜG).

### IV. Durchführung der gewerbsmäßigen Arbeitnehmerüberlassung

**1. Gewerberechtliche Sonderpflichten.** Der Verleiher hat Verlegung, Schließung oder Errichtung von Betrieben, Betriebsteilen oder Nebenbetrieben vorher anzuzeigen. Dadurch ist die Überwachung möglich. Er hat der Erlaubnisbehörde Auskünfte zu erteilen und den Zutritt von Beamten der Erlaubnisbehörde zu seinem Grundstück und zu seinen Geschäftsräumen zu gestatten. Durchsuchungen können nur durch einen Richter am Amtsgericht angeordnet werden (§ 7 AÜG). Zur Beobachtung des Arbeitsmarktes obliegen dem Verleiher statistische Mitteilungen an die Erlaubnisbehörde (§ 8 AÜG).

**2. Arbeitsverträge.** Der Abschluß der Arbeitsverträge ist im einzelnen im AÜG geregelt. Einzelh. bei Schaub, Arbeitsrecht von A–Z, 12. Aufl., Stichwort Leiharbeitsverhältnis; ders., ArbR Hdb 6. Aufl., § 120.

## Abschnitt IV. Reisegewerbe sowie Messe- und Marktverkehr

### § 14. Das Reisegewerbe[1]

#### I. Die Reisegewerbekarte

**1. Reisegewerbekartenpflicht.** a) Für die *Ausübung des Reisegewerbes* (vgl. § 3 III) wird grundsätzlich eine Reisegewerbekarte benötigt (§ 55 Abs. 2 GewO). Auf ihre Erteilung besteht ein Rechtsanspruch, es sei denn, es liegen Versagungsgründe vor. Das Recht des Reisegewerbes ist durch das GewerberechtsÄndG grundlegend geändert worden. Beschränkende Vorschriften bestehen nur noch, soweit sie im Interesse des Verbraucherschutzes notwendig sind.

b) Im Unterschied zum früheren Recht wird die Reisegewerbekarte grundsätzlich unbefristet erteilt. Sie gilt im Geltungsbereich der Gewerbeordnung, also im Gebiet der Bundesrepublik Deutschland. Der Inhaber einer Reisegewerbekarte ist verpflichtet, sie während der Ausübung des Gewerbebetriebes bei sich zu führen, auf Verlangen den zuständigen Behörden oder Beamten vorzuzeigen und, wenn er dies nicht kann, seine Tätigkeit auf Verlangen bis zur Herbeischaffung der Reisegewerbekarte einzustellen (§ 60c GewO). Im Betrieb eines Schaustellers beschäftigte Arbeitnehmer bedürfen keiner eigenen Reisegewerbekarte. Ihnen ist vom Unternehmer eine Zweitschrift auszuhändigen, die sie mitzuführen und auf Verlangen vorzuzeigen haben (§ 60c Abs. 2 GewO).

**2. Die Gewerbelegitimationskarte** wird auf Antrag Personen, die für ein Unternehmen mit Sitz im Geltungsbereich der Bundesrepublik geschäftlich tätig sind, für Zwecke des Gewerbebetriebes in anderen Staaten nach in zwischenstaatlichen Verträgen vorgesehenem Muster ausgestellt. Sie dient nur dem Gewerbebetrieb im Ausland. Soll das Reisegewerbe auch im Inland ausgeübt werden, muß die Reisegewerbekarte erworben werden.

---

[1] Schönleiter, Die Änderung des Titels III der GewO – Reisegewerbe – und anderer gewerberechtlicher Vorschriften, GewArch 84, 317; Stober Neuregelungen im Gewerberecht, NJW 84, 2857.

Die Gewerbelegitimationskarte geht auf das Genfer internationale Abkommen zur Vereinfachung der Zollförmlichkeiten von 1923 (RGBl. II 1925, S. 672) zurück. Sie soll nach diesem Abkommen die Ein- und Ausfuhren von Waren und Mustern erleichtern. In einigen Verträgen zwischen Unterzeichnerstaaten ist darüber hinaus vereinbart worden, daß die Legitimationskarte dazu berechtigt, im jeweils anderen Staat das Handelsgewerbe in bestimmtem Umfang auszuüben. Voraussetzung der Erteilung ist in Übereinstimmung mit Art. 10 Abs. 1 u. Abs. 7 des Abkommens allein, daß das Unternehmen seinen Sitz im Gebiet der Bundesrepublik hat. Die Karte kann dagegen Inländern und Ausländern erteilt werden. Da die Gewerbelegitimationskarte für andere Staaten erteilt wird, kann dies auch für die DDR erfolgen (BT-Drucks 10/1125 S. 19). Örtlich zuständig für die Erteilung ist die Behörde, in deren Bezirk sich der Unternehmenssitz befindet (§ 3 Abs. 1 Nr. 2 VwVfG). Für die Erteilung und Versagung im übrigen gelten die §§ 55 Abs. 3; 57 GewO entspr. (vgl. unter 3).

**3. Versagung der Reisegewerbekarte.** Die Gründe zur Versagung der Reisegewerbekarte sind in § 57 GewO aufgezählt.

Die Reisegewerbekarte *ist* dem Antragsteller *zu versagen* (§ 57 GewO), wenn Tatsachen die Annahme rechtfertigen, daß der Antragsteller die für die beabsichtigte Tätigkeit erforderliche Zuverlässigkeit nicht besitzt. Der Begriff der Zuverlässigkeit ist nach allgemeinen gewerberechtlichen Grundsätzen zu beurteilen (oben § 5 II 3).

**4.** Für die **Entziehung, Rücknahme oder Widerruf** der Reisegewerbekarte sind in der GewO keine besonderen Vorschriften mehr vorgesehen. Insoweit gelten die Grundsätze des VwVfG, wie sie in § 5 VI dargestellt sind, entsprechend.

## II. Reisegewerbekartenfreie Tätigkeiten

Reisegewerbekartenfreie Tätigkeiten sind in §§ 55a, 55b GewO aufgezählt.

1. Zu den reisegewerbekartenfreien Tätigkeiten nach § 55a GewO gehört das Feilbieten von Waren auf Messen, Ausstellungen, öffentlichen Festen sowie das Vertreiben eigener Erzeugnisse der Land- und Forstwirtschaft sowie von Milch, Blindenwaren usw. Ferner gehören hierhin die Vermittlung von Versicherungs-

und Bausparverträgen sowie gewisse Bankgeschäfte. Insbesondere ist aber reisekartenfrei, wenn von einer nicht ortsfesten Verkaufsstelle in regelmäßigen kürzeren Zeitabständen Lebensmittel oder andere Waren des täglichen Bedarfs vertrieben werden. Hierdurch soll die Versorgung in Stadtrand- und ländlichen Gebieten durch rollende Verkaufsstellen erleichtert werden.

2. Keine Reisegewerbekarte ist notwendig, wenn andere Personen im Rahmen ihres Geschäftsbetriebes aufgesucht werden (§ 55b Abs. 1 GewO). Dies gilt auch für Handlungsreisende und andere Personen, die im Auftrag und im Namen des Gewerbetreibenden tätig werden.

### III. Im Reisegewerbe verbotene Tätigkeiten

Die im Reiseverkehr verbotenen Tätigkeiten ergeben sich aus dem Katalog des § 56 GewO, in den im erforderlichen Umfang Einsicht zu nehmen ist. Vgl. auch VO über Ausnahmen von den Verboten des Vertriebs bestimmter Waren im Reisegewerbe vom 30. 11. 1962 (BGBl I S. 695). Erläuterungen ergeben sich insbesondere aus den Musterverwaltungsvorschriften. Von besonderer Bedeutung ist vor allem die Vermittlung von Darlehens- und Rückkaufgeschäften (§ 56 Abs. 1 Nr. 6 GewO; vgl. BGH NJW 87, 184). Nach h. M. sind verbotswidrig vorgenommene Geschäfte nichtig (Einzelheiten § 54 II 2).

### IV. Besondere Veranstaltungen im Reisegewerbe

**1. Wanderlager.** a) Von einem *Wanderlager* wird dann gesprochen, wenn außerhalb der gewerblichen Niederlassung des Gewerbetreibenden und außerhalb des Messe- und Marktverkehrs von einer Verkaufsstätte aus vorübergehend Waren vertrieben werden sollen (OLG Koblenz GewArch 84, 58; OLG Hamm GewArch 87, 97). Die Verkaufsstätte kann ein Laden, die Räume einer Gaststätte, eine Verkaufsbude oder ein Zelt, ein Kraftwagen oder Schiff sein. Ein Wanderlager ist auch bei den sog. *Kaffeefahrten* gegeben, wenn die Fahrt nicht zur gewerblichen Niederlassung des Gewerbetreibenden führt und am Zielort Waren jeglicher Art verkauft werden sollen. Vgl. II 1.

b) Soll ein Wanderlager veranstaltet werden, auf das *öffentlich hingewiesen* wird, so bedarf es neben der Reisegewerbekarte einer besonderen Anzeige nach § 56a Abs. 2 GewO an die zuständige

Gewerbebehörde. Die Anzeige muß zwei Wochen vor Beginn der Veranstaltung erfolgen. In ihr sind Ort und Zeit der Veranstaltung, der Name des Veranstalters und desjenigen, für dessen Rechnung die Waren vertrieben werden, sowie die Wohnung oder die gewerbliche Niederlassung dieser Person und der Wortlaut und die Art der beabsichtigten Ankündigung anzugeben. Durch die Anzeige soll der Behörde die Überprüfung erleichtert werden, weil durch „preiswerte Ausflugsfahrten" häufig ein besonderer Kaufzwang namentlich auf ältere Leute ausgeübt wird.

c) Wird die Anzeige nicht, nicht rechtzeitig oder nicht vollständig oder unrichtig abgegeben, kann die Behörde die *Veranstaltung untersagen* (§ 56a Abs. 3 GewO). Die Anzeigepflicht kann nicht dadurch umgangen werden, daß z.B. für eine Gaststätte ein stehendes Gewerbe (§ 3 II) angezeigt wird (vgl. § 4 I).

**2. Veranstaltung von Spielen.** Einer besonderen Erlaubnis neben der Reisegewerbekarte bedarf, wer Spielgeräte und Spielhallen im Reisegewerbe betreiben will. Dagegen ist die besondere Erlaubnis bei Lustbarkeiten und Warenspielgeräten entfallen (§ 60a GewO).

**3. Volksfeste (§ 60b GewO).** Ein Voksfest ist eine im allgemeinen regelmäßig wiederkehrende, zeitlich begrenzte Veranstaltung, auf der eine Vielzahl von Anbietern unterhaltende Tätigkeiten i.S. des § 55 Abs. 1 Nr. 2 GewO darbietet und Waren feilbietet, die üblicherweise auf Veranstaltungen dieser Art angeboten werden. Es bedarf keiner besonderen Erlaubnis der Darbieter; lediglich eine rechtzeitige Anzeige (§ 60b GewO). Sollen dagegen Speisen auf einer nicht nach § 60b GewO festgesetzten Veranstaltung verkauft werden, so bedarf es einer Gaststättenerlaubnis (vgl. § 8; dazu OVG NW GewArch 84, 130).

## § 15. Messe- und Marktverkehr[1]

### I. Begriffs- und Rechtsgrundlagen

**1. Rechtsgrundlagen.** Der Messe- und Marktverkehr ist in den §§ 64–71a GewO geregelt. Die Vorschriften sind seit dem 1. 5.

[1] *Meyer-Hentschel/Ringermann,* Märkte, Messen, Ausstellungen; *L. Müller,* Neuordnung des Titels IV der GewO – Messen – Ausstellungen, Märkte, GewArch 76 S. 353; Wirth, Die Festsetzung von Märkten in gemeindlicher Trägerschaft, GewArch 86, 186; vgl. Kommentare zur GewO; dazu § 4.

1977 neu gefaßt, um den modernen Marktverhältnissen und dem gesteigerten Bedürfnis nach Marktübersicht Rechnung zu tragen.

**2. Begriff.** a) In §§ 64–68 und § 60b GewO sind bestimmte Veranstaltungen definiert, für die gewerberechtliche Besonderheiten gelten.

a) Eine *Messe* ist eine zeitlich begrenzte, im allgemeinen wiederkehrende Veranstaltung, auf der eine Vielzahl von Ausstellern das wesentliche Angebot eines oder mehrerer Wirtschaftszweige ausstellt und überwiegend nach Muster an gewerbliche Wiederverkäufer, gewerbliche Verbraucher oder Großabnehmer vertreibt. Die Messe wird nicht dadurch in ihrem Charakter verändert, daß der Veranstalter im beschränkten Umfang an einzelnen Tagen während bestimmter Öffnungszeiten Endverbrauchern den Kauf gestattet (§ 64 GewO).

b) Eine *Ausstellung* ist eine zeitlich begrenzte Veranstaltung, auf der eine Vielzahl von Ausstellern ein repräsentatives Angebot eines oder mehrerer Wirtschaftszweige oder Wirtschaftsgebiete ausstellt und vertreibt oder über dieses Angebot zum Zweck der Absatzförderung informiert (§ 65 GewO).

c) Ein *Großmarkt* ist eine Veranstaltung, auf der eine Vielzahl von Anbietern bestimmte Waren oder Waren aller Art im wesentlichen an gewerbliche Wiederverkäufer, gewerbliche Verbraucher oder Großabnehmer vertreibt (§ 66 GewO).

d) Ein *Wochenmarkt* ist eine regelmäßig wiederkehrende zeitlich begrenzte Veranstaltung, auf der eine Vielzahl von Anbietern Lebensmittel, Produkte des Obst- und Gartenbaues, der Land- und Forstwirtschaft und der Fischerei sowie rohe Naturerzeugnisse mit Ausnahme des größeren Viehs anbietet (§ 67 GewO). Im Wege der RechtsVO der Landesregierungen können weitere Vorschriften ergehen.

e) Ein *Spezialmarkt* ist eine im allgemeinen regelmäßig in größeren Zeitabständen wiederkehrende, zeitlich begrenzte Veranstaltung, auf der eine Vielzahl von Anbietern bestimmte Waren feilbieten (§ 68 Abs. 1 GewO).

f) Ein *Jahrmarkt* ist eine im allgemeinen regelmäßig in größeren Zeitabständen wiederkehrende, zeitlich begrenzte Veranstaltung, auf der eine Vielzahl von Anbietern Waren aller Art feilbietet (§ 68 Abs. 2 GewO).

g) Die Definition des Volksfestes findet sich in § 60b GewO; dazu oben § 14 IV 3.

Erläuterungen zu den vorstehenden Veranstaltungen finden sich in den zu §§ 64–68 GewO ergangenen Musterverwaltungsvorschriften.

b) Besondere Schwierigkeiten bereitet die Abgrenzung der *Trödelmärkte* von Veranstaltungen, auf denen Kunst- und Sammlungsgegenstände sowie Antiquitäten angeboten werden. Während das Anbieten von Kunst- und Sammlungsgegenständen sowie Antiquitäten als Spezialmarkt nach § 68 Abs. 1 GewO festgesetzt werden kann, sind Trödelmärkte regelmäßig Jahrmärkte nach § 68 Abs. 2 GewO (vgl. VG Münster GewArch 82 S. 28; VG Düsseldorf GewArch 84, 62; VG Arnsberg GewArch 84, 199). Die Abgrenzung hat vor allem Bedeutung nach § 71 GewO. Für Jahrmärkte kann kein Eintrittsgeld erhoben werden, dagegen wohl bei Spezialmärkten. Trödelmärkte können dann nicht als Markt festgesetzt werden, wenn sie kontinuierlich in kürzeren Abständen stattfinden sollen.

## II. Festgesetzte Messen und Märkte

**1. Festgesetzte Messen und Märkte.** a) Ein Veranstalter, der die unter I 2 näher umschriebenen Veranstaltungen durchführen will, kann deren *Festsetzung* bei der zuständigen Gewerbebehörde beantragen. Die zuständige Behörde hat sie nach Gegenstand, Zeit, Öffnungszeiten und Platz für jeden Fall der Durchführung festzusetzen. Auf Antrag können, sofern Gründe des öffentlichen Interesses nicht entgegenstehen, Volksfeste, Großmärkte, Wochenmärkte, Spezialmärkte und Jahrmärkte für einen längeren Zeitraum oder auf Dauer, Messen und Ausstellungen für die innerhalb von zwei Jahren vorgesehenen Veranstaltungen festgesetzt werden. Die Festsetzung eines Wochenmarktes, eines Jahrmarktes oder eines Spezialmarktes verpflichtet den Veranstalter zur Durchführung der Veranstaltung (§ 69 Abs. 1, 2 GewO).

b) Der *Antrag auf Festsetzung* ist abzulehnen, wenn *(1)* die Veranstaltung nicht den in I 2 näher umschriebenen Voraussetzungen genügt, *(2)* Tatsachen die Annahme rechtfertigen, daß der Antragsteller oder eine der mit der Leitung der Veranstaltung beauftragte Person die für die Durchführung der Veranstaltung erforderliche Zuverlässigkeit nicht besitzt, *(3)* die Durchführung der Veranstaltung dem öffentlichen Interesse widerspricht, *(4)* die Veranstaltung, soweit es sich um einen Spezialmarkt oder einen

Jahrmarkt handelt, vollständig oder teilweise in Ladengeschäften abgehalten werden soll. Die zuständige Behörde kann im öffentlichen Interesse, insbesondere wenn dies zum Schutz der Veranstaltungsteilnehmer vor Gefahren für Leben oder Gesundheit oder sonst zur Abwehr von erheblichen Gefahren für die öffentliche Sicherheit oder Ordnung erforderlich ist, die Festsetzung mit Auflagen verbinden.

c) Die Festsetzung ist ein rechtsgestaltender, den Veranstalter *begünstigender Verwaltungsakt.* Durch die Festsetzung werden die sog. *Marktprivilegien* begründet (vgl. dazu 2). Die an der Festsetzung teilnehmenden Gewerbetreibenden werden nur mittelbar begünstigt. Sie sind mithin nicht befugt, gegen die Ablehnung der Festsetzung zu klagen (vgl. dazu MusterVwV zu § 69 GewO).

**2. Rechtsfolgen der Festsetzung.** Wird eine der unter I 2 beschriebenen Veranstaltungen festgesetzt, so werden die Teilnehmer im Interesse der besseren Marktübersicht grundsätzlich von den Bestimmungen über das stehende Gewerbe (vgl. § 4) und das Reisegewerbe (§ 14) freigestellt.

a) Ist eine Veranstaltung festgesetzt worden, so brauchen die Teilnehmer grundsätzlich keine Gewerbeanzeige (vgl. § 4 I) abzugeben oder eine Reisegewerbekarte (vgl. § 14 I) zu erwerben. Die Teilnehmer werden von den Vorschriften des Titels II und III der GewO befreit. Jedermann, der zum Teilnehmerkreis der festgesetzten Veranstaltungen gehört, ist nach Maßgabe der für alle Veranstaltungsteilnehmer geltenden Bestimmungen zur Teilnahme an der Veranstaltung berechtigt (§ 70 Abs. 1 GewO). Der Veranstalter kann jedoch aus sachlich gerechtfertigtem Grund, insbesondere wenn der zur Verfügung stehende Platz nicht ausreicht, einzelne Aussteller, Anbieter oder Besucher von der Teilnahme ausschließen (§ 70 Abs. 3 GewO). Dies ist zulässig, da nur die Berufsausübung geregelt wird (vgl. BVerwG GewArch 59/60 S. 30; GewArch 65 S. 30). Es stellt aber keinen sachlichen Grund dar, einen Gewerbetreibenden auszuschließen, weil der Ehepartner mit einem von diesem selbständig geführten Geschäft zugelassen ist (VGH Baden-Württemberg GewArch 82 S. 229). Zu sachlichen Auswahlgründen vgl. BVerwG GewArch 84, 265, 266; BayVGH GewArch 82 S. 236; OVG Lüneburg GewArch 82 S. 304. Streitigkeiten zwischen Veranstalter und Teilnehmer über das Recht zur Teilnahme sind dagegen zivilrechtlich, wenn die

Teilnahmebestimmungen privatrechtlich vereinbart werden. Die Festsetzung ist vor allem für die Freistellung von den Vorschriften des Ladenschlußgesetzes bedeutsam. Ferner dürfen nach § 68a GewO alkoholfreie Getränke und zubereitete Speisen ohne die Voraussetzungen des GaststG verabreicht werden.

b) Auch bei festgesetzten Veranstaltungen gelten eine Reihe von gewerberechtlichen Vorschriften weiter:

*(1)* Auch auf festgesetzten Veranstaltungen ist für Tätigkeiten nach § 55 Abs. 1 Nr. 1, 2 GewO (vgl. oben § 3 III) eine Reisegewerbekarte notwendig;

*(2)* Neben dem Gewerberecht erforderliche Erlaubnisse oder Anzeigen bleiben bestehen. Dies gilt insbesondere für das Ausländerrecht, das Verkehrsrecht und für das Gaststättenrecht.

**3. Untersagung der Teilnahme.** Nach § 70a GewO kann die zuständige Behörde einem Aussteller oder Anbieter die Teilnahme am Messe- und Marktverkehr untersagen, wenn Tatsachen die Annahme rechtfertigen, daß er hierfür die erforderliche Zuverlässigkeit nicht besitzt. Diese Vorschrift entspricht der Untersagung des stehenden Gewerbes nach § 35 GewO.

### III. Nicht festgesetzte Messen und Märkte

Messen und Märkte können auch ohne Festsetzung durch die zuständige Behörde durchgeführt werden. Jedoch gilt dann nicht das Prinzip der Marktfreiheit. Es sind also die gewerberechtlichen Vorschriften in vollem Umfang anzuwenden.

## Abschnitt V. Der Ausländer im Gewerberecht

## § 16. Der Ausländer im stehenden Gewerbe[1]

### I. Allgemeines

**1. Freie Berufe.** Für die ausländischen Mitbürger bestehen auch für die Zulassung zu den sog. freien Berufen keine besonderen Zulassungsbeschränkungen. Etwas anderes gilt zumeist für die

[1] Riegel, Zur Bedeutung der Niederlassungsfreiheit im Europäischen Gemeinschaftsrecht, NJW 86, 2999; Röschert, Selbständige Erwerbstätigkeit von Ausländern, GewArch 84, 145.

sog. Kammerberufe, also Ärzte, Rechtsanwälte usw. Für die Ausübung aller freien Berufe können sich Beschränkungen aus dem Ausländerrecht ergeben.

**2. Gewerbe.** Für die Ausübung eines selbständigen Gewerbes gelten auch für Ausländer zwei Grundsätze:

*(1)* Grundsätzlich können sich Ausländer unter denselben Voraussetzungen selbständig machen wie Deutsche. Für Ausländer bestehen nur wenig Zulassungsbeschränkungen.

*(2)* Die eigentlichen Zulassungsbeschränkungen für die Ausübung einer selbständigen Tätigkeit ergeben sich aus dem Ausländerrecht.

## II. Die Berufs- und Gewerbefreiheit für ausländische Mitbürger

**1. Natürliche Personen.** a) Von dem Grundsatz, daß ausländische Mitbürger unter denselben Voraussetzungen wie Deutsche ein Gewerbe eröffnen können, bestehen Ausnahmen nach

*(a)* dem Waffen- und Kriegswaffengesetz sowie dem Sprengstoffgesetz;

*(b)* dem Rennwett- und Lotteriegesetz;

*(c)* dem Schornsteinfegergesetz;

*(d)* der AusländerreisegewerbeVO.

b) Die vorstehend aufgezählten Beschränkungen gelten nicht für Angehörige der Mitgliedstaaten der Europäischen Gemeinschaft (EG), da die Vorschrift des EG-Vertrages über die Niederlassungsfreiheit und den freien Dienstleistungsverkehr unmittelbar geltendes Recht enthalten (EuGH vom 21. 6. 1974, GewArch 74 S. 297). Die Freiheit der Niederlassung, also der freien beruflichen und gewerblichen Betätigung, die Freiheit des Dienstleistungsverkehrs und der Arbeitnehmerfreizügigkeit gehören zu den Grundfreiheiten eines Angehörigen der EG-Mitgliedstaaten. Die Niederlassungsfreiheit gilt auch für juristische Personen. Die Kommission der EG hat zur Durchführung der Niederlassungsfreiheit eine Reihe von Richtlinien erlassen (vgl. Richtlinie 73/148/EWG zur Aufhebung der Reise- und Aufenthaltsbeschränkungen für Staatsangehörige der Mitgliedstaaten innerhalb der Gemeinschaft auf dem Gebiet der Niederlassung und des Dienstleistungsverkehrs vom 21. 5. 1973 [ABl. Nr. L 172/14]; Richtlinie

64/221, EWG zur Koordinierung der Sondervorschriften für die Einreise und den Aufenthalt von Ausländern, soweit sie aus Gründen der öffentlichen Ordnung, Sicherheit oder Gesundheit gerechtfertigt sind vom 25. 2. 1964 [ABl. S. 850 = BArbBl. S. 359); Richtlinie 68/360/EWG zur Aufhebung der Reise- und Aufenthaltsbeschränkungen für Arbeitnehmer der Mitgliedstaaten und ihre Familienangehörigen innerhalb der Gemeinschaft vom 15. 10. 1968 [ABl. Nr. L 257/13]).

Da ein *Handwerksbetrieb* nur bei Eintragung in die Handwerksrolle (§ 6) gegründet werden kann, bedurfte es insoweit der Vorsorge zur Gewährleistung der Eintragungsmöglichkeit. Insoweit ist gemäß § 9 HwO die VO über die für Staatsangehörige der übrigen Mitgliedstaaten der EWG geltenden Voraussetzungen der Eintragung in die Handwerksrolle (VO Handwerk EWG) vom 4. 8. 1966 (BGBl. I S. 469), zul. geänd. am 8. 10. 1985 (BGBl. I S. 1957) ergangen.

c) Für *Angehörige freier Berufe* aus den EG-Mitgliedstaaten ist die Niederlassungsfreiheit noch in der Entwicklung: *Rechtsanwälte:* Friese AnwBl 87, 3; NJW 88, 3072; *Ärzte:* Blumenwitz NJW 89, 621; bei Aufenthaltsberechtigung eines Ehegatten: EuGH NJW 86, 3015; von Belang sind vor allem Richtlinien der EG über Prüfungsanerkennungen. Hinzuweisen ist vor allem auf eine Richtlinie betreffend Rechtsanwälte vom 22. 3. 1977 (ABl. Nr. L 78/1) sowie ein Bundesgesetz vom 16. 8. 1980 (BGBl. I S. 1453). Vgl. EuGH RIW 89, 134. Für Ärzte ist eine entsprechende Richtlinie in Vorbereitung. Indes hat der EuGH ausgeführt (NJW 1984, 2022), daß ein Angehöriger eines Mitgliedstaats, der berechtigt ist, den Tierarztberuf in einem anderen Mitgliedstaat auszuüben, der ihm eines der in Art. 3 der Richtlinie 78/1026 genannten Diplome oder Prüfungszeugnisse oder einen dort genannten Befähigungsnachweis verliehen hat, bevor diese Richtlinie durchgeführt wurde, ab 20. 12. 1980 berechtigt ist, diesen Beruf in dem ersten Mitgliedstaat auszuüben, sofern die zuständigen Behörden des Staates, in dem er ein Diplom erhalten hat, ihm eine Bescheinigung darüber ausgestellt haben, daß dieses Diplom den Anforderungen des Art. 1 der Richtlinie 78/1027 entspricht.

d) Für Angehörige der Mitgliedstaaten des Europarats ist das Europäische Niederlassungsabkommen vom 13. 12. 1955 (BGBl. 1959 II S. 998) von Bedeutung. Dies ist neben der Bundesrepublik in Kraft in Belgien, Dänemark, Italien, Norwegen, Irland, Luxemburg, Niederlande, Vereinigtes Königreich (Großbritannien), Schweden und Griechenland.

e) Einen guten Einblick in die Rechtslage geben die allgemeinen Verwaltungsvorschriften der Bundesländer für die Anwendung des Gewerberechtes auf Ausländer (RdErl. des Minister für Wirtschaft ... des Landes NW vom 30. 3. 1983 (MBl 622), i.d.Ä. vom 22. 8. 1984 (MBl 1248) und vom 19. 2. 1985 (MBl 320).

**2. Juristische Personen.** Nach § 12 GewO bedurften ausländische juristische Personen, die im Gebiet der Bundesrepublik eine gewerbliche Tätigkeit beginnen wollten einer besonderen Erlaubnis der Wirtschaftsminister der Länder. In der Vergangenheit sind derartige Erlaubnisse vor allem für Auskunfts-, Kontakt- und Marktforschungsbüros ausländischer Unternehmen erteilt worden. Schon bisher waren erlaubnisfrei nach deutschem Recht gegründete juristische Personen, auch wenn ihre Mitglieder ausschließlich Ausländer waren. Die Vorschriften über die Erlaubnispflicht ausländischer juristischer Personen sind durch das Gesetz zur Änderung des Titels III der Gewerbeordnung und anderer gewerberechtlicher Vorschriften vom 25. 7. 1984 (BGBl. I 1008) ersatzlos gestrichen worden.

### III. Die Einschränkung der Gewerbefreiheit aufgrund des Ausländerrechts

**1. Paß.** Ausländer, die in die Bundesrepublik Deutschland oder nach West-Berlin einreisen, sich darin aufhalten oder ausreisen, müssen sich grundsätzlich durch einen *Paß* ausweisen (§ 3 Abs. 1 AuslG). Ausnahmen bestehen für Angehörige der EG-Mitgliedstaaten und deren Angehörige. Bei ihnen genügt die Vorlage eines gültigen Personalausweises oder Reisepasses (§ 2 Gesetz über Einreise und Aufenthalt von Staatsangehörigen der Mitgliedstaaten der Europäischen Wirtschaftsgemeinschaft (Aufenthaltsgesetz/EWG) i.d.F. vom 31. 1. 1980 (BGBl. I 116) geänd. 11. 9. 1981 (BGBl. I 949). Weitere Ausnahmen kann der Bundesinnenminister zulassen (§ 3 Abs. 1 AuslG).

**2. Aufenthaltserlaubnis.** a) Jeder Ausländer, der sich im Gebiet der Bundesrepublik Deutschland oder in West-Berlin aufhält, bedarf einer *Aufenthaltserlaubnis* (§ 2 Abs. 1 AuslG). Sie kann vor oder nach der Einreise erteilt werden. Sie darf erteilt werden, wenn die Anwesenheit des Ausländers Belange der Bundesrepublik Deutschland nicht beeinträchtigt. Sie kann mit Bedingungen und Auflagen versehen werden (§ 7 AuslG). Sie muß in jedem Fall vor der Einreise erteilt werden, wenn der Ausländer eine Erwerbstätigkeit ausüben will. Für die Erteilung der Aufenthaltserlaubnis zuständig ist die Ausländerbehörde des gewöhnlichen Aufenthaltsortes, die zumeist bei der inneren Verwaltung auf der Kreisebene eingerichtet ist.

b) Ausländern, die sich seit mindestens fünf Jahren rechtmäßig im Inland aufhalten und sich in das wirtschaftliche und soziale Leben eingefügt haben, kann eine *Aufenthaltsberechtigung* erteilt werden (§ 8 Abs. 1 AuslG). Diese Möglichkeit wird von ausländischen Mitbürgern bislang wenig genutzt.

c) Die Aufenthaltserlaubnis und in einigen Bundesländern auch die Aufenthaltsberechtigung werden grundsätzlich mit folgender *Auflage* erteilt: Selbständige Erwerbstätigkeit und vergleichbare unselbständige Erwerbstätigkeiten nicht gestattet. Durch diese Auflage ist die selbständige gewerbliche Tätigkeit sowie eine Tätigkeit als geschäftsführender Gesellschafter einer Personengesellschaft, als gesetzlicher Vertreter einer juristischen Person (BayObLG GewArch 84, 38), als Mitgesellschafter einer juristischen Person, die von Ausländern gegründet ist (OLG Stuttgart GewArch 84, 308), als leitender Angestellter in einem Unternehmen mit Generalvollmacht oder Prokura sowie als unselbständiger Reisegewerbetreibender ausgeschlossen. Eine Ausnahme von dem Verbot gewerblicher Betätigung besteht wiederum für Angehörige der EG-Mitgliedstaaten. Zwischenstaatliche Ausnahmeregelungen bestehen für Österreicher und Schweizer.

d) Beabsichtigen Ausländer mit eingeschränkter Aufenthaltserlaubnis oder Aufenthaltsberechtigung, eine gewerbliche Tätigkeit aufzunehmen, beantragen sie bei der Ausländerbehörde die *Aufhebung der Auflage.* Die Ausländerbehörden holen idR bei den Gewerbebehörden, zumeist auch bei der Industrie- und Handelskammer sowie der Handwerkskammer die Auskunft ein, ob an der Ausübung der geplanten gewerblichen Tätigkeit durch den betr. Ausländer „ein übergeordnetes wirtschaftliches Interesse oder ein besonderes örtliches Bedürfnis bestehe" (vgl. Allgemeine Verwaltungsvorschriften des Bundesministers des Innern zur Ausführung des AuslG idF vom 10. 5. 1977, GMBl. S. 202 zu § 7 AuslG). Bislang kam es verhältnismäßig häufig zu Ablehnungen.

Dagegen hat die Rechtsprechung der Verwaltungsgerichte korrigierend auf diese Praxis eingewirkt. Zumeist in den Fällen, in denen Wohlwollensklauseln in den mit einigen Staaten abgeschlossenen Niederlassungsabkommen vorhanden sind, ist sie von einem eingeschränkten Ermessen der Ausländerbehörden ausgegangen und hat betont, daß auch die persönlichen Interessen des Ausländers zu berücksichtigen sind (vgl. BVerwG NJW 79 S. 1112; 86, 3037; GewArch 79 S. 174; 81 S. 307; dazu Bender, Einschränkung des ausländerbehördlichen Ermessens durch das BVerwG, GewArch 80 S. 117). Bei der Ermessensausübung ist insbesondere zu berücksichtigen der bisherige unbeanstandete Aufenthalt im Geltungsbereich des Ausländergesetzes, die Eheschließung mit einem deutschen Staatsangehörigen (vgl. OVG NW GewArch 82 S. 127), ob ein bestehender Betrieb fortgeführt wird (Flickschneiderei – VGH Bad.-Württemberg GewArch 84, 394). Die nur noch beschränkte Bedürfnisprüfung im Reisegewerbe schränkt auch das Ermessen nach dem AuslG ein (HessVGH GewArch 84, 206). Der Bundesminister des Innern hat im Anschluß an diese Rechtsprechung in einem Rundschreiben vom 11. 5. 1979 ausgeführt, daß von einschränkenden Auflagen in der Aufenthaltserlaubnis idR dann abzusehen ist, wenn sich der Ausländer seit mindestens acht Jahren in der Bundesrepublik Deutschland ohne Beanstandung aufgehalten habe.

3. **Arbeitserlaubnis.** Eine Arbeitserlaubnis nach § 19 AFG i.V.m. VO über die Arbeitserlaubnis für nichtdeutsche Arbeitnehmer (Arbeitserlaubnisverordnung) i.d.F. vom 12.9. 1980 (BGBl. I S. 1755, ber. 1981 S. 1245) zul. geänd. 6. 1. 1987 (BGBl. I S. 89) bedürfen Ausländer dann, wenn sie in Deutschland als Arbeitnehmer tätig werden wollen (vgl. Schaub, Arbeitsrecht von A–Z, Stichwort: Arbeitserlaubnis).

## § 17. Der Ausländer im Reisegewerbe

1. **Mitglieder der EG-Staaten.** Für Angehörige der EG-Mitgliedsstaaten gelten keine besonderen Beschränkungen.

2. **Sonstige Ausländer.** Für die Ausübung des Reisegewerbes für Ausländer gilt die Ausländer-Reisegewerbeverordnung i.d.F. vom 9. 10. 1986 (BGBl. I S. 1635), die vom Bundesminister der Wirtschaft aufgrund § 55d Abs. 2 GewO erlassen worden ist.

Eine Reisegewerbekarte ist zu versagen, wenn ein Bedürfnis für die Ausübung des Reisegewerbes fehlt oder der Ausländer keine Aufenthalts- oder Arbeitserlaubnis besitzt. Von der Bedürfnisprüfung kann abgesehen werden, wenn der Antragsteller seinen ständigen Aufenthalt seit mindestens fünf Jahren im Inland hat. Nach weiteren fünf Jahren entfällt die Bedürfnisprüfung (§ 5a AuslReiseGewV). Ausländer benötigen auch für die reisegewerbekartenfreien Gewerbe (§ 5a GewO; dazu § 14 II) eine Reisegewerbekarte.

# Teil II. Bürgerlich- und handelsrechtliche Fragen der Unternehmensgründung

## Abschnitt VI. Der Erwerb der Kaufmannseigenschaft

### § 18. Zivilrechtliche Grundfragen

Während im Teil I vor allem die öffentlich-rechtlichen Voraussetzungen einer Unternehmensgründung behandelt wurden, ist nunmehr zu klären, unter welchen Voraussetzungen der Gewerbetreibende die Kaufmannseigenschaft erwirbt und welche Rechtsformen ihm zur Verfügung stehen, wenn er gemeinsam mit anderen ein Unternehmen gründen will. Im Anschluß daran wird behandelt, welche Fragen im Zusammenhang mit dem Erwerb eines Unternehmens erwachsen.

### § 19. Der Kaufmann[1]

#### I. Begriff des Kaufmanns

**1. Begriff.** Kaufmann im Rechtssinne ist, wer ein Handelsgewerbe betreibt (§ 1 Handelsgesetzbuch – HGB).

a) Nur solche Personen sind Kaufleute, die ein *Gewerbe* betreiben (vgl. § 2 III), also eine nicht sozial unwertige, auf Gewinnerzielung gerichtete und auf Dauer angelegte selbständige Tätigkeit entfalten, die nicht zur Urproduktion und den freien Berufen zählt.

b) Aber nicht alle Gewerbe zählen zu den *Handelsgewerben.* In der Gesellschaft kommt dem Handel die Aufgabe zu, den

---

[1] Brox, Handelsrecht und Wertpapierrecht, 6. Aufl., 1987; Capelle/Canaris, Handelsrecht, 20. Aufl., 1985; Schmidt, Handelsrecht, 2. Aufl., 1982; Kommentare: Baumbach/Duden/Hopt, HGB, 27. Aufl., 1987; Brüggemann/Fischer/Schilling u. a., HGB, Großkommentar, 3. Aufl., 1967–1982; Schlegelberger/Geßler/Hefermehl u. a., Großkommentar, 5. Aufl., 1973 ff.

Warenaustausch zwischen den einzelnen Wirtschaftsmitgliedern herbeizuführen. Träger dieser Funktion sind die Handelsunternehmen. Der Begriff des Handelsgewerbes ist aber über diesen ursprünglichen Kern weit hinausgegangen. Zum Handelsgewerbe zählen heute auch zahlreiche Hilfsunternehmen. In § 1 Abs. 2 HGB sind die Gewerbebetriebe aufgezählt, die zu den Handelsgewerben gehören. Dies sind sämtliche Gewerbebetriebe, die eine der nachstehend bezeichneten Arten von Tätigkeiten zum Gegenstand haben:

(1) Die Anschaffung und Weiterveräußerung von beweglichen Sachen (Waren- oder Wertpapieren) ohne Unterschied, ob die Ware unverändert oder nach der Bearbeitung oder Verarbeitung weiter veräußert wird;
(2) die Übernahme der Bearbeitung oder Verarbeitung von Waren für andere, sofern das Gewerbe nicht handwerksmäßig betrieben wird;
(3) die Übernahme von Versicherungen gegen Prämie;
(4) die Bankier- und Geldwechslergeschäfte;
(5) die Übernahme der Beförderung von Gütern oder Reisenden zur See, die Geschäfte der Frachtführer oder der zur Beförderung von Personen zu Lande oder auf Binnengewässern bestimmten Anstalten sowie die Geschäfte der Schleppschifffahrtsunternehmen;
(6) die Geschäfte der Kommissionäre, der Spediteure oder Lagerhalter;
(7) die Geschäfte der Handelsvertreter oder der Handelsmakler;
(8) die Verlagsgeschäfte sowie die sonstigen Geschäfte des Buch- oder Kunsthandels;
(9) die Geschäfte der Druckereien, sofern das Gewerbe nicht handwerksmäßig betrieben wird.

c) Kaufmann ist schließlich nur, der ein Handelsgewerbe „*betreibt*“. Ein Geschäft betreibt, wer im eigenen Namen und für eigene Rechnung Geschäfte abschließt, also selbst Träger von Rechten und Pflichten ist, sowie den Gewinn und Verlust trägt. Nicht notwendig ist, daß der Kaufmann stets selbst handelt; er kann sich der Hilfspersonen bedienen, also der Prokuristen, Handlungsbevollmächtigen, Angestellten und sonstiger Mitarbeiter.

Nicht zum Begriff des Kaufmanns gehört, daß dieser auch Eigentümer der Betriebsmittel ist. Auch ohne größeren Kapitalbesitz kann man Kaufmann sein. Eigentümer ist er z.B. dann nicht, wenn die Betriebsmittel gepachtet oder geleast werden.

d) Männer und Frauen sind *gleichberechtigt* (Art. 3 GG). Frauen können mithin unter den gleichen Voraussetzungen Kaufmann sein. Das gilt auch für Ehefrauen.

Kaufmann kann auch der Minderjährige sein. Jedoch können sich insoweit aus dem Minderjährigenschutz gewisse Einschränkungen der Rechte ergeben. Da die Volljährigkeit bereits mit dem 18. Lebensjahr beginnt, haben diese kaum noch Bedeutung.

**2. Arten.** Im Handelsgesetzbuch werden sachlich verschiedene Arten von Kaufleuten unterschieden:

a) Kaufleute kraft Gewerbebetriebes (§ 1 HGB), unter II;
b) Kaufleute kraft Eintragung (§§ 2, 3 HGB), unter III;
c) Kaufleute kraft Rechtsform (§ 6 HGB), unter IV;
d) juristische Personen des öffentlichen Rechts, unter V;
e) Minderkaufleute, unter § 20 I;
f) Scheinkaufleute, unter § 20 II.

## II. Der Kaufmann kraft Gewerbebetriebes (Mußkaufmann, § 1 HGB)

**1. Mußkaufmann.** Der Betrieb eines der in § 1 Abs. 2 HGB (oben I 1b) aufgezählten Grundhandelsgewerbe macht zum Kaufmann, ohne daß dazu noch die Eintragung ins Handelsregister erfolgen muß.

**2. Einzelfälle.** Damit gehören zu den Kaufleuten:

a) Kaufmann wird, wer *bewegliche Sachen* (Waren) oder Wertpapiere (Inhaber-, Orderpapiere und handelbare Rektapapiere, § 55) erwirbt und weiterveräußert. Der Handel mit Grundstükken macht nicht zum Kaufmann. Zum Kaufmannsbegriff gehört die „Anschaffung" von Waren; kein Mußkaufmann ist, wer Waren selbst erzeugt und weiter veräußert (Urproduktion). Kein Kaufmann wird, wer die erworbenen Waren verleiht, vermietet oder verpachtet, also der Inhaber einer Leihbücherei oder der Landmaschinenverpächter. Die Sachen müssen z.Zt. der Anschaffung beweglich und im Zeitpunkt der Veräußerung noch beweglich sein. Hierzu gehören auch Arzneimittel. Kein Mußkaufmann ist, wer Häuser kauft, sie abreißt und die Einzelteile verkauft oder wer aus beweglichen Teilen Häuser baut und sie nach Fertigstellung veräußert. Besonderheiten können beim Getreide- und Holzhandel bestehen. Wenn Getreide auf dem Halm oder Holz im Wald gekauft wird, so wird der Händler Mußkaufmann, da die Trennung von Grund und Boden bestimmungsgemäß ist. Von § 1 Abs. 2 Nr. 1 HGB wird der Groß- und Einzelhandel, der Einfuhr und Außenhandel sowie die verarbeitende Industrie erfaßt.

b) Von § 1 Abs. 2 Nr. 2 (oben I 1 b) wird die sog. *Lohnindustrie* erfaßt, die nicht am Warenumsatz beteiligt ist, sondern die Bearbeitung oder Verarbeitung von Waren für andere übernimmt. Hierzu gehören insbesondere Reparaturanstalten aller Art, Großwäschereien, Färbereien, Reinigungsanstalten. Das Gewerbe fällt nicht unter § 1 Abs. 2 Nr. 2 HGB, wenn es handwerksmäßig betrieben wird.

c) Wegen des Bedeutungsumfanges der Merkmale von § 1 Abs. 2 Nr. 3 bis 9 HGB soll auf den Gesetzeswortlaut (oben I 1 b) verwiesen werden, der sich im wesentlichen erschließen läßt.

### III. Kaufmann kraft Eintragung (Soll- und Kannkaufmann, §§ 2, 3 HGB)

**1. Soll- und Kannkaufmann.** Die Kaufmannseigenschaft kann kraft Eintragung in das Handelsregister erworben werden. Dies gilt für die sog. Soll- und Kannkaufleute.

a) *Sollkaufmann* ist, *a)* wer ein handwerkliches (§ 6) oder sonstiges gewerbliches (§ 2 III) Unternehmen betreibt, *b)* das nach Art und Umfang einen in kaufmännischer Weise eingerichteten Gewerbebetrieb erfordert. Zu einem kaufmännischen Geschäftsbetrieb gehört eine kaufmännische Buchführung und Korrespondenz, Geben und Nehmen von Kredit, Beschäftigung kaufmännischen Personals usw. Kaufmannsbetriebe können mithin werden Bergwerke, Ziegeleien, Grundstückshändler und Makler, Bauunternehmer usw.; *c)* wer in das Handelsregister eingetragen ist. Die Eintragung in das Handelsregister ist konstitutiv. Der Registerrichter nimmt mithin dem Rechtsverkehr die Beurteilung ab, ob jemand Kaufmann ist.

b) *Kannkaufmann* kraft freiwilliger Eintragung (§ 3 HGB) kann werden, *a)* wer ein land- oder forstwirtschaftliches Unternehmen oder ein land- oder forstwirtschaftliches Nebengewerbe betreibt. Zur Landwirtschaft zählen auch Obst-, Gemüse-, Hopfen- und Weinanbau. Es muß sich um ein Nebengewerbe handeln, das mit dem Betrieb der Land- oder Forstwirtschaft verbunden ist (z.B. Molkerei, Brennerei, Brauerei); kein Nebengewerbe liegt vor, wenn und solange die land- und forstwirtschaftlichen Erzeugnisse veräußert werden. *b)* dessen land- oder forstwirtschaftliches Nebengewerbe einen in kaufm. Weise eingerichteten Gewerbebetrieb erfordert; *c)* dessen Nebengewerbe im Handelsregister eingetragen ist. Die Eintragung in das Handelsregister ist also wiederum konstitutiv. Im Unterschied zum Sollkaufmann (oben III 1) ist der Landwirt aber nur berechtigt, dagegen nicht verpflichtet, sich ins Handelsregister eintragen zu lassen. Hat er sich einmal in das Handelsregister eintragen lassen, so findet eine Löschung der Firma nur nach den allgemeinen Vorschriften statt.

### IV. Der Kaufmann kraft Rechtsform (§ 6 HGB).

**1. Handelsgesellschaften.** Bestimmte Gesellschaften sind ohne Rücksicht auf den Gegenstand ihres Unternehmens Kaufleute. Diese sind die sog. Formkaufleute, die regelmäßig wegen der Art der Unternehmensführung einen eingerichteten kaufmännischen Betrieb erfordern. Hierzu gehören folgende juristische Personen: *a)* Die Aktiengesellschaften (§ 1 AktG), *b)* die KG auf Aktien (§ 278 AktG), *c)* die GmbH (§ 13 GmbHG), *d)* die Genossenschaften (§ 17 Abs. II GenG), *e)* die größeren Versicherungsvereine auf Gegenseitigkeit (§§ 16, 53 VersicherungsaufsichtsG). Kaufleute sind nur die Gesellschaften, dagegen nicht deren Gesellschafter.

**2. Personengesellschaften.** Keine juristischen Personen sind sog. Personengesellschaften des Handelsrechtes. Hierzu gehören die oHG und die KG (vgl. § 25). Sie betreiben notwendig ein Vollhandelsgewerbe (§ 1 HGB). Die Gesellschaften in ihrer gesamthänderischen Verbundenheit werden nach h.M. Kaufmann mit dem Abschluß des Gesellschaftsvertrages und der Aufname des Geschäftsbetriebes. Bei der oHG sind sämtliche Gesellschafter Kaufleute; bei der KG dagegen nur die Komplementäre, nicht dagegen die Kommanditisten (§§ 25, 28, 29).

### V. Juristische Personen des öffentlichen Rechtes

**1. Keine Privatpersonen.** Die Rechtsform einer juristischen Person des öffentlichen Rechtes kann von Privatleuten nicht gewählt werden.

**2. Kaufmannseigenschaft.** Die juristische Person des öffentlichen Rechtes kann selbst Kaufmann sein. Dies kommt z.B. vor, wenn die Gemeinde unmittelbar ein Versorgungsunternehmen (Wasser-, Elektrizitätswerk usw.) oder eine Sparkasse betreibt. Regelmäßig ist aber zwischen der juristischen Person des öffentlichen Rechts (Gemeinde, Land, Bund) und dem Gewerbebetrieb eine besondere juristische Person zwischengeschaltet (GmbH, AG). In diesen Fällen haftet nur die zwischengeschaltete juristische Person, dagegen nicht der Träger.

### VI. Beginn und Beendigung der Kaufmannseigenschaft

**1. Beginn.** Die Kaufmannseigenschaft beginnt bei den Grundhandelsgewerben (oben I 1) mit der Eröffnung des Handelsgewerbes (§ 1 HGB); bei dem Soll- und Kannkaufmann sowie dem Formkaufmann beginnt sie mit der Eintragung (oben III, IV). Die Kaufmannseigenschaft ist mithin von den gewerberechtlichen Voraussetzungen (oben §§ 4ff) im Interesse der Verkehrssicherheit unabhängig. Eine Ausnahme gilt allenfalls dann, wenn sämtliche abgeschlossenen Rechtsgeschäfte nichtig sind.

**2. Ende.** Die Kannkaufmannseigenschaft endet *a)* bei den Grundhandelsgewerben (§ 1 HGB, oben I) mit der völligen Einstellung des Geschäftsbetriebes; *b)* in den Fällen des Soll-, Kann- und Formkaufmanns mit dem Fortfall der kaufmännischen Form und der Löschung; dagegen nicht ohne weiteres mit der Eröffnung des Konkursverfahrens.

### VII. Die Bedeutung der Kaufmannseigenschaft im Rechtsverkehr

1. Der Kaufmann führt neben seinem bürgerlich-rechtlichen Namen einen besonderen handelsrechtlichen Namen, die Firma. Sie ist gegen Mißbrauch durch Dritte besonders geschützt. Die Firma bleibt auch dann erhalten, wenn der Inhaber seinen bürgerlichen Namen ändert (z.B. Heirat) oder der Inhaber wechselt. Vgl. § 22.

2. Der Kaufmann kann unter seiner Firma klagen und verklagt werden; er kann einen Prozeß beim Landgericht vor der Kammer für Handelssachen führen, dort Handelsrichter werden und ohne die Einschränkungen von §§ 39ff ZPO einen besonderen Gerichtsstand vereinbaren.

**3.** Der Kaufmann kann eine oder mehrere Zweigniederlassungen gründen (§ 23).

**4.** Der Kaufmann kann sich durch einen Prokuristen vertreten lassen; die Vertretungsmacht hat einen gesetzlich beschriebenen Umfang (vgl. §§ 48ff HGB; dazu § 24)

**5.** Der Kaufmann ist verpflichtet, Handelsbücher zu führen sowie Inventuren und Bilanzen aufzustellen (vgl. § 45).

**6.** Der Kaufmann muß vereinbarte Fristen und Termine zuverlässig einhalten (§ 353 HGB) und fehlerhafte Warenlieferungen schnell rügen (§ 377 HGB); vgl. dazu § 46.

**7.** Der Kaufmann verliert den Schutz bestimmter Formvorschriften (§ 350 HGB; dazu § 46). Er kann z.B. eine Bürgschaft mündlich übernehmen (§ 350 HGB; dazu § 46).

**8.** Ein in das Handelsregister eingetragener Kaufmann kann sich grundsätzlich nicht auf den Schutz des Abzahlungsgesetzes vom 16. 5. 1894 (RGBl S. 450) m. spät. Änd. (§ 8 AbzG) berufen. Ferner ist das Gesetz über den Widerruf von Haustürgeschäften und ähnlichen Geschäften vom 16. 1. 1986 (BGBl I S. 122) auf solche Personen nicht anzuwenden, die den Vertrag in Ausübung einer selbständigen Tätigkeit abschließen.

**9.** Viele Banken und Handelsunternehmen nehmen den Geschäftsverkehr nur mit solchen Kaufleuten auf, die ins Handelsregister eingetragen sind.

## § 20. Schein- und Minderkaufmann

### I. Minderkaufleute

**1. Begriff des Minderkaufmanns.** Bestimmte Gewerbetreibende gehören zwar zu den Mußkaufleuten. Gleichwohl kann von ihnen nicht die gleiche Geschäftsgewandtheit wie von einem Kaufmann erwartet werden. Auf sie, die sog. Minderkaufleute, findet Handelsrecht daher nur in beschänktem Umfang Anwendung. Zu den Minderkaufleuten gehören:

a) Die *Handwerker* (Gesetz über die Kaufmannseigenschaft von Handwerkern vom 31. 3. 1953, BGBl I S. 106), die Waren anschaffen und nach einer Bearbeitung oder Verarbeitung weiter veräußern (§ 1 Abs. 2 Nr. 1 HGB), es sei denn, daß der Gewerbebetrieb nach Art und Umfang einen in kaufmännischer Weise eingerichteten Gewerbebetrieb erfordert. Hieraus folgt im einzelnen: *a)* Von den Warenhandwerkern, die also Waren nach Verarbeitung oder Bearbeitung weiter veräußern, sind die sog. Großhandwerker Vollkaufleute kraft Gewerbebetriebes, die übrigen dagegen Minderkaufleute; *b)* von den Lohnhandwerkern sind die Großhandwerker Vollkaufleute kraft Eintragung (§ 1 Abs. 2 Nr. 2, § 2 HGB; dazu § 19), die übrigen Lohnhandwerker sind überhaupt keine Kaufleute.

b) Die *kleinen Gewerbetreibenden* (Kleinhändler) sind Minderkaufleute.

Minderkaufmannseigenschaft wurde angenommen bei einer Süßwarengroßhandlung mit 180000 DM Jahresumsatz (im Jahre 1962), einer Werkskantine mit 500000 DM Jahresumsatz mit kleinem Lieferantenkreis im Jahre 1962, Metzgerei mit Filialen und Gastwirtschaft im Jahre 1962 mit 550000 DM Jahresumsatz, Metzgerei mit Schnellimbiß und Jahresumsatz von 1,3 Mill (OLG Braunschweig GewArch 84, 31). Eine Vollkaufmannseigenschaft wurde dagegen angenommen bei Lebensmittelhandel mit 450000 DM Jahresumsatz, Maurergeschäft mit Baumaterialienhandel mit 500000 DM Jahresumsatz (beide Jahr 1964), Elektroinstallationsgeschäft mit 400000 DM Jahresumsatz (70% Handwerk, 30% Handel), Gaststätte mit 1,2 Millionen Jahresumsatz und 15 Beschäftigten (1982).

c) *Stets Vollkaufleute* sind die Soll-, Kann- und Formkaufleute.

**2. Ausschluß des Handelsrechtes.** Auf die Minderkaufleute finden folgende Vorschriften des Handelsrechts keine Anwendung:

a) Die Vorschriften über die Firma, die Handelsbücher und die Prokura (vgl. aber § 46).

b) Die Vorschriften über die OHG und die KG.

c) Die handelsrechtlichen Sondervorschriften über die Vertragsstrafe, die Bürgschaft, das Schuldversprechen und das Schuldanerkenntnis (§§ 348 bis 351 HGB; dazu § 46).

## II. Der Scheinkaufmann (§ 5 HGB)

**1. Interessenlage.** In vielen Fällen läßt sich nicht ohne weiteres erkennen, ob die gesetzlichen Voraussetzungen der Kaufmannseigenschaft gegeben sind. Dies gilt insbesondere dann, wenn die Kaufmannseigenschaft davon abhängt, ob ein Unternehmen „nach Art und Umfang einen in kaufmännischer Weise eingerichteten Gewerbebetrieb erfordert (§ 2 HGB; dazu § 19 III)“. Um diesen Gefahren für den Rechtsverkehr vorzubeugen, wird dem Unternehmen der Einwand abgeschnitten, daß es sich nicht um ein Vollhandelsgewerbe handelt.

**2. Voraussetzungen des Scheinkaufmanns.** a) Ein *Scheinkaufmann ist gegeben,* wenn *a)* eine Firma in das Handelsregister eingetragen ist; *b)* unter der angegebenen Firma ein Gewerbe (vgl. § 2) betrieben wird; nicht notwendig ist, daß dieses Gewerbe zu den Handelsgewerben (§ 19 I 1) gehört (BGH 32, 307, 313), *c)* sich der Unternehmer ausdrücklich oder stillschweigend (konkludent) auf die Eintragung berufen hat.

b) *Liegen die Voraussetzungen* des Scheinkaufmanns *vor,* so kann nicht geltend gemacht werden, daß das unter der Firma betriebene Gewerbe kein Handelsgewerbe ist oder daß es zu den in § 4 Abs. 1 HGB bezeichneten Betrieben (Minderkaufleute) gehört. Das eingetragene Gewerbe gilt mithin als Vollhandelsgewerbe. Zugelassen sind dagegen die Einwendungen, der Eingetragene betreibe überhaupt kein Gewerbe oder die eingetragene Gesellschaft bestehe nicht oder nicht mehr.

c) Auf den sich aus § 5 HGB ergebenden Schutz kann sich derjenige berufen, *a)* der mit dem eingetragenen Scheinkaufmann Geschäfte gemacht hat; dies gilt selbst dann, wenn er weiß, daß der Scheinkaufmann kein Vollhandelsgewerbe betreibt; Schutzzweck der Norm ist nicht der Schutz gutgläubiger Dritter, sondern die objektive Rechtssicherheit (BGH NJW 82, 45); *b)* aber auch derjenige, der eingetragen ist; ihm ist gestattet, sich auf die handelsrechtlichen Vorschriften zu berufen. Ihm obliegt mithin nicht nur die kaufmännische Rügepflicht bei Warenmängeln (§ 377 HGB); ihm steht auch das kaufmännische Zurückbehaltungsrecht zu (§ 369 HGB).

**3. Der nicht eingetragene Scheinkaufmann.** Im Interesse des allgemeinen Rechtsverkehrs kann sich die Notwendigkeit ergeben, daß der Geschäftspartner auch dann geschützt wird, wenn jemand im Rechtsverkehr als Kaufmann auftritt, ohne Kaufmann zu sein.

Auch derjenige, der weder ein Grundhandelsgewerbe betreibt und nicht im Handelsregister eingetragen ist, muß sich als Kaufmann behandeln lassen, wenn er als solcher auftritt, also einen entspr. Anschein erweckt. Unerheblich ist, ob er schuldhaft gehandelt hat oder nicht. Allein entscheidend ist, ob er durch sein Verhalten einen Rechtsschein gesetzt hat, auf den sich ein gutgläubiger Dritter nach Treu und Glauben verlassen durfte. Tritt z. B. eine Gesellschaft im Rechtsverkehr als oHG auf, so muß sie sich auch entspr. behandeln lassen. Gibt ein Minderkaufmann eine mündliche Bürgschaftserklärung ab, so haftet er, wenn er den Rechtsschein erweckt hat, er sei Vollkaufmann (vgl. BGH NJW 80, 784; 81, 2569).

## § 21. Die Bedeutung des Handelsregisters und die Eintragung in das Handelsregister

### I. Rechtsgrundlagen, Begriff, Zweck

**1. Rechtsgrundlagen.** Sie finden sich in §§ 8 bis 16 HGB, §§ 1–34 FGG, §§ 125–158 FGG sowie der Handelsregisterverfügung vom 12. 8. 1937 mit Änd., zuletzt vom 24. 10. 1985 (BGBl. I S. 2033) sowie verschiedenen Änderungen in den einzelnen Bundesländern.

**2. Begriff.** Das Handelsregister ist ein Verzeichnis von Tatsachen, die für den Handelsverkehr rechtlich bedeutsam sind. Es enthält nur Angaben über Vollkaufleute (oben § 19), wird von den Amtsgerichten (§ 8 HGB) geführt und ist öffentlich (§ 9 HGB).

a) Der Kreis der *einzutragenden Tatsachen* ist begrenzt und gesetzlich umschrieben. Es werden unterschieden eintragungspflichtige (anmeldungspflichtige) Tatsachen und die bloß eintragungsfähigen Tatsachen.

b) Das Handelsregister *gliedert* sich in das Handelsregister A und das Handelsregister B. Einzelkaufleute und Personengesellschaften (§§ 28, 29) sowie die in § 36 HGB bezeichneten juristischen Personen (d. s. Unternehmen des Bundes und der Kommunalverbände) werden in Abteilung A, Kapitalgesellschaften in Abteilung B eingetragen (§ 3 HRV). Jeder Kaufmann erhält ein eigenes Registerblatt (vgl. unter § 21).

**3. Zweck.** Das Handelsregister dient in erster Linie dem Publikum. Es legt Wert darauf, daß gewisse Tatsachen im Handelsregister erscheinen und ihm andernfalls nicht entgegengehalten werden können (§ 15 Abs. 1 HGB). Aber auch der Kaufmann hat Interesse an der Eintragung, da er nur für diesen Fall sich auf gewisse Tatsachen berufen kann (§ 15 Abs. 2 HGB).

## II. Das Eintragungsverfahren und die Öffentlichkeit des Handelsregisters

**1. Führung und Einrichtung des Handelsregisters.** Das Handelsregister wird von den Amtsgerichten geführt (§ 8 HGB, § 125 FGG). Örtlich zuständig ist das Amtsgericht, in dessen Bezirk sich die Niederlassung (vgl. § 23 II) befindet. Die Führung des Handelsregisters kann für mehrere Bezirke einem Amtsgericht übertragen werden (§ 125 Abs. 2 FGG). Die richterlichen Aufgaben werden von Rechtspflegern wahrgenommen (vgl. §§ 3, 17 RPflG).

**2. Antrag.** a) Die Eintragung in das Handelsregister setzt grundsätzlich einen *Antrag* voraus; nur in Ausnahmefällen erfolgt die Eintragung von Amts wegen, z. B., wenn über das Vermögen des Unternehmers das Konkursverfahren eröffnet (§ 32 HGB) worden ist oder die Firma erloschen ist (§ 31 Abs. 2 HGB). Die Anmeldungen zur Eintragung sowie die Zeichnung von Unterschriften sind in öffentlich beglaubigter Form einzureichen (§ 12 Abs. 1 HGB). Hieraus folgt, daß die Erklärung schriftlich abgefaßt und die Unterschrift durch einen Notar beglaubigt sein muß (§ 129 Abs. 1 BGB, § 39ff BeurkG). Die Anmeldung kann auch durch einen Bevollmächtigten erfolgen. In Abweichung von § 167 Abs. 2 BGB bedarf jedoch die Bevollmächtigung der für das anzumeldende Geschäft erforderlichen Form (§ 12 Abs. 2 HGB).

b) Ist eine Tatsache zum Handelsregister eintragungspflichtig und wird die Anmeldung nicht vorgenommen, so wird die Tatsache nicht von Amts wegen eingetragen. Vielmehr kommen folgende Möglichkeiten in Betracht: *(1)* Das Registergericht hält den Anmeldepflichtigen durch Beugestrafen zur Anmeldung an (§ 14 HGB i. V. m. §§ 132ff FGG); *(2)* derjenige, der einen Anspruch auf Anmeldung hat, kann den Anmeldepflichtigen auf Anmeldung verklagen; die Anmeldung gilt mit Rechtskraft des Urteils als vorgenommen (§ 894 ZPO); *(3)* sind mehrere zur Anmeldung verpflichtet und will einer von diesen seiner Pflicht nicht genügen, so ist es ausreichend, wenn dieser rechtskräftig oder vorläufig vollstreckbar zur Anmeldung verurteilt worden ist (Einzelh. § 16 HGB).

c) Das Registergericht *prüft* nach Anmeldung seine Zuständigkeit; insoweit können sich Besonderheiten bei Zweigniederlas-

**Muster für das Handels-**

| 1 | 2 | 3 | 4 |
|---|---|---|---|
| Nr. der Eintragung | a) Firma<br>b) Ort der Niederlassung (Sitz der Gesellschaft)<br>c) Gegenstand d. Unternehm. | Bezeichnung des Einzelkaufmanns oder des persönlich haftenden Gesellschafters (Vorstand, Abwickler) | Prokura |
| 1 | a) *Johann Müller*<br>b) Kiel | *Johann Christian Müller, Kaufmann, Kiel* | |
| 2 | b) In Travemünde ist eine Zweigniederlassung errichtet | | |
| 3 | a) Johann Christian Müller | | |
| 4 | | Anton Bolte, Kaufmann, Kiel | |
| 5 | | Georg Danz, Kaufmann, Kiel | |
| 6 | | Hermann Franke, Kaufmann, Kiel | *Dem Karl Klein und dem Fritz Lang, beide in Kiel, ist Gesamtprokura erteilt. Jeder von ihnen vertritt auch gemeinsam mit einem d. Gesellschafter Danz und Franke* |
| 7 | | | Die Prokura des Karl Klein und des Fritz Lang ist erloschen |

**register Abteilung A** Nummer der Firma: *78*

| 5 | 6 |
|---|---|
| Rechtsverhältnisse | a) Tag der Eintragung, Unterschrift<br>b) Bemerkungen |
| | a) 2. Januar 1950<br>Lehmann |
| | a) 3. April 1950<br>Lehmann |
| Die Firma ist geändert. | a) 10. Juli 1950<br>Lehmann |
| Der Übergang der in dem Betriebe des Geschäfts begründeten Forderungen ist bei dem Erwerb des Geschäfts durch Anton Bolte ausgeschlossen. | a) 31. Januar 1951<br>Lehmann |
| *Offene Handelsgesellschaft.* Georg Danz ist in das Geschäft als persönlich haftender Gesellschafter eingetreten. Die Gesellschaft hat am 6. März 1951 begonnen. | a) 7. März 1951<br>Lehmann |
| Hermann Franke ist in die Gesellschaft als persönlich haftender Gesellschafter eingetreten. Er und Georg Danz sind nur gemeinsam *oder in Gemeinschaft mit einem Prokuristen* vertretungsberechtigt. | a) 2. April 1952<br>Müller |
| Kommanditgesellschaft. Die Kaufleute Max Klug und Paul Otto, beide in Berlin, sind in die Gesellschaft als Kommanditisten mit einer Einlage von je 50000 DM eingetreten. | a) 3. Juli 1954<br>Müller |

**Muster für das Handel**

| 1 | 2 | 3 | 4 | 5 |
|---|---|---|---|---|
| Nr. der Eintragung | a) Firma<br>b) Sitz<br>c) Gegenstand des Unternehmens | Grund- oder Stammkapital | Vorstand; persönl. haftende Gesellschafter; Geschäftsführer; Abwickler | Prokura |
| 1 | a) Gas- und Elektrizitätswerke Hannover, Aktiengesellschaft<br>b) Hannover<br>c) Erbauung u. Betrieb von Gas- und Elektrizitätsanstalten *innerhalb der Bundesrepublik* | *1 000 000 DM* | Albert Merten, Kaufmann, Hannover<br>*Ernst Kluge, Fabrikant, Linden*<br>Hans Wilke, Techniker, Hannover | |
| 2 | | | | *Dem Hermann Weber in Hannover ist Prokura erteilt* |
| 3 | c) Gegenstand ist jetzt auch Erbauung und Betrieb von Gas- und Elektrizitätsanstalten außerhalb der Bundesrepublik | | | |
| 4 | b) In Düsseldorf ist eine Zweigniederlassung unter der Firma „Gas- und Elektrizitätswerke Hannover, Zweigstelle Düsseldorf" errichtet | 1 300 000 DM | Wilhelm Krüger, Fabrikant, Hannover | |
| 5 | | | Die bisherigen Vorstandsmitglieder sind Abwickler | Die Prokura des Hermann Weber ist erloschen |

**gister Abteilung B** Nummer der Firma: 56

| 6 | 7 |
|---|---|
| Rechtsverhältnisse | a) Tag der Eintragung; Unterschrift<br>b) Bemerkungen |
| ktiengesellschaft. Die Satzung ist am 5. Januar 950 festgestellt. Jedem Mitglied des Vorstandes teht nach der Satzung die selbständige Vertretung er Gesellschaft zu. | a) 1. März 1950<br>Lehmann<br>b) Satzung Bl. 3 der Reg.-Akten |
| | a) 4. April 1952<br>Lehmann |
| urch Hauptversammlungsbeschluß vom 28. Mai 953 ist die Satzung in § 3 (Gegenstand) und § 14 Form der von der Gesellschaft ausgehenden Bekanntmachungen) geändert. | a) 26. Juni 1953<br>Krause<br>b) Beschluß Bl. 67 der Reg.-Akten |
| ie Hauptversammlung vom 2. Mai 1954 hat die rhöhung des Grundkapitals um 300 000 DM beschlossen. Die Erhöhung ist durchgeführt. Das rundkapital beträgt jetzt 1 300 000 DM. Die Satung ist in § 4 (Grundkapital) geändert. Ernst Kluge t nicht mehr Vorstandsmitglied und an seiner Stel- Wilhelm Krüger zum Vorstandsmitglied bestellt. | a) 20. Oktober 1954<br>Krause<br>b) Beschluß Bl. 78 der Reg.-Akten Amtsgericht Düsseldorf 24 HRB 2365 |
| ie Gesellschaft ist durch Beschluß der Hauptversammlung vom 12. Mai 1956 aufgelöst. Die Gesellchaft wird durch je zwei Abwickler vertreten. | a) 1. Juni 1956<br>Krause<br>b) Beschluß Bl. 126 der Reg.-Akten |

sungen (vgl. § 23 II) ergeben (§§ 13–13c HGB), die Berechtigung des Anmeldenden, die Formgültigkeit der Anmeldung und die Eintragungsfähigkeit der angemeldeten Tatsache. Die Richtigkeit der Tatsache wird wegen des bestehenden Amtsermittlungsgrundsatzes überprüft, wenn sich Zweifel ergeben (§ 12 FGG). Dagegen ist das Registergericht nicht befugt, Bestimmungen zu beanstanden, die nur geschäftsinterne Bedeutung haben (BayObLG DB 85, 964).

d) Sind die Voraussetzungen für die Eintragung erfüllt, wird die Eintragung vorgenommen. Die *Eintragung wird veröffentlicht* (§ 10 HGB). Der Antragsteller wird von der Eintragung benachrichtigt (§ 130 Abs. 2 FGG; § 36 HRV).

e) Eine Beschwerde gegen eine Eintragung ins Handelsregister ist nicht statthaft, auch wenn nur eine Änderung der Fassung der Eintragung begehrt wird (BayObLG EWiR § 8 HGB 1/86).

**3. Einsichtsrecht.** a) Das Handelsregister ist öffentlich. Jedermann hat das *Recht auf Einsicht* in das Handelsregister und der Abschrift des Registers und der zu ihm eingereichten Schriftstücke. Es kann sich also empfehlen, daß der Geschäftswert von Eintragungen nicht in solchen Schriftstücken enthalten ist, in die Jedermann Einsicht gestattet ist. Die Notare sind insoweit zur Aufklärung verpflichtet.

Ferner kann verlangt werden, daß das Gericht eine Negativbescheinigung darüber ausstellt, daß wegen eines Gegenstandes weitere Eintragungen nicht vorhanden sind oder daß eine bestimmte Eintragung nicht erfolgt ist (vgl. Einzelh. § 9 HGB). Die Eintragungen werden im Bundesanzeiger und mindestens einer Zeitung veröffentlicht, die jedes Jahr vom Gericht (§ 11 HGB) bestimmt wird (vgl. §§ 10ff HGB).

b) Muster eines Handelsregisters S. 152ff[1].

## III. Die Bedeutung der Eintragung in das Handelsregister

Die Eintragung in das Handelsregister kann verschiedene Bedeutung haben.

**1. Deklaratorische Bedeutung.** Alle Eintragungen in das Handelsregister haben deklaratorische Bedeutung; d.h., sie begrün-

---

[1] Die beiden Muster sind entnommen: Brand/Marowski, Die Registersachen, 1956.

den keine rechtlich bedeutsame Tatsache, sondern machen sie nur für den Rechtsverkehr sichtbar.

*Beispiel:* Wird die Bestellung zum Prokuristen in das Handelsregister eingetragen, so wird die besondere Bevollmächtigung sichtbar. Andererseits wird aber noch nicht dadurch jemand zum Prokuristen bestellt, weil (irrtümlich) dieser in das Handelsregister eingetragen worden ist.

**2. Vermutung der Richtigkeit.** Jede Eintragung in das Handelsregister entfaltet eine doppelte Vermutung, nämlich:

a) Die Vermutung der Zulässigkeit der Eintragung, denn das Gericht hat diese geprüft.

b) Die Vermutung der Richtigkeit, denn das Gericht hat keinen Anlaß gesehen, an den eingetragenen Tatsachen zu zweifeln.

*Beispiel:* Wird in einem Rechtsstreit streitig, ob eine eingetragene Tatsache besteht, so ist grundsätzlich derjenige beweispflichtig, der von der Eintragung abweichende Tatsachen behauptet.

**3. Bestätigende Wirkung.** Eine Vielzahl von Eintragungen entfaltet konfirmatorische Wirkung.

## § 22. Die Firma des Kaufmanns

### I. Begriff der Firma

**1. Handelsname des Vollkaufmanns.** a) Die Firma eines Kaufmanns ist der *Name,* unter dem er im Handel seine Geschäfte betreibt und die Unterschrift abgibt (§ 17 Abs. 1 HGB). Unter seiner Firma kann er klagen und verklagt werden (§ 17 Abs. 2 HGB). Die Firma im Rechtssinne ist also nicht selbst Träger von Rechten und Pflichten, sondern der Name des Kaufmanns. Dieser führt mithin zwei Namen, den bürgerlichen, mit dem er geboren wird oder den er erheiratet hat, und den handelsrechtlichen.

*Beispiel:* Hat der Kaufmann Hansi Meier unter seinem Namen einen Großhandel geführt und wird er von seinem Neffen Egon Heuser beerbt, so führt Egon Heuser, wenn er das Unternehmen fortführt, den Handelsnamen Hansi Meier. Bezahlt er seine Rechnung nicht, so kann ihn der Verkäufer unter dem Namen Hansi Meier verklagen. Fehlerhaft wäre dagegen, wenn er sowohl Egon Heuser als auch Hansi Meier verklagen würde. Beides sind ein und dieselbe Person. Aufgrund des gegen Hansi Meier ergangenen Urteils kann auch gegen Egon Heuser vollstreckt werden.

b) Nur ein *Vollkaufmann* (oben § 19), nicht dagegen ein Minderkaufmann (oben § 20) darf eine Firma führen (§ 4 Abs. 1 HGB). Eine Firma kann geführt werden von einem Vollkaufmann (§ 18 Abs. 1 HGB), einer oHG (unten § 28) einer KG (unten § 29) sowie einer AG (§ 4, 279 AktG), einer GmbH (§ 4 GmbHG) sowie einer Genossenschaft (§ 3 GenG). Schließt ein Minderkaufmann unter dem Namen einer Firma einen Vertrag, so ist seine Bezeichnung zwar falsch, der Vertrag bleibt jedoch wirksam.

c) Die Firma ist nur der Handelsname eines Kaufmanns. Die Firma soll mithin nur im Handelsverkehr benutzt werden. Indes kann der Kaufmann auch unter seinem bürgerlichen Namen ein Handelsgeschäft abschließen, also z. B. Waren einkaufen. Erwirbt er ein Grundstück für sein Unternehmen, so wird er mit seinem bürgerlichen Namen, nicht dagegen mit der Firma eingetragen (§ 15 Grundbuchverfügung vom 8. 8. 1935). Dagegen haben Handelsgesellschaften nur einen Namen; sie werden auch in das Grundbuch mit ihrer Firma eingetragen.

**2. Geschäftsbezeichnungen, Abkürzungen und Warenbezeichnungen.** a) *Geschäftsbezeichnungen* weisen auf das Unternehmen, nicht auf den Träger des Unternehmens hin. Sie sind firmenrechtlich nicht zu beanstanden. Geschäftsbezeichnungen kommen vor allem bei Apotheken (Löwen Apotheke), Gaststätten (Hotel zur Post) und Drogerien (Schönburg-Drogerie) vor. Wird die Geschäftsbezeichnung jedoch von einem Nichtkaufmann als Firma verwandt, so ist sie unzulässig und vom Registergericht zu untersagen (z. B. Münchener Möbelmagazin).

b) *Firmenabkürzungen* werden häufig aus der Firma und der Geschäftsbezeichnung gebildet (KaDeWe = Kaufhaus des Westens). Für sie gilt Firmenrecht, wenn es sich um eine schlagwortartige Abkürzung der Firma handelt.

c) *Markenbezeichnungen* kennzeichnen bestimmte Waren eines Kaufmanns, nicht dagegen das Unternehmen. Für sie gilt das Warenzeichengesetz (vgl. § 46 VI).

Geschäftsbezeichnungen genießen ohne Eintragung in das Handelsregister bei beständigem Gebrauch Namensfunktion. Sie sind damit gegen unbefugten Gebrauch nach § 12 BGB und § 16 UWG geschützt.

**3. Gewerbebezeichnung.** Die Firma des Kaufmanns kann auch dann benutzt werden, wenn die Gewerbeordnung die Angabe des Namens des Gewerbetreibenden vorschreibt (vgl. § 4 III).

**II. Grundsätze des Firmenrechtes**

**1. Firmenwahrheit.** a) Die Firma muß *wahr* sein; sie darf die Öffentlichkeit nicht irreführen. Dies gilt sowohl für den Träger der Firma als auch für etwaige Firmenzusätze.

b) Der Einzelkaufmann hat seinen *Familiennamen* mit mindestens einem ausgeschriebenen *Vornamen* als Firma zu führen (§ 18 HGB). Der Vorname braucht nicht der Rufname zu sein. Zweckmäßig wird nur ein Vorname ausgewählt, da es sonst zu Unbequemlichkeiten bei der Unterzeichnung des Schriftverkehrs kommt. Ein Ehegatte darf auf seinen früheren Namen hinweisen, wenn er nicht zum Ehenamen (§ 1355 BGB) geworden ist. Ein Dr.-Titel darf in die Firma aufgenommen werden; er muß jedoch bei der Übertragung der Firma gestrichen werden, wenn der Erwerber ihn nicht führt. Durch ihn darf keine Irreführung eintreten, wenn z.B. ein Dr. jur. ein Sanatorium führt.

c) Die Firma einer *oHG* oder *KG* (§ 19 Abs. 1, 2 HGB) hat den Namen wenigstens eines persönlich haftenden Gesellschafters mit einem das Vorhandensein einer Gesellschaft andeutenden Zusatz zu enthalten. Vornamen braucht die Firma nicht zu enthalten (§ 19 Abs. 3 HGB). Bei der oHG ist der Zusatz entbehrlich, wenn die Namen aller Gesellschafter in der Firma erscheinen (§ 19 Abs. 1 HGB).

*Beispiel:* Haben Hansi Meier und Egon Heuser eine oHG gegründet, so kann die Firma lauten Meier und Heuser, Meier & Co, Heuser & Co. Unzulässig dagegen Hansi und Egon, da nur Vornamen, oder Meier, Heuser & Co, da hier ein Irrtum über die Zahl der Gesellschafter erweckt wird. Haben sie dagegen eine KG gegründet, kann nur der Name des Komplementärs in der Firma erscheinen.

d) Eine *GmbH* kann eine Personen-, Sach- oder Mischfirma führen. In die Personenfirma dürfen nur die Namen eines oder mehrerer Gesellschafter aufgenommen werden. Dies kann auch ein ausländischer Firmenname sein (BayObLG EWiR § 19 HGB 1/86). Die Sachfirma muß dem Gegenstand des Unternehmens entlehnt sein (Tegernseer Dampfschiffahrtsgesellschaft mbH), die Mischfirma enthält sowohl einen Personennamen als auch eine Sachbezeichnung (Maschinenfabrik August Müller mbH). Ist eine GmbH namensgebende Gesellschafterin einer oHG, so muß die Firma der oHG bereits nach § 19 Abs. 1 HGB die Firma der GmbH mit deren Rechtsformzusatz enthalten (KG ZIP 88, 1194 = EWiR § 19 HGB 1/88).

e) Der Firma dürfen keine *Zusätze* beigefügt werden, die ein Gesellschaftsverhältnis (OLG Hamm DB 87, 1245) andeuten, oder die geeignet sind, eine Täuschung über die Art und den Umfang des Geschäftes oder der Verhältnisse des Inhabers herbeizuführen (§ 18 Abs. 2 S. 1 HGB). Unzulässig sind bei einem kleineren Unternehmen Zusätze wie Warenhaus, Supermarkt, Hypermarkt, Fabrik, Werk usw. oder u. U. bei einem Privatunternehmen der Zusatz „Institut" (BayObLG EWiR HGB § 18 II 1/85). Firmenzusätze „Inter" deuten immer auf eine besondere Bedeutung im internationalen Geschäftsverkehr hin; sie sind bei einer gwöhnlichen Import- oder Exportfirma unzulässig (OLG Stuttgart EWiR § 18 HGB 1/86). Zweckmäßig wird die Industrie- und Handelskammer um Rat gefragt.

**2. Firmenbeständigkeit (Firmenkontinuität).** a) Sie bedeutet, daß die Firma bestehen bleiben darf, obwohl sich der Name des Einzelkaufmanns (z. B. infolge Eheschließung) ändert oder der Inhaber des Unternehmens wechselt (§ 21 HGB). Durch die Berechtigung, eine abgeleitete Firma zu führen, wird der Grundsatz der Firmenwahrheit bei der ursprünglichen Firma eingeschränkt. Die Berechtigung, eine abgeleitete Firma zu führen, ist eingeführt worden, um den häufig beträchtlichen Wert der Firma zu erhalten.

b) Die Firma darf weitergeführt werden, bei einem *Wechsel des Inhabers* (§§ 22, 24 HGB). In Betracht kommen kann völliger Inhaberwechsel bei Erwerb des Handelsgeschäftes durch Rechtsgeschäft unter Lebenden auf Dauer (Kauf) oder auf Zeit (Nießbrauch, Pacht) oder von Todes wegen (Erbschaft),[1] aber auch ein teilweiser Inhaberwechsel, wenn ein Gesellschafter von einem Einzelkaufmann oder einer Gesellschaft aufgenommen wird oder ein Gesellschafter aus einer Gesellschaft austritt. Eine Firma kann jedoch nicht ohne das Handelsgeschäft übertragen werden (§ 23 HGB). Hiermit soll der Handel mit Mondscheinfirmen ausgeschlossen werden. Das Recht der Firmenfortführung erwächst nur, *(1)* wenn die bisherige Firma zu Recht geführt worden ist, *(2)*

---

[1] Kuchinke, Die Firma in der Erbfolge, ZIP 87, 681.

das Handelsgeschäft wirksam erworben worden ist, *(3)* der bisherige Inhaber oder seine Erben oder der Gesellschafter, dessen Namen in der Firma geführt wird, in die Firmenfortführung einwilligen (vgl. BGH ZIP 84, 1343; DB 87, 1084 v. 9. 1. 1989). Veräußert der Konkursverwalter ein zur Konkursmasse gehörendes Unternehmen, so ist zur Firmenfortführung die Einwilligung des Gemeinschuldners notwendig, da sein Namensrecht berührt wird (BGHZ 32, 108; OLG Frankfurt ZIP 88, 598).

c) Die bisherige Firma kann mit und ohne Nachfolgezusatz geführt werden (§ 22 Abs. 1 HGB).

*Beispiel:* Hat Egon Heuser das Großhandelsunternehmen des Hansi Meier mit dem Recht zur Firmenfortführung gekauft, so kann er firmieren: Hansi Meier, Hansi Meier Nachf., Hansi Meier Inhaber Egon Heuser, Egon Heuser, vorm. Hansi Meier. Selbstverständlich kann Egon Heuser auch eine neue Firma Egon Heuser wählen; diese muß alsdann dem Grundsatz der Firmenwahrheit (oben II 1) entsprechen. Wird das Unternehmen Hansi Meyer Inhaber Egon Heuser erneut übertragen, so kann der Nachfolgezusatz nicht unverändert bleiben, da er zur Irreführung führt (OLG Hamm DB 85, 2555; vgl. auch zu einer abgeleiteten Firma mit Zusatz „und Sohn“: BGH ZIP 85, 280).

d) Auch im Falle der *Firmenfortführung sollen keine irreführenden Firmenzusätze* verwandt werden. Wird eine Firma von einer GmbH fortgeführt, so muß der Zusatz GmbH aufgenommen werden. Tritt sie in eine KG als Komplementärin ein, so muß der Zusatz GmbH & Co erscheinen. Wird Dr. Meyers Sex Shop von Amanda Ludwig übernommen, so muß der Dr.-Titel wegfallen (vgl. EWiR § 3 UWG 4/88).[2] Zulässig wäre aber eine Firma Dr. Meyers Sex Shop Nachf. zu führen.

e) Nicht weitergeführt werden darf eine Unternehmensbezeichnung im Falle des Inhaberwechsels (BayObLG EWiR § 22 HGB 1/88).

**3. Firmenausschließlichkeit.** a) Der Grundsatz besagt, daß die gewählte Firma sich von allen an demselben Ort oder in derselben Gemeinde bereits bestehenden und in das Handelsregister oder in das Genossenschaftsregister eingetragenen Firmen *deutlich unterscheiden* muß (§ 30 Abs. 1 HGB). Eine deutliche Unterscheidung ist dann gegeben, wenn keine Verwechslungsgefahr besteht (vgl. BayObLG NJW 88, 2480).

---

[2] Riegger, Der Doktor-Titel in der Firma der GmbH, DB 84 S. 441).

b) Hat ein Kaufmann den *gleichen Vor- und Zunamen* wie ein bereits eingetragener Kaufmann, so muß er seiner Firma einen Zusatz beifügen. Ist ein Kaufmann Hansi Meier bereits eingetragen, so muß der 2. Hansi Meier etwa firmieren „Kindermoden Hansi Meier“. Bestehen sie jahrelang unbeanstandet nebeneinander, so kann der prioritätsältere Firmeninhaber nicht mehr gegen den anderen vorgehen (BGH v. 22. 11. 1984 – IZR 101/82 – EWiR HGB § 17 1/85).

**4. Firmeneinheit.** a) Der Grundsatz besagt, daß für ein und dasselbe Unternehmen nur *eine Firma* geführt werden darf. Er wird abgeleitet aus dem Grundsatz der Firmenwahrheit. Durch ihn sollen Täuschungen im Rechtsverkehr verhindert werden.

b) Gleichwohl kann ein *Einzelkaufmann* auch mehrere Firmen führen. Dies ist z. B. dann der Fall, wenn er bereits ein Unternehmen unter einer Firma führt. Erwirbt er alsdann ein zweites Unternehmen, so darf er nach § 22 HGB die Firma weiterführen. Dagegen muß er eine einheitliche Firma wählen, wenn er beide Unternehmen nicht mehr getrennt führt, sondern sie vereint. Aber auch dann, wenn der Kaufmann getrennte Firmen führen darf, können die Gläubiger, deren Forderung bei dem ersten Unternehmen begründet worden sind, in das zweite vollstrecken und umgekehrt. Die Firma stellt kein eigenes Rechtssubjekt dar; Rechtsträger ist der Kaufmann unter dem jeweiligen Namen.

c) *Kapitalgesellschaften*, also insbesondere die GmbH, dürfen immer nur eine Firma führen, auch wenn sie mehrere Unternehmen betreiben. Dies rechtfertigt sich daraus, daß andernfalls der Rechtsverkehr über die Höhe des Stammkapitals getäuscht würde.

### III. Firmenöffentlichkeit

**1. Handelsregister.** a) Die Firma muß der Öffentlichkeit *bekanntgemacht* werden. In das Handelsregister sind einzutragen *(1)* Firma und Ort der Niederlassung (§ 29 HGB), *(2)* Änderung der Firma, des Inhabers, die Verlagerung in einen anderen Ort (§ 31 Abs. 1 HGB), *(3)* Konkurseröffnung und Aufhebung des Konkurses (§ 32 HGB), *(4)* das Erlöschen der Firma (§ 34 HGB). Die Eintragung wird abgelehnt, wenn gegen Grundsätze des Firmenrechts verstoßen wird (BayObLG EWiR § 29 HGB 1/88).

b) Grundsätzlich erfolgen die Eintragungen nur auf *Antrag*

(§§ 29, 31, 33, 34 HGB). Ausnahmsweise erfolgen sie auch von Amts wegen (§§ 31 Abs. 2 S. 2, 32 HGB); dies ist vor allem der Fall, wenn die Firma erloschen oder das Unternehmen insolvent geworden ist.

### IV. Firmenschutz

**1. Zwei Wege des Schutzes.** Eine rechtmäßig gebrauchte Firma muß gegen die unbefugte Benutzung durch Dritte geschützt werden. Dies geschieht einmal im Wege des öffentlichen Rechts durch das Registergericht und zum anderen auf Klage des Firmenbenutzers (§ 37 HGB).

**2. Firmenmißbrauchsverfahren.** a) *Voraussetzung* des Firmenmißbrauchsverfahrens ist, daß jemand eine ihm nicht zustehende Firma gebraucht. Dies ist dann der Fall, wenn er gegen die unter II dargestellten Grundsätze beim Firmengebrauch verstößt. Ein Gebrauch liegt bereits und auch dann vor, wenn die Firma in das Handelsregister eingetragen worden ist, die Firma im Rechtsverkehr benutzt wird usw.

b) Das Registergericht wird *von Amts* wegen tätig; jedoch kann der Geschädigte das Verfahren des Registergerichtes anregen. Das Registergericht gibt dem rechtswidrig eine Firma Führenden auf, sich des Gebrauchs der Firma zu enthalten oder die Firmenführung durch Einspruch zu rechtfertigen (§§ 140, 132ff FGG). Erfolgt kein Einspruch, wird ein Ordnungsgeld festgesetzt.

c) Von der Durchführung eines Firmenmißbrauchsverfahrens kann abgesehen werden, wenn ein Unternehmen durch langen Gebrauch einer möglicherweise unzulässigen Firma einen schutzwürdigen Besitzstand an dieser erlangt hat, wenn die Irreführungsgefahr gering ist und demgemäß das öffentliche Interesse die Beseitigung dieser Firma nicht zwingend gebietet (BayObLG EWiR § 18 HGB 2/86).

**3. Unterlassungs- und Schadensersatzanspruch.** a) Nach § 37 Abs. 2 HGB kann derjenige, der in seinen Rechten dadurch verletzt wird, daß ein anderer seine Firma unbefugt gebraucht, von diesem die Unterlassung des Gebrauchs verlangen. Anspruchsberechtigt ist derjenige, der in seinen Rechten verletzt wird; Anspruchsgegner, der unbefugt die Firma gebrauchen will. In seinen Rechten verletzt wird derjenige, in dessen absolute Rechte eingegriffen wird. Absolute Rechte sind z.B. die Firma, der (bürgerliche) Name, Patent- und Warenzeichenrechte usw. Nach wohl richtiger Meinung ist aber auch in seinen Rechten verletzt, wer ein rechtliches oder wirtschaftliches Interesse hat, daß ein Dritter die Firma nicht unberechtigt gebraucht. Das kann z.B. ein Wettbewerber sein (vgl. BGHZ 53, 70). Wird jemand in seinen absoluten Rechten verletzt, so kann er weiter aus unerlaubter Handlung klagen (§ 37 Abs. 2 S. 2 HGB, §§ 12, 823 BGB).

b) Neben dem Unterlassungsanspruch kann bei künftig weiterer Beeinträchtigung ein *Anspruch auf Unterlassung künftiger Beeinträchtigung* gegeben sein oder auf *Schadensersatz* bei eingetretener Schädigung. Ein Schadensersatzanspruch ist z.B. dann gegeben, wenn infolge der Rechtsverletzung Umsatz und Gewinn zurückgegangen sind. Der Anspruch unterliegt der Verjährung (BGH NJW 85, 1023).

## § 23. Unternehmen und Zweigniederlassung

### I. Unternehmen

**1. Unternehmen.** Der Begriff des Unternehmens wird in der Rechtsordnung nicht immer einheitlich verwandt. Er ist daher nach den Besonderheiten des jeweiligen Gesetzes zu bestimmen. Im Handels- und Arbeitsrecht wird unter Unternehmen eine organisatorisch-wirtschaftliche Einheit personeller und sachlicher Mittel verstanden, mit der wirtschaftliche Ziele erreicht werden sollen. Zum Unternehmen gehören mithin der Unternehmer und die Arbeitnehmer, immaterielle Werte, die tatsächlichen Beziehungen, Geschäftsgeheimnisse, Ansehen im Geschäftsleben sowie materielle Werte wie Grundstücke, Einrichtungsgegenstände, Werkzeuge, Maschinen, Waren und Bargeld sowie Rechte wie Forderungen, Patente und Warenzeichenrechte. Das Unternehmen ist kein eigenes Rechtssubjekt; sein Träger ist der Unternehmer, der eine natürliche oder juristische Person sein kann. Ein Unternehmen kann mehrere Niederlassungen haben.

**2. Unternehmer.** Er ist der Inhaber des Unternehmens, also der Eigentümer oder Verfügungsberechtigte über die Grundstücke, Waren, Forderungen oder Rechte.

## II. Niederlassungen

**1. Niederlassungen.** Die Niederlassung eines Handelsunternehmens ist der Ort, von dem das Unternehmen kaufmännisch geleitet und betrieben wird. Ein Unternehmen kann mehrere Niederlassungen haben; zu unterscheiden sind Haupt- und Zweigniederlassungen.

**2. Hauptniederlassung.** a) Sie ist der *Mittelpunkt des gesamten Unternehmens,* von dem das Unternehmen verwaltet und geleitet wird. Welche Niederlassung der Unternehmer zur Hauptniederlassung bestimmt, steht in seinem Ermessen.

b) Die Hauptniederlassung eines Unternehmens hat im Rechtsverkehr erhebliche *Bedeutung: (1)* Grundsätzlich sind am Sitz der Hauptniederlassung alle Handelsregisteranmeldungen (oben § 21) vorzunehmen (§ 13a HGB); *(2)* der Sitz der Hauptniederlassung ist regelmäßig Erfüllungsort für die Schulden des Unternehmers bzw. für die von ihm zu erbringenden Leistungen (§§ 269 Abs. 2, 270 Abs. 2 BGB); *(3)* der Unternehmer kann regelmäßig am Sitz der Hauptniederlassung verklagt werden (§§ 17, 21 ZPO).

**3. Zweigniederlassung.** a) Die *Zweigniederlassung* (Zweiggeschäft, Filiale) ist ein Teil des Unternehmens, das räumlich von der Hauptniederlassung getrennt ist und eine gewisse Selbständigkeit besitzt. Da die Zweigniederlassung ein Teil des Unternehmens ist, müssen grundsätzlich der Geschäftsgegenstand von Haupt- und Zweigniederlassung identisch sein. Betreibt ein Unternehmer eine Bank und eine Brauerei, so liegen zwei Unternehmen vor. Eine dauernde, räumliche Trennung kann auch am selben Ort bestehen. Dagegen reicht eine vorübergehende Einrichtung, etwa während der Dauer einer Messe, nicht aus, um eine Zweigniederlassung zu begründen. Schließlich liegt nur dann eine Zweigniederlassung vor, wenn sie eine gewisse organisatorische Selbständigkeit hat; eine solche ist gegeben, wenn ihr Leiter die Befugnis hat, nach außen aufzutreten, ähnliche Einrichtungen wie bei der Hauptniederlassung bestehen (selbständige Bankkonten, gesonderte Buchführung usw.). Dagegen liegt keine organisatorische Selbständigkeit vor, wenn von der Einrichtung nur Handelsgeschäfte ausgeführt werden, wenn also nur Warenlieferungen erfolgen, angelieferte Brötchen (Kaltbäckerei) verkauft werden usw.

b) Die Zweigniederlassung hat vor allem *Bedeutung (1)* für Erfüllungsort und Gerichtsstand der sich auf die Zweigniederlassung beziehenden Geschäfte, *(2)* für die Beschränkung der Vertretungsmacht eines Prokuristen oder eines persönlich haftenden Gesellschafters (§§ 50 Abs. 3, 126 Abs. 3 HGB), *(3)* Eintragungen zum Handelsregister (§§ 13ff HGB), *(4)* Publizitätswirkungen des Handelsregisters (§ 15 Abs. 4 HGB).

**4. Inländische Zweigniederlassung.** Befindet sich die Hauptniederlassung eines Unternehmens im Ausland, so haben alle eine inländische Zweigniederlassung betreffenden Anmeldungen, Zeichnungen, Einreichungen und Eintragungen beim Amtsgericht am Sitz der Zweigniederlassung zu erfolgen. Die Rechtsfähigkeit richtet sich nach dem Sitz der Hauptniederlassung (BayObLG EWiR HGB § 13b 1/85).

## § 24. Der Kaufmann und seine Helfer

### I. Kaufmännische Angestellte

**1. Handlungsgehilfe.** a) *Kaufmännischer Angestellter* (vom Gesetz als Handlungsgehilfe bezeichnet) ist, wer im Handelsgewerbe kaufmännische Dienste leistet (§ 59 HGB). Für den Handlungsgehilfen gilt Arbeitsrecht (vgl. Schaub, Arbeitsrecht von A-Z, 12. Aufl., 1988; ders. Meine Rechte und Pflichten als Arbeitnehmer, 4. Aufl., 1988 § 13).

b) *Während* des Bestandes *des Arbeitsverhältnisses* ist der kaufmännische Angestellte verpflichtet, sich des *Wettbewerbes* zum Nachteil seines Prinzipals zu enthalten. Verstößt der Angestellte gegen das Wettbewerbsverbot, so kann er von seinem Arbeitgeber auf Unterlassung, Schadensersatz und nach Eintritt des Prinzipals in das Geschäft zur Herausgabe des Geschäftsgewinns herangezogen werden (§§ 60, 61 HGB). Außerdem kann der Arbeitgeber das Arbeitsverhältnis ordentlich, u. U. sogar außerordentlich kündigen (Schaub, Arbeitsrecht von A-Z, 12. Aufl. 1988, Stichwort: Wettbewerbsverbot; ders. Meine Rechte und Pflichten als Arbeitnehmer, 4. Aufl., 1988 § 44).

c) Nach *Beendigung des Arbeitsverhältnisses* ist der kaufm. Angestellte nur dann zur Wettbewerbsenthaltung verpflichtet, wenn ein *besonderes Wettbewerbsverbot* abgeschlossen wird (§§ 74ff.

HGB). Ein Wettbewerbsverbot nach Beendigung des Arbeitsverhältnisses ist nur wirksam, wenn *(1)* es schriftlich vereinbart und die vom Arbeitgeber unterzeichnete Urkunde dem Angestellten ausgehändigt wird, *(2)* nicht länger als zwei Jahre dauert, *(3)* der Handlungsgehilfe für die Dauer des Verbots eine Entschädigung erhält, die für jedes Jahr mindestens die Hälfte der zuletzt bezogenen vertragsmäßigen Leistungen ausmacht, *(4)* den berechtigten Interessen des Arbeitgebers dient und *(5)* das Fortkommen des Handlungsgehilfen nicht unbillig erschwert. Die Vorschriften für das nachvertragliche Wettbewerbsverbots gelten für die übrigen Arbeitnehmer entsprechend. Einzelh. bei Schaub, Arbeitsrecht von A-Z, 12. Aufl. 1988, Stichwort: Wettbewerbsverbot.

*d)* Der Abschluß eines Wettbewerbsverbotes ist wegen der erwachsenden wirtschaftlichen Belastungen nur noch in Ausnahmefällen sinnvoll.

**2. Muster eines Wettbewerbsverbotes:**

Zwischen der Firma .............
und dem Arbeitnehmer .............
wird nachfolgendes Wettbewerbsverbot geschlossen.

§ 1

I. Der Arbeitnehmer verpflichtet sich, für die Dauer von ....... *(höchstens zwei Jahre)* ....... nach Beendigung des Arbeitsverhältnisses weder ein Arbeitsverhältnis zu einem mit der Firma in Wettbewerb stehenden Unternehmen zu begründen noch ein Wettbewerbsunternehmen zu errichten oder sich an einem solchen zu beteiligen.

II. Das Wettbewerbsverbot erstreckt sich räumlich auf das Gebiet der .............

*oder*

§ 1

I. Der Arbeitnehmer verpflichtet sich für die Dauer von ............. nach Beendigung des Arbeitsverhältnisses, für kein Unternehmen auf Bereichen tätig zu sein, die nachstehend aufgezählt sind: ............. Verboten ist jede selbständige oder unselbständige Betätigung.

II. Das Wettbewerbsverbot erstreckt sich auf das Gebiet der .............

§ 2

I. Die Firma verpflichtet sich, dem Arbeitnehmer für die Dauer des Wettbewerbsverbots eine Entschädigung in Höhe der Hälfte der zuletzt bezogenen Bezüge zu zahlen.

II. Die Karenzentschädigung wird fällig am Schluß eines jeden Monats.

§ 3

I. Auf die Karenzentschädigung wird alles angerechnet, was der Arbeitnehmer durch anderweitige Verwertung seiner Arbeitskraft erwirbt oder zu erwerben böswillig unterläßt, sofern der Verdienst und die Entschädigung zusammengerechnet mehr als 1/10, bei Verlegung des Wohnsitzes an einen anderen Ort 1/4 der bisherigen Bezüge übersteigen.

II. Der Arbeitnehmer verpflichtet sich, während der Dauer des Wettbewerbsverbots auf Verlangen Auskunft über die Höhe seiner Bezüge zu geben und die Anschrift seines jeweiligen Arbeitgebers mitzuteilen. Am Schluß eines Kalenderjahres ist er verpflichtet, seine Lohnsteuerkarte vorzulegen.

§ 4

Der Arbeitnehmer hat für jeden Fall der Zuwiderhandlung gegen das Wettbewerbsverbot eine Vertragsstrafe von .............. DM zu bezahlen. Im Fall eines Dauerverstoßes (Tätigkeit für ein Konkurrenzunternehmen von länger als 1 Monat) ist die Vertragsstrafe für jeden angefangenen Monat neu verwirkt, in ihrer Höhe aber auf .............. DM begrenzt.

§ 5

Im übrigen gelten die Vorschriften des HGB.

§ 6

Der Arbeitnehmer bekennt, ein rechtsverbindlich unterzeichnetes Exemplar dieser Vereinbarung erhalten zu haben.

## II. Vertretung des Kaufmanns

**1. Vertretung.** Jeder Kaufmann bestimmt, ob, wann und in welchem Umfang er sich durch Angestellte vertreten läßt.

**2. Ladenangestellter.** Kein Handelsgewerbe kommt ohne bestimmte typisierte Vollmachten aus. Insoweit bestehen die Prokura und die Handlungsvollmacht. Aber selbst bei einem einfachen Einkauf in einem Ladengeschäft muß gewährleistet sein, daß der Kunde nur an den Berechtigten zahlt. Nach § 56 HGB gilt der Ladenangestellte als ermächtigt zu Verkäufen und Empfangnahmen, die in einem derartigen Laden oder Warenlager gewöhnlich geschehen. Es wird also ohne besondere Vollmachtserteilung das Bestehen einer Vollmacht fingiert. Nach h. M. kann der Kaufmann jedoch den Rechtsschein dieser Fiktion zerstören, wenn er im Laden Schilder aufhängt „Zahlung nur an der Kasse" und dergl. mehr. § 56 HGB ist nicht entsprechend anwendbar auf Ankäufe, z. B. auf den Ankauf von Gebrauchtwagen in einem Autogeschäft (BGH NJW 88, 2109).

## III. Typisierte kaufmännische Vollmachten

**1. Prokura.**[1] Die Prokura hat einen *gesetzlich umschriebenen Inhalt*. Sie berechtigt zu allen gerichtlichen und außergerichtlichen Geschäften und Rechtshandlungen, die der Betrieb eines Handelsgewerbes mit sich bringt (§ 49 Abs. 1 HGB). Zur Veräußerung und Belastung von Grundstücken ist der Prokurist jedoch nur ermächtigt, wenn ihm diese Befugnis besonders erteilt ist (§ 49 Abs. 2 HGB). Die Prokura wird nicht vom Zuschnitt des konkreten Unternehmens bestimmt, sondern bezieht sich auf alle Arten von Rechtsgeschäften im Rahmen eines Handelsgewerbes. Der Prokurist kann mithin kaufen und verkaufen, Personalentscheidungen treffen, Forderungen einziehen, Prozesse führen, selbst ungewöhnliche Geschäfte abschließen. Gleichwohl ist auch die Prokura nicht schrankenlos. Die Vertretung ist ausgeschlossen bei *(a)* Anmeldung und Zeichnung der Firma zum Handelsregister, *(b)* der Unterzeichnung der Bilanzen, *(c)* Erteilung der Prokura gegenüber einem anderen Angestellten, *(d)* der Abwicklung von Privatgeschäften des Arbeitgebers, *(e)* Veräußerung des Geschäftes, *(f)* dem Antrag auf Konkurseröffnung, *(g)* Veräußerung und Belastung von Grundstücken, soweit nicht besonders bevollmächtigt.

Unabhängig von der Rechtsmacht der Prokura im Außenverhältnis ist der Prokurist gehalten, den Weisungen seines Arbeitgebers zu folgen. Überschreitet er seine Weisungen, so wird dadurch die Rechtswirksamkeit des Geschäftes grundsätzlich nicht berührt.

b) Die Prokura wird durch ausdrückliche Erklärung gegenüber dem Prokuristen *erteilt* (§ 48 Abs. 1 HGB). Sie ist von dem Inhaber des Handelsgeschäftes zur Eintragung in das Handelsregister anzumelden (§ 53 Abs. 1 S. 1 HGB). Die Eintragung in das Handelsregister muß der Arbeitgeber gegen sich gelten lassen, auch wenn die Prokuraerteilung nicht erfolgt oder mit Rechtsfehlern behaftet ist (§ 15 HGB).

Die Prokura kann als *Einzel-*, aber auch als *Gesamtprokura* erteilt werden (§ 48 Abs. 2 HGB). Bei einer Gesamtprokura können nur mehrere Prokuristen zusammen oder ein Prokurist zusammen mit einem gesetzlichen Vertreter das Unternehmen ver-

[1] Hofmann, Der Prokurist, 5. Aufl.., 1986.

treten. Ferner kann die Prokura auf den Geschäftsbereich einer Zweigniederlassung (BGH ZIP 88, 702 = BB 88, 1065) beschränkt werden (Filialprokura).

c) Muster der Anmeldung einer Prokura.

An das Amtsgericht
Registergericht
Betrifft: Abteilung A Nr. . . . . . .
Firma . . . . . .
Zur Eintragung in das Handelsregister wird angemeldet:
Ich habe Herrn/Frau/Fräulein . . . . . . . . . . . . .
kfm. Angestellte(r) in . . . . . . . . . . . . . Einzelprokura/Gesamtprokura mit einem weiteren Prokuristen erteilt.
Der Prokurist ist zur Veräußerung und Belastung von Grundstücken befugt/nicht befugt.
Der Prokurist zeichnet die Firma und seine Unterschrift wie folgt:
Gez. Firma . . . . . . . . . . . . .
ppa . . . . . . . . . . . . .
Den Betriebsvermögenswert gebe ich gesondert an . . . . . . . . . . . . .
. . . . . . . . . . . . . den . . . . . . . . . . . . . 19. . . . . .
Firma . . . . . . . . . . . . .
Beglaubigungsvermerk des Notars.

Nach dem Vermögenswert richten sich die Gebühren. Da die Anmeldung in einem Aktenband gesammelt wird, in den jedermann Einsicht nehmen kann, wird der Vermögenswert gesondert angegeben, damit dieser nicht in die Öffentlichkeit dringt.

d) Die Prokura kann jederzeit *widerrufen* werden (§ 52 Abs. 1 HGB). Denkbar ist allerdings, daß sich der Unternehmer gegenüber dem Arbeitnehmer zur Erteilung der Prokura verpflichtet hat. Auch dann ist der Widerruf der Prokura handelsrechtlich wirksam. Indes kann der Unternehmer im Innenverhältnis dem Arbeitnehmer schadensersatzpflichtig werden, wenn er die Prokura widerruft (BAG AP Nr. 1 zu § 52 HGB = NJW 87, 862). Der Arbeitnehmer erlangt andererseits das Recht zur ordentlichen oder außerordentlichen Kündigung.

Die Prokura erlischt ferner, wenn *(a)* der Arbeitnehmer aus dem Betrieb ausscheidet, *(b)* der Betrieb eingestellt oder veräußert wird, *(c)* der Geschäftsinhaber in Konkurs fällt, *(d)* er die Kaufmannseigenschaft verliert.

e) Der Prokurist *unterzeichnet* regelmäßig „ppa" unter Hinzufügung seines Namens. Er kann aber auch nur mit der Firma oder seinem eigenen Namen unterschreiben, wenn deutlich wird, daß er für die Firma handelt.

**2. Handlungsvollmacht.** a) Der Kaufmann kann einem Arbeitnehmer Handlungsvollmacht *erteilen.* Die Handlungsvollmacht wird ausdrücklich oder konkludent gegenüber dem Arbeitnehmer erteilt. Ihren Inhalt und Umfang bestimmt der Kaufmann. Regelmäßig wird unterschieden zwischen *(a)* der Generalvollmacht; sie bezieht sich auf alle Geschäfte, die in dieser Branche üblich sind, *(b)* die Art-Handlungsvollmacht; sie ermächtigt zu bestimmten Geschäften, z.B. Einkauf, Verkauf, Kassenverwaltung, Transportwesen usw., *(c)* Spezialhandlungsvollmacht. Sie bezieht sich auf konkrete Geschäfte, z.B. das Speditionswesen eines Unternehmens.

Die Handlungsvollmacht deckt keine außergewöhnlichen Geschäfte, die Veräußerung und Belastung von Grundstücken, Eingehung von Wechselverbindlichkeiten, Aufnahme von Darlehen und Prozeßführung, es sei denn, daß insoweit eine ausdrückliche Ermächtigung des Arbeitgebers vorliegt.

b) Die Handlungsvollmacht wird *nicht* in das Handelsregister *eingetragen.* Sie muß mithin auf andere Weise nachgewiesen werden. Regelmäßig muß sich der Handlungsbevollmächtigte durch seine Vollmachtsurkunde ausweisen.

c) Im Schriftverkehr *unterzeichnet* der Handlungsbevollmächtigte regelmäßig mit dem Firmennamen und seinem eigenen Namen, dem i.V. oder i.A. vorausgesetzt wird.

## IV. Die Vertriebsformen des Handels

**1. Handlungsreisende.** Der Warenabsatz im Handel kann durch eigene Angestellte, die sog. Handlungsreisenden erfolgen, die gegen festes Gehalt und/oder Provision beschäftigt werden können. Auf sie findet Arbeitsrecht in vollem Umfang Anwendung (hierzu Schaub, Arbeitsrecht von A-Z, 12. Aufl. 1988, Stichwort Provision; ders., Meine Rechte und Pflichten als Arbeitnehmer, 4. Aufl., 1988, § 22). Der Kaufmann kann sich aber auch häufig wirkungsvoller und mit einer geringeren Kostenlast der Hilfe selbständiger Gewerbetreibender bedienen. Hierzu gehört das Handelsvertreter- und das Franchise-System.

**2. Handelsvertreter**[1]. a) Der Handelsvertreter ist *selbständiger Gewerbetreibender,* der im wesentlichen seine Tätigkeit frei gestalten und seine Arbeitszeit frei bestimmen kann (§ 84 HGB). Der Handelsvertreter muß sein Gewerbe selbst anmelden (§§ 4, 10); er ist Mußkaufmann (oben § 19 I, II). Er kann jedoch Minderkaufmann sein, wenn sein Geschäftsbetrieb keiner kaufmännischen Einrichtung bedarf (oben § 20). Das Berufsbild des Handelsvertreters ist vielgestaltig; es reicht vom Warenvertreter, der sich mit dem Absatz oder der Vermittlung von Warengeschäften befaßt, bis zum Versicherungsvertreter. Der Handelsvertreter schließt regelmäßig mit seinem Auftraggeber einen auf Geschäftsbesorgung gerichteten Dienstvertrag (§§ 611, 675 BGB). Im übrigen sind seine Rechtsverhältnisse in §§ 84 ff HGB geregelt. Dies sind zumeist Schutzvorschriften für den Handelsvertreter, die zu seinem Nachteil nicht abbedungen werden können.

b) Die *gegenseitigen Rechte und Pflichten* aus dem Handelsvertreterverhältnis ergeben sich aus dem Vertretervertrag, soweit nicht zwingende Gesetzesvorschriften entgegenstehen. Der Abschluß des Vertrages kann formlos erfolgen; jedoch hat jede Partei gegen die andere einen Anspruch auf schriftliche Niederlegung (§ 85 HGB). Zweckmäßig wird ein Vertretervertrag aus Gründen der Beweissicherung von vornherein schriftlich abgeschlossen.

c) *Muster* eines einfachen Vertretervertrages:

§ 1 Vertragsschluß

Zwischen der Firma und dem Handelsvertreter wird nachfolgender Vertrag abgeschlossen:

I. Die Firma ....... bestellt den Handelsvertreter für den Bezirk ....... zum Vermittlungs/Bezirksvertreter.

II. Die Firma darf auch bei Bestellung des Handelsvertreters zum Bezirksvertreter in dessen Bezirk tätig werden.

III. Die Handelsvertretung bezieht sich auf alle Produkte der Firma.

§ 2 Pflichten des Handelsvertreters

I. Der Handelsvertreter hat seine Dienste persönlich zu leisten.

II. Der Handelsvertreter hat für die Firma Geschäfte zu vermitteln. Er hat (keine) Vollmacht zum Abschluß der Geschäfte.

---

[1] Neben den Kommentaren zum HGB bei § 19 vgl.: Stötter, Handelsvertreterrecht, Rechtsberater im dtv., 3. Aufl. 1985; Stötter/Lindner/Karrer, Die Provision und ihre Abrechnung, 2. Aufl., 1980; mehrbändig: Küstner, Handbuch des gesamten Außendienstrechts, 1979–1985.

III. Der Handelsvertreter hat die Geschäftsbeziehungen mit den Kunden der Firma und solchen Personen, die als Kunden in Betracht kommen können, zu pflegen, sie regelmäßig zu besuchen und seine Pflichten mit der Sorgfalt eines ordentlichen Kaufmanns wahrzunehmen.

IV. Der Handelsvertreter hat über die Geschäftsbeziehungen laufend zu berichten; hierzu gehören insbesondere Berichte über Geschäftsvermittlungen und Abschlüsse, Beobachtungen über die Bonität der Kunden und evtl. Veränderungen im Kundenkreis, sowie die geschäftlichen Kontakte der Konkurrenzunternehmen.

V. Der Handelsvertreter darf keine Geschäfte für Konkurrenzunternehmen wahrnehmen und hat über Geschäftsgeheimnisse während der Dauer des Vertrages und nach seiner Beendigung Stillschweigen zu bewahren.

§ 3 Pflichten der Firma

I. Die Firma hat den Handelsvertreter bei seiner Tätigkeit zu unterstützen und ihm die benötigten Unterlagen zur Verfügung zu stellen.

II. Die Firma hat den Handelsvertreter über alle Umstände zu informieren, die für die beabsichtigten Geschäfte wesentlich sind. Sie hat ihm jeweils mitzuteilen, ob sie Geschäfte annehmen oder ablehnen oder voraussichtlich nur noch in geringerem Umfang annehmen kann oder will.

III. Die Firma wird den Handelsvertreter über ihre geschäftlichen Handlungen in seinem Bezirk unterrichten und die Geschäftskorrespondenz in Kopie vorlegen.

§ 4 Provision

I. Der Handelsvertreter erhält zur Abgeltung seiner Tätigkeit für alle Geschäfte, die er in seinem Bezirk vermittelt oder mit Einwilligung der Firma abschließt eine Provision. Die Provision beträgt .......% vom Rechnungsnettobetrag abzüglich aller von der Firma gewährten oder vom Kunden in Anspruch genommenen Nachlässe.

II. Der Handelsvertreter hat keinen Anspruch auf Provision, wenn und soweit feststeht, daß der Kunde der Firma keine Zahlung leistet. Bereits geleistete Zahlungen sind zu erstatten.

III. Die Provision wird ¼jährlich abgerechnet und bezahlt. Der Handelsvertreter erhält monatlich einen Vorschuß auf die Provision in Höhe von .......

IV. Der Handelsvertreter hat keinen Anspruch auf Erstattung von Auslagen (Fahrtkosten, Porto, Fernsprech- und Telexgebühren).

§ 5 Dauer und Kündigung des Vertrages (zu §§ 5 bis 8 vgl. Schaub, meine Rechte und Pflichten als Arbeitnehmer, 4. Aufl., 1988, § 5 IV).

§ 6 Teilunwirksamkeit des Vertrages

§ 7 Vertragsänderungen

§ 8 Gerichtsstand und Erfüllungsort.

d) Der Handelsvertreter hat seine Pflichten mit der Sorgfalt eines ordentlichen Kaufmanns wahrzunehmen, er hat sich um die Vermittlung oder den Abschluß von Geschäften zu bemühen und dabei das Interesse des Unternehmers wahrzunehmen (§ 86 Abs. 1 HGB). Eine Abschlußvollmacht hat er nur dann, wenn sie ihm ausdrücklich erteilt ist. Der Handelsvertreter hat im Interesse des Unternehmers den Markt zu beobachten, den Kontakt zu Kunden zu halten, deren Kreditwürdigkeit zu prüfen und den Unternehmer von jeder Geschäftsvermittlung und jedem Geschäftsabschluß unverzüglich zu unterrichten (§ 86 Abs. 2 HGB). Der Handelsvertreter ist verpflichtet, den Weisungen des Unternehmers im Hinblick auf die zu vermittelnden oder abzuschließenden Geschäfte zu folgen. Während des Bestandes des Handelsvertreterverhältnisses ist er zur Wettbewerbsenthaltung verpflichtet. Eine Vereinbarung, die den Handelsvertreter nach Beendigung des Vertragsverhältnisses in seiner gewerblichen Tätigkeit beschränkt, bedarf der Schriftform und der Aushändigung einer vom Unternehmer unterzeichneten, die vereinbarten Bestimmungen enthaltenden Urkunde (§ 90a HGB). Über Geschäfts- und Betriebsgeheimnisse ist der Handelsvertreter während und nach Beendigung des Vertreterverhältnisses zur Verschwiegenheit verpflichtet (§ 90 HGB).

e) Der *Unternehmer* hat dem Handelsvertreter die erforderlichen Unterlagen (Muster, Zeichnungen, Preislisten, Werbedrucksachen, Geschäftsbedingungen) zur Verfügung zu stellen, damit dieser erfolgreich arbeiten kann (§ 86a Abs. 1 HGB). Er hat ihn unverzüglich über die Annahme oder Ablehnung des vermittelten Geschäftes zu unterrichten (§ 86a Abs. 2 HGB). Auch wenn er sich der Hilfe eines Handelsvertreters bedient, steht es ihm frei, ob er mit dem vermittelten Kunden ein Geschäft abschließen will. Indes kann er sich gegenüber dem Handelsvertreter schadensersatzpflichtig machen, wenn er keine Geschäfte abschließt.

Die Hauptpflicht des Unternehmers besteht in der Zahlung der Provision für die vermittelten oder abgeschlossenen Geschäfte. Im allgemeinen werden folgende Provisionsarten unterschieden:

*a)* Abschlußprovision; der Vertreter erhält Provision für jedes Geschäft, das auf seine Tätigkeit zurückzuführen ist; *b)* Bezirksprovision; der Vertreter erhält Provision für alle Geschäfte, die mit Kunden eines bestimmten Bezirkes abgeschlossen werden; *c)*

Delkredereprovision; sie wird gezahlt, wenn der Vertreter auch noch für die Zahlungsfähigkeit eines Kunden einstehen soll; *d)* Inkasso-Provision; sie wird fällig, wenn der Handelsvertreter Forderungen des Unternehmers einzieht.

Ferner wird Hauptvertretern, die mehrere Untervertreter beschäftigen, noch die Superprovision gezahlt. Das Provisionsrecht ist außerordentlich schwierig und verwickelt. Insoweit muß aus Raumgründen auf Schaub, Arbeitsrecht von A-Z, 12. Aufl. 1988, Stichwort Provision verwiesen werden.

f) Das Handelsvertreterverhältnis kann, wenn es auf unbestimmte Zeit abgeschlossen ist, in den ersten drei Vertragsjahren mit einer Frist von sechs Wochen zum Quartalsschluß *gekündigt* werden (§ 89 HGB). Vertraglich kann die Abkürzung der Kündigungsfrist auf einen Monat zum Monatsschluß vereinbart werden. Besteht das Handelsvertreterverhältnis mehr als drei Jahre, so verlängert sich die Kündigungsfrist auf mindestens drei Monate zum Schluß eines Kalendervierteljahres (§ 89 Abs. 2 HGB). Die Kündigungsfristen müssen für beide Parteien gleich lang sein. Der Handelsvertreter genießt gegen die Kündigung des Unternehmers keinen besonderen Kündigungsschutz.

Das Handelsvertreterverhältnis kann von beiden Seiten außerordentlich gekündigt werden, wenn hierfür ein wichtiger Grund besteht (§ 89a HGB). Ein wichtiger Grund ist dann gegeben, wenn Tatsachen vorliegen, aufgrund derer dem Kündigenden unter Berücksichtigung aller Umstände des Einzelfalles und unter Abwägung der Interessen beider Vertragsteile die Fortsetzung des Dienstverhältnisses bis zum Ablauf der Kündigungsfrist oder bis zu der vereinbarten Beendigung des Dienstverhältnisses nicht zugemutet werden kann (vgl. auch Schaub, Arbeitsrecht von A-Z, 12. Aufl. 1988, Stichwort Kündigung, unter III).

g) Wird das Handelsvertreterverhältnis *beendet,* so kann der Unternehmer die von dem Handelsvertreter angebahnten Geschäftsbeziehungen weiter ausnutzen, ohne daß er dafür Provision zahlen müßte. Zum Ausgleich räumt § 89b HGB dem Handelsvertreter den sog. *Ausgleichsanspruch* ein. Der Unternehmer muß dem Handelsvertreter eine besondere Vergütung zahlen, wenn er aus der Geschäftsverbindung mit neuen Kunden, die der Handelsvertreter geworben hat, auch nach Beendigung des Vertragsverhältnisses erhebliche Vorteile hat, der Handelsvertreter infolge der Vertragsauflösung Provisionsansprüche verliert und die Zahlung des Ausgleiches unter Berücksichtigung aller Umstände der Billigkeit entspricht. Bei der Gesamtabwägung werden die Umstände der Vertragsbeendigung (Unfall, Tod), besondere Leistungen des Unternehmers (Altersversorgung) oder die Vertragsdauer berücksichtigt. Der Ausgleichsanspruch entfällt, wenn der Handelsvertreter das Vertragsverhältnis selbst gekündigt hat, es sei denn, daß er aus dem Verhalten des Unternehmers hierzu begründeten Anlaß hat oder dem Handelsvertreter eine Fortsetzung seiner Tätigkeit wegen seines Alters oder wegen Krankheit nicht zugemutet werden kann. Er entfällt ferner, wenn der Unternehmer das Vertragsverhältnis gekündigt hat und für die Kündigung ein wichtiger Grund wegen schuldhaften Verhaltens des Handelsvertreters vorlag. Dies ist z.B. der Fall, wenn der Handelsvertreter die Kunden vernachlässigt hat und hierdurch der Umsatz zurückgegangen ist. Die Höhe des Ausgleichsanspruches ist nur schlecht kalkulierbar. Sie muß angemessen sein. Im übrigen bestimmt das HGB nur einen Höchstbetrag; der Ausgleich beträgt höchstens eine nach dem Durchschnitt der letzten fünf Jahre der Tätigkeit des Handelsvertreters berechnete Jahresprovision oder sonstige Jahresvergütung (§ 89b Abs. 2 HGB). Der Anspruch auf Ausgleich ist nicht im voraus abdingbar. Er muß spätestens innerhalb von drei Monaten seit Vertragsende geltend gemacht werden (§ 89b Abs. 4 HGB).

h) Auch mit einem Handelsvertreter kann für die Zeit nach Beendigung des Vertragsverhältnisses ein *Wettbewerbsverbot* vereinbart werden (§ 90a HGB). Die Vereinbarung muß schriftlich getroffen und vom Unternehmer dem Handelsvertreter ausgehändigt werden. Das Wettbewerbsverbot ist unverbindlich, soweit es die Dauer von zwei Jahren übersteigt. Der Unternehmer ist verpflichtet eine angemessene Entschädigung zu zahlen. Der Anspruch auf Entschädigung entfällt nach Ablauf von sechs Monaten, wenn der Unternehmer bis zum Ende des Vertrages schriftlich auf die Wettbewerbsbeschränkungen verzichtet. Das gleiche gilt, wenn der Unternehmer das Vertragsverhältnis aus wichtigem Grund wegen schuldhaften Verhaltens des Handelsvertreters kündigt. Andererseits kann sich der Handelsvertreter durch schriftliche Erklärung innerhalb eines Monats vom Wettbewerbsverbot lösen, wenn er berechtigt das Handelsvertreterverhältnis aus wichtigem Grund kündigt.

**3. Franchise.** a) Das Franchise-System ist ein besonderes Waren- oder Dienstleistungs-Vertriebssystem das dem Vertragshändlersystem ähnlich ist.

b) Der *Franchise-Vertrag* ist ein Vertrag zur Begründung eines Dauerschuldverhältnisses, aufgrund dessen der Franchisegeber dem Franchisenehmer gegen Entgelt das Recht gewährt, bestimmte Waren und/oder Dienstleistungen unter Verwendung von Namen, Warenzeichen, Ausstattung oder sonstigen Schutzrechten sowie der technischen und gewerblichen Erfahrungen des Franchisegebers und unter Beachtung seiner Organisation zu vertreiben, wobei dem Franchisegeber dem Franchisenehmer gegenüber Beistand, Rat und Schulungspflichten obliegen sowie eine Kontrolle über den Geschäftsbetrieb eingeräumt wird (BGH BB 79, 325). Der Franchisenehmer schuldet dagegen regelmäßig einen Prozentsatz seines Erlöses als Vergütung. Charakteristisch für den Franchise-Vertrag ist, daß der Franchisenehmer rechtlich selbständig ist. Gleichwohl können die Bindungen so stark werden, daß die Schwelle zum Arbeitnehmer überschritten wird. Dies gilt insbesondere dann, wenn ein einzelner Dienste eines Franchisenehmers übernimmt und ihm Vorschriften im Hinblick auf Arbeitszeit und Arbeitsort gemacht werden.

# Abschnitt VII. Die Gesellschaften

## § 25. Charakteristische Merkmale der einzelnen Gesellschaftsformen in der Übersicht[1]

### I. Auswahl der zweckmäßigen Gesellschaftsform

1. Die **Auswahl** der zweckmäßigen Gesellschaftsform kann nur nach Abwägung aller wesentlichen Merkmale der Gesellschaftsformen erfolgen. Es ist wenig sinnvoll, eine Gesellschaftsform nur zu wählen, weil sie besondere steuerrechtliche oder haftungsrechtliche Vorteile verspricht. Soll ein Unternehmen sinnvoll arbeiten, müssen die gesellschaftsrechtlichen Voraussetzungen für

[1] Koch, Die Entwicklung des Gesellschaftsrechts in den Jahren 1984/85, NJW 86, 1651.

das Zusammenwirken der Gesellschafter und hinreichende betriebswirtschaftliche Daten geschaffen werden.

2. Im allgemeinen ist die **Gründung der Personengesellschaften** (GbR, oHG, KG) einfacher, erfordert einen geringeren Kapitalbedarf, ist deren Geschäftsführung auf einen oder mehrere Inhaber zugeschnitten, lassen sich günstige Nachfolgeregelungen finden und ist die Kreditbeschaffung leichter. Andererseits ist eine Haftungsbeschränkung der einzelnen Gesellschafter mit Ausnahme bei der KG ausgeschlossen. Die KG kann als einzige Personengesellschaft verhältnismäßig kapitalistisch ausgestaltet werden.

3. Bei den **Kapitalgesellschaften** (AG, GmbH, GmbH & Co KG) ist schon bei der Gründung ein verhältnismäßig hoher Kapitalbedarf erforderlich. Andererseits ist die Haftung auf die Einlage der Gesellschafter beschränkt. Die steuerrechtliche Belastung ist verhältnismäßig hoch.

## II. Die Personengesellschaften (GbR, oHG, KG)

**1. Die Vorteile der Personengesellschaften.** a) Zu den allgemeinen Vorteilen werden gezählt: Die zweckmäßige Gestaltung oder gestaltbare Form der Geschäftsführungs- und Vertretungsbefugnis, die ganz auf den Inhaber zugeschnitten werden kann, günstige testamentarische Nachfolgeregelungen und einfache Gründungsmöglichkeiten.

b) Zu den **allgemeinen Nachteilen** werden gezählt: Die unbeschränkbare Haftung der Gesellschafter mit Ausnahme bei der KG, eine risikoreiche Gesellschaftsform, die die wirtschaftliche Existenz auf Jahrzehnte oder für immer vernichten kann, Nachhaftung für Gesellschaftsverbindlichkeiten noch nach Jahrzehnten.

c) **Steuerrechtliche Vor- und Nachteile:** Werden die Gewinne auf mehrere Personen verteilt, kann wegen der Progression des Einkommensteuertarifs die einkommensteuerrechtliche Belastung geringer ausfallen. Verluste können sowohl rückwirkend als auch im Wege des Verlustvortrages geltend gemacht werden. Nachteilig kann sich auswirken, wenn es bei hohen Gewinnen zu starken Belastungen bei den Ertragssteuern kommt. Dienst-, Darlehens- und Nutzungsverträge zwischen Gesellschaftern und Gesellschaften werden nur mit Schwierigkeiten von den Finanzämtern anerkannt. Steuerlich nachteilig kann sich die Einbringung von Wirtschaftsgütern der Gesellschafter an die Gesellschaft auswirken, vor allem, wenn sie durch die Gesellschaft veräußert werden.

d) **Einzelne Gesellschaftsformen:** Die GbR ist im allgemeinen nur für kleinere Gesellschaftsformen geeignet. Die oHG wird von größeren Gesellschaften gewählt. Die KG erlaubt eine Haftungsbeschränkung bei den Kommanditisten; sie gestattet die Aufnahme von Familienangehörigen mit einem beschränkt haftbaren Kapital, beläßt die Geschäftsführungs- und Vertretungsbefugnisse beim Unternehmer, erlaubt testamentarische günstige Nachfolgeregelungen und gestattet eine steuerlich günstige Aufteilung des Gewinnes.

### III. Die GmbH

**1. Vorteile.** Die Haftung ist auf das Gesellschaftsvermögen und auf eigene, kapitalersetzende Darlehen beschränkt; Geschäftsführung und Vertretungsbefugnis kann dem Hauptgesellschafter übertragen werden; ein Geschäftsanteil läßt sich im allgemeinen veräußern, so daß das Ausscheiden aus einer Gesellschaft möglich ist. Die Kreditaufnahme durch die GmbH ist solange problemlos möglich, wie die Ertragsaussichten der Gesellschaft gut beurteilt werden oder die Gesellschafter die Bürgschaft für die Schulden übernehmen. Die Sozialversicherungspflicht des Geschäftsführers kann erhalten bleiben, wenn dieser die Gesellschaft nicht beherrscht. Entsprechendes gilt für die Absicherung der betrieblichen Altersversorgung durch den PSV (vgl. § 48).

**2. Allgemeine Nachteile.** Die Gründungskosten sind hoch; das Mindestkapital einer GmbH beträgt 50000 DM, von denen 25000 DM sofort in bar oder Sacheinlagen eingebracht werden müssen. Die Frist für die Bilanzerstellung beträgt sechs Monate; sie ist also kurz. Es erwachsen zumeist hohe Steuerberatungskosten. Bei größeren Gesellschaften entstehen Publizitäts- und Prüfungspflichten, wenn sie zwei der folgenden drei Voraussetzungen erfüllen, nämlich mehr als 50 Mitarbeiter beschäftigen, eine Bilanzsumme von 2,8 Mill. erreichen oder jährliche Erlöse von mehr als 5,7 Mill. erzielen.

**3. Steuerliche Nachteile** erwachsen, weil Verluste bei der GmbH steuerlich nicht geltend gemacht werden können und sowohl die Gesellschafter als auch die GmbH zur Vermögenssteuer herangezogen werden. Nicht ausgeschüttete Gewinne sind mit 56% (ab VZ 1990 50%) ausgeschüttete mit 36% (ab VZ 1990 36%) zu versteuern.

### IV. GmbH & Co KG

**1. Allgemeine Vorteile.** Da die GmbH die Funktion des Komplementärs übernimmt, läßt sich auch für sie eine Haftungsbeschränkung erzielen. Die Familienangehörigen können rechtzeitig in das Unternehmen aufgenommen werden. Es lassen sich testamentarisch günstige Nachfolgeregelungen finden.

2. Zu den **allgemeinen Nachteilen** zählen die hohen Gründungskosten, die Notwendigkeit einer Buchführung bei der GmbH und der KG.

3. Es bestehen **steuerlich günstige Gestaltungsmöglichkeiten,** wenn der Gewinn auf die GmbH und die Kommanditisten aufgeteilt wird. Es kann zu steuerlichen Nachteilen kommen, wenn Personenidentität bei den GmbH- und KG-Gesellschaftern besteht. Insoweit können Geschäftsführergehälter, Einkünfte aus Vermietungen und Verpachtungen nicht gewinnmindernd eingesetzt werden.

4. Die GmbH & Co KG wird vielfach zu **Betriebsaufspaltungen** eingesetzt. Das Grundprinzip besteht darin, daß die GmbH den Betrieb anpachtet und das Personal beschäftigt. Das Anlagevermögen verbleibt dagegen bei der KG und kann damit vor dem Zugriff evtl. Gläubiger geschützt werden (Schaub, Arbeitsrecht von A–Z, 12. Aufl., Stichwort: Betriebsaufspaltung).[2]

## § 26. Die Innengesellschaft

### I. Allgemeines

1. Begriff der **partiarischen Rechtsverhältnisse.** Vielfach soll im Außenverhältnis eines Gewerbebetriebes nur ein Inhaber in Erscheinung treten. Andererseits besitzt dieser häufig nicht das notwendige Kapital, um ein Unternehmen zu gründen und zu führen. Um das erforderliche Geld zu beschaffen, kann der Unter-

---

[2] Schaub, Fragen zur Haftung bei Betriebs- und Unternehmensaufspaltung, NZA 89, 5.

nehmer Kredit aufnehmen (§§ 52ff). Es ist aber denkbar, daß sich der Kreditgeber nicht mit der Verzinsung seiner Forderung begnügen will, sondern eine Beteiligung am Gewinn anstrebt. Insoweit spricht man von partiarischen Rechtsverhältnissen.

2. Begriff der **stillen Gesellschaft.** Soll im Innenverhältnis der Kreditgeber sowohl am Gewinn als auch am Verlust des Unternehmens beteiligt sein, kann eine stille Gesellschaft vorliegen. Diese ermöglicht eine weitgehende Kontrolle des Unternehmens.

## II. Partiarische Rechtsverhältnisse

1. **Begriff des Darlehens.** Darlehen ist die Überlassung eines bestimmten Kapitals, das in Geld oder anderen vertretbaren Sachen bestehen kann, zu freier oder auch vertraglich zweckgebundener Nutzung auf Zeit (§ 53). Ein Darlehen ist regelmäßig zu verzinsen. Ein Gesellschaftsvertrag liegt vor, wenn zwei oder mehr Personen sich zur Erreichung eines gemeinsamen Zweckes zusammenschließen.

2. **Arten des partiarischen Rechtsverhältnisses:** Ein partiarisches Rechtsverhältnis ist gegeben, wenn der eine Teil für seine Leistung einen Anteil am Gewinn erhalten soll. Die beiden Hauptformen des partiarischen Rechtsgeschäftes sind das partiarische Darlehen und das partiarische Arbeitsverhältnis.

a) Bei dem partiarischen Darlehen erhält der Darlehensgeber nicht nur eine Verzinsung, sondern darüber hinaus einen Teil des Reingewinns. Häufig bereitet die Abgrenzung von der stillen Gesellschaft Schwierigkeiten. Ein partiarisches Darlehen ist gegeben, wenn die Kreditvermittlung Hauptzweck des Geschäftes ist und in jedem Fall nach Ablauf einer bestimmten Zeit das Kapital zurückgegeben werden muß. Dagegen spricht für eine stille Gesellschaft, wenn auch der Kreditgeber am Verlust beteiligt sein soll oder wenn bestimmte Geschäfte des Unternehmens an die Zustimmung des Kreditgebers gebunden werden. Aber auch beim partiarischen Darlehen werden dem Darlehensgeber Aufsichtsrechte vorbehalten, z.B. kann dem Darlehensgeber vorbehalten sein, daß der Unternehmer regelmäßig seine Bilanzen vorlegen muß. Die Unterscheidung zwischen partiarischem Darlehen und stiller Gesellschaft hat erhebliche praktische Bedeutung. Der Darlehensgeber kann seine Forderung an einen Dritten abtreten, sofern dies nicht ausdrücklich ausgeschlossen ist. Der Kreditnehmer muß damit rechnen, daß ein Dritter in sein Unternehmen Einblick nehmen kann. Der stille Gesellschafter kann nicht ohne Zustimmung des Unternehmers seinen Geschäftsanteil veräußern.

b) Von einem partiarischen Arbeitsverhältnis spricht man dann, wenn der Arbeitnehmer als Vergütung einen Teil des Gewinns erhalten soll. Die Arbeitnehmerschutzvorschriften verlangen jedoch, daß dem Angestellten eine regelmäßige Vergütung zugesagt wird und er daneben als zusätzlichen Anreiz eine Vergütung erhält (Schaub, Arbeitsrecht von A-Z, 12. Aufl. 1988, Stichwort: Gewinnbeteiligung).[1]

### III. Die stille Gesellschaft

**1. Begriff.** Eine stille Gesellschaft ist gegeben, wenn sich ein Gesellschafter an dem Handelsgewerbe eines anderen mit einer in dessen Vermögen übergehenden Einlage gegen Anteil am Gewinn beteiligt (§§ 230, 231 Abs. 2 HGB). Sie wird häufig gewählt, um minderjährige Kinder unentgeltlich am Unternehmen zu beteiligen. Sie findet sich aber auch als Publikumsgesellschaft, wenn die Kapitalgeber einer Kapitalgesellschaft in einer stillen Gesellschaft zusammengefaßt sind.

a) Im allgemeinen besteht die stille Gesellschaft aus dem tätigen Gesellschafter (Geschäftsinhaber, Komplementär) und dem Stillen. Denknotwendig ist dies nicht. Vielmehr können mehrere stille Gesellschaften mit einem Unternehmer nebeneinander bestehen; es kann aber auch sein, daß die stillen Gesellschafter sich untereinander organisieren oder organisiert sind.

b) Der tätige Teilnehmer muß Kaufmann sein (§ 19). Ausreichend ist, wenn er Minderkaufmann ist. Ist der tätige Teilhaber nicht Kaufmann, sondern Lohnhandwerker oder Landwirt, so liegt keine stille Gesellschaft i. S. des Handelsrechts, sondern eine BGB-Innengesellschaft vor.

c) Bei der stillen Gesellschaft wird kein gemeinsames Gesellschaftsvermögen gebildet. Die Einlage wird, wenn sie in Sachen besteht, Eigentum des tätigen Teilhabers (§ 230 Abs. 1 HGB). Besteht sie in anderen Werten, so findet zwar keine Übereignung statt, aber der Stille hat sie dem tätigen Teilhaber zur Ausnutzung

---

[1] Röder, Die Beteiligung von Arbeitnehmern am Unternehmen, NZA 87, 799.

zu übergeben. Der stille Gesellschafter läuft mithin Gefahr, daß seine Einlage dem Zugriff der Gläubiger des tätigen Teilhabers unterliegt.

d) Der stille Gesellschafter muß am Gewinn beteiligt sein (§ 231 Abs. 1 HGB). Dagegen kann die Beteiligung am Verlust ausgeschlossen sein (§ 231 Abs. 2 HGB). Vgl. hierzu BGH NJW 85, 1079 = ZIP 85, 347; OLG Karlsruhe ZIP 86, 916 = EWiR § 232 HGB 1/86.

2. Die stille Gesellschaft ist eine echte **Gesellschaft,** da sowohl der tätige Teilhaber wie der Stille sich gegenseitig zur Erreichung eines gemeinsamen Zweckes verpflichtet haben. Die stille Gesellschaft ist jedoch reine Innengesellschaft und kein Handelsgewerbe. Sie besitzt kein Gesellschaftsvermögen, vielmehr wird der tätige Teilhaber Eigentümer. Verletzt der tätige Gesellschafter seine Verpflichtungen aus dem Gesellschaftsvertrag, so wird er dem Stillen schadensersatzpflichtig. Eine Pflichtverletzung kann in der nicht bestimmungsgemäßen Verwendung der Einlage oder dem Entzug von Kapital liegen (BGH NJW 88, 413).

3. Die **Geschäftsführung** steht ausschließlich dem tätigen Teilhaber zu. Der Stille nimmt an der Geschäftsführung nicht teil. Er hat grundsätzlich auch bei außergewöhnlichen Geschäften kein Widerspruchsrecht, sondern ist bei Pflichtverletzungen auf Schadensersatzansprüche gegen den tätigen Teilhaber oder notfalls auf die Kündigung der Gesellschaft angewiesen.

Die vorstehende Regelung ist aber dispositiv, d.h., im Wege vertraglicher Vereinbarung kann dem stillen Gesellschafter auch ein Mitwirkungsrecht bei der Geschäftsführung eingeräumt werden. In jedem Fall stehen dem stillen Gesellschafter dieselben Kontrollrechte wie einem Kommanditisten bei der KG zu (§ 29 III).

Am Schluß eines jeden Geschäftsjahres wird der Gewinn und Verlust berechnet und der auf den stillen Gesellschafter fallende Gewinn ausbezahlt (§ 232 Abs. 1 HGB). Seine Forderung wird ohne Rücksicht auf die derzeitige Geschäftslage sofort fällig. Der stille Gesellschafter nimmt grundsätzlich auch am Verlust teil, sofern nichts anderes vereinbart ist (§ 232 Abs. 2 HGB). Hat die Gesellschaft von vornherein mit Verlust gearbeitet, so erhält der stille Gesellschafter erst dann seinen Gewinn ausbezahlt, wenn seine Einlage nicht mehr durch Verlust gemindert ist (vgl. OLG Karlsruhe EWiR § 232 HGB 1/86). Hat dagegen die stille Gesellschaft nach anfänglichen Gewinnen mit Verlust gearbeitet, so braucht der stille Gesellschafter die ihm ausgezahlten Gewinne nicht zurückzuzahlen.

4. Im **Außenverhältnis,** also im Verhältnis zu Dritten, ist der tätige Teilhaber alleiniger Inhaber des Handelsgewerbes. Er leitet das Unternehmen; er wird aus den abgeschlossenen Geschäften allein berechtigt und verpflichtet (§ 230 Abs. 2 HGB). Für die Geschäftsschulden haftet allein der tätige Teilhaber. Hat der Stille seine Einlage noch nicht in vollem Umfang geleistet, so schuldet er diese allein dem tätigen Teilhaber, dagegen nicht dessen Gläubigern. Die Gläubiger haben lediglich die Möglichkeit, die Forderungen des tätigen Teilhabers gegen den Stillen auf Erbringung der Einlage pfänden und zur Einziehung überweisen zu lassen (§§ 829, 835 ZPO). Da der Stille gegenüber Dritten nicht schuldet und haftet, können der tätige und stille Gesellschafter jederzeit beliebige Vereinbarungen über die Einlage treffen, sie also erhöhen, vermindern, stunden, erlassen, zurückzahlen, ohne daß der Gläubiger widersprechen könnte. Im Falle des Konkurses des tätigen Teilhabers kann jedoch ein besonderes Konkursanfechtungsrecht erwachsen (§ 237 HGB).

5. **Beendigung.** Die stille Gesellschaft endet durch Kündigung oder Aufhebungsvertrag.

a) Auf die Kündigung der stillen Gesellschaft durch einen Gesellschafter oder einen Gläubiger des stillen Gesellschafters finden die Vorschriften über die Kündigung einer offenen Handelsgesellschaft Anwendung (§ 234 Abs. 1 S. 1 HGB). Das bedeutet vor allem, daß eine 6monatige Kündigungsfrist zum Schluß eines Geschäftsjahres einzuhalten ist (§§ 234 Abs. 1 S. 1, 132 HGB). Unberührt bleibt die Kündigung aus wichtigem Grund (§ 28 VI).

b) Nur der Gläubiger des stillen Gesellschafters kann die Gesellschaft kündigen. Nur dieser kann daran interessiert sein, das Auseinandersetzungsguthaben pfänden und zur Einziehung überweisen zu lassen. Dagegen können die Gläubiger des tätigen Teilhabers unmittelbar in das Geschäftsvermögen vollstrecken.

c) Kein Auflösungsgrund der stillen Gesellschaft ist der Tod des Stillen (§ 234 Abs. 2 HGB). Die stille Gesellschaft ist eine rein kapitalistische Beteiligungsform, so daß auch der Anteil vererbt werden kann.

d) Mit der Auflösung tritt die sofortige Beendigung der Gesellschaft ein. Es findet also keine Liquidation statt. Der tätige Teilhaber muß sich mit dem stillen Gesellschafter auseinandersetzen und dessen Guthaben berichtigen (§ 235 Abs. 1 HGB). Die Auseinandersetzung erfolgt in der Weise, daß eine Schlußbilanz erstellt wird und die Einlage vermehrt oder vermindert um Gewinn und Verlust an den stillen Gesellschafter ausgezahlt wird.

**6. Muster.** Ein Muster eines stillen Gesellschaftsvertrages findet sich im Beck'schen Formularbuch, 4. Aufl. zu VIII D 1.

**7. Gewerberechtliche Voraussetzungen.** Da die stille Gesellschaft eine reine Innengesellschaft ist, braucht allein der Stille die gewerberechtlichen Voraussetzungen der Geschäftseröffnung zu erfüllen (vgl. § 4).

## § 27. Die Gesellschaft bürgerlichen Rechts[1]

### I. Begriff und Bedeutung

**1. Begriff.** Die Gesellschaft bürgerlichen Rechts (GbR) ist eine auf Vertrag beruhende Personenvereinigung ohne Rechtsfähigkeit zur Förderung eines von den Gesellschaftern gemeinsam verfolgten Zweckes (§ 705 BGB).

a) Voraussetzung einer GbR ist mithin der Abschluß eines *Gesellschaftsvertrages,* in dem sich die Beteiligten verpflichten, einen gemeinsamen Zweck in der vorgesehenen Weise zu fördern. Die Beiträge der einzelnen können in Kapitalleistungen (Geld, Grundstücken, Patenten, Forderungen), Diensten im Interesse der Gesellschaft, Gewährung von Kredit, Übernahme von Schulden usw. bestehen. Der Gesellschaftsvertrag kann ausdrücklich oder konkludent (BGHZ 8, 249; 11, 190) abgeschlossen werden. Ein konkludenter Abschluß kommt z. B. vor, wenn sich mehrere Personen zum Erwerb eines Lotterieloses oder zu Tippgemeinschaften zusammenschließen. Dagegen kommt nicht notwendig eine Gesellschaft zustande, wenn ein Gewerbebetrieb in ungeteil-

---

[1] G. Hueck, Gesellschaftsrecht, 18. Aufl., 1983; Sudhoff, Der Gesellschaftsvertrag der Personengesellschaften, 6. Aufl., 1985; Ulmer, Die Gesellschaft bürgerlichen Rechts, Sonderausgabe des Münchener Kommentars, 2. Aufl., 1986; Westermann, u. a., Handbuch der Personengesellschaften, Stand 1988; vgl. im übrigen die Kommentare des BGB.

ter Erbengemeinschaft fortgesetzt wird (BGH NJW 85, 136; vgl. auch BGH ZIP 84, 1469).

b) Keine GbR ist gegeben, wenn ohne vertragliche Bindung *Rechtsgemeinschaften* entstehen und diese gemeinsam handeln. Dies ist z.B. der Fall, wenn Ehegatten in Gütergemeinschaft (BGH 65, 79) oder Erben in Miterbengemeinschaft ein Handelsgewerbe (BGH NJW 1951 S. 311, 312) betreiben.

c) Grundsätzlich unterliegt der Gesellschaftsvertrag keinen Formvorschriften. Er kann auch mündlich abgeschlossen werden. In der Regel ist dies aber auch bei Kleingewerbetreibenden nicht zweckmäßig, da nach einiger Zeit Unsicherheiten über die wechselseitigen Rechte und Pflichten entstehen. Eine Ausnahme von dem Grundsatz der Formfreiheit besteht nur dann, wenn für einen Gesellschafter die Verpflichtung erwächst, ein Grundstück in die GbR einzubringen (§ 313 BGB).

d) Die GbR muß zur Erreichung eines *gemeinsamen Zweckes* geschlossen werden. Gemeinsamer Zweck kann jede erlaubte Tätigkeit sein, also ein ideeller, künstlerischer, religiöser usw. Eine GbR kann mithin auch bestehen, wenn sich mehrere Personen verpflichten, eine arme Verwandte zu unterstützen, einen jungen Künstler studieren zu lassen usw. Alle Gesellschafter müssen den gemeinsamen Zweck haben und ihn gemeinsam verfolgen. Kein gemeinsamer Zweck ist gegeben, wenn die Gesellschaft ausschließlich im Interesse eines anderen geschlossen worden ist. Dies ist vielfach bei den sog. partiarischen Rechtsgeschäften gegeben, bei denen alle am Gewinn beteiligt sind, aber nur einer das Geschäft betreibt (vgl. § 26 II).

**2. Rechtsnatur.** a) Die GbR besitzt keine *Rechtsfähigkeit;* sie ist also keine juristische Person. Sie ist eine sog. Gesamthandsgemeinschaft. Das Vermögen wird zur gesamten Hand, also von allen Gesellschaftern gemeinschaftlich erworben. Anders als die oHG (§ 28) oder KG (§ 29) kann die GbR nicht unter einer gemeinschaftlichen Firma (§ 22) am Rechtsverkehr teilnehmen. Dagegen kommt es häufig vor, daß sich auch die GbR einen Namen gibt; so ist es vielfach üblich, daß Wirtschaftsprüfer-Büros unter dem Namen eines Gesellschafters (Namen eines Gesellschafters und Partner) handeln oder mehrere Baufirmen unter der Bezeichnung Arge und Name des Bauvorhabens.

b) Ob die GbR zu den *gegenseitigen Verträgen* zählt, ist im Schuldrecht umstritten. Aufgrund dieser Streitfrage wird entschieden, ob die Vorschriften der §§ 320ff BGB anzuwenden sind, wenn es zu Vertragsstörungen zwischen den Gesellschaftern kommt.

Bei dem gegenseitigen Austauschvertrag verpflichten sich zwei Personen zu Leistungen, wobei die eine erbracht wird, um die andere zu erlangen (do, ut des = ich gebe, damit du gibst). Bei dem Gesellschaftsvertrag geben dagegen mehrere Personen Leistungen, um ein gemeinschaftliches Ziel zu fördern. Die eine Person gibt, weil auch die andere das gemeinsame Ziel fördert. Der Gesellschaftsvertrag unterscheidet sich mithin von den gegenseitigen Austauschverträgen.

Hieraus folgt für die Anwendbarkeit der §§ 320ff BGB im einzelnen: Erbringt der eine Gesellschafter seine Leistung nicht, so kann grundsätzlich auch der andere seine Leistung zurückhalten. Anders ist es dagegen, wenn mehr als zwei Personen eine Gesellschaft geschlossen haben, da dann durch das Zurückbehaltungsrecht die Gesellschaft lahmgelegt würde und die Wirkungen des Zurückbehaltungsrechtes auch den dritten Gesellschafter erfassen. Ist die Gesellschaft nach außen in Erscheinung getreten, hat sie insbesondere ein Gesellschaftsvermögen gebildet, können die Vorschriften der §§ 325, 326 BGB keine Anwendung mehr finden. Ein Gesellschafter kann mithin nicht mehr vom Vertrag zurücktreten oder Schadensersatz wegen Nichterfüllung verlangen, wenn ein anderer Gesellschafter nicht oder verspätet leistet. Insoweit besteht eine gesellschaftsrechtliche Sonderregelung in § 723 BGB.

c) Die GbR kommt als *Außengesellschaft* vor; das ist sie dann, wenn sie nach außen am Rechtsverkehr teilnimmt. Sie wird vielfach auch als reine Innengesellschaft gebildet, wenn also z. B. die Ehegatten gemeinschaftlich ein Lebensmittelgeschäft betreiben, aber nur einer der Ehegatten nach außen in Erscheinung tritt (vgl. BGH DB 1967 S. 1579; 1972 S. 2201).

**3. Bedeutung.** a) Eine GbR wird regelmäßig geschlossen, wenn von mehreren Personen ein *nicht vollkaufmännisches Gewerbe* betrieben werden soll (vgl. § 19). Dies sind Zusammenschlüsse von Minderkaufleuten, von Gewerbetreibenden, die überhaupt keine Kaufleute sind, also den Lohnhandwerkern (vgl. §§ 19 III, 20 I).

b) Eine GbR findet sich aber auch vielfach bei den sog. *freien Berufen.* Zusammenschlüsse mehrerer Rechtsanwälte (Anwalts-

Sozietäten), Steuerberater, Wirtschaftsprüfer haben vielfach die Rechtsform einer GbR.

c) Im Rahmen der *Industrie* finden sich vielfach Gelegenheitsgesellschaften, also bei den sog. Arge des Baugewerbes, bei dem Zusammenschluß mehrerer Banken zur Ausgabe neuer Aktien oder zur Gründung von Konzernen, Konsortien usw.

## II. Rechte und Pflichten der Gesellschafter

**1. Pflichten.** a) Die Hauptpflicht des Gesellschafters besteht in der Leistung von *Beiträgen.* Die Beiträge können unterschiedlicher Art und unterschiedlicher Höhe sein. Ist nichts anderes vereinbart, so schuldet jeder Gesellschafter den gleichen Beitrag (§ 706 Abs. 1 BGB). Besondere Probleme können sich ergeben, wenn als Beiträge Sachen einzubringen sind. Insoweit sind drei Fallgestaltungen zu unterscheiden. Bei Einbringung von Sachen in eine Gesellschaft kann gewollt sein, *(1)* daß alle Gesellschafter an den einzubringenden Sachen Eigentum zur gesamten Hand erwerben; *(2)* daß die einzubringenden Sachen nur zum Gebrauch oder Nutzen der Gesellschaft eingebracht werden; *(3)* daß ein Gesellschafter Gesellschaftssachen liefert, die vielleicht sonst auf dem freien Markt schwer zu bekommen sind. Sollen vertretbare oder verbrauchbare Sachen als Beitrag erbracht werden, so enthält § 706 Abs. 2 BGB eine Auslegungsregel; hiernach gilt die Vermutung, daß sie zu Eigentum aller Gesellschafter eingebracht werden. Vertretbare Sachen sind bewegliche Sachen, die im Verkehr nach Zahl, Maß oder Gewicht bestimmt zu werden pflegen (§ 91 BGB). Auf den Vertrag, durch den Sachen zu Eigentum aller Gesellschafter eingebracht werden, ist im allgemeinen Kaufrecht (§§ 433ff BGB) anzuwenden. Allerdings wird das Recht zur Wandlung und Minderung ausgeschlossen sein, wenn die eingebrachten Sachen mangelhaft sind; vielmehr hat der Gesellschafter insoweit eine mangelfreie Sache nachzuliefern. Sollen die Sachen nur zum Gebrauch der Gesellschaft eingebracht werden, werden die Vorschriften des Miet- und Pachtrechtes (§§ 535ff BGB) entsprechend anzuwenden sein.

b) Den Gesellschafter trifft im *Innenverhältnis der Gesellschafter* zueinander keine *Nachschußpflicht* (§ 707 BGB), wenn die geleisteten Beiträge verbraucht worden sind. Dies gilt selbst dann, wenn der Gesellschaftszweck gefährdet werden sollte. Haben zu einer Gesellschaft zusammengeschlossene Lohnhandwerker Verluste gemacht, so brauchen sie selbst dann keine Beiträge nachzuschießen, wenn der Betrieb zum Erliegen kommt. Unberührt von der Nachschußpflicht bleibt jedoch die unbeschränkte Haftung der Gesellschafter im Außenverhältnis. Im Gesellschaftsvertrag kann die Nachschußpflicht der Gesellschafter vereinbart werden.

c) Grundsätzlich sind alle Gesellschafter zur *Geschäftsführung* verpflichtet. Diese Verpflichtung kann durch den Gesellschaftsvertrag eingeschränkt werden (vgl. III 1).

d) Jedem Gesellschafter obliegt die *Treuepflicht.* Aufgrund der allgemeinen Treuepflicht ergibt sich positiv die Verpflichtung der Gesellschafter, die Interessen der Gesellschaft wahrzunehmen, und die negative Pflicht, alles zu unterlassen, was die Gesellschaftsinteressen schädigt.

Aus der positiven Treuepflicht folgt vor allem die Verpflichtung der geschäftsführenden Gesellschafter, sich für die Interessen der Gesellschaft einzusetzen. Aber auch für die nicht geschäftsführenden Gesellschafter besteht die Verpflichtung, drohende Gefahren den geschäftsführenden Gesellschaftern anzuzeigen.

Aus der negativen Treuepflicht, also den Unterlassungspflichten ergibt sich die Pflicht, auf die berechtigten Interessen der Gesellschaft Rücksicht zu nehmen, also geschäftsschädigende Äußerungen zu unterlassen, den Kredit nicht zu untergraben, der Gesellschaft keine Konkurrenz zu machen usw. Die Unterlassungspflichten finden ihre Grenze an den berechtigten Interessen der Gesellschafter. Die Gesellschafter schulden der Gesellschaft nach § 705 BGB nur Rücksichtspflichten in der durch den Vertrag bestimmten Weise. Sie brauchen also ihre eigenen Gesellschafterinteressen, insbesondere die sog. eigennützigen Gesellschafterinteressen auf Gewinn der Gesellschaft, nicht zurückzustellen.

2. Die **Haftung der Gesellschafter im Innenverhältnis.** Bei der Erfüllung ihrer Gesellschaftsverpflichtungen hat jeder Gesellschafter nur für die Sorgfalt einzustehen, die er in eigenen Angelegenheiten anzuwenden pflegt (§§ 277, 708 BGB).

a) Das Gesetz hat den *Haftungsmaßstab wie in eigenen Angelegenheiten* gewählt, weil jeder Gesellschafter weiß, mit wem er sich einläßt. Ein Gesellschafter kann von seinen Mitgesellschaftern nur verlangen, daß sie mit der Sorgfalt arbeiten, wie sie diese auch sonst aufwenden. Der Haftungsmaßstab wird nur gemildert, dagegen nicht verschärft, wenn einer mit einer übergroßen Genauigkeit arbeitet.

b) Die *Haftungsmilderung* ist namentlich im Wirtschaftsverkehr vielfach *nicht angemessen.* In einem Gesellschaftsvertrag kann daher wirksam vereinbart werden, daß die Gesellschafter ihre Pflichten mit einer verkehrsüblichen Sorgfalt zu erfüllen haben.

c) Es ist aber streng zu unterscheiden zwischen einer Haftung im *Innen- und Außenverhältnis.* Haben sich z.B. zwei Malermeister zu einer GbR zusammengeschlossen und zerschlägt einer bei einem Kunden aus Tollpatschigkeit eine Vase, so kann im Innenverhältnis die Haftung des Gesellschafters ausscheiden, weil er auch sonst nicht umsichtig ist. Im Außenverhältnis zum Kunden steht außer Frage, daß die Gesellschaft haften muß.

**3. Geltendmachung von Rechten.** Die Gesellschaft wie auch die Gesellschafter können die Ansprüche gegen einzelne Gesellschafter verfolgen.

a) Der Anspruch auf Erfüllung der *Ansprüche aus dem Gesellschaftsvertrag* kann zunächst von der Gesamtheit aller Gesellschafter gegen den säumigen Gesellschafter verfolgt werden, der seinen Pflichten nicht nachkommt (Sozialanspruch).

b) Da sich die Gesellschafter aber gegenseitig zur Erfüllung verpflichtet haben (§ 705 BGB), kann auch jeder *Gesellschafter* vom anderen Erfüllung verlangen. Jedoch kann die Erfüllung nur an die Gesellschaft verlangt werden (actio pro socio). Die actio pro socio ist nur dann ausgeschlossen, wenn durch die Klageerhebung überwiegende Interessen der Gesellschaft verletzt werden. Durch das Recht des einzelnen Gesellschafters zur Geltendmachung eines Sozialanspruches ist die Gesellschaft nicht gehindert über ihren Anspruch zu verfügen, insbesonderer auf ihn zu verzichten oder ihn sonst zu verändern (BGH NJW 85, 2830 = DB 85, 2037 = ZIP 85, 1137; OLG Düsseldorf ZIP 85, 1000).

4. Zu den **Rechten der Gesellschafter** gehören die Mitwirkungs- und Vermögensrechte.

a) Zu den *Mitwirkungsrechten* gehört das Recht auf Geschäftsführung. Auch dann, wenn ein Gesellschafter von der Geschäftsführung ausgeschlossen ist, hat er ein Recht auf Information, auf persönliche Unterrichtung über die Gesellschaftsangelegenheiten. Allerdings kann auch dieses Recht ausgeschlossen werden; jedoch lebt es bei Verdacht der Unredlichkeit wieder auf.

b) Zu den *Vermögensrechten* gehören die Ansprüche auf den Gewinn und das Auseinandersetzungsguthaben. Die Ansprüche richten sich gegen die Gesellschaft, nicht gegen die einzelnen Gesellschafter (Sozialverpflichtungen). Der Gewinn wird im allgemeinen erst bei Auflösung der Gesellschaft, bei längerer Dauer jährlich verteilt (§ 721 BGB). Die Höhe des Gewinnanteils richtet sich nach dem Gesellschaftsvertrag. Ist nichts besonderes vereinbart, so erhält jeder Gesellschafter denselben Gewinnanteil. Der Anteil am Verlust entspricht im Zweifel dem Gewinnanteil (§ 722 BGB).

c) Die Rechte der Gesellschafter können grundsätzlich nicht *übertragen* werden. Den übrigen Gesellschaftern soll kein anderer Gesellschafter aufgedrängt werden können. Dies gilt grundsätzlich auch für einzelne Rechte aus dem Gesellschaftsverhältnis; dieses bildet grundsätzlich eine Einheit (§ 717 Abs. 1 BGB; sog. Abspaltungsverbot). Eine Ausnahme gilt für Ansprüche vermögensrechtlicher Art, durch die das Gesellschaftsverhältnis nicht berührt wird. Hierzu gehören vor allem reine Geldansprüche (Ansprüche auf Gewinnanteil, Auseinandersetzungsguthaben, Auslagenersatz usw.).

### III. Geschäftsführung und Vertretung

**1.** Im Rechtssinne sind die **Geschäftsführung und Vertretung** zu unterscheiden.

a) Zur *Geschäftsführung* zählen alle auf die Verfolgung des Gesellschaftszwecks für die Gesellschaft erbrachten Tätigkeiten. Hierzu gehören mithin der Abschluß von Rechtsgeschäften und die Verrichtung von Geschäften tatsächlicher Art wie Buchführung, Erledigung der Korrespondenz, Überwachung der Produktion usw. Zur Vertretung gehört die rechtsgeschäftliche Vertretung der Gesellschaft. Alle Vertretungshandlungen sind Akte der Geschäftsführung, dagegen brauchen nicht alle Akte der Geschäftsführung auch Vertretungshandlungen zu sein. Die Geschäftsführung wird jeweils von den übrigen Gesellschaftern her betrachtet; die Vertretung bezieht sich auf das Außenverhältnis zu Dritten. Die Geschäftsführungsbefugnis zeigt das rechtliche Dürfen gegenüber den übrigen Gesellschaftern, die Vertretung das rechtliche Können.

*Beispiel:* Ist in einem Gesellschaftsvertrag bestimmt, daß Kaufverträgen mit einem Geschäftswert von mehr als 10000 DM alle Gesellschafter zustimmen müssen, so handelt ein Gesellschafter bei Abschluß eines Kaufvertrages über den Geschäftswert von 20000 DM entgegen der Geschäftsführungsbefugnis; er kann mithin den Gesellschaftern schadenersatzpflichtig werden, einen wichtigen Grund zur Kündigung der Gesellschaft geben usw. Dagegen ist im Außenverhältnis die Gesellschaft gebunden, wenn der Gesellschafter Alleinvertretungsmacht hatte.

b) Nicht zur Geschäftsführung gehören die Handlungen, die die Grundlage der Gesellschaft oder die *Beziehungen der Gesellschafter* zueinander betreffen (RGZ 162, 370, 374). Hierzu gehören der Abschluß und die Änderung des Gesellschaftsvertrages, Erhöhung und Herabsetzung der Beiträge, Aufnahme und Ausscheiden eines Gesellschafters usw.

**2. Geschäftsführungsbefugnis.** Bei der GbR gilt das Prinzip der *Selbstorganschaft,* d.h., die Geschäftsführungsbefugnis steht ausschließlich den Gesellschaftern zu.

a) Nach § 709 BGB steht die *Geschäftsführungsbefugnis* in der GbR allen Gesellschaftern gemeinschaftlich zu. Die GbR ist in ihrem Grundtyp auf Kleinkaufleute und Gewerbetreibende zugeschnitten. Die Gesamtgeschäftsführung trägt ihrem Mißtrauen, aber auch ihrem Sicherheitsbedürfnis Rechnung. Andererseits ist sie zu schwerfällig, um ein Unternehmen schlagkräftig zu führen. Sie wird daher meist vertraglich besonders ausgestaltet.

b) Im Gesellschaftsvertrag einer GbR werden häufig folgende *Abweichungen* von der Gesamtgeschäftsführungsbefugnis getroffen: *(1)* Die Geschäftsführung soll zwar allen Gesellschaftern gemeinsam zustehen; es soll aber Stimmenmehrheit entscheiden (Mehrheitsprinzip). Ist im Gesellschaftsvertrag nicht bestimmt, daß sich die Stimme nach dem Kapitalanteil richtet, so wird die Mehrheit nach Köpfen berechnet (§ 709 Abs. 2 BGB). *(2)* Die Geschäftsführung steht allen oder einzelnen Gesellschaftern zu; jedoch ist hiervon jeder zur Einzelgeschäftsführung berechtigt. In diesem Fall kann jeder der Geschäftsführung mit der Maßgabe widersprechen, daß das Geschäft unterbleiben muß (§ 711 BGB). *(3)* Nach dem Gesellschaftsvertrag sind einzelne Gesellschafter von der Geschäftsführung ausgeschlossen; ein Ausschluß liegt auch dann vor, wenn die Geschäftsführung einzelnen übertragen ist (§ 710 BGB). Die von der Geschäftsführung ausgeschlossenen haben kein Widerspruchsrecht. Jedoch verbleibt ihnen das Informationsrecht (§ 716 BGB; oben II 4).

c) Ist durch den Gesellschaftsvertrag die *Geschäftsführungsbefugnis* besonders geregelt worden, so kann diese nach § 712 BGB durch einstimmigen oder, soweit vereinbart, Mehrheitsbeschluß der übrigen Gesellschafter *entzogen* werden, wenn ein wichtiger Grund vorliegt. Ein solcher wäre z.B. die Unfähigkeit zur weiteren Geschäftsführung infolge langer Krankheit usw. Andererseits kann auch der geschäftsführende Gesellschafter sich der Geschäftsführungsverpflichtung durch Kündigung aus wichtigem Grund entledigen (§ 712 Abs. 2 BGB).

d) Der (geschäftsführende) Gesellschafter wird aufgrund des Gesellschaftsvertrages für die Gesellschaft tätig. Gleichwohl entspricht seine Stellung etwa der eines *Beauftragten.* In § 713 BGB wird daher für seine Rechte und Pflichten auch auf das Auftragsrecht verwiesen. Der geschäftsführende Gesellschafter muß seine Tätigkeit im Zweifel in Person leisten (§ 664 BGB). Er kann jedoch Gehilfen hinzuziehen; dies sind regelmäßig Arbeitnehmer der Gesellschaft. Zum Aufwendungsersatz nach § 670 BGB gehört grundsätzlich keine Vergütung (OLG Koblenz WM 86, 590). Diese kann jedoch im Gesellschaftsvertrag besonders vereinbart werden. Sonst wird die Tätigkeit durch die Gewinnbeteiligung abgegolten.

e) Schuldhafte Verletzung der Geschäftsführungspflichten kann zum *Schadensersatz* führen. Der Verschuldensmaßstab ist jedoch auf die Haftung für eigene Angelegenheiten gemildert, sofern nichts anderes bestimmt ist (§ 708 BGB; oben II 2). Überschreitet der geschäftsführende Gesellschafter seine Befugnis und mußte er das bei der von ihm üblicherweise angewandten Sorgfalt erkennen, greift die Haftungsmilderung nicht ein (RGZ 158, 312; Hueck, Gesellschaftsrecht, 18. Aufl. 1983, § 8 I 7).

**3. Vertretung.** Aus der Vertretungsmacht ergibt sich, in welchem Umfang der Gesellschafter die Gesellschaft vertreten kann.

a) Die *Vertretungsmacht* richtet sich grundsätzlich nach der Geschäftsführungsbefugnis (§ 714 BGB). Besteht Gesamtgeschäftsführungsbefugnis, so sind auch nur alle Gesellschafter gemeinschaftlich zur Vertretung berechtigt. Besteht Einzelgeschäftsführungsbefugnis, so besteht auch Alleinvertretungsmacht. Ist mehreren Gesellschaftern die gemeinsame Geschäftsführungsbefugnis übertragen, so haben sie auch gemeinschaftliche Vertretungsmacht. Sie können einzelne von ihnen zur Vornahme bestimmter Geschäfte ermächtigen. Diese Befugnis besteht jedoch dann nicht, wenn der Schutzzweck der Gesamtvertretung umgangen wird (BGH EWiR BGB § 714 1/86 m. Anm. Müller; ZIP 86, 501). Ob sich der Widerspruch eines Gesellschafters (oben III 2) gegen die Geschäftsführung auch gegen die Vertretungsmacht auswirkt, ist umstritten, aber im Interesse der Verkehrssicherheit zumindest dann zu verneinen, wenn der Dritte vom Widerspruch nichts weiß.

b) Die Vertretungsmacht kann im Gesellschaftsvertrag *abweichend* vom Gesetz *geregelt* werden.

c) Die Vertretungsmacht kann wie die Geschäftsführungsbefugnis aus wichtigem Grund *widerrufen* werden (§ 715 BGB).

**4. Wirkung der Vertretung.** Handelt ein Gesellschafter im Rahmen seiner Vertretungsmacht, so werden die Rechte aus den Rechtsgeschäften von der Gesellschaft zur gesamten Hand erworben, also von allen Gesellschaftern gemeinschaftlich; dagegen werden durch die Rechtsgeschäfte verpflichtet *(1)* die Gesellschaft, also die Gesellschafter in ihrer gesamthänderischen Verbundenheit und *(2)* jeder einzelne Gesellschafter, und zwar auch mit seinem Privatvermögen. Alle Gesellschafter haften als Gesamtschuldner (§§ 421, 427 BGB). In neuerer Zeit betont eine abweichende Meinung im Schrifttum, daß vor allem die Gesellschaft haftet. Im einzelnen ist aber noch vieles umstritten. (Hueck, Gesellschaftsrecht, 18. Aufl., 1983, § 8 II 3 m. weit. Nachw.).

## IV. Gesellschaftsvermögen und Gesellschaftsschulden

1. Zum **Gesellschaftsvermögen** können alle Gegenstände gehören, die Vermögenswert haben. Im einzelnen gehören zum Gesellschaftsvermögen:

a) Die *Beiträge* und die Ansprüche auf noch nicht erbrachte Beiträge (§ 718 BGB). Auf die Ansprüche können die Gesellschaftsgläubiger mithin durch Pfändung schon Zugriff nehmen.

b) Die durch die Geschäftsführung und Vertretung für die Gesellschaft *erworbenen Gegenstände* (rechtsgeschäftlicher Erwerb). Handelt ein Geschäftsführer bei dem Erwerb im Geschäftsbetrieb der Gesellschaft nicht in deren Namen, so erwirbt er die Gegenstände zunächst im eigenen Namen. Jedoch erhält die Gesellschaft gegen ihn einen Anspruch auf Herausgabe des

Erlangten (§§ 713, 667 BGB). Hier wirkt sich aus, daß er die Stellung eines Beauftragten hat (III 2d).

c) *Surrogate des Gesellschaftsvermögens,* also das, was aufgrund eines zum Gesellschaftsvermögen gehörenden Rechtes oder als Ersatz für die Zerstörung, Beschädigung oder Entziehung eines zu dem Gesellschaftsvermögen gehörenden Gegenstandes erworben wird. Das sind Früchte von Sachen und Rechten, Schadensersatzansprüche und Versicherungsleistungen wegen Beschädigung von Sachen der Gesellschaft usw.

**2. Gesamthand.** Das Gesellschaftsvermögen gehört den Gesellschaftern zur gesamten Hand.

a) Beim *Gesamthandvermögen* werden der Verbundenheit der Gesellschafter die Vermögensbestandteile zugeordnet. Die einzelnen Gesellschafter haben also kein Anteilseigentum (Bruchteilseigentum) an den einzelnen Gegenständen. Vielmehr besteht rechtlich ein Sondervermögen, das allen gemeinschaftlich gehört.

b) Werden *Leistungen aus dem Privatvermögen* eines Gesellschafters der Gesellschaft oder Leistungen der Gesellschaft an einen Gesellschafter erbracht, so ist eine volle Eigentumsübertragung an den Gegenständen notwendig. Dies führt dazu, daß im Falle der Einbringung eines Grundstückes in das Gesellschaftsvermögen und umgekehrt die Auflassung und Eintragung erforderlich ist (vgl. oben I 1c; § 50). Eine Rechtsübertragung ist auch dann notwendig, wenn der Gegenstand schon im Bruchteilseigentum der Gesellschafter steht oder in einer von ihnen gebildeten Erbengemeinschaft, also ebenfalls einer Gesamthandsgemeinschaft. Eine vollständige Rechtsübertragung ist nur dann nicht notwendig, wenn die GbR lediglich ihre Rechtsform ändert, also in eine oHG oder KG umgewandelt wird.

**3. Gesellschaftsschulden und Haftung.** Gesellschaftsschulden sind alle Verbindlichkeiten der Gesellschaft, die aus ihrem Vermögen zu erfüllen sind.

a) Für *Schulden aus Rechtsgeschäften,* die im Namen der Gesellschaft abgeschlossen werden, haften alle Gesellschafter als Gesamtschuldner, und zwar *(1)* mit dem Gesellschaftsvermögen und *(2)* ihrem Privatvermögen (vgl. oben II 2–4). Wegen dieser strengen Haftung birgt die GbR erhebliche Gefahren. Im Wege der vertraglichen Vereinbarung ist eine *Haftungsbeschränkung* auf das Gesellschaftsvermögen möglich, läßt sich aber häufig gegenüber den Gläubigern nicht durchsetzen. Möglich ist, daß bei Abschluß des Rechtsgeschäftes mit Dritten vereinbart wird, daß allein die Gesellschaft mit dem Gesellschaftsvermögen haftet. Ferner ist denkbar, daß die Vertretungsmacht des geschäftsführenden Gesellschafters derart ausgestaltet wird, daß er nur mit Zustimmung aller Gesellschafter diese auch persönlich vertreten darf. Schließt er ohne diese Zustimmung ein Rechtsgeschäft ab, hat er seine Vollmacht überschritten. Es haftet die Gesellschaft mit dem Gesellschaftsvermögen und er selbst mit seinem Privatvermögen als falsus procurator. Dagegen haften die einzelnen Gesellschafter mit ihrem Privatvermögen nicht. Bei dieser Konstruktion ist aber notwendig, daß der Dritte erkennt, daß die Vollmacht des geschäftsführenden Gesellschafters eingeschränkt ist (RGZ 155, 75, 87; BGHZ 61, 59, 67; ZIP 85, 98 = WM 85, 56; 87, 689 = DB 87, 1246; OLG Hamm NJW 85, 1846).

b) Nur mit dem Gesellschaftsvermögen haften die Gesellschafter für sog. *Sozialverpflichtungen*; das sind Verpflichtungen gegenüber einem Mitgesellschafter, die sich aus dem Gesellschaftsverhältnis ergeben. Nur in Ausnahmefällen haften die Mitgesellschafter auch mit dem Privatvermögen (vgl. dazu BGH ZIP 84, 438; bei der oHG: BGH DB 79, 2364).

c) Aus *gesetzlichen Schuldverhältnissen* sind grundsätzlich nur die verpflichtet, bei denen der gesetzliche Haftungstatbestand erfüllt wird. Hieraus folgt im einzelnen: *(1)* Für Ansprüche aus ungerechtfertigter Bereicherung haftet allein die Gesellschaft, wenn nur diese bereichert ist. Hiervon wird teilweise nur dann eine Ausnahme gemacht, wenn aufgrund eines nichtigen Vertrages an die Gesellschaft geleistet wird und die Leistung zurückgegeben werden muß (vgl. BGH NJW 85, 1828). Bei Wirksamkeit des Rechtsgeschäftes hafteten alle Gesellschafter als Gesamtschuldner auch mit dem Privatvermögen. Die Vertreter einer verbreiteten Mindermeinung wollen für diesen Sonderfall § 427 BGB mit der Folge der gesamtschuldnerischen Haftung der Gesellschafter mit dem Privatvermögen anwenden. *(2)* Für unerlaubte Handlungen bei der Geschäftsführung haften diejenigen geschäftsführenden Gesellschafter persönlich, die die unerlaubte Handlung verwirklicht haben. Ob auch die anderen Gesellschafter einzustehen haben, hängt von der entsprechenden Anwendung von § 31 BGB ab. Dies wird jedoch wegen der fehlenden körperschaftlichen Struktur der GbR vom BGH abgelehnt (BGHZ 45, 311). Die Haftung der Gesellschaft für Handlungen des geschäftsführenden Gesellschafters aus § 831 BGB scheidet zumeist aus praktischen Gründen aus, weil die hierfür notwendige Weisungsgebundenheit fehlt.

**4. Gerichtliche Geltendmachung und Zwangsvollstreckung.**

a) Soweit die Gesellschaft und die Gesellschafter für eine Schuld haften, kann der Gläubiger die Forderung sowohl gegen die Gesellschaft, die Gesellschafter und beide zugleich gerichtlich geltend machen.

b) Zur *Vollstreckung in das Gesellschaftsvermögen* ist ein Titel gegen alle Gesellschafter erforderlich (§ 736 ZPO), zur Vollstrekkung in das Privatvermögen eines Gesellschafters ist ein Titel gegen diesen notwendig.

### V. Der Wechsel der Gesellschafter

**1.** Die GbR ist eine **Personengesellschaft.** Ihr Fortbestand hängt daher von dem unveränderten personellen Bestand ab. Der Fortfall eines Gesellschafters führt zu ihrer Auflösung; niemand braucht sich gegen seinen Willen einen weiteren oder anderen Gesellschafter aufdrängen zu lassen.

**2. Fortsetzungsrecht.** Die Gesellschafter einer GbR können auch bei Fortfall einzelner Gesellschafter die Gesellschaft fortsetzen. Es kann ferner vertraglich vereinbart werden, daß Gesellschafter eintreten und ausscheiden können.

a) Der *Eintritt* eines Gesellschafters kann durch Aufnahmevertrag erfolgen, der zwischen dem Aufzunehmenden und den bisherigen Gesellschaftern geschlossen wird (BGHZ 26, 330, 333). Die Vertretungsmacht des geschäftsführenden Gesellschafters reicht zum Abschluß des Aufnahmevertrages nicht aus.

b) Der Eintritt eines Gesellschafters kann sich ferner im Wege der *Erbfolge* vollziehen. Dies ist aber nur dann der Fall, wenn der Gesellschaftsvertrag vorsieht, daß die Gesellschaft mit den Erben fortgesetzt wird (§ 727 BGB).

**3.** Das **Ausscheiden** eines Gesellschafters kann freiwillig oder durch Beschluß der übrigen Gesellschafter erfolgen.

a) Ein *freiwilliges Ausscheiden* ist nur möglich, wenn der Gesellschaftsvertrag dies vorsieht oder alle übrigen Gesellschafter damit einverstanden sind.

b) Der Gesellschaftsvertrag kann vorsehen, daß ein Gesellschafter aus der Gesellschaft *ausscheidet* und die Gesellschaft unter den übrigen *fortgesetzt* wird, wenn der Gesellschafter kündigt, stirbt oder der Konkurs über sein Vermögen eröffnet wird (§ 736 BGB). Die Aufzählung des Gesetzes ist nicht abschließend. Der Gesellschaftsvertrag kann weitere Tatbestände vorsehen.

c) Die *Ausschließung eines Gesellschafters* ist möglich, wenn *(1)* im Gesellschaftsvertrag die Möglichkeit vorgesehen ist, daß im Falle der Kündigung eines Gesellschafters die Gesellschaft von den übrigen fortgesetzt wird und *(2)* die übrigen Gesellschafter einen wichtigen Grund zur Kündigung haben (§ 737 BGB). Das Gesetz geht von der Überlegung aus, daß bei Vereinbarung eines Fortsetzungsrechtes die Gesellschafter auch bei Ausscheiden eines Gesellschafters die Gesellschaft fortsetzen wollen und sie statt einer Kündigung auch den Störenden ausschließen können. Das Ausschließungsrecht kann vertraglich ausgestaltet, erweitert und eingeschränkt werden. Insoweit bedarf es erheblicher rechtlicher Spezialkenntnisse.

**4. Rechtsfolgen des Ein- und Austritts.** a) Scheidet ein Gesellschafter aus einer Gesellschaft aus, so *wächst sein Anteil* am Gesellschaftsvermögen den übrigen Gesellschaftern *an* (§ 738 BGB). Zum Ausgleich erhält der ausscheidende Gesellschafter eine Reihe von neuen Ansprüchen. *(1)* Der Ausscheidende kann verlangen, daß die Gegenstände, die er der Gesellschaft nur zur Benutzung überlassen hat, ihm zurückgegeben werden. *(2)* Der Ausscheidende haftet bis zu seinem Ausscheiden für entstehende Schulden. Er kann mithin verlangen, daß die übrigen Gesellschafter ihn von den Schulden befreien oder, soweit die Schulden noch nicht fällig sind, ihm Sicherheit leisten. *(3)* Der Ausscheidende kann schließlich verlangen, was ihm zustehen würde, wenn bei seinem Ausscheiden die Gesellschaft aufgelöst worden wäre, also das Auseinandersetzungsguthaben (Einzelh. § 738 BGB). *(4)* Der Ausscheidende nimmt an dem Gewinn und Verlust der bei seinem Ausscheiden noch schwebenden Geschäfte teil (§ 740 BGB).

b) Tritt ein Gesellschafter in eine Gesellschaft ein, so *wächst* ihm ein *Gesellschaftsanteil zu.*

**5. Übertragung eines Gesellschaftsanteils.** a) Eine *Gesellschafternachfolge* kann sich vollziehen, indem *(1)* ein Gesellschafter durch Vertrag mit den übrigen Gesellschaftern ausscheidet und *(2)* ein anderer Gesellschafter durch Vertrag mit den übrigen Gesellschaftern eintritt (vgl. BGHZ 44, 229, 231). Daneben können vertragliche Vereinbarungen zwischen dem Ausscheidenden und Eintretenden bestehen.

b) Eine Gesellschafternachfolge kann sich aber auch durch *Verfügung über den Gesellschaftsanteil* zwischen dem Übertragenden und dem Übernehmer vollziehen (vgl. BGHZ 13, 179, 185; 44, 229, 231; 81, 82, 84). Da der personelle Bestand der Gesellschaft verändert wird, ist zur Übertragung des Gesellschaftsanteils grundsätzlich die Zustimmung sämtlicher Gesellschafter notwendig. Mit Zustimmung der übrigen Gesellschafter kann auch ein Gesellschaftsanteil teilweise übertragen werden.

## VI. Die Beendigung der Gesellschaft

**1. Auflösung und Beendigung.** Die Gesellschaft ist ein Dauerschuldverhältnis und Gemeinschaftsverhältnis, das nicht zu einem bestimmten Zeitpunkt sein Ende findet. Vielmehr bedarf es regelmäßig der Auseinandersetzung der Gesellschafter, der Versilberung des gemeinschaftlichen Vermögens usw. All dies beansprucht jedoch Zeit. Es ist zu unterscheiden zwischen der Auflösung der Gesellschaft und der Beendigung; Auflösung ist der Zeitpunkt, ab dem die Gesellschaft ihre Zwecke nicht mehr verfolgt, sondern zu einer Abwicklungsgesellschaft wird. Beendigung ist der Zeitpunkt, ab dem keine Rechtsbeziehungen zwischen den Gesellschaftern mehr bestehen.

**2. Auflösung.** Das Gesetz zählt in §§ 723 bis 728 BGB eine Reihe von Auflösungsgründen auf. Die Aufzählung ist nicht erschöpfend; vielmehr können weitere Gründe vertraglich vereinbart werden. Auflösungsgründe sind:

a) Der *Zeitablauf*. Dies gilt dann, wenn die Gesellschaft für eine bestimmte Zeit eingegangen ist. Wird die Gesellschaft nach Ablauf der Zeit fortgesetzt, so gilt sie auf unbestimmte Zeit eingegangen (§ 724 S. 2 BGB).

b) *Erreichen oder Unmöglichwerden* des Gesellschaftszweckes (§ 726 BGB), z.B. die Aktien sind ausgegeben. Die Unmöglichkeit muß offenbar und nicht vorübergehend sein (RGZ 164, 129, 142; BGHZ 24, 279, 293). Bei vorübergehender Unmöglichkeit kann die Gesellschaft ruhen.

c) *Beschluß der Gesellschafter.* Im Gesellschaftsvertrag kann ein Mehrheitsbeschluß vorgesehen werden.

d) *Tod eines Gesellschafters.* Der Gesellschaftsvertrag kann jedoch eine Fortsetzungsklausel enthalten, daß sie mit den restlichen Gesellschaftern fortgesetzt wird, oder eine Nachfolgeklausel, daß sie mit den Erben fortgesetzt wird (§ 727 BGB).

e) *Konkurs* über das Vermögen eines Gesellschafters (§ 728 BGB).

f) *Vereinigung aller Gesellschaftsanteile* in einer Hand. Eine Einmanngesellschaft ist bei Personengesellschaften anders als bei juristischen Personen unmöglich.

g) *Ordentliche Kündigung. a)* Die ordentliche Kündigung ist zulässig, sofern die Gesellschaft nicht auf eine bestimmte Mindestzeit eingangen ist. Soweit nichts anderes vereinbart ist, bestehen keine Kündigungsfristen. Die Kündigung darf nur nicht zur Unzeit erfolgen, also zu einem Zeitpunkt, in dem den Mitgesellschaftern besondere Nachteile erwachsen (§ 723 Abs. 2 BGB). In diesem Fall ist zwar die Kündigung wirksam, aber der Kündigende ist zum Schadensersatz verpflichtet. *b)* Der Gesellschaftsvertrag kann für die Kündigung bestimmte Termine und Kündigungsfristen vorsehen. *c)* Die Kündigung muß allen Gesellschaftern erklärt werden. Eine besondere Form ist nicht vorgeschrieben. Auch insoweit ist die Vereinbarung von Formvorschriften zulässig.

h) *Außerordentliche Kündigung. a)* Die außerordentliche Kündigung setzt einen wichtigen Grund voraus; sie ist jederzeit fristlos möglich, auch wenn die Gesellschaft für eine bestimmte Zeit eingegangen, das Kündigungsrecht vorübergehend ausgeschlossen ist oder sie zur Unzeit erfolgt, also wenn den übrigen Gesellschaftern besonders hohe Schäden drohen. *b)* Ein wichtiger Grund ist gegeben, wenn einem Gesellschafter dic Fortsetzung des Gesellschaftsverhältnisses nicht zumutbar, insbesondere wenn ein anderer Gesellschafter eine ihm nach dem Gesellschaftsvertrag obliegende wesentliche Verpflichtung vorsätzlich oder aus grober Fahrlässigkeit verletzt. *c)* Das Recht zur außerordentlichen Kündigung kann nicht ausgeschlossen oder beschränkt werden.

i) *Kündigung durch einen Privatgläubiger* eines Gesellschafters (§ 725 BGB). Es sind Fälle denkbar, daß ein Gesellschafter nur Gesellschaftsvermögen, dagegen kein Privatvermögen besitzt. In diesem Fall könnten Privatgläubiger des Gesellschafters nicht vollstrecken (vgl. oben IV 4), wenn der Gewinnanteil zu ihrer Befriedigung nicht ausreicht. Aus diesem Grunde mußte ein besonderes Kündigungsrecht eingeräumt werden.

**2.** Nach der Auflösung besteht die Gesellschaft als **Abwicklungsgesellschaft** weiter. Die Gesellschafter können ihr jederzeit eine neue Zielsetzung geben und sie fortsetzen. Die Fortsetzung ist keine Neugründung; es bedarf daher keiner besonderen Vermögensübertragung.

**3.** Die **Auseinandersetzung oder Liquidation** hat den Zweck, das Gesellschaftsvermögen unter die einzelnen Gesellschafter zu verteilen. Dies erfolgt im Interesse der Gesellschafter und nicht der Gläubiger. Die Gläubiger sind hinreichend dadurch gesichert, daß die Gesellschafter mit ihrem Privatvermögen als Gesamtschuldner weiterhaften. Das im Gesetz vorgesehene Verfahren der Auseinandersetzung (§§ 730ff BGB) kann daher vertraglich anderweitig ausgestaltet werden. Dies geschieht auch vielfach in der Weise, daß ein Gesellschafter das Vermögen übernimmt und die übrigen auszahlt.

## § 28. Die offene Handelsgesellschaft[1]

### I. Begriff und Bedeutung

**1. Begriff.** Die oHG ist eine Gesellschaft, deren Zweck auf den gemeinsamen Betrieb eines Handelsgewerbes unter gemeinschaftlicher Firma gerichtet ist und bei der alle Gesellschafter den Gläubigern unbeschränkt haften (§ 105 Abs. 1 HGB).[2] Die oHG muß demnach folgenden Voraussetzungen genügen:

a) Sie muß auf den Betrieb eines *Handelsgewerbes* (vgl. § 19) gerichtet sein. Das Handelsgewerbe darf nicht nur den Umfang des Gewerbes eines Minderkaufmanns haben (vgl. § 20 I). Alsdann ist nur die Bildung einer BGB-Gesellschaft möglich (§ 27).

b) Die oHG muß eine *Firma* haben. Die Firma richtet sich nach §§ 17ff HGB; dazu § 22.

c) Die *Haftung* darf bei keinem Gesellschafter beschränkt sein.

d) Die oHG entsteht immer dann, wenn die Voraussetzungen zu a–c erfüllt sind. Es bedarf mithin keines besonderen *Willens*

---

[1] Baumbach/Duden/Hopt, HGB, 27. Aufl., 1987, §§ 105ff; Hueck, Gesellschaftsrecht, 18. Aufl., 1983, §§ 12ff; H. Westermann in Westermann u.a. Handbuch der Personengesellschaften, Stand 1988 sowie die Kommentare zum HGB, aufgezählt § 19.

[2] Hueck aaO § 12 I.

zur Gründung einer oHG. § 105 HGB ist Auffangtatbestand. Eine oHG entsteht mithin, wenn eine GbR einen vollkaufmännischen Betrieb führt, in ein Handelsgewerbe hineinwächst, ein Kaufmann einen weiteren in sein Unternehmen aufnimmt, die Haftungsbeschränkung bei einer KG wegfällt usw. ...

**2. Rechtsgrundlagen.** a) Die oHG ist eine *Unterart der GbR.* Sie ist also Personengesellschaft und Gemeinschaft zur gesamten Hand. Sie ist Handelsgesellschaft, da der Betrieb eines Handelsgewerbes notwendige Voraussetzung einer oHG ist. Kaufmannseigenschaft kommt der oHG und den einzelnen Gesellschaftern in ihren Beziehungen zueinander und zur Gesellschaft zu (BGHZ 34, 293, 296; 45, 282, 284; BGH BB 68, 1053).

b) Das Recht der oHG ist in § 105 bis 160 (HGB geregelt; ergänzend finden die Vorschriften über die GbR (§§ 705ff BGB) Anwendung (dazu § 27).

**3. Steuerrecht.** Da die oHG keine eigene Rechtspersönlichkeit hat, wird sie nicht zur Körperschaftssteuer oder Vermögenssteuer herangezogen. Dagegen haben die einzelnen Gesellschafter ihren Anteil am Gewinn als Einkommen, den Wert ihrer Beteiligung als Vermögen zu versteuern. Gewinn und Vermögen werden einheitlich für alle Gesellschafter durch das Betriebsstättenfinanzamt festgestellt. Die oHG ist steuerpflichtig für Grundsteuer, Gewerbesteuern, Umsatzsteuer und sonstige Verkehrs- und Verbrauchssteuern (§ 58 II).

**4. Bedeutung.** Die Rechtsform der oHG hat besondere Bedeutung für klein- und mittelständische Unternehmen. Sie ist vor allem geeignet, wenn ein überschaubarer Kreis von Gesellschaftern ihre volle Arbeitskraft, ihre Kapital- und Kreditwürdigkeit gemeinsam einsetzen wollen. Jeder ist allein zur Geschäftsführung und Vertretung befugt. Jeder haftet für Gesellschaftsschulden auch mit seinem Privatvermögen. Ihr Nachteil besteht in dem hohen Haftungsrisiko und der Notwendigkeit des vollen Vertrauens in die Loyalität und Fähigkeiten der Mitgesellschafter.

### II. Errichtung der oHG

**1. Beteiligte Personen:** Mitglieder einer oHG können natürliche Personen, juristische Personen und Personengesamtheiten sein, die im Rechtsverkehr als Einheit auftreten. Gesellschafter können zwei oder mehrere Personen sein.

a) Nicht voll geschäftsfähige *natürliche Personen* bedürfen zum Abschluß des Gesellschaftsvertrages der Zustimmung ihres gesetzlichen Vertreters und der Genehmigung des Vormundschaftsgerichtes (§§ 1643, 1822 Nr. 3 BGB). Nicht erforderlich ist nach bestr. Meinung die Genehmigung des Vormundschaftsgerichtes für dessen Änderung (BGHZ 38, 26). Keine Beschränkungen gelten für die Beteiligung eines Ehegatten. Jedoch kann § 1365 BGB eingreifen, wenn der Gesellschaftsanteil übertragen wird und das gesamte Vermögen des Ehegatten dargestellt.

b) Die Beteiligungsfähigkeit von *juristischen Personen* ist heute gesetzlich anerkannt (§§ 19 Abs. 5, 130a, 130b HGB). Dasselbe gilt für die sog. Vorgesellschaft (vgl. BGHZ 80, 129).

c) Beteiligungsfähig sind *oHG und KG.* (vgl. §§ 19 Abs. 5 S. 2, 130 Abs. 1 HGB). Dagegen sind nicht beteiligungsfähig die GbR (BGHZ 46, 296), die stille Gesellschaft, der nicht rechtsfähige Verein und die Erbengemeinschaft (BGHZ 22, 186, 192; BGH WM 1971, 308).

**2. Zeitpunkt der Errichtung.** Für die Errichtung einer oHG spielen drei Zeitpunkte eine Rolle nämlich der Abschluß des Gesellschaftsvertrages, die Eintragung in das Handelsregister und der Beginn der Geschäfte.

a) Im *Innenverhältnis,* also im Verhältnis der Gesellschafter zueinander, kommt eine oHG zustande und ist das Recht der offenen Handelsgesellschaft anwendbar, sobald der Gesellschaftsvertrag abgeschlossen ist (RGZ 112, 280). Dies gilt auch dann, wenn das von der Gesellschaft betriebene Gewerbe erst durch die Eintragung ins Handelsregister zum Handelsgewerbe wird (§ 19). Die Parteien können wegen der bestehenden Vertragsfreiheit das Innenverhältnis beliebig ausgestalten; sie können auch den Zeitpunkt hinausschieben oder zurückverlegen (BGH DB 76, 1860).

b) Im *Außenverhältnis* genügt für die Entstehung einer oHG dagegen der Vertragsabschluß nicht. Vielmehr muß noch eine Kundgabe gegenüber Dritten hinzutreten. Die Kundgabe der Begründung einer oHG kann *(1)* durch die Eintragung in das Handelsregister erfolgen (§ 123 Abs. 1 HGB); dagegen ist die Bekanntmachung in den dafür vorgesehenen Blättern nicht erforderlich; *(2)* durch den Beginn der Geschäfte erfolgen, sofern alle Gesellschafter ausdrücklich oder stillschweigend zustimmen (§ 123 Abs. 2 HGB). Dies gilt aber nur, wenn ein Handelsgewerbe nach § 1 HGB betrieben wird (§ 19 II). In den Fällen der §§ 2, 3 HGB (§ 19 III) ist stets die Eintragung in das Handelsregister notwendig.

3. Für die **Errichtung** einer oHG ist der Abschluß eines Gesellschaftsvertrages notwendig.

a) Für den *Abschluß des Gesellschaftsvertrages* gelten die Ausführungen der GbR entsprechend (§ 27).

b) Fehlt ein Gesellschaftsvertrag, wird aber nach außen der *Anschein einer oHG* erweckt, so müssen sich die Gesellschafter so behandeln lassen, als ob eine oHG bestand. Das gilt nur dann nicht, wenn die Geschäftspartner der Schein-oHG die wahren Verhältnisse gekannt haben.

c) Ist der Gesellschaftsvertrag dagegen *fehlerhaft* (wegen fehlender Geschäftsfähigkeit unwirksam, sittenwidrig, angefochten, verstößt gegen gesetzliches Verbot usw.), so ist zu unterscheiden, ob die Gesellschaft in Vollzug gesetzt worden ist oder nicht. Ist sie noch nicht in Vollzug gesetzt worden, so ist sie nach außen noch nicht in Erscheinung getreten. Jeder Gesellschafter kann sich auf die Unwirksamkeit des Gesellschaftsvertrages berufen. Ist sie dagegen in Vollzug gesetzt, so kann im Innenverhältnis der Gesellschafter zueinander nur eine Auflösung für die Zukunft erfolgen. Dazu bedarf es der Auflösungsklage nach § 133 HGB (RGZ 165, 193; BGHZ 3, 285). Ausnahmen bestehen bei außerordentlicher Kündigung des Gesellschaftsvertrages (BGH NJW 73, 1604). Bis zur Rechtskraft des Auflösungsurteils ist die Gesellschaft als bestehend zu behandeln. Nach Rechtskraft erfolgt die Abwicklung in entsprechender Anwendung von §§ 145ff HGB. Im Außenverhältnis gilt die fehlerhafte oHG nach Vollzugsetzung als wirksam, bis sie aufgelöst und durch Abwicklung beendet worden ist. Die Gesellschafter haften mithin nach § 128 HGB voll mit ihrem Privatvermögen für Gesellschaftsschulden. In Vollzug gesetzt ist eine Gesellschaft immer dann, wenn sie am Rechtsverkehr teilgenommen hat oder mit der Erbringung der Einlage begonnen worden ist.

d) Die Grundsätze über die fehlerhafte Gesellschaft gelten im wesentlichen auch bei Rechtsmängeln einer *Vertragsänderung* (BGHZ 62, 20, 26f) oder einem fehlerhaften *Beitritt* zu einer bestehenden Gesellschaft (BGHZ 26, 330, 334f; 44, 235, 236f).

4. **Anmeldung zum Handelsregister.** Jede oHG muß zum Handelsregister (§ 21) angemeldet werden (§ 106 HGB). Zur Anmel-

dung sind sämtliche Gesellschafter verpflichtet (§ 108 HGB), unabhängig davon, ob sie Geschäftsführungs- und Vertretungsbefugnis haben. Anmeldungspflichtig sind die in § 106 Abs. 2 HGB aufgeführten Tatsachen.

### III. Rechte und Pflichten der Gesellschafter

**1. Vertragsfreiheit.** Die Gesellschafter können im Innenverhältnis beliebige Regelungen im Gesellschaftsvertrag treffen und diesen ganz nach ihren Bedürfnissen ausrichten (§ 109 HGB). Das Gesetz geht davon aus, daß die Gesellschafter als Vollkaufleute schon ihre Interessen hinreichend zu wahren verstehen. Die gesetzlichen Vorschriften über das Innenverhältnis in §§ 110 bis 122 HGB greifen nur dann ein, wenn der Gesellschaftsvertrag keine Regelung der Rechtsbeziehungen enthält.

**2. Geschäftsführung:** Für die Geschäftsführung gilt wie bei der GbR das Prinzip der Selbstorganschaft. Zur Führung der Geschäfte sind alle Gesellschafter berechtigt und verpflichtet (§ 114 Abs. 1 HGB). Im Unterschied zur GbR ist jedoch jeder Gesellschafter allein geschäftsführungsbefugt (§ 115 Abs. 1 HGB). Widerspricht ein geschäftsführungsbefugter Gesellschafter dem Geschäft, so muß es unterbleiben. Das Widerspruchsrecht ist ihm jedoch nur eingeräumt, damit er sich nach eigener Entschließung an den Entscheidungen in der Gesellschaft beteiligen und nach eigener Beurteilung Zweckmäßigkeit und Risiko abschätzen kann. Es dient nur dem Interesse der Gesellschaft und darf nicht zur Durchsetzung individueller Belange eingesetzt werden (BGH ZIP 85, 1134 = EWiR HGB § 115 1/85). Im Gesellschaftsvertrag kann vorgesehen werden, daß einzelne Gesellschafter von der Geschäftsführung ausgeschlossen werden. Das ist immer anzunehmen, wenn einem oder mehreren Gesellschaftern die Geschäftsführung übertragen ist (§ 114 Abs. 2, 115 Abs. 2 HGB). Nach h.M. können jedoch nicht alle Gesellschafter von der Geschäftsführung ausgeschlossen werden (BGHZ 36, 292; BGH DB 82, 846).

**3. Umfang der Geschäftsführungsbefugnis.** a) Die Geschäftsführung bezieht sich grundsätzlich nur auf Handlungen, die der *gewöhnliche Betrieb* des Handelsgewerbes mit sich bringt (§ 116 HGB). Ungewöhnlich sind solche Geschäfte, die dem bisherigen Geschäftszweck der oHG fremd sind oder die den Rahmen des normalen, bisherigen Geschäftsbetriebes übersteigen. Hierzu gehören z.B. die Errichtung einer Zweigniederlassung, Bau eines Fabrikgebäudes, Gewährung hoher Kredite usw.

b) Besonderheiten gelten für die Erteilung und den Widerruf einer *Prokura.* Zur Erteilung der Prokura bedarf es der Zustimmung sämtlicher geschäftsführender Gesellschafter. Zum Widerruf ist jeder geschäftsführende Gesellschafter alleine befugt (§ 116 Abs. 3 HGB).

**4. Entziehung der Geschäftsführungsbefugnis.** Wie bei der GbR kann die Geschäftsführungsbefugnis einzelnen Gesellschaftern entzogen werden. Hierzu genügt aber nicht wie bei der GbR ein Beschluß der Gesellschafter; vielmehr ist dazu im Interesse der Rechtsklarheit eine Klage notwendig (§ 117 HGB). Die Klage wegen Entziehung ist nur begründet, wenn ein wichtiger Grund vorliegt. Ein solcher ist insbesondere eine grobe Pflichtverletzung oder Unfähigkeit zur Geschäftsführung. Ein geschäftsführender Gesellschafter muß in allen Angelegenheiten, die das Interesse der Gesellschaft berühren, deren Wohl und nicht seinen eigenen Nutzen oder den Vorteil anderer im Auge haben (BGH NJW 86, 584). Zur Mitwirkungspflicht eines klageunwilligen Gesellschafters vgl. BGHZ 64, 253, 257; 68, 81. Ist die Klage begründet, so gibt ihr das Gericht durch Gestaltungsurteil statt; die Entziehung der Geschäftsführung wird also für die Zukunft wirksam. Die Entziehung der Geschäftsführungsbefungnis kann vertraglich erschwert oder erleichtert werden (BGH NJW 73, 651).

**5. Gesellschafterbeschlüsse.** a) In einer Reihe von Fällen bedarf es der Gesellschafterbeschlüsse, um einc Entscheidung herbeizuführen. Hierzu gehören vor allem ungewöhnliche Geschäfte, Erteilung der Prokura, Entziehung der Geschäftsführungsbefugnis und Änderungen des Gesellschaftsvertrages. Nach § 119 Abs. 1 HGB sind die Gesellschafterbeschlüsse grundsätzlich einstimmig zu fassen. Das Verfahren ist formfrei; es sind also Einzelbesprechungen, schriftliche Abstimmungen, Abstimmungen in Gesellschafterversammlungen usw. wirksam. Die Stimme ist persönlich abzugeben; im Gesellschaftsvertrag kann jedoch Vertretung zugelassen werden. Ein Gesellschafter ist von der Beschlußfassung ausgeschlossen, wenn sich die Abstimmung gegen ihn richtet (BGH NJW 74, 1555).

b) Im Gesellschaftsvertrag können *Mehrheitsbeschlüsse* vorgesehen werden. Die Mehrheit ist im Zweifel nach der Zahl der

Gesellschafter zu berechnen (§ 119 Abs. 2 HGB). In welchen Fällen Mehrheitsbeschlüsse ausreichen, muß im Gesellschaftsvertrag genau bestimmt werden. Insoweit gilt der Bestimmtheitsgrundsatz (hierzu BGHZ 8, 35, 41; 48, 251). Durch Mehrheitsbeschlüsse darf aber grundsätzlich nicht in den Kernbereich der gesellschaftsrechtlichen Stellung eingegriffen werden (vgl. dazu BGH ZIP 85, 407 = DB 85, 480 = BB 85, 423; ZIP 88, 843 = DB 88, 1377 = BB 88, 1205).

c) Die *Stimmabgabe* ist eine Willenserklärung. Ist die Willenserklärung nichtig, so ist der gesamte Beschluß nichtig, wenn Einstimmigkeit vorgesehen war. Sonst kommt es für die Auswirkungen auf den Beschluß darauf an, welche Bedeutung der Stimme im Rahmen des Quorums zukam. Der Beschluß selbst kann rechtsunwirksam sein; ein Verstoß gegen Verfahrensmängel kann im allgemeinen aber nicht mehr geltend gemacht werden, wenn der anfechtende Gesellschafter sich an der Abstimmung beteiligt hat.

**6. Wettbewerbsverbot.** Ein Gesellschafter darf ohne Einwilligung der anderen Gesellschafter weder in dem Handelszweig der Gesellschaft Geschäfte machen, noch an einer anderen gleichartigen Handelsgesellschaft als persönlich haftender Gesellschafter teilnehmen (§ 112 HGB). Verletzt ein Gesellschafter das Wettbewerbsverbot, so kann die oHG Schadensersatz verlangen oder in die Geschäfte eintreten (§ 113 HGB).

**7. Kapitalanteil.** a) Jedem Gesellschafter steht an der oHG ein Kapitalanteil zu; dieser ist eine Rechnungsziffer, in welchem Verhältnis der Gesellschafter am Gesamtvermögen beteiligt ist.

b) Bei der *Berechnung des Kapitalanteils* ist vom Wert der vom Gesellschafter geleisteten Einlage auszugehen. Er erhöht oder vermindert sich durch Gewinn oder Verlust bzw. durch Entnahmen. Insoweit kann auch ein negativer Kapitalanteil entstehen, wenn Entnahmen und Verluste größer sind als Einlagen und Gewinne. Wegen des negativen Kapitalanteils ist der Gesellschafter grundsätzlich der Gesellschaft nicht erstattungspflichtig; er bedeutet lediglich, in welchem Umfang der Gesellschafter bei Auflösung der oHG seinen Mitgesellschaftern ausgleichspflichtig wird. Die Summe der aktiven Kapitalanteile vermindert um die Belastungen stellt den buchmäßigen Wert der oHG dar; dieser entspricht jedoch nicht dem wirklichen Wert, da dieser infolge Bildung stiller Reserven erheblich abweichen kann. Buchmäßig werden die Veränderungen des Kapitalanteils regelmäßig für jeden Gesellschafter auf einem Kapitalkonto (Gesellschafterkonto) erfaßt. Für die laufenden Vorgänge, durch die der Kapitalanteil nicht geändert wird, wird regelmäßig ein zweites Konto (Gesellschafterkonto II) gebildet (dazu BGH BB 78, 630).

c) Der Berechnung des Kapitalanteils kann vor allem *Bedeutung* zukommen für *(1)* die Verteilung des Gewinns, *(2)* das Recht zur Entnahme aus der Gesellschaftskasse, *(3)* die Berechnung des Auflösungs- und Abfindungsguthabens, *(4)* als Maßstab für die Rechte und Pflichten aus dem Gesellschaftsvertrag.

**8. Gewinn und Verlust sowie Entnahme.** a) Zum Schluß eines jeden Geschäftsjahres hat die oHG aufgrund der Jahresbilanz den *Gewinn oder Verlust* eines Jahres festzustellen und für jeden Gesellschafter den Anteil zu errechnen (§ 120 Abs. 1 HGB). Für die Erstellung der Bilanz gelten die allgemeinen handelsrechtlichen Vorschriften (§§ 238ff HGB; dazu § 45 I). Regelmäßig wird die Berücksichtigung der steuerrechtlichen Bilanzvorschriften vereinbart, so daß sich Handels- und Steuerbilanz decken. Die Bilanz wird durch die geschäftsführenden Gesellschafter aufgestellt (§§ 242ff HGB); die endgültige Feststellung erfolgt durch die Gesellschafter. Aus der Bilanz ergibt sich die Veränderung des Geschäftsvermögens für das vergangene Jahr. Die Erhöhung stellt den Gewinn, die Verminderung den Verlust dar.

*Beispiel:* Ist die oHG mit einem Reinvermögen von 200.000,– DM errichtet und weist die 1. Bilanz nur ein Vermögen von 150.000,– DM aus, so ist ein Verlust von 50.000,– DM erwachsen. Weist die nächste Bilanz 180.000,– DM aus, so ist ein verteilungsfähiger Gewinn von 30.000,– DM entstanden, auch wenn das ursprüngliche Reinvermögen noch nicht wieder erreicht ist. Da die Gesellschafter persönlich haften, braucht das Gesetz nicht dafür Vorsorge zu treffen, daß ein bestimmtes Mindestvermögen erhalten bleibt.

b) Der Gewinn eines Gesellschafters wird dem *Kapitalkonto* zugeschrieben; ein Verlust von diesem abgebucht (§ 120 Abs. 2 HGB). Für die Verteilung des Gewinnes stellt das Gesetz dispositive Regeln auf (§ 121 HGB), die eingreifen, wenn im Gesellschaftervertrag nichts anderes vereinbart ist. Hiernach erhält jeder Gesellschafter zunächst 4% Verzinsung seines Kapitalanteils. Der überschießende Rest wird nach Köpfen verteilt.

*c) Entnahme:* Regelmäßig muß jeder Gesellschafter von seiner Mitarbeit in der oHG leben. Aus diesem Grunde gestattet ihm

§ 122 Abs. 1 HGB aus der Gesellschaftskasse Geld bis zum Betrage von 4 v. H. seines für das letzte Geschäftsjahr festgestellten Kapitals zu seinen Lasten zu entnehmen; dies gilt auch dann, wenn die oHG mit Verlust abgeschlossen hat. Darüber hinaus ist er berechtigt, auch die Auszahlung seines den bezeichneten Betrag übersteigenden Anteils am Gewinn des letzten Jahres zu verlangen, soweit es nicht zum offenbaren Schaden der Gesellschaft gereicht. Dies ist z. B. dann der Fall, wenn dadurch die Liquidität gefährdet und Kreditmittel nur zu unverhältnismäßigen Kosten zu erlangen wären. Im Einverständnis der Gesellschaft darf jeder soviel entnehmen wie er will (§ 122 Abs. 2 HGB), da die Gesellschafter persönlich und solidarisch haften, bedarf es keines besonderen Gläubigerschutzes.

*d) Aufwendungsersatz:* Nach § 110 HGB kann der Gesellschafter Ersatz seiner Aufwendungen beanspruchen, wenn *(1)* er in den Gesellschaftsangelegenheiten Aufwendungen macht, die er den Umständen nach für erforderlich halten darf, z. B. Leistungen an Gesellschaftsgläubiger (BGH NJW 84, 2290), oder *(2)* er unmittelbar durch seine Geschäftsführung oder aus Gefahren, die mit ihr unmittelbar verbunden sind, Verluste erleidet.

### IV. Das Außenverhältnis

**1. Zwingendes Recht.** Während im Innenverhältnis die gesellschaftlichen Vorschriften durch den Gesellschaftsvertrag abgedungen werden können, sind die, die das Außenverhältnis, also das Rechtsverhältnis zu Dritten regeln, im Interesse des Gläubigerschutzes überwiegend zwingend (§§ 123–130b HGB).

**2. Rechtliche Selbständigkeit.** Nach § 124 Abs. 1 HGB kann die oHG unter ihrer Firma Rechte erwerben und Verbindlichkeiten eingehen, Eigentum und andere dingliche Rechte an Grundstükken erwerben, vor Gericht klagen und verklagt werden (§ 124 Abs. 1 HGB). Die oHG ist keine juristische Person; gleichwohl tritt sie nach außen als geschlossene Einheit auf und ist dadurch für den Handelsverkehr besser geeignet als die GbR.

a) Die oHG hat einen *besonderen Namen,* die Firma (vgl. § 22).

b) Die oHG kann unter ihrer Firma handeln und am *Rechtsverkehr teilnehmen.*

c) Die oHG ist nicht strafrechtsfähig. Jedoch können gegen sie Bußgelder wegen *Ordnungswidrigkeiten* verhängt (§ 30 OWiG) und ihr gehörende Gegenstände eingezogen werden (§ 29 OWiG). Sie ist zivilrechtlich deliktsfähig. Sie haftet für unerlaubte Handlungen ihrer Vertretungsorgane nach § 31 BGB entspr.

d) Die oHG kann in das *Grundbuch* eingetragen werden. Sinkt die oHG zu einer GbR herab, so bedarf es der Berichtigung des Grundbuches auf die Einzelgesellschafter.

e) Die oHG ist im Prozeß *aktiv und passiv parteifähig.* Sie kann also klagen und verklagt werden. Die Namen der einzelnen Gesellschafter brauchen nicht erwähnt werden. Diese können jedoch im Rechtsstreit als Nebenintervenient beitreten (§ 66 ZPO). Von einem Gesellschafterwechsel während des Prozesses bleibt der Rechtsstreit unberührt. In einem Rechtsstreit mit der oHG werden die vertretungsberechtigten Gesellschafter als Partei, die nicht vertretungsberechtigten als Zeugen vernommen (BGHZ 42, 230).

f) Zur *Zwangsvollstreckung* gegen die oHG ist ein gegen sie gerichteter Titel erforderlich (§ 124 Abs. 2 HGB). Unzureichend ist ein Titel gegen alle Gesellschafter. Über das Vermögen der oHG kann ein Konkurs- oder Vergleichsverfahren geführt werden (§ 209 Abs. 1 KO; §§ 109, 110 VglO).

**3. Vertretung.** a) Für die oHG gilt das Prinzip der *Selbstorganschaft;* d.h., die Vertretung erfolgt durch die Gesellschafter. Ein Nichtgesellschafter kann zwar Prokurist oder Handlungsbevollmächtigter (§ 24 III) sein; indes muß ihm rechtsgeschäftlich eine Vollmacht erteilt werden. Die oHG kann vertraglich der Drittorganschaft angenähert werden, wenn einem Dritten eine umfassende Vollmacht erteilt und im übrigen die Gesellschafter nur gesamtvertretungsberechtigt sind.

b) Grundsätzlich ist nach § 125 Abs. 1 HGB jeder Gesellschafter *alleinvertretungsberechtigt.* Die Vertretungsmacht wird auch nicht durch den Widerspruch eines anderen Gesellschafters ausgeschlossen (RGZ 81, 92, 95). Die Rechtslage ist also anders als bei der Geschäftsführung (oben III 2).

c) Der Gesellschaftsvertrag kann von dem Grundsatz der Alleinvertretungsmacht *Abweichungen* vorsehen. Jedoch können im Interesse des Rechtsverkehrs nur die vom Gesetz vorgesehenen Gestaltungsmöglichkeiten gewählt werden. *(1)* Einzelne Gesellschafter können von der Vertretung ausgeschlossen werden; der Rest kann alleinvertretungsberechtigt oder gesamtvertretungsberechtigt sein (§ 125 Abs. 1 HGB). *(2)* Es kann vorgesehen sein, daß alle oder mehrere Gesellschafter die oHG nur gemeinsam vertreten können (§ 125 Abs. 2 HGB). *(3)* Schließlich kann eine Gesamtvertretung durch einen oder mehrere Gesellschafter mit einem oder mehreren Prokuristen vorgesehen werden (§ 125 Abs. 3 HGB). Es muß aber stets eine Vertretung durch einen Gesellschafter möglich sein (BGHZ 26, 333; 33, 108). *(4)* Für Willenserklärung an die Gesellschaft genügt die Erklärung gegenüber einem Gesellschafter (§ 125 Abs. 2 HGB).

d) Die *Vertretungsmacht* kann auf Antrag der übrigen Gesellschafter durch gerichtliche Entscheidung aus wichtigem Grund *entzogen* werden (§ 127 HGB). Dies gilt auch für den alleinvertretungsberechtigten Gesellschafter (BGHZ 33, 105, 107; 51, 198). In einem solchen Fall steht aber allen übrigen Gesellschaftern bis zur anderweitigen Regelung durch den Gesellschaftsvertrag Gesamtvertretungsmacht zu.

e) Alle Ausnahmen von der Einzelvertretungsmacht sind in das *Handelsregister* einzutragen (§ 125 Abs. 4 HGB). Ist eine Eintragung nicht erfolgt, wird der Gutgläubige nach § 15 HGB geschützt (vgl. § 21 III).

f) Dem *Umfang* nach bezieht sich die Vertretungsmacht auf alle Rechtsgeschäfte und Rechtshandlungen der oHG (§ 126 Abs. 1 HGB). Sie ist weiter als bei einem Prokuristen. Sie kann durch Gesellschaftsvertrag nicht eingeschränkt werden; ein Dritter soll nicht jeweils nachprüfen müssen, welche Beschränkungen der Vertretungsmacht bestehen. Die Vertretungsmacht bezieht sich dagegen nicht auf das Rechtsverhältnis der Gesellschafter zueinander; der Gesellschafter kann die oHG, dagegen nicht den einzelnen Gesellschafter vertreten (BGH LM Nr. 3 zu § 126 HGB). Ihm ist also verschlossen, den Gesellschaftsvertrag zu ändern, einem Gesellschafter zu kündigen, dessen Kündigung entgegenzunehmen.

g) Die *Geschäftsführungsbefugnis und Vertretungsmacht* sind nicht deckungsgleich. Soweit die Vertretungsmacht weiter als die Geschäftsführungsbefugnis ist, kann der Gesellschafter das Geschäft nach außen wirksam vornehmen; er kann aber im Innenverhältnis seine Pflichten verletzen und schadensersatzpflichtig werden.

## V. Gesellschaftsschulden und Haftung

**1. Gesellschaftsschulden.** Die oHG haftet für die Gesellschaftsschulden. Dies sind alle Verbindlichkeiten, die die oHG zu erfüllen hat. Sie können auf Vertrag oder auf Gesetz (z.B. unerlaubter Handlung der Gesellschaftsorgane, ungerechtfertigter Bereicherung usw.) beruhen. Dagegen haftet die oHG nicht für die Privatschulden der Gesellschafter (arg. § 124 Abs. 2 HGB).

2. Für die Gesellschaftsschulden **haften die Gesellschafter** unmittelbar, primär, persönlich und solidarisch. Eine entgegenstehende Vereinbarung ist Dritten gegenüber unwirksam (§ 128 S. 2 HGB).

a) Das Hauptmerkmal der oHG ist die *persönliche Haftung* der Gesellschafter. Sie kann weder durch Gesellschaftsvertrag noch durch sonstigen Vertrag unter den Gesellschaftern eingeschränkt werden. Lediglich zwischen den Gläubigern und der Gesellschaft kann vereinbart werden, daß allein das Gesellschaftsvermögen haften soll. Dagegen ist die Beschränkung der Haftung auf das Privatvermögen der Gesellschafter bedenklich (verneinend BGHZ 47, 376). Nach ihrem Inhalt trifft die Gesellschafter nicht nur eine Einstandspflicht für die Erfüllung der Verbindlichkeit durch die oHG (Haftungstheorie), sondern sie schulden neben der oHG die Erfüllung der Verbindlichkeit (Erfüllungstheorie). Der Theorienstreit ist für die Erfüllung von Geldschulden unerheblich; er erlangt aber Bedeutung, wenn die oHG Sachleistungen bzw. ein Tun oder Unterlassen schuldet. Ein Gesellschafter einer Bau-oHG ist also selbst zur Mängelbeseitigung verpflichtet, wenn das von der oHG errichtete Bauwerk mit Mängeln behaftet ist (BGHZ 73, 217, 221). Er ist ferner zur Wettbewerbsenthaltung verpflichtet, wenn eine solche Verpflichtung für die oHG besteht (vgl. BGHZ 59, 64; BB 74, 482). Im allgemeinen haftet der Gesellschafter persönlich, wenn die oHG die Leistung vertretbarer Sachen versprochen hat. Der Gesellschafter muß also bestimmte Waren beschaffen, wenn die oHG nicht leistet usw.

b) Eine Ausnahme von der persönlichen Schuld der Gesellschafter kann sich ergeben, wenn *a)* die Verbindlichkeit ausschließlich von der oHG erfüllt werden kann oder *b)* die vertragliche Erfüllungspflicht auf das Vermögen der oHG beschränkt ist.

*ad a)* Die Erfüllung der Verbindlichkeit ist auf das Vermögen der oHG beschränkt, wenn nur diese die Schuldverbindlichkeit erfüllen kann. Dies ist z.B. der Fall, wenn nur sie die notwendigen sächlichen und persönlichen Mittel in der Hand hat, um eine bestimmte Werkleistung zu erbringen oder nur sie bestimmte Waren liefern kann. Vor allem ergeben sich aber Beschränkungen, wenn die oHG eine Willenserklärung abgeben muß (§ 894 ZPO). Schuldet die oHG eine nicht vertretbare Leistung, so erfolgt eine Abwägung der wechselweisen Interessen. Dann schuldet nicht auch der Gesellschafter die Erfüllung der Verbindlichkeit, wenn dies einen Eingriff in seine private Sphäre bedeutet und dies der Gläubiger erkennen konnte. Auch in den Fällen, in denen der Gesellschafter zur Erfüllung der Verbindlichkeit verpflichtet ist, haftet er auf Geldersatz, wenn die oHG nicht selbst leistet.

*ad b)* Im Wege des Vertrages mit dem Gläubiger kann die Erfüllungshaftung auf das Vermögen der oHG beschränkt sein. Diese Vereinbarung kann ausdrücklich oder konkludent geschlossen werden. Es sind jedoch strenge Anforderungen an die Auslegung eines derartigen Vertrages zu stellen. Im allgemeinen wird z.B. nur die oHG zur Errichtung eines Bauwerks verpflichtet sein, weil nur sie die hierfür notwendigen Spezialisten hat. Aber selbst dann, wenn nur die oHG die Verbindlichkeit erfüllen muß, bleibt die Ersatzhaftung der Gesellschafter bestehen, wenn die oHG nicht leistet.

c) Die Gesellschafter haften *unmittelbar und primär.* Unmittelbare Haftung bedeutet, daß die Gläubiger die Gesellschafter unmittelbar in Anspruch nehmen können. Primäre Haftung bedeutet, daß die Gesellschafter nicht nur subsidiär haften, wenn bei der Gesellschaft keine Befriedigung zu finden ist, sondern direkt. Es gibt für die Gesellschafter keine Einrede der Vorausklage, wie sie bei der Bürgschaft (§ 54 II) vorgesehen ist.

d) Alle Gesellschafter haften untereinander als Gesamtschuldner. Dagegen besteht keine Gesamtschuldnerschaft zwischen der Gesellschaft und den Gesellschaftern (BAG AP Nr. 145 zu § 242 BGB Ruhegehalt; AP Nr. 1 zu § 128 HGB; AP Nr. 67 zu § 4 TVG Ausschlußfristen).

e) Zur *Vollstreckung in das Gesellschaftsvermögen* ist ein Vollstreckungstitel gegen die Gesellschaft, zur Vollstreckung in das Vermögen der Gesellschafter ein Titel gegen die Gesellschafter notwendig (§ 124 Abs. 2 HGB). In der Praxis ist es daher üblich, daß sowohl die Gesellschafter als auch die Gesellschaft verklagt werden.

3. **Altschulden.** Wenn ein Gesellschafter in eine bestehende oHG eintritt, haftet er gleich den anderen Gesellschaftern nach Maßgabe der unter 2 dargestellten Grundsätze für die vor seinem Eintritt begründeten Verbindlichkeiten. Eine entgegenstehende Vereinbarung des Gesellschaftsvertrages ist unwirksam (§ 130 BGB). Die strenge Haftung für Altschulden ist begründet, weil das Gesetz Verwirrung der Gläubiger über die unterschiedliche Haftung vermeiden will; im übrigen wächst aber auch der Anteil am Vermögen den neu eintretenden Gesellschaftern zu, so daß sie auch für die Verbindlichkeiten eintreten müssen.

4. Aus einer oHG **ausgeschiedene Gesellschafter** haften weiter für die Schulden, die vor ihrem Ausscheiden entstanden sind. Nicht notwendig ist, daß sie voll erwachsen oder bereits fällig sind. Ausreichend ist, wenn ihr Rechtsgrund gelegt ist (BGH EWiR HGB § 128 1/86 m. Anm. v. Schmidt). Für den ausgeschiedenen Gesellschafter läuft eine besondere Verjährungsfrist von fünf Jahren seit der Eintragung des Ausscheidens des Gesellschafters in das Handelsregister (§ 159 Abs. 1, 2 HGB). Die Verjährungsfrist beginnt aber erst mit Fälligkeit der Forderung, wenn im Zeitpunkt des Ausscheidens die Forderung noch nicht fällig war (§ 159 Abs. 3 HGB). Diese Vorschrift hat bei Dauerschuldverhältnissen zur sog. Endloshaftung ausgeschiedener Gesellschafter geführt. Inzwischen haben BGH und BAG im Wege richterlicher Rechtsfortbildung entschieden, daß § 159 Abs. 3 HGB auf Dauerschuldverhältnisse unmittelbar keine Anwendung findet. Die erwachsene Regelungslücke sei mithin so zu schließen, daß Forderungen aus Dauerschuldverhältnissen innerhalb von fünf Jahren seit dem Ausscheiden aus der Gesellschaft verjähren; etwas anderes gelte nur dann, wenn der ausgeschiedene Gesellschafter noch maßgebenden Einfluß auf die Gesellschaft habe (BAG ZIP 83, 715; BGH ZIP 83, 813, 817, 819, 821; WM 85, 53 = EWiR HGB § 128 1/85, ArbG Stuttgart DB 85, 978). Diese Rechtsprechung hat dazu geführt, daß Betriebsrentner sich innerhalb der Frist an den ausgeschiedenen Gesellschafter halten müssen.[1]

[1] Vgl. Stolzenburg, Kündigung und Enthaftung bei Kreditbürgschaft eines ausgeschiedenen Gesellschafters, ZIP 85, 1189.

**5. Einwendungen.** Wird der Gesellschafter wegen einer Gesellschaftsschuld in Anspruch genommen, so kann er Einwendungen erheben, die der Gesellschaft gegen die Gesellschaftsschuld zustehen oder persönliche Einwendungen (§ 129 HGB).

a) Der Gesellschafter kann alle Einwendungen erheben, die der *Gesellschaft* zustehen und von der Gesellschaft geltend gemacht werden können. Der Gesellschafter kann sich also darauf berufen, der zwischen der oHG und dem Gläubiger bestehende Vertrag sei nichtig, rechtswirksam angefochten, die Forderung sei verjährt (Ausnahme, wenn Verjährung gegen Gesellschafter unterbrochen – BGH NJW 88, 1976) usw. Die Einwendung steht dem Gesellschafter jedoch nur solange zu, wie sie auch die oHG noch erheben könnte. Der Gesellschafter ist dann mit der Einwendung ausgeschlossen, wenn die Gesellschaft auf sie verzichtet hat. Steht der oHG wegen der Verbindlichkeit ein Gestaltungsrecht, also das Recht zur Anfechtung, zur Aufrechnung mit Gegenforderungen zu, so kann der Gesellschafter die Leistung solange verweigern, solange die oHG das Recht hat, das Gestaltungsrecht auszuüben. Das gleiche gilt, wenn dem Gläubiger diese Befugnisse zustehen (§ 129 Abs. 2, 3 HGB). Er hat mithin dann kein Leistungsverweigerungsrecht mehr, wenn der Ausübung des Gestaltungsrechtes Hindernisse entgegenstehen (wie z.B. ein Aufrechnungsverbot).

b) Der Gesellschafter kann die ihm *persönlich zustehenden Einwendungen* erheben; das sind alle Einwendungen, die in seiner Person begründet sind (§ 129 Abs. 1 HGB). Hierzu gehört z.B. der Einwand, ihm sei die Forderung gestundet worden usw.

**6. Besonderheiten** ergeben sich, wenn ein Gesellschafter selbst **Gläubiger** der oHG ist. Insoweit ist zu unterscheiden zwischen Sozialverpflichtungen und außergesellschaftlichen Verpflichtungen.

a) *Sozialverpflichtungen* sind Schulden aus dem Gesellschaftsverhältnis; hierzu gehören z.B. Verbindlichkeiten aus der Geschäftsführung, Erstattungsforderungen, Gewinnentnahme usw. Macht ein Gesellschafter als Gläubiger diese Forderungen geltend, so kann er sich nur an die Gesellschaft (Gesellschaftsvermögen) halten. Dies folgt daraus, daß die übrigen Gesellschafter nicht nach § 707 BGB zum Nachschuß verpflichtet sind. Eine Ausnahme von diesem Grundsatz besteht nur dann, wenn der Gesellschafter einen Gläubiger der Gesellschaft befriedigt hat.

Insoweit kann er aus dem Privatvermögen der Mitgesellschafter Erstattung verlangen, wie diese auch anteilig hätten herangezogen werden können (BGHZ 37, 299; BGB DB 79, 2364; 81, 367).

b) Steht dagegen der Gesellschafter der Gesellschaft als *Gläubiger* gegenüber, z.B. aus einem Darlehen, Kaufvertrag usw., so kann er sowohl von der Gesellschaft als auch aus dem Privatvermögen der übrigen Gesellschafter Befriedigung verlangen. Jedoch bestehen zwei Einschränkungen: *(1)* Er muß sich zunächst an die Gesellschaft halten; *(2)* er muß einen etwaigen Verlustanteil, der auf ihn entfällt, mittragen.

### VI. Wechsel der Gesellschafter

1. Für den **Wechsel** der Gesellschafter gelten dieselben Grundsätze wie bei der GbR.

**2. a)** Auch bei der oHG ist der **Tod** eines Gesellschafters Auflösungsgrund (§ 131 Nr. 4 HGB). Die Gesellschaft wird liquidiert. Ein Erbe kann aber verpflichtet sein, aus der Gesellschaft auszuscheiden, wenn er sie nicht fortsetzen will und beachtliche Gründe gegen die Abwicklung sprechen und durch sein Ausscheiden seine Interessen nicht verletzt werden (BGH ZIP 86, 91 = EWiR HGB § 105 1/86 m. Anm. Priester). Andererseits soll der Gesellschaftsanteil in den Nachlaß fallen (vgl. dazu BGH NJW 88, 2431 = EWiR HGB § 139 Nr. 1/86). In der Praxis wird regelmäßig vorgesehen, daß die Gesellschafter allein oder mit den Erben die Gesellschaft fortsetzen. Im wesentlichen finden sich drei Grundstrukturen. *(1)* Im Falle des Todes eines Gesellschafters soll die Gesellschaft nur mit den verbleibenden fortgesetzt werden. Damit scheidet lediglich der Verstorbene aus (§ 138 HGB). Den Erben steht ein Abfindungsanspruch zu. *(2)* Im Falle des Todes wird die oHG mit den Erben des Verstorbenen fortgesetzt (einfache oder allgemeine Nachfolgeklausel). Der Gesellschaftsanteil fällt einem Alleinerben im Ganzen, mehreren Miterben im Verhältnis ihrer Erbteile zu (BGHZ 22, 186, 191ff; 68, 225, 229ff). Die Erben werden automatisch Mitglied der Gesellschaft; bei Minderjährigen sind daher keine vormundschaftsgerichtlichen Genehmigungen (§ 1822 Nr. 3 BGB) erforderlich (BGHZ 55, 267, 269). Im Gesellschaftsvertrag kann bestimmt sein, daß nur einzelne Erben in die Gesellschaft aufgenommen werden (z.B. der älteste Sohn oder Tochter usw.). Derartige Bestimmungen werden getroffen, um die Gesellschaft handlungsfähig zu halten (qualifizierte Nachfolgeklausel). *(3)* Bei dem Tod eines Gesellschafters haben die Erben lediglich die Möglichkeit, in die Gesellschaft einzutreten (Eintrittsrecht). Die Aufnahme eines jeden Erben erfolgt durch Aufnahmevertrag; bei Minderjährigen sind vormundschaftsgerichtliche Genehmigungen erforderlich (§§ 1643 Abs. 1, 1822 Nr. 3 BGB). Im allgemeinen wird von den Gesellschaftern nicht nur ein Eintrittsrecht gewollt sein (vgl. BGHZ 68, 225, 230f), da mit der Auflösung der Gesellschaft zunächst ein Abfindunganspruch erwächst und nach Aufnahme des Erben diesem wieder ein Gesellschaftsanteil übertragen werden muß.

b) Ein *Erbe,* der aufgrund der Erbschaft Mitglied einer oHG wird, kann nach § 139 HGB *verlangen,* daß ihm die Stellung eines Kommanditisten eingeräumt wird. Dem Erben wird das Recht eingeräumt, um ihn nicht zur Ausschlagung der Erbschaft zu zwingen, wenn er die Lasten der Geschäftsführung und der Haftung vermeiden will. Nehmen einer oder die übrigen Gesellschafter diesen Antrag des Erben nicht an, so kann der Erbe ohne Einhaltung einer Kündigungsfrist sein Ausscheiden aus der Gesellschaft erklären und das Abfindungsguthaben verlangen. Scheidet der Erbe aus der Gesellschaft aus, so haftet er für die früheren Gesellschaftsschulden nur nach erbrechtlichen Grundsätzen.

**3. Ausschließung eines Gesellschafters.** a) Die Gesellschafter einer oHG können einen *Gesellschafter ausschließen,* wenn *(1)* ein Privatgläubiger dieses Gesellschafters die Gesellschaft gekündigt und dessen Auseinandersetzungsguthaben gepfändet hat (§ 141 Abs. 1 HGB) oder *(2)* über das Vermögen des Gesellschafters das Konkursverfahren eröffnet worden ist (§ 141 Abs. 2 HGB).

b) Die Gesellschafter können *Klage auf Ausschließung* eines Gesellschafters erheben, wenn in dessen Person ein wichtiger Grund zur Ausschließung erwachsen ist (§ 140 HGB). Die Ausschließung darf nur erfolgen, wenn durch mildere Mittel keine zufriedenstellende Lösung der wechselseitigen Interessen zu erreichen ist (Einschränkung der Vertretungsmacht, Entziehung der Geschäftsführungsbefugnisse usw). Es gilt die sog. ultima ratio Regel (BGHZ 18, 350, 362; BGH DB 71, 140; 75, 1866). Ausschließungsgründe sind z.B. Veruntreuungen, Verdacht unredlichen Verhaltens (BGHZ 6, 113, 116; 31, 304). Das Ausschließungsrecht kann im Gesellschaftsvertrag erweitert oder eingeschränkt werden.

**4. Übernahmerecht.** Eine oHG kann nur aus zwei oder mehr Personen bestehen. Sind nur zwei Gesellschafter vorhanden, so kann für den einen ein Übernahmerecht erwachsen, wenn bei einer mehrgliederigen Gesellschaft der betroffene Gesellschafter ausgeschlossen werden könnte (Einzelh. § 142 HGB).

### VII. Beendigung der oHG

**1. Auflösung.** a) Wie bei der GbR ist zwischen *Auflösung und Beendigung* der oHG zu unterscheiden (§ 27).

b) Die *gesetzlichen Auflösungsgründe* sind erschöpfend in § 131 HGB aufgezählt. Hierzu gehören Ablauf der Zeit, Beschluß der Gesellschafter, Eröffnung des Konkurses über das Vermögen der Gesellschaft, Tod eines Gesellschafters, Eröffnung des Konkurses über das Vermögen eines Gesellschafters, Kündigung und gerichtliche Entscheidung. Als weitere Auflösungsgründe können nicht hilfsweise die bei der GbR bestehenden herangezogen werden.

c) Im Wege des Gesellschaftsvertrages können jedoch weitere Auflösungsgründe *vereinbart* werden, was selten zweckmäßig ist.

d) Die Auflösung ist von sämtlichen Gesellschaftern zum *Handelsregister anzumelden;* die Eröffnung des Konkurses über das Vermögen der oHG wird von Amts wegen eingetragen (§ 143 HGB).

**2. Auflösung durch Kündigung und gerichtliche Entscheidung.** a) Jeder Gesellschafter kann eine auf unbestimmte Zeit eingegangene Gesellschaft *ordentlich* unter Einhaltung einer Kündigungsfrist von sechs Monaten zum Ende eines Geschäftsjahres *kündigen* (§ 132 HGB).

b) Die *außerordentliche Kündigung* ist durch eine Auflösungsklage aus wichtigem Grund ersetzt (§ 133 HGB).

**3. Fortsetzung der Gesellschaft nach Auflösung:** Die Auflösung führt zur Zerschlagung des Unternehmens, sofern es nicht als ganzes veräußert oder von einem Gesellschafter übernommen wird. Wegen des erheblichen Wertverlustes sieht das Gesetz daher die Möglichkeit vor, daß auch nach Auflösung der oHG diese fortgesetzt werden kann (§ 144 HGB).

4. Wird die **Gesellschaft nicht fortgesetzt,** findet nach den Vorschriften der §§ 145 ff HGB die Liquidation statt. Auch die Vorschriften über die Liquidation können abgedungen werden, da die persönliche Haftung der Gesellschafter erhalten bleibt.

## § 29. Die Kommanditgesellschaft[1]

### I. Begriff und Wesen

**1. Begriff und Rechtsgrundlagen:** Die KG ist eine abgewandelte Form der oHG. Sie unterscheidet sich von dieser nur dadurch, daß bei einem oder einem Teil der Gesellschafter die Haftung gegenüber den Gesellschaftsgläubigern auf den Betrag einer bestimmten Vermögenseinlage beschränkt ist (§ 161 Abs. 1 HGB). Auf die KG finden daher die für die oHG und die GbR geltenden Vorschriften entsprechende Anwendung, soweit sich aus §§ 161 ff HGB nichts anderes ergibt. Daneben kommen noch die Vorschriften des UmwandlungsG vom 6. 11. 1969 (BGBl. I S. 2081) und des PublizitätsG vom 15. 8. 1969 (BGBl. I S. 1189) zul. geänd. 19. 12. 1985 (BGBl. I S. 2355) vor.

**2. Komplementäre und Kommanditisten.** Die unbeschränkt haftenden Gesellschafter einer KG heißen Komplementäre. Sie haben die gleiche Rechtsstellung wie die Gesellschafter einer oHG. Die beschränkt haftenden Gesellschafter heißen Kommanditisten. Sie sind von der Geschäftsführung und Vertretung ausgeschlossen. Da sie im Handelsregister ausgewiesen sind, wird die Kreditfähigkeit der Gesellschaft erhöht, während bei einer stillen Gesellschaft (§ 26 III) der kapitalmäßig Beteiligte nach außen nicht in Erscheinung tritt.

**3. Verbreitung:** Aus der Geschichte der KG ergibt sich, daß sie immer dann eine besondere Verbreitung fand, wenn sie steuerlich begünstigt wurde. Sie wird heute zumeist von auch größeren mittelständischen Unternehmen gewählt. Wegen ihres kapitalistischen Einschlags paßt sie für die Aufnahme von Geldgebern, nahen Angehörigen oder zur Regelung der Generationenfolge.

### II. Errichtung

1. Die KG wird wie eine oHG errichtet (§ 28). Im Gesellschaftsvertrag muß jedoch die **beschränkte Haftung** eines jeden Kommanditisten vereinbart werden. Hierzu bedarf es der Angabe

---

[1] G. Hueck, Gesellschaftsrecht, 18. Aufl., 1983; Sudhoff, Der Gesellschaftsvertrag der Personengesellschaften, 6. Aufl., 1985; vgl. die Literaturangaben zur oHG und die Kommentare zum HGB bei § 19.

der Haftsumme, bis zu der der Kommanditist den Gesellschaftsgläubigern haften muß. Dies entspricht regelmäßig der Einlage, braucht aber mit ihr nicht identisch zu sein (§ 161 HGB).

2. Die **Firma** der KG ist Personenfirma. Sie muß bei ihrer Bildung mindestens den Namen eines persönlich haftenden Gesellschafters enthalten (§ 19 Abs. 2 HGB). Etwas anderes gilt bei der Firmenfortführung (§§ 22, 24 HGB). Einzelh. § 22.

3. In das **Handelsregister** sind neben den bei der oHG (§ 106 Abs. 2 HGB) notwendigen Angaben (§ 28) die Namen der Kommanditisten und jeweils die Geldbeträge ihrer Hafteinlage einzutragen. Bekanntgemacht werden dagegen nur die Zahl der Kommanditisten (§ 162 HGB). Dies gilt entsprechend bei Ein- und Austritt eines Kommanditisten (§ 162 Abs. 3 HGB).

4. Die KG kann durch **Umwandlung** einer oHG entstehen; dies ist der Fall, wenn in sie ein Kommanditist eintritt oder die Haftung eines Gesellschafters beschränkt wird. Dies kommt vor allem dann vor, wenn ein Gesellschafter verstirbt und seine Erben in der Gesellschaft als Kommanditisten verbleiben (§ 28 VI 2).

## III. Das Innenverhältnis

**1. Geschäftsführung.** a) Die **Geschäftsführung** steht nur den Komplementären zu. Ist Komplementär der KG eine GmbH, so handelt deren Geschäftsführer für sie. Die Kommanditisten sind von der Geschäftsführung ausgeschlossen; sie können dieser auch nicht widersprechen. Lediglich bei außergewöhnlichen Geschäften ist deren Zustimmung notwendig (§§ 164, 116 Abs. 2, 3 HGB). Im übrigen hat der Kommanditist nur bestimmte Kontrollrechte (§ 166 HGB).

b) Im **Innenverhältnis** der Gesellschafter untereinander besteht **Vertragsfreiheit;** es kann daher im Wege des Gesellschaftsvertrages die Rechtsstellung des Kommanditisten erheblich verstärkt werden. So kann diesem die Geschäftsführung ganz oder teilweise übertragen (BGHZ 17, 392, 394; 51, 198, 201; BGH DB 1968, 797), die Geschäftsführung von dessen Zustimmung abhängig oder gar von seinen Weisungen abhängig gemacht werden.

c) Da der Kommanditist von der Geschäftsführung ausgeschlossen ist, unterliegt er im Verhältnis zur Gesellschaft keinem **Wettbewerbsverbot** (§ 165 HGB). Er unterliegt lediglich der allgemeinen Treuepflicht (§ 27). Aber BGH ZIP 84, 446 = NJW 84, 1351.[2]

**2.** Das **Gesellschaftsvermögen** steht allen Gesellschaftern, also auch den Kommanditisten zur gesamten Hand zu.

**3.** Alle Gesellschafter sind am **Gewinn und Verlust** beteiligt.

a) Die **Verteilung von Gewinn und Verlust** ist gesetzlich in §§ 167, 168 HGB geregelt. Vom Gewinn erhält jeder Gesellschafter 4% seines Kapitalanteils vorweg. Der Rest wird in einem angemessenen Verhältnis verteilt. Eine Verteilung nach Köpfen ist nicht angemessen, da bei den persönlich haftenden Gesellschaftern deren Arbeitsleistung berücksichtigt werden muß. Die Gewinne werden zunächst dem Kapitalanteil gutgeschrieben, bei den Kommanditisten jedoch nur bis zur Höhe ihrer Einlage. Der überschießende Betrag wird ihnen ausgezahlt. Hierdurch kann sich das Kapitalverhältnis von persönlich haftenden Gesellschaftern und Kommanditisten ändern, wenn die Komplementäre ihren Kapitalanteil erhöhen, indem sie den Gewinn stehen lassen.

b) Regelmäßig wird im **Gesellschaftsvertrag** die Gewinnbeteiligung ausführlich geregelt.

c) Der **Verlust** wird mangels näherer Bestimmung im Gesellschaftsvertrag angemessen verteilt (§ 168 Abs. 2 HGB). Er wird vom Kapitalanteil abgeschrieben. Dieser kann dadurch negativ werden. Einen Gewinn kann der Kommanditist aber erst verlangen, wenn der Kapitalanteil wieder aufgefüllt ist (§ 169 Abs. 1 HGB). Im übrigen kann von ihm die Auffüllung des Kapitalanteils nicht verlangt werden (§ 167 Abs. 3 HGB), er braucht auch dann keine Verluste auszugleichen, wenn er früher einmal Gewinne bezogen hat (§ 169 Abs. 2 HGB).

## IV. Das Außenverhältnis

**1. Vertretung:** Die KG wird durch den oder die Komplementäre vertreten. Der Kommanditist hat keine Vertretungsmacht (§ 170 HGB). Diese Vorschrift ist zwingend; auch durch den Gesellschaftsvertrag kann dem Kommanditisten keine organschaftliche Vertretungsmacht verliehen werden (BGHZ 51, 198, 200). Dagegen kann einem Kommanditisten Prokura oder Handlungsvollmacht (§ 24 III) erteilt werden. Diese kann ihm entgegen

---

[2] Löffler, Zur Reichweite des gesetzlichen Wettbewerbsverbots in der Kommanditgesellschaft, NJW 86, 223.

§ 52 HGB mit Wirkung für das Innenverhältnis nur widerrufen werden, wenn ein wichtiger Grund vorliegt; im Außenverhältnis ist dagegen der Widerruf wirksam (BGHZ 17, 392). Allerdings hat der Kommanditist bei Widerruf ohne wichtigen Grund einen Anspruch auf Neuerteilung. Die Vertretungsmacht des einzigen Komplementärs kann nicht widerrufen werden, da alsdann die KG ohne organschaftliche Vertretung wäre. Der bei der oHG bestehende Ausweg, daß dann allen Gesellschaftern Gesamtvertretungsmacht zusteht, ist bei der KG nicht gangbar, da den Kommanditisten keine Vertretungsmacht erteilt werden kann.

**2.** Die KG und die Komplementäre sind **Kaufleute** (§ 19). Dagegen wird den Kommanditisten nach h. M. die Kaufmannseigenschaft abgesprochen (BGHZ 45, 282).

**3.** Für die **Gesellschaftsschulden** besteht eine unterschiedliche Haftung der Komplementäre und Kommanditisten.

a) Die **Komplementäre** haften wie die Gesellschafter einer oHG. Ist Komplementärin eine GmbH, so haftet diese mit ihrem Gesellschaftsvermögen. Dagegen haften nicht deren Gesellschafter.

b) Für die Haftung des **Kommanditisten** ist zu unterscheiden: *1)* Ist die Einlage noch nicht geleistet, so haftet auch der Kommanditist unmittelbar und primär als Gesamtschuldner bis zur Höhe seiner Einlage den Gläubigern. *2)* Ist dagegen die Einlage geleistet, so ist die Haftung des Kommanditisten ausgeschlossen (§ 171 Abs. 1 HGB). Ist die Einlage nur teilweise geleistet, so gilt dies in Höhe der erbrachten Einlage. Die Einlage kann durch Zahlung, Erbringung von Sacheinlagen, Aufrechnung mit Forderungen gegen die KG (BGHZ 51, 391; 58, 72; 61, 59, 70), Stehenlassen des Gewinns oder Befriedigung der Gesellschaftsgläubiger erbracht werden (BGHZ 39, 319, 328; 42, 192, 193; 58, 72, 74). Für die Berücksichtigung einer nicht in Geld zahlbaren Einlage ist der objektive Wert maßgebend, dagegen nicht der von den Gesellschaftern vereinbarte, da sonst die Sicherung der Gläubiger gefährdet wird (BGHZ 39, 319, 329; 61, 59, 72; vgl. ZIP 85, 1198 = WM 85, 1224). Hat der Kommanditist als Teil seiner gesellschaftsvertraglichen Einlagepflicht ein Darlehen zu gewähren, das nach der ihm zugedachten Funktion Eigenkapitalcharakter hat, so gehört es zur Haftungsmasse, die dem Gläubiger zur Verfügung stehen muß (BGH ZIP 88, 638). *3)* Wird die Einlage ganz oder teilweise dem Kommanditisten zurückgezahlt, so haftet er erneut unmittelbar, primär und gesamtschuldnerisch den

Gläubigern. Das gleiche gilt, wenn sich der Kommanditist den Gewinn auszahlen läßt, obwohl seine Einlage durch Verlust gemindert ist (§ 172 Abs. 4 HGB). Nicht als Rückzahlung gilt, was der Kommanditist im guten Glauben als Gewinn aufgrund einer unrichtigen Bilanz bezogen hat. Die Haftung des ausgeschiedenen Kommanditisten lebt nicht wieder auf, wenn ihm der persönlich haftende Gesellschafter aus eigenem Vermögen eine Leistung an Gesellschaftsgläubiger vergütet und aus rechtlichen und tatsächlichen Gründen bei der Kommanditgesellschaft nicht Rückgriff nehmen kann (BGH DB 85, 906; auch KG EWiR HGB § 172 1/86).

*Beispiel:* Bei einer vereinbarten Einlage von 100000 DM und einer erbrachten Einlage von 60000 DM haftet der Kommanditist in Höhe von 40000 DM; erleidet die Gesellschaft einen Verlust von dem der Kommanditist 30000 DM zu tragen hat, so bleibt seine Haftung auf 40000 DM beschränkt. Entnimmt er einmal einen Gewinn von 10000 DM, so erhöht sich die Haftung auf 50000 DM.

c) Für die Höhe der **Einlage** ist der in das Handelsregister eingetragene Betrag maßgebend (§ 172 Abs. 1 HGB). Dieser kann mit Wirkung gegenüber Neugläubigern nachträglich erhöht oder vermindert werden. Diese brauchen die Herabsetzung jedoch nur gegen sich gelten zu lassen, wenn die Herabsetzung in das Handelsregister eingetragen worden ist oder ihnen von der Gesellschaft mitgeteilt worden ist. Die Minderung der Hafteinlage wirkt dagegen nicht gegenüber früheren Gläubigern, da hierdurch deren Haftungsgrundlage vermindert würde (§ 174 HGB). Durch interne Vereinbarung der Gesellschafter kann die Haftung des Kommanditisten nicht geändert oder die Haftungseinlage gestundet werden (§ 172 Abs. 3 HGB).

d) Im **Konkurs** der KG können die Gläubiger den Kommanditisten nicht unmittelbar in Anspruch nehmen. Es ist Sache des Konkursverwalters die noch rückständige Einlage beizutreiben und damit die gleichmäßige Befriedigung aller Gläubiger zu erreichen (§ 171 Abs. 2 HGB; vgl. BGHZ 39, 319; 42, 192; 58, 72; 82, 209; ZIP 85, 1198). Der Kommanditist kann kapitalersetzende Darlehen nicht zurückfordern (BGH ZIP 88, 638).

e) Eine **unbeschränkte Haftung** des Kommanditisten tritt ein, wenn die KG die Geschäfte bereits vor der Eintragung mit seiner Zustimmung beginnt und den Gläubigern die Eigenschaft als

Kommanditist nicht bekannt ist (§ 176 HGB). Insoweit konnte der Gläubiger von einer oHG ausgehen. In den Fällen von §§ 2, 3 HGB (oben § 19 III) haftet der Kommanditist wie ein BGB-Gesellschafter (§ 27), da die KG erst durch die Eintragung entsteht. Unbeschränkt haftet er auch dann, wenn er den Gesellschaftsanteil durch Abtretung erworben hat und nicht eingetragen wird (OLG Hamburg EWiR HGB § 176 1/85). Dagegen bleibt es bei der beschränkten Haftung in den Fällen der unerlaubten Handlung (BGHZ 82, 209, 215).

### V. Wechsel der Gesellschafter und Beendigung der Gesellschaft

**1. Wechsel und Beendigung.** Für den Gesellschafterwechsel sowie die Beendigung der KG gelten im wesentlichen die gleichen Grundsätze wie bei der oHG. Indes sind eine Reihe von Besonderheiten zu beachten.

**2. Die Haftung des Kommanditisten.** a) Tritt ein Kommanditist in eine KG ein, so haftet er unabhängig, allerdings auf seine Einlage beschränkt für die von der KG begründeten Altschulden (§ 173 HGB).

b) Der Kommanditist haftet für die bis zu seinem Eintritt in die KG und seiner Eintragung in das Handelsregister begründeten Schulden (§ 176 Abs. 2 HGB) in gleicher Weise wie bei vorzeitigem Geschäftsbeginn im Falle einer Neugründung (BGHZ 82, 209; auch BGH ZIP 88, 512 = NJW 88, 1321).

c) Scheidet ein Kommanditist aus einer KG aus und wird ihm eine Abfindung gezahlt, so gilt dies als Rückzahlung der Einlage, die seine Haftung wieder aufleben läßt (§ 172 Abs. 4 HGB). Die Forderung gegen den Kommanditisten verjährt jedoch in fünf Jahren (§ 159 HGB). Besonderheiten gelten für Ansprüche aufgrund der betrieblichen Altersversorgung (§ 28). Die Haftung des Kommanditisten lebt dagegen nicht wieder auf, wenn ein persönlich haftender Gesellschafter dem Kommanditisten bei seinem Ausscheiden eine Zahlung aus seinem Privatvermögen leistet.

d) Keine Haftungserweiterung tritt ein, wenn die Kommanditeinlage auf einen Nachfolger übertragen wird (BGHZ 81, 82, 85).

e) Kein gesetzlicher Auflösungsgrund einer KG ist der Tod eines Kommanditisten (§ 177 HGB).

f) Zur Auflösung der KG führt dagegen, wenn der einzige Komplementär ausscheidet.

### VI. Die Publikums KG[3]

Die Publikums KG wird regelmäßig in der Rechtsform einer GmbH & Co KG gegründet. Einer Vielzahl von Kommanditisten wird aus steuerrechtlichen Gründen der Beitritt ermöglicht, da diese nur bei Unternehmerschaft gewisse Steuervergünstigungen geltend machen können (§ 15a EStG). Handelsrechtlich richten sich die Rechtsverhältnisse ebenfalls nach §§ 171ff HGB; indes hat der BGH im Wege richterlicher Rechtsfortbildung in zahlreichen Fällen den Besonderheiten Rechnung getragen. Für die Einzelheiten gibt es ein umfangreiches Spezialschrifttum.

## § 30. Die Gesellschaft mit beschränkter Haftung[1]

### I. Rechtsgrundlagen und Bedeutung der GmbH

**1. Rechtsgrundlage und Begriff.** a) Die GmbH ist geregelt im Gesetz betreffend die Gesellschaften mit beschränkter Haftung vom 20. 4. 1892 (RGBl S. 477) i.d.F. v. 20. 5. 1898 (RGBl. S. 846) m.spät. Änd. Es war eine umfassende Reform des GmbH-Rechts geplant. Im Jahre 1969 wurde ein Entwurf der Sachverständigenkommission und im Jahre 1971 ein Referentenentwurf veröffentlicht. Diese Entwürfe sind jedoch aus politischen Gründen nicht verwirklicht worden. Stattdessen kam es im Jahre 1980 zu einer sog. kleinen Reform durch die GmbH-Novelle 1980.

b) Die GmbH wird *definiert* als eine Handelsgesellschaft mit körperschaftlicher Organisation und eigener Rechtspersönlichkeit, die zu jedem zulässigen Zweck errichtet werden kann. Soll sie ein Gewerbe betreiben, muß sie die gewerberechtlichen Vor-

---

[3] Pleyer/Hegel, Die Prospekthaftung bei der Publikums-KG, ZIP 85, 1370.

[1] Baumbach-Hueck, GmbH-Gesetz, Kurzkommentar, 15. Aufl.1988; fortgeführt von G. Hueck, Schulze-Osterloh, Zöllner; Fischer/Lutter, GmbH-Gesetz, 11. Aufl., 1985; Roth, Gesetz betreffend die Gesellschaften mit beschränkter Haftung, 2. Aufl., 1987; Rowedder u.a., GmbHG, 1985; Sudhoff, Der Gesellschaftsvertrag der GmbH, Kommentar und Formularbuch, 7. Aufl., 1987.

aussetzungen erfüllen (oben §§ 4ff). Sie hat ein durch die Satzung bestimmtes Stammkapital, das der Summe der Stammeinlagen der Gesellschafter entspricht. Für etwaige Schulden haftet nur die GmbH, grundsätzlich nicht die Gesellschafter.

**2. Grundbegriffe des GmbH-Rechts.** Im Gesellschaftsvertrag der GmbH muß das *Stammkapital* ziffernmäßig angegeben werden (§ 3 Abs. 1 Nr. 3 GmbHG). Das Stammkapital ist praktisch die Garantiesumme der GmbH. Sein Mindestbetrag beträgt 50000 DM (§ 5 GmbHG). Das Stammkapital ist in der Jahresbilanz stets unter die Passiva als gezeichnetes Kapital einzustellen (§ 42 Abs. 1 GmbHG; § 266 HGB). Das Stammkapital setzt sich aus den *Stammeinlagen* der Gesellschafter zusammen. Die Stammeinlage eines jeden Gesellschafters muß mindestens 500 DM betragen; sie muß durch 100 teilbar sein (§ 5 GmbHG). Bei Begründung kann jeder Gesellschafter nur eine Stammeinlage übernehmen; die einzelnen Stammeinlagen können verschieden groß sein. Durch den Begriff des *Geschäftsanteils* wird die Mitgliedschaft an der GmbH bezeichnet. Der Geschäftsanteil jedes Gesellschafters bestimmt sich nach dem Betrage der von ihm übernommenen Stammeinlage (§ 14 GmbHG). Der Geschäftsanteil ist grundsätzlich frei veräußerlich und vererblich (§ 15 GmbHG). Durch die Satzung kann dieses Recht eingeschränkt werden.

**3. Bedeutung der GmbH:** a) Die GmbH wird vor allem gewählt, wenn eine einzelne Person oder ein Kreis mehrerer, überschaubarer Personen ein kaufmännisches Unternehmen führen wollen, bei dem keiner die volle Haftung übernehmen kann oder will. Die Rechtsform wird vor allem von kleinen und mittleren Unternehmen gewählt, ist aber auch für Großunternehmen geeignet. 1986[2] haben weniger als 5% der Unternehmen ein Stammkapital von mehr als 500000 DM gehabt. In demselben Jahr waren unter den 100 größten Unternehmen zahlreiche GmbH; 217 GmbH haben 1984 Abschlüsse nach dem PublizitätsG veröffentlicht; 1986 unterlagen 176 GmbH dem MitbestG.

b) Ende 1980 gab es 255940 GmbH mit 99 Mrd. Stammkapital (Statistisches Jahrbuch 1981 S. 113). Übersicht DB 84, 444.

c) Zum *Zwecke der Risikoverteilung* und aus steuerlichen Gründen werden GmbH vielfach mit einem anderen Unterneh-

---

[2] Vgl. Hansen GmbHR 88, 16; DB 87, 2588.

men verbunden (sog. Unternehmensaufspaltung; § 31). Eine GmbH übernimmt den Vertrieb und die Produktion (Betriebs- und Produktions-GmbH); eine Besitzgesellschaft übernimmt das Anlagevermögen (vgl. Schaub, Arbeitsrecht von A–Z, 12. Aufl., Stichwort: Betriebsaufspaltung).

## II. Die Gründung der GmbH

1. **Entstehung.** Eine GmbH kann durch Gründung, aber auch durch Umwandlung aus einer anderen Rechtsform sowie durch Verschmelzung von GmbH im Wege der Neubildung entstehen (§§ 19, 32 Gesetz über die Kapitalerhöhung aus Gesellschaftsmitteln und über die Verschmelzung von Gesellschaften mit beschränkter Haftung vom 23. 12. 1959 (BGBl. I 789) m. spät. Änd.).

2. Der **Normalfall der GmbH-Gründung** ist die Mehrpersonengründung.

a) Zur *Mehrpersonengründung* müssen mindestens zwei Personen gehören (§ 1 GmbHG). Diese können natürliche oder juristische Personen, Personenhandelsgesellschaften (OHG, KG), aber auch Gesellschaften bürgerlichen Rechtes, Erbengemeinschaften und nicht rechtsfähige Vereine sein.

b) Der *Gesellschaftsvertrag* bedarf der notariellen Form und ist von sämtlichen Gesellschaftern zu unterschreiben (§ 2 GmbHG). Er muß einen in § 3 GmbHG vorgeschriebenen Mindestinhalt haben. Hierzu gehören Firma, Sitz, Gegenstand des Unternehmens, Betrag des Stammkapitals und Beträge der Stammeinlage. Soll die Gesellschaft befristet abgeschlossen werden oder sollen die Gesellschafter auch andere Verpflichtungen übernehmen, bedarf auch dies der Aufnahme. Die Firma kann Sach- und Personenfirma (§ 22) sein und muß stets den Zusatz GmbH enthalten. Der Gegenstand des Unternehmens bezeichnet den Bereich und die Art der Betätigung. In den Gesellschaftsvertrag werden regelmäßig aufgenommen Nachschußpflichten (§ 26 Abs. 1 GmbHG), Organisation der GmbH, Mitgliedsschaftsrechte und -pflichten der Gesellschafter, Vorzugsrechte und die Beschränkung der Abtretung der Geschäftsanteile.

c) Jeder Gesellschafter muß im Gesellschaftsvertrag eine *Stammeinlage übernehmen* (§ 3 Abs. 1 Nr. 4, § 5 GmbHG). Sie ergibt zugleich die Einlagepflicht der Gesellschafter. Aus dem Grundsatz der Aufbringung und Erhaltung des Stammkapitals folgt das Verbot der Unterpariemission; gegen eine Überpariemission bestehen keine Bedenken. Sacheinlagen sind zulässig (§ 5 Abs. 4 GmbHG). Sie müssen im Gesellschaftsvertrag nach Gegenstand und Betrag festgesetzt werden. Die Gesellschafter haben in einem Sachgründungsbericht die für die Angemessenheit der Leistungen für Sacheinlagen wesentlichen Umstände darzulegen und beim Übergang eines Unternehmens auf die Gesellschaft die Jahresergebnisse der letzten beiden Geschäftsjahre aufzunehmen. Nach § 9 GmbHG ist ein Minderwert der Sacheinlagen gegenüber der übernommenen Stammeinlage durch Geldeinlage auszugleichen. Das Registergericht lehnt bei Überbewertung von Sacheinlagen die Eintragung der GmbH in das Handelsregister ab (§ 9c GmbHG).

d) Die Stammeinlage muß vor Anmeldung der Gesellschaft zum Handelsregister mindestens zu ¼ *eingezahlt* sein; jedoch müssen einschließlich der Sacheinlagen mindestens 25000 DM zur freien Verfügung der Geschäftsführung vorhanden sein (§ 7 Abs. 2 HGB).

e) Im Gesellschaftsvertrag oder durch späteren Beschluß der Gesellschafter werden ein oder mehrere *Geschäftsführer* bestellt. Geschäftsführer können nur natürliche, unbeschränkt geschäftsfähige Personen sein. Sie können, brauchen aber nicht Gesellschafter zu sein (Drittorganschaft). Sie brauchen die Geschäftsführung nicht unentgeltlich zu übernehmen (vgl. zu Haftungsfragen BGH ZIP 85, 283 = NJW 85, 637). Sie nehmen die Einlagen entgegen und melden die Gesellschaft zum Handelsregister an.

f) Die Gesellschaft ist bei dem Gericht, in dessen Bezirk sie ihren Sitz hat, zur Eintragung in das *Handelsregister* anzumelden (§ 7 Abs. 1 GmbHG). Der Inhalt der Anmeldung und die beizufügenden Unterlagen ergeben sich aus § 8 GmbHG. Durch die Eintragung entsteht die GmbH als juristische Person (§ 11 Abs. 1 GmbHG). Eine Bekanntmachung ist für die Entstehung nicht notwendig, hat aber Bedeutung für die Wirkungen des § 15 HGB (§ 21 III). Die Handelsregistereintragung einer GmbH aus dem Tätigkeitsbereich des Handwerks wird im allgemeinen von der vorherigen Eintragung des Betriebsinhabers, der Gesellschafter oder des Geschäftsführers der GmbH in die Handwerksrolle abhängig gemacht werden[3] (BGH WM 88, 379 = DB 88, 644). Diese wird in jedem Fall abgelehnt, wenn der vorgesehene Betriebsleiter aller Voraussicht nach nicht in die Handwerksrolle eingetragen werden kann (OLG Düsseldorf DB 85, 2499). Vgl. dazu § 5 II.

g) *Mängel der Gründung* werden durch die Eintragung der Gesellschaft in das Handelsregister weitgehend geheilt. Mängel der Beitrittserklärung eines Gesellschafters können grundsätzlich nach der Eintragung der Gesellschaft nicht mehr geltend gemacht werden. Die Gründerhaftung ist seit der GmbH-Novelle 1980 verschärft.

**3. Eine Einmann-GmbH** kann durch Gründung (§ 1 GmbHG), durch Umwandlung eines einzelkaufmännischen Unternehmens (§ 56a ff UmwG), durch nachträgliche Vereinigung aller Geschäftsanteile einer Mehrpersonen-GmbH sowie den sog. Mantelkauf entstehen.

a) Nach vorsichtigen *Schätzungen* sollen z.Z. rd. 25000 Einmann-GmbH existieren. Wesentliche Gründe für die Schaffung einer Einmann-GmbH sind die Haftungsbeschränkung sowie erbrechtliche Gesichtspunkte. Die GmbH bleibt im Erbfall erhalten; es bedarf lediglich einer Auseinandersetzung über die Geschäftsanteile; die Geschäftsanteile können leicht veräußert werden.

b) Für die *Einmanngründung* gelten die Gründungsvorschriften ebenso wie für die Mehrpersonengründung (vgl. zu 2). Indes gelten einige Besonderheiten. An die Stelle des Gesellschaftsvertrages tritt eine einseitige Erklärung des Gründers, die als Organisationsakt bezeichnet wird. Für ihn gilt die notarielle Form (§ 2 GmbHG) sowie der in § 3 GmbHG beschriebene Mindestinhalt. Zur Sicherung der völligen Einbringung des Stammkapitals bestimmt § 7 Abs. 2 S. 3 GmbHG, daß die Anmeldung zum Handelsregister erst erfolgen darf, wenn die Mindesteinlage von 25000 DM erbracht ist und wegen des übrigen Teils der Geldeinlage eine Sicherheit bestellt ist. Sacheinlagen müssen vor der Anmeldung ohnehin voll geleistet sein (§ 7 Abs. 3 GmbHG).

c) Vor Anerkennung der Gründung einer Einmann-GmbH wurde vielfach eine *Strohmanngründung* vorgenommen. Bei ihr

---

[3] Edenharter, Die Eintragung in die Handwerkerrolle als staatliche Genehmigung i.S. des § 8 I Nr. 6 GmbHG, NJW 88, 393.

übernahmen ein oder mehrere Strohmänner neben dem Gründer treuhänderisch Stammeinlagen, die alsdann später auf den Gründer übertragen wurden. Diese Form der Gründung ist auch heute noch möglich. Jedoch bestimmt § 19 Abs. 4 GmbHG, daß dann, wenn sich innerhalb von drei Jahren nach der Eintragung der Gesellschaft in das Handelsregister alle Geschäftsanteile in der Hand eines Gesellschafters oder daneben in der Hand der Gesellschaft vereinigen, der Gesellschafter innerhalb von drei Monaten seit der Vereinigung der Geschäftsanteile alle Geldeinlagen voll einzuzahlen oder Sicherheiten zu bestellen hat.

d) Beim *Mantelkauf* werden alle Geschäftsanteile einer GmbH, die zumeist kein Unternehmen und auch kein Vermögen mehr hat, erworben.

e) Die *Umwandlung* eines kaufmännischen Unternehmens in eine GmbH wird nach §§ 56a ff UmwG vollzogen.

### III. Die Haftung der Vorgesellschaft und der GmbH

**1.** Es sind die **Vorgründungsgesellschaft,** die **Vorgesellschaft** und die **Gesellschaft** mit beschränkter Haftung zu unterscheiden.

a) Die *Vorgründungsgesellschaft* entsteht, wenn mehrere Personen vereinbaren, zur Gründung einer GmbH zusammenzuwirken. Aus einem derartigen Vorgründungsvertrag kann nicht auf den Abschluß eines Gesellschaftsvertrages geklagt werden. Der Abschluß des Gesellschaftsvertrages setzt die notarielle Beurkundung voraus (§ 2 GmbHG). Würde bereits der Vorgründungsvertrag die Vertragspflicht zum Abschluß begründen, würde die Schutzwirkung der Formvorschrift umgangen. Gleichwohl kommt es vor, daß die Vorgründungsgesellschaft bereits am Rechtsverkehr teilnimmt; es können z.B. bereits Büroräume angemietet werden, der Notar muß beauftragt werden usw. Nach h.M. ist die Vorgründungsgesellschaft eine Gesellschaft bürgerlichen Rechtes. Nur dann, wenn sie bereits ein Handelsgewerbe aufnimmt, ist sie selbst oHG. Wird im Namen der Vorgründungsgesellschaft gehandelt, so greift noch nicht die Haftung der Handelnden nach § 11 Abs. 2 GmbHG ein (BGH ZIP 84, 950 unter Aufgabe früherer Rspr.). Die Vorgründungsgesellschaft soll bereits parteifähig sein (OLG Hamm EWiR GmbHG § 66 1/85 m. Anm. von K. Schmidt).

b) Mit Abschluß des Gesellschaftsvertrages in notarieller Form entsteht die *Vorgesellschaft*. Diese muß denknotwendig bereits vor Entstehung der GmbH am Rechtsverkehr teilnehmen; es müssen z.B. die Einlagen teilweise erbracht werden (§ 7 GmbHG), was Verwaltungshandlungen erfordert. Die Rechtsnatur der Vorgesellschaft war lange streitig. Nach Auffassung des RG war es eine GbR, nach älterer Meinung im Schriftum ein nicht rechtsfähiger Verein. Nach ständiger Rechtsprechung des BGH ist die Vorgesellschaft eine Vereinigung eigener Art, auf die bereits in vollem Umfang GmbH-Recht anzuwenden ist, soweit dieses nicht die Rechtsfähigkeit und Eintragung ins Handelsregister voraussetzt (BGHZ 21, 242, 246; 45, 338, 347; 51, 30, 32). Da die Vorgesellschaft noch keine Rechtsfähigkeit hat, steht das bei ihr bereits gebildete Vermögen den Gesellschaftern zur gesamten Hand zu.

Die Vorgesellschaft kann bereits Bankkonten einrichten, sie kann unter ihrer künftigen Firma mit einem Gründungszusatz ins Grundbuch eingetragen werden (BGHZ 45, 338, 347ff), sie kann ein eingebrachtes Unternehmen fortführen (BGHZ 45, 338; 65, 378; 72, 45) oder kann die Stellung eines Komplementärs in der GmbH & Co einnehmen. Sie kann Betriebe im Wege der Betriebsnachfolge übernehmen (§ 35).

c) Die *GmbH* entsteht mit der Eintragung ins Handelsregister (§ 11 Abs. 1 GmbHG). Zu diesem Zeitpunkt erlangt sie die Rechtsfähigkeit.

2. Für die **Verbindlichkeiten der Vorgesellschaft** können die Gesellschafter und die Handelnden haften.

a) Die *Bestellung zum Geschäftsführer* erfolgt entweder im Gesellschaftsvertrag oder durch besonderen Beschluß der Gesellschafter (§ 6 Abs. 3 GmbHG). In jedem Falle müssen die Geschäftsführer schon bei Errichtung der Vorgesellschaft bestellt werden, damit diese Handlungen vornehmen kann. Der Umfang der Vertretungsmacht der Geschäftsführer ist umstr. Sie kann sich aus Gesetz, Gesellschaftsvertrag oder sonstiger Ermächtigung ergeben. Die am weitesten gehende Auffassung will § 37 Abs. 2 GmbHG anwenden, wonach etwaige Beschränkungen der Vertretungsmacht des Geschäftsführers Dritten gegenüber unwirksam sind. Nach wohl h. M. umfaßt die Vertretungsmacht der Geschäftsführer der Vorgesellschaft sämtliche Handlungen, die notwendig sind, um die Aufgaben eines Geschäftsführers im

Gründungsstadium zu erfüllen. Durch den Gesellschaftsvertrag kann diese Vertretungsmacht erweitert und ausgestaltet werden, z. B. auf die Verwaltung und Erhaltung der Einlagen usw. Durch Ermächtigung aller Gesellschafter kann schließlich eine noch weitergehende Vertretungsmacht geschaffen werden (vgl. dazu BGHZ 80, 129, 139; 182, 183).

b) Haben die Geschäftsführer im *Rahmen ihrer Vertretungsmacht* gehandelt, so haftet die Vorgesellschaft mit ihrem Gesellschaftsvermögen. Neben der Vorgesellschaft haften aber auch die Gesellschafter in Höhe ihrer Einlageschuld mit ihrem Privatvermögen. Dagegen besteht eine darüber hinausgehende Haftung der Vorgesellschafter nach h. M. mit ihrem Privatvermögen nicht. Ein Gläubiger, der mit der Vorgesellschaft Rechtsgeschäfte abschließt, konnte nur darauf Vertrauen, daß die Haftung auf die Vorgesellschaft bzw. die künftige GmbH beschränkt ist (vgl. BGHZ 65, 378, 382; 72, 45, 49; 80, 129, 135; 182, 183; OLG Hamburg EWiR GmbHG § 11 1/85 m. krit. Anm. Weipert). Wird die Vorgesellschaft in das Handelsregister eingetragen, so haftet nur noch die GmbH, die persönliche Haftung der Gesellschafter erlischt (BGHZ 80, 129, 144; 80, 182, 184). Wird dagegen die Eintragung der Vorgesellschaft in das Handelsregister nicht mehr betrieben, so tritt eine unbeschränkte Haftung der Vorgesellschafter ein.

c) Ist *vor Eintragung im Namen der Gesellschaft* gehandelt worden, so haften die Handelnden persönlich und solidarisch (§ 11 Abs. 2 GmbHG). Dies gilt auch bei Mantelkauf (II 3 d) für die Handelnden (LG Hamburg NJW 85, 2426). Die Handelndenhaftung (Handlungshaftung) trifft diejenigen, die als Geschäftsführer oder wie solche für die Vorgesellschaft bzw. die künftige GmbH tätig werden. Die Handlungshaftung besteht neben der Haftung der Vorgesellschaft und der Gesellschafter (BGHZ 47, 25; 53, 206; 65, 378, 380; 66, 359; 80, 129, 135). Die Handlungshaftung erlischt, soweit der Handelnde die Vorgesellschaft wirksam verpflichtet hat, mit ihrer Eintragung ins Handelsregister (BGHZ 80, 182). Sie bleibt nur dann bestehen, wenn der Handelnde unter Überschreitung seiner Vertretungsmacht gehandelt hat.

3. Wird die Vorgesellschaft in das **Handelsregister eingetragen,** so gehen die Rechte und Pflichten der Vorgesellschaft im Wege der Gesamtrechtsnachfolge auf die GmbH über (BGHZ 80, 129,

137; 80, 182, 183; BGH NJW 82, 932, 933). Hieraus folgt im einzelnen:

a) Die GmbH *haftet* für alle Verbindlichkeiten der Vorgesellschaft; dagegen nicht für solche Verbindlichkeiten, für die auch die Vorgesellschaft nicht haften würde, also für solche, die aus der Überschreitung der Vertretungsmacht der Geschäftsführer entstanden sind. Soweit das Geschäftsvermögen im Verhältnis zum Stammkapital im Zeitpunkt der Entstehung der GmbH gemindert ist, haften die Gesellschafter der Gesellschaft gegenüber anteilig auf den Ausgleich (Differenzhaftung). Dazu BGHZ 80, 129, 140ff; auch BGHZ 80, 182, 183f; BGH NJW 82, 932, 933.

**4.** Von einer **unechten oder fehlgeschlagenen Vorgesellschaft** wird dann gesprochen, wenn nicht mehr beabsichtigt ist, sie in das Handelsregister einzutragen. Hat sie bereits am Rechtsverkehr teilgenommen, so besteht eine Haftung wie bei der oHG, es sei denn, daß nur noch liquidiert wird (BGHZ 80, 129, 142).

**5.** Für das **Gründungsstadium einer Einmann-GmbH** ist noch vieles umstr., wie sich die Haftung gestaltet. Indes scheint sich im Schrifttum abzuzeichnen, daß die Haftungsgrundsätze für die mehrgliedrige Vorgesellschaft auch für die Einmanngründung gelten. Das bedeutet, daß an die Stelle der Vorgesellschaft das gesellschaftsgebundene Sondervermögen tritt.

**6.** Nach der Eintragung in das Handelsregister haftet die GmbH allein für ihre Verbindlichkeiten. Hiervon kann es jedoch Ausnahmen geben.

a) Für die Verbindlichkeiten der GmbH haftet den Gläubigern derselben nur das Gesellschaftsvermögen (§ 13 Abs. 2 GmbHG). Es gilt das sog. *Trennungsprinzip.*

b) In Ausnahmefällen gilt die sog. *Durchgriffshaftung.*[4] Bei ihr müssen die Gesellschafter für die Verbindlichkeiten einstehen. Dies ist z.B. der Fall bei Vermögensvermengung der GmbH und der Gesellschafter (BGH NJW 85, 740) oder bei einem beherrschenden Einfluß der Konzernmutter der GmbH (BGH ZIP 85, 1263 = WM 85, 1263; dazu Lutter in ZIP 85, 1425).

c) Zur Erhöhung der Kreditfähigkeit der GmbH sind die Gesellschafter vielfach gezwungen, *Sicherheiten für die Verbindlichkeiten* der GmbH zu stellen. Dies können z.B. Schuldmitüber-

---

[4] Vgl. Schaub, Fragen zur Haftung bei Betriebs- und Unternehmensaufspaltung, NZA 89, 5; zur unübersehbaren Lit.: Vgl. BGHZ 95, 330 = NJW 86, 188.

nahmen (BGH ZIP 85, 1192) oder Bürgschaften sein (OLG Zweibrücken ZIP 85, 1195).

d) Unberührt bleibt die Haftung wegen *unerlaubter Handlungen.* Zu Wettbewerbsverstößen: OLG Frankfurt EWiR GmbHG § 13 2/85.

## IV. Die Organisation der GmbH

**1. Organe.** Alle GmbH haben in jedem Fall zwei Organe, nämlich die Gesamtheit der Gesellschafter (Gesellschafterversammlung) und die Geschäftsführung. Sie können noch weitere Organe haben, nämlich den Aufsichtsrat sowie Beiräte oder Gesellschafterausschüsse. Für die Mehrzahl der kleineren GmbH ist die Schaffung eines Aufsichtsrats freigestellt; notwendig zu errichten ist er in Gesellschaften, die der Mitbestimmung unterliegen oder § 3 G über die Kapitalanlagegesellschaften i. d. F. vom 14. 1. 1970 (BGBl. I S. 127) m. spät. Änd.

2. Das oberste Organ der GmbH ist die **Gesamtheit der Gesellschafter.**

a) Zwingend vorgesehen ist die Zuständigkeit der Gesamtheit der Gesellschafter in den Fällen der Beschlußfassung über die Nachschußpflicht (§ 26 GmbHG), die Satzungsänderung (§ 53 GmbHG) und die Beschlußfassung über die Auflösung der Gesellschaft (§ 60 Abs. 1 Nr. 2 GmbHG). Im übrigen kann nach § 45 Abs. 1 GmbHG geregelt werden, welche Rechte den Gesellschaftern in den Angelegenheiten der Gesellschaft, insbesondere in Bezug auf die Führung der Geschäfte zustehen, sowie die Ausübung derselben bestimmen. Einschränkungen können sich für mitbestimmte Gesellschaften ergeben. Sind besondere Regelungen im Gesellschaftsvertrag nicht getroffen, so ergeben sich aus den §§ 46–51 GmbHG Auslegungsregeln dafür, welche Aufgaben der Gesellschafterversammlung zustehen sollen. Nach § 46 GmbHG ist die Gesellschafterversammlung z. B. zuständig für die Feststellung der Jahresbilanz, die Einforderung von Einzahlungen auf die Stammeinlagen, die Rückzahlung von Nachschüssen, die Teilung sowie die Einziehung von Geschäftsanteilen, die Bestellung und die Abberufung von Geschäftsführern sowie die Entlastung derselben, Maßregeln zur Prüfung und Überwachung der Geschäftsführer, die Bestellung von Prokuristen und Handlungsbevollmächtigten zum gesamten Geschäftsbereich, die Geltendmachung von Ersatzansprüchen gegen die Geschäftsführer usw.

b) Die von den Gesellschaftern in den Angelegenheiten der Gesellschaft zu treffenden Bestimmungen erfolgen durch *Beschlußfassung* nach der Mehrheit der abgegebenen Stimmen. Jede 100 DM eines Geschäftsanteils gewähren eine Stimme. Der Gesellschafter kann sich vertreten lassen; indes bedarf die Vollmacht der Schriftform (§ 47 Abs. 1–3 GmbHG). Eine Abtretung des Stimmrechts ist dagegen grundsätzlich ausgeschlossen (vgl. BayObLG ZIP 86, 303). In Angelegenheiten, die einen Gesellschafter selbst betreffen, ist er von der Beschlußfassung ausgeschlossen (§ 47 Abs. 4 GmbHG). Grundsätzlich werden die Beschlüsse in einer Gesellschafterversammlung gefaßt, für die unter Mitteilung der Tagesordnung eine Woche vorher durch eingeschriebenen Brief einzuladen ist (§§ 48, 51 GmbHG). Die Beschlüsse brauchen nicht notariell beurkundet werden; eine Ausnahme gilt nur für Satzungsänderungen (§ 53 GmbHG). Im Einverständnis aller Gesellschafter oder bei entspr. Vereinbarung im Gesellschaftsvertrag kann eine Abstimmung auch schriftlich erfolgen. Das Einverständnis kann mündlich erklärt werden (BGHZ 28, 355, 358).

c) Das Gesetz enthält keine Bestimmungen über die *Nichtigkeit* oder *Anfechtbarkeit der Beschlüsse* einer Gesellschafterversammlung. Im allgemeinen wird diese Lücke durch die entspr. Anwendung der für AG geltenden Vorschriften (§§ 241 ff AktG) geschlossen. Nichtig ist ein Beschluß nur, wenn er gegen die guten Sitten oder gegen zwingendes Gesetzesrecht verstößt. In den übrigen Fällen kann er nur anfechtbar sein.

d) Bei der *Einmann-GmbH* besteht die Gesellschafterversammlung nur aus dem Alleingesellschafter. Gesellschafterbeschlüsse beruhen daher auf seinen Beschlüssen. Im Interesse der Klarstellung schreibt § 48 Abs. 3 GmbHG vor, daß über die Beschlußfassung eine Niederschrift aufzunehmen und zu unterschreiben ist.

3. Durch die **Geschäftsführer** handelt die GmbH.

a) Die *Bestellung der Geschäftsführer* erfolgt durch den Gesellschaftsvertrag oder einen besonderen Beschluß der Gesellschafter (§§ 6 Abs. 3, 46 Nr. 5 GmbHG). Aufgrund der Satzung kann auch ein anderes Organ das Bestellungsrecht haben. Insoweit bestehen Besonderheiten nach § 31 MitbestG, § 12 Montan-MitbestG, § 13 MitbestErgG), wonach die Geschäftsführer durch den Aufsichtsrat bestellt werden. Der Geschäftsführer kann jederzeit abberufen werden (§ 38 GmbHG). Im Gesellschaftsvertrag kann die Abberufung eingeschränkt, aber nicht ausgeschlossen werden. Von der Bestellung als Geschäftsführer ist der Dienstvertrag des Geschäftsführers mit der GmbH zu unterscheiden. Der Dienstvertrag bleibt von der Bestellung oder Abberufung grundsätzlich unberührt (BAG AP Nr. 5 zu § 3 ArbGG 1979 = NZA 86, 792). Der Geschäftsführer ist regelmäßig Dienstnehmer und nicht Arbeitnehmer (vgl. Schaub, ArbR-Hdb., 6. Aufl., 1987, § 14). In Ausnahmefällen wird er durch das Registergericht bestellt. Über seine Ansprüche auf Vergütung und Aufwendungsersatz entscheiden die ordentl. Gerichte (BayObLG EWiR § 6 GmbHG 1/88). Die Ansprüche richten sich gegen die GmbH, nicht gegen die Gesellschafter (BGH ZIP 85, 283). Nicht am Kapital beteiligte Geschäftsführer sind versicherungspflichtig (BSG ZIP 88, 1594).

b) Die Geschäftsführer *führen* im Innenverhältnis zur Gesellschaft *die Geschäfte* (vgl. dazu § 28) und vertreten die Gesellschaft gerichtlich und außergerichtlich (§ 35 Abs. 1 GmbHG). Sind mehrere Geschäftsführer bestellt, so besteht grundsätzlich Gesamtvertretungsmacht, sofern im Gesellschaftsvertrag nichts anderes bestimmt ist. In Ausnahmefällen kann eine Duldungsvollmacht für die Alleinvertretung bestehen (BGH ZIP 88, 370 = WM 88, 216). Die Geschäftsführer sind gegenüber der Gesellschaft verpflichtet, die ihnen für die Geschäftsführung durch Gesellschaftsvertrag oder durch Beschlüsse der Gesellschafter erteilten Weisungen einzuhalten (§ 37 Abs. 1 GmbHG). Verletzen die Geschäftsführer ihre Pflichten, haften sie nach § 43 GmbHG auf Schadensersatz (vgl. dazu BGH ZIP 85, 1135 = BB 85, 1753; NJW 87, 1637). Sie haben stets das Interesse der Gesellschaft wahrzunehmen. Sie dürfen Geschäftschancen nicht an sich ziehen (BGH ZIP 85, 1484 = NJW 86, 585). Die Haftung entfällt, wenn dem Geschäftsführer Entlastung erteilt worden ist. Hierauf hat er keinen klagbaren Anspruch (BGH NJW 86, 129).

c) Grundsätzlich haftet der Geschäftsführer nicht den Vertragspartnern der GmbH persönlich. Insoweit bedarf es eines besonderen Haftungstatbestandes (vgl. BGH ZIP 86, 26 = DB 86, 163; BGH NJW 86, 580; zu Wechselverbindlichkeiten OLG Hamm

ZIP 84, 303). Im Sozialversicherungsrecht wird ein solcher insbesondere bei einem beherrschenden Einfluß angenommen (BSG NJW 84, 2117). Unberührt bleibt seine Haftung aus unerlaubter Handlung (BGH ZIP 85, 473).

d) Vielfach haben Geschäftsführer in ihren Dienstverträgen Wettbewerbsverbote. Ob auf diese §§ 74ff HGB entsprechend anzuwenden sind, ist umstr., aber nach h. M. zu verneinen (vgl. OLG Hamm ZIP 88, 1254; Schaub, Arbeitsrecht von A–Z, 12. Aufl. Stichwort Wettbewerbsverbot; ArbR-Hdb. § 58). Zu Auskunftspflichten über die Berufsplanung: OLG Düsseldorf EWiR GmbHG § 35 1/85 Semler).

e) In einer *Einmann-GmbH* kann der Alleingesellschafter Geschäftsführer sein. Für Rechtsgeschäfte zwischen ihm und der Gesellschaft findet nach § 35 Abs. 4 GmbHG das Verbot von Insichgeschäften (§ 181 BGB) Anwendung. Eine Befreiung hiervon kann ihm nur in der Satzung bewilligt werden.

**4.** Die **Stellung des Aufsichtsrats,** dessen Bildung freiwillig ist, kann weitgehend durch den Gesellschaftsvertrag ausgestaltet werden. Nur in einigen Fällen wird auf das AktG verwiesen (§ 52 GmbHG). In den Fällen, in denen zwingend ein Aufsichtsrat zu bilden ist, ist auch die Stellung zwingend gesetzlich ausgestaltet.

### V. Die Rechte und Pflichten der Gesellschafter

**1.** Der **Erwerb oder Verlust der Mitgliedschaft** an einer GmbH kann eintreten durch *(1)* Teilnahme an der Gründung und Übernahme einer Stammeinlage; *(2)* Übernahme einer Stammeinlage bei der Erhöhung des Stammkapitals (§ 55 GmbHG); *(3)* Erbfolge oder Rechtsgeschäft unter Lebenden (§ 15 Abs. 1 GmbHG); *(4)* Kaduzierung bei verzögerter Einzahlung der Stammeinlage (§ 21 GmbHG); *(5)* Abandon des Geschäftsanteils, wenn die unbeschränkte Nachschußpflicht vereinbart ist (§ 27 GmbHG); *(6)* Einziehung oder Amortisation des Geschäftsanteils (§ 34 GmbHG). Der häufigste Fall ist die Abtretung des Geschäftsanteils. Zur Veräußerung und zur Abtretung des Geschäftsanteils ist die notarielle Beurkundung notwendig (§ 15 Abs. 3 GmbHG). Zur Vorausabtretung: BGH NJW 84 S. 492. Die Gesellschaft selbst kann nur aus einem das Stammkapital übersteigenden Vermögen einen voll eingezahlten eigenen Geschäftsanteil erwerben (§ 33 GmbHG).

2. Nach § 29 GmbHG haben die Gesellschafter Anspruch auf den nach der jährlichen Bilanz sich ergebenden **Reingewinn,** soweit im Gesellschaftsvertrag nichts anderes bestimmt ist. Abschlags- oder Zwischendividenden auf den Gewinn sind zulässig; zur Erhaltung des Stammkapitals erforderliches Vermögen der Gesellschaft darf nicht ausgezahlt werden (§ 30 GmbHG). Tritt ein erwarteter Gewinn nicht ein, so kann die Gesellschaft Rückzahlung verlangen. Nach § 31 GmbHG sind verbotene Ausschüttungen zurückzugewähren (BGH NJW 84, 1037).

3. Die **Mitwirkungsrechte der Gesellschaft** können weitgehend frei gestaltet werden; sie können also erweitert oder ausgeschlossen werden. Indes bleiben die in §§ 51a, b GmbHG geregelten Auskunfts- und Einsichtsrechte erhalten.

4. Die **Hauptpflicht der Gesellschafter** besteht in der Einlagepflicht.

a) *Regelungen über die Einlagepflicht* sind im allgemeinen zwingend (§ 25 GmbHG), weil das Stammkapital die Haftungsgrundlage für die Gläubiger darstellt. Der Gesellschafter muß nach § 19 Abs. 1 GmbHG seine Einlage erbringen; nach § 19 Abs. 2 GmbHG ist grundsätzlich ein Erlaß oder die Aufrechnung gegen die Einlageforderung ausgeschlossen; nach § 20 GmbHG ist sie bei Verzug zu verzinsen; nach § 21 GmbHG kann ein säumiger Gesellschafter nach Abmahnung kaduziert (ausgeschlossen) werden; nach § 22 GmbHG haftet der Rechtsnachfolger des kaduzierten Gesellschafters; nach § 23 GmbHG kann ein nicht eingezahlter Geschäftsanteil versteigert werden; nach § 24 GmbHG besteht eine Ausfallhaftung der übrigen Gesellschafter.

b) Im Gesellschaftsvertrag kann eine *unbeschränkte und beschränkte Nachschußpflicht* vorgesehen werden (§ 26 GmbHG). Im Falle der beschränkten Nachschußpflicht (§ 28 GmbHG), wenn also für den Nachschuß ein Höchstbetrag festgelegt ist, haftet der Gesellschafter für die angeforderten Nachschüsse in gleicher Weise wie für rückständige Einlagen. Bei Säumnis ist die Kaduzierung möglich, jedoch besteht keine Ausfallhaftung der übrigen Gesellschafter. Bei der unbeschränkten Nachschußpflicht ist die Haftung weniger streng (§ 27 GmbHG). Da der Gesellschafter nicht voraussehen konnte, welche Anforderungen die Gesellschaft an ihn stellen würde, kann er sich durch Preisgabe seines Anteils von der Nachschußpflicht befreien (Abandon).

c) Im allgemeinen obliegt den Gesellschaftern gegenüber der Gesellschaft auch eine *Treuepflicht*, deren Inhalt ähnlich bestimmt wird wie bei den Personengesellschaften (§§ 27, 28). Die Treuepflicht kann einen unterschiedlichen Umfang haben, je nach dem ob die GmbH personalintensiv oder kapitalintensiv ausgestaltet ist. In Ausnahmefällen kann dem Gesellschafter auch durch die Satzung ein Wettbewerbsverbot auferlegt werden (vgl. BGH ZIP 88, 1080 = BB 88, 1619).

d) Dem Gesellschafter können im Gesellschaftsvertrag weitere *Nebenpflichten* auferlegt werden (§ 3 Abs. 2 GmbHG). Die zwingende Aufnahme der Nebenpflichten in den Gesellschaftsvertrag hat den Zweck zu gewährleisten, daß jeder Gesellschafter erkennt, auf was er sich bei Übernahme eines Geschäftsanteils einläßt. Derartige Nebenpflichten werden häufig geregelt; sie können z.B. bestehen in der Leistung von Diensten (Geschäftsführertätigkeit), technischen Entwicklungsarbeiten, Unterlassungen, z.B. Übernahme von Wettbewerbsverboten, Gebrauchsüberlassungen von Sachen, Einräumung von Lizenzen usw.

e) Eine besondere Ausgestaltung haben die *Gesellschafterdarlehen* erfahren. Da keine Verpflichtung besteht, eine GmbH mit einem ausreichenden Stammkapital auszustatten, sind diese häufig bei der Gründung oder bei Ausweitung des Geschäftsbetriebes unterkapitalisiert. Der Kapitalbedarf der Gesellschaft wird vielfach durch Gesellschafterdarlehen gedeckt. In §§ 32a, b GmbHG sind die Grundsätze für das Gesellschafterdarlehen geregelt. Hiernach können Gesellschafterdarlehen, die an Stelle von Eigenkapital gewährt werden, im Konkurs- oder Vergleichsverfahren nicht zurückgefordert werden und sind ggf. zu erstatten, wenn sie im letzten Jahr vor Konkurs- oder Vergleichseröffnung zurückgezahlt worden sind (vgl. BGH NJW 84, 1036, 1891; ZIP 85, 158 = BB 85, 424; ZIP 85, 1075 = WM 85, 1028; ZIP 86, 30 = WM 86, 18; 87, 284). Zur Verpflichtung Mittel zuzuführen: BGH NJW 88, 3143 = DB 88, 2141. Umstritten ist, ob die Grundsätze des kapitalersetzenden Darlehens auch auf Gebrauchsüberlassungsverträge anzuwenden sind (vgl. OLG Düsseldorf ZIP 88, 1201 = DB 88, 1943). Zur Einlage eines stillen Gesellschafters: BGH ZIP 89, 95; zu Kautionen: BGH ZIP 89, 161; zur Bürgschaft: BGH ZIP 87, 1541 = BB 87, 2390.

5. Grundsätzlich haften die Gesellschafter nicht für die *Schulden der GmbH* (Trennungsprinzip). Insoweit kann es aber zur

Durchgriffshaftung kommen.[5] Ferner kann es zu Besonderheiten bei der Einmann-GmbH kommen. Bei ihr ist unter erleichterten Voraussetzungen ein *Durchgriff* auf das Privatvermögen des Gesellschafters möglich. Zur Durchgriffshaftung vgl. BGH ZIP 85, 1263 = WM 85, 1263.

### VI. Satzungsänderung

1. Eine **Abänderung des Gesellschaftsvertrages** kann nur durch Beschluß der Gesellschafter erfolgen. Dieser bedarf zu seiner Wirksamkeit der notariellen Beurkundung (§ 53 GmbHG) und der Eintragung in das Handelsregister (§ 54 GmbHG). Änderungen des Gesellschaftsvertrages müssen in der Anmeldung konkret, wenn auch nur schlagwortartig aufgezählt werden (BayObLG EWiR GmbHG § 54 1/85 m. Anm. v. Bokelmann).

2. **Erhöhung** (§ 55 GmbHG) und **Herabsetzung** (§ 58 GmbHG) des Stammkapitals haben eine andere Ausgestaltung erfahren.

### VII. Das Ausscheiden eines Gesellschafters

1. Die **Möglichkeiten des Verlustes** der Gesellschaftsrechte sind oben V 1 aufgezählt. Für die Amortisation, die Ausschließung und den Austritt gelten folgende Rechtsgrundsätze.

2. Eine **Einziehung** (**Amortisation**) des Geschäftsanteils darf nur erfolgen, wenn dies im Gesellschaftsvertrag zugelassen ist (§ 34 Abs. 1 GmbHG). Jeder Gesellschafter soll wissen, worauf er sich bei Erwerb von Geschäftsanteilen einläßt. Gegen den Willen eines Gesellschafters ist eine Amortisation nur möglich, wenn die Voraussetzungen im Gesellschaftsvertrag geregelt sind. In Betracht kommt etwa die Eröffnung des Konkurs- oder Vergleichsverfahrens über das Gesellschaftervermögen, Kündigung (vgl. BGH NJW 84 S. 489; OLG Celle EWiR GmbHG § 34 1/85) usw. Im Gesellschaftsvertrag kann geregelt werden, in welchem Umfang eine Abfindung gezahlt wird. Bei Amortisation im Falle des Gesellschafterkonkurses ist dem Gläubigerschutz Rechnung zu tragen, so daß einer Unterbewertung vorgebeugt werden muß (BGHZ 65, 22). Ist der Geschäftsanteil eines Gesellschafters gepfändet, so erfaßt das Pfändungspfandrecht auch den Abfin-

---

[5] Schaub, Fragen zur Haftung bei Betriebs- und Unternehmensaufspaltung, NZA 89, 5.

dungsanspruch, wenn die Gesellschafter diesen einziehen (BGH ZIP 88, 1546 = WM 88, 1747).

**3.** Die **Ausschließung eines Gesellschafters** ist im Gesetz nicht geregelt. Jedoch wird von der h.M. die Möglichkeit einer Ausschließung in entspr. Anwendung von §§ 737 BGB (§ 27) und § 140 HGB (§ 28) anerkannt (BGHZ 9, 157; 16, 317; 80, 346). Der Ausschluß kann erfolgen, ohne daß eine entspr. Regelung im Gesellschaftsvertrag vorgesehen ist. Jedoch ist Voraussetzung das Bestehen eines wichtigen Grundes. Zur Durchführung der Ausschließung bedarf es wie bei der oHG einer Ausschließungsklage.

**4.** Der einzelne Gesellschafter hat ein Recht zum **Austritt,** wenn hierfür ein wichtiger Grund besteht. Dies ergibt sich aus dem Grundsatz, daß ein Dauerschuldverhältnis aus wichtigem Grund gelöst werden kann.

## VIII. Beendigung der GmbH

**1.** Es ist zwischen **Auflösung und Beendigung** der GmbH zu unterscheiden (vgl. § 27).

**2.** Die **Auflösungsgründe** der GmbH sind in § 60 GmbHG aufgezählt. Keine Auflösung tritt ein, wenn einer GmbH, die ein Handwerk betreibt, bestandskräftig die gewerbliche Tätigkeit untersagt wird (vgl. OLG Frankfurt ZIP 83 S. 1203; auch BayObLG GmbHG § 6 1/86).

**3. Auflösungsklage** Auf die Auflösung der GmbH kann beim Landgericht am Sitz der GmbH geklagt werden (§ 61 Abs. 2, 3 GmbHG), wenn hierfür ein wichtiger Grund besteht. Anders als bei der oHG (§ 28) ist aber der Begriff des wichtigen Grundes eingeschränkt. Bei der oHG ist für die Auflösung der Gesellschaft jeder wichtige Grund ausreichend. Bei der GmbH reicht nur ein solcher, der sich aus den Verhältnissen der Gesellschaft ergibt. Ein solcher ist z.B. das Unmöglichwerden des Gesellschaftszweckes, Ertragslosigkeit, Nichtigkeit eines Patentes, Streitigkeiten zwischen den Gesellschaftern (BGH NJW 85, 1901). Unzureichend sind Gründe aus der Person eines Gesellschafters. Das der Klage stattgebende Urteil ist rechtsgestaltend. Mit seiner Rechtskraft ist die Gesellschaft aufgelöst. Der Gesellschaftsvertrag kann die Auflösungsklage erleichtern. Gleichwohl kommt sie in der Praxis nicht häufig vor, weil in der Rechtsordnung der Ausschluß oder Austritt eines Gesellschafters aus wichtigem Grund entwickelt worden ist.

## § 31. Die GmbH & Co KG[1]

### I. Begriff und Bedeutung

**1. Begriff und Rechtsgrundlagen.** a) Die GmbH & Co KG ist eine Kommanditgesellschaft (§ 29), an der eine GmbH (§ 30) als Komplementärin beteiligt ist. Es ist demnach eine juristische Person an einer Personengesellschaft beteiligt. Die GmbH & Co KG hat einen noch stärkeren kapitalistischen Einschlag als die KG.

b) Die Konstruktion der GmbH & Co KG ist in ständiger Rechtsprechung seit 1922 anerkannt (RGZ 105, 101). Sie wird in einer Reihe von gesetzlichen Vorschriften vorausgesetzt (vgl. §§ 19 Abs. 5, 125a, 129a, 130a, 130b, 172 Abs. 6, 172a, 177a HGB). Ihre Rechtsgrundlagen finden sich im GmbHG sowie §§ 161 ff HGB.

**2. Bedeutung.** a) Die GmbH & Co KG hat vor allem *Bedeutung* für mittelständische Unternehmen.

b) Die *Wahl der Rechtsform* einer GmbH & Co KG kann sich aus verschiedenen Gründen als zweckmäßig erweisen: *(1)* Die Haftung kann bei allen Gesellschaftern auf eine bestimmte Kapitaleinlage beschränkt werden. *(2)* Die GmbH & Co KG kann steuerlich vorteilhaft ausgestaltet werden. *(3)* Sie bietet eine große rechtliche Gestaltungsbreite. *(4)* Sie hat eine große Flexibilität in Finanzierungsfragen. Die Kommanditeinlage kann ohne besondere Schwierigkeiten erhöht und vermindert werden. Die Herabsetzung kann allerdings zur Ausfallhaftung führen (vgl. § 29 IV 3). Als Publikums GmbH & Co KG besteht selbst die Möglichkeit, an den Kapitalmarkt zu gehen. *(5)* Die Organisation kann ganz nach den Bedürfnissen des Einzelfalles gestaltet werden. *(6)* Durch die GmbH & Co KG kann der Fortbestand eines Unternehmens gesichert werden, wenn z.B. in einer Familienge-

---

[1] Brönner/Bünz, Die GmbH & Co KG in Recht und Praxis, 5. Aufl., 1989; Hennerkes/Binz, Die GmbH & Co, 7. Aufl., 1984; Hesselmann, Handbuch der GmbH & Co, 16. Aufl., 1980; Klamroth, Die GmbH & Co KG, Heidelberger Musterverträge, 5. Aufl., 1985; Klauss/Mittelbach, Die GmbH & Co KG, 6. Aufl., 1981; Schulze z. Wiesche, GmbH & Co, 1985; Sudhoff, Der Gesellschaftsvertrag der GmbH & Co, Kommentar u. Formularbuch, 4. Aufl., 1979. Das Schrifttum enthält i. d. R. auch steuerliche Darstellungen.

sellschaft keiner mehr die persönliche Haftung übernehmen kann und will. Ferner können Außenstehende für die Geschäftsführung gewonnen werden. Andererseits dürfen auch die Nachteile nicht verkannt werden. *(7)* Die praktische Handhabung einer GmbH & Co KG ist kompliziert. *(8)* Die Verhältnisse sind undurchsichtig. *(9)* Der GmbH & Co KG wird wegen gelegentlich vorkommender unseriöser Finanzierungspraktiken mit Mißtrauen begegnet.

## II. Konstruktionsprinzipien der GmbH & Co KG

**1. Beteiligungsverhältnisse.** Durch die Ausgestaltung der Beteiligungsverhältnisse wird sichergestellt, in welchem Umfang die einzelnen Gesellschafter Einfluß auf die Geschäfte der GmbH & Co KG haben. So wird z.B. bei einer Familiengesellschaft die Stellung der Kommanditisten verstärkt, während bei einer Publikums- und Anlagegesellschaft die Stellung der GmbH, die zumeist von den Initiatoren gebildet wird, verstärkt wird.

2. In der Praxis haben sich folgende **Gestaltungsprinzipien** herausgebildet:

a) *Personengleiche GmbH & Co KG.* Bei ihr sind die Gesellschafter der GmbH und der KG personengleich. Sie ist für Gesellschaften mit überschaubarer Mitgliederzahl typisch, bei denen alle Gesellschafter den gleichen Rang haben.

b) *Nicht personengleiche GmbH & Co KG.* Bei ihr stimmen die Gesellschafter von GmbH & Co KG nicht oder teilweise nicht überein. Sie wird vor allem bei größerer Mitgliederzahl gewählt. Die Aufnahme aller Kommanditisten in die GmbH würde die Gesellschaft zu schwerfällig machen.

c) Die *Einheitsgesellschaft.* Bei ihr werden die Geschäftsanteile der GmbH auf die KG übertragen. Sie verhindert ein Auseinanderfallen der Beteiligungen und verlagert die gesellschaftliche Willensbildung allein auf die KG.

d) Die *Einmann-GmbH & Co KG.* Bei ihr ist eine natürliche Person Alleingesellschafter der GmbH und alleiniger Kommanditist der KG. Bei dieser Konstruktion ist § 35 Abs. 4 GmbHG zu beachten, der die Anwendung von § 181 BGB (Verbot des Selbstkontrahierens) vorschreibt.

e) *Doppelstöckige GmbH & Co KG.* Bei ihr wird eine GmbH & Co KG Komplementärin einer zweiten GmbH & Co KG (vgl.

LG Bremen BB 1971, 1121). Derartige Gestaltungsformen werden vor allem aus steuerlichen Gründen gewählt.

3. **Organisation.** Die GmbH & Co KG ist eine Kommanditgesellschaft. Geschäftsführung und Vertretung stehen daher der Komplementär-GmbH zu, die ihrerseits durch den Geschäftsführer vertreten wird (§§ 164, 170 HGB; § 35 GmbHG). Der GmbH kann die Geschäftsführungsbefugnis entzogen werden (BGH NJW 84 S. 173). Für die gesellschaftsrechtliche Willensbildung besteht weitgehend Gestaltungsfreiheit.

### III. Besonderheiten der GmbH & Co KG

1. Die **Firma** der GmbH & Co KG muß stets einen Rechtsformzusatz enthalten (§ 22). Dies gilt sowohl für die neugebildete wie die abgeleitete Firma (§ 19 Abs. 5 HGB). Dies hat Warnfunktion für alle, die mit ihr in Geschäftsverbindung treten. Üblich ist die Bezeichnung GmbH & Co KG; jedoch sind auch andere Bezeichnungen zulässig, soweit dadurch der Rechtsverkehr nicht getäuscht wird (BGH NJW 79, 1986; 80, 2084; 81, 342).

2. **Geschäftsbriefe.** Nach 177a HGB i.V.m. § 125a HGB sind auf den Geschäftsbriefen Rechtsform, Sitz, zuständiges Registergericht, Einzelheiten über die Komplementär-GmbH anzugeben.

3. Die **Haftung** folgt dem Haftungsschema der beiden verbundenen Gesellschaftsformen. Die Kommanditisten haften also in dem Umfang wie es bei der KG (§ 29) dargestellt ist. Die GmbH haftet als Komplementärin nur mit dem Gesellschaftsvermögen (§ 30). Die Gesellschafter der GmbH haften überhaupt nicht. Dies gilt grundsätzlich auch dann, wenn ein Gesellschafter Geschäftsführer der GmbH und zugleich Kommanditist ist (BGH ZIP 88, 1543). Ist die Stammeinlage der GmbH durch einen Gesellschafter noch nicht voll eingezahlt, so kann sie nur dann auf ein Konto der KG eingezahlt werden, wenn diese eine vollwertige Einlageforderung hat (BGH ZIP 86, 161 = DB 86, 318). Problematisch war lange Zeit die Haftung im Gründungsstadium; dazu BGHZ 80, 129.

4. **Kapitalerhaltung.** Das Gesetz trifft besondere Maßnahmen, daß keine Einlagen an die Gesellschaft zurückgezahlt werden, ohne daß hierdurch eine besondere Einstandspflicht erwächst.

# Abschnitt VIII. Der Erwerb eines Unternehmens

## § 32. Allgemeine Vorbemerkungen zur Betriebs- und Firmenübernahme

### I. Wirtschaftliche Überlegungen

**1. Vorbemerkung.** Die Betriebsübernahme hat gegenüber der Neugründung den Vorteil, daß im allgemeinen geringere Unsicherheiten und Zukunftsrisiken bestehen. Umsatz- und Kostenplanung sind regelmäßig einfacher, da auf den Ergebnissen der früheren Jahre aufgebaut werden kann.

Andererseits kann die Betriebsübernahme erhebliche wirtschaftliche Risiken in sich bergen, wenn der Betriebserwerber kraft Gesetzes anstelle oder neben dem Veräußerer für die Schulden aufkommen muß (hierzu §§ 34, 35).

**2. Betriebswirtschaftliche Mindestprüfungen.** a) *Prüfung des Unternehmensergebnisses* an Hand der früheren Bilanzen. Insoweit wird der Erwerber prüfen, ob die Gewinne der früheren Jahre rückläufig waren und worin die Ursachen der rückläufigen Bilanzentwicklung zu suchen sind. Die Prüfung wird sich ferner darauf erstrecken, ob die bisherigen Gewinne ausreichend waren und ob sie auch dann noch ausreichend sind, wenn berücksichtigt wird, daß aus dem zukünftigen Betriebsergebnis Pacht, Kaufpreisraten, Kapitaldienst usw. bezahlt werden müssen.

b) *Prüfung des Kundenstammes des Unternehmens.* Bei der Prüfung des Kundenstammes ist insbesondere festzustellen, ob es sich um eine persönliche Stammkundschaft des Veräußerers handelt und ob die Gefahr besteht, daß die Kundschaft bei der Betriebsübernahme abwandert. Im allgemeinen muß gewährleistet sein, daß sich der bisherige Betriebsinhaber nicht in unmittelbarer Nachbarschaft erneut selbständig macht. Das kann durch ein Wettbewerbsverbot verhindert werden (vgl. das in § 24 I, das in der Formulierung angepaßt werden muß).

c) *Betriebswirtschaftliche Kaufpreis- oder Pachtpreisermittlung.* Hierzu gehört beim Kauf vor allem die Ermittlung des Gesamtkaufpreises, auch wenn der Erwerb auf Rentenbasis erfolgt. Intern muß der Kaufpreis aufgegliedert werden auf den Preis für das

Sachvermögen, das Umlaufvermögen und den Firmen- bzw. Geschäftswert. Bei der Überprüfung des Preises für das Sachvermögen ist insbesondere festzustellen, ob dieses mit dem Verkehrswert (Zeitwert) in Ansatz gebracht ist. Der Zeitwert ist häufig höher als der Buchwert. Der Preis für das Umlaufvermögen (Warenbestand, halbfertige Ware) darf wirtschaftlich vernünftig nicht höher als mit dem Einstandspreis bewertet werden. Zum Firmen- und Geschäftswert gehört vor allem der sog. good will. Im Preis für den good will wird der für den Kundenstamm und die zukünftigen Gewinnchancen zusammengefaßt.

### II. Die verschiedenen Formen des Unternehmenserwerbs

Juristisch technisch werden verschiedene Formen des Unternehmenserwerbes unterschieden, und zwar

1. der Erwerb von Todes wegen, der hier nicht näher behandelt wird;
2. der Unternehmenskauf bei Erwerb von Anteilen (§ 33);
3. der Unternehmenskauf bei der Übernahme von Wirtschaftsgütern und Verbindlichkeiten (§ 33);
4. der Pachtvertrag über ein Unternehmen (§ 33).

## § 33. Der Unternehmenskauf- oder Pachtvertrag

### I. Formen des Unternehmenserwerbs

**1. Grundstrukturen des Kaufvertrages.** Für den Unternehmenskaufvertrag bestehen vielfache Gestaltungsmöglichkeiten. Welche im Einzelfall gewählt wird, kann im allgemeinen nur nach sachkundiger Beratung entschieden werden, da die zweckmäßige Form von steuerrechtlichen, haftungsrechtlichen und bewertungsrechtlichen Fragen abhängt. Gleichwohl gibt es für den Unternehmenskaufvertrag verschiedene Grundstrukturen. Der Unternehmenskauf wird entweder in der Weise vorgenommen, daß Anteile an Gesellschaften wie Aktiengesellschaften, GmbH (§ 30), oHG (§ 28) oder KG (§ 29) erworben werden, oder aber daß alle oder bestimmte Wirtschaftsgüter und Verbindlichkeiten eines Unternehmens erworben werden. Ein Kauf von Sachgesamtheiten ist rechtlich möglich; eine spezialgesetzliche Regelung besteht jedoch nicht, so daß es zahlreiche Zweifels- und Streitfragen gibt.

**2. Pachtvertrag.** Auch der Unternehmenspachtvertrag ist im BGB nicht geregelt. Er ist aber allgemein anerkannt und wird in §§ 22ff HGB vorausgesetzt. Vom Unternehmenspachtvertrag ist die Miete von Geschäftsräumen (§ 51) zu unterscheiden. Für die Unternehmenspacht wesentlich ist die Überlassung der materiellen und immateriellen Werte eines Unternehmens wie Geschäftsgeheimnisse, Firma, Kundenbeziehungen mit dem Recht der Fruchtziehung. Bei der Miete oder der Pacht von Geschäftsräumen werden nur bestimmte Räume, u. U. mit Ladeneinrichtung übernommen.

## II. Der Erwerb von Geschäftsanteilen

**1.** a) **Geschäftsanteile einer GmbH** sind verkäuflich und vererblich (§ 15 Abs. 1 GmbHG; dazu § 30). Die Rechtsübertragung an dem Anteil erfolgt im Wege der Abtretung (§ 15 Abs. 3 GmbHG; §§ 398ff BGB). Regelmäßig werden entsprechende Verträge formuliert, daß der Verkäufer seinen Geschäftsanteil mit allen damit verbundenen Gewinnbezugs- und sonstigen Nebenrechten an einen Käufer mit der Maßgabe verkauft und überträgt, daß der Rechtsübergang an einem bestimmten Stichtag erfolgt.

b) **Anteile an einer Personengesellschaft** sind nur veräußerbar und vererbbar, wenn dies im Gesellschaftsvertrag vorgesehen ist (zu GbR § 27; zur oHG § 28; zur KG § 29). Auch insoweit lauten etwaige vertragliche Formulierungen, der Verkäufer verkauft und überträgt seine Beteiligung an der Personengesellschaft mit der Maßgabe, daß der Rechtsübergang zum Ablauf des Übergangsstichtages erfolgt. Bei der KG erfolgt zur Erhaltung der Haftungsbeschränkung des Kommanditisten die Rechtsübertragung frühestens mit Eintragung der Sonderrechtsnachfolge in das Handelsregister (vgl. § 29 V).

c) Sowohl bei dem Verkauf und der Übertragung von Geschäftsanteilen einer GmbH als den Beteiligungen an einer Personengesellschaft muß der Kaufgegenstand noch näher umschrieben werden, was mit den auf den verschiedenen Gesellschafterkonten bestehenden Guthaben oder Verbindlichkeiten (vgl. insoweit jeweils die Ausführungen zu den einzelnen Gesellschaften) geschehen soll.

d) *Formvorschriften* für den Unternehmenserwerb kraft Beteiligung ergeben sich aus zahlreichen Normen. Nach § 313 BGB kann ein Beteiligungserwerb dem Formzwang unterliegen, wenn alle Beteiligungen an einer Kapital- oder Personengesellschaft übertragen werden, deren Geschäftsvermögen im wesentlichen aus Grundbesitz besteht. Insoweit ist die Rechtslage umstr. Nach § 311 BGB bedarf die Verpflichtung des Verkäufers der notariellen Beurkundung, sein gesamtes gegenwärtiges Vermögen oder einen Bruchteil hiervon auf den Käufer zu übertragen. Nach § 15 Abs. 3, 4 GmbHG ist sowohl die dingliche Abtretung von GmbH-Geschäftsanteilen als auch das zugrundeliegende Verpflichtungsgeschäft notariell zu beurkunden. Der Formmangel kann jedoch unter gewissen Voraussetzungen geheilt werden.

**2.** Häufig ist für den Beteiligungserwerb die **Zustimmung Dritter** notwendig.

a) Ist für den Betrieb des Unternehmens eine *öffentlich-rechtliche Konzession* notwendig (vgl. §§ 5, 8, 11), bedarf es der Prüfung, ob der Fortbestand der Konzession zu erwarten oder deren Neuerteilung notwendig und zu erwarten ist. Eine Erneuerung der Konzession ist insbesondere bei personenbezogenen Konzessionen oder Genehmigungen notwendig. Ferner bedarf es der Überprüfung, ob öffentlich rechtliche Veräußerungsbeschränkungen für die Grundstücksveräußerung oder Nutzung bestehen.

b) Der Veräußerung können *familien- und vormundschaftsrechtliche Beschränkungen* entgegenstehen. Nach § 1365 Abs. 1 BGB braucht bei gesetzlichem Güterstand der Ehegatte die Einwilligung des anderen bei Verpflichtung zur Verfügung über das Vermögen im ganzen (vgl. BGH NJW 84 S. 609). Vormundschaftsgerichtliche Genehmigungen können notwendig sein, wenn an dem Geschäft Minderjährige, beschränkt geschäftsfähige oder unter Pflegschaft stehende Personen beteiligt sind.

c) *Erbrechtliche Beschränkungen* können in Betracht kommen, wenn die Veräußerung des Unternehmens oder die Beteiligung unmittelbar nach dem Tod des bisherigen Inhabers stattfinden muß. Es bedarf der Prüfung, ob die Ausschlagungsfrist für die Erbschaft abgelaufen (§ 1944 BGB), damit die Erbschaft nicht mehr entzogen werden kann; ob eine Erbengemeinschaft besteht, da Miterben nur gemeinschaftlich verfügen können (§ 2040 BGB); ob Testamentsvollstreckung, Nachlaßpflegschaft oder

Verwaltung angeordnet ist (§§ 2211, 1916, 1975ff BGB). Zahlreiche Beschränkungen können sich bei Vorerben ergeben.

d) Letztlich können sich Veräußerungsbeschränkungen aus dem *Gesellschaftsvertrag* ergeben. Insoweit muß auf die entspr. Kapitel zum Wechsel des Gesellschafters bei den einzelnen Gesellschaftsformen verwiesen werden.

**3. Kommerzielle Überlegungen.** a) Auch bei der Veräußerung von Anteilen und Beteiligungen bedarf es der Bemessung des *Kaufpreises,* der Sicherung des Kaufpreises und sonstiger gegenseitiger Forderungen, der Abwicklung der Kaufpreiszahlungen, der Beurteilung der Bilanzen und der Auswirkungen der Veräußerung auf die Bilanzen.

b) Regelmäßig erwachsen nicht unerhebliche *steuerrechtliche Fragen.* Im wesentlichen bedarf es der Überprüfung, in welchem Umfang Kapitalverkehrssteuern, Umsatzsteuern und Grunderwerbssteuern anfallen. Zu den Kapitalverkehrssteuern gehören die Gesellschaftssteuern und die Börsenumsatzsteuer (vgl. §§ 57ff).

c) Schließlich bedarf es regelmäßig der Überlegung, in welchem Umfang der Verkäufer *Gewährleistungen* übernimmt, besondere Zusicherungen abgibt, welche Wettbewerbsbeschränkungen ihm obliegen sollen, damit er nicht zugleich ein neues Unternehmen gründet, der Registeranmeldungen und Bekanntmachungen, der Übernahme der anfallenden Kosten und dgl.

**4. Muster** zum Unternehmenskaufvertrag bei Erwerb von Anteilen ergeben sich aus dem Beck'schen Formularbuch zum Bürgerlichen, Handels- und Wirtschaftsrecht, 4. Aufl., zu III A 7 sowie dem Münchener Vertragshandbuch, 2. Aufl., Bd. 2, Handels- und Wirtschaftsrecht, zu IV 1.

## III. Unternehmenskaufvertrag bei Übernahme von Wirtschaftsgütern und Verbindlichkeiten

**1. Kaufvertrag und Rechtsübertragung** an den zum Unternehmen gehörenden Gegenständen unterscheiden sich. Das Verpflichtungsgeschäft kann sich auf eine Sachgesamtheit beziehen. Dagegen sind zur Rechtsübertragung zahlreiche Einzelgeschäfte notwendig. Der Kaufvertrag enthält regelmäßig Bestimmungen über Kaufgegenstand, Kaufpreis, seine Bezahlung und seine Sicherung.

**2.** Die **Rechtsübertragung** muß dem Umstand Rechnung tragen, daß das dingliche Rechtsgeschäft sich auf jeden einzelnen Gegenstand beziehen muß. Aus diesem Grund ist es sachdienlich, alle Gegenstände im einzelnen aufzuzählen. Die Aufzählung hat allerdings auch kommerzielle und steuerrechtliche Bedeutung, da sie für die Bilanz nutzbar gemacht werden kann. Etwaige Formulierungen lauten: *(1)* Die Gegenstände, die auf den Käufer übertragen werden sollen, sind im einzelnen in den zu diesem Vertrag gehörenden Anlagen aufgeführt und wertmäßig zusammengefaßt. Die Aufstellungen wurden aufgrund körperlicher Bestandsaufnahme zum (vorläufigen) Stichtag aufgezählt; sie werden bis zum endgültigen Stichtag fortgeschrieben. Für die Übertragung des Eigentums und aller sonstigen Rechte sind die Aufstellungen zum endgültigen Stichtag maßgebend. Die Aufstellungen sind jedoch nicht abschließend. Vielmehr werden auch sonstige Wirtschaftsgüter, die zum Unternehmen gehören, übertragen, unabhängig davon, ob sie in der Aufstellung erfaßt werden. *(2)* Verkäufer und Käufer sind sich darüber einig, daß das Eigentum an den vorstehend beschriebenen Sachen am Stichtag auf den Käufer übergeht. Soweit der Käufer diese Gegenstände am Stichtag noch nicht im Besitz hat, wird der Besitz zu diesem Zeitpunkt übertragen.

Neben diesem skizzierten Übertragungsvertrag sind Regelungen notwendig für Patente, Warenzeichen und gewerbliche Schutzrechte, Vorräte, Forderungen und Verbindlichkeiten, Rechte aus Versicherungen usw. Ferner sind sonstige Nebenpflichten wie Wettbewerbsverbote usw. zu regeln.

3. Wegen der einzuhaltenden **Formvorschriften** oder der einzuholenden **Zustimmungen Dritter** gelten ähnliche Überlegungen wie bei dem Beteiligungserwerb, so daß auf die Ausführungen zu II verwiesen werden kann.

### IV. Unternehmenspacht und Miete

1. Auf den **Unternehmenspachtvertrag** werden im allgemeinen die Vorschriften über die Pacht (§§ 535ff. BGB) entsprechend angewandt. Ein Pachtvertrag, der für längere Zeit als ein Jahr geschlossen wird, bedarf, wenn er ein Grundstück umfaßt, der Schriftform (§§ 566, 581 Abs. 2 BGB). Bei Nichterfüllung der Formvorschrift ist der Pachtvertrag nicht nichtig, sondern gilt als auf unbestimmte Zeit geschlossen.

Besondere gesetzliche Vorschriften bestehen für die Landpacht, die Kleingartenpacht, Jagdpacht, Fischereipacht und Apothekenpacht. Für letztere besteht grundsätzlich ein Verpachtungsverbot.

2. Ein Pachtvertrag wird regelmäßig **formuliert,** daß der Verpächter einem Pächter das auf einem bestimmten Grundstück betriebene Unternehmen verpachtet und der Pächter sich verpflichtet, jährlich einen bestimmten Pachtzins zu zahlen, auf den monatliche Vorschüsse zu leisten sind. Die Aufrechnung oder die Ausübung des Zurückbehaltungsrechtes wegen bestehender Gegenforderungen wird dem Pächter zumeist nicht gestattet. Zu den dem Pächter obliegenden Verpflichtungen gehören das gepachtete Unternehmen in dem bestehenden Umfang zu erhalten und fortzuführen, die bisherige Firma beizubehalten (vgl. § 22) und das Inventar zu erhalten und zu ersetzen. Der Pächter übernimmt die gewöhnlichen Unterhaltungs- und Ausbesserungskosten des Grundstücks, der Gebäude und der sonstigen baulichen Anlagen und hat die öffentlich-rechtlichen Abgaben zu tragen. Der Verpächter übernimmt gewisse Unterstützungspflichten bei dem Anlauf des Unternehmensbetriebes bei dem Pächter. Einer ausführlichen Regelung bedarf schließlich das Rückfallrecht bei Beendigung des Pachtvertrages.

3. **Muster** finden sich im Beck'schen Formularbuch unter VII 3 sowie im Münchener Vertrags-Handbuch unter V 1.

### V. Schuldenhaftung und arbeitsrechtliche Betriebsnachfolge

Unabhängig davon, ob ein Unternehmen im Wege des Beteiligungserwerbs oder durch Übertragung der Wirtschaftsgüter erworben wird, kann es im Außenverhältnis zur Haftung für die bereits erwachsenen Schulden (§ 34) kommen. Vor allem können sich Fragen der arbeitsrechtlichen Betriebsnachfolge (§ 35) ergeben.

## § 34. Die Schuldenhaftung bei Erwerb eines Unternehmens unter Lebenden oder von Todes wegen

### I. Allgemeine und arbeitsrechtliche Schuldenhaftung

Für die Haftung der Schulden aus Arbeitsverhältnissen gelten Sondervorschriften (§ 35); daneben gelten aber auch die allgemeinen Haftungsvorschriften.

## II. Unternehmenserwerb unter Lebenden

1. In § 25 Abs. 1 HGB ist der **Grundsatz** geregelt. Wer ein unter Lebenden erworbenes Handelsgeschäft unter der bisherigen Firma mit oder ohne Beifügung eines das Nachfolgeverhältnis andeutenden Zusatzes fortführt, haftet für alle im Betrieb des Geschäftes begründeten Verbindlichkeiten des früheren Inhabers. Die in dem Betrieb begründeten Forderungen gelten den Schuldnern gegenüber als auf den Erwerber übergegangen, falls der bisherige Inhaber oder seine Erben in die Fortführung der Firma gewilligt haben.

a) Der *Unternehmensveräußerung* kann ein Kauf-, Tausch- oder Schenkungsvertrag zugrundeliegen. Bei zeitweiliger Überlassung des Unternehmens kann dies ein Pachtvertrag (BGH ZIP 84, 442) sein (§ 33 IV). Gegenstand des schuldrechtlichen Geschäftes kann das Unternehmen als Ganzes sein. Gegenstand des Verfügungsgeschäftes sind die einzelnen Bestandteile des Unternehmens; sie müssen einzeln übertragen werden (§ 33 III). Die Rechtsfolgen des § 25 Abs. 1 HGB werden selbst dann ausgelöst, wenn das Veräußerungsgeschäft angefochten oder nichtig ist.

b) Führt der Unternehmenserwerber die *bisherige Firma* fort, so haftet er für alle im Unternehmen begründeten Forderungen. Es handelt sich um einen gesetzlichen Fall des Schuldbeitritts (§ 415 BGB). Der Unternehmenserwerber muß nach der Konzeption des Gesetzes beitreten, weil die Gläubiger mit dem bisherigen Geschäftsinhaber vielfach nur wegen des „Firmenvermögens" Verträge geschlossen haben und nach der Verkehrsanschauung „Die Firma" ohne Rücksicht auf den jeweiligen Inhaber haftet. Die Schuldenhaftung ist unabhängig von der Eintragung ins Handelsregister (RGZ 55, 83, 85), ob der Veräußerer in die Firmenfortführung eingewilligt hat (BGHZ 22, 234, 237) oder nicht, ein Nachfolgezusatz beigefügt wurde. Entscheidend ist allein, daß nach der Verkehrsauffassung kein Zweifel an der Firmenidentität besteht (BGHZ 44, 116, 120; DB 79, 1124). Einschränkungen ergeben sich im Falle des Konkurses.

c) Die *Haftung des Erwerbers* erstreckt sich auf alle im Unternehmen begründeten Verbindlichkeiten des früheren Inhabers; unerheblich ist, aus welchem Rechtsgrund sie abgeleitet werden (Vertrag, unerlaubte Handlung, ungerechtfertigte Bereicherung). Dies gilt auch dann, wenn das Unternehmen des Erwerbers gegenüber dem des Veräußerers erheblich geschrumpft ist (OLG Bremen ZIP 88, 1396). Ausgenommen von der Haftung sind die privaten Verbindlichkeiten des Veräußerers.

d) Der Erwerber haftet mit seinem *ganzen Vermögen,* also sowohl mit dem Geschäfts- als auch mit dem Privatvermögen. Er kann gegen die Forderungen der Gläubiger die Einwendungen und Einreden erheben, die dem bisherigen Schuldner zustanden. Er kann sich aber auch auf seine eigenen berufen.

e) Der *bisherige Unternehmensinhaber* haftet weiter für die bis zum Unternehmensübergang begründeten Verbindlichkeiten. Solange der Übergang nicht in das Handelsregister eingetragen ist, haftet er auch für neu entstehende Verbindlichkeiten. Da der Gläubiger nunmehr zwei Schuldner hat, verjähren die Ansprüche gegen den bisherigen Geschäftsinhaber binnen fünf Jahren seit Eintragung des Unternehmensübergangs in das Handelsregister (§ 26 HGB).

f) Die Haftung des Erwerbers kann durch eine *Vereinbarung* zwischen ihm und dem früheren Inhaber *ausgeschlossen* werden (§ 25 Abs. 2 HGB). Gegenüber dem Gläubiger wirkt eine solche Vereinbarung aber nur, wenn *(1)* sie in das Handelsregister eingetragen und bekannt gemacht oder *(2)* von dem Erwerber oder Veräußerer dem Dritten unverzüglich mitgeteilt worden ist. Hat dieser von dem Ausschluß der Haftung auf andere Weise erfahren, entfaltet die Vereinbarung ihm gegenüber keine Wirkung (BGHZ 29, 1, 4).

g) Wird das Unternehmen *ohne Fortführung der bisherigen Firma* weitergeführt, so scheidet eine Haftung nach § 25 Abs. 1 HGB aus. Jedoch kann sich eine Haftung aus den allgemeinen Vorschriften des bürgerlichen Rechtes (§ 25 Abs. 3 HGB) ergeben (unten III).

**2. Forderungsübergang:** a) Die in dem Unternehmen begründeten Forderungen gehen nur dann auf den Erwerber über, wenn sie ihm *abgetreten* (§ 398 BGB) worden sind. Dies gilt jedoch nur für das Innenverhältnis zwischen Unternehmensveräußerer und Erwerber.

b) Für das *Außenverhältnis* zwischen Inhaber des Unternehmens und Schuldner stellt dagegen § 25 Abs. 1 S. 2 HGB eine unwiderlegliche Vermutung auf. Im Außenverhältnis gilt der Erwerber als Inhaber der Forderung, wenn *(1)* er das unter Lebenden erworbene Handelsgeschäft mit der bisherigen Firma fortführt und *(2)* der bisherige Inhaber oder seine Erben in die Firmenfortführung eingewilligt haben. Das Gesetz sucht damit einen Interessenausgleich herbeizuführen. Der Schuldner soll sich im Falle der Firmenfortführung nicht vergewissern müssen, wer Inhaber der Firma ist. Andererseits kann sich der Veräußerer gegen eine unbefugte Firmenfortführung schützen.

c) Der Erwerber gilt nur als Inhaber von Forderungen, die zum *Firmenvermögen* gehören. Aber dies gilt auch nur für solche Forderungen, die durch bloßen Abtretungsvertrag (§ 398 BGB) übertragen werden. § 25 Abs. 1 S. 2 HGB gilt mithin nicht für solche Abtretungen, die einer besonderen Form bedürfen, also z.B. für die Abtretung der Hypothekenforderung (§ 54 III).

d) Im Veräußerungsvertrag kann § 25 Abs. 1 S. 2 HGB *abbedungen* werden. Es kann also vereinbart werden, daß der Erwerber nicht zur Einziehung der Forderung berechtigt ist. Die Schuldner brauchen eine derartige Vereinbarung aber nur gegen sich gelten zu lassen, wenn *(1)* sie in das Handelsregister eingetragen und bekannt gemacht worden ist oder *(2)* von dem Veräußerer oder Erwerber mitgeteilt worden ist.

### III. Schuldenhaftung bei Vermögensübernahme

1. Der Unternehmenserwerber haftet, wenn er im Wege privativer (**befreiender**) **Schuldübernahme** die bisherigen Schulden übernommen hat. Zu einem derartigen Vertrag ist die Zustimmung der Gläubiger notwendig (§ 414 BGB), da ihnen kein neuer Schuldner aufgedrängt werden kann. Ob Ansprüche aus betrieblicher Altersversorgung übernommen werden können (§ 4 BetrAVG), ist zweifelhaft; es wird von der h.M. verneint.

2. a) Der Unternehmenserwerber haftet, wenn er seinen **Schuldbeitritt** erklärt (§ 305 BGB). Der Schuldbeitritt kann durch Vertrag mit dem Veräußerer, aber auch durch einen solchen mit dem Gläubiger erfolgen.

b) Nach § 419 BGB haftet der Erwerber, wenn er durch Vertrag das *Vermögen* eines anderen *übernimmt.* Eine Vermögensübernahme kann gegeben sein bei Übernahme einer Sachgesamtheit oder mehrerer Einzelgegenstände, die das ganze Vermögen ausmachen. Die Übernahme kann sich zu einem Zeitpunkt, aber auch sukzessiv vollziehen, wenn ein enger sachlicher und zeitlicher Zusammenhang besteht (BGH ZIP 85, 356; 921 = WM 85,

285, 866). Keine Vermögensübernahme wird gegeben sein, wenn nur der good will eines Unternehmers übernommen wird (OLG Hamm EWiR BGB § 419 3/85).

c) Schließlich haftet der Erwerber, wenn er in handelsüblicher Weise *bekannt macht*, daß er für die bisherigen Schulden haftet. Dies kann durch Zeitungsanzeigen, Rundschreiben usw. geschehen. Für die Schuldenhaftung ungenügend ist die bloße Bekanntmachung der Geschäftsübernahme (§ 25 Abs. 3 HGB).

d) In allen Fällen des Schuldbeitritts bleibt auch der *bisherige Geschäftsinhaber* Schuldner der Verbindlichkeiten.

## IV. Der Eintritt in das Unternehmen eines Einzelkaufmanns

**1. Gesetzliche Gliederung:** a) Tritt jemand in das Unternehmen eines Einzelkaufmannes ein, so entsteht eine oHG, wenn bei keinem Gesellschafter die Haftung beschränkt ist (§ 28 I), oder eine KG, wenn bei einem die Haftung beschränkt ist (§ 29 I). Die Rechtsfolgen für die Haftung und die Forderungen ergeben sich aus § 28 HGB.

b) Tritt dagegen jemand in eine bereits bestehende oHG oder KG ein, so ergeben sich die Haftungsfragen aus §§ 130, 161 Abs. 2, 173, 176 Abs. 2 HGB. Einzelh. bei §§ 28, 29.

**2. Schuldenhaftung:** a) Tritt jemand als *persönlich haftender Gesellschafter* oder als *Kommanditist* in das Geschäft eines Einzelkaufmannes ein, so haftet die Gesellschaft, auch wenn sie die frühere Firma nicht fortführt, für alle im Betrieb des Geschäftes entstandenen Verbindlichkeiten des früheren Inhabers.

b) *Voraussetzung der Schuldenhaftung* ist, daß jemand als persönlich haftender Gesellschafter oder Kommanditist in das Handelsgeschäft eines Einzelkaufmannes eintritt. Der bisherige Inhaber muß Kaufmann sein, da das Geschäft zur oHG oder KG wird. Ausreichend ist, daß er Minderkaufmann ist, wenn das Geschäft durch den Eintritt zum Vollhandelsgewerbe anwächst (BGH NJW 66, S. 1917). Der Eintritt muß aufgrund eines Gesellschaftsvertrages erfolgen. Unerheblich ist im Interesse des Verkehrsschutzes, ob dieser wirksam ist.

c) Der Eintretende haftet für die *bisherigen Geschäftsschulden*, und zwar unabhängig davon, ob die Firma fortgeführt wird oder nicht. Er haftet unbeschränkt mit seinem Firmen- und Privatvermögen, wenn er als persönlich haftender Gesellschafter in das

Unternehmen eintritt (§ 28). Er haftet beschränkt auf die Einlage, wenn er als Kommanditist eintritt (§ 29).

d) Der *bisherige Inhaber* haftet weiter. Durch den Eintritt eines weiteren Teilhabers in das Unternehmen ändert sich an der Haftung nichts.

e) Die Haftung des Eintretenden kann durch eine *abweichende Vereinbarung* gegenüber den Gläubigern beschränkt werden (§ 28 Abs. 2 HGB). Es gelten die oben II 1 f dargestellten Voraussetzungen dementsprechend.

**3. Forderungsübergang:** Tritt jemand in ein bestehendes Unternehmen ein, so gelten die Forderungen den Schuldnern gegenüber als auf die Gesellschaft übergegangen (§ 28 Abs. 1 S. 2 HGB). Es können abweichende Vereinbarungen getroffen werden. Vergl. die Ausführungen I 2.

## V. Die Schuldenhaftung bei Unternehmenserwerb von Todes wegen[1]

**1. Erbrechtliche Haftung:** Erwirbt jemand ein Unternehmen von Todes wegen, so haftet er für die Geschäftsschulden des Erblassers nach erbrechtlichen Grundsätzen (§§ 1922 Abs. 1, 1967 BGB). Der Erbe kann die Erbschaft ausschlagen; dann ist er nicht mehr Erbe und braucht auch nicht für die Verbindlichkeiten einzustehen (§§ 1942 ff BGB). Der Erbe kann seine Haftung auf den Nachlaß beschränken.

**2. Handelsrechtliche Haftung:** a) Neben der erbrechtlichen Haftung kann die handelsrechtliche bestehen.

b) Erwirbt ein Erbe ein *Handelsgeschäft von Todes* wegen und führt er die Firma mit oder ohne Nachfolgezusatz fort, so finden die Vorschriften über den Erwerb eines Geschäftes unter Lebenden entspr. Anwendung (§§ 27 Abs. 1, 25 Abs. 1 HGB). Der Sinn dieser Regelung besteht darin, daß der Erbe nicht besser stehen soll als jemand, der ein Geschäft unter Lebenden erworben hat. Der Erbe haftet mit seinem gesamten Vermögen; er kann sich nicht auf die beschränkte Erbenhaftung berufen. Führt der Erbe die Firma nicht fort, so tritt die handelsrechtliche Haftung nicht

---

[1] Vgl. Schmidt, Die Erbengemeinschaft nach einem Einzelkaufmann, NJW 85, 2785; Streck, Unerwünschte und geplante Steuerfolgen der Erbauseinandersetzung, NJW 85, 2454.

ein. Allerdings kann er bekannt machen, daß er für die Geschäftsschulden aufkommt (vgl. oben III 2c).

3. Die **Einschränkung der handelsrechtlichen Haftung** ist auf verschiedenen Wegen möglich.

a) Sie kann erfolgen durch *Ausschlagung der Erbschaft* innerhalb der dafür vorgesehenen Fristen (§§ 1944, 1953 Abs. 1 BGB). Er ist alsdann nicht Erbe, so daß § 27 Abs. 1 HGB nicht eingreifen kann.

b) Die unbeschränkte handelsrechtliche Erbenhaftung tritt dann nicht ein, wenn der Erbe innerhalb einer Frist von drei Monaten nach Kenntnis vom Anfall der Erbschaft den *Geschäftsbetrieb einstellt* (§ 27 Abs. 2 HGB). Der Erbe hat also eine Überlegungsfrist von drei Monaten, ob er das Geschäft fortführt oder nicht. Ist bei dem Ablauf der 3-Monatsfrist das Recht zur Ausschlagung der Erbschaft noch nicht verloren, so endet die Frist nicht vor dem Ablauf der Ausschlagungsfrist.

c) Die unbeschränkte handelsrechtliche Erbenhaftung tritt dann nicht ein, wenn der Erbe die *Haftungsbeschränkung* (§§ 27 Abs. 1, 25 Abs. 2 HGB) in das Handelsregister eintragen und bekannt machen läßt. Allerdings ist ein Vertrag des Erben mit dem Erblasser nicht möglich; indes muß eine einseitige Erklärung des Erben genügen, wenn § 25 Abs. 2 HGB überhaupt Anwendung finden soll. Anstelle der Haftung des Erblassers tritt die Erbenhaftung nach den allgemeinen Vorschriften des BGB (oben V 1).

## § 35. Arbeitsrechtliche Betriebsnachfolge[1]

### I. Die Arten und die gesetzliche Regelung

**1. Gesamt- und Einzelrechtsnachfolge.** a) Von einer *Gesamtrechtsnachfolge* wird gesprochen, wenn das Unternehmen kraft Gesetzes auf einen Rechtsnachfolger übergeht. Die Fälle der Gesamtrechtsnachfolge sind abschließend im Gesetz geregelt; hierzu gehört die Erbfolge, Fusion und Verschmelzung von Unternehmen. Bei den Fällen der Gesamtrechtsnachfolge muß regelmäßig

---

[1] *Schaub,* ArbR-Hdb. 6. Aufl., 1987; *ders.,* Arbeitsrecht von A–Z, 12. Aufl. 1988, Stichwort: Betriebsnachfolge (dtv 5041); *ders.,* Meine Rechte und Pflichten als Arbeitnehmer, 4. Aufl., 1988, § 41 (dtv 5229).

der Nachfolger in die bestehenden Rechte und Pflichten aus dem Arbeitsverhältnis eintreten.

b) Eine *Einzelrechtsnachfolge* ist dann gegeben, wenn ein Betrieb oder Betriebsteil durch Rechtsgeschäft auf einen Betriebsnachfolger übertragen wird und die zum Betriebsvermögen gehörenden materiellen oder immateriellen Rechte nicht automatisch, sondern durch einen besonderen Übertragungsakt auf den Nachfolger übergehen.

**2. Rechtsgrundlage.** Die Einzelrechtsnachfolge ist gesetzlich in § 613a BGB geregelt, der 1972 durch das BetrVG in das BGB eingeführt und 1980 durch die EG-Anpassungsnovelle geändert worden ist.

## II. Rechtsgeschäftliche Betriebsnachfolge

Die Parteien können die Betriebsnachfolge rechtsgeschäftlich regeln. Im Wege des dreiseitigen Rechtsgeschäftes können die mit dem Betriebsveräußerer begründeten Arbeitsverhältnisse auf den Betriebsnachfolger übertragen werden. An dem Rechtsgeschäft sind mithin der Betriebsvorgänger, der Betriebsnachfolger und die Arbeitnehmer beteiligt. Die Rechte und Pflichten der Beteiligten richten sich alsdann nach dem Vertrag. Der Vertrag darf für die Arbeitnehmer keine ungünstigere Rechtsfolgen haben, als die in § 613a BGB enthalten sind. Ist dies der Fall, ist er insoweit unwirksam.

## III. Voraussetzungen und Rechtsfolgen der gesetzlich geregelten Betriebsnachfolge

**1. Voraussetzungen.** Nach § 613a Abs. 1 S. 1 BGB tritt ein Betriebsnachfolger in die Rechte und Pflichten aus dem Arbeitsverhältnis ein, wenn der Betrieb oder Betriebsteil aufgrund eines Rechtsgeschäftes auf ihn übergeht.

a) Der Betriebsnachfolger tritt in die Arbeitsverhältnisse ein, wenn der *Betrieb oder Betriebsteil* auf ihn übergeht. Nicht erforderlich ist, daß alle Wirtschaftsgüter übergehen (BAG AP Nr. 53 zu § 613 BGB). In Produktionsbetrieben ist notwendig, daß solche Produktionsmittel übergehen, daß eine sinnvolle Produktion noch möglich ist (BAG AP Nr. 53 zu § 613a BGB = DB 87, 99; AP Nr. 23 zu § 7 BetrAVG = NJW 86, 450). Bei Handels- und Dienstleistungsunternehmen ist für die Übernahme vor allem darauf abzustellen, ob die Kundenbeziehungen und Lieferquellen übertragen werden und das bisherige Warensortiment weitergeführt wird (BAG AP Nr. 58 zu § 613a BGB = DB 87, 992; AP Nr. 63 = NZA 87, 589). Der Übergang ist vollzogen, wenn der Erwerber in die Betriebsorganisation eintritt und er die betriebstechnische Zwecksetzung weiter verfolgen kann. Hierzu gehört, daß die wesentlichen sächlichen und immateriellen Betriebsmittel übergehen (BAG ZIP 85, 1348; 1343; EWiR BGB § 613a 12/85).

b) Dem Betriebsübergang muß ein *Rechtsgeschäft* zugrunde liegen. Das Rechtsgeschäft braucht nicht notwendig zwischen dem früheren und jetzigen Betriebsinhaber vorgenommen worden zu sein. Eine arbeitsrechtliche Betriebsnachfolge kann auch dann gegeben sein, wenn ein Betrieb oder Betriebsteil verpachtet war und vom Erstpächter auf einen Zweitpächter übergeht. Dies kann z.B. bei einer von der Bundesbahn verpachteten Bahnhofsgaststätte oder bei einer von einem Mineralölkonzern verpachteten Tankstelle der Fall sein oder, sofern die Betriebsgegenstände sicherungsübereignet waren, bei Erwerb von den Sicherungsnehmern (BAG AP Nr. 43 zu § 613a BGB = NJW 86, 448). Nach der Rechtsprechung des BAG sollen von § 613a Abs. 1 S. 1 BGB alle Fälle des Betriebsüberganges erfaßt werden (AP Nr. 24 zu § 613a BGB = NJW 81 S. 2212), die nicht zur Gesamtrechtsnachfolge zählen (oben I 1).[2] Regelmäßig liegt einer Betriebsnachfolge eine Betriebsveräußerung, eine Betriebsverpachtung oder ein Vermächtnis, also ein Rechtsgeschäft von Todes wegen zugrunde (§ 2147 BGB).

c) Der Regeltatbestand ist die *Betriebsveräußerung*. Dies ist die Rechtsübertragung an den zum Betrieb gehörenden sächlichen und immateriellen Gegenständen. Sie kann auf Kauf oder Schenkung beruhen. § 613a Abs. 1 S. 1 BGB findet auch dann Anwendung, wenn die Veräußerung durch den Konkurs- oder Vergleichsverwalter erfolgt. Der Erwerb eines Betriebes aus einer Konkursmasse kann daher besonders risikoreich sein. Nach der Vorstellung des Gesetzgebers soll auch im Konkurs der Arbeitnehmer seinen Arbeitsplatz behalten und der Betriebsrat im Amt bleiben, wenn der Betrieb auf einen Nachfolger übertragen wird. Gleichwohl hat die Rechtsprechung insoweit eine sog. teleologi-

---

[2] *Schaub*, Arbeitsrecht von A–Z, 12. Aufl. 1988, Stichwort: Betriebsnachfolge (dtv 5041).

sche Reduktion von § 613a Abs. 1 S. 1 BGB vorgenommen. Müßte der Betriebsnachfolger im Falle des Konkurses des Betriebsveräußerers in alle Rechte und Pflichten aus dem Arbeitsverhältnis eintreten, würde er den Kaufpreis entsprechend mindern. Andererseits erhielten die Arbeitnehmer einen neuen Schuldner, der voll einstehen müßte. Sie würden also gegenüber den anderen Gläubigern bevorzugt. Um eine Benachteiligung der übrigen Gläubiger zu verhindern, andererseits aber den Arbeitnehmern auch im Konkurs den Arbeitsplatz zu erhalten, hat das BAG entschieden, daß der Betriebsnachfolger in die Rechte und Pflichten aus dem Arbeitsverhältnis eintritt. Jedoch braucht er nicht für bei Konkurseröffnung bestehende Rückstände zu haften. Insoweit nehmen die Arbeitnehmer am Konkursverfahren teil (BAG AP Nr. 18 zu § 613a BGB = NJW 80, 1124; AP Nr. 57 = NZA 87, 458). Diese erhalten wegen rückständiger Vergütungsansprüche Anspruch auf Konkursausfallgeld. Hatte der zusammengebrochene Betriebsveräußerer Leistungen der betrieblichen Altersversorgung zugesagt, so muß für im Zeitpunkt der Insolvenz bereits erwachsene Ruhestandsverpflichtungen und unverfallbaren Versorgungsanwartschaften der Pensionssicherungsverein, 5000 Köln 1 eintreten (BAG DB 84, 137; LAG Bad.-Württemberg ZIP 85, 862). Dagegen muß der Erwerber für die neu entstehenden Verbindlichkeiten haften. In Ausnahmefällen kann er mit dem Arbeitnehmer aus gerechtfertigtem Grund die Änderung oder Minderung der Sozialleistung vereinbaren (BAG AP Nr. 18 zu § 613a BGB = NJW 80 S. 1124). Wegen der strengen Haftung des Betriebserwerbers ist es nahezu ausgeschlossen eine Betriebsnachfolge durchzuführen, bevor das Konkursverfahren eröffnet ist.

d) Auch im Falle der *Betriebsverpachtung* tritt der Betriebsnachfolger in die Arbeitsverhältnisse ein.

**2. Übergang der Arbeitsverhältnisse.** Liegt der Übergang eines Betriebes oder eines Betriebsteiles vor, so muß der Betriebsnachfolger in die bestehenden Arbeitsverhältnisse eintreten. Dies gilt unabhängig davon, ob es sich um Arbeitsverhältnisse von Arbeitern, Angestellten, leitenden Angestellten oder Auszubildenden handelt. Dagegen tritt der Betriebsnachfolger nicht ein in die Dienstverträge der Vorstandsmitglieder und Geschäftsführer juristischer Personen oder in die Dienstverträge arbeitnehmerähnlicher Personen, insbesondere der Heimarbeiter (BAG AP Nr. 23

zu § 613a BGB = NJW 81 S. 1399), da diese keinen besonderen Kündigungsschutz genießen. Ebensowenig gehen die Nachwirkungen eines Arbeitsverhältnisses auf einen Betriebsnachfolger über. Hierzu gehören die Ruhestandsverhältnisse der Pensionäre oder die unverfallbaren Versorgungsanwartschaften der bereits ausgeschiedenen Arbeitnehmer (BAG AP Nr. 60, 61 zu § 613a BGB = NZA 87, 597, 559). Insoweit haftet der Betriebsveräußerer. Ob der Betriebsnachfolger in die Wettbewerbsverbote bereits ausgeschiedener Arbeitnehmer eintritt, ist zweifelhaft (BAG AP Nr. 18 zu § 74 HGB; AP Nr. 1 zu § 74a HGB).

Der beschriebene Übergang der Arbeitsverhältnisse kann nicht umgangen werden, indem der Betriebsveräußerer sie kündigt oder mit den Arbeitnehmern Auflösungsverträge schließt (vgl. BAG AP Nr. 33 zu § 613a BGB = DB 83, 2690; AP Nr. 47 = NJW 86, 87; AP Nr. 5 zu § 1 BetrAVG Betriebsveräußerung = NZA 88, 198).

**3. Schuldenhaftung.** Für die Schuldenhaftung gelten folgende Rechtsgrundsätze:

a) Der bisherige Betriebsinhaber haftet allein und zeitlich unbeschränkt für rückständige Forderungen aus den im Zeitpunkt des Überganges bereits beendeten Arbeitsverhältnissen (z.B. Ruhegeld, Ruhegeldanwartschaften).

b) Er haftet zeitlich unbeschränkt als Gesamtschuldner neben dem neuen Betriebsinhaber für solche Ansprüche, die vor dem Betriebsübergang entstanden und fällig geworden sind.

c) Er haftet zeitlich beschränkt für ein Jahr neben dem neuen Betriebsinhaber als Gesamtschuldner für solche Ansprüche, die vor dem Betriebsübergang entstanden sind, aber erst innerhalb eines Jahres nach dem Betriebsübergang fällig geworden sind.

d) Er haftet überhaupt nicht, wenn der Anspruch nach dem Betriebsübergang entstanden und fällig geworden ist oder wenn der Anspruch vor dem Betriebsübergang entstanden, aber erst nach Ablauf eines Jahres fällig geworden ist.

**4. Kündigung.** Das Arbeitsverhältnis darf nicht aus Anlaß des Betriebsüberganges gekündigt werden (§ 613a Abs. 4 BGB).

a) Nach dem Wortlaut von § 613a Abs. 4 BGB ist eine Kündigung wegen des Betriebsüberganges unwirksam. Nach Auffassung des BAG hat das Gesetz einen eigenen Unwirksamkeitsgrund geschaffen (BAG NZA 85, 593). Hieraus folgt, daß sich auch solche Arbeitnehmer auf den besonderen Kündigungsschutz berufen können, für die das Kündigungsschutzgesetz nicht gilt,[3] also z.B. Arbeitnehmer in Kleinbetrieben von fünf oder weniger Arbeitnehmern oder die noch keine sechs Monate beschäftigt sind. Die Unwirksamkeit kann vorbehaltlich prozessualer Verwirkung auch noch nach Ablauf der Klagefrist von § 4 KSchG geltend gemacht werden.

b) Unwirksam sind Kündigungen, wenn sie aus *Anlaß des Betriebsüberganges* erfolgen. Aus Anlaß des Betriebsüberganges ist eine Kündigung ausgesprochen, wenn sie die überwiegende Ursache, nach Auffassung des BAG das Motiv der Kündigung bildet (BAG AP Nr. 33 = DB 83, 2690; AP Nr. 47 = NJW 86, 2008). Unerheblich ist, ob die Kündigung vom Veräußerer oder Betriebsnachfolger ausgesprochen wird. Unberührt bleibt dagegen die Kündigung aus wichtigem Grund, personen- oder verhaltensbedingten Gründen. Insoweit besteht nur der allgemeine und besondere Kündigungsschutz. Selbst eine Kündigung aus betriebsbedingten Gründen ist möglich, sofern die Kündigung nur nicht im Zusammenhang mit dem Betriebsübergang steht (BAG ZIP 83 S. 1377; 85, 698). Zulässig sind also Rationalisierungsmaßnahmen. Insoweit bedarf es aber sachverständiger Beurteilung.

5. **Tarifverträge und Betriebsvereinbarungen.**[4] Durch die EG-Anpassungsnovelle von 1980 sind die Auswirkungen der Betriebsnachfolge auf bestehende Tarifverträge und Betriebsvereinbarungen geregelt worden.

a) Noch nicht abschließend geklärt ist, in welchem Umfang der Betriebsnachfolger in bereits bestehende, für den Betrieb geltende Tarifverträge und Betriebsvereinbarungen *eintreten* muß. Dies wird im allgemeinen nur dann der Fall sein, wenn bei Tarifverträgen auch der Betriebsnachfolger tarifgebunden ist oder bei Betriebsvereinbarungen der Gesamtbetrieb auf den Betriebsnachfolger übergeht. Im übrigen bestimmt § 613a Abs. 1 S. 2–4 BGB, daß grundsätzlich Tarifverträge und Betriebsvereinbarungen in den Inhalt der einzelnen Arbeitsverträge eingehen.

b) Nach § 613a Abs. 1 S. 2 BGB gehen Rechtsnormen einer

---

[3] *Schaub,* Arbeitsrecht von A–Z, Stichwort: Kündigungsschutzklage (dtv 5041); *ders.,* Meine Rechte und Pflichten als Arbeitnehmer, § 47 (dtv 5229).

[4] *Schaub,* Arbeitsrecht von A–Z, 12. Aufl., 1988, Stichworte: Betriebsnachfolge, Tarifvertrag, Betriebsvereinbarung.

Betriebsvereinbarung oder eines Tarifvertrages, die den Inhalt eines Arbeitsverhältnisses regeln (Inhaltsnormen) *in das Arbeitsverhältnis über.* Soweit sie zwingende Wirkung entfaltet haben, dürfen sie vor Ablauf eines Jahres nicht zum Nachteil eines Arbeitnehmers geändert werden (BAG AP Nr. 46 zu § 613a BGB = NJW 87, 863). Zum Inhalt des Arbeitsvertrages werden mithin tarifliche Regelungen über die Höhe der Vergütung, zu zahlende Sondervergütungen usw. Nicht in den Inhalt des Arbeitsverhältnisses gehen dagegen die schuldrechtlichen Bestimmungen des Tarifvertrages über.

c) Eine *Ausnahme von der Transformation* der Kollektivregelungen in das Arbeitsverhältnis tritt dann ein, wenn die Rechte und Pflichten bei dem neuen Inhaber durch Rechtsnormen eines anderen Tarifvertrages oder durch andere Betriebsvereinbarungen geregelt sind (§ 613a Abs. 1 S. 3 BGB). Dies gilt auch dann, wenn die Tarifbindung an den neuen Tarifvertrag erst Monate nach dem Betriebsübergang entsteht (BAG AP Nr. 49 zu § 613a BGB = NJW 87, 94).

# Teil III. Hilfen bei der Unternehmensgründung

## Abschnitt IX. Behörden und Verbände

### § 36. Übersicht

Zur Gründung einer selbständigen Existenz bedarf es einer ausreichenden Ausbildung, der Kenntnis der wesentlichen Organisationen und Behörden, mit denen man in Berührung kommen kann, der Information über die Stellen, bei denen man sich Rat einholen kann und schließlich der Kenntnis der Finanzquellen, bei denen Kredite erlangt werden können. Im Teil III wird zur Vermeidung von Wiederholungen das Ausbildungsrecht der gewerblichen Wirtschaft und im Handwerk im Zusammenhang mit der Ausbildung des Unternehmers selbst dargestellt, ein ABC der Behörden und Verbände erstellt sowie die wesentlichen Hilfen zusammengefaßt.

### § 37. Verbände und Organisationen der selbständigen Gewerbetreibenden

#### I. Vorbemerkung

**1. Arten:** Es sind vier Arten der Verbände zu unterscheiden: *a)* Berufsständische Organisationen, bei denen vielfach eine Pflichtmitgliedschaft besteht. Hierzu gehören z. B. die Industrie- und Handelskammern, die Handwerkskammern und die Kammern der freien Berufe; *b)* Organisationen bei denen keine Pflichtmitgliedschaft besteht, bei denen jedoch eine Mitgliedschaft sinnvoll ist. Hierzu gehören z. B. die Unternehmens- und Arbeitgeberverbände oder die Innungen, da sie regelmäßig über ein reiches Erfahrungswissen verfügen, das sich jeder Gewerbetreibende nutzbar machen sollte; *c)* sonstige Berufsorganisationen, die Standesinteressen wahren oder auch die gesellschaftlichen und politischen Kontakte pflegen; *d)* rein gesellschaftliche

Verbände, die Beziehungen und Kontakte anzuknüpfen helfen. Hierzu können Lions- und Rotary-Clubs ebenso gehören wie Sportverbände.

2. Bei welchen Verbänden und Organisationen eine freiwillige *Mitgliedschaft erworben* wird, bedarf einer sorgfältigen Prüfung. Die Prüfung muß sich auf die Frage erstrecken, welcher Finanz- und Zeitaufwand bei aktiver Mitgliedschaft oder nur passiver Mitgliedschaft notwendig ist und welche Vorteile damit verbunden sind. Bei einer aktiven Mitgliedschaft ist insbesondere daran gedacht, daß Ehrenämter übernommen werden.

3. Aus Raumgründen sind in die Kurzübersicht neben den *Behörden* auch *Selbstverwaltungskörperschaften* und Verbände aufgenommen worden.

## II. ABC der Verbände und Organisationen

### Amtsgericht

Das Amtsgericht ist ein Gericht der ordentlichen Gerichtsbarkeit. Es ist zuständig als Prozeßgericht in Zivil- und Strafsachen. In bürgerlichen Rechtsstreitigkeiten ist es zuständig für vermögensrechtliche Ansprüche bis zu 5000 DM sowie in Miet-, Kindschafts- und Unterhaltssachen (§§ 22ff GVG). Es ist zuständig als Vollstreckungs-, Konkurs-, Versteigerungs-, Nachlaß-, Vormundschafts- und Familiengericht. Für den Wirtschaftsverkehr ist von besonderer Bedeutung seine Zuständigkeit als Registergericht (Handelsregister; § 21) und als Grundbuchamt (vgl. § 50).

### Arbeitgeberverbände

**1. Begriff.** a) Arbeitgeberverbände sind i.d.R. *eingetragene privatrechtliche Vereine,* in denen sich Arbeitgeber zusammengeschlossen haben. Es wird geschätzt, daß rd. 80 v.H. aller Arbeitgeber organisiert sind.

b) Die *Organe* der Arbeitgeberverbände bestehen aus der Verbandsversammlung (Mitgliederversammlung) und dem Vorstand. Die laufenden Geschäfte werden von Geschäftsführern geführt; deren Ermächtigung beruht entweder auf besonderer Vollmacht des Vorstandes oder unmittelbar auf der Satzung.

c) Die *Mitgliedschaft* in den Arbeitgeberverbänden wird durch freiwilligen Ein- oder Austritt begründet und beendet. Die Beiträge zu den Arbeitgeberverbänden werden regelmäßig nach den zu den Berufsgenossenschaften gemeldeten Lohn- und Gehaltssummen berechnet.

**2. Aufgaben.** Die Aufgaben der Arbeitgeberverbände bestehen in der Förderung der Interessen der verbandsangehörigen Arbeitgeber. Hierzu gehört insbesondere der Abschluß von Tarifverträgen, die Wahrnehmung von Rechten und Pflichten gegenüber Behörden und Gerichten und die Förderung der Interessen der Arbeitgeber. Die Rechte der Mitglieder der Arbeitgeberverbände bestehen darin, an grundlegenden Beschlußfassungen der Verbände mitzuwirken, z. B. bei Arbeitskämpfen des Verbandes, und die Verbandseinrichtungen in Anspruch zu nehmen. Hierzu gehört insbesondere auch eine umfangreiche Rechtsberatung in arbeits- und sozialrechtlichen Fragen. Die Vertreter der Arbeitgeberverbände sind vor Arbeits- und Landesarbeitsgerichten postulationsfähig (§ 11 ArbGG); d. h., sie können dort die Vertretung der Mitglieder der Arbeitgeberverbände übernehmen.

**3. Aufbau der Arbeitgeberverbände.** a) Die Arbeitgeberverbände sind einmal *fachlich organisiert,* so daß die Arbeitgeber des gleichen Faches für einen bestimmten Bezirk, Ort oder Wirtschaftsbereich einen Verband bilden (Einzelhandelsverband, Verband für Groß- und Außenhandel). Die Fachverbände sind auf Landesebene zusammengeschlossen und die Landesverbände wiederum auf Bundesebene (z. B. Gesamtverband metallindustrieller Arbeitgeberverbände). Neben den Fachverbänden bestehen gemischt gewerblich zusammengeschlossene Arbeitgeberverbände, die für einen bestimmten Bezirk oder Bereich gebildet sind. Alle Verbände gehören alsdann der Bundesvereinigung der deutschen Arbeitgeberverbände (BDA) an.

### Arbeitsamt

Die unterste Instanz der Bundesanstalt für Arbeit sind die Arbeitsämter. Sie führen im Rahmen ihrer örtlichen Zuständigkeit die Aufgaben der Bundesanstalt für Arbeit durch. Hierzu gehören die Berufsberatung, die Arbeitsvermittlung, Förderung der beruflichen Bildung, die Rehabilitation, die Arbeitslosenversicherung, die Zahlung des Kurzarbeiter- und Konkursausfallgeldes sowie die Kindergeldzahlung. Die ihnen übergeordneten Landesarbeitsämter sind ihre Aufsichtsbehörden. Diese befassen sich darüber hinaus mit überörtlichen Aufgaben der Bundesanstalt für Arbeit.

**Arbeitsgericht**

Die Arbeitsgerichte sind die erstinstanzlichen Gerichte der Gerichte für Arbeitssachen. Sie sind vor allem zuständig für Rechtsstreitigkeiten aus dem Arbeitsverhältnis zwischen Arbeitnehmer und Arbeitgeber und seinen Nachwirkungen sowie im Beschlußverfahren bei Auseinandersetzungen mit dem Betriebsrat.[1]

**Berufsgenossenschaften**

Die Berufsgenossenschaften sind Träger der gesetzlichen Unfallversicherung (§§ 646ff RVO). Sie werden gegliedert in die gewerblichen, die landwirtschaftlichen Berufsgenossenschaften und die Seeberufsgenossenschaften (§§ 646, 790, 850 RVO). Sie sind Selbstverwaltungskörperschaften des öffentlichen Rechtes, denen die Unternehmer als Mitglieder angehören. Z.Zt. bestehen nachfolgende gewerbliche und landwirtschaftliche Berufsgenossenschaften:

**Träger der allgemeinen Unfallversicherung**

1. Bergbau-Berufsgenossenschaft
2. Steinbruchs-Berufsgenossenschaft
3. Berufsgenossenschaft der keramischen und Glas-Industrie
4. Berufsgenossenschaft der Gas- und Wasserwerke
5. Hütten- und Walzwerks-Berufsgenossenschaft
6. Maschinenbau- und Kleineisenindustrie-Berufsgenossenschaft
7. Nordwestliche Eisen- und Stahl-Berufsgenossenschaft
8. Süddeutsche Eisen- und Stahl-Berufsgenossenschaft
9. Süddeutsche Edel- und Unedelmetall-Berufsgenossenschaft
10. Berufsgenossenschaft der Feinmechanik und Elektrotechnik
11. Berufsgenossenschaft der chemischen Industrie
12. Holz-Berufsgenossenschaft
13. gestrichen
14. Papiermacher-Berufsgenossenschaft
15. Berufsgenossenschaft Druck und Papierverarbeitung

---

[1] Schaub, Meine Rechte und Pflichten im Arbeitsgerichtsverfahren, 4. Aufl., 1985, Beck-Rechtsberater im dtv; ders., Arbeitsrecht von A–Z, 12. Aufl., Stichwort: Arbeitsgericht.

16. Lederindustrie-Berufsgenossenschaft
17. Textil- und Bekleidungs-Berufsgenossenschaft
18. Berufsgenossenschaft Nahrungsmittel und Gaststätten
19. Fleischerei-Berufsgenossenschaft
20. Zucker-Berufsgenossenschaft
21. Bau-Berufsgenossenschaft Hamburg
22. Bau-Berufsgenossenschaft Hannover
23. Bau-Berufsgenossenschaft Wuppertal
24. Bau-Berufsgenossenschaft Frankfurt am Main
25. Südwestliche Bau-Berufsgenossenschaft
26. Württembergische Bau-Berufsgenossenschaft
27. Bayerische Bau-Berufsgenossenschaft
28. Tiefbau-Berufsgenossenschaft
29. Großhandels- und Lagerei-Berufsgenossenschaft
30. Berufsgenossenschaft für den Einzelhandel
31. Berufsgenossenschaft der Banken, Versicherungen, Verwaltungen, freien Berufe und besonderer Unternehmen – Verwaltungs-Berufsgenossenschaft
32. Berufsgenossenschaft der Straßen-, U-Bahnen und Kleinbahnen
33. Berufsgenossenschaft für Fahrzeughaltungen
34. Binnenschiffahrts-Berufsgenossenschaft
35. Berufsgenossenschaft für Gesundheitsdienst und Wohlfahrtspflege

**Träger der landwirtschaftlichen Unfallversicherung**

1. Schleswig-Holsteinische landwirtschaftliche Berufsgenossenschaft
2. Landwirtschaftliche Berufsgenossenschaft Oldenburg-Bremen
3. Hannoversche landwirtschaftliche Berufsgenossenschaft
4. Braunschweigische landwirtschaftliche Berufsgenossenschaft
5. Lippische landwirtschaftliche Berufsgenossenschaft
6. Rheinische landwirtschaftliche Berufsgenossenschaft
7. Westfälische landwirtschaftliche Berufsgenossenschaft
8. Landwirtschaftliche Berufsgenossenschaft Hessen-Nassau
9. Land- und forstwirtschaftliche Berufsgenossenschaft Darmstadt
10. Landwirtschaftliche Berufsgenossenschaft Rheinhessen-Pfalz
11. Landwirtschaftliche Berufsgenossenschaft für das Saarland
12. Landwirtschaftliche Berufsgenossenschaft Oberfranken und Mittelfranken
13. Landwirtschaftliche Berufsgenossenschaft Niederbayern-Oberpfalz
14. Landwirtschaftliche Berufsgenossenschaft Unterfranken
15. Landwirtschaftliche Berufsgenossenschaft Schwaben
16. Landwirtschaftliche Berufsgenossenschaft Oberbayern
17. Badische landwirtschaftliche Berufsgenossenschaft
18. Landwirtschaftliche Berufsgenossenschaft Württemberg
19. Gartenbau-Berufsgenossenschaft

**Bundesverband deutscher Arbeitgeberverbände**

Bundesverband deutscher Arbeitgeberverbände ist der Zusammenschluß aller Arbeitgeberverbände (vgl. dort).

**Gewerbeaufsichtsamt**

Alle Gewerbebetriebe unterliegen einer staatlichen Aufsicht. Diese wird regelmäßig durch die Gewerbeaufsichtsämter ausgeübt. Sie sind zumeist bei den Regierungspräsidenten und den kreisfreien Städten errichtet. Nach § 139g GewO obliegt den Gewerbeaufsichtsbeamten die Überwachung dahin, daß die Arbeitsschutzbestimmungen eingehalten werden. Durch Landesrecht können den Gewerbeaufsichtsbeamten weitere Aufgaben übertragen werden. Sie sind z.B. zuständig für die Zustimmung zur Kündigung von Schwangeren (§ 9 MuSchG).

**Gewerbezentralregister**

**1. Geschichte.** Bis zum 2. Gesetz zur Reform des Strafrechts vom 4. 7. 1969 (BGBl. I S. 717) wurde zwischen Verbrechen, Vergehen und Übertretungen unterschieden. Seit Inkrafttreten des Gesetzes am 1. 1. 1975 rechnen nur noch Verbrechen und Vergehen zu den Straftaten. Nach § 12 StGB sind Verbrechen rechtswidrige Taten, die im Mindestmaß mit Freiheitsstrafen von 1 Jahr oder darüber bedroht sind. Vergehen sind rechtswidrige Taten, die im Mindestmaß mit einer geringeren Freiheitsstrafe oder mit Geldstrafe bedroht sind. Die früheren Übertretungen wurden entweder in Vergehen (Straftaten) oder Ordnungswidrigkeiten umgewandelt. Nach dem Gesetz über das Zentralregister und das Erziehungsregister (Bundeszentralregistergesetz – BZRG) i.d.F. vom 21. 9. 1984 (BGBl. I S. 1229) u. i.d. Änd. vom 20. 12. 1984 (BGBl. I S. 1654) werden in das Bundeszentralregister eingetragen (BZRG) *(1)* strafgerichtliche Verurteilungen, *(2)* Entmündigungen, *(3)* Entscheidungen von Verwaltungsbehörden und Gerichten, *(4)* Vermerke über Schuldunfähigkeit, *(5)* Straftaten auf Grund einer Betäubungsmittelabhängigkeit oder im Zusammenhang mit einem Gewerbe, *(6)* nachträgliche Entscheidungen, die sich auf eine der in den Nummern 1–4 genannten Eintragungen beziehen.

Da im Gewerberecht vielfach auf die Zuverlässigkeit des Gewerbetreibenden abgestellt wird, bedarf es auch der Erfassung von solchen Ordnungswidrigkeiten, aus denen auf die Zuverlässigkeit des Gewerbetreibenden geschlossen werden kann. Dies hat zur Einrichtung des Gewerbezentralregisters geführt.

**2. Rechtsgrundlagen des Gewerbezentralregisters.** a) Durch das Gesetz zur Änderung der Gewerbeordnung vom 13. 6. 1974 (BGBl. I S. 1281) wurde das *Gewerbezentralregister* als eine besondere Abteilung des Bundeszentralregisters in Berlin eingerichtet (Titel XI GewO). Zu §§ 149ff GewO sind eine Reihe von Verwaltungsvorschriften ergangen, und zwar 1. die GZRVwV vom 29. 7. 1985 (Beil. BAnz. Nr. 149a), mit Änd. durch BAnz. Nr. 138 vom 31. 7. 1986 sowie die 2. GZRVwV i.d.F. der Bek. vom 29. 7. 1985 (Beil. BAnz. Nr. 149a S. 35, geänd. durch BAnz. Nr. 138 v. 31. 7. 1986).

b) Nach § 149 Abs. 2 GewO werden in das GZR *eingetragen:*

*(1)* Die vollziehbaren und nicht mehr anfechtbaren Entscheidungen einer Verwaltungsbehörde, durch die wegen Unzuverlässigkeit oder Ungeeignetheit *a)* ein Antrag auf Zulassung (Erlaubnis, Genehmigung, Konzession, Bewilligung) zu einem Gewerbe oder einer sonstigen wirtschaftlichen Unternehmung abgelehnt oder eine erteilte Zulassung zurückgenommen oder widerrufen, *b)* die Ausübung eines Gewerbes oder der Betrieb oder die Leitung einer sonstigen wirtschaftlichen Unternehmung untersagt, *c)* ein Antrag auf Erteilung eines Befähigungsscheins nach § 20 des SprengstoffG abgelehnt oder ein erteilter Befähigungsschein entzogen oder *d)* im Rahmen eines Gewerbebetriebes oder einer sonstigen wirtschaftlichen Unternehmung die Befugnis zur Einstellung oder Ausbildung von Auszubildenden entzogen oder die Beschäftigung, Beaufsichtigung, Anweisung oder Ausbildung von Kindern und Jugendlichen verboten wird;

*(2)* Verzichte auf eine Zulassung zu einem Gewerbe oder einer sonstigen wirtschaftlichen Unternehmung während eines Rücknahme- oder Widerrufsverfahrens;

*(3)* rechtskräftige Bußgeldentscheidungen wegen einer Ordnungswidrigkeit, die *a)* bei oder im Zusammenhang mit der Ausübung eines Gewerbes oder den Betrieb einer sonstigen wirtschaftlichen Unternehmung oder *b)* bei der Tätigkeit in einem Gewerbe oder einer sonstigen wirtschaftlichen Unternehmung von einem Vertreter oder Beauftragten i.S. des § 9 des Gesetzes über Ordnungswidrigkeiten oder von einer Person, die in einer

Rechtsvorschrift ausdrücklich als Verantwortlicher bezeichnet ist, begangen worden ist, wenn die Geldbuße mehr als 200 DM beträgt. Von der Eintragung sind Entscheidungen und Verzichte ausgenommen, die nach § 28 StVG in das Verkehrszentralregister Flensburg einzutragen sind.

c) Umstr. ist die Eintragung der Ablehnung oder der Widerruf einer *vorläufigen Erlaubnis* nach § 11 GaststG (dazu § 8 V 2), da mit dieser nicht endgültig über die Zuverlässigkeit entschieden wird, sowie die Untersagung der Beschäftigung einer Person nach § 21 Abs. 1 GaststG (dazu § 8 VI 3). Einzutragen sind aber die Versagung, die Rücknahme oder der Widerruf einer Stellvertretungserlaubnis nach § 9 GaststG bei dem Namen des Erlaubnisinhabers und bei dem Stellvertreter sowie die Versagung nach § 33a Abs. 2 Nr. 1 GewO oder der Widerruf nach §§ 48, 49 VwVfG (dazu § 5 V).

**3. Eintragung.** a) Die *Behörden und die Gerichte* teilen dem Gewerbezentralregister die einzutragenden Entscheidungen, Feststellungen und Tatsachen *mit* (§ 153a GewO).

b) *Einzutragen* sind die vollziehbaren und die nicht mehr anfechtbaren Entscheidungen einer Verwaltungsbehörde. Hieraus folgt, daß Entscheidungen, die nach § 80 Abs. 2 Nr. 4 VwGO für sofort vollziehbar erklärt werden können (Rücknahme-, Widerrufs- oder Untersagungsverfügungen), bereits bei sofortiger Vollziehbarkeit eingetragen werden können. Im übrigen werden Verwaltungsakte erst eingetragen, wenn sie formell rechtskräftig (unanfechtbar) geworden sind.

**4. Auskunft.** a) Nach § 150 GewO erteilt die Registerbehörde einer *betroffenen Person* Auskunft über den sie betreffenden Inhalt des Registers. Der Antrag ist bei der durch Landesrecht bestimmten Behörde zu stellen (*Bremen:* ZuständigkeitsVO vom 7. 1. 1975, GBl. S. 49 mit Änd. vom 30. 8. 1982 (GBl. S. 245); *Hessen:* § 2 der VO vom 2. 12. 1975 (GVBl. I S. 276), zul. geänd. 19. 4. 1977 (GVBl. I S. 166). Der Antragsteller hat seine Identität oder als gesetzlicher Vertreter seine Vertretungsmacht nachzuweisen. Eine gewillkürte Vertretung ist unzulässig. Die Auskunft wird nur an den Betroffenen übersandt. Die Auskunft ist gebührenpflichtig.

b) *Auskunft an Behörden* wird nach § 150a GewO erteilt.

**5. Tilgung der Eintragung.** a) Die §§ 152, 153 GewO enthalten Bestimmungen über die Entfernung bzw. Tilgung der Eintragungen. Eine Eintragung wird entfernt, wenn eine vollziehbare Entscheidung aufgehoben wird. Eine Eintragung über einen rechtskräftigen Bußgeldbescheid wird getilgt nach Ablauf einer Frist von drei Jahren, wenn die Höhe der Geldbuße nicht mehr als 300 DM beträgt, nach Ablauf einer Frist von fünf Jahren in den übrigen Fällen.

b) Sind die Tilgungsvoraussetzungen eingetreten, so wird über die Eintragung keine Auskunft mehr erteilt (§ 153 Abs. 3, 4 GewO). Weiß die Behörde aber noch von den Eintragungen, so besteht kein besonderes Verwertungsverbot. Insoweit ist die Rechtslage anders als beim BZR (§ 49 BZRG), das ein besonderes Verwertungsverbot getilgter Eintragungen enthält.

**Handwerksinnung**

**1. Begriff.** a) Die Handwerksinnung ist ein *freiwilliger Zusammenschluß* der selbständigen Handwerker des gleichen Handwerks oder solcher Handwerke, die sich fachlich oder wirtschaftlich nahestehen, zur Förderung ihrer gemeinsamen gewerblichen Interessen innerhalb eines bestimmten Bezirkes (§§ 52, 58 HwO). Die Handwerksinnung ist eine Körperschaft des öffentlichen Rechts. Sie wird mit Genehmigung der Satzung rechtsfähig (§ 53 HwO).

b) *Organe* der Handwerksinnung sind die Innungsversammlung, der Vorstand und die Ausschüsse (§ 60 HwO). Die Innungsversammlung besteht aus den Mitgliedern der Handwerksinnung. Die Satzung kann jedoch bestimmen, daß sie aus gewählten Mitgliedern der Innung besteht. Die Innungsversammlung hat die in § 61 Abs. 2 HwO aufgezählten Aufgaben; hierzu gehören die Feststellung des Haushaltsplanes, die Festsetzung der Beiträge usw. Der Vorstand wird von der Innungsversammlung gewählt. Er vertritt die Handwerksinnung gerichtlich und außergerichtlich. Zur Wahrnehmung einzelner Aufgaben können Ausschüsse gebildet werden.

**2. Aufgaben.** Die Aufgaben der Innung sind in § 54 HwO aufgezählt. Der dort enthaltene Katalog ist nicht abschließend. Zu den wichtigsten Aufgaben der Innung gehört die Berufsaus- und Fortbildung einschließlich des Prüfungswesens, die Förderung und Beratung der Handwerker zur Erhöhung der Wirtschaftlichkeit der Betriebe, der Abschluß von Tarifverträgen und die Gründung von Unterstützungskassen für die Unterstützung der Mitglieder. Die Innungen können Innungskrankenkassen errichten.

**3. Zusammenschlüsse.** Die Handwerksinnungen sind fachfremd auf bezirklicher Grundlage zu Kreishandwerkerschaften zusammengeschlossen. Handwerksinnungen des gleichen Handwerks oder fachlich oder wirtschaftlich nahestehender Handwerke sind zu Landesinnungen verbunden.

### Handwerkskammern

**1. Rechtsgrundlagen.** a) Das *Recht der Handwerkskammern* ist im Gesetz zur Ordnung des Handwerks (Handwerksordnung) i.d.F. vom 28. 12. 1965 (BGBl. I 1966 S. 1) m. spät. Änd. enthalten. Das Wahlrecht zur Handwerkskammer ist in der Wahlordnung für die Wahl der Mitglieder der Handwerkskammer geregelt (Anlage C zur HwO). Zur Durchführung der HwO sind in den Ländern eine Reihe von Rechtsverordnungen ergangen, und zwar insbesondere um die Bezirke der Handwerkskammern einzuteilen und die Beiträge zu regeln. Es bestehen folgende Verordnungen:

*Bd.-Wttbg:* – VO 23. 2. 1970 (GBl. 98); – Bezirke, VO 28. 11. 73 (GBl. 467); *Bayern:* – Beiträge, VO 10. 4. 73 (GVBl. 247); – Besoldung, VO 8. 10. 68 (GVBl. 330); Überleitung, VO 30. 12. 77, GVBl. 78 S. 20; – Bezirke, VO 31. 5. 77, GVBl. 323; – Grundamtsbezeichnung, Zusätze, VO 30. 12. 77, GVBl. 78 S. 21; – Stellenobergrenzen, VO 29. 3. 83, GVBl. 141; – Überleitung, Hauptgeschäftsführer, VO 4. 11. 77, GVBl. 673; – Zuständigkeit nach DisziplinarO, VO 6. 6. 75 GBl. 485; *Hamburg:* – Beiträge, VO 25. 1. 66, GVBl. 30; *Hessen:* Beiträge, VO 2. 5. 1966, GVBl. I 110; – Einziehung, VO 28. 3. 73, GVBl. I 149; – Neugliederung, VO 7. 9. 78, GVBl. I 515; *Nieders:* Beamte, VO 5. 11. 62, GVBl. 222; – Beiträge, VO 20. 10. 70, GVBl. 442; *Nordrh-W:* – Bezirke, VO 1. 3. 77, GVNW 95; – Beamteneingruppierung, VO 15. 10. 70, GVNW 733 (zul. g. 8. 5. 73, GVNW 338); – Einziehung 16. 11. 79 (GVNW 872); *Rheinl-Pf:* – Beitragseinziehung, VO 3. 1. 72, GVBl. 76 (zul. g. 30. 10. 75, GVBl. 405); *Saarl:* – Beitragseinziehung, VO 11. 4. 72, ABl. 197; – Satzung, 9. 12. 68, ABl. 69 S. 7; *Schl-H:* – Beitragseinziehung, VO 28. 5. 69, GVOBl. 96 (zul. g. 14. 7. 72, GVOBl. 142).

b) Die Handwerkskammern sind *Körperschaften des öffentlichen Rechtes.* Zur Handwerkskammer *gehören* die selbständigen Handwerker (§ 6) und die Inhaber handwerksähnlicher Betriebe (§ 7). Es besteht Pflichtmitgliedschaft. Eine Doppelmitgliedschaft bei der Handwerkskammer und der Industrie- und Handelskammer ist zulässig (§ 2 Abs. 3 IHK-G).

c) Die durch die Errichtung und Tätigkeit der Handwerkskammern entstehenden *Kosten* werden, soweit sie nicht anderweitig gedeckt sind, von den selbständigen Handwerkern und den Inhabern handwerksähnlicher Betriebe nach einem von der Handwerkskammer mit Genehmigung der obersten Landesbehörde festgesetzten Beitragsmaßstab getragen (§ 113 HwO). Sie werden von den Gemeinden nach einer von der Handwerkskammer aufzustellenden Liste beigetrieben.

**2. Organe der Handwerkskammer.** a) *Organe* der Handwerkskammer sind *(1)* die Mitgliederversammlung (Vollversammlung), *(2)* der Vorstand, *(3)* die Ausschüsse (§ 92 HwO).

b) Die *Vollversammlung* besteht aus gewählten Mitgliedern, die an Weisungen und Aufträge nicht gebunden sind (§§ 93 Abs. 1, 94 HwO). Ein Drittel der Mitglieder müssen Gesellen sein, die in dem Betrieb eines selbständigen Handwerkers oder in einem handwerksähnlichen Betrieb beschäftigt sind. Nach der Satzung sind unter Berücksichtigung der wirtschaftlichen Besonderheiten des Kammerbezirks die übrigen Sitze auf die Handwerker und handwerksähnlichen Gewerbetreibenden zu verteilen. Die Vollversammlung hat die in § 106 HwO aufgezählten Aufgaben.

c) Der *Vorstand* wird von der Vollversammlung gewählt. Ein Drittel des Vorstandes müssen Gesellen (§ 108 HwO) sein. Der Vorstand besteht nach näherer Bestimmung der Satzung aus dem Vorsitzenden (Präsidenten), zwei Stellvertretern, von denen einer Geselle sein muß und einer weiteren Zahl von Mitgliedern. Die Wahl des Vorstandes ist der obersten Landesbehörde anzuzeigen. Zur Legitimation des Vorstandes dient eine Bescheinigung der obersten Landesbehörde. Dem Vorstand obliegt die Verwaltung der Handwerkskammer; Präsident und Hauptgeschäftsführer der Handwerkskammer vertreten diese gerichtlich und außergerichtlich.

d) Die *Ausschüsse* werden von der Vollversammlung für besondere Aufgaben bestellt (§ 110 HwO).

**3. Aufgabe.** a) Die Handwerkskammern haben die *Interessen des Handwerks* zu wahren. Die einzelnen Aufgabengebiete sind in § 91 HwO, wenn auch nicht abschließend aufgezählt. Zum Aufgabenbereich gehören vor allem die Förderung der Interessen des Handwerks, die Unterstützung der Behörden in der Förderung des Handwerks, die Führung der Handwerksrolle, die Regelung der Berufsbildung, Erlaß von Gesellen- und Meisterprüfungsordnungen, technische und betriebswirtschaftliche Fortbildung der Meister und Gesellen, die Bestellung von Sachverständigen usw.

b) Einen guten Überblick über die Aufgaben der Handwerkskammern ergibt sich aus deren Organisationsplänen, aus denen vielfach auch Rückschlüsse auf die umfangreiche Beratungstätigkeit der Handwerkskammern gezogen werden können.

c) Die Handwerkskammern führen die *Aufsicht* über die Kreishandwerkerschaften und Handwerksinnungen ihres Bezirks.

**4. Aufsicht.** Die Handwerkskammern stehen unter der Staatsaufsicht der obersten Landesbehörde.

### Hauptfürsorgestellen

Sie sind staatliche oder kommunale Stellen zur Durchführung der Kriegsopferversorgung und von Maßnahmen für Schwerbehinderte (dazu Schaub, Arbeitsrecht von A–Z. 12. Auflage, 1988, Stichwort: Schwerbehinderte). Ihnen obliegt insbesondere die Durchführung von Maßnahmen zur Erhaltung und Wiederherstellung der Arbeitskraft, der Kündigungsschutz von Schwerbehinderten, Wohnungsbeschaffung und Familienfürsorge, nachgehende Fürsorge am Arbeitsplatz, Ausstattung mit Prothesen und Hilfsmitteln. Nach § 15 SchwbG bedarf die Kündigung des Arbeitsverhältnisses eines Schwerbehinderten durch den Arbeitgeber der vorherigen Zustimmung der Hauptfürsorgestelle.

### Industrie- und Handelskammern

**1. Rechtsgrundlagen.** a) Das Recht der Industrie- und Handelskammern ist im Gesetz zur vorläufigen Regelung des Rechts der Industrie- und Handelskammern – IHK-G – vom 18. 12. 1956 (BGBl. I S. 920) mit spät. Änd. enthalten. Zur Ergänzung und Ausführung des Gesetzes haben die Länder folgende Gesetze erlassen:

*Baden-Württemberg:* G v. 27. 1. 1958 (GBl. S. 77, zul. geänd. durch VO v. 19. 3. 1985 GBl. S. 71); Bezirke, VO v. 14. 12. 1971 (GBl. S. 513), zul. geänd. 29. 9. 1981 (GBl. S. 511); *Bayern:* Gesetz v. 25. 3. 1958 (BayRS 701–1–10); Sachverständige, VO v. 30. 4. 1969 (GVBl. S. 135); *Berlin:*

Gesetz ü.d. Industrie- und Handelskammer zu Berlin i.d.F. v. 21. 3. 1967 (GVBl. S. 512), geänd. durch Ges. v. 10. 11. 1967 (GVBl. S. 1570, G v. 8. 2. 1979, GVBl. S. 324 und G v. 22. 6. 1983, GVBl. S. 933); *Bremen:* Gesetz v. 6. 5. 1958 (SaBremR 70-b–1, zuletzt geänd. durch G v. 4. 6. 1984 (GBl. 173); Zuständigkeit, VO v. 21. 2. 1977 (GBl. S. 121); *Hamburg:* G. v. 27. 2. 1956 (Bl. 70a); *Hessen:* Gesetz v. 6. 11. 1957 (GVBl. S. 147); Bezirk, VO v. 24. 11. 1981 (GVBl. I S. 423); *Niedersachsen:* Gesetz v. 20. 12. 1957 (GVBl. S. 136); *Nordrhein-Westfalen:* Gesetz v. 23. 7. 1957 (GVBl. S. 187, ber. S. 228); Bezirke, VO 1. 3. 1977 (GV NW S. 95; zul. geänd. 5. 11. 1981, GV NW S. 682); *Rheinland-Pfalz:* Gesetz v. 24. 2. 1958 (GVBl. S. 43, geänd. GVBl. 1961 S. 121); *Saarland:* Gesetz v. 23. 3. 1960 (ABl. S. 261), geänd. 27. 3. 1974 (ABl. 430); Schl.-Holst.: G. v. 27. 9. 1974 (GVOBl. 359).

b) Die Industrie- und Handelskammern sind Körperschaften des öffentlichen Rechtes (§ 3 Abs. 1 IHK-G). Zur Industrie- und Handelskammer *gehören,* soweit sie zur Gewerbesteuer veranlagt sind, natürliche Personen, Handelsgesellschaften, andere nicht rechtsfähige Personenmehrheiten und juristische Personen des privaten und des öffentlichen Rechtes, welche im Bezirk der Industrie- und Handelskammer entweder eine gewerbliche Niederlassung oder eine Betriebsstätte oder eine Verkaufsstelle unterhalten (Kammerangehörige, § 2 IHK-G).

c) Die *Kosten* der Industrie- und Handelskammer werden durch Beiträge finanziert (§ 3 Abs. 2 IHK-G).

**2. Organe der Kammer.** a) *Organe* der Kammer sind die Vollversammlung, das Präsidium, der Hauptgeschäftsführer und Ausschüsse.

b) Die Mitglieder der *Vollversammlung* werden von den Kammerangehörigen gewählt. Wählbar sind natürliche Personen, die das Kammerwahlrecht auszuüben berechtigt sind, am Wahltag volljährig sind und entweder selbst Kammerangehörige sind oder allein oder zusammen mit anderen zur gesetzlichen Vertretung einer kammerzugehörigen juristischen Person, Handelsgesellschaft oder nicht rechtsfähigen Personenmehrheit befugt sind. Wählbar sind auch besonders bestellte Bevollmächtigte und in das Handelsregister eingetragene Prokuristen von Kammerzugehörigen (§ 5 IHK-G). Die Vollversammlung beschließt über die Angelegenheiten der Kammer (§ 4 IHK-G). Hierzu gehören die Satzung, die Wahl-, Beitrags-, Sonderbeitrags- und Gebührenordnung, die Feststellung des Haushaltsplanes, die Festsetzung des Maßstabs für die Beiträge und Sonderbeiträge sowie die Erteilung der Entlastung. Ferner hat sie Zuständigkeiten nach § 58 BBiG.

c) Die Vollversammlung wählt aus ihrer Mitte den *Präsidenten* (Präses) und die von der Satzung zu bestimmende Zahl von weiteren Mitgliedern des Präsidiums (§ 6 IHK-G). Der Präsident beruft die Vollversammlung ein und führt in ihr den Vorsitz.

d) Der *Hauptgeschäftsführer* wird von der Vollversammlung bestellt. Der Präsident und der Hauptgeschäftsführer vertreten nach näherer Bestimmung der Satzung die IHK gerichtlich und außergerichtlich (§ 7 IHK-G).

e) Bei der IHK können *Ausschüsse* für besondere Aufgaben gebildet werden.

**3. Aufgaben.** a) Die Industrie- und Handelskammern haben, soweit nicht die Zuständigkeit der Organisationen des Handwerks nach Maßgabe der Handwerksordnung gegeben ist, die *Aufgabe,* das Gesamtinteresse der ihnen zugehörigen Gewerbetreibenden ihres Bezirks wahrzunehmen, für die Förderung der gewerblichen Wirtschaft zu wirken und dabei die wirtschaftlichen Interessen einzelner Gewerbezweige oder Betriebe abwägend und ausgleichend zu berücksichtigen; dabei obliegt es ihnen insbesondere, durch Vorschläge, Gutachten und Berichte die Behörden zu unterstützen und zu beraten sowie für Wahrung von Anstand und Sitte des ehrbaren Kaufmanns zu wirken.

b) Die Mitwirkung der IHK ist in *verschiedenen Rechtsvorschriften vorgesehen,* z.B.:

Einrichtung von Einigungsstellen zur Beilegung von Wettbewerbsstreitigkeiten, § 27a UWG; Mitwirkung bei der Börsenaufsicht, § 1 Abs. 1 S. 4 BörsenG; Vorschlag zur Ernennung von Handelsrichtern, § 108 GVG; Mitwirkung bei der Unabkömmlichstellung Wehrpflichtiger, § 2 Abs. 2 Nr. 2 UKVO vom 24. 7. 1962 (BGBl. I S. 524).

c) Die Industrie- und Handelskammern betätigen sich auf dem Gesamtgebiet der Wirtschaft. Regelmäßig ergeben sich ihre Betätigungsgebiete aus ihrem Organisationsplan. Z.B. ist die Industrie- und Handelskammer Oberbayern in die Abteilung K = Koordination und die Abteilungen I Volkswirtschaft, II Recht, Steuern, III Industrie, Energie, Umweltschutz, IV Handel, V Verkehr, Münchener Stadtplanung, VI Außenwirtschaft, VII berufliches Bildungswesen, VIII Öffentlichkeitsarbeit, IX Kammerverwaltung gegliedert.

**4. Aufsicht.** Die IHK unterliegen der Aufsicht des Landes, daß sie sich bei Ausübung ihrer Tätigkeit auch im Rahmen der für sie geltenden Rechtsvorschriften halten.

**5. Zusammenschlüsse.** Die IHK sind zum Deutschen Industrie- und Handelstag, einem e. V. zusammengeschlossen. Ferner bestehen Deutsche Auslandshandelskammern und eine ständige Konferenz der IHK der EWG-Länder.

**Innungskrankenkasse**

Eine oder mehrere Handwerksinnungen können für die Handwerksbetriebe ihrer Mitglieder, die in die Handwerksrolle eingetragen sind, eine Innungskrankenkasse errichten. Sie darf nur errichtet werden, wenn *(1)* in den Handwerksbetrieben der Mitglieder der Handwerksinnung regelmäßig 450 Versicherungspflichtige beschäftigt werden, *(2)* ihre Leistungsfähigkeit auf Dauer gesichert ist und *(3)* sie den Bestand oder die Leistungsfähigkeit vorhandener Ortskrankenkassen nicht gefährdet (§ 157 SGB V).

**Kreishandwerkerschaft**

Die Kreishandwerkerschaft wird aus den Handwerksinnungen (vgl. oben S. 273) gebildet, die in einem Stadt- oder Landkreis ihren Sitz haben (§ 86 HwO). Sie ist eine Körperschaft des öffentlichen Rechtes, die mit der Genehmigung der Satzung durch die Handwerkskammer rechtsfähig wird und ihrer Aufsicht unterliegt. Die Kreishandwerkerschaft hat die Gesamtinteressen des selbständigen Handwerks und des handwerksähnlichen Gewerbes sowie die gemeinsamen Interessen der Handwerksinnungen ihres Bezirks wahrzunehmen (weitere Einzelh. § 87 HwO).

**Landesinnungen**

Der Landesinnungsverband ist der Zusammenschluß von Handwerksinnungen des gleichen Handwerks oder sich fachlich oder wirtschaftlich nahestehender Handwerke im Bereich eines Landes (§ 79 Abs. 1 HwO). Er ist eine juristische Person des privaten Rechtes; er wird mit Genehmigung der Satzung rechtsfähig. Der Landesinnungsverband hat die in §§ 81, 82 HwO aufgezählten Aufgaben. Hierzu gehört, die Interessen des Handwerks zu wahren, die Handwerksinnungen zu unterstützen, die Leistungsfähigkeit der Betriebe zu erhöhen, den genossenschaftlichen Einkauf und die Übernahme von Lieferungen durch die Bildung von Genossenschaften zu fördern und Tarifverträge abzuschließen.

**Ordnungsamt**

Der Aufbau der Ordnungsbehörden ist in der Bundesrepublik Deutschland in den einzelnen Ländern aufgrund von Landesgesetzen unterschiedlich geregelt (z.B. *NRW:* Gesetz über Aufbau und Befugnisse der Ordnungsbehörden i.d.F. vom 13. 5. 1980, GVBl. S. 528, zul. geänd. 6. 10. 1987 (GV NW S. 342). Zu den Ordnungsbehörden zählen alle Behörden, die für die öffentliche Sicherheit und Ordnung zuständig sind. Insoweit wurde bis zur Gründung der Bundesrepublik Deutschland zumeist von „Verwaltungspolizei" gesprochen. Zu den Ordnungsbehörden gehören das Bauordnungsamt (Bauamt), Gesundheitsamt, (Gewerbe)-Ordnungsamt, Ausländerbehörde; gelegentlich sind auch mehrere Ordnungsämter zum Amt für öffentliche Ordnung zusammengefaßt.

**Ortskrankenkasse**

Die gesetzliche Krankenversicherung wird im allgemeinen über die Ortskrankenkassen durchgeführt. Sie wird i.d.R. für den Bezirk kreisfreier Städte oder Landkreise errichtet. Es können jedoch auch für größere Bezirke Zusammenschlüsse erfolgen (§§ 143 SGB Vff.).

**Pensionssicherungsverein**

Pensionssicherungsverein, Versicherungsverein auf Gegenseitigkeit, ist der Träger der gesetzlichen Insolvenzsicherung, wenn ein Arbeitgeber die von ihm oder seinen Kassen übernommenen Ruhegeldverbindlichkeiten gegenüber seinen Arbeitnehmern nicht mehr erfüllen kann (§ 14 Abs. 1 BetrAVG). Der Pensionssicherungsverein hat seinen Sitz in Köln, Bonner Straße 202. Er erhebt zur Erfüllung seiner Aufgaben Beiträge, die notfalls im Wege des Verwaltungszwanges beigetrieben werden.

## § 38. Private Beratungsgesellschaften

Auf dem Gebiet der Unternehmensberatung betätigen sich zahlreiche Privatpersonen und Gesellschaften. Sie können leicht aus Branchenverzeichnissen ermittelt werden. Anschriften vermitteln die Handwerkskammern und Industrie- und Handelskammern sowie das Rationalisierungskuratorium der Deutschen Wirtschaft e.V. (RKW), Düsseldorfer Str. 40, 6236 Eschborn. Wie eine seriöse Beratung aussieht, ergibt sich aus den Grundsätzen für die Berufsausübung der Unternehmensberater im BDU. Zur Förderung vgl. § 42.

# Abschnitt X. Die Aus- und Fortbildung des Unternehmers und der Abschluß von Ausbildungsverträgen

## § 39. Allgemeiner Grundsatz

### I. Grundsatz

**1. Keine Vorschriften.** Nur für wenige Berufe ist kraft Gesetzes eine bestimmte Ausbildung des Selbständigen vorgeschrieben. Im allgemeinen ist dies nur dann der Fall, wenn im öffentlichen Interesse gewisse Mindestanforderungen an die Berufsausübung gestellt werden müssen. Gleichwohl sollte dies nicht dazu verführen, ohne hinreichende Berufsausbildung einen selbständigen Beruf zu ergreifen.

**2. Kammerberufe, Handwerk.** Ausbildungsvorschriften bestehen vor allem für die sog. kammerangehörigen freien Berufe. Bei ihnen wird häufig eine akademische Ausbildung vorausgesetzt, auf die hier nicht eingegangen werden kann. Ein besonders ausgeprägtes Ausbildungssystem besteht im Handwerk. Die Ausübung eines selbständigen Handwerks ist nur den Handwerksmeistern gestattet (vgl. § 6).

### II. Fortbildung

Auch für die Fortbildung muß der Unternehmer selbst sorgen. Im allgemeinen stellen aber Industrie- und Handelskammern,

Handwerkskammern, Arbeitgeber- und Unternehmerverbände ein reichhaltiges Bildungsangebot zur Verfügung. Zumeist werden auch Seminare zur Existenzgründung und ihrer Finanzierung angeboten.

## § 40. Die Ausbildung in der gewerblichen Wirtschaft

### I. Vorbemerkung

Es ist bereits in § 2 darauf hingewiesen worden, daß die Eröffnung eines Gewerbebetriebes regelmäßig nicht davon abhängt, daß der Gewerbetreibende eine bestimmte Ausbildung durchlaufen hat. Es bestehen insoweit lediglich einzelne Ausnahmen, auf die im Zusammenhang hingewiesen worden ist. Gleichwohl hängt die Ausbildungsbefugnis des Gewerbetreibenden davon ab, daß er einen bestimmten Ausbildungsstand hat.

### II. Rechtsgrundlagen, Grundbegriffe und Ausbildungsberechtigung[1]

**1. Recht der Berufsbildung.** a) Das *Recht der Berufsbildung* ist vor allem im Berufsbildungsgesetz vom 14. 8. 1969 (BGBl. I S. 1112), zul. geänd. durch Entsch. des BVerfG vom 14. 5. 1986 (BGBl. I S. 1161) enthalten. Zu seiner Durchführung sind zahlreiche RechtsVO ergangen. Insbesondere ist auf die Ausbildungsordnungen hinzuweisen. Sonderregeln bestehen vor allem für Heil- und Heilhilfsberufe. Für sie gilt das Krankenpflegegesetz vom 4. 6. 1985 (BGBl. I S. 833), zul. geänd. 22. 5. 1986 (BGBl. I S. 833).

b) Die Berufsbildung wird *gegliedert* in die Berufsausbildung, die berufliche Fortbildung und die berufliche Umschulung. Die Berufsausbildung hat eine breit angelegte berufliche Grundausbildung und die für die Ausübung einer qualifizierten beruflichen Tätigkeit notwendigen fachlichen Fertigkeiten und Kenntnisse in einem geordneten Ausbildungsgang zu vermitteln. Die berufliche Fortbildung soll es ermöglichen, die beruflichen Kenntnisse und Fertigkeiten zu erhalten, zu erweitern, der technischen Entwick-

---

[1] Weitere Einzelheiten: *Schaub,* Arbeitsrecht von A–Z, 12. Aufl., 1988; *Schaub,* Meine Rechte und Pflichten als Arbeitnehmer, 4. Aufl., 1988.

lung anzupassen oder beruflich aufzusteigen. Die berufliche Umschulung soll zu einer anderen beruflichen Tätigkeit befähigen (§ 1 BBiG).

**2. Grundbegriffe.** Die Berufsausbildung erfolgt aufgrund des Berufsausbildungsvertrages. Derjenige, der ausgebildet wird, heißt Auszubildender; derjenige, der mit dem Auszubildenden einen Ausbildungsvertrag abschließt Ausbildender; derjenige, der die fachliche Verantwortung für die Ausbildung trägt, Ausbilder und der sie praktisch durchführt Ausbildungsgehilfe. In kleineren Unternehmen ist regelmäßig Ausbildender und Ausbilder dieselbe Person. Lediglich im Bereich des Handwerks wird noch von Lehrlingen und Lehrherrn gesprochen. Indes besteht insoweit keine Besonderheit zu den Begriffen des Auszubildenden und Ausbildenden.

**3. Ausbildungsberechtigung.** a) Auszubildende darf nur einstellen, wer *persönlich geeignet* ist. Auch insoweit wird davon ausgegangen, daß jeder Gewerbetreibende persönlich geeignet ist. Nicht geeignet ist er insbesondere dann, wenn er Kinder und Jugendliche nicht beschäftigen darf oder wiederholt und schwer gegen das BBiG oder aufgrund des BBiG erlassene Vorschriften verstoßen hat (§ 20 Abs. 2 BBiG).

b) Der Ausbilder bedarf der *fachlichen Eignung*. Fachlich nicht geeignet ist, wer nicht die erforderlichen beruflichen Fertigkeiten und Kenntnisse oder die erforderlichen berufs- und arbeitspädagogischen Kenntnisse besitzt. Die fachliche Eignung setzt voraus (§§ 20, 21, 76 BBiG) *a)* die Vollendung des 24. Lebensjahres, *b)* die Abschlußprüfung in einer dem Ausbildungsberuf entsprechenden Fachrichtung oder die Abschlußprüfung an einer deutschen Hochschule, einer öffentlich oder staatlich anerkannten deutschen Ingenieurschule oder höheren Wirtschaftsfachschule, in einer dem Ausbildungsberuf entsprechenden Fachrichtung und angemessene Zeit praktischer Tätigkeit im Beruf oder einer anerkannten Prüfung an einer Ausbildungsstätte oder vor einer Prüfungsbehörde in einer dem Ausbildungsberuf entsprechenden Fachrichtung und angemessene Zeit praktischer Tätigkeit. Unter bestimmten Voraussetzungen können auch im Ausland abgelegte Prüfungen anerkannt werden. Der Bundesminister für Bildung und Wissenschaft hat durch RechtsVO bestimmt, daß die fachliche Eignung nachzuweisen ist. In Betracht kommen insoweit die Ausbilder-EignungsVO gewerbliche Wirtschaft

(AEVO) vom 20. 4. 1972 (BGBl. I S. 707), zul. geänd. 3. 10. 1984 (BGBl. I S. 1261), die Ausbilder-EignungsVO Landwirtschaft vom 5. 4. 1976 (BGBl. I S. 923) und die Ausbilder-EignungsVO Hauswirtschaft vom 29. 6. 1978 (BGBl. I S. 976) mit Änd. vom 10. 6. 1983 (BGBl. I S. 694). Aufgrund § 3 AEVO ist der Nachweis einschlägiger berufs- und arbeitspädagogischer Kenntnisse in einer Prüfung nachzuweisen. Zu den erforderlichen Kenntnissen gehören solche in den Grundfragen der Berufsbildung, Planung und Durchführung der Ausbildung mit methodischen und didaktischen Mitteln, in psychologischen und arbeitsmedizinischen Grundfragen sowie in den Rechtsgrundlagen der Berufsbildung.

c) Die *betriebliche Eignung* setzt eine geeignete Ausbildungsstätte sowie ein angemessenes Verhältnis zwischen der Zahl der Auszubildenden und den Ausbildungsplätzen voraus.

d) Die persönliche, fachliche und betriebliche Eignung wird durch die zuständigen Stellen *überwacht.* Ggf. kann die Einstellung und Ausbildung von Auszubildenden untersagt werden (§§ 23, 24 BBiG). Vgl. dazu BVerwG GewArch. 86, 95. Ein Mangel in der Berechtigung, Auszubildende einzustellen, berührt die zivilrechtliche Wirksamkeit des Ausbildungsvertrages nicht. Der Auszubildende kann jedoch u. U. außerordentlich kündigen (§ 15 BBiG). Der Ausbildende kann schadensersatzpflichtig und bußgeldpflichtig werden (§ 99 BBiG).

### III. Die berufliche Grundausbildung

**1. Berufsausbildungsvertrag.** a) Der Ausbildungsvertrag kann mündlich *abgeschlossen* werden (BAG AP Nr. 1 zu § 15 BBiG). Jedoch ist der Ausbildende verpflichtet, unverzüglich nach Vertragsabschluß, spätestens aber vor Beginn der Berufsausbildung, den wesentlichen Inhalt des Vertrages schriftlich niederzulegen (§ 4 BBiG). Auch hier empfiehlt es sich, die von den zuständigen Stellen, insbesondere von der Handwerkskammer bzw. der Industrie- und Handelskammer herausgegebenen Musterverträge zu verwenden. Zu den notwendigen Angaben gehören: solche über Art, sachliche und zeitliche Gliederung sowie Ziel der Berufsausbildung; deren Beginn und Dauer; Ausbildungsmaßnahmen außerhalb der Ausbildungsstätte; tägliche Ausbildungszeit; Dauer der Probezeit und des zu gewährenden Urlaubs; Zahlung und Höhe der Vergütung; Voraussetzungen der Kündbarkeit. Die

Niederschrift ist von dem Ausbildenden, dem Auszubildenden und dessen gesetzlichem Vertreter zu unterzeichnen. Ferner hat der Ausbildende den Mitunterzeichnern eine unterzeichnete Ausfertigung auszuhändigen. Unterbleibt die schriftliche Niederlegung, kann dies zur Nichteintragung des Vertrages in das Berufsausbildungsverzeichnis führen (§ 31 BBiG).

b) Zu den *Hauptpflichten des Ausbildenden* gehören: *(1)* Die fachliche und persönliche Bildung des Auszubildenden; d.h., er hat diesem die notwendigen Fertigkeiten und Kenntnisse zur Erreichung des Ausbildungsziels zu vermitteln, die notwendigen Bücher (BAG AP Nr. 3 zu § 611 BGB Ausbildungsverhältnis), Werkzeuge und Rohstoffe zur Ausbildung und Ablegung der Prüfungen kostenlos zur Verfügung zu stellen, zum Besuch der einschlägigen Schulen anzuhalten und die notwendige Zeit hierzu einzuräumen sowie dafür zu sorgen, daß der Auszubildende charakterlich gefördert und ihm sittliche und körperliche Gefahren ferngehalten werden (§§ 6, 7 BBiG). Dagegen ist er nicht verpflichtet, die Berichtshefte während der Arbeitszeit führen zu lassen oder die Fahrtkosten zur Berufsschule (BAG AP Nr. 1 zu § 6 BBiG) zu tragen oder zum auswärtigen Prüfungsort (BAG AP Nr. 1 zu § 34 BBiG). Verletzt der Ausbildende seine Ausbildungspflicht, kann er schadensersatzpflichtig werden (BAG AP Nr. 22 zu § 611 BGB Lehrverhältnis; AP Nr. 1 zu § 16 BBiG = NZA 88, 93). Der Anspruch ist bei Mitverschulden gemindert; zur Begründung des Mitverschuldens ist der pauschale Vorwurf der Faulheit unzureichend (BAG AP Nr. 2 zu § 6 BBiG). *(2)* Die Zahlung einer angemessenen Vergütung (BVerwG GewArch. 86, 305), die entspr. dem Lebensalter und der fortschreitenden Berufsausbildung zu bemessen ist. Bei Ableistung von Mehr- und Überstunden ist eine besondere Vergütung zu zahlen (§ 10 BBiG). Die Vergütung ist auch für die Fälle der Freistellung von der Arbeit zum Zwecke des Schulbesuches und bis zur Dauer von sechs Wochen im Krankheitsfalle und bei sonstiger unverschuldeter Arbeitsverhinderung fortzuzahlen (§ 12 BBiG). Etwaige Sachleistungen sind nach dem Sozialversicherungswert abzugelten, wenn der Auszubildende während der Vergütungsfortzahlung diese aus berechtigtem Grund nicht entgegennehmen kann (§ 12 Abs. 2 BBiG). Die Vergütung ist nach Monaten zu bemessen und wird jeweils am letzten Arbeitstag fällig. Bei Zahlung von Bruchteilen vom Monat ist für jeden Kalendertag $1/30$ der Monatsvergütung zu zahlen. *(3)* Mit anderen als der Ausbildung dienenden Arbeiten darf der Auszubildende nicht beschäftigt werden. Desgleichen dürfen seine Körperkräfte nicht überfordert werden. Unangemessene Arbeiten kann der Auszubildende ablehnen und nach Abmahnung u. U. die außerordentliche Kündigung erklären.

c) Zu den *Pflichten des Auszubildenden* gehört, sich zu bemühen, die zur Erreichung des Ausbildungszieles notwendigen Fertigkeiten und Kenntnisse zu erwerben, die für die Ausbildungsstätte geltende Ordnung und das Weisungsrecht zu beachten, an den Ausbildungsmaßnahmen schulischer Art teilzunehmen, Werkzeuge und Maschinen pfleglich zu behandeln sowie über Betriebs- und Geschäftsgeheimnisse Stillschweigen zu bewahren (§ 9 BBiG). Bei Verletzung seiner Pflichten kann eine außerordentliche Kündigung gerechtfertigt sein oder er schadensersatzpflichtig werden. Jedoch kann der Schadensersatzanspruch wegen Mitverschulden des Ausbildenden gemindert sein (§ 254 BGB), wenn eine hinreichende Beaufsichtigung nicht stattgefunden hat.

d) Das *Berufsausbildungsverhältnis endet (1)* mit Ablauf der Ausbildungszeit. Legt der Auszubildende erst nach dem Ende der Ausbildungszeit die Abschlußprüfung ab und wird er in der Zwischenzeit weiter beschäftigt, so hat er für die Zwischenzeit Anspruch auf die Vergütung, die der zugewiesenen Arbeit entspricht; *(2)* mit vorzeitigem Bestehen der Abschlußprüfung (BAG AP Nr. 1 zu § 14 BBiG; AP Nr. 2 zu § 611 BGB Ausbildungsverhältnis). Besteht der Auszubildende die Abschlußprüfung innerhalb der Ausbildungszeit nicht, so verlängert sich auf sein Verlangen das Berufsausbildungsverhältnis um höchstens ein Jahr (§ 14 BBiG). In dieser Zeit befindet er sich nicht im 4. Ausbildungsjahr mit der Folge einer höheren Vergütungszahlung (BAG AP Nr. 1 zu § 10 BBiG). Vielfach ist in den Ausbildungsverträgen vorgesehen, daß das Ausbildungsverhältnis in ein Arbeitsverhältnis übergeht, wenn nicht drei Monate vor dem Ende des Ausbildungsvertrages eine Nichtverlängerungsanzeige abgegeben wird. Diese Klauseln sind zum Nachteil des Auszubildenden nicht mit § 5 BBiG vereinbar (BAG AP Nr. 1 zu § 5 BBiG). Andererseits bleibt der Arbeitgeber gebunden (BAG AP Nr. 2 zu § 5 BBiG); *(3)* mit Ausspruch einer entfristet – auch aus nicht im Zusammenhang mit der Ausbildung stehenden Gründen – zulässigen Kündigung während der drei Monate nicht übersteigenden

Probezeit (§ 15 Abs. 1 BBiG); *(4)* aufgrund außerordentlicher Kündigung, wenn hierfür ein wichtiger Grund besteht. Ist der Auszubildende minderjährig, so ist sie gegenüber dem gesetzlichen Vertreter zu erklären (BAG AP Nr. 4 zu § 15 BBiG). Bei der Beurteilung, ob ein wichtiger Grund vorliegt, ist insbesondere der Ausbildungscharakter und die Dauer des zurückgelegten Rechtsverhältnisses zu berücksichtigen (BAG AP Nr. 3 zu § 15 BBiG). Politische Meinungsäußerungen rechtfertigen nur dann die Kündigung, wenn das Ausbildungsverhältnis konkret beeinträchtigt wird. Die außerordentliche Kündigung ist ausgeschlossen, wenn dem zur Kündigung Berechtigten die Gründe länger als zwei Wochen bekannt sind. Während des Laufs eines Güteverfahrens vor einer außergerichtlichen Stelle (Industrie- und Handelskammer, Handwerkskammer usw.) ist der Ablauf der Frist gehemmt. Unterliegt der Auszubildende dem KSchG und ist der Klageerhebung ein Güteverfahren vor der außergerichtlichen Stelle vorgeschaltet, ist innerhalb der Frist von § 4 KSchG diese Stelle anzurufen (§ 111 ArbGG). Der Ablauf der Klagefrist ist alsdann gehemmt (BAG AP Nr. 2 zu § 111 ArbGG). Wird in der 1. Instanz das Vorschaltverfahren übersehen, so kann es noch nach Klageerhebung nachgeholt werden (BAG AP Nr. 4 zu § 15 BBiG). Ohne Durchführung des Vorschaltverfahrens ist die Klage unzulässig. Indes wird in der 2. Instanz § 529 ZPO entspr. anzuwenden sein. Findet das KSchG keine Anwendung, findet zunächst das Vorschaltverfahren statt (BAG AP Nr. 2 zu § 111 ArbGG). Besteht eine hinreichende Wahrscheinlichkeit, daß der Auszubildende den Kündigungsschutzprozeß gewinnt, besteht ein Weiterbeschäftigungsanspruch bis zur Entscheidung des Arbeitsgerichtes; *(5)* aufgrund außerordentlicher Kündigung des Auszubildenden, wenn er die Berufsausbildung aufgeben oder sich einer anderen Berufsausbildung unterziehen will. In diesem Fall ist jedoch eine Kündigungsfrist von vier Wochen einzuhalten. Dagegen ist die ordentliche Kündigung ausgeschlossen. Die Kündigung muß zur Meidung ihrer Unwirksamkeit schriftlich erfolgen (§ 15 Abs. 3 BBiG). Im Falle der unter *(4)* und *(5)* beschriebenen Kündigung müssen die Kündigungsgründe angegeben werden, andernfalls ist sie nichtig (BAG AP Nr. 1, 4 zu § 15 BBiG). Sie wird auch nicht durch Nachschiebung der Gründe geheilt. Hat der Arbeitgeber zu unrecht außerordentlich gekündigt, so finden die Vorschriften über die Auflösung des Arbeitsverhältnisses gegen Zahlung einer Abfindung (§ 13 Abs. 1 S. 3 KSchG) keine Anwendung (BAG AP Nr. 6 zu § 13 KSchG 1969 = DB 85, 2515). Im Falle einer vorzeitigen Beendigung des Ausbildungsverhältnisses kann der Vertragstreue mit Ausnahme der unter *(2)* und *(5) genannten Fälle* von seinem Gegner Schadensersatz fordern, wenn dieser die vorzeitige Auflösung zu vertreten hat. Der Schadensersatzanspruch erlischt jedoch innerhalb einer Frist von drei Monaten seit Beendigung des Berufsausbildungsverhältnisses (§ 16 BBiG); *(6)* unabhängig von vorstehenden Gründen endet das Berufsausbildungsverhältnis mit Abschluß eines Aufhebungsvertrages.

**2. Anerkannter Ausbildungsberuf.** Als Grundlage einer geordneten und einheitlichen Ausbildung sowie zu ihrer Anpassung an die technischen und wirtschaftlichen sowie gesamtwirtschaftlichen Erfordernisse und deren Entwicklung hat der Bundesminister für Wirtschaft oder der sonst zuständige Fachminister im Einvernehmen mit dem Bundesminister für Bildung und Wissenschaft Rechtsverordnungen erlassen, in denen die Ausbildung für die einzelnen Berufe geregelt ist. Eine Übersicht ergibt sich aus Schaub, ArbR Hdb, 6. Aufl., 1987, § 174.

b) Auf die Ausbildungszeit können Schulzeiten angerechnet werden.[2] Einzelh. ergeben sich aus Berufsgrundbildungsjahr-AnrechnungsVO vom 17. 7. 1978 (BGBl. I S. 1061), zul. geänd. 10. 3. 1988 (BGBl. I S. 229); Berufsgrundbildungsjahr-AnrechnungsVO Landwirtschaft vom 20. 7. 1979 (BGBl. I S. 1142/III 800–21–6–4); Berufsfachschul-Anrechnungs-VO vom 4. 7. 1972 (BGBl. I S. 1155/III 800–21–6–2), Berufsgrundbildungsjahr-Anrechnungs-VO öffentlicher Dienst vom 20. 6. 1980 (BGBl. I S. 738/III 800–21–6–5); zur Hauswirtschaft: VO vom 2. 7. 1980 (BGBl. I S. 827/III 800–21–6–6); zu den industriellen Metall- und Elektroberufen: VO vom 10. 3. 1988 (BGBl. I S. 229/III 806–21–6–7).

**3. Ausschließlichkeitsgrundsatz.** a) Für einen anerkannten Ausbildungsberuf darf nur nach der Ausbildungsordnung ausgebildet werden (§ 28 Abs. 1 BBiG).

b) In anderen als anerkannten Ausbildungsberufen dürfen Jugendliche unter 18 Jahren nicht ausgebildet werden, soweit die

---

[2] Fenski, Die Anrechenbarkeit des Berufsgrundbildungsjahres auf die Dauer des Ausbildungsvertrages, BB 85, 873.

Berufsausbildung nicht auf den Besuch weiterführender Berufsbildungsgänge vorbereitet. Hieraus folgt z.B., daß Jugendliche nicht für den Beruf eines Tanzlehrers ausgebildet werden können.

**4. Verzeichnis der Berufsausbildungsverhältnisse.** a) Die zuständigen Stellen, also für die gewerbliche Wirtschaft regelmäßig die Industrie- und Handelskammern, für das Handwerk die Handwerkskammern, führen ein *Verzeichnis* der Berufsausbildungsverhältnisse, in das der wesentliche Inhalt des Berufsausbildungsvertrages sowie jede wesentliche Änderung seines Inhalts einzutragen sind (§ 31 BBiG).

b) Der Ausbildende hat unverzüglich nach Abschluß des Berufsausbildungsvertrages die Eintragung in das Verzeichnis zu *beantragen.* Die Ausbildungsverträge sind unabhängig von der Eintragung wirksam. Jedoch erfolgt die Zulassung zur Abschlußprüfung nur nach Eintragung bzw. dann, wenn diese ohne Verschulden des Auszubildenden und seines gesetzlichen Vertreters unterblieben ist (§ 39 BBiG).

### IV. Das Prüfungswesen

**1. Prüfungen.** a) In den anerkannten Ausbildungsberufen werden *Abschlußprüfungen* durchgeführt (§ 34 Abs. 1 S. 1 BBiG). Durch die Abschlußprüfung ist festzustellen, ob der Prüfling die erforderlichen Fertigkeiten beherrscht, die notwendigen praktischen und theoretischen Kenntnisse besitzt und mit dem ihm im Berufsschulunterricht vermittelten, für die Berufsausbildung wesentlichen Lehrstoff vertraut ist (§ 35 BBiG).

b) Für die Abnahme der Prüfung werden *Prüfungsausschüsse* gebildet (§ 36 BBiG). Der Prüfungsausschuß besteht aus mindestens drei Mitgliedern; diese müssen für die Prüfungsgebiete besonders sachkundig sein. Zu den Ausschußmitgliedern müssen Arbeitgeber und Arbeitnehmer in der gleichen Zahl bestimmt werden. Ferner muß ihnen ein Lehrer einer berufsbildenden Schule angehören (§ 37 BBiG).

**2. Zulassung zur Abschlußprüfung.** a) Während der Berufsausbildung ist zur Ermittlung des Ausbildungsstandes mindestens eine *Zwischenprüfung* entsprechend der Ausbildungsordnung durchzuführen (§ 42 BBiG).

b) Zur *Abschlußprüfung zugelassen* wird nur, *(1)* wer die Ausbildungszeit zurückgelegt hat oder dessen Ausbildungszeit nicht später als zwei Monate nach dem Prüfungstermin endet, *(2)* wer an vorgeschriebenen Zwischenprüfungen teilgenommen sowie vorgeschriebene Berichtshefte geführt hat und *(3)* dessen Berufsausbildungsverhältnis in das Verzeichnis der Berufsausbildungsverhältnisse eingetragen oder aus einem Grund nicht eingetragen ist, den weder der Auszubildende noch dessen gesetzlicher Vertreter zu vertreten hat. Über die Zulassung zur Abschlußprüfung entscheidet die zuständige Stelle, also regelmäßig die Industrie- und Handelskammer (§ 39 BBiG). In besonderen Fällen können auch zugelassen werden, *a)* wessen Leistungen dies vor Ablauf der Ausbildungszeit rechtfertigt (§ 40 Abs. 1 BBiG), *b)* wer nachweist, daß er mindestens das Zweifache der Zeit, die als Ausbildungszeit vorgeschrieben ist, in dem Beruf tätig gewesen ist, in dem er die Prüfung ablegen will (§ 40 Abs. 2 BBiG), *c)* wer in einer berufsbildenden Schule oder einer sonstigen Einrichtung ausgebildet worden ist.

c) Besteht der Prüfling die Prüfung, so endet das Berufsausbildungsverhältnis (oben II 1). Besteht er sie nicht, so hat er Anspruch darauf, daß die Ausbildung fortgesetzt wird (oben II 1). Über die Prüfung wird ein Zeugnis ausgestellt, z.B. der Kaufmannsgehilfenbrief. Wird die Prüfung nicht bestanden, so kann sie zweimal wiederholt werden (§ 34 BBiG).

## § 41. Die Ausbildung im Handwerk[1]

### I. Die Rechtsgrundlagen und die Ausbildungsberechtigung

**1. Rechtsgrundlagen.** Das im Berufsbildungsgesetz vom 14. 8. 1969 (BGBl. I S. 1112) enthaltene Grundkonzept der beruflichen Bildung wird im Bereich des Handwerks durch die Handwerksordnung i.d.F. vom 28. 12. 1965 (BGBl. 1966 I S. 1) mit spät. Änderungen modifiziert. Indes sind vor allem die berufsrechtlichen Voraussetzungen den Eigenheiten des Handwerks angepaßt. Die Berufsausbildung im Handwerk wird durch eine Reihe von Rechtsverordnungen und Ausbildungsplänen geregelt, die im Zusammenhang zitiert werden.

**2. Berechtigung zum Einstellen und Ausbilden.** a) Die Berechtigung zum Einstellen und Ausbilden von Lehrlingen ist in §§ 21–

[1] Vgl. das Schrifttum bei § 6.

24 HwO geregelt. Im Interesse der regelmäßig jungen Menschen darf Lehrlinge (Auszubildende) nur einstellen, wer persönlich geeignet ist (§ 21 Abs. 1 S. 1 HwO). Dabei muß die Ausbildungsstätte für die Berufsausbildung geeignet sein (§ 23 HwO).

b) Besitzt der Ausbildende nicht selbst die fachliche Eignung, so muß er einen Ausbilder beschäftigen, der die fachliche Eignung hat (§ 21 Abs. 4 HwO).

**3. Persönliche Eignung.** Grundsätzlich ist jeder Erwachsene persönlich zur Berufsausbildung geeignet. Die Eignung fehlt jedoch dann, wenn dieser Kinder und Jugendliche nicht beschäftigen darf oder wiederholt oder schwer gegen die HwO oder die aufgrund der HwO erlassenen Vorschriften und Bestimmungen verstoßen hat (§ 21 Abs. 2 HwO).

**4. Fachliche Eignung.** Die HwO enthält eine umfangreiche und ins einzelne gehende Regelung, wer zur Berufsausbildung fachlich geeignet ist:

a) Fachlich geeignet ist, wer die *Meisterprüfung* in dem Handwerk, in dem ausgebildet werden soll, bestanden hat und das 24. Lebensjahr vollendet hat (§ 21 Abs. 3 HwO).

b) Fachlich geeignet ist, wer *a)* eine Abschlußprüfung an einer deutschen *Technischen Hochschule* oder einer öffentlichen oder staatlich anerkannten deutschen Ingenieurschule bestanden hat, das dem Fachgebiet des Handwerks entspricht und *b)* in dem Handwerk, in dem ausgebildet werden soll, die Gesellenprüfung bestanden hat oder *c)* in dem Handwerk mindestens vier Jahre praktisch tätig gewesen ist und *d)* das 24. Lebensjahr vollendet hat (§ 22 Abs. 1 HwO).

c) Fachlich geeignet ist nach § 22 Abs. 2 HwO, wer *a)* eine anerkannte *Prüfung einer Ausbildungsstätte* oder vor einer Prüfungsbehörde bestanden hat und *b)* in dem Handwerk, in dem ausgebildet werden soll, die Gesellenprüfung oder eine entspr. Abschlußprüfung bestanden hat oder *c)* mindestens vier Jahre praktisch tätig gewesen ist, *d)* das 24. Lebensjahr vollendet hat. Der Bundesminister für Wirtschaft kann im Einvernehmen mit dem Bundesminister für Bildung und Wissenschaft nach Anhörung des Bundesausschusses für Berufsbildung durch RechtsVO bestimmen, welche Prüfungen für welche Handwerker anerkannt werden.

d) Fachlich geeignet ist schließlich, wem die nach Landesrecht zuständige Behörde die fachliche Eignung nach der Anhörung der Handwerkskammer *widerruflich zuerkannt* hat. Die Handwerkskammer ist nicht berechtigt, eine Entscheidung der BezReg. über die Zuerkennung der fachlichen Eignung zum Ausbilden von Lehrlingen anzufechten und die Wiederherstellung der aufschiebenden Wirkung ihres Rechtsmittels gegen eine derartige Entscheidung zu beantragen (OVG Rheinl.-Pfalz GewArch 87, 30).

e) Wird ein Handwerksbetrieb nach dem Tode des Handwerkers aufgrund des sog. *Witwenprivilegs* fortgeführt (vgl. § 6 IV 3), so kann bis zum Ablauf eines Jahres auch als fachlich geeignet gelten, wer in dem Handwerk die Gesellenprüfung oder eine entspr. Abschlußprüfung bestanden hat oder mindestens vier Jahre selbständig oder als Werkmeister oder in sonstiger Stellung tätig gewesen ist.

**5. Eignung der Ausbildungsstätte.** Lehrlinge dürfen im Bereich des Handwerks nur eingestellt werden, wenn die Ausbildungsstätte nach Ort und Einrichtung für die Berufsausbildung geeignet und die Zahl der Lehrlinge in einem angemessenen Verhältnis zur Zahl der Ausbildungsplätze und der Ausbildungsgehilfen steht (§ 23 HwO). Namentlich durch das angemessene Verhältnis zwischen der Zahl der Auszubildenden und der Ausbildungsgehilfen soll gewährleistet sein, daß eine hinreichende fachliche Ausbildung erfolgt.

**6. Überwachung und Untersagung.** a) Die *Überwachung* der Berufsausbildung ist der Handwerkskammer übertragen. Sie hat darüber zu wachen, daß die persönliche und fachliche Eignung sowie die Eignung der Ausbildungsstätte vorliegt. Stellen sich insoweit Mängel heraus, so hat sie den Ausbildenden aufzufordern, diese innerhalb einer angemessenen Frist zu beseitigen. Kann der Mangel nicht behoben werden oder ist eine Gefährdung des Auszubildenden (Lehrlings) zu erwarten oder wird der Mangel nicht fristgerecht beseitigt, so hat die Handwerkskammer die nach Landesrecht zuständige Behörde zu unterrichten.

b) Die nach Landesrecht zuständige Behörde kann die Einstellung und Ausbildung von Lehrlingen **untersagen,** wenn die persönliche und fachliche Eignung nicht gewährleistet ist oder die Ausbildungsstätte zur Ausbildung nicht mehr geeignet ist.

## II. Die berufliche Grundausbildung

**1. Ausbildungsvertrag.** a) Der Berufsausbildungsvertrag ist ein Arbeitsvertrag, der in einem geregelten Ausbildungsgang auf die berufliche Grundausbildung des Auszubildenden gerichtet ist (§ 1 BBiG). Der Ausbildungsvertrag ist formfrei wirksam; jedoch hat der Ausbildende, also der Handwerker, unmittelbar nach seinem Abschluß den Vertrag schriftlich niederzulegen und dem Auszubildenden (Lehrling) eine Kopie auszuhändigen (§ 4 BBiG). Regelmäßig werden für den Abschluß des Vertrages die von den Handwerkskammern herausgegebenen Musterverträge verwandt. Dies ist unbedingt zu empfehlen, da dann auch hinreichend die Eintragung in das Ausbildungsverzeichnis gewährleistet ist (vgl. VG Ansbach GewArch 85, 27).

b) Als Grundlage für eine geordnete und einheitliche Berufsausbildung sowie zu ihrer Anpassung an die technischen, wirtschaftlichen und gesellschaftlichen Erfordernisse und deren Entwicklung hat der Bundeswirtschaftsminister im Einvernehmen mit dem Bundesminister für Bildung und Wissenschaft Rechtsverordnungen über die *staatlich anerkannten Ausbildungsberufe* im Handwerk erlassen. In diesen Ausbildungsordnungen sind die Ausbildungsdauer, die zu vermittelnden Fertigkeiten und Kenntnisse und eine Anleitung zur sachlichen und zeitlichen Gliederung der Fertigkeiten und Kenntnisse enthalten. Für die Ausbildung im Handwerk sind inzwischen folgende Ausbildungsordnungen ergangen:

VO über die Berufsausbildung: z. Schriftsetzer v. 29. 10. 1971 (BGBl. I S. 1735, zuletzt geänd. durch VO v. 25. 4. 1978, BGBl. I S. 579), in der Pelzverarbeitung in Handwerk und Industrie v. 23. 8. 1972 (BGBl. I S. 1526), z. Parkettleger v. 3. 10. 1973 (BGBl. I S. 1471), z. Gebäudereiniger v. 3. 10. 1973 (BGBl. I S. 1480), z. Friseur v. 12. 11. 1973 (BGBl. I S. 1647), z. Kraftfahrzeugmechaniker v. 6. 12. 1973 (BGBl. I S. 1822), z. Kraftfahrzeugelektriker v. 6. 12. 1973 (BGBl. I S. 1837), in der Bauwirtschaft v. 8. 5. 1974 (BGBl. I S. 1073, zuletzt geänd. durch VO v. 9. 9. 1985 (BGBl. I S. 1905), ferner die VOen v. 1. 8. 1974 über die Berufsausbildung: z. Drucker (BGBl. I S. 1721), geänd. durch VO v. 20. 6. 1985 (BGBl. I S. 1130), z. Siebdrucker (BGBl. I S. 1733), z. Druckvorlagenhersteller (BGBl. I S. 1742), z. Druckformhersteller (BGBl. I S. 1755), z. Maler u. Lackierer v. 23. 6. 1975 (BGBl. I S. 1545, ber. S. 2641, geänd. durch VO v. 27. 6. 1979, BGBl. I S. 849), z. Schuhmacher v. 20. 10. 1975 (BGBl. I S. 2645), z. Uhrmacher v. 9. 4. 1976 (BGBl. I S. 1013), z. Augenoptiker v. 9. 4. 1976 (BGBl. I S. 1027), z. Buchbinder v. 15. 7. 1977 (BGBl. I S. 1241), z. Schornsteinfeger v. 15. 7. 1977 (BGBl. I S. 1253), z. Tischler v. 15. 7. 1977 (BGBl. I S. 1261), z. Textilmustergestalter v. 26. 7. 1978 (BGBl. I S. 1123), z. Kachelofen- u. Luftheizungsbauer v. 9. 8. 1978 (BGBl. I S. 1247), z. Böttcher v. 9. 8. 1978 (BGBl. I S. 1253), z. Schuhfertiger v. 16. 8. 1978 (BGBl. I S. 1391), z. Maßschneider v. 8. 8. 1980 (BGBl. I S. 1277), z. Fotografen v. 16. 1. 1981 (BGBl. I S. 79), z. Vulkaniseur v. 18. 2. 1981 (BGBl. I S. 237), z. Dachdecker v. 13. 3. 1981 (BGBl. I S. 314), z. Textilreiniger v. 29. 7. 1981 (BGBl. I S. 788), z. Kälteanlagenbauer v. 22. 4. 1982 (BGBl. I S. 480), z. Hörgeräteakustiker v. 17. 5. 1982 (BGBl. I S. 626), z. Raumausstatter v. 5. 8. 1982 (BGBl. I S. 1139), z. Orthopädieschuhmacher v. 7. 12. 1982 (BGBl. I S. 1633), z. Stricker v. 7. 12. 1982 (BGBl. I S. 1640), z. Klavier- u. Cembalobauer v. 7. 12. 1982 (BGBl. I S. 1647), z. Weinküfer v. 7. 12. 1982 (BGBl. I S. 1656), z. Müller v. 7. 12. 1982 (BGBl. I S. 1670), z. Bäcker v. 30. 3. 1983 (BGBl. I S. 413), z. Konditor v. 30. 3. 1983 (BGBl. I S. 422), z. Glasapparatebauer v. 21. 12. 1983 (BGBl. I S. 1645), z. Steinmetz u. Steinbildhauer v. 21. 12. 1983 (BGBl. I S. 1652), z. Fleischer v. 21. 12. 1983 (BGBl. I S. 1665), z. Sticker v. 29. 12. 1983 (BGBl. 1984 I S. 2), z. Weber v. 29. 12. 1983 (BGBl. 1984 I S. 9), z. Sattler v. 29. 12. 1983 (BGBl. 1984 I S. 16) z. Keramiker v. 19. 3. 1984 (BGBl. I S. 409), z. Rolladen- u. Jalousiebauer v. 19. 3. 1984 (BGBl. I S. 419), z. Schilder und Lichtreklamehersteller v. 14. 2. 1984 (BGBl. I S. 1548), z. Bürsten- u. Pinselmacher v. 14. 12. 1984 (BGBl. I S. 1558), z. Orgel- u. Harmoniumbauer v. 14. 12. 1984 (BGBl. I S. 1566), z. Seiler v. 18. 12. 1984 (BGBl. I S. 1575), z. Wachszieher v. 21. 12. 1984 (BGBl. 1985 I S. 14), z. Korbmacher v. 15. 7. 1985 (BGBl. I S. 1532), z. Betonbauteil- u. Terrazzohersteller v. 9. 9. 1985 (BGBl. I S. 1905).

c) Für einen anerkannten Ausbildungsberuf darf nur nach der Ausbildungsordnung *ausgebildet werden* (§ 27 HwO). Hierdurch soll gewährleistet werden, daß die Auszubildenden einen hinreichenden Ausbildungsstand erreichen und ihre Mobilität gewährleistet bleibt.

Auf die in den Ausbildungsordnungen vorgeschriebenen Ausbildungszeiten kann der Besuch einer berufsbildenden Schule oder die Berufsausbildung in einer sonstigen Einrichtung ganz oder teilweise angerechnet werden. Die Einzelheiten sind in der Berufsgrundbildungsjahr-AnrechnungsVO vom 17. 7. 1978 (BGBl. I S. 1061) i. d. Änd. vom 10. 3. 1988 (BGBl. I S. 229) und der BerufsfachschulanrechnungsVO vom 4. 7. 1972 (BGBl. I S. 1155/III 800–21–6–2) und der Berufsgrundbildungsjahr-AnrechnungsVO zu den industriellen Metall- und Elektroberufen vom 10. 3. 1988 (BGBl. I S. 224/III 806–21–6–7) geregelt. Im allgemeinen ist Voraussetzung für die Anrechnung, daß das Berufsgrundbildungsjahr in einem anerkannten Berufsfeld durchgeführt wird, der Unterricht entspr. der vorgesehenen Stundenverteilung und der Rahmenvereinbarung der Kultusministerkonferenz erteilt wird und der Beruf, auf dessen Ausbildungszeit der Besuch des schulischen Berufsbildungsjahres anzurechnen ist, dem entsprechenden Berufsbild zugeordnet ist.

In Ausnahmefällen kann die Handwerkskammer die Ausbildungszeit verkürzen oder verlängern, wenn zu erwarten ist, daß der Auszubildende das Ausbildungsziel in kürzerer Zeit erreicht oder für dessen Erreichen eine längere Zeit benötigt (§ 27a Abs. 2, 3 HwO).

**2. Verzeichnis der Berufsausbildungsverhältnisse.** a) Die Handwerkskammer hat für anerkannte Ausbildungsberufe (Handwerker) ein Verzeichnis (Lehrlingsrolle) der Berufsausbildungsverhältnisse *einzurichten und zu führen,* in das der wesentliche Inhalt des Berufsausbildungsvertrages einzutragen ist. Zum Berufsausbildungsverhältnis sind der Abschluß und seine wesentlichen Änderungen einzutragen. Der Ausbildende (Handwerker) hat unverzüglich nach Abschluß des Berufsausbildungsvertrages oder seiner Änderung unter Beifügung einer Kopie des Vertrages dies der Handwerkskammer anzuzeigen (§ 30 HwO). Unverzüglich heißt, ohne schuldhaftes Zögern (§ 121 BGB). Im allgemeinen sollte die Anzeige innerhalb weniger Tage erfolgen. Wird die Anzeige verzögert, kann dies zu Schwierigkeiten bei der Eintragung, der Prüfungsablegung und zu Schadensersatzpflichten des Ausbildenden führen.

b) Die Handwerkskammer überwacht ihrerseits die Ausbildung und fördert sie unter Beratung der Ausbildenden und der Lehrlinge (Auszubildenden).

**3. Prüfungswesen.** a) In den anerkannten Ausbildungsberufen werden *Gesellenprüfungen* durchgeführt (§ 31 Abs. 1 HwO). Für die Gesellenprüfung errichtet die Handwerkskammer Prüfungsausschüsse. Die Handwerkskammer kann jedoch auch Handwerksinnungen ermächtigen, Gesellenprüfungsausschüsse zu errichten (§ 33 HwO). Der Prüfungsausschuß besteht aus mindestens drei Mitgliedern, und zwar einem selbständigen Handwerker, einem Arbeitnehmer und einem an einer berufsbildenden Schule tätigen Lehrer (§ 34 Abs. 2 HwO). Der Prüfungsausschuß wählt aus seiner Mitte einen Vorsitzenden und dessen Stellvertreter (§ 35 HwO).

b) Durch die Gesellenprüfung ist *festzustellen*, ob der Prüfling die erforderlichen Fertigkeiten beherrscht, die notwendigen praktischen und theoretischen Kenntnisse besitzt und mit dem ihm im Berufsschulunterricht vermittelten, für die Berufsbildung wesentlichen Lehrstoff vertraut ist (§ 32 HwO).

c) Während der Ausbildungszeit ist zur Ermittlung des Ausbildungsstandes mindestens eine *Zwischenprüfung* durchzuführen (§ 39 HwO). Zur *Gesellenprüfung zuzulassen* ist, *(1)* wer die Ausbildungszeit zurückgelegt hat oder dessen Ausbildungszeit nicht später als zwei Monate nach dem Prüfungstermin endet, *(2)* wer an vorgeschriebenen Zwischenprüfungen teilgenommen sowie vorgeschriebene Berichtshefte geführt hat und *(3)* dessen Berufsausbildungsverhältnis in der Lehrlingsrolle eingetragen oder aus einem Grunde nicht eingetragen ist, den weder der Lehrling (Auszubildende) noch dessen gesetzlicher Vertreter zu vertreten hat (§ 36 HwO). Über die Zulassung entscheidet der Vorsitzende des Prüfungsausschusses. Hält er die Zulassungsvoraussetzungen nicht für gegeben, entscheidet der Prüfungsausschuß (§ 36 Abs. 2 HwO).

d) Das *Berufsausbildungsverhältnis endet* mit dem Ablauf der Zeit, für die es eingegangen ist (§ 14 Abs. 1 BBiG). Es endet ferner, wenn der Lehrling (Auszubildende) die Prüfung vorzeitig besteht (§ 14 Abs. 2 BBiG). Besteht der Prüfling die Prüfung nicht, so kann er die Verlängerung des Ausbildungsverhältnisses verlangen (§ 14 Abs. 3 BBiG). Wegen der Einzelheiten kann auf die Ausführungen § 40 IV 2c verwiesen werden. Über die Prüfung ist dem Prüfling ein Zeugnis zu erteilen (§ 31 Abs. 2 HwO), also im Falle des Bestehens der Prüfung der Gesellenbrief. Die Prüfung kann zweimal wiederholt werden (§ 31 Abs. 1 S. 2 HwO).

### III. Meisterprüfung

**1. Meisterprüfung.** a) Die Meisterprüfung kann nur in einem Gewerbe, das in der Anlage zur Handwerksordnung aufgeführt ist, abgelegt werden (vgl. oben § 6 III). Durch sie soll festgestellt werden, ob der Prüfling befähigt ist, einen Handwerksbetrieb selbständig zu führen und Lehrlinge ordnungsgemäß auszubilden; der Prüfling hat insbesondere darzutun, ob er die in seinem Handwerk gebräuchlichen Arbeiten meisterhaft verrichten kann und die notwendigen Fachkenntnisse sowie die erforderlichen betriebswirtschaftlichen, kaufmännischen, rechtlichen und berufserzieherischen Kenntnisse besitzt (§ 46 Abs. 2 HwO).

b) Zur Sicherstellung *gleicher Anforderungen* in den Meisterprüfungen ist die VO über gemeinsame Anforderungen in der Meisterprüfung im Handwerk vom 12. 12. 1972 (BGBl. I S. 2381/III 7110–5) ergangen. Ferner sind eine Reihe von RechtsVO ergangen, welche Tätigkeiten, Kenntnisse und Fertigkeiten den einzelnen Handwerkern zuzurechnen sind und welche Anforderungen in der Meisterprüfung zu stellen sind. Insoweit vergl.:

VOen über das Berufsbild und über die Anforderungen [usw.] in der Meisterprüfung: Schlosser-Handwerk v. 2. 6. 1976 (BGBl. I S. 1397), Messerschmiede-Handwerk v. 2. 8. 1976 (BGBl. I S. 2051), Augenoptiker (BGBl. 1976 I S. 2114), Elektromechaniker-Handwerk v. 13. 10. 1976 (BGBl. I S. 3009), Fernmeldemechaniker-Handwerk v. 13. 10. 1976 (BGBl. I S. 3012), für das Fliesen-Platten- u. Mosaikleger-Handwerk v. 21. 7. 1977 (BGBl. I S. 725), Kürschner-Handwerk v. 27. 7. 1977 (BGBl. I S. 1418), Maurer-Handwerk v. 1. 3. 1979 (BGBl. I S. 257), Bäcker (BGBl. 1979 I S. 260), Betonstein- und Terrazzohersteller (BGBl. 1980 I S. 144), Konditor (BGBl. 1980 I S. 1907), Feuerungs- und Schornsteinbauerhandwerk (Feuerungs- u. SchornsteinbauermeisterVO – FSchbMstrV v. 3. 2. 1986 (BGBl. I S. 522).

**2. Meisterprüfungsausschüsse.** Die Meisterprüfung wird durch Meisterprüfungsausschüsse abgenommen (§ 47 Abs. 1 HwO). Die Meisterprüfungsausschüsse werden grundsätzlich als staatliche Prüfungsbehörde am Sitz der Handwerkskammer für ihren Bezirk errichtet. Es können jedoch auch mehrere Handwerkskammern zusammengefaßt werden. Der Meisterprüfungsausschuß besteht aus fünf Mitgliedern. Sie sollen das 30. Lebensjahr vollendet haben. Zwei Beisitzer müssen das Handwerk, für das der Meisterprüfungsausschuß errichtet ist, mindestens seit einem Jahr selbständig als stehendes Gewerbe betreiben und in dem Handwerk die Meisterprüfung abgelegt haben; ein Beisitzer soll ein Geselle sein, der die Meisterprüfung abgelegt hat und ein Beisitzer soll für die Abnahme der Prüfung besonders sachkundig sein, soweit es um Fragen der betriebswirtschaftlichen Betriebsführung und der rechtlichen und berufserzieherischen Kenntnisse geht. Dieser braucht dem Handwerk nicht anzugehören.

**3. Zulassung zur Meisterprüfung.** a) Zur Meisterprüfung sind *Personen zuzulassen,* die eine Gesellenprüfung bestanden haben und in dem Handwerk, in dem sie die Meisterprüfung ablegen wollen, eine mehrjährige Tätigkeit als Geselle zurückgelegt haben oder zum Ausbilden von Lehrlingen in diesem Handwerk fachlich geeignet sind. Für die Zeit der Gesellentätigkeit sollen nicht weniger als drei und nicht mehr als fünf Jahre verlangt werden. Die Dauer wird regelmäßig durch RechtsVO festgelegt (vgl. oben II 1). Zur Meisterprüfung ist ferner zuzulassen, wer in dem Handwerk, in dem die Meisterprüfung abgelegt wird, ein Prüfungszeugnis der Industrie- und Handelskammer besitzt.

b) Auf die Zeit der Gesellentätigkeit kann der Besuch einer Fachschule (§ 49 Abs. 3 HwO) angerechnet werden. Anrechnungsfähig ist ferner eine anderweitige Tätigkeit als selbständiger Handwerker, Werkmeister oder in einer ähnlichen Stellung (§ 49 Abs. 4 HwO).

c) Nach § 46 Abs. 3 HwO kann eine *Befreiung von der Meisterprüfung* in Betracht kommen, wenn der Prüfling die Meisterprüfung in einem anderen Handwerk bestanden hat oder gleichwertige Prüfungen abgelegt hat. Vgl. hierzu auch die VO über die Anerkennung von Prüfungen bei der Eintragung in die Handwerksrolle und bei Ablegung der Meisterprüfung im Handwerk vom 2. 11. 1982 (BGBl. I S. 1475) und vom 26. 6. 1981 (BGBl. I S. 596/III 7110–4–4).

d) Das *Zulassungs- und Prüfungsverfahren* ist in Meisterprüfungsordnungen geregelt, die von den Handwerkskammern erlassen sind.

**4. Meistertitel.** Die Bezeichnung Meister in Verbindung mit einem Handwerk oder in Verbindung mit einer anderen Bezeichnung, die auf eine Tätigkeit in einem Handwerk oder in mehreren Handwerken hinweist, darf nur führen, wer für dieses oder diese Handwerke die Meisterprüfung bestanden hat.

# Abschnitt XI. Beratung und Finanzierung bei der Unternehmensgründung

## § 42. Existenzgründungs- und Aufbauberatung

### I. Existenzgründungsberatung

**1. Voraussetzungen.** Personen, die eine selbständige Existenz im Bereich der gewerblichen Wirtschaft (vgl. § 2 III) gründen wollen, können einen Zuschuß zu den Kosten einer Beratung vor der Existenzgründung erhalten (vgl. Richtlinien über die Förderung von Unternehmensberatungen für kleine und mittlere Unternehmen vom 6. 12. 1984 (BAnz. Nr. 235 a). Durch die Existenzgründungsberatung soll insbesondere geklärt werden, ob und in welcher Weise das Gründungsvorhaben in wirtschaftlicher und technischer Hinsicht zu einer tragfähigen Vollexistenz führen kann. Antragsberechtigt sind natürliche und juristische Personen, die im Inland ein gewerbliches Unternehmen gründen oder übernehmen wollen.

Förderungsfähige Beratungen können nur von selbständigen Beratern oder von Beratungsunternehmen (vgl. § 38) durchgeführt werden, die die für den Beratungsauftrag erforderlichen Fähigkeiten besitzen sowie über die notwendige Zuverlässigkeit verfügen.

**2. Bedingungen.** Förderungsfähig sind ein oder mehrere Existenzgründungsberatungen. Der Bundeszuschuß beträgt 60% der in Rechnung gestellten Kosten, höchstens 2500,– DM. Die Beratungen durch Berater der Handwerkskammern und Landesinnungsverbände können gebührenfrei in Anspruch genommen werden.

**3. Antrag.** Die Anträge auf Existenzgründungsberatung sind an die jeweils zuständigen Leitstellen zu richten (unter IV). Im übrigen erteilen die Industrie- und Handelskammern, die Handwerkskammern und die Gewerbeförderungsgesellschaft des Bundesverbandes der Selbständigen e.V., Coburger Str. 1 a, 5300 Bonn 1 Auskünfte.

## II. Allgemeine Beratung einschließlich Existenzaufbauberatung

**1. Voraussetzung.** Der Bund fördert die allgemeine Beratung über alle wirtschaftlichen, organisatorischen und technischen Probleme der Unternehmensführung.

**2. Bedingungen.** Förderungsfähig sind ein oder mehrere Beratungen. Der Zuschuß beträgt in den ersten zwei Jahren nach der Existenzgründung 60%, sonst 40%, höchstens 6000,– DM.

**3. Antrag.** Die Anträge sind an die zuständigen Leitstellen zu richten (unter IV).

## III. Energieeinsparungsberatungen

**1. Voraussetzung.** Es werden Beratungen über wirtschaftliche, organisatorische und technische Fragen im Zusammenhang mit einer sparsamen und rationellen Energieverwendung durchgeführt. Durch allgemeine Beratungen und Energieeinsparungsberatungen sollen unternehmerische Entscheidungen verbreitet, konkrete Verbesserungsvorschläge entwickelt sowie im Zusammenhang damit Anleitungen zu ihrer Realisierung gegeben werden.

**2. Umfang des Zuschusses.** Der Zuschuß beträgt 40% der Beratungskosten, höchstens 6000,– DM. Der Antrag ist nach Begleichung der Rechnung über die Leitstellen nach Formblatt einzureichen.

## IV. Leitstellen für die Existenzgründungs- und Aufbauberatung

| | |
|---|---|
| Handwerk | Zentralverband des Deutschen Handwerks,<br>Johanniterstraße 1, 5300 Bonn 1,<br>Telefon: (0228) 545–1,<br>Telex: 886338 |
| Industrie | Bundesverband der Deutschen Industrie e. V.,<br>Gustav-Heinemann-Ufer 84–88, 5000 Köln 51,<br>Telefon: (0221) 37080,<br>Telex: 08882601 |
| | Deutscher Industrie- und Handelstag (DIHT),<br>Adenauerallee 148, 5300 Bonn 1,<br>Telefon: (0228) 1040,<br>Telex: 886805 dihtd |

| | |
|---|---|
| | Bundesverband der Selbständigen e. V.,<br>– Gewerbeförderungsgesellschaft mbH –,<br>Coburger Straße 1 a, 5300 Bonn 1,<br>Telefon: (0228) 232026,<br>Telex: 8869466 bdsd |
| Groß-/Außenhandel | BBG-Bundesbetriebsberatungsstelle für den Deutschen Groß- und Außenhandel GmbH,<br>Kaiser-Friedrich-Straße 13,<br>Postfach 1228, 5300 Bonn 1,<br>Telefon: (0228) 213958,<br>Telex: 886783 |
| Einzelhandel | Leitstelle für die Gewerbeförderungsmittel des Bundes im Einzelhandel,<br>Sachsenring 89, 5000 Köln 1,<br>Telefon: (0221) 328210,<br>Telex: 8881443<br>BDS (s. Anschrift unter „Industrie“) |
| Handelsvertreter, Handelsmakler | Deutscher Industrie- und Handelstag,<br>vgl. Industrie |
| Verkehr | Zentralarbeitsgemeinschaft des Straßenverkehrsgewerbes (ZAV),<br>Breitenbachstraße 1, 6000 Frankfurt a. M. 93,<br>Telefon: (069) 775719,<br>Telex: 411627<br>Bundesverband der Selbständigen<br>(s. Anschrift unter „Industrie“) |
| Gastgewerbe | Interhoga<br>Kronprinzenstraße 46,<br>Postfach 200210, 5300 Bonn 2,<br>Telefon: (0228) 820080,<br>Telex: 885489 |
| Reisebürogewerbe | Deutscher Reisebüroverband e. V.,<br>Leimenrode 29, 6000 Frankfurt a. M. 1,<br>Telefon: (069) 550806/7,<br>Telex: 0411413 |
| Sonstige Dienstleistungsgewerbe | Bundesverband der Selbständigen und Deutscher Industrie und Handelstag<br>(s. Anschrift unter „Industrie“) |
| Agrarbereich | Für Energieeinsparungsberatungen ist das Bundesamt für Ernährung und Forstwirtschaft,<br>Adickesallee 40, 6000 Frankfurt 18,<br>Telefon 069/15640 zuständig. |

### V. Sonstige Beratung

**1. Gegenstand der Beratung.** Wer eine selbständige Existenz gründet, bedarf einer ausreichenden Beratung und Planung des künftigen Geschäftserfolges. Es müssen daher besondere Anstrengungen gemacht werden, um an aussagekräftiges Material zu kommen, über Marktchancen, Aufbau und Organisation des Unternehmens sowie dessen Finanzierung.

**2. Beratungspersonen.** Regelmäßig leisten Industrie- und Handelskammern, Handwerkskammern und die Verbände (Einzelhandelsverband, Großhandelsverband) Beratungshilfen. Die Banken helfen zumeist bei der Berechnung des Finanzierungsbedarfs. Daneben geben auch private Betriebsberater Auskunft. Auskunftsstellen sind z. B. der Bundesverband der Wirtschaftsberater (BVW), Köln und das Rationalisierungskuratorium der Deutschen Wirtschaft e. V. (RKW).

**3. RKW-Beratungsdienst.** Die Beratung erfolgt nach den Richtlinien zur Förderung der Beratung kleiner und mittlerer Industrieunternehmen durch den Beratungsdienst des Rationalisierungskuratoriums der Deutschen Wirtschaft e. V. (RKW) in der ab 1. 5. 1985 geltenden Fassung (BAnz. Nr. 81). Antragsberechtigt sind rechtlich selbständige Industrieunternehmen mit einem Jahresumsatz von höchstens 9 Mill. Die Förderung besteht in der Gewährung eines Zuschusses zu den vom RKW in Rechnung gestellten Beratungskosten des vom RKW eingesetzten freien Beraters. Der Zuschuß beträgt 40% der Beratungskosten, höchstens jedoch 3000,– DM für eine und 7500,– DM für mehrere Beratungen.

## § 43. Staatliche Förderungsmittel zur Existenzgründung

### I. Übersicht über Förderungsmaßnahmen des Bundes

**1. Förderungswege.** In der Bundesrepublik soll es rund 1000 verschiedene Subventionen oder sonstige Förderungen geben. Teilweise erfolgt eine Förderung über das Steuerrecht. Es können daher nur wichtige Förderungen des Bundes und der Länder dargestellt werden.

Einen breiten Raum nimmt die Förderung aus ERP-Mitteln ein (§ 44).

Die Förderung wird ergänzt aus Mitteln der EG (§ 44).

### II. Existenzgründungssparen und Ansparförderung

**1. Sparvertrag.** Die Banken bieten sog. Gründungssparverträge an, die von natürlichen Personen abgeschlossen werden können, die ein neues Unternehmen gründen, ein bestehendes übernehmen oder sich an einem Unternehmen beteiligen wollen. Voraussetzung des Sparvertrages ist, daß es sich um eine Vollexistenz handelt und diese im Bereich der gewerblichen Wirtschaft in der Bundesrepublik Deutschland angestrebt wird. Der Sparbeitrag kann in einem Einmalbetrag oder in Raten bis zu 10 Jahren angespart werden. Von der Ansparförderung ausgeschlossen sind freie Berufe (§ 2).

**2. Ansparzuschuß.** a) Der Ansparzuschuß ist in Richtlinien des Bundesministers für Wirtschaft vom 20. 6. 1986 geregelt.

b) Der Bund erleichtert die Bildung von Eigenkapital für die Bildung einer selbständigen Existenz im Bereich der gewerblichen Wirtschaft durch die Ansparförderung. Der Ansparzuschuß beträgt 20% der Sparleistung einschl. der Zinsen, die innerhalb eines Zeitraumes von höchstens 10 Jahren nach Abschluß des Gründungssparvertrages erbracht bzw. gutgeschrieben worden sind, höchstens jedoch 10000 DM.

c) Zuschußberechtigt sind die Inhaber von Ansparbeträgen. Voraussetzung der Gewährung von Ansparzuschüssen ist, daß *(1)* dem Sparer bei Abschluß des Gründungssparvertrages ein Anspruch auf Anspruchszuschuß durch die Deutsche Ausgleichsbank, Bonn zugesagt worden ist, *(2)* auf den Sparvertrag mindestens drei, höchstens 10 Jahre angespart worden ist, *(3)* der Antrag mindestens sechs Monate nach Aufnahme der Geschäftstätigkeit gestellt wird, *(4)* sonstige Voraussetzungen der Richtlinien vom 20. 6. 1985 erfüllt sind.

d) Der Antrag auf Gewährung des Ansparzuschusses wird über das Kreditinstitut gestellt, das die Finanzierung der Existenzgründung vornimmt. Dieses leitet den Antrag an die Deutsche Ausgleichsbank weiter. Der Antrag kann bis zum 31. 12. 1990 gestellt werden.

### III. Finanzierungshilfen des Bundes

**1. Allgemeines.** a) Neben der Ansparförderung gibt es staatliche Finanzierungshilfen, die zweckgebunden die normale Fremdfinanzierung ergänzen. Die Finanzierungshilfen hängen ab von der Person des Antragstellers sowie der Art seines Investitionsvorhabens.

b) Rechtsgrundlage des Eigenkapitalhilfeprogrammes sind Richtlinien des Bundesministers für Wirtschaft vom 17. 12. 1984 (BAnz. v. 22. 12. 1984 Nr. 241).

**2. Allgemeine Voraussetzungen.** Für die Inanspruchnahme der Finanzierungshilfen gibt es einige Grundregeln:

a) Im Zeitpunkt des Antrages dieser Mittel darf mit der Existenzgründung noch nicht begonnen worden sein. Es dürfen mithin keine finanziellen Verpflichtungen vor Antragstellung eingegangen worden sein. Die Finanzierungshilfen unterscheiden sich mithin wesentlich von Ansparzuschüssen, die erst beantragt werden können, wenn die Geschäftstätigkeit bereits begonnen worden ist.

b) Die Finanzierungshilfen dienen der anteiligen Finanzierung des Vorhabens. Es wird vorausgesetzt, daß auch eigene Mittel und sonstige Kredite eingesetzt werden. Hieraus soll gefolgert werden können, daß der Existenzgründer auch eigene Mittel einsetzt.

c) Es wird regelmäßig nur die erste Gründung gefördert. An die Qualifikation des Existenzgründers werden bestimmte Mindestanforderungen gestellt, die bei Antragstellung nachzuweisen sind.

d) Die Finanzierungshilfen werden nur gewährt, wenn das Vorhaben eine nachhaltige, tragfähige Vollexistenz erwarten läßt.

e) Leistungen der Finanzierungshilfe sind die Finanzierungshilfen des Bundes für Existenzgründer (Eigenkapitalbeihilfe) und Darlehen aus dem ERP Sondervermögen (§ 44).

f) Existenzgründer mit geringem eigenen Kapital können ein zinsgünstiges persönliches Darlehen ohne Sicherheiten erhalten. Der Existenzgründer muß mindestens 12% der Investitionssumme aus eigenen Mitteln finanzieren. Mit Hilfe des Programmes wird sein Eigenkapitalbedarf bis auf 40% des Kapitalbedarfes aufgestockt. Antragsberechtigt sind Existenzgründer der gewerblichen Wirtschaft und der freien Berufe, die nicht älter als 50 Jahre sind. Sie müssen eine fachliche und kaufmännische Qualifikation nachweisen. Gefördert wird nicht nur die Gründung einer selbständigen Existenz sondern auch die Übernahme oder tätige Beteiligung. Die Mindestinvestitionssumme muß 40000 DM betragen. Das Eigenkapitalhilfedarlehen hat eine Laufzeit von 20 Jahren und wird in den ersten 10 Jahren verbilligt. In den ersten beiden Jahren ist dieses Darlehen zinslos, danach steigt der Zinssatz bis zum fünften Jahr auf 5% und bleibt auf diesem Niveau bis zum 10. Jahr konstant.

g) Das Eigenkapitalhilfeprogramm wird ergänzt durch das Ergänzungsprogramm I und II der Deutschen Ausgleichsbank.

Nach dem Ergänzungsprogramm I der Deutschen Ausgleichsbank, Bonn werden gefördert kleine und mittlere Unternehmen und Angehörige freier Berufe. Finanziert werden Investitionen zur Existenzgründung und in der Anlaufphase. Gewährt werden Kredite aus öffentlichen Mitteln.

Nach dem Ergänzungsprogramm II werden deutsche Spätaussiedler und Zuwanderer gefördert, die nach dem 31. 12. 1970 in das Gebiet der Bundesrepublik oder Berlin gekommen sind.

## IV. Förderung von Forschung und Entwicklung

**1. Rechtsgrundlagen** der Förderung **technologieorientierter Unternehmensgründungen** sind §§ 44, 44a Bundeshaushaltsordnung, die dazu ergangenen Verwaltungsvorschriften und die Richtlinien des Bundesministers für Forschung und Technologie (BMFT) zur Förderung von Technologie orientierten Unternehmensgründungen, in Kraft seit dem 28. 7. 1983. Die Mittel waren bis zum 31. 12. 1988 befristet. Es ist aber anzunehmen, daß sie verlängert werden.

a) Das Ziel der Maßnahmen besteht darin, Firmengründungen in zukunftsträchtigen Technologiebereichen stärker anzuregen und neu gegründete Firmen zu unterstützen. Ein Anspruch des Antragstellers auf Gewährung der Zuwendungen besteht nicht. Vielmehr entscheidet die Bewilligungsbehörde aufgrund ihres pflichtgemäßen Ermessens.

b) Der Bund gewährt projektgebundene Zuwendungen und geht Risikobeteiligungen für Innovationsvorhaben ein, die im Zusammenhang mit der Gründung von technologieorientierten Unternehmen stehen oder darauf abzielen, die technologische Basis von neugegründeten kleinen Unternehmen aufzubauen oder zu verstärken. Sofern ein beurteilungsreifes Konzept für das Innovationsvorhaben nicht vorliegt, können Zuwendungen als nicht rückzahlbare Zuschüsse bis zu einem Betrage von 54000,– DM, in Ausnahmefällen von 108000,– DM gewährt werden. Zur Finanzierung von Innovationsvorhaben können Zuwendungen als nicht rückzahlbare Zuschüsse bis zu 75 v.H., jedoch höchstens 900000 DM bewilligt werden. Bankkredite, die zur Finanzierung der Ausgaben für Produktionseinrichtungen und Markteinführung erforderlich sind, können bis zu 80 v.H., höchstens jedoch mit 1,6 Mill. DM durch einzelfallbezogene Risikobeteiligungen abgesichert werden.

c) Antragsberechtigt sind *(1)* Personen, die die Absicht haben, ein technologieorientiertes gewerbliches Unternehmen zu gründen oder *(2)* technologieorientierte Unternehmen der gewerblichen Wirtschaft, die *a)* nicht älter als drei Jahre sind, *b)* nicht mehr als 10 Mitarbeiter haben und *c)* sich nicht im Mehrheitsbesitz anderer Unternehmen befinden. Hiervon können Ausnahmen bewilligt werden.

d) Gefördert werden Innovationsvorhaben, deren zu entwikkelnde und zu vermarktende Produkte, Verfahren und Dienstleistungen deutliche Wettbewerbsvorteile und Marktchancen aufgrund der darin enthaltenen technischen Innovation erwarten lassen, deren Durchführung Entwicklungsaufwendungen mit nicht unerheblichem technischen Risiko erfordern, die technisch und wirtschaftlich machbar erscheinen und für deren Entwicklung und kommerzielle Umsetzung die Vermögensverhältnisse der Antragsteller nicht ausreichen. Die Innovationsvorhaben sollen i.d.R. in den Regionen durchgeführt werden, die von folgenden *Technologieberatungsstellen* betreut werden:

Technologieberatungsstelle Ruhr mit Sitz in Bochum, Ostring 30–32 mit den Bezirken der Industrie- und Handelskammern Bochum, Dortmund, Duisburg, Essen, Hagen und Münster; Ostbayerisches Technologie-Transferinstitut mit Sitz in Regensburg, Dr. Martin-Luther-Straße 12 mit den Bezirken der Industrie- und Handelskammern Bayreuth, Coburg, Regensburg, Passau; VDI-Technologiezentrum Berlin, Budapester Str. 40 mit dem Land Berlin; Hamburger Institut für Technologieförderung, Zum Fürstenmoor 11 mit dem Land Hamburg und den angrenzenden Gebieten der Länder Niedersachsen und Schleswig-Holstein; Zentrale für Produktion und Technologie e.V. Saarbrücken, Franz-Josef-Röder-Str. 9 mit dem Saarland, IHK-Unternehmens- und Technologieberatungs GmbH, Karlsruhe, Lammstr. 15–17 mit den Bezirken der Industrie- und Handelskammern Karlsruhe und Pforzheim und Kernforschungsanlage Jülich GmbH.

e) Die Anträge auf Gewährung von Zuwendungen sind an die Technologieberatungsstellen zu richten; Anträge auf Risikobeteiligungen sind von der Hausbank zusammen mit der Stellungnahme der zuständigen Technologieberatungsstelle an die Deutsche Ausgleichsbank Bonn zu richten. Die Anträge auf Förderung können bis zum 31. 12. 1988 gestellt werden, über die Förderung entscheidet der BMFT auf Vorschlag der Technologieberatungsstelle bzw. der Deutschen Ausgleichsbank.

**2. Förderung des FuE-Personals.** a) Es werden Zuschüsse zu den lohnsteuerpflichtigen Bruttolöhnen und -gehältern des in Forschung und Entwicklung tätigen Personals gewährt.

b) Antragsberechtigt sind Unternehmen des produzierenden Gewerbes in der Bundesrepublik; die im vorangegangenen Jahr weniger als 200 Mill. DM Jahresumsatz und weniger als 1000 Beschäftigte hatten.

c) Der Zuschuß beträgt je nach Unternehmensgröße 45 bis 50 v.H. dieser Aufwendungen, höchstens 250000 DM jährlich.

d) Zuständig für den Antrag Arbeitsgemeinschaft Industrieller Forschungsvereinigungen e.V. (AIF) Bayenthalgürtel 23, 5000 Köln 51. Vgl. Richtlinie 1985 der BReg. zur Förderung des FuE Personals in der Wirtschaft 1985–1988.

**3. Zuschüsse für Vertragsforschung.** a) Gefördert werden Forschungs- und Entwicklungsaufträge, die darauf abzielen, technologisch neue oder verbesserte Produkte oder Verfahren zu gewinnen und die dazu beitragen, die wirtschaftliche Leistungsfähigkeit zu verbessern.

b) Antragsberechtigt sind Unternehmen mit einem Umsatz bis zu 500 Mill. DM.

c) Zuschußfähig sind Forschungs- und Entwicklungsaufträge an öffentlich geförderte Einrichtungen (z.B. Fraunhofer-Gesellschaft, Hochschulinstitute).

d) Zuständig ist die Arbeitsgemeinschaft industrieller Forschungsvereinigungen (vgl. 2d).

**4. FuE-Sonderabschreibungen.** Begünstigt sind abnutzbare unbewegliche und bewegliche Wirtschaftsgüter des Anlagevermögens, die im erforderlichen Umfang für Forschungs- und Entwicklungszwecke genutzt werden und die nach dem 18. 5. 1983 und vor dem 1. 1. 1990 angeschafft oder hergestellt werden.

**5. FuE-Investitionszulage.** a) Nach § 4 Investitionszulagengesetz 1986 (InvZulG 1986) i.d.F. vom 28.1. 1986 (BGBl. I 231) i.d.Änd. vom 25.7.1988 (BGBl. I S. 1093) wird Steuerpflichtigen i.S. des EStG (§ 60 I) und des KStG (§ 60 II) auf Antrag für abnutzbare Wirtschaftsgüter des Anlagevermögens und Ausbauten und Erweiterungen an abnutzbaren unbeweglichen Wirtschaftsgütern des Anlagevermögens, die Gebäude, Gebäudeteile, Eigentumswohnungen oder im Teileigentum stehende Räume sind, eine Investitionszulage gewährt, wenn die Wirtschaftsgüter oder die ausgebauten oder neu hergestellten Teile der Forschung oder Entwicklung dienen.

b) Vgl. auch Gesetz über eine Investitionszulage für Investitionen in der Eisen- und Stahlindustrie (Stahlinvestitionszulagengesetz – StahlInvZulG) vom 22.12. 1981 (BGBl. I S. 1523, 1557), zul. geänd. 19.12. 1985 (BGBl. I S. 2436).

c) Nach § 7d EStG können erhöhte Absetzungen vorgenommen werden bei beweglichen und unbeweglichen Wirtschaftsgütern, die dem Umweltschutz dienen.

## V. Finanzierungshilfen der Bundesländer

Die Länder führen im Rahmen ihrer Struktur und regionalpolitischen Zielsetzungen eigene Wirtschaftsförderungsmaßnahmen durch. Regelmäßig können deren Förderungsmaßnahmen zusätzlich zu anderen Finanzierungshilfen in Anspruch genommen werden. Finanzierungshilfen werden durch die Hausbanken vermittelt.

## VI. Beteiligungsfinanzierung

**1. Begriff.** a) Kleinere und mittelständische Unternehmen haben keine Möglichkeit, sich Haftungskapital am Kapitalmarkt zu beschaffen. Zum Ausgleich dient die seit 1974 entwickelte Beteiligungsfinanzierung aufgrund der Richtlinien für mit öffentlichen Mitteln geförderte Beteiligungen an kleinen und mittleren Unternehmen.

b) Die Beteiligungsfinanzierung dient der Finanzierung von Umstellungs-, Erweiterungs-, Rationalisierungs-, Investitionsvorhaben, von Innovationen-Kooperationen sowie auch der Gründung selbständiger Existenzen. Beteiligungen können auch bei Erbauseinandersetzungen sowie in Ausnahmefällen beim Ausscheiden von Gesellschaftern finanziert werden.

c) Die Beteiligungsgesellschaft gibt Beteiligungen entsprechend dem Verwendungszweck zwischen fünf und zehn Jahren, in begründeten Einzelfällen bis zu 15 Jahren. Die Beteiligungsgesellschaft beteiligt sich regelmäßig als stiller Gesellschafter (§ 26 III), gelegentlich als Kommanditist oder als GmbH-Gesellschafter.

**2. Beteiligungsvertrag.** a) Die Beteiligungsgesellschaft enthält sich grundsätzlich jeder Einflußnahme auf die laufende Geschäftsführung. Sie behält sich lediglich ein Zustimmungsrecht für wesentliche Geschäftsvorfälle vor, insbesondere wenn dadurch das Beteiligungsverhältnis beeinflußt wird. Gelegentlich werden Auflagen erteilt wie z.B. Bildung eines Beirats, Investitions- und Entnahmebeschränkungen.

b) Bei öffentlich geförderten Beteiligungen erhält die Beteiligungsgesellschaft jährlich ein Entgelt, das im Durchschnitt der vertraglichen Beteiligungsdauer 12% jährlich der Beteiligungssumme nicht übersteigt. Ein Teil wird gewinnabhängig vereinbart. Die Gesamtbelastung reduziert sich bei Inanspruchnahme von öffentlichen Beteiligungsgarantien. Dagegen verbleiben stille Reserven beim Unternehmer.

**3. Ablauf der Beteiligungsfinanzierung.** a) Nach Ablauf der Beteiligungsfinanzierung erhält die Beteiligungsgesellschaft die Beteiligung zum Nennwert zurück. An den stillen Reserven ist die Beteiligungsgesellschaft nicht beteiligt.

b) Während der Vertragsdauer kann das Beteiligungsverhältnis durch den Beteiligungsnehmer mit 1jähriger Frist zum Ende des Geschäftsjahres gekündigt werden. Die Beteiligungsgesellschaft verzichtet auf dieses Recht. Jedoch kann die Beteiligungsgesellschaft bei vorzeitiger Kündigung fristlos kündigen; dasselbe Recht steht ihr zu, wenn der Beteiligungsnehmer gegen einzelne Vertragsbestimmungen wesentlich verstößt, seine wirtschaftliche Lage sich wesentlich verschlechtert oder das Konkurs- oder das Vergleichsverfahren eingeleitet wird oder das Unternehmen seine wirtschaftliche Tätigkeit einstellt.

**4. Voraussetzung der Beteiligungsfinanzierung.** a) Anträge eines Beteiligungsnehmers sind über die Hausbanken, insbesondere Volksbanken, Raiffeisenbanken bzw. Zentralbanken bzw. Waren- und Dienstleistungsgenossenschaften an die Beteiligungsgesellschaften zu richten. Beteiligungsgesellschaften sind

1. **Überregional tätig**
Beteiligungsgesellschaft für mittelständische Unternehmen mbH,
6000 Frankfurt (Main) 1, Wiesenhüttenstraße 10
Tel. 069/2680900

2. **Regional tätig**
Beteiligungsgesellschaft für Industrie, Handel und Verkehr mbH,
2000 Hamburg 36, Holstenwall 12
Tel. 040/342682
Kapital-Beteiligungsgesellschaft für die mittelständische Wirtschaft in Bayern mbH,
8000 München 22,
St. Anna-Straße 15,
Tel. 089/280201
Mittelständische Beteiligungsgesellschaft Baden-Württemberg
7000 Stuttgart, Werrastr. 15
Tel. 0711/210271
Mittelständische Beteiligungsgesellschschaft für Hessen mbH
6200 Wiesbaden, Abraham-Lincoln-Straße 38–42
Tel. 06121/7741
Saarländische Kapitalbeteiligungsgesellschaft mbH,
6600 Saarbrücken, Johannesstraße 2,
Tel. 0681/36061
Kapitalbeteiligungsgesellschaft für die mittelständische Wirtschaft in Nordrhein-Westfalen GmbH, KBG,
4000 Düsseldorf, Fürstenwall 180
Tel. 0211/370461

b) Zur Prüfung des Antrages sind der Beteiligungsgesellschaft einzureichen:

(1) Angaben über Rechtsform, Kapitalverhältnisse, Konzernverhältnisse, Vermögen der Inhaber, historische Entwicklung des Unternehmens, Handelsregisterauszug, Gesellschaftsvertrag.

(2) Art der Geschäftstätigkeit, Produktionsprogramm, Umsätze, Auftragsbestand, Marktstellung des Unternehmens, Hauptabnehmer, Personalbestand, Ausbildung, berufliche Erfahrung, Alter und Tätigkeitsbereich der Gesellschafter und leitenden Angestellten.

(3) Geschäftspolitische Zielsetzung der nächsten Jahre, vorge-

sehene Investitionsvorhaben, Finanzierung und Ertragsbeschreibung.

(4) Begründung der Beteiligungsaufnahme.

(5) Testierte Jahresabschlüsse zumindest der letzten drei Geschäftsjahre, aktuelle Zwischenbilanz bzw. bei Existenzgründung aktuelle Eröffnungsbilanz.

## § 44. Kredite der ERP und der EG

### I. Geschichte und Rechtsgrundlagen der ERP-Kredite

**1. Der Anfang.** Der Initiator des European Recovery Programm (Europäisches Wirtschaftsprogramm) war der ehemalige amerikanische Außenminister und spätere Friedensnobelpreisträger George C. Marshall. Sein Programm wurde am 5. 6. 1947 in einer Rede vor den Studenten der Harvard-Universität verkündet. Das Gesetz zur Verwirklichung des „Marshall-Planes" wurde im Frühjahr 1948 von dem damaligen amerikanischen Präsidenten Truman unterzeichnet. Aufgrund des Marshall-Planes und seiner Folgeprogramme kamen Lebensmittel, Düngemittel, Rohstoffe, Treibstoffe, Maschinen und Medikamente im Werte von rd. 13 Mrd. Dollar nach Europa. Davon flossen Waren im Werte von ca. 1,6 Mrd. Dollar nach Westdeutschland und Westberlin. Bereits seit 1946 wurden aufgrund des Garioa-Programms (Government and Relief in Occupied Areas, Programme des US-Verteidigungsministeriums zur Versorgung der besetzten Gebiete) Waren im Werte von 1,7 Mrd. Dollar nach Westdeutschland und Westberlin geliefert. Von den 3,3 Mrd. Dollar mußte die Bundesrepublik Deutschland 1,1 Mrd. Dollar an die USA zurückzahlen.

**2. Entstehung des Sondervermögens.** Die Lieferungen aus dem Marschall-Plan und dem Garioa-Programm wurden von der amerikanischen Regierung an die amerikanischen Exporteure in Dollar bezahlt. Die Deutschen Importeure mußten die Lieferungen in DM bezahlen. Die hieraus entstandenen Gegenwerte wurden zum ERP-Sondervermögen zusammengefaßt, aus dem der deutschen Wirtschaft langfristige Kredite zur Verfügung gestellt wurden. Das Sondervermögen entstand als Folge des Abkommens über die wirtschaftliche Zusammenarbeit zwischen den USA und der Bundesrepublik Deutschland vom 15. 12. 1949, ratifiziert am 31. 1. 1950 (BGBl. S. 9). Das Abkommen stellt den ersten völkerrechtlichen Vertrag der gerade neugegründeten Bundesrepublik Deutschland dar.

**3. Rechtsgrundlagen.** Rechtsgrundlage der Förderung aus dem ERP-Sondervermögen sind das ERP-Verwaltungsgesetz vom 31. 8. 1953 (BGBl. I S. 1312) geänd. durch das Zuständigkeitsanpassungs-Gesetz vom 18. 3. 1975 (BGBl. I S. 705) und die jährlichen ERP-Wirtschaftsplangesetze, z.Zt. das Gesetz über die Feststellung der Wirtschaftspläne des ERP-Sondervermögens für das Jahr 1989 (ERP-Wirtschaftsplan-Gesetz) vom 20. 12. 1988 (BGBl. I S. 2427). Durch das Gesetz über die Finanzierungshilfe für Entwicklungsländer aus Mitteln des ERP-Sondervermögens (ERP-Entwicklungshilfegesetz) vom 9. 6. 1961 (BGBl. II S. 577) zul. geänd. 18. 3. 1975 (BGBl. I S. 710) ist dem ERP-Sondervermögen zusätzlich die Aufgabe übertragen, Kredite zur Förderung der Zusammenarbeit mit den Entwicklungsländern zu gewähren. Diese Ausgabe wird heute mit Ausnahme der Exportfinanzierung ausschließlich vom Bundeshaushalt getragen.

**4. Grundprinzip.** Das Grundprinzip des ERP-Sondervermögens liegt im revolvierenden Einsatz der Mittel, d.h., es werden nur diejenigen Beträge für Förderungsprogramme zur Verfügung gestellt, die als ordentliche Einnahmen (Zinsen und Tilgungen) aus früheren Förderungskrediten in das Sondervermögen zurückfließen. Dagegen werden vom ERP-Sondervermögen grundsätzlich keine Kredite aufgenommen, da durch die anfallenden Zinsen das ERP-Sondervermögen, das sich nur gering verzinst, aufgezehrt würde. Bis zum Ende des Jahres 1984 betrug der Nominalbestand des Vermögens rd. 14,5 Mrd. DM. Bis zum Jahre 1984 ist die Gesamtsumme der aus dem ERP-Sondervermögen eingesetzten Mittel auf 60,3 Mrd. DM angewachsen. Im Jahre 1989 sind nach dem ERP-Wirtschaftsplangesetz 1989 5.175 Mrd. DM zur Förderung veranschlagt. Davon sollen ca. 719,7 Mill. DM nach Berlin fließen, 155 Mill. sind für die Finanzierung von Exporten in Entwicklungsländer vorgesehen. Im Vordergrund der Förderung stehen mit einem Mittelansatz von 2.577 Mrd. DM die Förderungshilfen zur Leistungssteigerung kleinerer und mittlerer Unternehmen.

## II. Antrag und allgemeine Vergabebedingungen

**1. Allgemeine Vergabebedingungen.** Die allgemeinen Bedingungen für die Vergabe von ERP-Mitteln sind in der Bekanntmachung der allgemeinen Bedingungen für die Vergabe von ERP-Mitteln sowie der Richtlinien zur Gewährung von ERP-Mitteln vom 3. 8. 1982 (BAnz. Nr. 160 vom 31. 8. 1982) i.d.F. vom 28. 6. 1988 (BAnz. Nr. 122 vom 6. 7. 1988) des Bundesministers für Wirtschaft enthalten.

**2. Das Verfahren.** a) *Anträge* auf ERP-Kredite können bei jedem Kreditinstitut gestellt werden. Im allgemeinen wird hierfür die Hausbank in Betracht kommen. Ein Rechtsanspruch auf ERP-Mittel besteht nicht. Dem Antrag sind regelmäßig beizufügen die Beschreibung des Unternehmens, letzte Jahresabschlüsse oder vergleichbare Unterlagen, Beschreibung des Vorhabens, Kosten- und Finanzierungsplan, künftige Erfolgserwartungen und Besicherungsvorschlag (vgl. §§ 52ff). Die Hausbanken prüfen den Antrag und die Kreditwürdigkeit des Antragstellers. Da die ERP-Mittel revolvierend eingesetzt werden sollen, dürfen sie nicht verloren gehen. Die Hausbanken müssen daher regelmäßig die volle Haftung für die Kredite übernehmen.

b) Die Hausbank leitet den Kreditantrag an das jeweils in Betracht kommende *Hauptleistungsinstitut* des ERP-Sondervermögens weiter. Das sind die Kreditanstalten für Wiederaufbau, Frankfurt a.M.; die Lastenausgleichsbank, Bonn 2; die Berliner-Industriebank AG, Berlin. Soweit für einzelne Programme keine besonderen Bestimmungen getroffen sind, entscheidet das Hauptleihinstitut über den Antrag. Entweder stellt es die Mittel der Hausbank zur Auszahlung zur Verfügung oder lehnt den Antrag ab. Berücksichtigt werden Vorhaben, die volkswirtschaftlich förderungswürdig sind, die Wettbewerbs- und Leistungsfähigkeit der geförderten Unternehmen steigern und einen nachhaltigen wirtschaftlichen Erfolg erwarten lassen. In Ausnahmefällen kann das Hauptleihinstitut im Rahmen seiner Möglichkeiten den gewünschten Kredit auch aus eigenen Mitteln und nach eigenen Richtlinien zur Verfügung stellen. Besonderheiten für die Kreditgewährung ergeben sich aus den Richtlinien für die einzelnen Förderungsprogramme.

c) Grundsätzlich werden die Mittel zur Finanzierung von Investitionsvorhaben der Wirtschaft in Form von *zinsgünstigen Darlehen* mit Laufzeiten bis zu 15 Jahren bereitgestellt. Z.Z. betragen die Zinssätze bei 100%iger Auszahlung 4,5% im Zonenrandgebiet, 5 bis 5,5% im übrigen Bundesgebiet. Der Förderungshöchstbetrag ist im allgemeinen auf 300000 DM festgesetzt.

### III. Die ERP-Förderungsprogramme

**1.** Richtlinien für ERP-Darlehen an kleine und mittlere Unternehmen in regionalen Fördergebieten (**ERP-Regionalprogramm**). Die Fördermittel werden insbesondere kleinen und mittleren Unternehmen des Handels, des Handwerks, des Gaststätten- und Beherbergungsgewerbes sowie des Kleingewerbes gewährt. Gefördert werden vor allem Errichtung, Erweiterung, grundlegende Rationalisierung und Umstellung von Betrieben. Bei einer Betriebserweiterung soll eine angemessene Zahl von Arbeitsplätzen geschaffen werden.

**2.** Richtlinien für ERP-Darlehen zur Förderung der Existenzgründung (**ERP-Existenzgründungsprogramm**). Es werden Darlehen zur Finanzierung *1)* von Investitionen zur Errichtung und Erwerb von Betrieben sowie hiermit im Zusammenhang stehende Investitionen innerhalb von drei Jahren nach Betriebseröffnung, *2)* Übernahme von Betrieben oder tätigen Beteiligungen, *3)* Beschaffung eines ersten Warenlagers oder einer ersten Büroausstattung gefördert.

**3.** Richtlinie für ERP-Darlehen zur Förderung standortbedingter Investitionen (**ERP-Standortprogramm**). Gefördert wird der Erwerb, die Errichtung oder die Erweiterung von Betriebs- und Geschäftsgebäuden einschl. Grundstückskosten sowie Mieterleistungen in neuen oder neugeordneten Ortsteilen, *2)* betriebliche Investitionen zur Beseitigung oder Minderung von Lärm, Erschütterungen oder Geruch, *3)* der Erwerb des bisher genutzten standortabhängigen Betriebes sowie die Eröffnung eines Betriebes an einem anderen Standort. Antragsberechtigt sind Unternehmen des Handels, des Handwerks, des Kleingewerbes sowie des Gaststätten- und Beherbergungsgewerbes.

**4.** Richtlinien für ERP-Darlehen zur Förderung von betrieblichen Ausbildungsplätzen (**ERP-Ausbildungsplätze**). Kleinen und mittleren Unternehmen der gewerblichen Wirtschaft können Darlehen gewährt werden zur Errichtung oder Schaffung zusätzlicher betrieblicher Ausbildungsplätze für die Ausbildung in anerkannten Ausbildungsberufen (§ 39 II 2) sowie für die Berufsausbildung Behinderter.

**5.** Richtlinien für mit öffentlichen Mitteln geförderte Beteiligungen an kleinen und mittleren Unternehmen (**ERP-Beteiligungs-**

**programm:** I. Voraussetzung für Beteiligungen; II. Refinanzierung von Beteiligungen mit ERP-Darlehen).

a) Kleine und mittlere Unternehmen, an denen bisher keine Beteiligung einer Kapitalbeteiligungsgesellschaft oder eines sonstigen Finanzierungsinstituts besteht, können von privaten Kapitalbeteiligungsgesellschaften für die Erweiterung ihrer Eigenkapitalbasis oder die Konsolidierung ihrer Finanzverhältnisse mit öffentlichen Zuwendungen geförderte Beteiligungen erhalten, um Kooperationen, Innovationen, Umstellungen bei Strukturwandel, Errichtung, Erweiterung und grundlegende Rationalisierungen oder Umstellungen von Betrieben zu finanzieren. Die Anträge können bei privaten Kapitalbeteiligungsgesellschaften gestellt werden. Auskünfte erteilt die Kreditanstalt für Wiederaufbau, Frankfurt a. M. Palmengartenstr. 5–9 wie jedes andere Kreditinstitut.

b) Private Kapitalbeteiligungsgesellschaften können aus Mitteln des ERP-Sondervermögens Darlehen für die Refinanzierung von Beteiligungen an kleinen und mittleren Unternehmen erhalten. Die Anträge werden bei der Kreditanstalt für Wiederaufbau, Frankfurt a. M. gestellt.

**6.** Richtlinien für ERP-Darlehen zur Förderung von kleinen und mittleren Presseunternehmen (**ERP-Presseprogramm**). Kleine und mittlere Presseverlage, deren Zeitungen oder Zeitschriften überwiegend der politischen Bildung und Unterrichtung dienen, können Darlehen für die Finanzierung technischer Einrichtungen zur Herstellung und des Vertriebes von Zeitungen und Zeitschriften sowie der hierfür erforderlichen Baumaßnahmen erhalten. Durch das ERP-Presseprogramm soll die Vielfalt der Träger der Meinungsbildung gewährleistet sein.

**7.** Richtlinien für ERP-Darlehen zur Förderung der Binnenschiffahrt (**ERP-Binnenschiffahrtsprogramm**). Kleinen und mittleren Binnenschiffahrtsunternehmen (Partikuliere und Kleinreeder) können zur Finanzierung von Binnenschiffen Darlehen gewährt werden. Gefördert werden Neubauten von Motorgüterschiffen des Europatyps sowie Umbauten von Motorgüterschiffen, deren Tragfähigkeit nicht weniger als 500 t und deren Alter nicht mehr als 50 Jahre betragen soll.

## IV. Sonstige ERP-Programme

**1. Struktur- und Anpassungshilfen.** Diese sind geregelt in:

a) Richtlinien für ERP-Darlehen zur Förderung von Seehafenbetrieben
b) Richtlinien für ERP-Darlehen zur Verbesserung des Wohn- und Freizeitwertes in Gemeinden

**2. Umweltschutz.** Dieser ist enthalten in:

a) Richtlinien für ERP-Darlehen zur Förderung von Abwasserreinigungsanlagen (ERP-Abwasserreinigungsprogramm)
b) Richtlinien für ERP-Darlehen zur Förderung von Luftreinhaltungsanlagen (ERP-Luftreinhaltungsprogramm)
c) Richtlinie für ERP-Darlehen zur Förderung von Abfallbeseitigungsanlagen (ERP-Abfallbeseitigungsprogramm).

**3. Berlinförderungsprogramm.** Dieses ist enthalten in:

a) Richtlinie für ERP-Darlehen zur Förderung von Investitionen in Berlin (ERP-Investitionsprogramm Berlin)
b) Richtlinie für ERP-Darlehen zur Förderung der Existenzgründung in Berlin (ERP-Existenzgründungsprogramm Berlin)
c) Richtlinie für ERP-Darlehen zur Förderung der Auftragsvergabe nach Berlin (ERP-Auftragsfinanzierungsprogramm Berlin)
d) Richtlinie für ERP-Mittel zur Eigenkapitalfinanzierung in Berlin (ERP-Beteiligungsprogramm Berlin)

**4. Exportfinanzierung.** Diese ist enthalten in:

Richtlinien für die Finanzierung von Ausfuhrgeschäften nach Entwicklungsländern (ERP-Exportfinanzierungsprogramm).

5. Im Rahmen des **ERP-Gewährleistungsprogrammes** können Gewährleistungen übernommen werden für unmittelbare Bürgschaften und Garantien für Einzelvorhaben und Programme mit einer geringen Anzahl von Vorhaben, Rückbürgschaften und Rückgarantien sowie Haftungsfonds-Darlehen. Grundsätzlich muß der Kreditgeber am Kreditrisiko teilnehmen. Im allgemeinen übersteigt die ERP-Gewährleistung nicht 80 v.H. Die einzelnen Programme sind enthalten in

*a)* Richtlinien über Bürgschaften des ERP-Sondervermögens zur Förderung der Errichtung von Geschäftshausbauten in Berlin, *b)* Richtlinien über die Garantie des ERP-Sondervermögens für Bürgschaften des Landes Berlin für Betriebsmittel-Kredite an Berliner Unternehmen, *c)* Richtlinien über die Rückbürgschaft des ERP-Sondervermögens für Bürgschaften zentraler Kreditinstitute für Kredite an landwirtschaftliche Haupterwerbsbetriebe und deren Gemeinschaftseinrichtungen, *d)* Richtlinien über Rückbürgschaften des ERP-Sondervermögens für Bürgschaften der

Lastenausgleichsbank für Kredite von Kreditinstituten an Angehörige freier Berufe, *e)* Richtlinien über Haftungsfonds-Darlehen an Kredit-Beteiligungsgarantiegemeinschaften.

## V. Internationale Finanzierung

**1. Materialien der Förderung.** a) Die EG finanziert in vielen Fällen Unternehmen. Über die Finanzierungsmöglichkeiten unterrichten vor allem drei Broschüren:

(1) **„Beihilfen und Darlehen der Europäischen Gemeinschaft."** Aus der Broschüre ergibt sich ein Gesamtüberblick über die strukturpolitische Förderung sowie der gewährten Beihilfen und Darlehen.

(2) **„Vademecum der EG – Forschungsförderung".** Aus ihm ergibt sich eine Übersicht über laufende und gewährte Forschungs-Förderungsmaßnahmen.

(3) **„Die internationalen Möglichkeiten der Europäischen Gemeinschaft zugunsten der kleineren und mittleren Unternehmen und des Handwerks."** Die Broschüre enthält die Interventionsmöglichkeiten der Gemeinschaft.

Alle Broschüren werden auf Anforderung vom Presse- und Informationsbüro der EG, Zitelmannstr. 22, 5300 Bonn, Tel. (0228) 238041 oder Erhardtstr. 27, 8000 München 5 (Tel. (089) 23 99-2900 kostenlos zugesandt.

Ferner können bei der Kommission der Europäischen Gemeinschaft kostenlos bezogen werden:

(1) Bulletin Euro-Info, Generaldirektion III/F 4 Rue de la Loi 200, B 1049 Bruxelles.

(2) Newsletter, Generaldirektion XIII A, Rue Alcide de Gasperi L 2920 Luxembourg.

**2. Ausgewählte Förderungsprogramme für kleine und mittlere Unternehmen.**

(1) **ESF-Europäischer Sozialfonds:** a) Zuschüsse zu Berufsbildungsmaßnahmen.

b) Zuständig für die Anträge sind das Bundesministerium für Arbeit, Rochusstr. 1, 5300 Bonn-Duisdorf.

c) Gefördert werden gemeinnützige und gewerbliche Veranstaltungen von Fortbildungsmaßnahmen. Es gibt bevorzugte Förderungsregionen in ehemals stark industrialisierten Gebieten, die strukturelle Probleme haben.

(2) **EFRE-Europäischer Fonds für regionale Entwicklung:** a) Investitionsbeihilfen, Infrastrukturbeihilfen und Aktionen zur endogenen Entwicklung von kleineren und mittleren Unternehmen.

b) Zuständig für die Anträge ist das Bundesministerium für Wirtschaft, Villemombler Str. 16, 5300 Bonn-Duisdorf.

c) Gewährt wurden Beihilfen für die Erweiterung eines Automobilunternehmens in einer bayerischen Förderzone, für ein Messe- und Ausstellungszentrum sowie Beihilfen für die Erstellung von Studien über Absatzmöglichkeiten.

(3) **EAGFL-Europäischer Ausrichtungs- und Garantiefonds für die Landwirtschaft.** a) Gefördert werden kleinere und mittlere Unternehmen bei der Verarbeitung und Vermarktung von landwirtschaftlichen Erzeugnissen.

b) Zuständig ist das Bundesministerium für Ernährung, Landwirtschaft und Forsten, 5300 Bonn-Duisdorf, Bonner Str. 85 und die Landwirtschaftsministerien der Länder.

c) Zuschußfähig sind z.B. Rationalisierung oder Modernisierung der Lagerung, der Aufarbeitung und Konservierung landwirtschaftlicher Erzeugnisse, Verbesserung der Vermarktungslage, Maßnahmen zur Energieeinsparung.

(4) **Darlehen der EIB-Europäischen Investitionsbank.** a) Gefördert wird die Erschließung von Energiequellen, Modernisierung von Unternehmen, Einführung fortschrittlicher Technologien, Zusammenarbeit Europäischer Unternehmen.

b) Die Mittel werden über Deutsche Banken ausgezahlt. Zuständig ist die EIB, 100 Bvd Konrad Adenauer L 2950 Luxembourg.

c) Gefördert wurde die Entwicklung von Mega-Chips von Philips und Siemens.

(5) **NGI – Das neue Gemeinschaftsinstrument.** a) Die EG-Kommission nimmt Anleihen auf Kapitalmärkten auf und vergibt über die EIB (II 4) Darlehen für kleine und mittlere Unternehmen für Investitionsvorhaben zur Anpassung und Erhaltung der Wettbewerbsfähigkeit durch neue Technologien.

b) Zuständig für Anträge ist die Generaldirektion Wirtschaft und Finanzen sowie die EIB (vgl. 4).

c) Die Investionsvorhaben sollen sich durch neue Technologien auszeichnen.

(6) **Beteiligung der EG an Forschungsvorhaben.** a) Grundlagenforschung bei Werkstoffen, Datenverarbeitung, Verarbeitung

und Haltbarmachung von Erzeugnissen, Informationstechnologie, industriellen Technologien (CAD/Cam).

b) Zuständig ist die Europäische Gemeinschaft.

c) Es werden jeweils Verträge ausgehandelt.

(7) **Beteiligung der EG im Bereich der Energieeinsparung und der alternativen Energiequellen.** a) Förderung der Sonnenenergie, Erdwärme, Verflüssigung und Vergasung fester Brennstoffe.

b) Zuständig ist die Generaldirektion Energie GD XVII bzw. GD XII, Rue de la Loi 200, B-1049 Brüssel.

c) Vorrangig werden Unternehmen aus dem EG-Raum berücksichtigt, die grenzüberschreitend zusammenarbeiten.

(8) **Förderungen auf dem Gebiet der Innovationen und der Informationstechnologie.** a) Die Gemeinschaft fördert die Forschungsaufgaben, die zugänglich gemacht werden.

b) Zuständig sind die Europäische Gemeinschaft, Abteilung XIII/A/3 Rue Alcide de Gaspari, L-2920 Luxembourg. Ferner sind Informationen zu erhalten durch Euro-Abstracts, die kostenpflichtig durch den Bundesanzeiger-Verlag, Postfach 108006, 5000 Köln 1 zu beziehen sind. Weiter sind Auskünfte über Sprint zu beziehen durch die Generaldirektion XIII/A 12, Rue Alcide de Gaspari L 2920 Luxembourg.

c) Die Förderungsmaßnahmen dienen vor allem Beratungsdiensten und Unternehmensberatern.

(9) **BC-Net-Förderung der Zusammenarbeit von Europäischen Unternehmen.** a) Durch ein Datenverarbeitungssystem werden Kooperationsgesuche zusammengeführt.

b) Zuständig ist das Büro für Unternehmenskooperation BUK, 80 Rue d'Arlon.

## Abschnitt XII. Die Verwaltung des Unternehmens

### § 45. Die kaufmännische Verwaltung

#### I. Die Buchführung

**1. Begriff, Aufgabe, Zweck.** a) Die *Buchführung* zeichnet planmäßig und lückenlos in zeitlichem Ablauf alle Geschäftsvorfälle auf, die mit betrieblichen Werten zusammenhängen. Durch die

Buchführung wird das Zahlenwerk gesammelt, geordnet und gruppiert. Aus dieser Ordnung wird in regelmäßigen Zeitabständen (monatlich, jährlich) ein Abschluß, die *Bilanz* entwickelt.

b) Durch die Buchführung soll der geschäftliche Erfolg ermittelt werden, in dem Aufwendungen erfaßt und in der Gewinn- und Verlustrechnung die Erträge ermittelt werden. Daneben sollen durch die Buchführung aber noch zahlreiche Sonderaufgaben erfüllt werden. Zu diesen gehören *(1)* Beobachtung der Umsatzgröße und der Umsatzschnelligkeit, *(2)* Durchleuchtung der Kapital- und Schuldenverhältnisse, *(3)* Beobachtung der Zahlungsbereitschaft und Risikogestaltung, *(4)* Ermittlung des Zahlenmaterials für die Selbstkostenrechnung, Statistik und Planung, *(5)* Erleichterung der Geschäftspolitik und Betriebskontrolle, *(6)* Zusammenstellung einer Unterlage für Gläubiger, *(7)* Schaffung einer Grundlage für die Besteuerung.

c) Die *kaufmännische Buchführung* bietet die Grundlage für die Kostenrechnung, Statistik und Planung sowie das Rechnungswesen.

**2. Bereiche der Buchführung.** Die kaufmännische Buchführung gliedert sich in zwei Teilbereiche.

a) Die *Geschäfts- oder Finanzbuchführung* enthält die Gesamtabrechnung des Unternehmens. Diese Zahlen liefern den periodischen Abschluß (Bilanz sowie Gewinn- und Verlustrechnung), der sich in den Beträgen für das kommende Jahr fortsetzt. Sie enthält alle Nachweise über Kapitalbewegung, Geldverkehr, Vermögen und Schulden. Sie hat Aufgaben zu erfüllen, die allen Buchhaltungen gestellt werden. Ihre Systeme sind daher für alle Wirtschaftsbereiche nahezu gleich.

b) Die *Betriebsbuchführung* umfaßt dagegen das innerbetriebliche Rechnungswesen. Aus ihr soll die besondere Eigenart der jeweiligen Leistungserstellung ersichtlich sein. Es wird also eingehend die Erzeugung rechnerisch durchleuchtet, der Aufwandsprozeß ermittelt und die Ertragsbildung durchschaubar gemacht.

**3. Die Buchführungspflicht.** Die Buchführungspflicht ergibt sich aus §§ 238ff. HGB (handelsrechtlich) und §§ 140ff. AO (steuerrechtlich) sowie einigen Sondervorschriften. In §§ 238–263 HGB sind Vorschriften für alle Kaufleute, ab § 264 HGB ergänzende Vorschriften für AG, KGaAG und GmbH enthalten. Für natürliche Personen ist aus gesetzessystematischen Gründen eine Ergänzung aus dem Recht der Kapitalgesellschaften nicht möglich.

a) Nach § 238 Abs. 1 S. 1 HGB ist jeder *Kaufmann* (vgl. § 19) verpflichtet, Bücher zu führen und in diesen seine Handelsgeschäfte und die Lage seines Vermögens nach den Grundsätzen ordnungsgemäßer Buchführung ersichtlich zu machen. Die Buchführung muß so beschaffen sein, daß sie einem sachverständigen Dritten innerhalb angemessener Zeit einen Überblick über die Geschäftsvorfälle und die Lage des Unternehmens vermittelt. Zur Buchführung verpflichtet sind mithin Vollkaufleute (§ 19) und Handelsgesellschaften (§§ 28ff.).

Die Unterlagen der Buchführung sind aufzubewahren (§§ 257ff. HGB); Handelsbücher, Inventare und Bilanzen 10 Jahre; Handelsbriefe und Buchungsunterlagen sechs Jahre. Verwahrung auf Bild- und Datenträger ist zulässig (§ 257 HGB).

Die sich aus §§ 238ff. HGB ergebenden Buchführungspflichten werden ergänzt durch einige handelsrechtliche Nebengesetze. Hierzu gehören §§ 150ff. AktG, §§ 41ff. GmbHG, §§ 33ff. GenG und das PublG.

Die Buchführungspflichten sind nach Inkrafttreten des Bilanzrichtliniengesetzes, das auf Vorschriften der EG beruht, eingehend geregelt.

b) Buchführungspflichten bestehen insbesondere aufgrund des *Steuerrechts.* Nach § 140 AO ist die nach anderen Gesetzen bestehende Buchführungspflicht (also insbesondere die handelsrechtliche) auch für die Besteuerung zu erfüllen. Nach § 141 AO sind darüber hinaus gewerbliche Unternehmen und Land- und Forstwirte, auch soweit sie der handelsrechtlichen Buchführung nicht unterliegen, zu Buchführungen und Jahresabschlüssen verpflichtet. Der Buchführungspflicht unterliegt: *(1)* Derjenige, der Umsätze einschl. der umsatzsteuerfreien Umsätze von mehr als 500000 DM im Kalenderjahr oder *(2)* Betriebsvermögen von mehr als 125000 DM oder *(3)* selbstbewirtschaftete land- und forstwirtschaftliche Flächen mit einem Wirtschaftswert von mehr als 40000 DM oder *(4)* Gewinn aus Gewerbebetrieb von mehr als 36000 DM im Wirtschaftsjahr oder einen Gewinn aus Land- und Forstwirtschaft von mehr als 36000 DM im Kalenderjahr gehabt hat. Die Verpflichtung zur Buchführung ist vom Beginn des Wirtschaftsjahres an zu erfüllen, vor dem das Finanzamt auf die Buchführungspflicht hingewiesen hat. § 142 AO verpflichtet Land- und Forstwirte ein Anbauverzeichnis zu führen, §§ 143, 144 AO gewerbliche

Unternehmungen Aufzeichnungen des Wareneingangs und -ausgangs zu führen. Aus §§ 145–147 AO ergeben sich eine Reihe allgemeiner Anforderungen an die Buchführung und Ordnungsvorschriften. Werden die steuerrechtlichen Buchführungsvorschriften mißachtet, kann dies zur Zurückweisung schlecht geführter Bücher als Besteuerungsgrundlage oder zum Verlust gewisser Steuervorteile führen.

**4. Buchführungssysteme.** Es sind verschiedene Buchführungssysteme üblich.

a) Die *einfache Buchführung* verbucht nur Zu- und Abgang in chronologischer Reihenfolge. Bei ihr werden das Kassenbuch für Bargeschäfte, das Tagebuch (Journal) für unbare Geschäfte, das Wareneingangsbuch für Lieferantenrechnungen, das Geschäftsfreundebuch (Kontokorrent) für Veränderungen der Forderungen und Schulden, das Inventar- und Bilanzbuch für eine jährliche Bestandsaufnahme verwandt. Bei der einfachen Buchführung wird der Erfolg durch Gegenüberstellung am Anfang und Ende einer Geschäftsperiode ermittelt.

b) Bei der *doppelten Buchführung* wird der Erfolg durch die Bilanz und die Erfolgsrechnung ermittelt. Damit ist stets eine Kontrolle über die Richtigkeit des ausgewiesenen Gewinns ermöglicht. Die doppelte Buchführung geht davon aus, daß jeder Geschäftsvorfall, der eine Veränderung eines in der Bilanz enthaltenen Postens zur Folge hat, notwendig auch einen zweiten Posten ändern muß, da sonst die Bilanzgleichung gestört wird. Jeder Geschäftsvorfall führt mithin zu zwei Buchungen, einer Soll- und einer Habenbuchung. Bei den Aktivkonten wirken sich die Vermögenszunahmen auf der Sollseite und die Vermögensabnahmen auf der Habenseite aus; dagegen zeigen sich bei dem Schuldkonto und dem Eigenkapitalkonto die Zunahmen im Haben und die Abnahmen im Soll.

| Aktivkonto | Passivkonto |
|---|---|
| Soll + / Haben − | Soll − / Haben + |

Bei der doppelten Buchführung werden regelmäßig verwandt das Inventar- und Bilanzbuch, das die alljährlichen Vermögensaufstellungen und Bilanzen aufnimmt, das Journal, in dem die Geschäftsvorfälle in chronologischer Reihenfolge verbucht werden und das Hauptbuch, das alle Buchungen sachlich und systematisch geordnet auf den einzelnen Konten zusammenfaßt.

**5. Ordnungsmäßige Buchführung.** Zu den Grundsätzen ordnungsmäßiger Buchführung gehören *(1)* fortlaufende, vollständige und richtige Eintragung der Buchungen nach Form und Inhalt, *(2)* Sammlung sämtlicher Belege zur Buchführung (Belegzwang), *(3)* Fertigung der Eintragungen mit urkundenechtem Schreibmaterial, *(4)* fortlaufende Nummerierung der Buchseiten, *(5)* keine Unkenntlichmachung der Buchungen durch Radierungen und Streichungen sowie *(6)* keine Leerräume zwischen den einzelnen Buchungen (§§ 238, 239 HGB).

## II. Kostenrechnung

**1. Rechtsgrundlage und Zweck.** a) Eine *Rechtsgrundlage* für die Einführung der Kostenrechnung besteht nicht. Ein Unternehmer führt sie mithin im eigenen Interesse ein.

b) Die Kostenrechnung *dient* der Preisfindung, der Preisüberwachung, der Betriebsüberwachung sowie der Schwachstellenbeseitigung. Ihre Aufgabe besteht im Gegensatz zur Buchführung in der Zuordnung der angefallenen Kosten auf die sie verursachenden Kostenträger.

c) Im allgemeinen werden in *Kleinunternehmen* keine Kostenrechnungen geführt; in ihnen erfolgt die Preisentwicklung regelmäßig aufgrund erfahrungsbedingten Schätzens. Die Kostenrechnung wird regelmäßig erst im Mittelstandsunternehmen geführt. Sie erfordert zumeist denselben Personalaufwand wie die Buchhaltung.

d) Namentlich im Anlaufsstadium eines Unternehmens *beraten* die Industrie- und Handelskammern sowie die Handwerkskammern Jungunternehmer bei der Erstellung der Kostenrechnung. Die Handwerksorganisationen haben in verschiedenen Branchen umfassende Untersuchungen über Aufwand, Kosten und Ertrag, über Vermögens- und Kapitalstrukturen erstellt. Deren Ergebnisse sind im Wege des Betriebsvergleiches vielfach hilfreich, um Schwachstellen im eigenen Unternehmen zu finden.

e) Zur Ausnutzung der Vorteile der *EDV* können kleinere und mittlere Unternehmen sich Gemeinschaftsanlagen ihrer Organisationen anschließen.

**2. Prinzipien der Kostenrechnung.** a) Die Kostenrechnung wird durchgeführt für eine Periodenleistung *(Periodenkosten)* jeweils im Rahmen der Betriebsbuchhaltung (Kostenarten, Kostenstellen, Kostenträgerrechnung) sowie als Leistungseinheitskostenrechnung *(Stückkostenermittlung)* durch die Kalkulation.

b) In der Kostenartenrechnung erfolgt eine *Gliederung* aller anfallenden Kosten nach der Art und dem Verbrauchscharakter der verbrauchten Wirtschaftsgüter. Sie soll den Verbrauch an Kostengütern mengenmäßig erfassen und bewerten. Ihre Probleme liegen in der sachlichen und zeitlichen Abgrenzung. Die Kostenartenrechnung wird von zwei Prinzipien beherrscht, nämlich der Reinheit bei der Kostenartenbildung und Einheitlichkeit bei der Durchführung der Kostenartenrechnung. Der Grundsatz der Reinheit besagt, daß für den Inhalt jeder Kostenart nur die Kostengüterart entscheidend sein darf, so daß in der Kostenartenrechnung gelegentlich ursprüngliche (primäre) Kosten erfaßt werden. Der Grundsatz der Einheitlichkeit bezieht sich auf die Gliederungsprinzipien der Kostenartenrechnungen; sie müssen eine eindeutige Zurechnung aller anfallenden Kosten auf die Kostenarten ermöglichen.

c) Die *Kostenstellenrechnung* knüpft an die Kostenartenrechnung an. Es sind zwei Arten der Kostenzurechnung auf die Kostenträger zu unterscheiden, nämlich die direkten (unmittelbare) und die indirekten (mittelbare). Es werden demnach die Kosten gegliedert in Kostenträgereinzelkosten, die für einen Kostenträger unmittelbar anfallen, und Kostenträgergemeinkosten, die für alle Kostenträger insgesamt entstehen und nur anteilig durch Aufschlüsselung aufgeteilt werden. Gelegentlich wird auch noch eine Gruppengemeinkostenrechnung geführt.

d) Die *Kostenträgerrechnung* baut auf der Kostenartenrechnung und der Kostenstellenrechnung auf und dient der Abrechnung für betriebliche Leistungen. Hierzu verteilt sie die gesammelten und aufbereiteten Kosten auf die Arbeitsergebnisse.

### III. Rechnungswesen

**1. Aufgabe.** Das betriebliche Rechnungswesen hat die Aufgabe, der Unternehmensführung die notwendigen Informationen auf allen Ebenen der Unternehmensführung zu liefern, der Betriebskontrolle zu dienen, sowie die Außenwelt zu informieren. Nach den Grundsätzen für das Rechnungswesen vom 12. 12. 1952 des Bundesverbandes der Deutschen Industrie dient das Rechnungswesen *(1)* der zahlenmäßigen Festhaltung aller wirtschaftlichen und rechtlichen Vorgänge, soweit sie Veränderungen des Vermögens und des Kapitals herbeiführen; *(2)* der Feststellung der Aufwendungen, Erträge und Ergebnisse am Ende und während der Wirtschaftsperiode; *(3)* der Ermittlung von Kosten und Leistungen, der Schaffung von Unterlagen, deren Auswertung eine Überwachung der Kosten und Leistungen sowie der Wirtschaftlichkeit ermöglicht und die unternehmerische Disposition erleichtert; *(4)* der Schaffung von Unterlagen für zwischenbetriebliche Vergleiche; *(5)* der Schaffung von Unterlagen für die Beurteilung der Kostenlage des Betriebes im Verhältnis zum Marktpreis; *(6)* der Schaffung von Unterlagen zur Ermittlung von Angebotspreisen.

2. Zum Rechnungswesen gehören *(1)* die Planungsrechnung, *(2)* die Buchhaltung, *(3)* die Kostenträgerrechnung sowie *(4)* die Betriebsstatistik.

### IV. Statistik

Die Statistik wird vor allem auf dem Gebiet der Absatz-, Betriebs- und Investitionspolitik eingesetzt. Als betriebswirtschaftliche Statistik findet sie sich im Rahmen des Rechnungswesens und in der Produktion. In ihr wird sie vor allem zur Qualitätskontrolle durchgeführt.

### V. Planung

Im Rahmen der Unternehmenspolitik ist der Planung die Aufgabe zugewiesen, die wirtschaftlichen Handlungen der Unternehmensführung vorzubereiten. Es sollen sowohl die Ziele als auch ihre Mittel und Wege zu ihrer Erreichung erfaßt werden. Hauptmerkmal der Planung ist die Rationalität, die die Impulsivität ersetzen soll, die Zukunftsbezogenheit und der Gestaltungscharakter, mit dessen Hilfe der Güter- und Wertkreislauf im Unternehmen und im Verhältnis zur Umwelt beeinflußt wird.

## § 46. Die Geschäfte des Kaufmannes[1]

### I. Vorbemerkung

**1. Handelsrecht.** Für Kaufleute gelten eine Reihe von rechtlichen Sonderbestimmungen, die diese kennen müssen, um sich vor Rechtsnachteilen zu bewahren. Das Sonderrecht der Kaufleute ist

---

[1] Vgl. die Schrifttumsangaben bei § 19, S. 141.

das Handelsrecht. Aufgrund seiner Vorschriften werden an die Geschäftsabwicklung durch Kaufleute und ihre Sorgfaltspflichten erhöhte Anforderungen gestellt. Darüber hinaus bedürfen Kaufleute wegen ihrer höheren Geschäftsgewandtheit regelmäßig weniger Schutz. Für ihre Geschäfte sind eine Reihe von Formvorschriften beseitigt.

**2. Geltungsbereich des Handelsrechtes.** Das Handelsrecht gilt für die Geschäfte eines Kaufmanns, die zum Betrieb seines Handelsgewerbes gehören (§ 343 Abs. 1 HGB). Diese Geschäfte sind aber auch dann Handelsgeschäfte, wenn sie von einem Kaufmann im Betrieb eines auf andere Geschäfte gerichteten Handelsgewerbes geschlossen werden (§ 343 Abs. 2 HGB).

a) Es ist nur dann gerechtfertigt, den Kaufmann den strengen Vorschriften des Handelsrechts zu unterwerfen, wenn er die Geschäfte im Rahmen seines Gewerbebetriebes vornimmt. Handelt er als Privatmann, kann er nicht strenger als sonstige Personen angefaßt werden. Andererseits ist es aber auch geboten, daß sämtliche Geschäftstätigkeit vom Handelsrecht erfaßt wird, auch wenn sein Gewerbebetrieb sonst auf andere Geschäftszweige gerichtet ist.

Gleichwohl können sich auch sonst noch erhebliche rechtliche Schwierigkeiten ergeben.

*Beispiel:* Kauft der Warenhandwerksmeister A (vgl. § 20 I) einen gebrauchten Kraftwagen, so kann dies z.B. der Zweitwagen für seine Ehefrau sein, aber auch ein Reservefahrzeug für den Betrieb. Ist der Kraftwagen mit Mängeln behaftet, so kann sich der Privatmann mit der Mängelrüge sechs Monate Zeit lassen (§ 477 BGB). Dagegen ist der Kaufmann zur Meidung des Rechtsverlustes gezwungen, etwaige Mängel sofort zu rügen.

Aus dem Beispielsfall ergibt sich, daß sich in jedem Einzelfall die Frage stellt, war ein Geschäft ein Handelskauf oder ein Privatkauf.

b) Nach § 343 Abs. 2 HGB könnte selbst dann ein *Handelskauf* gegeben sein, wenn in dem Beispielsfall der Warenhandwerker gewöhnlich Kleiderstoffe oder Stickereien bearbeitet. Darüber hinaus heißt es aber in § 344 Abs. 1 HGB, daß die von einem Kaufmann vorgenommenen Rechtsgeschäfte im Zweifel als zum Betrieb eines Handelsgewerbes gehörig angesehen werden. Verklagt also im Beispielsfall der Gebrauchtwagenhändler den Kaufmann auf Zahlung des Kaufpreises, so wird vermutet, daß der

Gebrauchtwagenkauf zu seinem Handelsgewerbe gehört und er demgemäß nur mit verkürzter Frist Sachmängel geltend machen konnte. Nur wenn es dem Warenhandwerker gelingt, nachzuweisen, daß er den Wagen als Privatmann gekauft hat und der Gebrauchtwagenhändler dies erkennen konnte, gilt das allgemeine Kaufrecht des BGB.

Noch weiter erschwert kann die Beweislast für den Kaufmann sein, wenn er *Schuldscheine* gezeichnet hat. Bei diesen wird immer vermutet, daß sie im Betrieb des Handelsgewerbes gezeichnet sind. Nur dann gilt etwas anderes, wenn sich aus der Urkunde selbst ergibt, daß sie vom Kaufmann als Privatmann unterschrieben sind (§ 344 Abs. 2 HGB). Die bloße Unterzeichnung mit dem bürgerlichen Namen statt dem Firmennamen ergibt aber noch keine hinreichende Entkräftung der Vermutung.

c) Die Vorschriften des Handelsrechtes kommen grundsätzlich zur Anwendung, soweit nur für den einen Teil das Rechtsgeschäft ein Handelsgeschäft ist (§ 345 HGB). Etwas anderes gilt nur dann, wenn sich aus den Vorschriften des Handelsrechtes etwas anderes ergibt. Im Folgenden ist jeweils herausgestellt, ob Handelsrecht bei *einseitigen oder nur bei zweiseitigen Rechtsgeschäften* Anwendung findet.

**II. Zinssatz und Provision bei Handelsgeschäften**

**1. Vergütung.** Ein Kaufmann, der für einen anderen Geschäfte besorgt oder Dienste leistet, kann auch ohne besondere Vereinbarung Provision nach den ortsüblichen Sätzen verlangen. Für Darlehen und andere Leistungen können vom Tage der Leistung an Zinsen berechnet werden (§ 354 HGB). Unerheblich ist, ob der Dienstleistungsempfänger Kaufmann ist oder nicht. Keine Provisionspflicht besteht, wenn eine Kaufsache zurückgenommen und anderweitig verwertet wird (BGH ZIP 84, 339).

**2. Zinsen ab Fälligkeit.** Unter Kaufleuten können bereits Zinsen vom Tage der Fälligkeit einer Forderung verlangt werden (§ 353 HGB). Dagegen beginnt die Zinspflicht im bürgerlichen Rechtsverkehr erst nach Eintritt des Verzuges (§§ 284ff BGB). Der Verzug tritt grundsätzlich erst ein, wenn der Schuldner nach Eintritt der Fälligkeit gemahnt wird (§ 284 BGB).

**3. Kontokorrent.** Werden gegenseitige Forderungen unter Kaufleuten in laufender Rechnung verrechnet, sind vom Tage des Rechnungsabschlusses an Zinsen zu zahlen (§ 355 HGB).

**4. Zinsfuß.** Der gesetzliche Zinsfuß beträgt für Kaufleute 5%; im bürgerlichen Rechtsverkehr dagegen nur 4% (§ 352 HGB; § 246 BGB).

## III. Schutzvorschriften

**1. Beseitigung.** Für Vollkaufleute (§ 19), nicht dagegen für Minderkaufleute (§ 20) sind bestimmte Schutzvorschriften beseitigt. Zu diesen gehören:

**2. Vertragsstrafe.** Verspricht ein Kaufmann eine Vertragsstrafe, wenn er seine Verpflichtungen nicht, nicht pünktlich oder nicht in richtiger Weise erfüllt, so kann er sie anders als ein anderer Bürger nicht herabsetzen lassen, wenn sie ihm später zu hoch erscheint (§ 348 HGB). Ein leichtfertig abgegebenes Vertragsstrafenversprechen hat schon manchen Warenhandwerker oder Bauunternehmer mit kaufmännisch eingerichtetem Geschäftsbetrieb ruiniert.

**3. Bürgschaft, Schuldanerkenntnis.** Ein Kaufmann kann sich ohne Einhaltung der Schriftform verbürgen (§ 54 II) oder ein Schuldversprechen bzw. ein Schuldanerkenntnis abgeben (§ 350 HGB).

**4. Einrede der Vorausklage.** Gibt ein Kaufmann eine Bürgschaftserklärung ab, so bedeutet das gleichzeitig den Verzicht auf die Einrede der Vorausklage (§ 349 HGB). Der kaufmännische Bürge muß mithin den Gläubiger selbst dann befriedigen, wenn dieser noch nicht versucht hat, sich beim Schuldner zu befriedigen (§ 54 II).

**5. Ratenkauf.** Kauft ein Kaufmann auf Raten, so kann er sich nicht auf den Schutz des Abzahlungsgesetzes berufen (§ 8 AbzG). Der Verkäufer braucht ihn mithin nicht auf das Widerrufsrecht beim Ratenkauf zu belehren. Ebensowenig brauchen die Jahreszinsen effektiv ausgewiesen werden.

**6. Haustürgeschäfte.** Das Gesetz über den Widerruf von Haustürgeschäften vom 16. 1. 1986 (BGBl. I S. 122) findet keine Anwendung, wenn der Kunde den Vertrag in Ausübung einer selbständigen Erwerbstätigkeit abschließt oder die andere Vertragspartei nicht geschäftsmäßig handelt (§ 6 Nr. 1 HausTWG). Durch das HausTWG sollen Kunden gegen die mit dem Direktvertrieb verbundenen Gefahren geschützt werden. Nach § 1 Abs. 1 HausTWG wird eine auf den Abschluß eines Vertrages über eine entgeltliche Leistung gerichtete Willenserklärung, zu der der Erklärende (Kunde) *(1)* durch mündliche Verhandlungen an seinem Arbeitsplatz oder im Bereich einer Privatwohnung, *(2)* anläßlich einer von der anderen Vertragspartei oder von einem Dritten zumindest auch in ihrem Interesse durchgeführten Freizeitveranstaltung, oder *(3)* im Anschluß an ein überraschendes Ansprechen in Verkehrsmitteln oder im Bereich öffentlich zugänglicher Verkehrswege bestimmt worden ist, erst wirksam, wenn der Kunde sie nicht binnen einer Frist von einer Woche widerruft. Der Vertrag über eine entgeltliche Leistung kann ein Kaufvertrag, ein Abzahlungsgeschäft, ein Werk- oder Werklieferungsvertrag oder ein Geschäftsbesorgungsvertrag usw. sein. Das Gesetz ist bewußt weit gefaßt, um alle Vertragsgestaltungen über entgeltliche Leistungen zu erfassen. Zur Privatwohnung gehört auch der Hausflur oder der Garten. Die Widerrufsfrist von einer Woche beginnt erst, wenn die andere Vertragspartei dem Kunden mit einer drucktechnisch deutlich gestalteten schriftlichen Belehrung über sein Recht zum Widerruf einschl. Namen und Anschrift des Widerrufsempfängers sowie einschließlich der Bestimmung belehrt hat, daß zur Wahrung der Frist die rechtzeitige Absendung des Widerrufs ausreicht (§ 2 HausTWG). Das Recht zum Widerruf besteht nicht, wenn *(1)* die mögliche Verhandlung am Arbeitsplatz oder in der Wohnung auf einer vorherigen Bestellung des Kunden beruht (vgl. LG Mainz WM 88, 1313); also wenn der Kunde den anderen mündlich (telefonisch), schriftlich zum Besuch aufgefordert hat (Teske ZIP 89, 356); *(2)* die Leistung bei Abschluß der Verhandlungen sofort erbracht und bezahlt wird und das Entgelt 80,– DM nicht übersteigt oder *(3)* die Willenserklärung durch einen Notar beurkundet worden ist (§ 1 Abs. 2 HausTWG).

**7. Gerichtsstand.** Kaufleute können einen Gerichtsstand vereinbaren (§§ 38 ff ZPO). Regelmäßig wird der stärkere Vertragspartner seinen Gerichtsstand durchsetzen. Es kann sehr mühselig sein, vor einem fremden weit entfernten Gericht prozessieren zu müssen, bei dem man keine Niederlassung hat und bei dem man keine Rechtsanwälte kennt.

## IV. Allgemeine Geschäftsbedingungen

**1. Begriff- und Rechtsgrundlagen.** a) Allgemeine Geschäftsbedingungen sind alle für eine Vielzahl von Verträgen vorformulierten Vertragsbedingungen, die eine Vertragspartei (Verwender) der anderen Vertragspartei bei Abschluß eines Vertrages stellt (auferlegt). Gleichgültig ist, ob die Bestimmungen einen äußerlich gesonderten Bestandteil des Vertrages bilden oder in die Vertragsurkunde selbst aufgenommen werden, welchen Umfang sie haben, in welcher Schriftart sie verfaßt sind und welche Form der Vertrag hat (§ 1 Abs. 1 AGB-Gesetz). Damit werden auch Allgemeine Geschäftsbedingungen erfaßt, die sich in einer notariellen Urkunde befinden. Keine Allgemeinen Geschäftsbedingungen liegen vor, soweit die Vertragsbedingungen zwischen den Vertragsparteien im einzelnen ausgehandelt (BGH EWiR AGBG § 1 1/85; 1/86; WM 86, 577) worden sind.

b) Grundlage des *Rechts* ist das Gesetz zur Regelung des Rechts der Allgemeinen Geschäftsbedingungen (AGB-Gesetz) vom 9. 12. 1976 (BGBl. I S. 3317) zul. geänd. 25. 7. 1986 (BGBl I S. 1142).

**2. Geltungsbereich des AGB.** a) Der *sachliche Geltungsbereich* des AGB-Gesetz ergibt sich aus § 23 AGB-Gesetz. Nach § 23 Abs. 1 AGB-Gesetz findet das Gesetz keine Anwendung bei Verträgen auf dem Gebiet des Arbeits-, Erb-, Familien- und Gesellschaftsrecht. Das Arbeitsrecht ist vom Recht der AGB ausgenommen, weil regelmäßig durch Tarifvertrag und Betriebsvereinbarung (Schaub, Arbeitsrecht von A–Z, 12. Aufl., 1988, Stichworte: Tarifvertrag, Betriebsvereinbarung) die Arbeitsbedingungen geregelt sind und der Arbeitnehmer geschützt wird. Ferner findet das AGB-Gesetz ganz oder teilweise keine Anwendung auf die in § 23 Abs. 2 AGB-Gesetz geregelten Geschäftsbedingungen der Eisenbahn, der Elektrizitäts- und Gasversorgungsunternehmen, der Straßenbahnen usw. Schließlich ist das Recht des AGB-Gesetzes vor allem eingeschränkt bei Bausparverträgen, Versicherungsverträgen sowie den Rechtsverhältnissen zwischen einer Kapitalanlagegesellschaft und einem Anteilinhaber. In diesen Fällen findet das Recht der Allgemeinen Geschäftsbedingungen unabhängig davon Anwendung, ob der Verwender die andere Vertragspartei ausdrücklich auf die Allgemeinen Geschäftsbedingungen hingewiesen hat oder ihr die Kenntnisnahme ermöglicht hat.

b) Der persönliche Geltungsbereich des AGB-Gesetzes ist nach § 24 AGB-Gesetz eingeschränkt. Hiernach sind die Vorschriften des § 2 (Einbeziehung der Allgemeinen Geschäftsbedingungen in den Vertrag), § 10 (Klauselverbote mit Wertungsmöglichkeit), § 11 (Klauselverbote ohne Wertungsmöglichkeit) und § 12 (Einbindung im zwischenstaatlichen Bereich) nicht anzuwenden auf Allgemeine Geschäftsbedingungen, die *(1)* gegenüber einem Kaufmann (vgl. § 19) verwendet werden, wenn der Vertrag zum Betrieb seines Handelsgewerbes (oben I) gehört; *(2)* gegenüber einer juristischen Person des öffentlichen Rechtes oder einem öffentlich-rechtlichen Sondervermögen verwendet werden. Dagegen sind die übrigen Vorschriften des AGB-Gesetzes auch gegenüber Kaufleuten anzuwenden.

**3. Anwendung der Allgemeinen Geschäftsbedingungen.** a) Allgemeine Geschäftsbedingungen werden grundsätzlich nur dann *Bestandteil eines Vertrages,* wenn der Verwender bei Vertragsabschluß *(1)* die andere Vertragspartei ausdrücklich oder, wenn ein ausdrücklicher Hinweis wegen der Art des Vertragsabschlusses nur unter unverhältnismäßigen Schwierigkeiten möglich ist, durch deutlich sichtbaren Aushang am Ort des Vertragsabschlusses auf sie hinweist (BGH EWiR AGB-Gesetz § 2 2/86) und *(2)* der anderen Vertragspartei die Möglichkeit verschafft, in zumutbarer Weise von ihrem Inhalt Kenntnis zu nehmen, und wenn die andere Vertragspartei mit ihrer Geltung einverstanden ist.

b) Eine *Ausnahme* von dieser einengenden Vorschrift besteht nach § 24 AGB-Gesetz (vgl. oben IV 2) für Kaufleute (§ 19). Bei Kaufleuten, unabhängig davon ob sie Voll- oder Minderkaufleute sind (vgl. § 20 I), gilt das AGB. Jedoch gelten insoweit drei Einschränkungen: *(1)* Zur Einbeziehung von Allgemeinen Geschäftsbedingungen in den Vertrag genügt jede, auch stillschweigend erklärte Willensübereinstimmung; dies gilt dann nicht, wenn sie nur schwer lesbar sind (BGH NJW 83, 2772; EWiR AGB-Gesetz § 2 1/86 m. Anm. Hensen) *(2)* für die Inhaltskontrolle der Allgemeinen Geschäftsbedingungen gilt allein § 9 AGB-Gesetz (vgl. unten 4); *(3)* Kaufleute genießen keinen Schutz, wenn der Vertrag ausländischem Recht unterstellt wird.

**4. Gegenstand der Allgemeinen Geschäftsbedingungen.** a) *Gegenstand* Allgemeiner Geschäftsbedingungen sind vor allem Art und Weise der Leistungen (Leistungsort, Leistungszeit, Eigentumsvorbehalt), die Haftung bei Leistungsstörungen und die Regelung der Gewährleistungsansprüche bei Sachmängeln.

b) Im Interesse des Schutzes der Verbraucher bestehen eine Reihe von gesetzlichen Schutzvorschriften, die auch auf Kaufleute anzuwenden sind:

*(1)* Bestimmungen in Allgemeinen Geschäftsbedingungen, die nach den Umständen, insbesondere nach dem äußeren Erscheinungsbild des Vertrages, so ungewöhnlich sind, daß der Vertragspartner des Verwenders mit ihnen nicht zu rechnen braucht, werden nicht Vertragsbestandteil (§ 3 AGB-Gesetz). Wirksam sind aber Bestimmungen einer Kreditkartenorganisation, daß der Arbeitnehmer als Gesamtschuldner neben dem Arbeitgeber für von ihm veranlaßte Zahlungen haftet (OLG München NJW-RR 88, 1075).

*(2)* Zweifel bei der Auslegung von Allgemeinen Geschäftsbedingungen gehen zu Lasten des Verwenders (§ 5 AGB-Gesetz). Die Auslegung von Allgemeinen Geschäftsbedingungen richtet sich grundsätzlich nach den für Rechtsgeschäfte geltenden allgemeinen Regeln der §§ 133, 157 BGB. Ist eine Auslegung unklar oder mehrdeutig, so geht dies zu Lasten des Verwenders, da er sich klarer hätte ausdrücken können und müssen. Vereinfacht ausgedrückt wird durch die sog. *Unklarheitenregel* erreicht, daß dann, wenn mehrere Auslegungen denkbar und vertretbar sind, die dem Verwender nachteiligere Auslegung angewandt wird. Indes genügt nicht, daß Streit über die Auslegung besteht. Voraussetzung ist vielmehr, daß nach Ausschöpfung der in Betracht kommenden Auslegungsmethoden ein nicht behebbarer Zweifel und mindestens zwei Auslegungen rechtlich vertretbar sind.

*(3)* Wenn Allgemeine Geschäftsbedingungen vollständig oder teilweise *nichtig* sind oder nicht zum Inhalt des Vertrages geworden sind, so bleibt abweichend von § 139 BGB der Vertrag im übrigen wirksam (§ 6 Abs. 1 AGB-Gesetz). Die erwachsene Regelungslücke wird durch die gesetzlichen Vorschriften gefüllt (§ 6 Abs. 2 AGB-Gesetz). Etwas anderes gilt nur dann, wenn dies für eine Vertragspartei zu einer unzumutbaren Härte führen würde. Dies kommt nur in seltenen Ausnahmefällen vor. Wird durch die Allgemeinen Geschäftsbedingungen der Verwender, z.B. wegen der Unklarheitenregelung benachteiligt, so hat er dies selbst zu vertreten. Im übrigen wird nur dann eine Nichtigkeit des Gesamtgeschäftes bestehen, wenn es nicht durch außerordentliche Kündigung beseitigt werden kann.

*(4)* Nach § 9 AGB-Gesetz sind Bestimmungen in Allgemeinen Geschäftsbedingungen unwirksam, wenn sie den Vertragspartner des Verwenders entgegen den Geboten von Treu und Glauben unangemessen benachteiligen. Eine solche Benachteiligung ist im

Zweifel anzunehmen, wenn eine Bestimmung mit wesentlichen Grundgedanken der gesetzlichen Regelung, von der abgewichen wird, nicht zu vereinbaren ist, oder wesentliche Rechte oder Pflichten, die sich aus der Natur des Vertrages ergeben, so eingeschränkt werden, daß die Erreichung des Vertragszweckes gefährdet ist. Dies kann z.B. der Fall sein, wenn bei Zahlungsverzug die gesamte Restschuld fällig wird (BGH WM 86, 20), die Wertstellung bei Bankeinzahlungen erst am nächsten Arbeitstag erfolgt (BGH NJW 89, 582 = ZIP 89, 154) oder der volle Reisepreis bereits 30 Tage vor dem Reisebeginn eingezahlt werden muß, ohne daß zugleich auch die Reiseunterlagen ausgehändigt werden (BGH EWiR AGB-Gesetz § 9 10/86 m. Anm. Löwe).

*(5)* In §§ 10 und 11 AGB-Gesetz ist ein Katalog von Verbotsklauseln enthalten, die stets zur Unwirksamkeit bei der Verwendung der Allgemeinen Geschäftsbedingungen führen. Diese Vorschriften sind jedoch nicht anzuwenden, wenn sie Kaufleuten auferlegt werden.

5. **Unterlassungsklage:** Verwender von unzulässigen Allgemeinen Geschäftsbedingungen können nach § 13 AGB-Gesetz auf Unterlassung und im Falle des Empfehlens auf Widerruf in Anspruch genommen werden. Die Ansprüche auf Unterlassung und auf Widerruf können von Verbraucherschutzverbänden, von rechtsfähigen Verbänden zur Förderung gewerblicher Interessen sowie von den Industrie- und Handelskammern oder den Handwerkskammern geltend gemacht werden (§ 13 Abs. 2 AGB-Gesetz). Ausschließlich zuständig ist das Landgericht, in dessen Bezirk der Beklagte seine gewerbliche Niederlassung oder in Ermangelung einer solchen seinen Wohnsitz hat (§ 14 Abs. 1 AGB-Gesetz). Urteile, die in einem solchen Verfahren ergehen, werden in einem vom Bundeskartellamt geführten Register registriert. Über eine bestehende Eintragung ist jedermann auf Antrag Auskunft zu erteilen (§ 20 AGB-Gesetz).

## V. Handelsklauseln, Handelsbräuche und Bestätigungsschreiben

1. **Handelsklauseln.** Im kaufmännischen Rechtsverkehr werden vielfach Handelsklauseln verwandt, mit denen bestimmte Vor-

stellungen verbunden sind, die lange Darlegungen ersparen. Die Handelsklauseln entfalten Vertragswirkungen *(a)* aufgrund eines bestehenden Handelsbrauches, *(b)* wenn die Vertragspartner im Vertrag darauf Bezug nehmen; dies kann insbesondere in Allgemeinen Geschäftsbedingungen (oben IV) oder durch die Verweisung auf Incoterms erfolgen. Die wichtigsten Handelsklauseln sind:

a) Ab Werk (Fabrik): Kosten und Gefahrübergang auf den Käufer ab Übergabe im Werk des Verkäufers.
b) Wie besichtigt: Ansprüche auf Gewährleistung sind ausgeschlossen; der Käufer hat die Ware gekauft, wie er sie besichtigt hat.
c) Cif (cost, insurance, freight) ...... (Bestimmungshafen): Der Verkäufer trägt Kosten für Fracht und Versicherung bis zum Bestimmungshafen.
d) C.O.D. (cash on delivery). Bezahlung hat bar oder gegen Scheck zu erfolgen. Jedenfalls ist die Aufrechnung ausgeschlossen (BGH NJW 85, 550). Soll die Bezahlung gegen Papiere erfolgen, wird dies c.a.d. (cash against documents) ausgedrückt. Der Käufer gerät auch bei Mängeln in Verzug, wenn er nicht gegen die Papiere leistet (BGH HGB § 346 1/87 m. Anm. Hensen).
e) Fob (free on bord) ...... (Verschiffungshafen), frei an Bord; der Verkäufer muß auf seine Kosten die Ware an Bord des Schiffes im Verschiffungshafen verbringen.
f) Frei (frachtfrei) ...... Ort: Der Verkäufer trägt die Frachtkosten bis zum Bahnhof, nicht die Ablade- und Abfuhrkosten (vgl. BGH NJW 84 S. 567).
g) Hamburger Arbitrage: Es soll eine Schiedsgerichtsklausel für alle Streitigkeiten aus dem Vertrage gelten.
h) Netto Kasse: Es soll ein Skonto auch bei sofortiger Zahlung ausgeschlossen sein.
i) Zwischenverkauf vorbehalten: Der Verkäufer darf die von ihm angebotene Ware vor Annahme des Angebotes weiter veräußern. Der Käufer trägt also das Risiko des Zwischenverkaufes, wenn er das Vertragsangebot nicht umgehend annimmt.
j) Im internationalen Rechtsverkehr verwandte Abkürzungen werden von der Internationalen Handelskammer veröffentlicht. Sie werden als Incotermes bezeichnet. Die wichtigsten sind cif und fob (vgl. oben c, d).

**2. Handelsbräuche.** Kaufleute müssen auf die allgemein gebräuchlichen kaufmännischen Regeln vertrauen. Deshalb können Handelsbräuche herangezogen werden, wenn es um die Auslegung von Willenserklärungen oder die Klärung vertraglicher Rechte und Pflichten geht (§ 346 HGB).

a) Ein *Handelsbrauch entsteht,* wenn er unter Zustimmung der beteiligten Handelskreise über einen gewissen Zeitraum tatsächlich geübt wird. Häufig entstehen Handelsbräuche nur in bestimmten Geschäftszweigen (Branchen). Sie wandeln unter Kaufleuten die allgemeine Verkehrssitte (§§ 133, 157 BGB) vielfach ab, die für Rechtsgeschäfte unter Nichtkaufleuten besteht. Die Handelsbräuche gelten in den Verträgen zwischen Kaufleuten auch dann, wenn die Beteiligten sie nicht gekannt oder das rechtliche Ergebnis der Handelsbräuche nicht gewollt haben. So kann sich z.B. ein Handelsbrauch entwickeln, daß ein Reisebüro bis 4 Wochen vorher von einem Hotelreservierungsvertrag zurücktreten kann (OLG Frankfurt DB 86, 1458).

b) Dem Handelsbrauch gehen *einzelvertragliche Abreden* vor. Weiter geht dem Handelsbrauch zwingendes Gesetzesrecht vor. Dagegen tritt dispositives Gesetzesrecht hinter den Handelsbrauch zurück. Vom zwingenden Gesetzesrecht spricht man dann, wenn es für die Parteien zwingend ist; von dispositiven Gesetzesrechten wird gesprochen, wenn die Parteien wirksam davon abweichen können.

c) Im Rechtsstreit muß derjenige einen Handelsbrauch *darlegen und beweisen,* der sich auf ihn beruft. Zu diesen wichtigsten Handelbräuchen gehören die Handelsklauseln (oben V 1) und das kaufmännische Bestätigungsschreiben (unten V 3).

**3. Bestätigungsschreiben.** a) Im kaufmännischen Rechtsverkehr werden vielfach Verträge mündlich oder telefonisch abgeschlossen. Alsdann ist es üblich, sie durch ein Bestätigungsschreiben zu bestätigen.

b) Enthält das Bestätigungsschreiben das beiderseitig Gewollte und Verabredete, so erwachsen keine Probleme. Das Bestätigungsschreiben enthält den Vertragstext und die Sache ist damit erledigt.

Weicht dagegen das Bestätigungsschreiben von dem Gewollten und vertraglich Verabredeten ab, so gilt ebenfalls der Inhalt des Bestätigungsschreibens nach Handelsbrauch, sofern der Empfänger nicht unverzüglich (§ 121 BGB) widerspricht (vgl. BGH ZIP

84, 603, 85; 416 = BB 85, 546). Anders als im allgemeinen bürgerlich rechtlichen Rechtsverkehr gilt das Schweigen auf ein Bestätigungsschreiben als Zustimmung. Eine Ausnahme von diesem Grundsatz gilt nur dann, wenn der Bestätigende bewußt von den vertraglichen Abreden abgewichen ist. Hierfür trägt aber derjenige die Beweislast, der sich darauf beruft. Im allgemeinen wird insoweit der Nachweis sehr schwer zu führen sein.

*Beispiel:* Bestätigt der Verkäufer dem Käufer widerspruchslos den Verkauf von 100 Sack Zement, so muß dieser sie abnehmen, selbst wenn er nur 10 bestellt.

c) Kreuzen sich zwei inhaltlich voneinander abweichende Bestätigungsschreiben, so ist i. d. R. kein Widerspruch erforderlich; etwas anderes gilt dann, wenn die Abweichung lediglich eine Vertragsergänzung betrifft, die ohnehin zu erwarten war (BGH NJW 66, 1070).

d) Ein Bestätigungsschreiben kann einen Vertragsabschluß unter Kaufleuten erst zur Entstehung bringen. Dies ist namentlich bei Auftragsbestätigungen der Fall. Im einzelnen kommt es auf die Branchenüblichkeit und die Auslegung des Schreibens im Einzelfall an.

e) Die Grundsätze des Bestätigungsschreibens gelten im allgemeinen jedoch nicht gegenüber *Nichtkaufleuten.* Es ist damit ausgeschlossen, gegenüber Arbeitnehmern Vertragsbedingungen zu bestätigen und damit zur Entstehung zu bringen. Anzuwenden sind die Grundsätze aber auf den Konkursverwalter über das Vermögen eines Unternehmens (BGH EWiR HGB § 346 2/87 m. Anm. K. Schmidt).

## VI. Handelskauf

**1. Handelskauf.** a) Die Vorschriften des BGB über das Kaufrecht werden ergänzt und modifiziert durch Vorschriften des Handelsrechtes (§§ 373 ff HGB), die dem Verkäufer im allgemeinen eine stärkere Rechtsstellung einräumen und eine schnelle Abwicklung des Kaufvertrages gewährleisten.

b) Nach § 433 Abs. 1 BGB hat der *Verkäufer die verkaufte Sache* zu liefern. Kommt es zu Leistungsstörungen auf Seiten des Verkäufers, so können dem Käufer nachfolgende Rechte erwachsen: *(1)* Wird dem Verkäufer die Lieferung der verkauften Sache nach Abschluß des Vertrages unmöglich, ohne daß er dies zu vertreten hat, so wird er von seiner Verpflichtung frei; er verliert aber auch den Anspruch auf die Bezahlung (§§ 275, 323 BGB). War die Sache bei Vertragsabschluß nur der Gattung nach bestätigt (10 Rollen Rauhfasertapete), so bleibt der Verkäufer zur Lieferung verpflichtet, selbst wenn in der Nacht vor der Lieferung das Lager abgebrannt ist (§ 279 BGB). Bei nur der Gattung nach bestimmten Gegenständen hat der Schuldner, solange die Leistung aus der Gattung möglich ist, sein Unvermögen zur Leistung auch dann zu vertreten, wenn ihm ein Verschulden nicht zur Last fällt (§ 279 BGB). *(2)* Wird dem Verkäufer die Lieferung der verkauften Sache unmöglich und hat er die Unmöglichkeit zu vertreten, kann der Käufer Schadensersatz wegen Nichterfüllung verlangen oder vom Vertrage zurücktreten (§ 325 BGB). Für die Berechnung des Schadensersatzanspruches gilt die sog. Differenzhypothese. Der Verkäufer hat den Käufer so zu stellen, als ob er rechtzeitig geleistet hätte. Der Verkäufer hat jeden Schaden zu tragen, den der Käufer erleidet, daß er die Ware nicht rechtzeitig erhält. Dabei wird kurzer Hand der Wert der Leistung des Käufers von der Leistung des Verkäufers abgezogen. *(3)* Leistet der Verkäufer verspätet und hat er die Verspätung zu vertreten, so kann sich der Käufer damit begnügen, den Verspätungsschaden zu verlangen; er kann den Verkäufer aber auch in Verzug setzen und nach allgemeiner Meinung Schadensersatz wegen Nichterfüllung verlangen oder vom Vertrage zurücktreten (§ 326 BGB). *(4)* Ist die Leistung des Verkäufers mit Mängeln behaftet (die verkaufte Sache ist schlecht), so kann der Käufer innerhalb einer Frist von sechs Monaten Gewährleistungsansprüche erheben. Er kann also den Kaufpreis mindern oder vom Vertrage zurücktreten; in Ausnahmefällen stehen ihm auch Schadensersatzansprüche wegen Nichterfüllung zu. *(5)* Schließlich kann der Käufer durch die vom Verkäufer gelieferte Sache einen weitergehenden Schaden erleiden (die verkaufte Bierflache explodiert und verletzt den Käufer), alsdann können sich weitergehende Schadensersatzansprüche des Käufers aus positiver Vertragsverletzung ergeben.

c) Der Käufer ist nach § 433 Abs. 2 BGB verpflichtet, den vereinbarten Kaufpreis zu zahlen und die Sache abzunehmen. *(1)* Es ist praktisch kaum denkbar, daß dem Käufer die Bezahlung seiner Schuld unmöglich wird, ohne daß er dies zu vertreten hat. Da Geldschulden Gattungsschulden sind (§ 279 BGB), hat der Käufer für seine finanzielle Leistungsfähigkeit einzustehen. *(2)*

Kommt der Käufer mit der Zahlung in Verzug, so kann der Verkäufer, wenn er den Käufer in Verzug gesetzt hat, regelmäßig nach vorheriger Mahnung Schadensersatz wegen Nichterfüllung verlangen oder vom Vertrag zurücktreten. *(3)* Abnahme ist die tatsächliche Befreiung des Verkäufers von der geschuldeten Sache. Nimmt der Käufer die Sache nicht ab, so kommt er regelmäßig unter den Voraussetzungen der §§ 284, 285 BGB in Verzug und ist nach § 286 BGB zum Schadensersatz verpflichtet.

d) Dieses vorstehend dargestellte System des Kaufrechtes ist durch die Vorschriften des *Handelsrechtes modifiziert.*

**2. Annahmeverzug des Käufers.** Gerät der Käufer mit der Abnahme der Ware in Annahmeverzug, so kann der Verkäufer gleichwohl daran interessiert sein, die Ware schnell los zu werden. Deshalb hat er das Recht, die Waren auf Gefahr und Kosten des Käufers in einem öffentlichen Lagerhaus oder in sonstiger Weise zu hinterlegen. Außerdem kann er zur Selbsthilfe schreiten und die Ware für Rechnung des säumigen Käufers nach vorheriger Androhung öffentlich versteigern bzw. durch einen öffentlich ermächtigten Handelsmakler verkaufen lassen (§ 373 HGB). In Annahmeverzug gerät der Käufer bereits dann, wenn er die Ware zum vereinbarten Zeitpunkt nicht abnimmt oder bei einem tatsächlichen, in Ausnahmefällen auch bei einem wörtlichen Angebot nicht abnimmt (§§ 293ff BGB).

**3. Wahlrecht des Käufers.** Hat sich der Käufer vorbehalten Form, Maß oder ähnliche Verhältnisse der gekauften Ware (bewegliche Sache) erst zu einem späteren Zeitpunkt zu bestimmen, muß er bei Verletzung dieser Pflicht damit rechnen, daß der Verkäufer selbst die Wahl trifft oder Schadensersatz wegen Nichterfüllung verlangt bzw. vom Vertrage zurücktritt.

**4. Fixhandelskauf.** Beim Fixhandelskauf legt der Käufer Wert darauf, daß die Ware genau zu einem fest bestimmten Zeitpunkt oder innerhalb einer fest bestimmten Frist geliefert wird. Z.B. sind Schokoladenhasen rechtzeitig vor dem Ostergeschäft zu liefern. Will der Käufer auch noch nach dem Lösungstermin die Waren haben, so hat er dies dem Verkäufer unverzüglich anzuzeigen. Er kann aber auch ohne weitere Mahnung vom Vertrag zurücktreten oder Schadensersatz wegen Nichterfüllung verlangen. Der Schadensersatzanspruch geht auf die Differenz dessen, was er durch den Weiterverkauf erzielt hätte und was er dafür hätte bezahlen müssen.

**5. Gewährleistungsansprüche.** Ist der Kaufvertrag für beide Vertragspartner ein Handelskauf, so hat der Käufer die Ware unverzüglich nach Ablieferung durch den Verkäufer, soweit dies nach ordnungsmäßigem Geschäftsgang tunlich ist, zu untersuchen und, wenn *(1)* sich ein Mangel zeigt, *(2)* eine andere als die bedungene Ware (Knöpfle, Aliud – Lieferung beim Gattungskauf, NJW 89, 871) oder *(3)* eine andere als die bedungene Menge von Waren geliefert ist (vgl. BGH NJW 84, 1964), Mängelrüge zu erheben (§§ 377, 378 HGB). Den Kaufmann trifft eine Untersuchungspflicht. Abgeliefert ist eine Kaufsache wenn der Käufer in Erfüllung des Kaufvertrages in eine solche tatsächliche räumliche Beziehung zur Kaufsache kommt, daß er aufgrund der von ihm erlangten Verfügungsmacht die Beschaffenheit der Ware prüfen kann (BGH NJW 61, 730; ZIP 85, 416 = BB 85, 546; bei Massengütern: BGH EWiR HGB § 377 Nr. 2/86 m. Anm. Pfister). Wird die Mängelrüge unterlassen, so wird unwiderleglich vermutet, daß der Sachmangel, die Falschmenge oder Falschlieferung genehmigt ist. Damit hat der Kaufmann die Gewährleistungsansprüche verloren. Unverzüglich gerügt werden muß auch dann, wenn zunächst ein Sachmangel gerügt worden ist, der Verkäufer eine Nachbesserung versucht, diese aber erfolglos geblieben ist (OLG München EWiR HGB § 377 Nr. 1/86 m. Anm. Brandner). Stellt sich später eine der vorbezeichneten Mängel heraus, so muß die Mängelrüge unverzüglich erhoben werden. Die Mängelrüge muß zugehen; geht sie aber zu, so ist auf die Rechtzeitigkeit der Absendung abzustellen (§ 377 Abs. 4 HGB – vgl. BGH ZIP 87, 852). Eine Ausnahme vom Verlust der Mängelrüge besteht bei arglistigem Verhalten des Verkäufers. Unberührt von der Mängelrüge bleibt die Möglichkeit. Folgeschäden geltend zu machen (BGH WM 87, 1299).

## VII. Warenzeichenrecht[2]

**1. Abgrenzung von Firma und Warenzeichenrecht.** Im Geschäftsverkehr dienen der Name, die Firma, die besondere Geschäftsbezeichnung und das Geschäftsabzeichen zur Individualisierung der Person des Unternehmensinhabers und des von ihm betriebenen Unternehmens. Warenzeichen individualisieren dagegen die Waren und Dienstleistungen eines bestimmten Unternehmens, um

[2] Baumbach/Hefermehl, Warenzeichengesetz, 12. Aufl., 1985; Althammer, Warenzeichengesetz, 3. Aufl., 1985.

sie von gattungsgleichen Waren der Konkurrenzunternehmen zu unterscheiden. Ein Gewerbetreibender kann die von ihm vertriebenen Waren durch ein Warenzeichen kennzeichnen, daß auf ihn hingewiesen wird. Er kann aber auch eine Warenbezeichnung wählen, die dazu dient, die mit ihm versehenen Waren zu individualisieren, damit sie im Warenangebot des Marktes nicht untergehen. Nur die letzten Zeichen können als Warenzeichen gesichert werden.

**2. Markenzeichen.** a) Nach § 1 Warenzeichengesetz i.d.F. vom 2.1. 1968 (BGBl. I S. 1, 29 m. spät. Änd.) – WZG kann ein Zeichen zur Eintragung in die Zeichenrolle anmelden, wer sich in seinem Geschäftsbetrieb zur Unterscheidung seiner Waren von denen seiner Mitbewerber eines Zeichens bedienen will. Auf Dienstleistungsmarken und Ausstattungen für Dienstleistungen sind die Vorschriften über Warenzeichen und Ausstattungen für Waren entsprechend anzuwenden. Zu unterscheiden sind mithin Waren- und Dienstleistungszeichen. Ware ist jedes Erzeugnis, das Gegenstand des Handelsverkehrs sein kann. Ein Warenzeichen kann mithin angemeldet werden, *(1)* von einem Geschäftsinhaber, unerheblich ist, ob er eine natürliche oder juristische Person ist; *(2)* für einen Geschäftsbetrieb; Voraussetzung ist, daß der Geschäftsbetrieb sich mit der Herstellung oder Bearbeitung von Waren, mit dem Handel von Waren oder der Leistung von Diensten befaßt. Das Warenzeichen erlischt mit endgültiger Einstellung des Geschäftsbetriebes; *(3)* für Marken, die der Unterscheidung von Waren oder Dienstleistungen anderer dienen. Dienstleistungen sind unkörperliche Leistungen. Die Eintragung einer Dienstleistungmarke setzt voraus, daß die Dienstleistung, für die die Marke angemeldet wird, einen selbständigen Wert besitzt und im Wettbewerb mit Dienstleistungen und Waren anderer nach außen in Erscheinung tritt. Dienstleistungen können sich auf Waren beziehen (Reinigungsunternehmen, Autowaschanlagen, Reparatur- und Transportbetrieb, usw.); es gibt aber auch reine Dienstleistungen wie z.B. bei Banken, Versicherungen, Auskunfteien, Büros, Werbeagenturen usw..

b) Bei den Zeichenarten werden unterschieden *(1)* Wortzeichen; sie können aus Einzelworten oder mehreren Woren bestehen, sofern sie unterscheidungsfähig sind. Nicht schutzfähig ist eine lediglich beschreibende Buchstaben- und Zeichenfolge; *(2)* Bildzeichen. Dies sind Bilder jeder Art, auch Buchstabenfolgen

*(3)* Mischzeichen, also Zeichen, die sich aus Wort- und Bildzeichen zusammensetzen; *(4)* Plastische Zeichen; sie müssen Flächenhaft sein; *(5)* Hörzeichen. Sie sind zumindest in den USA geschützt. Es handelt sich hierbei z.B. um Hupzeichen usw.; *(6)* Telle-Quelle-Marken. Dieser Begriff hat im Rahmen des internationalen Markenrechts Bedeutung. Jede im Herkunftsland eingetragene Marke soll auch so in einem anderen Land eingetragen werden können.

c) Markenzeichen haben Unterscheidungs-, Herkunft-, Garantie-, Werbe- und Schutzfunktion.

**3. Verwaltungsverfahren.** a) Das Marken- und Dienstleistungszeichen kann auf einem vorgeschriebenen Vordruck (VO vom 9. 4. 1979 BGBl I S. 570) in die Zeichenrolle beim Bundespatentamt München eingetragen werden (vgl. Schaub, Arbeitsrecht von A–Z, 12. Aufl., 1988, Stichwort: Arbeitnehmererfindung). Die Eintragung ist gebührenpflichtig (Mindestgebühr 300,– DM) vgl. (vom 18. 8. 1976 (BGBl I S. 2188, zul. geänd. 22. 10. 1987 BGBl I S. 2294).

b) Durch die Eintragung werden die Rechte des Markeninhabers nicht erweitert. Er darf nur, was er auch schon vorher durfte. Er erhält jedoch ein ausschließliches Recht, Waren der angemeldeten Art oder ihrer Verpackung oder Umhüllung mit der für ihn eingetragenen Marke zu kennzeichnen und in Verkehr zu setzen (§ 15 WZG). Die Eintragung der Marke soll deren Entwicklung zur Verkehrsgeltung begünstigen. Der eingetragene Markeninhaber hat gegen Dritte, die seine Rechte verletzen, einen Abwehranspruch aus §§ 24, 31 WZG (BGH ZIP 86, 252), einen Ersatzanspruch (§ 24 Abs 2 WZG) und u.U. einen Strafschutz (§ 24 Abs. 3 WZG).

**4. a) Eintragung.** Entspricht die Anmeldung den gesetzlichen Erfordernisse, so wird das Waren- oder Dienstleistungszeichen in die Zeichenrolle eingetragen (§ 3 Abs 1 WZG). Die Einsicht in die Zeichenrolle steht jedermann frei. In die Akten des Patentamts wird Einsicht gewährt, wenn hieran ein berechtigtes Interesse besteht. Das Bundespatentamt erteilt ferner jedermann gegen Kostenerstattung beglaubigte oder unbeglaubigte Abschriften, dem Zeicheninhaber beglaubigte Auszüge für Auslandsmeldungen.

b) Entspricht die Anmeldung den gesetzlichen Erfordernissen (§§ 1, 2 WZG) und liegt kein Eintragungshindernis nach § 4

WZG) vor, so beschließt das Patentamt die Bekanntmachung der Anmeldung. Die Bekanntmachung erfolgt im Warenzeichenblatt.

**5. Internationale Warenzeichen.** Vor allem auf dem Gebiet des Warenzeichenrechts spielen internationale Verträge eine Rolle (vgl. Pariser Verbandsübereinkunft vom 28. 3. 1883 zum Schutz des gewerblichen Eigentums in der Stockholmer Fassung vom 14. 7. 1967 (BGBl. 1970 II 391).

## VIII. Produkthaftung[3]

**1. Begriff.** Unter Produkthaftung versteht man die Haftung des Herstellers einer Ware für Folgeschäden, die aufgrund ihrer Verwendung Endverbraucher an Person oder Eigentum erleiden. Im Rahmen der Gewährleistung haftet der Hersteller für die Gebrauchs- und Funktionstüchtigkeit der Ware; bei der Produkthaftung geht es um das Einstehen des Herstellers für von der Ware ausgehende Gefahren.

Beispiel: Ist das Bier schlecht geworden, geht es um eine Frage der Gewährleistung. Explodiert die Bierflasche beim Verbraucher, geht es um die Frage der Produkthaftung.

Im Rahmen der modernen Massenproduktion kann der Verkäufer von Massenware häufig oder zumeist selbst nicht erkennen, ob und inwieweit die von ihm gelieferte Ware beim Endverbraucher zu Schäden führt. Er kann daher vielfach aufgrund des zwischen ihm und dem Endverbraucher bestehenden Kaufvertrages nicht zum Schadensersatz herangezogen werden, weil es an seinem Verschulden fehlt. Bei der Produkthaftung geht es um die Fragestellung, inwieweit der Hersteller zum Schadensersatz herangezogen werden kann.

**2. Anspruchsbegründung.** a) Garantievertrag. Zwischen Hersteller und Endverbraucher können unmittelbare vertragliche Beziehungen bestehen, aufgrund derer der Hersteller zum Schadensersatz verpflichtet ist. Dies ist dann der Fall, wenn sich der Hersteller durch Werbeerklärungen, Werbeschreiben, Ausstattung der Ware als Markenware, Verwendung von Gütezeichen, Originalverpackungen, Aufbau von Kundendiensten und Ersatzteildiensten unmittelbar an den Endverbraucher wendet. Aber selbst bei

---

[3] Brüggemeier, Produktenhaftung, WPM 82, 1294; Diederichsen, Wohin treibt die Produkthaftung, NJW 78, 1281, Taschner, Die künftige Produktenhaftung in Deutschland, NJW 86, 611.

Ausgabe von Garantiekarten wird die Ersatzpflicht häufig auf Mängelbeseitigungs- und Neulieferungsansprüche beschränkt, so daß eine Haftung für weitergehenden Schaden ausgeschlossen ist.

b) Vertrag mit Schutzwirkung zugunsten Dritter. Aus dem Vertrag zwischen Hersteller und Händler können sich vertragliche Schutzpflichten für Dritte, insbesondere Endverbraucher ergeben. Im allgemeinen wird dem Händler aber keine Schutzpflicht gegenüber dem Endverbraucher obliegen (vgl. BGH 51, 91). Eine Ausnahme von diesem Grundsatz wird dann gemacht, wenn die Ware im Betrieb des Händlers durch seine Arbeitnehmer gebraucht wird. Die Arbeitnehmer können den Hersteller unmittelbar auf Schadensersatz in Anspruch nehmen.

c) Eine neuere Meinung begründet die Herstellerhaftung mit einer vertragsähnlichen Verschuldenshaftung aufgrund gesteigerten sozialen Rechtsgüterkontaktes (einschränkend BGH 51, 91).

d) Vor allem kommt die Herstellerhaftung aufgrund unerlaubter Handlung in Betracht. Der Hersteller haftet, wenn er gegen Schutzgesetze zugunsten der Endverbraucher verstoßen hat (§ 823 Abs. 2 BGB). Schutzgesetze sind vor allem die StVZO, in der die technischen Voraussetzungen eines Kraftfahrzeuges beschrieben sind, Lebensmittelgesetz und Arzneimittelgesetz, aus denen sich Mindestanforderungen für Lebens- und Arzneimittel ergeben. Letztlich kommt eine Haftung nach § 823 Abs. 1 BGB in Betracht, wenn ein Hersteller ein fehlerhaftes Produkt in den Verkehr bringt und er seine Verkehrssicherheitspflicht verletzt hat.

**3. Herstellerpflichten.** Zum Schadensersatz verpflichtende Handlungen des Herstellers können gegeben sein, wenn er die Produkte nicht hinreichend überprüft, Arbeitsanleitungen, Produktionsbeschreibungen und Konstruktionsbeschreibungen nicht eindeutig und hinreichend klar verfaßt, Produkte nicht mit hinreichenden Sicherheitsvorkehrungen versieht, Produkte nicht nach dem letzten Stand von Wissenschaft und Technik fertigt, diese nicht hinreichend auf dem Markt beobachtet usw. Eine Haftung trifft den Hersteller im allgemeinen nicht für sog. Ausreißer. Für den Beweis, daß ein Produktfehler im Verantwortungsbereich des Herstellers entstanden ist, kann zugunsten des Geschädigten eine Beweislastumkehr in Betracht kommen, wenn der Hersteller aufgrund der ihm im Interesse des Verbrauchers auferlegten Verkehrssicherungspflicht gehalten war, das Produkt auf seine einwandfreie Beschaffenheit zu überprüfen und den Befund zu sichern, er dieser Verpflichtung aber nicht nachgekommen ist (BGH NJW 88, 2611).

## § 47. Die technische Verwaltung

### I. Betriebliche Anlagen

**1. Allgemeines.** Namentlich die Ausübung eines stehenden Gewerbes erfordert betriebliche Anlagen. Auch insoweit bestehen umfangreiche gesetzliche Bestimmungen, um die von ihnen ausgehende Gefahren zu mindern.

**2. Räumlich gebundene Personalkonzession.** Im Rahmen der Darstellung genehmigungsbedürftiger Gewerbe (§ 5) ist bereits darauf hingewiesen, daß die Gewerbeerlaubnis in bestimmten Fällen nur für bestimmte Räume gewährt wird. Dies gilt z.B. für private Krankenanstalten, Spielhällen, aber auch für Gaststätten.

**3. Gewerberechtliche Anlagegenehmigung.** Grundsätzlich regelt das Bundesimmissionsschutzgesetz welche Anforderungen an eine gewerbliche Anlage zu stellen sind. Nur bei speziellen, in § 24 Abs. 3 GewO aufgezählten Anlagen bedarf es einer Anlagenkonzession nach §§ 24–25 GewO, soweit dies durch RechtsVO nach § 24 Abs. 2 GewO bestimmt ist. Zu den genehmigungsbedürftigen Anlagen gehören *(;)* Dampfkesselanlagen, *(2)* Druckbehälter außer Dampfkesseln, *(3)* Anlagen zur Abfüllung von verdichteten, verflüssigten oder unter Druck gelösten Gasen, *(4)* Leitungen unter innerem Überdruck für brennbare, ätzende oder giftige Gase, Dämpfe oder Flüssigkeiten, *(5)* Aufzugsanlagen, *(6)* elektrischen Anlagen in besonders gefährdeten Räumen, *(7)* Getränkeschankanlagen und Anlagen zur Herstellung kohlensaurer Getränke, *(8)* Azetylenanlagen und Kalziumkarbidlager, *(9)* Anlagen zur Lagerung Abfüllung und Beförderung von brennbaren Flüssigkeiten, *(10)* medizinisch-technische Geräte.

**4. Bundesimmissionsschutzgesetz.** Bei der Überwachung gewerblicher Anlagen nach dem Bundesimmissionsschutzgesetz vom 15. 3. 1974 (BGBl. I S. 721, ber. S. 1193) mit zahlreichen Änd. ist zu unterscheiden zwischen der Überwachung genehmigungsbedürftiger Anlagen und der genehmigungsfreien. Zweck des BImSchG ist es, vor schädlichen Umwelteinwirkungen zu schützen. Erfaßt werden Immissionen, also Luftverunreinigungen, Geräusche, Erschütterungen, Lärm, Wärme, Strahlen und ähnliche Umwelteinwirkungen (§ 3 Abs. 2 BImSchG). Für bestimmte, enumerativ aufgezählte Anlagen, die besonders umweltgefährdend sind, setzt das Gesetz ein Verbot mit Erlaubnisvorbehalt fest. Dagegen besteht für die übrigen relevanten Anlagen eine Erlaubnis mit Verbotsvorbehalt.

## II. Genehmigungsbedürftige Anlagen

**1. Anlage.** a) Anlagen i.S. des BImSchG sind *(1)* Betriebsstätten und sonstige ortsfeste Einrichtungen, *(2)* Maschinen, Geräte und sonstige ortsveränderliche technische Einrichtungen sowie Fahrzeuge, soweit sie nicht der Vorschrift des § 38 unterliegen, *(3)* Grundstücke, auf denen Stoffe gelagert oder abgelagert oder Arbeiten durchgeführt werden, die Immissionen verursachen können, ausgenommen öffentliche Verkehrswege. Von dem Begriff der Anlage werden damit praktisch alle gewerblichen Einrichtungen erfaßt (§ 3 Abs. 5 BImschG).

b) Genehmigungsbedürftig wird die Anlage aber erst dann, wenn sie von der 4. VO zur Durchführung des BImSchG (VO über genehmigungsbedürftige Anlagen – 4. BImSchG) idF. vom 24. 7. 1985 (BGBl. I S. 1586) aufgezählt ist. Hierzu zählen vor allem technische Großanlagen der Wirtschaft, aber auch Schweinemästereien mit 250 Plätzen oder Legebatterien mit mehr als 7000 Plätzen. Die Anforderungen, die an genehmigungsbedürftige Anlagen zu stellen sind, ergeben sich aus §§ 5 bis 7 BImSchG. Hiernach dürfen keine schädlichen Umwelteinwirkungen verursacht werden, es muß Vorsorge gegen solche Einwirkungen getroffen werden und die schadlose Beseitigung der Reststoffe muß sichergestellt werden. Diese unbestimmten Rechtsbegriffe sind durch RechtsVO näher zu konkretisieren. Die RechtsVO dürfen wegen einzelner technischer Anforderungen gemäß § 7 Abs. 2 BImSchG auf Verwaltungsvorschriften verweisen. Insoweit sind vor allem die technische Anleitung Luft (TA Luft) vom 27. 2. 1986 (GMBl. S. 95) und die technische Anleitung zum Schutz gegen Lärm (TA Lärm) vom 16. 7. 1986 (Beil. BAnz. Nr. 137) von Bedeutung. Sie haben nach der Rspr. des BVerwG die Rechtsnatur eines antizipierten Sachverständigengutachtens (BVerwG 55, 250).

**2. Die Genehmigung.** Sie ist zu erteilen, wenn die Anlage den Genehmigungsvoraussetzungen genügt (§ 6 BImSchG). Es gilt der sog. Konzentrationsgrundsatz; d.h. die immissionsschutzrechtliche Genehmigung wird nur erteilt, wenn die Anlage den baurechtlichen, raumordnungsrechtlichen und naturschutzrechtlichen Vorschriften entspricht. die immissionsschutzrechtliche Genehmigung verdrängt vor allem die sonst notwendige baurechtliche Genehmigung. Genehmigungspflichtige Anlagen sind nur in solchen Gebieten zulässig, die durch einen Bebauungsplan als Industriegebiet (§ 9 Bau NVO) ausgewiesen sind (BVerwG NJW 75, 460).

**3. Das Genehmigungsverfahren.** Es ergibt sich aus § 10 BImSchG i.V.m. 9. VO zur Durchführung des BImSchG vom 18. 2. 1977 (BGBl. I S. 274) m. spät. Änd. Es sind sechs Verfahrensabschnitte zu unterscheiden: *(1)* Das Genehmigungsverfahren setzt einen schriftlichen Antrag mit den dazu gehörigen Unterlagen voraus. *(2)* Die zuständige Behörde macht das Vorhaben im Amtsblatt und in den öffentlichen Tageszeitungen bekannt. Dabei weist sie darauf hin, daß Einwendungen gegen dieses Vorhaben innerhalb einer Frist von zwei Monaten geltend gemacht werden können (§ 10 Abs. 3, 4 BImSchG). *(3)* Nach der Bekanntmachung werden der Antrag und die Unterlagen für zwei Monate öffentlich ausgelegt. Nach Ablauf der Frist sind weitere Einwendungen ausgeschlossen. *(4)* Nach dem Ablauf der Frist findet ein Erörterungstermin statt (§ 10 Abs. 6 BImSchG). In ihm werden alle Einwendungen mit der Genehmigungsbehörde besprochen. *(5)* Wenn das Vorhaben dem BImSchG sowie allen anderen öffentlichen Voraussetzungen genügt, wird die Genehmigung erteilt. *(6)* Es wird ein schriftlicher Genehmigungsbescheid erlassen (§ 10 Abs. 7 BImSchG).

**4. Rechtsfolgen der Genehmigung.** a) Die immissionsschutzrechtliche Genehmigung ersetzt alle anderen für die Anlage erforderlichen öffentlichen Genehmigungen (§ 13 BImSchG), also z.B. auch eine Baugenehmigung.

b) Durch die immissionsschutzrechtliche Genehmigung erzielt der Erwerber eine Sicherung gegen zivilrechtliche Unterlassungsansprüche; gegen den Betreiber kann mithin nicht mehr nach § 1004 Abs. 1 BGB auf Unterlassung vorgegangen werden, weil die Genehmigung den Unterlassungsanspruch nach § 1004 Abs. 2 BGB ausschließt.

c) Die Anlage genießt erhöhten Bestandsschutz. Es können nur noch in eingeschränktem Maße Auflagen erteilt werden (§§ 17, 21 BImSchG).

**5. Rechtsschutz Dritter.** Gegen die Genehmigung können auch die Nachbarn im Wege des Verwaltungsstreitverfahrens vorgehen, wenn sie geltend machen, in ihren Rechten beeinträchtigt zu werden, Begründet ist ihre Klage, wenn gegen Gesetze verstoßen worden ist, die auch ihren Schutz bezwecken.

**6. Genehmigung im vereinfachten Verfahren.** Die 4. DVO zum BImSchG i.d.F. vom 24.7.1985 (BGBl. I S. 1586) weist Anlagen aus, die im vereinfachten Verfahren genehmigt werden können. Bei diesen entfallen die öffentliche Auslegung, Bekanntmachung und Erörterung des Vorhabens. Es entfällt aber auch die Möglichkeit der Teilgenehmigung und der Vorbescheide sowie der Schutz vor zivilrechtlichen Ansprüchen.

### III. Genehmigungsfreie Anlagen

**1. Genehmigungsfreie Errichtung.** a) Alle Anlagen, die in der 4. DVO zum BImSchG nicht aufgeführt sind, können ohne vorbeugende immissionsschutzrechtliche Kontrolle errichtet und betrieben werden. Gleichwohl können auch von ihnen umweltschädliche Einwirkungen ausgehen.

b) Nicht genehmigungsbedürftige Anlagen sind so zu errichten und zu betreiben, daß *(1)* schädliche Umwelteinwirkungen verhindert werden, die nach dem Stand der Technik vermeidbar sind, *(2)* nach dem Stand der Technik unvermeidbare schädliche Umwelteinwirkungen auf ein Mindestmaß beschränkt werden, und *(3)* die bei dem Betrieb der Anlagen entstehenden Abfälle ordnungsgemäß beseitigt werden können. Die Konkretisierung dieser allgemeinen Forderungen geschieht entweder im Wege der RechtsVO (§ 23 BImSchG) oder durch Anordnungen im Einzelfall (§ 24 BImSchG).

**2. Verstoß gegen Kontrollmaßnahmen.** Kommt der Betreiber einer genehmigungsfreien Anlage einer vollziehbaren behördlichen Anordnung nicht nach, so kann die zuständige Behörde die Betriebsanlage ganz oder zum Teil untersagen. Die zuständige Behörde soll eine Untersagung aussprechen, wenn die von der Anlage hervorgerufenen schädlichen Umwelteinwirkungen das Leben oder die Gesundheit von Menschen oder bedeutende Sachwerte gefährden, soweit die Allgemeinheit oder die Nachbarschaft nicht auf andere Weise ausreichend geschützt werden kann.

**3. Sonstige Beschränkungen in der Ausübung des Gewerbes.** a) Beschränkungen können sich ergeben aus dem Baugesetzbuch (BauGB) i.d.F. vom 8.12. 1986 (BGBl. I S. 2253 und der VO über die bauliche Nutzung der Grundstücke (Baunutzungsverordnung-BauNVO) i.d.F. vom 15. 9. 1977 (BGBl. I S. 1763) zul. geänd. 19. 12. 1986 (BGBl. I S. 2665).

b) Ferner ergeben sich Beschränkungen aus verschiedenen Gesetzen, die zum Schutz der Umwelt ergangen sind.

## IV. Werkstatt und Fertigungsplanung

1. Die Rentabilität eines Unternehmens wird wesentlich von der richtigen Gestaltung der Werkstatt, der maschinellen Ausstattung und der Organisation des Arbeitsablaufes bestimmt. Die Fachverbände, insbesondere die Handwerksorganisationen stellen insoweit kostenlos ihre Erfahrungen zur Verfügung.

2. Die Beratung der Handwerksorganisationen bei der Werkstatt- und Fertigungsplanung erstreckt sich auch auf Sonderbereiche wie Energiewirtschaft und Energietechnik, Immissionsschutz und Sicherheitstechnik.

## V. Forschung und Entwicklung

Im Bereich der Handwerksorganisation wird die Umsetzung wissenschaftlicher Erkenntnisse in der Praxis durch die Zusammenarbeit mit einem wissenschaftlichen Institut erleichtert. Die Betriebsberatungsstellen der Handwerkskammern vermitteln die notwendigen Kontakte zur Forschungsförderung und zum Technologietransfer.

## VI. Zusammenarbeit zwischen Handwerk und Industrie

Viele Handwerksbetriebe arbeiten als Zulieferer oder Dienstleistende für die Industrie. Sie liefern Teile oder Aggregate, die in die industrielle Produktion eingehen, oder erbringen Leistungen an industriellen Anlagen und Produkten. Zur Verbesserung der Angebotstransparens dienen bei *a)* den Handwerkskammern Erfassungsstellen für Zulieferungen und Dienstleistungen an die Industrie, *b)* bei Messen die Vermittlungsstellen, *c)* die Herausgabe eines Zulieferungskataloges auf der Basis der EG-Zuliefererterminologie, die den interessierten Handwerksunternehmen eine Direktverbindung zu Auftraggebern im In- und Ausland ermöglicht.

## § 48. Das Versicherungs-ABC des Unternehmers[1]

### I. Allgemeine Einführung

**1. Begriff des Versicherungsvertrags.** Der Versicherungsvertrag ist ein Vertrag, durch den sich der Versicherungsnehmer verpflichtet, eine bestimmte Prämie zu zahlen, und sich der Versicherer verpflichtet, eine bestimmte Gefahr zu übernehmen und im Schadensfall den Schaden zu bezahlen.

a) Rechtsgrundlagen des Versicherungsvertrages sind *a)* das BGB, aus dem sich das allgemeine Vertragsrecht ergibt, *b)* das Versicherungsvertragsgesetz (VVG) vom 30. 5. 1908 (RGBl S. 263 m. spät. Änd.); *c)* die allgemeinen Versicherungsbedingungen (AVB) und gegebenenfalls die besonderen Versicherungsbedingungen. Die allgemeinen und besonderen Versicherungsbedingungen sind regelmäßig Gegenstand des Versicherungsvertrages. Sie müssen durch das Bundesaufsichtsamt für das Versicherungswesen, Berlin genehmigt sein.

b) Die Versicherungsgesellschaften stehen unter der Aufsicht des Bundesaufsichtsamtes für das Versicherungswesen Berlin. Die Aufsicht richtet sich nach dem Versicherungsaufsichtsgesetz (VAG i. d. F. vom 13. 10. 1983, BGBl. I S. 1261 m. spät. Änd.).

**2. Obliegenheiten.** Dem Versicherungsnehmer werden durch das Gesetz wie auch durch den Versicherungsvertrag eine Reihe von Pflichten auferlegt, die Obliegenheiten genannt werden. Durch die Obliegenheiten soll das Versicherungsrisiko eingeschränkt und günstig beeinflußt werden. Es sind vielfach Selbstverständlichkeiten, die sich von selbst ergeben. Sie sollten aber genauestens eingehalten werden, da u. U. die Versicherungsgesellschaft sonst sogar die Leistungen verweigern kann.

**3. Die wichtigsten Obliegenheiten.** Zu den wichtigsten Obliegenheiten gehören:

---

[1] Versicherungsschutz des Unternehmens und seiner Mitarbeiter, Beil. 25 zu DB 86. Beil. 20 zu DB 87; Beil. 19 zu DB 88.

a) *Vorvertragliche Anzeigepflicht:* Wer einen Versicherungsantrag stellt, muß alle ihm bekannten Einzelheiten mitteilen, die für den Versicherer erheblich sind. Die Versicherungsgesellschaft soll dadurch in die Lage versetzt werden, das Risiko in die Gefahrengruppe einzuordnen und den Beitrag festzusetzen.

b) *Gefahrstandspflicht:* Erhöht sich nach Vertragsschluß das Risiko, so hat der Versicherungsnehmer alle Umstände mitzuteilen, aus denen sich eine Erhöhung des Versicherungsrisikos ergibt.

c) *Rettungspflicht:* Der Versicherer ist verpflichtet, mögliche Schäden in zumutbarem Umfang abzuwenden und eingetretene Schäden zu mindern. Er hat sich so zu verhalten, als wäre er nicht versichert. Er muß also die Feuerwehr alarmieren, beim Löschen helfen, Beweise sichern usw. Unzumutbares wird von ihm nicht verlangt. Er braucht sich also nicht in Lebensgefahr zu begeben. Er hat die Weisungen des Versicherers einzuholen und zu befolgen.

Die Kosten, die dem Versicherungsnehmer durch die Erfüllung der Rettungspflicht entstehen, muß der Versicherer ersetzen, soweit sie der Versicherungsnehmer den Umständen nach für erforderlich halten durfte. Erforderlich halten durfte er sie, wenn ein vernünftig denkender Mensch sie aufgewandt hätte. Erstattungspflichtig sind die Kosten auch dann, wenn die Rettungsversuche erfolglos geblieben sind.

d) *Pflicht zur Anzeige des Versicherungsfalles:* Ist ein Versicherungsfall eingetreten, muß der Versicherungsnehmer dem Versicherer unverzüglich Art, Umfang und Ursache des Schadens mitteilen.

e) *Auskunftspflichten:* Im Schadensfall hat der Versicherungsnehmer dem Versicherer jede Auskunft zu erteilen, die dieser für erforderlich hält. Er kann die näheren Umstände feststellen und seine Leistungspflicht beurteilen.

**4. Ausreichender Versicherungsschutz.** Für ein Unternehmen sollte von Anfang an ein ausreichender Versicherungsschutz bestehen. Hierzu gehört meistens: *a)* Sachversicherungsschutz des Unternehmens und seiner Einrichtungen; *b)* Haftpflichtversicherung, die u. U. auch Bearbeitungs- und Verarbeitungsfehler einschließt; *c)* ausreichende Altersversorgung des Inhabers; *d)* ausreichende Krankenversicherung. Es kann eine freiwillige Weiterversicherung bei der bisherigen Krankenkasse (AOK, IKK, BEK,

DAK o.ä.) in Betracht kommen, wenn Personen, die als Mitglieder aus der Versicherungspflicht ausgeschieden sind und in den letzten fünf Jahren vor dem Ausscheiden mindestens zwölf Monate oder unmittelbar von dem Ausscheiden ununterbrochen mindestens sechs Monate versichert waren (§ 9 SGB V). Indes ist zu beachten, daß der Beitritt innerhalb von drei Monaten anzuzeigen ist. Es kann aber auch eine Krankenversicherung bei einer privaten Krankenversicherungsgesellschaft in Betracht kommen, die gelegentlich billiger ist, wenn keine Familienmitglieder mit zu versichern sind. Die Krankenversicherung sollte eine Krankentagegeldversicherung einschließen.

**5. Versicherungsmakler.** Über die verschiedenen Versicherungsmöglichkeiten und Deckungskonzepte unterrichten Versicherungsmakler. Sie vermitteln den Abschluß von Versicherungsverträgen und gewährleisten zweckmäßige Konditionen.

### II. Die wichtigsten Versicherungen des Unternehmens

**1. Betriebshaftpflichtversicherung.** a) Die Betriebshaftpflichtversicherung hat die *Aufgabe,* Haftungsansprüche gegen den Unternehmer zu prüfen, unberechtigte abzuwehren und berechtigte zu erfüllen. Sie deckt alle Schadensersatzansprüche gegen den Unternehmer, unerheblich, ob er oder seine Arbeitnehmer in Ausübung ihres Dienstes den Schaden verursacht haben. Eingeschlossen ist die gesetzliche Haftpflichtversicherung für Grundstücke, Gebäude und Räumlichkeiten, die vom Betriebsinhaber aus betrieblichen oder privaten Gründen benutzt werden. Nicht gedeckt sind Schäden, die der Unternehmer selbst kalkulieren kann, die also aus dem Unternehmerrisiko resultieren; hierzu gehören Gewährleistungsansprüche, Schadensersatzansprüche wegen Schlechtleistung. Sie können im Rahmen einer Produkthaftpflicht versichert werden.

b) Die Betriebshaftpflichtversicherung ist nicht zu verwechseln mit der Versicherung der *Berufsgenossenschaft.* Die Berufsgenossenschaft deckt nur Schadensersatzansprüche von Arbeitnehmern wegen erlittener Körperschäden bei einem Betriebsunfall. Dagegen soll die betriebliche Haftpflichtversicherung die Schadensersatzansprüche dritter Personen abdecken. Die betriebliche Haftpflichtversicherung tritt dagegen wiederum ein, wenn die Berufsgenossenschaft wegen eines schuldhaft verursachten Betriebsunfalles bei dem Unternehmer Regreß nimmt.

c) Regelmäßig deckt die Betriebshaftpflichtversicherung auch Wagnisse, die während der Versicherungsdauer hinzukommen (*Vorsorgeversicherung*). Wird z.B. eine neue Maschine oder ein weiteres Grundstück gekauft, so werden auch die davon ausgehenden Gefahren gedeckt, indes mit einer geringeren Deckungssumme. Wird die nächste Beitragsrechnung fällig, muß der Versicherungsschein geändert werden, damit weiterhin eine volle Dekkung besteht.

**2. Die gebündelte Sachversicherung (gebündelte Geschäftsversicherung).** a) Die gebündelte Sachversicherung *umfaßt (1)* die Feuerversicherung, *(2)* die Einbruch-Diebstahlsversicherung, *(3)* die Leitungswasserversicherung, *(4)* die Sturmversicherung, *(5)* die Glasversicherung, *(6)* die Betriebsunterbrechungsversicherung. Die gebündelte Sachversicherung soll allen beweglichen Sachwerten des Unternehmens umfassenden Schutz gewähren. Sie kann auch in der Form abgeschlossen werden, daß einzelne Wagnisse herausbleiben, z.B. die Sturmversicherung im Binnenland. Sie kann aber auch für die einzelnen Wagnisse abgeschlossen werden, also z.B. Feuer-, Einbruchsversicherung usw.

b) Die *Feuerversicherung* deckt, *(1)* was durch Brand oder Blitzschlag, durch Explosion oder abstürzende bemannte Flugkörper beschädigt oder vernichtet wird; Blitzschlagschäden sind nur versichert, wenn es sich um direkte Einwirkungsschäden handelt; *(2)* alle Schäden, die beim Löschen, Niederreißen oder Ausräumen entstehen; *(3)* Folgeschäden, z.B. solche, die entstehen, weil das Haus nicht mehr eingedeckt ist und vom nachfolgenden Regen im unteren Geschoß Sachen vernichtet werden oder was während der Rettungsarbeiten abhanden kommt. Nicht gedeckt wird die Rechnung der Feuerwehr, es sei denn, daß der Versicherungsschutz hierauf erstreckt ist. Geschützt ist das gesamte Eigentum, das sich am Versicherungsort befindet. Hierzu gehören auch Bargeld in beschränkter Höhe, Wertpapiere und Urkunden. Eingeschlossen ist ferner der Schutz fremder Gegenstände, die in Kommission oder zur Reparatur verwahrt werden. Die Versicherung wird fällig, wenn es gebrannt hat. Kein Schutz besteht bei bloßen Sengschäden.

c) Durch die *Einbruchs- und Diebstahlversicherung* sind gedeckt, *(1)* was mit Mitteln der Gewalt, Nachschlüsseln oder auf sonstige Weise aus geschlossenen Räumen entwendet wird, *(2)* Schäden, die durch den Einbruch an den Gebäuden, Türen usw.

erwachsen, *(3)* Bargeld, Wertpapiere, Urkunden und besondere Wertgegenstände. Die letztgenannten genießen indes zumeist nur dann besonderen Versicherungsschutz, wenn diese Gegenstände durch ein besonderes Behältnis (Geldschrank) gesichert sind; *(4)* was durch Raub innerhalb eines Gebäudes oder Grundstücks und auf den Transportwegen entwendet wird. *(5)* Vandalismusschäden.

d) Die *Leitungswasserversicherung* deckt Schäden, die durch Wasser verursacht werden, wenn es aus Wasserleitungs-, Warmwasserversorgungs- oder Zentralheizungsanlagen ausläuft, ohne daß es beabsichtigt war. Eingeschlossen sind Schäden, die dadurch verursacht werden, daß das Wasser aus Einrichtungen, die mit der Leitung fest verbunden sind, ausläuft, also z. B. Badeöfen, Klosetts usw. Wasserschäden, die nicht durch Leitungswasser verursacht sind, werden nicht ersetzt. Hierzu gehören z. B. Schäden infolge eines Unwetters, durch Regen, Hagel,, Überschwemmung usw. Versichert sind alle beweglichen Sachen in den Betriebsräumen, unerheblich, ob sie im Eigentum des Betriebsinhabers oder eines Dritten stehen.

e) Die *Glasversicherung* deckt Bruchschäden an fertig eingesetzten Innen- und Außenverglasungen. Sie kann für alle Arten von Schäden abgeschlossen werden, also z. B. für Fensterverglasungen, Sicherheitsgläser, Mehrscheibenisolier- und Bleiverglasungen, Glasmalereien, Glasbausteine, Glasplatten und Regale, Wandspiegel. Mitversichert sind Inschriften und Bemalungen. Selbst Leuchtröhren können versichert werden. Nicht versichert sind Hohlgläser, optische Geräte aller Art, Handspiegel. Die Glasversicherung trägt die Kosten der Notverglasung, der neuen Verglasung und der Einsetzarbeiten einschl. notwendiger Gerüstkosten.

f) Durch die *Sturmversicherung* sind gedeckt Schäden, die durch eine Luftbewegung von mindestens Windstärke acht (Sturm) hervorgerufen werden. Mitgedeckt sind Schäden, die erwachsen, *(1)* wenn Bäume, Gebäudeteile usw. auf die versicherten Sachen geworfen werden, *(2)* wenn sonstige Folgeschäden entstehen, z. B. wenn Gegenstände bei abgedecktem Dach durch Schnee, Frost in den darunter liegenden Räumen vernichtet werden, *(3)* wenn Folgeschäden am Gebäude oder infolge der Rettungsarbeiten erwachsen. Versicherbar sind Hagelschäden.

g) Die *Betriebsunterbrechungsversicherung* ersetzt infolge Sachschadens entgehenden Gewinn und fortlaufende Kosten.

**3. Betriebsgebäudeversicherung.** Während durch die gebündelte Sachversicherung die bewegliche Habe versichert wird, wird durch die Betriebsgebäudeversicherung das Geschäfts- bzw. das Betriebsgebäude versichert. In einigen Bundesländern besteht für das Feuerrisko eine Pflichtversicherung.

a) Auch für das Betriebsgebäude gibt es die *Feuer-*, *Leitungswasser-* und *Sturmversicherung.* Gegen Feuerschäden kann bereits der Rohbau versichert werden *(Rohbauversicherung).*

b) Die Betriebsgebäude können nach dem *Zeitwert* und dem *Neuwert* versichert werden. Zwischen beiden Verträgen besteht ein erheblicher Unterschied.

c) Durch die verbundene Gebäudeversicherung wird das Wohn- und Geschäftsgebäude gegen einfache Gefahren, und zwar gegen Feuer, Leitungswasser und Sturm versichert. Die verbundene Gebäudeversicherung wird immer zum Neuwert abgeschlossen; sie kann zum gleitenden Neuwert abgeschlossen werden (vgl. V 2). Von einfacher Gefahr wird dann gesprochen, wenn von den Betriebsgebäuden keine besonderen Gefahren ausgehen. Besondere Gefahren können z. B. in Groß- oder industriellen Gebäuden bestehen. Diese werden individuell von den Versicherungen kalkuliert.

**4. Die Betriebsunterbrechungsversicherung.** a) Die Betriebsunterbrechungsversicherung ersetzt die Geschäftskosten und den entgangenen Gewinn, wenn der Betrieb infolge bestimmter Ereignisse vorübergehend stillgelegt ist. Grundgedanke der Betriebsunterbrechungsversicherung ist, den Betriebsinhaber so zu stellen, wie wenn seine Betriebstätigkeit nicht beeinträchtigt worden wäre. Die Betriebsunterbrechungsversicherung kommt vor als *a)* Feuerbetriebsunterbrechungsversicherung: Sie befaßt sich mit Schäden, die durch eine Betriebsstillegung entstehen, die auf Blitzschlag oder Explosion zurückzuführen ist. Ersetzt werden nur die Geschäftskosten und der entgangene Gewinn. Sachschäden, die infolge des Brandes erwachsen, werden dagegen durch die Feuerversicherung gedeckt. Die Höhe der Versicherung richtet sich nach der Versicherungssumme. Im allgemeinen gilt die Faustregel: Umsatz minus Wareneinsatz = Versicherungssumme. Im allgemeinen ist die Haftung des Versicherers auf ein Jahr begrenzt; zumeist wird innerhalb dieser Zeit der Betrieb wieder arbeiten können.

b) *Klein-Betriebsunterbrechungsversicherung* (Klein-BU): Die kleine Betriebsunterbrechungsversicherung kann auch auf Betriebsstillegungen ausgedehnt werden, die auf Sturm-, Leitungswasser- und Einbruchdiebstählen beruhen. Voraussetzung für sie ist, daß eine entspr. Sachversicherung besteht. Sie wird vor allem als Ergänzung der verbundenen Sachversicherung angeboten.

**5. Maschinenversicherung.** Durch die Maschinenversicherung können alle stationären und fahrbaren Maschinen, alle maschinellen Einrichtungen und Apparate, die im Betrieb Verwendung finden, versichert werden. Voraussetzung ist, daß die versicherten Gegenstände sich innerhalb des Betriebsgrundstückes und bei fahrbaren Maschinen sich innerhalb der BRD und Westberlin befinden, betriebsfertig montiert sind und ein einwandfreier Probelauf nachgewiesen ist. Der Versicherungsschutz erstreckt sich auf unvorhergesehene und plötzlich eintretende Schäden infolge *(1)* Bedienungsfehler, Ungeschicklichkeit, Fahrlässigkeit oder Böswilligkeit, *(2)* Kurzschluß, Überstrom oder Überspannungen, *(3)* Konstruktions-, Material- oder Ausführungsfehler, *(4)* Zerreißen infolge Fliehkraft, *(5)* Wassermangel in Dampfkesseln, *(6)* Versagen von Meß-, Regel- oder Sicherheitseinrichtungen, *(7)* Sturm, Frost oder Eisgang. Versichert werden sie nach dem jeweils geltenden Listenpreis zuzüglich der Kosten für Fracht, Montage und Fundament.

**6. Transportversicherung.** Durch die Transportversicherung werden Warentransporte auf dem Land-, Fluß-, See- und Luftwege einschl. der Transportmittel mit Ausnahme der Kraftfahrzeuge versichert. Als besondere Form der Transportversicherung werden angeboten:

a) Die *Ausstellungsversicherung*, durch die Ausstellungsgut jeder Art gegen die Gefahren auf dem Transport und während der Ausstellung gedeckt wird;

b) die *Reisegepäckversicherung*, durch die das Reisegepäck beruflich oder privat auf der Reise versichert wird;

c) die *Reiselager- und Musterkollektionsversicherung*. Sie schützt Waren, die zum Vorführen und Verkauf bestimmt sind;

d) die *Sportbootkaskoversicherung*, durch die Sportboote versichert werden können;

e) die *Autoinhaltsversicherung*. Sie deckt Schäden am beförderten Gut *(1)* bei Verkehrsunfällen, *(2)* bei einwirkender höherer Gewalt und elementaren Ereignissen (Steinschlag, Erdbeben, Blitz, Feuer und Explosion), *(3)* Einbruchdiebstahl, Raub und räuberische Erpressung, *(4)* Diebstahl oder Unterschlagung des beladenen Fahrzeuges. Sie kann sich also besonders für solche Betriebe empfehlen, die regelmäßig frei Haus liefern. Die Prämie richtet sich nach dem beförderten Warenwert.

**7. Die Bauleistungsversicherung.** a) Die Bauleistungsversicherung für Bauherrn kann neben der Bauherrnhaftpflichtversicherung (unter II 1) und der Feuerrohbauversicherung abgeschlossen werden. Die Bauleistungsversicherung soll vor allem solche Schäden während des Baues abgelten, für die der Architekt und die Bauhandwerker während des Baues nicht einzutreten haben. Regelmäßig ist deren Haftung nach der VOB eingeschränkt. Die Bauleistungsversicherung deckt Schäden, die zurückzuführen sind auf *(a)* höhere Gewalt und Elementarereignisse, *(b)* ungewöhnliche Witterungseinflüsse (Regengüsse, Überflutungen, Sturm, Hagel, Frost), *(c)* Folgeschäden durch Konstruktions- und Materialschäden, *(d)* Ungeschicklichkeit und Fahrlässigkeit der Handwerker, *(e)* Diebstahl von eingebautem Material, *(f)* mutwillige Zerstörung durch Dritte.

b) Die *Bauleistungsversicherung* für Bauunternehmer umfaßt außer Bauunfallschaden der versicherten Bauleistung auch solche an der Baustelleneinrichtung.

**8. Betriebliche Rechtsschutzversicherung.** a) Die betriebliche Rechtsschutzversicherung soll die *Kosten* abdecken, die bei gerichtlichen Auseinandersetzungen erwachsen. Sie deckt also lediglich Gerichtskosten, eigene und fremde Anwaltskosten, Zeugengebühren usw. ab. Die Rechtsschutzversicherung zeichnen sich durch einen besonderen Formenreichtum aus.

b) Die *Firmen- und Rechtsschutzversicherung* für die Handwerksbetriebe tritt ein bei *(a)* Schadensersatzklagen, wenn der Schädiger für den im betrieblichen Bereich angerichteten Schaden nicht oder nicht in voller Höhe aufkommen muß; *(b)* Ermittlungs- und Gerichtsverfahren, wenn dem Versicherten oder einem seiner Mitarbeiter fahrlässige Straftaten oder Ordnungswidrigkeiten vorgeworfen werden, *(c)* arbeitsrechtlichen Auseinandersetzungen mit den Mitarbeitern, *(d)* Sozialgerichtsverfahren, die zur Durchsetzung von sozialversicherungsrechtlichen Ansprüchen des Versicherten und seiner Mitarbeiter erwachsen. Die zu *(c)* und *(d)* beschriebenen Wagnisse können ausgeschlossen werden. Dies geschieht, weil die Organisationen des Handels und Handwerks zumeist kostenlosen Rechtsschutz gewähren. Andererseits können eine Reihe von Wagnissen zusatzversichert werden. Hierzu gehören Rechtsstreitigkeiten aus Miet- und Pachtverhältnissen sowie aus Eigentum und dinglichen Rechten (Grundstücks- und Mieterrechtsschutz).

c) Die *Rechtsschutzversicherung für das Kraftfahrzeuggewerbe.* Durch sie werden die besonderen beruflichen Risiken der Kfz-Werkstätten, Tankstellen und des Kraftfahrzeughandels sowie der Fahrschulen abgedeckt. Alle anderen Unternehmen bedienen sich der Rechtsschutzversicherungen im Zusammenhang mit der Kraftfahrversicherung.

### III. Die wichtigsten Versicherungen für den Unternehmer

**1. Krankenversicherung:** a) Bestand eine Pflichtmitgliedschaft in der gesetzlichen Krankenversicherung, so können Personen, die als Mitglieder aus der Versicherungspflicht ausgeschieden sind, und in den letzten fünf Jahren vor dem Ausscheiden mindestens zwölf Monate oder unmittelbar vor dem Ausscheiden ununterbrochen mindestens sechs Monate versichert waren, der Versicherung beitreten. Der Beitritt ist der Krankenkasse innerhalb von drei Monaten seit Beendigung der Mitgliedschaft anzuzeigen (§ 9 SGB V). Im Falle des Beitritts empfiehlt sich der Abschluß von Zusatzversicherungen.

b) Die *private Krankenversicherung* kann mit einer 100%igen Kostendeckung für ambulante und stationäre Behandlung abgeschlossen werden (Krankenhauskosten- und Vollversicherung). Zum Zwecke der Beitragsersparnis kann aber auch eine Selbstbeteiligung bei der ambulanten Behandlung vereinbart werden. Zur Vermeidung hoher Risikozuschläge im höheren Alter empfiehlt sich aber bereits rechtzeitig eine Volldeckung zu vereinbaren. Der wesentliche Unterschied zwischen der gesetzlichen Krankenversicherung und der privaten Krankenversicherung besteht in den unterschiedlichen Prinzipien der Kostendeckung im Versicherungsfall. Die gesetzlichen Krankenversicherungen arbeiten nach dem sog. *Sachleistungsprinzip.* Die Behandlung beim Arzt, die Verabfolgung von Medikamenten durch die Apotheken erfolgt auf Krankenschein. Die Krankenkasse rechnet alsdann mit dem Arzt, der Apotheke usw. ab. Dagegen arbeiten die privaten Krankenkassen nach dem *Kostenerstattungsprinzip.* Der Patient schließt einen Behandlungsvertrag mit dem Arzt, einen Kaufvertrag mit der Apotheke, einen Krankenhausvertrag mit dem Krankenhaus usw. Er erhält unmittelbar die Rechnung; von seiner Krankenkasse erhält er im Rahmen des versicherten Umfanges Kostenerstattung. Der Patient muß im allgemeinen die Behandlung bevorschussen. Indes sehen die privaten Krankenversicherungen vielfach auch vor, daß der Erstattungsbetrag unmittelbar dem Arzt oder dem Krankenhaus überwiesen wird.

c) Das Angebot an privaten Krankenversicherungen ist vielfältig, so daß jeder die für ihn zweckmäßige Versicherung aussuchen und zusammenstellen kann. Es können daher nur bestimmte Versicherungstypen beschrieben werden.

d) Die *Krankenhauskostenversicherung* wird vor allem zur Ergänzung der gesetzlichen Krankenversicherung abgeschlossen. Erstattet werden alle zusätzlichen Kosten, die durch Wahlleistungen im Rahmen einer Krankenhausbehandlung entstehen. Darunter fällt die privatärztliche Behandlung in Ein- oder Zweibettzimmern. Je nach Tarif wird noch ein Kurtagegeld bei Genesungskuren unter tariflichen Voraussetzungen gewährt.

e) Die *Krankentagegeldversicherung* zahlt je nach vereinbarter Höhe ein Tagegeld für die Zeit der Arbeitsunfähigkeit durch Krankheit oder Unfall. Unerheblich ist, ob die Behandlung ambulant oder stationär erfolgt. Bei Selbständigen führt die Zeit der Arbeitsunfähigkeit vielfach zu einem Ausfall der Einnahmen überhaupt. Durch die Krankentagegeldversicherung wird der Einnahmeausfall in vereinbarter Höhe ausgeglichen. Der Leistungsbezug ist unbeschränkt. Leistungen werden auch an Sonn- und Feiertagen gewährt. Ein uneingeschränktes Kündigungsrecht des Versicherers ist unwirksam (BGH NJW 83, 2632).

f) *Krankenhaustagegeldversicherung:* Im Unterschied zur Krankentagegeldversicherung werden Barleistungen nur während des Krankenhausaufenthaltes gezahlt (vgl. BGH NJW 83, 2638).

g) Die *Reisekrankenversicherung* bietet Versicherungsschutz bei Auslandsreisen. Einige private Krankenversicherungen gelten nur in Europa oder in bestimmten Ländern. Zumeist sind die

Krankenversicherungen auf den Versicherungsschutz in Deutschland kalkuliert. Die Behandlungskosten sind im Ausland z.T. wesentlich höher, so daß die Notwendigkeit eines ergänzenden Abschlusses besteht. Die Reisekrankenversicherung bietet im allgemeinen Versicherungsschutz für die während einer Reise entstehenden Krankheitskosten zu 100% ohne Beschränkung und einschl. der Überführungskosten.

h) Versicherungen für *Zahnbehandlung und Zahnersatz:* Es können ausschließlich oder ergänzend neben anderen Versicherungen solche für Zahnbehandlung und Zahnersatz abgeschlossen werden, da der Leistungsumfang der privaten Krankenversicherung insoweit regelmäßig beschränkt ist.

i) Die Beiträge zur privaten Krankenversicherung können als Sonderausgaben im Rahmen der Einkommensbesteuerung geltend gemacht werden.

**2. Die Unfallversicherung** a) Die *gesetzliche Unfallversicherung* wird von den Berufsgenossenschaften getragen. Arbeitnehmer und z.T. auch Selbständige sind bei ihr kraft Gesetzes oder Satzung pflichtversichert (§§ 539ff, §§ 543ff RVO). Kinder sind bei ihr während des Aufenthaltes im Kindergarten, als Schüler und Studierende versichert. Die Unfallversicherung deckt indes nur Arbeitsunfälle oder Unfälle während des Arbeitsweges. Bei Minderung der Erwerbsfähigkeit werden Renten erst ab einer Minderung von 20 v.H. gewährt.

b) Die *private Unfallversicherung* ermöglicht einen individuellen Versicherungsschutz zusammenzustellen. Auch er kann außerordentlich vielgestaltig ausgestaltet werden. Es können daher nur die Grundtypen dargestellt werden.

c) *Versicherung gegen Unfalltod:* Sie soll die Hinterbliebenen versorgen.

d) *Versicherung gegen Unfallinvalidität:* Sie soll den Verdienstausfall bei einer dauernden Beeinträchtigung der Arbeitsfähigkeit ersetzen. Die Leistungen beginnen anders als bei der gesetzlichen Unfallversicherung bereits bei einer Minderung von 1 v.H. Die Versicherung kann dergestalt abgeschlossen werden, daß bei einer Erwerbsminderung von mehr als 25% die Leistungen progressiv steigen.

e) Ferner können *Unfalltagegeld, Unfall-Krankenhaustagegeld-Versicherungen* abgeschlossen werden. Sie unterscheiden sich von den beschriebenen Krankentagegeld- und Krankenhaustagegeld-Versicherungen nur dadurch, daß Leistungen nur nach einem Unfall erbracht werden.

f) *Versicherung von Unfallgenesungsgeld:* Sie wird abgeschlossen, um Mittel für die Zeit der Rekonvaleszenz nach einem Krankenhausaufenthalt zur Verfügung zu haben.

**3. Haftpflicht- und Rechtsschutzversicherung:** Für die private Haftpflichtversicherung oder die Familienrechtsschutzversicherung bestehen für Selbständige keine Besonderheiten. Dasselbe gilt für die Hausratsversicherung.

## IV. Die Kraftfahrzeugversicherung

Für den Kraftfahrer werden im allgemeinen fünf verschiedene Versicherungen angeboten.

**1. Die Kraftfahrzeug-Haftpflichtversicherung.** Sie ist gesetzlich vorgeschrieben und kommt für Schäden auf, die bei einem Unfall fremden Personen und fremdem Eigentum zugefügt werden. Der Schaden kann u. U. auch bei einer im Kraftfahrzeug transportierten Person eintreten.

**2. Die Kraftfahrt-Fahrzeugversicherung,** also Kaskoversicherung. Sie deckt Schäden am eigenen Fahrzeug. Als Teil-Kaskoversicherung mit und ohne Selbstbeteiligung gewährt sie Schutz gegen Schäden am Fahrzeug, die durch Brand und Explosion entstehen sowie durch Entwendung und Gebrauch durch nicht dazu befugte Personen. Gedeckt sind auch mit einer Selbstbeteiligung Bruchschäden der Verglasung und Schäden aus Zusammenstößen mit jagdbarem Haarwild. Bei Wildschäden ersetzt der ADAC den Selbstbehalt. Die Vollkaskoversicherung leistet Ersatz bei Beschädigung, Zerstörung oder Verlust des Fahrzeuges.

**3. Die Kraftfahrt-Insassenunfallversicherung:** Sie gewährt Schutz, wenn Menschen im versicherten Fahrzeug zu Schäden kommen. Sie wird nach dem Platzsystem, bei dem nur Personen auf bestimmten Plätzen versichert werden, und nach dem Pauschalsystem abgeschlossen, bei der die Versicherungssumme auf die gerade Mitfahrenden verteilt wird.

**4. Die Kraftfahrt-Gepäckversicherung:** Sie ersetzt Schäden an Gegenständen, die zum persönlichen Bedarf im oder am Fahrzeug mitgeführt werden einschl. der am Körper getragenen Kleidung.

**5. Die Verkehrsrechtsschutzversicherung:** Sie bietet Kostenschutz in verkehrsrechtlichen Angelegenheiten.

### V. Versicherungen für den Haus- und Grundbesitzer

**1. Die Haus- und Grundbesitzerhaftpflichtversicherung:** Sie deckt die gesetzliche Haftpflicht des Haus- und Grundbesitzers für Schäden, die dritten Personen durch mangelhafte Unterhaltung des Hauses oder durch Verletzung der Verkehrssicherungspflicht (Streu- und Reinigungspflicht) erwachsen. Versichert ist der Versicherungsnehmer als Eigentümer, Nießbraucher, Pächter, Mieter und Verwalter. Eingeschlossen sind die vom Um- und Erweiterungsbau ausgehenden Haftpflichtgefahren. Die Haftpflicht für Um- und Erweiterungsbauten ist jedoch nur dann beitragsfrei eingeschlossen, wenn der Wert der Um- und Erweiterungsbauten 10000,– DM (bei neueren Verträgen 20000,– DM) nicht übersteigt. Bei unterirdisch gelagerten Öltanks kann eine Gewässerschaden-Haftpflichtversicherung in Betracht kommen.

**2. Wohngebäudeversicherung:** Das Wohnhaus selbst wird durch die Wohngebäudeversicherung versichert. Ist das Gebäude unterversichert, so erfolgt im Schadensfall nur eine anteilige Deckung. Eine ständige Anpassung an das veränderte Preisgefüge wird durch eine Versicherung zum *gleitenden Neuwert* erreicht.

3. **Grundstücks-Mietrechtsschutzversicherung.** Sie zahlt die Rechtsverfolgungs- und Rechtsverteidungskosten bei Streitigkeiten aus Miet- und Pachtverhältnissen.

### VI. Der Abschluß einer Lebensversicherung

**1. Allgemeines:** Die Lebensversicherungen kennen eine Vielzahl von Angebotsformen, die eine Anpassung an den individuellen Bedarf ermöglichen.

a) Die Lebensversicherung hat gegenüber der gesetzlichen Sozialversicherung den *Vorteil,* daß sie bereits mit dem Abschluß vollen Versicherungsschutz in der vereinbarten Höhe gewährt. Andererseits gleicht sie den Geldwertschwund vielfach nicht ausreichend aus. Bei der Währungsreform 1948 wurden ihre Leistungen 10 : 1 abgewertet.

b) Der Erhöhung der Versicherungssumme und dem (teilweisen) Ausgleich des Geldwertschwundes dienen Lebensversicherungen mit *Überschußbeteiligung*. Die Überschußanteile (Bonus, Gewinnanteile, Dividenden) rühren daher, daß eine höhere Verzinsung der Beiträge als kalkuliert erreicht wird und häufig weniger Versicherungsfälle als kalkuliert eintreten. Die Leistungen der

Lebensversicherungen sind steuerfrei; die Beiträge zur Lebensversicherung sind steuerbegünstigt (Schaub, ArbR-Hdb, § 71 IV).

c) Die wichtigsten *Formen* der Lebensversicherung ergeben sich aus nachfolgender Übersicht:

2. Die **Todesfallversicherung.** Bei ihr wird die Leistung erst fällig, wenn der Versicherte stirbt. Sie dient also rein der Hinterbliebenenversorgung; sie findet sich als Erbschaftssteuer- und Teilhaberversicherung. Die Beiträge werden bis zu einem bestimmten Endzeitpunkt gezahlt. Alsdann wird sie beitragsfrei weitergeführt.

3. Die **Risikoversicherung.** Sie ist eine besondere Art der Todesfallversicherung. Die Versicherungssumme wird jedoch erst dann fällig, wenn der Versicherte innerhalb eines bestimmten Zeitraumes stirbt. Sie wird abgeschlossen, um für eine vorübergehende Zeit ein besonderes Todesrisiko auszugleichen, z.B., wenn für den Todesfall innerhalb des Zeitraumes hohe Schulden abgedeckt werden müssen oder bei einem Aufenthalt im Ausland erhöhte Gefahren drohen. Tritt der Versicherungsfall nicht ein, wird die Versicherungssumme nicht fällig. Allerdings verbleibt regelmäßig der Überschußanteil.

4. Die **Erlebensfallversicherung.** Sie zahlt, wenn der Versicherte ein bestimmtes Lebensalter erreicht hat. Die Erlebensfallversicherung kann mit einer einmaligen Versicherungssumme, aber auch als Rentenversicherung abgeschlossen werden. Sie eignet sich besonders für die eigene Altersversorgung des Unternehmers.

5. Die **Erlebens- und Todesfallversicherung.** Sie ist die verbreiteste Lebensversicherung. Die Versicherungssumme wird im Erlebensfall oder bei vorzeitigem Eintritt des Todesfalles ausgezahlt. Die Erlebens- und Todesfallversicherung kann dynamisch ausgestaltet sein; sie wird alsdann an veränderte Geldwertverhältnisse angepaßt.

6. Die **Pflegerentenversicherung.** Sie wird von Lebensversicherungen und Krankenversicherungen angeboten. Sie bieten Schutz, wenn der Versicherte infolge Krankheit, Körperverletzung oder Kräfteverfalls so hilflos ist, daß er bei den Verrichtungen im Ablauf des täglichen Lebens in erheblichem Umfang der Hilfe einer anderen Person bedarf. Zu diesen Verrichtungen zählen u.a. Aufstehen, Zubettgehen, An- und Auskleiden, Waschen, Einnehmen von Mahlzeiten. Die Pflegebedürftigkeit ist ärztlich

nachzuweisen. Die Durchführung der Pflege ist Leistungsvoraussetzung.

**VII. Die gesetzliche Rentenversicherung**

**1. Angestellten- und Arbeiterrentenversicherung:** a) Wer nicht nach anderen gesetzlichen Vorschriften versicherungspflichtig ist und seinen Wohnsitz oder gewöhnlichen Aufenthalt in der Bundesrepublik hat, kann für Zeiten nach Vollendung des 16. Lebensjahres *freiwillig Beiträge zur Rentenversicherung* der Arbeiter oder Angestellten entrichten (§ 1233 Abs. 1 RVO, § 10 Abs. 1 AVG). Das Versicherungsverhältnis kommt mit der Zahlung des ersten Beitrages zustande. Eingeschränkt ist die Versicherungsberechtigung nur für kraft Gesetzes oder Antrages von der Versicherungspflicht befreite Personen (§ 1233 Abs. 1a RVO, § 10 Abs. 1a AVG). Die freiwillige Versicherung kommt vor allem für Selbständige und Hausfrauen in Betracht.

b) Die *Höherversicherung* ist eine weitere Form der freiwilligen Versicherung in der gesetzlichen Rentenversicherung (§ 1234 RVO, § 11 AVG). Die Höherversicherung setzt eine Grundversicherung voraus. Die Beiträge zur Höherversicherung werden nach versicherungsmathematischen Grundsätzen in Abhängigkeit vom Alter des Versicherten und damit dem Versicherungsrisiko berechnet (vgl. § 1261 RVO, § 38 AVG). Die Renten oder Rententeile der Höherversicherung werden nicht an die wirtschaftliche Entwicklung angepaßt (§ 1272 Abs. 3 RVO, § 49 Abs. 3 AVG).

c) Alle Personen, die nicht nach den Vorschriften der RVO bzw. des AVG versicherungspflichtig sind und nicht nur vorübergehend im Geltungsbereich dieses Gesetzes eine unselbständige Erwerbstätigkeit ausüben, können auf *Antrag versicherungspflichtig werden,* wenn sie innerhalb von zwei Jahren nach Aufnahme der selbständigen Erwerbstätigkeit oder dem Ende der Versicherungspflicht die Versicherungspflicht beantragen und ihren letzten wirksamen Beitrag zur Arbeiter- bzw. Angestelltenversicherung entrichtet haben (§ 1227 Abs. 1 Nr. 9 RVO, § 2 Abs. 1 Nr. 11 AVG). Die 2-Jahresfrist soll sicherstellen, daß der Antrag nicht erst dann gestellt wird, wenn der Versicherungsfall droht.

Die Pflichtversicherung auf Antrag hängt nur bei der Entstehung von der Antragstellung ab. Inhaltlich handelt es sich um eine Pflichtversicherung, da der Versicherte die gleichen Rechte und Pflichten wie ein kraft Gesetzes Versicherter erlangt. Dies gilt wegen der Höhe der Beiträge wie auch der Anrechnung von Ersatz- und Ausfallzeiten. Insoweit unterscheidet sich die Versicherungspflicht auf Antrag von der unter 1a beschriebenen freiwilligen Versicherung. Bei der freiwilligen Versicherung ist der Versicherte nicht zur regelmäßigen Beitragszahlung vom Einkommen verpflichtet. Er muß dafür aber auch Nachteile bei der Anrechnung von Ersatz- und Ausfallzeiten hinnehmen.

**2. Handwerkerversicherung:** a) *Versicherungspflichtig* nach § 1 Gesetz über die Rentenversicherung der Handwerker (Handwerkerversicherungsgesetz-HwVG) vom 8. 9. 1960 (BGBl I S. 737), zul. geänd. am 20. 12. 1988 (BGBl I S. 2477) sind Handwerker, die in die Handwerksrolle eingetragen sind, in der Rentenversicherung der Arbeiter, solange sie Beiträge für eine rentenversicherungspflichtige Beschäftigung oder Tätigkeit für weniger als 216 Kalendermonate entrichtet haben. Versicherungspflichtig sind auch die Gesellschafter einer in die Handwerksrolle eingetragenen Personengesellschaft. Die Begrenzung auf 216 Kalendermonate gilt nicht für Bezirksschornsteinfegermeister. Für die Berechnung der Frist werden nur Beitragszeiten, dagegen keine Ersatzzeiten berücksichtigt. Durch die Beschränkung der Versicherungspflicht auf 216 Monate soll nur eine Grundversicherung erreicht werden; dagegen soll dem Handwerksmeister im übrigen eine Eigeninitiative überlassen bleiben. Versicherungsfrei sind die Inhaber handwerklicher Nebenbetriebe, Personen, die als Nachlaßverwalter, Konkursverwalter usw. einen Handwerksbetrieb führen (§ 2 HwVG). Ferner besteht für bestimmte Personen die Möglichkeit, sich von der Versicherungspflicht befreien zu lassen (§ 2 Abs. 4 HwVG). Für die freiwillige Versicherung der Handwerker nach Ablauf der Beitragszeit gelten die Bestimmungen der Rentenversicherung der Arbeiter (§ 1233 RVO; dazu oben 1).

b) Die *Leistungen der Rentenversicherung* der Handwerker sind im wesentlichen nach Voraussetzung und Umfang identisch mit denen der Rentenversicherung der Arbeiter. Unterschiede ergeben sich vor allem bei Berufsunfähigkeit sowie bei der Berücksichtigung von Ersatz- und Ausfallzeiten. Ein selbständiger Handwerker ist berufsunfähig, wenn er in seinem Handwerk die wesentlichen von ihm zu erbringenden körperlichen oder geistigen Leistungen oder auch nur eine von ihnen nicht mehr in ausreichendem Umfang erbringen kann. Hierbei ist insbesondere Art und Umfang des Betriebes zu berücksichtigen (BSGE 2, 91). Die Sonderregelung für die Berechnung von Ersatz- und Ausfallzeiten ergibt sich aus § 3 HwVG. Zeiten der Arbeitslosigkeit werden nur dann als Ersatz- bzw. Ausfallzeit berücksichtigt, wenn und solange der Handwerker aus der Handwerksrolle gelöscht ist. Zeiten der Erkrankung, der Arbeitsunfähigkeit und Schwangerschaft werden nur dann als Ersatz- bzw. Ausfallzeiten anerkannt, wenn der Handwerker zu dieser Zeit keine versicherungspflichtigen Personen beschäftigt.

c) *Träger der Rentenversicherung* der Handwerker sind die Landesversicherungsanstalten.

**3. Die Altershilfe für Landwirte** richtet sich nach dem Gesetz über eine Altershilfe für Landwirte i.d.F. v. 14. 9. 1965 (BGBl I 1448) m. spät. Änd. Diese gesetzliche Regelung weist einige Besonderheiten auf. Mit ihr wird nicht nur die Alterssicherung der Landwirte beabsichtigt, sondern es werden auch agrarpolitische Ziele verfolgt. Das Altersgeld und das vorzeitige Altersgeld bei Erwerbsunfähigkeit dient auch dazu, älteren landwirtschaftlichen Unternehmern die Übergabe ihres Hofes an jüngere zu erleichtern. Die 1969 eingeführte Landabgabenrente verfolgt das Ziel, einen Anreiz zur Aufgabe kleinerer landwirtschaftlicher Betriebe zu schaffen (vgl. Schaub/Schusinski/Ströer, Altersvorsorge, 3. Aufl. i. Vorb. § 4). Versicherungspflichtig sind grundsätzlich alle landwirtschaftlichen Unternehmer ohne Rücksicht auf die Höhe ihres Einkommens oder die Größe ihres Hofes.

## VIII. Die betriebliche Altersversorgung

**1. Allgemeines.** Die Altersversorgung des Unternehmers wird häufig auch durch Betriebsrentenzusagen sichergestellt. Dieser Weg ist dann möglich, wenn eine Personengesellschaft oder eine juristische Person die Verpflichtung übernimmt, dem Unternehmer bei Eintritt eines Versorgungsfalles Betriebsrenten zu zahlen. Gegen die Insolvenz des Unternehmens kann u. U. eine Sicherung beim Pensionssicherungsverein erfolgen (vgl. Schaub, ArbR-Hdb, 6. Aufl., § 81; ders. Arbeitsrecht von A–Z 12. Aufl., 1988 Stichwort: Ruhegeld).

**2. Versicherung.** a) Die Versicherung für Gesellschafter- Geschäftsführer von GmbH wird namentlich in zwei Formen durchgeführt.

b) Bei der Direktversicherung ist Versicherungsnehmer die Arbeitgeber-GmbH, Versicherter und Bezugsberechtigter der Geschäftsführer. Die Beiträge des Versicherungsnehmers sind als Betriebsausgaben steuerlich abzugsfähig. Damit im Falle der Insolvenz des Versicherungsnehmers die Bezugsberechtigung aus der Versicherung nicht widerrufen werden kann, empfiehlt es sich i.d.R auf das Widerrufsrecht zu verzichten. Die Steuerbelastung beim Versicherten ist i.d.R. gering. Da die Beitragshöhe aber auf 2340 DM + 312 DM Zukunftssicherungsbeitrag begrenzt ist, ist die erreichbare Versicherungssumme bei Eintrittsalter 40 Jahren 74038 DM oder monatliche Rente von 440 DM gering. Hiermit läßt sich, auch wenn dazu noch Gewinnanteile kommen, die bestehende Versorgungslücke nicht schließen. Erfahrungsgemäß verfügt der GmbH-Geschäftsführer über ein ausreichendes Einkommen dagegen über eine unzureichende Altersversorgung.

c) Bei der Versorgungszusage mit Rückdeckungsversicherung verpflichtet sich das Unternehmen Versorgungsleistungen zu erbringen. Hierdurch können Rückstellungen gebildet werden, die den steuerlichen Gewinn mindern. Die Rückstellungen müssen nach versicherungsmathematischen Grundsätzen ermittelt werden. Bei Abschluß von Rückdeckungsversicherungen übernehmen jedoch die Versicherungsgesellschaften häufig die Berechnung als Kundendienstleistung. Bei der Rückdeckungsversicherung ist Versicherungsnehmer, Beitragszahler und Bezugsberechtigter der Unternehmer. Die Beiträge zur Rückdeckungsversicherung vermindern die Steuerlast des Unternehmens. Steuerrechtlich muß die Höhe der Rückdeckungsversicherung genau an die Belastungen angepaßt werden. Dagegen sind die Beiträge beim Geschäftsführer nicht steuerpflichtig. Im Falle der Insolvenz des Unternehmens fällt die Rückdeckungsversicherung in die Konkursmasse. Eine Absicherung des Geschäftsführers durch den Pensionssicherungsverein (§ 37) erfolgt in aller Regel nicht (Schaub, ArbR-Hdb, § 81). Der Verlust der Altersversorgung wird dann vermieden werden können, wenn der Anspruch aus der Rückdeckungsversicherung dem Geschäftsführer verpfändet wird.

# Abschnitt XIII. Die Betriebsräume und das Betriebsgrundstück

## § 49. Allgemeine Vorbemerkung

### I. Pacht oder Eigentumserwerb

1. Ob Räume für den Betrieb gepachtet (gemietet) oder diese zu Eigentum erworben werden, hängt weitgehend von dem verfügbaren Kapital und dem notwendigen Standort ab (vgl. § 1 III).

2. Zur Anpachtung von Betriebsräumen ist regelmäßig ein geringerer Kapitalbedarf erforderlich. Andererseits birgt der Abschluß eines Pachtvertrages die Gefahr in sich, daß der Vertrag gekündigt wird, wenn das Kündigungsrecht nicht langfristig ausgeschlossen wird.

### II. Beurteilung der Betriebsräume

1. **Wirtschaftliche Voraussetzungen:** Auch dann, wenn die Betriebsräume angepachtet werden, müssen sie danach beurteilt werden, ob ihre geplante Nutzung rechtlich zulässig und betriebswirtschaftlich sinnvoll möglich ist. Im allgemeinen bedarf es daher folgender Mindestprüfungen:

a) Zunächst ist festzustellen, ob die Eröffnung eines Unternehmens in diesen Räumen *baurechtlich* zulässig ist. Insoweit kann das zuständige Bauamt der Stadt oder Gemeinde um Auskunft ersucht werden. Nutzungsverbote werden häufig auf die BauNVO gestützt (vgl. z.B. BayVGH GewArch. 87, 140; BVerwG NJW 88, 3168).

b) Ferner bedarf es der Überprüfung, ob die Eröffnung des Unternehmens in diesen Räumen gegen *Umwelt-* oder *Arbeitsschutzvorschriften* verstößt. Vor allem bedarf es insoweit einer Untersuchung, ob der Betrieb eines Unternehmens in diesen Räumen gegen Immissionsschutzbestimmungen oder gegen die ArbeitsstättenVO verstößt. Auskunft kann vor allem das Gewerbeaufsichtsamt geben.

c) Ist die geplante Nutzung rechtlich möglich, müssen die Räume danach beurteilt werden, ob der bauliche Zustand ausreichend, Möglichkeiten der Außenwerbung bestehen, ausreichender Parkraum in der Nachbarschaft zur Verfügung steht und der Betrieb verkehrsgünstig gelegen ist. Vielfach werden auch Überlegungen dahin anzustellen sein, ob ein rationeller Betriebsablauf möglich ist, ohne daß größere Umbauten erforderlich werden.

d) Schließlich ist eine Marktanalyse anzustellen, die sich erstrecken muß auf *(1)* Bauleitplanung und Baurechtsfragen, also der Nutzungsmöglichkeit des Grundstücks; *(2)* Energieversorgung, Be- und Entwässerung (z. B. sind Trafostationen, Wasseraufbereitungsanlagen erforderlich); *(3)* Gewerbestruktur, z. B. wie die Branchen am Ort verteilt sind; *(4)* Arbeitskräftestruktur; *(5)* Förderungsmöglichkeiten.

2. Schließlich bedarf der **Pachtvertrag** eines sorgfältigen Studiums. Insbesondere sind Erwägungen darüber anzustellen, ob die Betriebsräume ausreichend lang für die Anlaufzeit gepachtet werden können. Andererseits ist es zweckmäßig, wenn der Pachtvertrag vom Pächter ohne größere finanzielle Belastung gekündigt werden kann, wenn der Sprung in die Selbständigkeit nicht klappt.

Der *Pachtzins* sollte darauf überprüft werden, ob er vergleichbaren Preisen in der Umgebung entspricht. Ferner ist zu bedenken, ob wegen des Pachtzinses eine Wertsicherungsklausel verlangt wird. Die Wertsicherungsklausel ist nur mit Zustimmung der Bundesbank rechtswirksam zu vereinbaren. Letztlich kann es für den Pächter von Interesse sein, ein Vorkaufsrecht für die Betriebsräume zu vereinbaren.

## § 50. Der Erwerb eines Grundstückes

### I. Vorprüfung

**1. Eignung:** Vor dem Erwerb eines Grundstückes ist regelmäßig eine sorgfältige Prüfung auf dessen Eignung, Bebaubarkeit und wirtschaftliche Nutzungsmöglichkeit erforderlich. Dies sind weitgehend auch betriebswirtschaftliche Fragen (vgl. § 1, § 49 II).

**2. Mindestprüfung:** Im allgemeinen werden vor dem Erwerb eines Grundstückes folgende Mindestprüfungen anzustellen sein: *a)* Prüfung der Bebaubarkeit und der Erschließung beim Bauamt; *b)* Einsichtnahme in den Bebauungsplan auch der weiteren Umgebung; *c)* Einsichtnahme ins Grundbuch nach Eigentümer und Belastungen beim Grundbuchamt (Amtsgericht); *d)* Einsichtnahme ins Baulastenverzeichnis beim Bauamt; *e)* Bodenprüfung; *f)* Vertragsschluß mit Architekt; hierzu gibt es Formularverträge (vgl. Beck'sches Formularbuch, 4. Aufl. 1986 und Münchener Formularhandbuch); *g)* Finanzierung durch Bank; *h)* Kaufvertrag bei Notar schließen.

**3. Kaufvertrag und Eigentumsübertragung:** Im deutschen Recht sind der Kaufvertrag, mit dem sich der Verkäufer verpflichtet, ein Grundstück zu verkaufen, und die Eigentumsübertragung am Grundstück scharf zu trennen. Der Kaufvertrag ist ein schuldrechtliches, die Eigentumsübertragung ein sachenrechtliches Rechtsgeschäft. Sowohl der Kaufvertrag als auch die Eigentumsübertragung können unwirksam sein, ohne daß die Wirksamkeit des anderen Geschäftes davon berührt wird.

## II. Kaufvertrag über ein Grundstück

**1. Kaufvertragsmuster:** Die Kaufverträge über bebaute und unbebaute Grundstücke unterscheiden sich in der Ausgestaltung, auf die der Notar hinzuweisen hat und hinweist. Im allgemeinen ist ein Kaufvertrag aufgebaut: § 1 Im Grundbuch des Amtsgerichtes ......ist der Verkäufer als Alleineigentümer des Grundstückes ......Flur-Nr.......der Gemarkung ......eingetragen. Das Grundstück ist wie folgt belastet ......§ 2 Der Verkäufer verkauft das in § 1 näher beschriebene Grundstück mit allen Bestandteilen und Rechten an den Käufer. Der Kaufpreis beträgt ......DM. § 3 Der Besitz, die Nutzungen und die Lasten des Verkaufsgrundstückes sowie die Gefahren des zufälligen Untergangs und der von den Parteien unverschuldeten Verschlechterung gehen an dem auf die Bezahlung des Kaufpreises folgenden Monatsersten auf den Käufer über. § 4 Vorschriften über die Gewährleistung. § 5 Verpflichtung zur Löschung von Lasten.

**2. Form:** Nach § 313 BGB bedarf ein Vertrag, durch den sich der eine Teil verpflichtet, das Eigentum an einem Grundstück zu übertragen oder zu erwerben, der notariellen Beurkundung. Ein ohne Beachtung dieser Form geschlossener Vertrag wird seinem ganzen Inhalt nach gültig, wenn die Auflassung und die Eintragung in das Grundbuch erfolgt.

a) Der Formzwang hat den *Zweck a)* beide Vertragspartner vor übereilten und unüberlegten, meistens folgenreichen Verpflichtungen zu schützen, *b)* eine sachgemäße Beratung zu gewährleisten und *c)* Streitigkeiten vorzubeugen (Warn-, Schutz- und Beweisfunktion).

b) *Formbedürftig* sind alle schuldrechtlichen Verträge, durch die die Verpflichtung einer Person zur Eigentumsübertragung an einem Grundstück begründet wird oder durch die die Verpflichtung zum Erwerb der anderen Partei entsteht. Hierzu gehören also Kauf, Tausch, Schenkung, aber auch Verpflichtungen, durch die ein Gesellschafter verpflichtet wird, das Grundstück in eine Gesellschaft einzubringen. Formfrei bleiben dagegen einseitige, auf Grundstücksverträge bezogene Rechtsgeschäfte wie die Veräußerungs- oder Erwerbsvollmacht (vgl. dazu bei Bauherrenmodellen: BGH ZIP 85, 272 = DB 85, 331; WM 85, 596; 1311), schuldrechtliche Verfügungsgeschäfte wie die Abtretung des Auflassungsanspruches (umstr.) Formpflichtig sind auch Verträge, durch die mittelbar eine Verpflichtung zur Veräußerung oder zum Erwerb begründet wird, wie Vorverträge, Vereinbarungen eines persönlichen oder dinglichen Vorkaufsrechtes (vgl. BGH ZIP 85, 1503 = WM 85, 1425). Gegenstand des Vertrages muß ein Grundstück sein; unerheblich ist, ob es bebaut oder unbebaut ist. Auf ein Grundstück bezieht sich die Verpflichtung auch, wenn unmittelbar ein Handelsgeschäft verkauft wird, zu dem ein Grundstück gehört.

c) Dem Beurkundungserfordernis unterliegt nicht nur die Veräußerung und Erwerbsverpflichtung, sondern der *gesamte Vertrag*. Formbedürftig sind alle Vereinbarungen, aus denen sich nach dem Willen der Parteien das schuldrechtliche Geschäft zusammensetzt einschl. aller Haupt- und Nebenabreden. Die Beurkundung kann nicht durch Bezugnahme auf private Vertragsurkunden ersetzt werden. Beurkundungspflichtig ist insbesondere der Preis, auch soweit er bereits bewirkt ist. Vor Angabe eines geringeren Preises ist dringend zu warnen.

**3. Die Auflassungsvormerkung.** a) Im Grundstücksvertrag wird zumeist vereinbart, daß das Eigentum an dem Grundstück erst übergehen soll, wenn der Käufer den Kaufpreis entrichtet hat. Zur Sicherung des Käufers gegen Zwischenverfügungen des Verkäufers über das Grundstück dient die *Auflassungsvormerkung* nach § 883 BGB. „Der Verkäufer bewilligt, der Käufer beantragt die Eintragung einer Vormerkung zur Sicherung seines Anspruches auf Auflassung des in § 1 beschriebenen Grundstücks zu seinen Gunsten als alleinigem Berechtigten" (vgl. I 1). Die Auflassungsvormerkung wird bei vertrauenswürdigen Verkäufern oder ihren Grundpfandgläubigern kaum noch in Anspruch genommen.

b) Die *Vormerkung* ist kein dingliches Recht, sondern lediglich ein mit gewissen dinglichen Wirkungen ausgestattetes Sicherungsmittel. Die Rechte aus einer Vormerkung sind abhängig vom Bestand des gesicherten Anspruches; sie entstehen nicht ohne ihn und sie erlöschen mit ihm. Die Vormerkung kann grundsätzlich nicht gutgläubig erworben werden. Veräußert der Verkäufer entgegen der Vormerkung das Grundstück an einen Dritten, so ist die Veräußerung, die nach der Eintragung der Vormerkung über das Grundstück getroffen worden ist, insoweit unwirksam, wie sie den Anspruch vereiteln oder beeinträchtigen würde.

### III. Die Eigentumsübertragung

**1. Muster.** a) Ein Vertrag über die Eigentumsübertragung an einem Grundstück, unabhängig davon, ob bebaut oder unbebaut, wird regelmäßig aufgebaut:

§ 1 Die Parteien nehmen auf den zwischen den am ......zur Niederschrift des beurkundenden Notars (UrkRoll ......) abgeschlossenen Kaufvertrag Bezug. Nach Bezahlung des Kaufpreises soll die Auflassung des verkauften Grundstückes erklärt werden.

§ 2 Die Erschienenen sind sich darüber einig, daß das Eigentum an dem Grundstück ......sowie an einem Miteigentumsanteil ......auf den Erwerber übergeht. Der Verkäufer bewilligt, der Käufer beantragt die Eintragung der Auflassung ins Grundbuch. Der Käufer bewilligt die Löschung der Auflassungsvormerkung.

§ 3 Kosten, Steuern usw. ......

b) Ein Vertrag über die Übertragung einer Eigentumswohnung wird regelmäßig danach aufgebaut, ob (1) der Erwerber allein oder zusammen mit anderen ein Haus baut (Bauherrenmodell) oder (2) der Verkäufer das Haus errichtet (Bauträgermodell). Auch beim Bauträgermodell gibt es zahlreiche Varianten. (2.1) Der Verkäufer ist im Grundbuch eingetragener Eigentümer des zu veräußernden Grundbesitzes. Dieser ist lastenfrei und bereits in Einzelparzellen bzw. Wohnungseigentum geteilt. (2.2) Der Verkäufer ist im Grundbuch eingetragener Eigentümer, aber der Grundbesitz ist noch nicht geteilt. (2.3) Der Verkäufer ist noch nicht Eigentümer des Grundbesitzes; er hat aber bereits einen

Erwerbsvertrag geschlossen. In allen Fällen des Bauträgervertrages muß gewährleistet sein, daß der Kaufpreis gesichert wird, sei es, daß er auf ein Notar-Anderkonto eingezahlt wird; sei es, daß er auf ein Sonderkonto des Verkäufers bei der Globalgläubigerin eingezahlt wird und nur mit Zustimmung des Käufers darüber verfügt werden darf; sei es, daß der Verkäufer eine Bürgschaft für die Übertragung erbringt. In den Verträgen wird weiter unterschieden, ob das Bauwerk bereits vollständig errichtet ist oder nicht. Ist das Gebäude noch nicht vollständig errichtet, muß die Kaufpreisforderung nach dem Grundsatz der Verhältnismäßigkeit je nach Baufortschritt aufgeteilt werden. Ferner werden Sachmängel, Erschließungskosten und Vollmachten geregelt.

**2. Auflassung.** Nach § 873 Abs. 1 BGB ist zur Übertragung des Eigentums an einem Grundstück, zur Belastung des Grundstükkes mit einem Recht sowie zur Übertragung oder Belastung eines solchen Rechtes die Einigung der Parteien und die Eintragung in das Grundbuch notwendig, soweit nicht das Gesetz etwas anderes vorschreibt.

a) Nach § 925 Abs. 1 BGB ist die zur Übertragung des Eigentums an einem Grundstück nach § 873 BGB erforderliche *Einigung* des Veräußeres und des Erwerbers (Auflassung) bei gleichzeitiger Anwesenheit beider Teile vor einer zuständigen Stelle zu erklären. Die Einigung über den Eigentumsübergang heißt also Auflassung. Zuständige Stelle ist grundsätzlich ein Notar, ein Konsularbeamter (§ 12 Nr. 1, § 19 Abs. 2, § 24 KonsG) sowie das Gericht im Rahmen eines Prozeßvergleiches (§ 925 Abs. 1 BGB).

Zur Auflassung ist nach § 925 BGB die gleichzeitige Anwesenheit beider Teile, also des Eigentümers und des Erwerbers, nicht jedoch deren persönliche Anwesenheit notwendig. Eine Vertretung ist mithin zulässig. Diese ist vielfach für die Auflassung sogar üblich, wenn sie nach Bezahlung des Kaufpreises erfolgen soll und die Bezahlung dem Notar nachzuweisen ist. Alsdann wird häufig dem Bürovorsteher des Notars Vollmacht von beiden Parteien unter Befreiung von dem Verbot des Insichgeschäftes (§ 181 BGB) erteilt. Ist der Veräußerer oder Erwerber bereits vor Auflassung verstorben, so kann diese unmittelbar für und gegen die Erben erfolgen. In der Auflassung muß das Grundstück wiederum genau bezeichnet sein, es sei denn, daß sich die Bezeichnung aus der Bezugnahme auf die Beurkundung des Kaufvertrages ergibt.

b) Zum Eigentumsübergang an dem Grundstück ist die *Eintragung* ins Grundbuch erforderlich. Das Verfahrensrecht der Grundbuchämter ist in der Grundbuchordnung i.d.F. vom 5. 8. 1935 (RGBl I 1073) geregelt. Die Grundbuchämter werden grundsätzlich nur auf Antrag tätig (§ 13 GBO). Derjenige, der den Antrag stellt, wird Kostenschuldner des Grundbuchamtes. Eine Eintragung erfolgt nur, wenn die Eintragungsbewilligung des Berechtigten beigefügt ist (§ 19 GBO). Dagegen überprüft das Grundbuchamt grundsätzlich nicht das der Eintragungsbewilligung zugrundeliegende Geschäft. Eine Ausnahme von dem Bewilligungsgrundsatz gilt nach § 20 GBO im Falle der Auflassung eines Grundstückes sowie im Falle der Bestellung, Änderung des Inhalts oder Übertragung eines Erbbaurechtes. In diesen Fällen darf die Eintragung nur erfolgen, wenn die erforderliche Einigung des Berechtigten und des anderen Teiles erklärt ist.

**3. Beispiel eines einfachen Grundbuchblattes.** a) Ein Grundbuchblatt setzt sich zusammen aus *a)* der Aufschrift, das ist die Nummer des Grundbuches, *b)* dem Bestandsverzeichnis, *c)* Abteilung I, *d)* Abteilung II und *e)* Abteilung III. Aus dem Bestandsverzeichnis ergeben sich Angaben zur Beschaffenheit des Grundstückes. Indes genießen diese Angaben keinen öffentlichen Glauben, d.h. laienmäßig ausgedrückt, man kann sich auf sie nicht verlassen. Ergänzend kann sich daher die Rückfrage beim Katasteramt empfehlen. In Abteilung I wird der Eigentümer des Grundstückes eingetragen. Häufig lassen sich die Eigentumsverhältnisse am Grundstück bis in das vergangene Jahrhundert zurückverfolgen. In Abteilung II werden sämtliche Belastungen des Grundstückes eingetragen; hierzu gehören insbesondere Grunddienstbarkeit, Wohnungsrechte, Nießbräuche, Wohnrechte usw. Nicht in Abteilung II, sondern in Abteilung III sind dagegen die Grundpfandrechte eingetragen, also Grundschulden, Rentenschulden und Hypotheken (§ 54 III–V). Nicht aus dem Grundbuch ersichtlich sind die öffentlichen Abgaben oder sonstige schuldrechtliche Verträge, die über das Grundstück geschlossen worden sind, insbesondere also Miet- und Pachtverträge. Wird eine Eintragung im Grundbuch gelöscht, so wird sie nicht einfach durchgestrichen, sondern rot unterstrichen, also gerötelt. Nicht im Grundbuch befinden sich die zu den Eintragungen gehörenden Urkunden; diese sind in Grundakten zusammengefaßt, die unter bestimmten Voraussetzungen auch eingesehen werden können.

b) Die in der Anlage zur Grundbuchverfügung enthaltenen Grundbuchvordrucke sind nicht mehr aktuell. Es wurden in den Ländern i.d.R. Loseblattgrundbücher eingeführt. In Bayern ergeben sich z.B. Muster aus JM Bek. vom 20. 6. 1969 (JMBl 144) geänd. 2. 8. 1971 (JMBl 131) und vom 25. 9. 1975 (JMBl 168).

## § 51. Mietvertrag über Geschäftsräume und gewerblich genutzte Grundstücke

### I. Begriff

**1.** Durch den **Mietvertrag** wird der Vermieter verpflichtet, dem Mieter den Gebrauch der vermieteten Sache während der Mietzeit zu gewähren. Der Mieter ist verpflichtet, dem Vermieter den vereinbarten Mietzins zu entrichten (§ 535 BGB). Regelmäßig ist der Abschluß eines Mietvertrages kostengünstiger als der Erwerb von Grundeigentum. Gleichwohl bedarf es auch insoweit einer sorgfältigen Auswahl des Grundstückes nach betriebswirtschaftlichen Gesichtspunkten (§ 49).

**2. Muster** für den Abschluß eines Mietvertrages über Geschäftsräume finden sich im Beck'schen Formularbuch zum Bürgerlichen, Handels- und Wirtschaftsrecht, 4. Aufl., unter III D 3 sowie im Münchener Vertragshandbuch, 2. Aufl., 1986, Bd. 4, zu II 2, auf die aus Raumgründen verwiesen werden muß. Gleichwohl bedarf es der Erörterung einzelner Vertragsbestimmungen.

### II. Wesentliche Vertragsbestimmungen eines Mietvertrages

**1. Parteien:** Der Mietvertrag wird zwischen dem Vermieter und dem Mieter geschlossen. Ist Mieter eine „Firma", so ist es ausreichend, wenn diese allein im Mietvertrag genannt wird; indes empfiehlt es sich regelmäßig, auch die unter der Firma (§ 22) handelnden Personen namentlich im Mietvertrag zu erwähnen. Ist Mieter eine juristische Person (GmbH), kann es sich bei hinreichender Verhandlungsmacht des Vermieters empfehlen, auch die Gesellschafter der GmbH als Mieter aufzunehmen, da damit die Haftungseinschränkung entfällt.

**2. Mietgegenstand.** Es bedarf der genauen Umschreibung des Mietgegenstandes. Sollen bestimmte Parkplätze mit vermietet werden, muß eine entspr. Klausel aufgenommen werden. Gelegentlich wird bei der Beschreibung des Mietgegenstandes der Vertragszweck aufgenommen. Hierdurch soll erreicht werden, daß der Mieter den Mietgegenstand nicht beliebig, sondern nur entspr. dem Vertragszweck nutzen kann. Eine Änderung des Firmengegenstandes ist daher nur schwer möglich. Andererseits wird dadurch auch die Haftung des Vermieters erweitert, da er dafür eintreten muß, daß die Mietsache für den vertraglich vereinbarten Zweck geeignet ist. Von besonderer Bedeutung ist die Vereinbarung eines Vertragszweckes, wenn dem Vermieter ein Konkurrenzverbot auferlegt wird.

**3. Mietzins.** a) Der Mietzins wird zumeist aufgespalten in die *Grundmiete* zuzügl. Mehrwertsteuer und die Nebenkosten. Fehlt eine Angabe über die Mehrwertsteuer, so gilt der Preis incl. Mehrwertsteuer. Genaue Umschreibungen bedürfen die Nebenkosten; dies gilt vor allem, wenn der Mieter die Betriebskosten zu tragen hat (Bewässerung, Entsorgung usw.).

b) Die *Mieterhöhung* unterliegt keinen gesetzlichen Beschränkungen. Das Recht zur Mieterhöhung richtet sich ausschließlich nach den vertraglichen Vereinbarungen. Fehlt eine solche Vereinbarung, so ist die Mieterhöhung ausgeschlossen. Da für Geschäftsräume jedoch kein Kündigungsschutz besteht, kann der Vermieter die Mieterhöhungen regelmäßig im Wege der Änderungskündigung durchsetzen, wenn diese nicht vertraglich ausgeschlossen ist.

c) Vielfach werden in Mietverträgen sog. *Wertsicherungsklauseln* vereinbart. Im wesentlichen werden nach ihrem Bezugsmaßstab unterschieden Indexklauseln und Spannenklauseln, nach ihrer Wirkungsweise Gleitklauseln und Leistungsvorbehalte. Bei *Indexklauseln* ist die Höhe des Mietzinses vom Steigen oder Fallen des Preises anderer Wirtschaftsgüter abhängig. Bei *Spannenklauseln* hängt die Höhe des Mietzinses vom Steigen oder Fallen des Mietpreises vergleichbarer Objekte ab. Bei der *Gleitklausel* hängt die Höhe der geschuldeten Geldleistung von einer Bezugsgröße ab, so daß eine Änderung der Bezugsgröße unmittelbar und zwangsläufig eine Änderung der durch die Klausel gesicherten Geldschuld auslöst. Indexklauseln und Gleitklauseln müssen durch die Deutsche Bundesbank genehmigt werden. Der Antrag wird bei den zuständigen Landeszentralbanken gestellt.

**4. Nebenpflichten.** Regelmäßig werden in Geschäftsraummietverträgen Nebenpflichten für Vermieter und Mieter geregelt. Zu den Nebenpflichten des Mieters gehören insbesondere Instandhaltung und Instandsetzung der Mietsache, Wegereinigung und Streupflicht, Stellung von Kautionen, Duldung des Zutrittsrechts des Vermieters usw. Klauseln, wonach der Mieter bei Ende des Mietverhältnisses je nach dem Zeitpunkt der letzten Schönheitsreparaturen während der Mietzeit einen prozentualen Anteil an Renovierungskosten zu tragen hat, sind nicht schlechthin unwirksam (BGH WM 1988, 1338). Zu den Nebenpflichten des Vermieters gehört die Zulassung von Reklameschildern, Konkurrenzschutz für den Mieter, Verzinsung der Kaution usw.

**5. Beendigung des Mietvertrages.** Ein Mietvertrag kann befristet abgeschlossen werden. Alsdann ist regelmäßig die ordentliche Kündigung während der Dauer der Befristung ausgeschlossen. Dem Mieter ist dadurch der Mietgegenstand für eine bestimmte Zeit zu einem bestimmten Preis gesichert; andererseits kann er sich aber auch nicht mehr aus dem Mietvertrag vorzeitig lösen. Möglich ist auch eine *einseitige Befristung*. Das Mietverhältnis läuft auf unbestimmte Zeit; der Vermieter verzichtet für die Dauer von ......Jahren auf die Kündigung. Ist das Mietverhältnis nicht befristet, gilt es als auf unbestimmte Zeit geschlossen. Es ist alsdann jederzeit mit den Fristen aus § 565 BGB kündbar. Gelegentlich finden sich auch *Mietverträge mit Optionsrechten*. Das Mietverhältnis wird auf die Dauer ...... Jahren abgeschlossen. Nach Ablauf dieses Zeitraumes hat der Mieter das Recht, die Verlängerung des Mietverhältnisses um weitere ...... Jahre zu verlangen. Das Verlängerungsverlangen muß schriftlich erfolgen und spätestens ...... Monate vor Vertragsbeendigung beim Vermieter eingehen (BGH WM 85, 755).

**6. Sonstige Klauseln.** Im allgemeinen empfiehlt es sich, auch die Rückgabe der Mietsache nach Beendigung des Mietverhältnisses genau zu regeln. Für etwaige im Rahmen des Mietverhältnisses abzugebende Willenserklärungen wird zweckmäßig die Schriftform vereinbart.

## § 52. Der Leasingvertrag[1]

### I. Bedeutung und Rechtsgrundlagen

1. **Die wirtschaftliche Bedeutung** des Leasingvertrages liegt darin, daß der Leasingnehmer vorwiegend Investitionsgüter wie Maschinen, Ladeneinrichtungen, Kraftfahrzeuge, Büro- und Organisationsmaschinen, EDV-Anlagen für eine feste Mindestzeit in Eigennutzung übernimmt und in dieser Zeit einen bestimmten Betrag, der i.d.R. dem Mietzins und dem Wert des Gegenstandes entspricht, zahlt. Der Leasingnehmer braucht mithin nicht den gesamten Kapitalbetrag auf einmal aufzubringen, sondern nur in Raten. Der Vorteil für den Leasinggeber besteht darin, daß er den vom Hersteller oder Lieferer bezweckten Absatz fördert.

2. Für den Leasingvertrag bestehen keine besonderen **gesetzlichen Regelungen.** Er ist zumeist in den Allgemeinen Geschäftsbedingungen (vgl. § 46 IV) der Leasinggeber geregelt. Je nach der zivilrechtlichen Ausgestaltung findet Miet- und Kaufrecht Anwendung.

### II. Zivilrechtlicher und steuerrechtlicher Leasingbegriff

1. Auf den Leasingvertrag kann **Miet- und Kaufrecht** Anwendung finden.

a) Der *zivilrechtliche Leasingvertrag* ist nach h.M. seiner Rechtsnatur nach ein Mietvertrag (BGH NJW 78 S. 1383); dies gilt auch dann, wenn er mit einer Kaufoption für den Leasingnehmer verbunden ist. Im allgemeinen sind die Leasingverträge unterschiedlich ausgestaltet. Es wird unterschieden zwischen Verträgen, die für eine Grundmietzeit unkündbar sind, und solchen,

---

[1] Blomeyer, Das Finanzierungs-Leasing unter dem Blickwinkel der Sachmängelhaftung und des Abzahlungsgesetzes, NJW 78, 973; Canaris, Finanzierungs-Leasing und Wandelung, NJW 82, 305; Feinen u. a., Leasing, Aktuelles zu einer bewährten Finanzierungsform, Beil 8 zu BB 84; Beil 7 zu BB 85; Beil 3 zu BB 86; Reinicke/Tiedtke, Finanzierungs-Leasing und Sachmängelhaftung, DB 82, 1142; Seifert, Rechtsfragen beim Leasing-Vertrag, Beil 1 zu DB 83; Stadtler u.a. Beil 13 zu DB 86; Beil. 12 zu DB 87; Feinen u.a. Beil. 6 zu BB 88.

bei denen Gegenstände nur kurzfristig gemietet werden (operating Leasing). Für die Grundmietzeit kann die volle Amortisation des Leasinggegenstandes kalkuliert sein (full pay out); es kann aber auch anders sein (non full pay out). Ferner wird unterschieden zwischen dem Netto- oder Brutto-Leasing. Das Netto-Leasing ist im allgemeinen ein reines Finanzierungs-Leasing (BGH ZIP 85, 935 = WM 85, 906), während das Brutto-Leasing ein full service Leasing darstellt. Beim Hersteller-Leasing tritt der Hersteller selbst oder eine mit ihm verbundene Leasing-Gesellschaft als Leasinggeber auf (LG Frankfurt EWiR BGB § 123 II 1/85).

b) Wird ein *Leasingvertrag mit einem privaten Leasingnehmer* abgeschlossen, so kann das AbzahlungsG Anwendung finden, wenn der Leasingnehmer am Ende der Mietzeit ein Erwerbsrecht hat (vgl. BGH NJW 77 S. 848; S. 1058; 78 S. 1432; 88 S. 2463; dagegen LG Hamburg EWiR AbzG § 6 1/85). Dagegen ist der Finanzierungsleasingvertrag kein Darlehensgeschäft i. S. von § 56 Abs. 1 Nr. 6 GewO (BGH NJW 89, 460); es ist daher auch dann nicht nichtig, wenn es im Reisegewerbe angeboten worden ist (vgl. § 54 II 2b S. 384). Ist beim Finanzierungsleasingvertrag die Gewährleistungsfrist des Herstellers bei Vertragsschluß bereits abgelaufen, so trifft den Leasinggeber die Gewährleistungspflicht nach den Vorschriften des Mietrechts (LG Frankfurt EWiR AGBG § 9 13/88).

c) Streitig werden Gewährleistungsansprüche, wenn der Leasingnehmer die Sache nach Ablauf der Leasingfrist übernehmen soll/kann. Sehen die Verträge vor, daß der Zeitwert der Leasingsache durch einen vom Leasinggeber beauftragten Sachverständigen festgestellt wird, so bedarf es eines ausdrücklichen Hinweises auf eine Schiedsgutachterabrede (LG Frankfurt ZIP 88, 1260). Der Leasinggeber hat die Beweislast für atypische Abnutzung des Leasingobjektes (LG Frankfurt ZIP 88, 1263).

2. Der **steuerrechtliche Leasingbegriff** findet sich in einem Erlaß des Bundesministers der Finanzen vom 19. 4. 1971 (BStBl 1971 I, 264 = BB 71, S. 506). Das Finanzierungs-Leasing ist die entgeltliche Sachgüterüberlassung, bei der der Vertrag über eine bestimmte, nach der betriebsgewöhnlichen Nutzungsdauer bemessenen Zeit fest (unkündbar) abgeschlossen wird und der Leasingnehmer den Leasinggegenstand einschl. Kosten, Zinsen und Gewinnspanne des Leasinggebers als Leasingmiete aufbringt. Steuerlich wird das Leasinggut grundsätzlich dem Leasinggeber als formalem Ei-

gentümer zugerechnet, falls die Grundmietzeit 40–90% der betriebsgewöhnlichen Nutzungsdauer beträgt; in den übrigen Fällen dem Leasingnehmer (vgl. Erl. v. 19. 4. 1971 [BStBl I 264] und vom 21. 3. 1972 [BStBl I 188]).

# Abschnitt XIV. Die Kreditaufnahme

## § 53. Grundlagen der Kreditaufnahme

### I. Finanzierungsregeln

**1. Betriebswirtschaftliche Problemstellung:** Bis zu welchem Umfang eine Betriebsgründung und Betriebsführung mit Krediten möglich und sinnvoll ist, ist eine betriebswirtschaftliche Frage; regelmäßig leisten Industrie- und Handelskammern sowie Handwerkskammern Beratungshilfe.

**2. Im allgemeinen gelten folgende Finanzierungsregeln** a) Für den Erwerb von Bauten, langlebigen Maschinen und Geschäftseinrichtungen sollen grundsätzlich nur langfristige Kredite verwandt werden. Derartige Kredite werden durch Banken, Sparkassen, Raiffeisenkassen und Lebensversicherungen gewährt.

b) Maschinelle Einrichtungen sollen nach Möglichkeit nur durch lang- und mittelfristige Kredite finanziert werden. Insoweit werden vielfach auch Mittelstandskredite, Existenzgründungskredite usw. gewährt (vgl. Einzelh. § 44).

c) Bei der Aufnahme kurzfristiger Kredite ist zu bedenken, ob durch sie nicht unvertretbare Bindungen eintreten, z. B., wenn der Wareneinkauf kreditiert wird und dadurch die Einkaufspreise erhöht werden. Häufig sind Kontokorrentkredite der Banken günstiger.

d) Wechselkredite sind nur vertretbar, wenn mit dem Kredit so produktiv gearbeitet wird, daß auch die Einlösung der Wechsel gesichert ist.

### II. Sicherung der Kredite

**1. Sicherungsmittel.** Zur Sicherung der Kredite dienen

a) die Bestellung von Grundpfandrechten. Hierzu gehören Hypotheken und Grundschulden. Meistens bestehen die Banken auf der Bestellung von Grundschulden (vgl. § 54).

b) die Gestellung von Bürgen (vgl. § 54).

c) die Sicherungsübereignung von Warenlagern, Maschinen usw. (§ 54).

d) die Hingabe von Wechseln (§ 55).

**2. Kreditgarantiegemeinschaften.** Namentlich im Bereich des Handwerks können bei fehlenden oder nicht ausreichenden Banksicherungen gegen zumeist 1% der Kreditsumme Bürgschaften von sog. Kreditgarantiegemeinschaften erlangt werden.

### III. Bankverbindungen

Die Kreditaufnahme wird wesentlich erleichtert, wenn eine oder mehrere ständige Bankverbindungen bestehen.

### IV. Der Lieferantenkredit

**1. Erscheinungsformen.** Der Lieferantenkredit kommt in verschiedenen Formen vor. Es werden (1) Darlehensverträge geschlossen; mit dem Darlehensvertrag kann der Darlehensnehmer seine Geschäfte ausführen (§ 54); (2) Kontokorrentverträge geschlossen, in deren Rahmen der Lieferant liefert und der Darlehensnehmer zahlt (vgl. § 53); (3) der Lieferant Zahlungsziele einräumt.

**2. Die Einräumung von Zahlungszielen.** a) Regelmäßig sind die Kaufpreisforderungen der Lieferanten sofort fällig. Insoweit gelten keine Besonderheiten zum Handelskauf (§ 46 V, VI). Gelegentlich räumen jedoch Lieferanten einen Nachlaß ein, wenn sofortige Bezahlung erfolgt. Entsprechende Klauseln lauten: „Bei Barzahlung innerhalb von ... Tagen gewähren wir ... % Skonto". Zahlt der Kunde innerhalb der eingeräumten Frist, darf er den Rechnungsbetrag entsprechend kürzen.

b) Der Sicherung des Lieferantenkredites dient regelmäßig der Eigentumsvorbehalt (vgl. § 55 VII). Der Lieferant behält sich bis zur Bezahlung das Eigentum an den Waren vor.

**3. Wirtschaftliche Betrachtung.** Ob die Inanspruchnahme des Lieferantenkredites betriebswirtschaftlich sinnvoll ist, läßt sich nur nach einer Vergleichsrechnung beurteilen. Häufig wird auch von deren Inanspruchnahme abgeraten, weil der Kunde erheblichen Bindungen an den Lieferanten ausgesetzt ist und nicht die billigsten Einkaufsquellen auf dem Markt nutzen kann. Die Vergleichsrechnung ergibt sich aus folgendem Beispiel.

a) Hat ein Unternehmen mit einem Jahresumsatz von 1000000 einen Wareneinsatz von 60%, also 600000 DM, so beträgt der Lieferantenkredit bei einem durchschnittlichen Zahlungsziel von 50 Tagen

$$\frac{50\text{ Tage} \times 600000}{360} = 83333{,}33\text{ DM.}$$

b) Gewähren die Lieferanten ein Skonto von 3% bei Zahlung innerhalb von 14 Tagen, so ergibt sich ein möglicher Lieferantenkredit von

$$\frac{14\text{ Tage} \times 600000}{360} = 23333{,}33\text{ DM}$$

c) Wird der Lieferantenkredit nicht mehr in bisherigem Umfang in Anspruch genommen, bleibt ein Kreditbedarf von rd. 60000 DM. Kann dieser Betrag im Wege des Kontokorrentkredites zu 9,5% Zinsen durch eine Bank abgesichert werden, so ergibt sich eine erhebliche Zinsersparnis

| | |
|---|---|
| 3% aus Wareneinsatz von 600000 DM | = 18000 DM |
| 9,5% Zinsen aus 60000 DM | = 5700 DM |
| Zinsgewinn | = 12300 DM |

d) Die bisherigen Zinsen des Lieferantenkredites sind nach folgender Formel zu berechnen

$$\frac{360 \times \text{Skonto-\%}}{\text{Beschleunigung der Zahlung in Tagen}}$$

Der Zinssatz in obigem Beispiel beträgt mithin 30%.

### V. Das Factoring

**1. Begriff.** a) Beim Factoring verkauft ein Unternehmer seine Forderung gegen seine Kunden mit einem Abschlag an ein Finanzierungsinstitut, den sog. Factor, der dann seinerseits das Inkasso im eigenen Namen und für eigene Rechnung unter Übernahme des Kreditrisikos durchführt. Das Factoring ist mithin eine Form der Absatzfinanzierung.

b) Das Factoring-Geschäft hat in der Praxis drei Funktionen. (1) Es hat Finanzierungsfunktion. Der Unternehmer erhält regelmäßig kurzfristig eine Bezahlung seiner Waren. (2) Daneben besteht die Dienstleistungsfunktion. Die Dienstleistung umfaßt i.d.R. die Debitorenbuchführung einschl. zeitnaher statistischer

Auswertung des Datenmaterials sowie das Mahnwesen und das Inkasso. In der Buchhaltung des Unternehmers erscheint anstelle zahlreicher Kundenkonten regelmäßig nur noch das Konto des Factors.

(3) Da der Factor das Kreditrisiko übernimmt, hat es Delkrederefunktion.

**2. Vertragsbeziehungen.** a) Zwischen dem Unternehmer und dem Factor besteht der Factoringvertrag. Der Unternehmer verkauft seine Kundenforderungen und tritt sie an den Factor ab. Regelmäßig erhält er in der Praxis sofort 80% der Kaufpreisforderung gutgeschrieben. Die restlichen 20% werden zunächst auf ein Sperrkonto gezahlt. Sie dienen als Sicherheit bei Mängelrügen, Retouren, Skonti usw. Sie werden ausbezahlt, sobald der Abnehmer seine Rechnung voll bezahlt hat oder ein Delkrederefall eingetreten ist.

b) Der Factor übernimmt die Buchführung, das Mahnwesen und Inkasso gegenüber dem Dritten.

**3. Betriebswirtschaftliche Faustregeln.**

Das Factoring gilt als für mittelständische Unternehmen geeignet, die mindestens einen Jahresumsatz von 3 Mill. haben. Die Laufzeit der Forderung darf drei Monate nicht übersteigen. Als unterste Grenze des Rechnungsbetrages werden 1000 DM angesehen. Die Factoringgebühr beträgt regelmäßig 0,7 bis 2,5 des Umsatzes.

## § 54. Darlehen

### I. Allgemeines

**1. Begriff.** Die klassische Form der Kreditaufnahme erfolgt im Wege des Darlehensvertrages. Darlehen ist die Überlassung eines bestimmten Kapitals in Geld oder anderen vertretbaren Sachen zur freien oder auch vertraglich zweckgebundenen Nutzung auf Zeit. Der Darlehensnehmer erlangt dabei Eigentum an den zum Darlehen gegebenen Gegenständen. Zu unterscheiden sind das Geld- und Sachdarlehen sowie verzinsliche und unverzinsliche.

**2. Rechtsgrundlagen.** Der Darlehensvertrag ist in §§ 607ff BGB geregelt. Gleichwohl ist die Regelung unvollkommen; sie wird ergänzt durch das KWG, BBankG, WährG, AGB-Gesetz und vor allem aber auch durch allgemeine Geschäftsbedingungen der Banken.

## II. Begründung des Darlehensvertrages und Rückerstattung

1. Der **Darlehensvertrag** ist ein zweiseitiger Vertrag, zumeist aber gegenseitiger Vertrag, durch den sich der Darlehensgeber zur Eigentumsverschaffung an Geld oder anderen vertretbaren Sachen zur zeitweiligen Nutzung durch den Darlehensnehmer verpflichtet und der Darlehensnehmer sich beim gegenseitigen Vertrag zur Verzinsung des Darlehenswertes verpflichtet. Darlehensgegenstand sind zumeist Geld oder andere vertretbare Sachen, z.B. Wertpapiere. Der Darlehensvertrag ist zweiseitiger Vertrag; das entgeltliche, also verzinsbare Darlehen ist gegenseitiger Vertrag, auf den die Vorschriften der §§ 320ff BGB Anwendung finden (umstr.). Im Gegenseitigkeitsverhältnis stehen die Verpflichtung des Darlehengebers zur Kapitalverschaffung und die Verzinsungspflicht des Darlehensnehmers. Die Rückgewähr des Darlehens steht niemals im Gegenseitigkeitsverhältnis, sondern ist deren Abwicklungspflicht. Der Darlehensgeber hat im allgemeinen keine Verpflichtung, den Darlehensnehmer über besondere Risiken bei der Verwendung des Darlehens zu belehren. Etwas anderes kann dann gelten, wenn der Darlehensgeber einen Wissensvorsprung hat, wenn er z.B. weiß, daß das geplante Projekt zum Scheitern verurteilt ist (vgl. BGH WM 87, 1546; 88, 561; 1225).

**2. Zustandekommen.** a) Der Darlehensvertrag kommt zustande durch *Einigung* über seinen Abschluß (§§ 145ff BGB). Die Einigung umfaßt außer dem Darlehensgegenstand, die Laufzeit und den Zins sowie regelmäßig Abreden über Sicherheiten. Die Hingabe des Darlehens ist bereits seine Erfüllung. Erfüllt ist der Vertrag regelmäßig, wenn der Betrag dem Konto des Darlehensnehmers oder auf seine Weisung dem eines Dritten gutgeschrieben wird (BGH ZIP 85, 596 = WM 85, 653; OLG Düsseldorf WM 85, 746). Nach Abschluß des Darlehensvertrages kann auf Auszahlung des Darlehens geklagt werden (vgl. BGH NJW 75, 443). Er kann sogar gepfändet werden (LG Dortmund EWiR BGB § 607 5/85 m. Anm. Rümker).[1] Jedoch kann bei wesentlicher Verschlechterung der Vermögensverhältnisse des Schuldners die Darlehenszusage widerrufen werden (§ 610 BGB).

---

[1] Peckert, Pfändbarkeit des Überziehungs- und Dispositionskredits, ZIP 86, 1232; Plach, Pfändbarkeit der Kreditlinie, DB 86, 1961.

b) Der Darlehensvertrag kann *nichtig* sein *(a)* wegen Verstoßes gegen ein gesetzliches Verbot (§ 134 BGB), z.B. bei Abschluß oder Vermittlung im Reisegewerbe (§ 56 Abs. 1 Nr. 6 GewO; BGH 71, 358; BGH ZIP 82, 1044; 83, 39; 1430); einschränkend bei Kreditverträgen, die zur Finanzierung der Beteiligung an Abschreibungsgesellschaften gewährt werden: BGH ZIP 85, 203; 667, 670; EWiR BGB § 607 2/86;[2] zu Bürgschaftserklärungen vgl. OLG München ZIP 85, 858; BGH WM 86, 11; noch keine Vermittlung im Reisegewerbe liegt vor, wenn die Ehefrau einen Kreditvertrag auf Veranlassung ihres Ehemannes zu Hause und nicht bei der Bank unterzeichnet (OLG Frankfurt NJW 85, 1906; vgl. BGH ZIP 86, 1535); *(b)* wegen Sittenwidrigkeit (§ 138 Abs. 1 BGB), z.B. wegen übermäßiger Belastungen, unübersichtlicher Vergütungs- und Verzinsungsregelungen (vgl. BGH NJW 79, 805, 808; 88, 1659), umstr. dagegen bei Rückzahlungsverpflichtungen die Leistungskraft übersteigen (OLG München ZIP 88, 1382 = WM 88, 1365; OLG Hamm WM 88, 1226; OLG Hamburg WM 88, 1261), *(c)* wegen Übernahme übermäßiger Nebenverpflichtungen.

**3. Erfüllung.** a) Die *Auszahlung* des Darlehensbetrages ist Erfüllung; sie kann bar, durch bargeldlose Zahlung (vgl. BGH BB 56, 159) oder mit Ermächtigung des Darlehensnehmers auch an einen Dritten (BGH NJW 78, 229) erfolgen. Bei Hingabe von Vermögensrechten (z.B. Abtretung von Forderungen, Indossierung von Wechsel oder Scheck) hat der Darlehensnehmer das Darlehen erst nach Zahlung des Dritten empfangen.

b) Der Anspruch auf Auszahlung des Darlehens ist *abtretbar* und damit auch *pfändbar* (§ 851 ZPO), jedoch kann der Ausschluß der Abtretung vereinbart werden.

Für die Bereitstellung des Darlehens zu einem bestimmten Termin können Bereitstellungszinsen vereinbart werden (BGH ZIP 86, 359; OLG Stuttgart NJW 86, 436).

**4. Rückerstattung.** a) Im Falle der Fälligkeit des Darlehens sind Sachen gleicher Art und Güte ohne Rücksicht auf Preisänderun-

---

[2] Teske, Das gewerberechtliche Verbot des Abschlusses und der Vermittlung von Darlehnsgeschäften im Reisegewerbe und seine Auswirkungen auf das Zivilrecht, ZIP 85, 649; Hopt, Die Nichtigkeit von Darlehensverträgen bei Abschluß oder Vermittlung im Reisegewerbe, NJW 85, 1665.

gen zurückzugewähren. Bei Gelddarlehen ist also regelmäßig der Geldbetrag zurückzugewähren, ohne Rücksicht auf Auf- und Abwertungen oder den Geldwertschwund. Häufig werden daher zur Sicherung des Darlehens Wertsicherungsklauseln vereinbart (unter V).

b) Regelmäßig wird eine feste *Laufzeit des Darlehens* vereinbart. Ist für die Rückerstattung eines Darlehens eine Zeit nicht bestimmt, so hängt die Fälligkeit davon ab, daß der Gläubiger oder der Schuldner kündigt. Die Kündigungsfrist beträgt mangels anderer Vereinbarung bei Darlehen von mehr als 300,– DM drei Monate, bei Darlehen von geringerem Betrag einen Monat (§ 609 BGB). Einem Darlehensgeber, der berechtigterweise, insbesondere nach einer Kündigung die Rückzahlung des Darlehens verlangt, steht für die Folgezeit kein vertraglicher Anspruch auf Zinsen und Überziehungsprovision zu (BGH WM 86, 8 = ZIP 86, 21). Er kann aber Verzinsung seiner Gesamtforderung wegen Zahlungsverzuges verlangen (BGH NJW 88, 1967; 1971), wenn nicht pünktlich gezahlt wird (§§ 286, 288 II, 289 BGB). Regelmäßig wird für den Gläubiger ein Recht zur außerordentlichen Kündigung vereinbart, wenn der Schuldner in Vermögensverfall gerät (BGH WM 88, 1223).

**5. Die Kündigung des Darlehens durch den Schuldner.**[3] a) Nach § 609a BGB hat der Schuldner ein Recht zur ordentlichen Kündigung des Darlehens. Dieses Recht ist zum Nachteil des Darlehensnehmers nicht abdingbar (§ 609a Abs. 3 Satz 1 BGB). Entgegenstehende Vereinbarungen sind nichtig (§ 134 BGB). § 609a Abs. 1 BGB gilt für Darlehen mit festem Zinssatz, § 609a Abs. 2 BGB für solche mit variablem, veränderlichem Zinssatz. Ein fester Zinssatz ist dann gegeben, wenn für die Laufzeit des Darlehens ein gleichbleibender Zins vereinbart ist oder wenn für einen begrenzten Zeitraum eine Zinsbindung vereinbart ist und nach diesem Zinsvariabilität eintreten soll (BT-Drucks. 10, 4741 S. 22).

b) Bei Darlehen mit festem Zinssatz sind vier Fallgestaltungen zu unterscheiden:

Nach § 609a Abs. 1 Nr. 1 BGB erster Fall kann der Schuldner ein Darlehen, bei dem für einen bestimmten Zeitraum ein fester Zinssatz vereinbart ist, ganz oder teilweise kündigen, wenn die Zinsbindung vor der für die Rückzahlung bestimmten Zeit endet

---

[3] Häuser/Welter, Neues Recht der Darlehenskündigung, NJW 87, 17.

und keine neue Vereinbarung über den Zinssatz getroffen ist, unter Einhaltung einer Kündigungsfrist von einem Monat frühestens für den Ablauf des Tages, an dem die Zinsbindung endet. Dieser Fall ist gegeben, wenn das Ende der Bindung an einen festen Zinssatz vor dem Rückzahlungstermin liegt.

Ist in dem vorstehenden Fall eine Zinsanpassung in bestimmten Zeiträumen bis zu einem Jahr vereinbart, so kann der Schuldner jeweils für den Ablauf des Tages, an dem die Zinsbindung endet, kündigen (§ 609a Abs. 1 Nr. 1 BGB zweiter Fall). Sind die Zinsperioden länger, so bleibt es bei dem Kündigungsrecht nach § 609a Abs. 1 Nr. 1 BGB erster Fall.

Nach § 609a Abs. 1 Nr. 2 BGB kann ein Schuldner ein Darlehen, bei dem für einen bestimmten Zeitraum ein fester Zinssatz vereinbart ist, ganz oder teilweise kündigen, wenn dieser eine natürliche Person ist und das Darlehen nicht durch ein Grund- oder Schiffspfandrecht gesichert ist. Die Kündigung kann erst sechs Monate nach dem vollständigen Empfang unter Einhaltung einer Kündigungsfrist von drei Monaten erfolgen. Damit sind vor allem Verbraucherkredite kündbar. Das Kündigungsrecht ist ausgeschlossen, wenn das Darlehen ganz oder überwiegend für Zwecke einer gewerblichen oder beruflichen Tätigkeit bestimmt war. Dies wird zweckmäßig im Darlehensvertrag festgehalten.

Nach § 609a Abs. 1 Nr. 3 BGB kann ein langfristiger Kredit nach Ablauf von zehn Jahren nach dem vollständigen Empfang unter Einhaltung einer Kündigungsfrist von sechs Monaten gekündigt werden. Haben die Parteien eine Prolongationsvereinbarung geschlossen, so beginnt die Zehn-Jahres-Frist erneut zu laufen.

Nach § 609a Abs. 2 BGB kann der Schuldner ein Darlehen mit veränderlichem Zinssatz jederzeit unter Einhaltung einer Kündigungsfrist von drei Monaten kündigen. Ein veränderlicher Zinssatz ist z.B. dann gegeben, wenn der Zins an den Diskont- oder Lombardsatz gebunden ist.

**6. Beweislast.** Wer Rechte aus einem Darlehensvertrag geltend macht, ist darlegungs- und beweispflichtig für den Abschluß des Darlehensvertrages. Der Darlehensschuldner ist darlegungs- und beweispflichtig für die Rückzahlung des Darlehens.

### III. Vereinbarungsdarlehen

**1. Begründung.** Im Geschäftsverkehr kommt es gelegentlich vor, daß ein Schuldner seinen Verbindlichkeiten nicht nachkommt oder daß aus anderen Rechtsgründen gegen einen Schuldner erwachsene Geldforderungen nicht eingezogen werden sollen. In diesen Fällen wird vereinbart, daß der geschuldete Betrag als Darlehen geschuldet werden soll. Bei den sog. Vereinbarungsdarlehen sind verschiedene Fallgestaltungen denkbar.

**2. Fallgestaltungen.** Bei einem Vereinbarungsdarlehen kann gewollt sein, daß

a) die alte Schuld bestehen bleibt, nur als Darlehen umgestaltet wird. Dies bietet dem Gläubiger den Vorteil, daß für die alte Schuld bestehende Sicherheiten erhalten bleiben. Andererseits behält aber auch der Schuldner seine Einwendungen gegen die (alte) Forderung (vgl. OLG Hamm EWiR BGB § 607 II 1/85 m. Anm. Barbier).

b) Die alte Schuld durch eine neue ersetzt wird (kausale Novation). Hierfür ist ein beiderseitiger Ersetzungswille erforderlich. Die Folge ist, daß für die alte Schuld bestehende Sicherheitsrechte entfallen.

c) Die alte Schuld durch eine abstrakte neue Forderung (abstrakte Novation) ersetzt wird. Hierfür wird regelmäßig ein abstraktes Schuldanerkenntnis erteilt (§§ 780, 781 BGB), zu dessen Wirksamkeit die Einhaltung der Schriftform notwendig ist.

### IV. Sonderformen des Darlehens

**1. Personalkredit.** Bei dieser Form besteht für das Darlehen allein eine Sicherheit durch die Person des Schuldners, evtl. eines Bürgen (§ 54) oder Mitschuldners.

**2. Bodenkredit.** Bei ihm besteht eine Sicherheit durch Hypothek, Grundschuld oder Rentenschuld (§ 54).

**3. Lombardkredit.** Bei ihm wird das Darlehen gesichert durch Pfandrechte oder Sicherheitsübereignung an beweglichen Sachen, insbesondere von Wertpapieren.

**4. Bau- und Bauspardarlehen.** Bei diesen Darlehen ist der Verwendungszweck festgelegt, z.B. für Neu-, Aus- und Umbau von Gebäuden.

**5. Bankkredit und Anlagengeschäft.** Durch den Krediteröffnungsvertrag verpflichtet sich die Bank, einen Geldbetrag bis zu einer bestimmten Höchstsumme einem Kunden zur Verfügung zu stellen. Der Kunde hat andererseits die vereinbarten Zinsen zu entrichten und bestimmte Sicherheiten zu leisten sowie den Kredit bei Fälligkeit zurückzuzahlen. Zu den Kreditzinsen können auch Bereitstellungszinsen gehören (BGH BB 78, 833). Ob in einen Krediteröffnungsvertrag gepfändet werden kann, ist umstr., wird aber zu Recht verneint, weil das dem Keditnehmer überlassen bleiben muß, in welcher Höhe er Schulden machen will (LG Dortmund EWiR BGB § 607 5/85 m. Anm. Rümker).

**6. Ratenkredit.** Bei ihm ist in gleichbleibenden Monatsraten der Gesamtbetrag zurückzuzahlen. Der Gesamtbetrag umfaßt sowohl die Darlehenssumme als auch die nach einem festen Monatszinssatz für die gesamte Laufzeit berechneten Zinsen der Darlehenssumme. Der Satz des Monatszinses entspricht nicht der tatsächlichen Zinsbelastung, die sich erst aus komplizierten Berechnungsformeln ergibt (vgl. BGH NJW 79, 540, 808; Bachmann NJW 78, 865; DRiZ 87, 93). Faustformel:

$$\frac{24 \times \text{Monatszins} \times \text{Monate Laufzeit}}{\text{Monate Laufzeit} + 1} +$$

$$\frac{24 \times \text{Bearbeitungsgebühr in \%}}{\text{Monate Laufzeit} + 1}$$

**7. Brauereidarlehen.** Diese Form des Darlehens hat sich im Gaststättengewerbe entwickelt. Eine Brauerei gewährt einem Gastwirt ein Darlehen. Dieser verpflichtet sich dagegen, das Darlehen zu verzinsen und seinen gesamten Bierbedarf bei der Brauerei zu decken. Bei Unmöglichkeit oder Verzug des Gastwirts mit dem Bierbezug kann das Darlehen gekündigt werden. Gelegentlich kommt es zu übermäßigen Bindungen des Gastwirts, die zur Unwirksamkeit des Vertrages führen; vgl. dazu BGH NJW 79, 865; 88, 2362; WM 88, 1091. Ähnliche Vertragsgestaltungen finden sich auch in anderen Wirtschaftsbereichen.

### V. Wertsicherungsklauseln

**1. Genehmigungspflicht.** Wegen des bestehenden Geldwertschwundes wird häufig versucht, Forderungen geldwertbeständig zu vereinbaren. Dies gilt vor allem, wenn sie erst langfristig fällig werden. Hierbei sind die Beschränkungen von § 3 WährG zu beachten. Hiernach dürfen Geldschulden nur mit Genehmigung der für die Erteilung von Devisengenehmigungen zuständigen Stelle in einer anderen Währung als in DM eingegangen werden. Das gleiche gilt für Geldschulden, deren Betrag in DM durch den Kurs einer solchen anderen Währung oder durch den Preis oder eine Menge von Feingold oder von anderen Gütern oder Leistungen bestimmt werden soll. Die Genehmigung wird bei den Landeszentralbanken beantragt.

**2.** Die Genehmigung der Wertsicherungsklausel erfolgt nach Richtlinien der Deutschen Bundesbank (BAnz 1978 Nr. 109 = NJW 1978, 2381). Zu unterscheiden sind hiernach verbotene, allgemein zulässige und genehmigungspflichtige Klauseln. Da bei Verstoß gegen die Genehmigungsrichtlinien u.U. das gesamte Geschäft nichtig ist, bedarf es insoweit regelmäßig der Einholung sachverständigen Rates (vgl. BGH BB 1963, 793).

## § 55. Die Kreditsicherung

### I. Vollstreckbare (exekutorische) Urkunde

**1. Zweck und Rechtsgrundlagen.** a) Vielfach kommt es bei Gewährung von Darlehensverträgen oder den sog. Vereinbarungsdarlehen zu Auseinandersetzungen über Begründung, Erfüllung oder sonstige Fragen. Gelegentlich kann auch ein Schuldner am Fälligkeitstag nicht zahlen. Um dem Gläubiger zunächst einmal den Rechtsweg zu ersparen, wird bei Schuldbegründung eine vollstreckbare Urkunde erstellt.

b) Nach § 794 Abs. 1 Nr. 5 ZPO findet die Zwangsvollstrekkung statt aus Urkunden, die vor einem deutschen Gericht oder vor einem deutschen Notar innerhalb der Grenzen seiner Amtsbefugnisse in der vorgeschriebenen Form aufgenommen sind, sofern die Urkunde über einen Anspruch errichtet ist, der die Zahlung einer bestimmten Geldsumme oder die Leistung einer bestimmten Menge anderer vertretbarer Sachen oder Wertpapiere zum Gegenstand hat, und der Schuldner sich in der Urkunde der sofortigen Zwangsvollstreckung unterworfen hat.

**2. Muster der notariellen Urkunde.**

Ich erkenne an, der ...... Bank den Betrag von ...... DM nebst 8% Zinsen seit dem ...... zu schulden. Ich verpflichte mich, diesen Betrag nebst Zinsen bis zum ...... zu zahlen. Wegen der vorstehend aufgeführten Forderung einschl. der Zinsen unterwerfe ich mich der sofortigen Zwangsvollstreckung in mein gesamtes Vermögen.

**3. Einwendungen.** Hat der Schuldner Einwendungen gegen die zugrundeliegende Forderung, so kann er im Wege der Vollstrekkungsgegenklage gegen den Gläubiger vorgehen (§ 767 ZPO).

## II. Bürge[1]

**1. Begriff und Rechtsgrundlagen.** Die Bürgschaft ist im BGB sowie im HGB geregelt.

a) Durch den Bürgschaftsvertrag verpflichtet sich der Bürge, gegenüber dem Gläubiger eines Dritten für die Erfüllung der Verbindlichkeit des Dritten einzustehen (§ 765 Abs. 1 BGB). Die Bürgschaft kann auch für eine künftige oder bedingte Forderung (Kreditbürgschaft) oder eine öffentlich-rechtliche Forderung (Bürgschaft für die Abführung von Sozialversicherungsbeiträgen: BGH ZIP 84, 633; OLG Frankfurt NVwZ 83, S. 573; Bürgschaft für Aufbaudarlehen: BVerwG DÖV 70, S. 820) übernommen werden. Es bestehen mithin das Schuldverhältnis zwischen einem Gläubiger und einem Dritten sowie das Bürgschaftsverhältnis zwischen dem Gläubiger und dem Bürgen. Die Bürgschaft kommt zustande durch den Bürgschaftsvertrag zwischen dem Gläubiger und dem Bürgen. Er kann auch als Vertrag zugunsten Dritter zwischen dem Hauptschuldner und dem Bürgen zugunsten des Gläubigers geschlossen werden (BGH ZIP 84, S. 1326 = WM 84, S. 768). Der Bürge kann den Hauptschuldner ermächtigen, den Bürgschaftsvertrag abzuschließen. Dies kann z. B. durch Aushändigung einer Blankobürgschaft geschehen (zur abredewidrigen Ausfüllung vgl. BGH NJW 84, S. 798 = ZIP 84, S. 156). Zur Rechtswirksamkeit des Bürgschaftsvertrages ist die schriftliche Erteilung der Bürgschaftserklärung erforderlich (§ 766 BGB).

---

[1] Derleder, Die unbegrenzte Kreditbürgschaft, NJW 86, S. 97; Geißler, Der Wegfall der Geschäftsgrundlage im Rahmen des Bürgschaftsvertrages, NJW 88, 3184; Reinicke/Tiedtke, Zahlungen des Bürgen als vorläufige Sicherheit, DB 85, S. 957; Stötter/Stötter, Die Möglichkeiten der Risikobegrenzung bei der Übernahme einer Kreditbürgschaft, DB 87, 1621; Tiedtke, Die Rechtsprechung des BGH zum Bürgschaftsrecht seit 1980, ZIP 86, S. 69; ders., Die Rechtsprechung des BGH zur Anwendung des AGB-Gesetzes im Bürgschaftsrecht seit 1980, ZIP 86, 150.

Die Einhaltung der Schriftform ist entbehrlich, wenn sie von einem Vollkaufmann übernommen wird und sie auf seiner Seite ein Handelsgeschäft ist (Handelsbürgschaft; § 350 HGB; vgl. dazu § 46).[2] Ein Bürgschaftsvertrag kann auch außerhalb der Geschäftsräume eines Kreditinstitutes geschlossen werden; es ist kein Darlehensgeschäft i.S. von § 56 Abs. 1 Nr. 6 GewO (BGH ZIP 88, 1537 = NJW 89, 227). Im allgemeinen braucht der Gläubiger den Bürgen nicht über die Risiken einer Bürgschaft aufzuklären (BGH NJW 88, 3205; LG Hamburg ZIP 88, 1538).

Der Bürgschaftsvertrag ist zu unterscheiden von dem Garantievertrag, aufgrund dessen sich der Garant verpflichtet, für die Erfüllung der Hauptschuld einzustehen (BGH WM 82, S. 632; 82, S. 1324 = ZIP 82, S. 1054), und dem Schuldbeitritt (BGH ZIP 85, S. 1485 = WM 85, S. 1417; OLG Hamm NJW 88, 3022).

b) Bürgschaftserklärungen kommen im Rechtsverkehr vor als *einfache Bürgschaften, selbstschuldnerische Bürgschaften* oder *Bürgschaften auf erste Anforderung*. Bei der einfachen Bürgschaft kann der Bürge die Zahlung aus der Bürgschaft verweigern, solange nicht der Gläubiger eine Zwangsvollstreckung gegen den Hauptschuldner ohne Erfolg versucht hat (Einrede der Vorausklage; § 771 BGB). Bei der selbstschuldnerischen Bürgschaft hat der Bürge auf die Einrede der Vorausklage verzichtet. Die Handelsbürgschaft ist immer selbstschuldnerische Bürgschaft (§ 349 HGB). Bei der Bürgschaft auf erste Anforderung muß der Bürge zunächst ohne Einwendungs- und Aufrechnungsmöglichkeit unverzüglich nach Eintritt der Fälligkeit der Hauptschuld zahlen und kann hierzu verurteilt werden (Erst zahlen, dann prozessieren, BGH ZIP 84, 32 = NJW 84, 923; WM 88, 934 = NJW 88, 2610). Nach Zahlung kann er jedoch sämtliche aus der Akzessorietät folgende Einwendungen im Hinblick auf die Hauptschuld nachholen und die Leistung ggf. nach § 812 BGB zurückfordern (BGH NJW 84, 923; 85, 1694 = ZIP 85, 470). Bei der *Ausfallbürgschaft* ist vereinbart, daß der Bürge nur in Anspruch genommen wird, wenn der Gläubiger trotz pflichtgemäßer Wahrnehmung sämtlicher Möglichkeiten in der Zwangsvollstreckung oder dem Konkurs gegen den Schuldner oder bei der Verwertung von Sicherheiten mit seiner Forderung ganz oder teilweise ausfällt.

---

[2] Schmidt, Formfreie Bürgschaften eines geschäftsführenden Gesellschafters, ZIP 86, 1510.

c) *Muster:* Für die der Firma ...... gegen ...... zustehende Forderung aus dem Verkauf des PKW ...... Fahrgestell-Nr. ...... zustehende Restforderung von ...... DM übernehme ich die Bürgschaft unter Verzicht auf die Einrede der Vorausklage (selbstschuldnerische Bürgschaft). Meine Haftung als Bürge wird nicht eingeschränkt, wenn die Firma ...... den Eigentumsvorbehalt am Auto aufgibt.

**2. Umfang der Bürgschaft.** a) Die Bürgschaft ist *akzessorisch;* d.h., die Bürgenhaftung ist von dem jeweiligen Bestand der Hauptverbindlichkeit abhängig (BGH WM 81, 1332). Hieraus ergeben sich eine Reihe von Schlußfolgerungen. Ist die Hauptverbindlichkeit von Anfang an nichtig, angefochten oder infolge Rücktritts erloschen, so ist auch die Bürgschaft unwirksam.

b) Für die *Verpflichtung* des Bürgen (Höhe [BGH ZIP 86, 85], Umfang) ist der jeweilige Bestand der Hauptverbindlichkeit maßgebend. Hat der Bürge sich für eine Wechselverbindlichkeit verbürgt, ist diese aber nichtig, so ist zweifelhaft, ob auch die dem Wechsel zugrunde liegende Verbindlichkeit (§ 57 II) gesichert ist. Dies wird im allgemeinen nur dann der Fall sein, wenn hierfür Andeutungen in der Bürgschaftsurkunde enthalten sind (Andeutungstheorie: BGH NJW 80, 1459; 81, 1736; 1737; WM 72, 313; 80, 372; 81, 491; 85, 1172). Die Auslegung ist vor allem auch dann maßgebend, wenn die ursprüngliche Verpflichtung infolge Verschuldens oder Verzuges des Hauptschuldners geändert wird, also sich zu einem Schadensersatzanspruch gegen ihn wandelt. Der Bürge haftet ferner für die dem Gläubiger von dem Hauptschuldner zu ersetzenden Kosten der Kündigung und der Rechtsverfolgung (§ 767 BGB). Dagegen haftet der Bürge nicht für nachträglich durch den Hauptschuldner abgeschlossene Rechtsgeschäfte, welche die Bürgenhaftung erweitern oder für Verbindlichkeiten nach Beendigung der Geschäftsverbindung zwischen Gläubiger und Hauptschuldner (BGH NJW 89, 27).

**3. Erlöschen der Bürgschaft.** Die Bürgschaft erlischt, wenn die Hauptschuld erlischt, also durch Erfüllung, Aufrechnung oder Verzicht erledigt wird. Dies gilt nicht, wenn der Hauptschuldner vermögenslos ist und deswegen eine Gesellschaft gelöscht wird (BGH 82, 323 = ZIP 82, 294). Für das Erlöschen trägt der Bürge die Beweislast (BGH NJW 88, 906). Der Bürge wird nicht frei, wenn die Bürgschaftsurkunde versehentlich zurückgegeben wird (OLG Hamburg NJW 86, 1691). Der Bürge wird ferner frei, wenn er sich nur für eine bestimmte Zeit verpflichtet hat (§ 777

BGB; vgl. dazu BGH JR 85, 196; ZIP 85, 470; NJW 88, 908). Er wird ferner in der Höhe frei, in der der Gläubiger ein mit der Forderung verbundenes Vorzugsrecht, eine für sie bestehende Hypothek oder Schiffshypothek, ein für sie bestehendes Pfandrecht oder einen Mitbürgen aufgibt, soweit er aus dem aufgegebenen Recht hätte Ersatz verlangen können (§ 776 BGB). Dies gilt auch dann, wenn das aufgegebene Recht erst nach der Übernahme der Bürgschaft entstanden ist. Regelmäßig wird in der Bürgschaft jedoch dem Gläubiger die Freigabe von Sicherheiten ermöglicht (vgl. oben II 1c).

**4.** Der Bürge hat folgende **Einwendungen** gegen seine Inanspruchnahme:

a) Er kann die dem Hauptschuldner zustehenden Einreden geltend machen, auch wenn der Hauptschuldner darauf verzichtet hat (§ 768 BGB). Er kann also geltend machen, die Forderung sei gestundet, verjährt, dem Hauptschuldner stehe ein Zurückbehaltungsrecht, Minderungs- oder Wandlungsrecht zu usw. Der Bürge kann selbst dann noch die Einrede der Verjährung erheben, wenn der Hauptschuldner ein Versäumnisurteil gegen sich ergehen läßt (BGH NJW 80, S. 1460). Dagegen kann der Bürge nicht geltend machen, der Erbe des Hauptschuldners hafte für die Hauptverbindlichkeit nur beschränkt (§ 768 BGB).

b) Der Bürge kann die Befriedigung des Gläubigers verweigern, solange dem Hauptschuldner das Recht zusteht, das seiner Verbindlichkeit zugrundeliegende Rechtsgeschäft durch Anfechtung zu beseitigen oder sich durch Aufrechnung zu befriedigen (§ 770 BGB).

c) Der Bürge kann die Befriedigung verweigern, solange der Gläubiger nicht versucht hat, sich durch Zwangsvollstreckung aus dem Vermögen des Hauptschuldners zu befriedigen (§§ 771 ff BGB). Die Einrede der Vorausklage ist ausgeschlossen *(1)* bei selbstschuldnerischer Bürgschaft, *(2)* wenn die Rechtsverfolgung gegen den Hauptschuldner infolge einer nach der Übernahme der Bürgschaft eingetretenen Änderung des Wohnsitzes, der gewerblichen Niederlassung oder des Aufenthaltsortes des Hauptschuldners wesentlich erschwert ist, *(3)* wenn über das Vermögen des Hauptschuldners das Konkursverfahren eröffnet ist, *(4)* wenn anzunehmen ist, daß die Zwangsvollstreckung nicht zur Befriedigung führen wird (§ 773 BGB).

**5. Rückgriff des Bürgen.** a) Soweit der *Bürge den Gläubiger befriedigt,* geht die Forderung des Gläubigers gegen den Hauptschuldner auf ihn über (§ 774 Abs. 1 S. 1 BGB). Zum Übergang im Falle des Konkurses des Hauptschuldners: OLG München ZIP 89, 322. Hat der Bürge bereits aufgrund einer Verurteilung im Urkundenprozeß (§ 57) gezahlt, bestreitet er aber im Nachverfahren das Bestehen der Hauptschuld, so geht die Forderung erst mit Abschluß des Nachverfahrens über (BGH ZIP 83, 278). Mit dem Übergang der Forderung auf den Bürgen gehen auch etwaige Sicherheitsrechte (Hypotheken, Pfandrechte usw.) über. Schon vor der Leistung des Bürgen an den Gläubiger hat er einen Befreiungsanspruch, wenn der Hauptschuldner seine Verbindlichkeit nicht erfüllt oder wenn dessen Vermögensverhältnisse sich wesentlich verschlechtern (§ 775 BGB).

b) Neben dem Forderungsübergang hat der Bürge regelmäßig aus einem *besonderen Rechtsverhältnis* zwischen ihm und dem Schuldner einen Erstattungsanspruch. Dieses besondere Rechtsverhältnis kann ein Auftrag des Schuldners zur Bürgschaftsübernahme, ein Geschäftsbesorgungsvertrag usw. sein. Aus diesem Rechtsverhältnis kann sich ein weiterer Erstattungsanspruch des Bürgen gegen den Hauptschuldner ergeben. Im Verhältnis zwischen Bürge und Hauptschuldner kann aber auch gewollt sein, daß der Bürge endgültig zahlen soll. Eine derartige Einwendung aus dem Grundverhältnis zwischen Bürge und Hauptschuldner kann auch der übergegangenen Forderung des Gläubigers entgegengesetzt werden.

c) Haften *mehrere Bürgen* für die Forderung des Gläubigers gegen den Hauptschuldner, so haften sie als Gesamtschuldner (§ 769 BGB). Hat einer die Forderung des Gläubigers befriedigt, so haften die Mitbürgen untereinander nach § 426 BGB. Ein Bürge kann mithin auch Erstattungsansprüche gegen seine Mitbürgen haben (BGH NJW 84 S. 482 ZIP 82 S. 541).

## III. Die Hypothek

**1. Begriff und Rechtsnatur.** a) Die klassische Form der Absicherung einer Forderung ist die durch eine Hypothek. Es sind zu unterscheiden *a)* das Schuldverhältnis (Darlehensverhältnis) zwischen einem Gläubiger und einem Schuldner, *(b)* die Hypothek an dem Grundstück des Schuldners oder eines Dritten, die dem Gläubiger das Recht gibt, sich wegen einer bestimmten Geldsumme aus dem Grundstück zu befriedigen (§ 1113 BGB). Belastet werden kann auch der Miteigentumsanteil an einem Grundstück (§ 1114 BGB). Aufgrund der Hypothek hat der Gläubiger mithin nur ein Befriedigungsrecht am Grundstück, dagegen kein Recht zum Besitz. Auch die Hypothek ist wie die Bürgschaft (oben II 2) akzessorisch, also vom Bestand der Hauptverbindlichkeit abhängig.

b) Im Rechtsverkehr werden im wesentlichen die Verkehrshypothek, die Sicherungshypothek, die Gesamthypothek und die Höchstbetragshypothek unterschieden. Rechtsgrundlage für das gesamte Hypothekenrecht sind §§ 1113ff BGB, die an das Abstraktions- und Denkvermögen erhebliche Anforderungen stellen, sowie die GBO. Im folgenden ist nur die Verkehrshypothek behandelt.

2. Bei der **Begründung der Hypothek** ist die Buch- und Briefhypothek zu unterscheiden.

a) Eine *Buchhypothek* entsteht, wenn sich Gläubiger und Hypothekenschuldner über die Bestellung der Hypothek einig sind und die Hypothek nach Geldbetrag, Zinsfuß und anderen Nebenleistungen in das Grundbuch des belasteten Grundstückes eingetragen wird (§ 1115 BGB). Die Eintragung erfolgt in Abteilung III (vgl. § 50). Eintragungsgrundlage ist der Antrag an das Grundbuchamt (§ 14 GBO) und die Eintragungsbewilligung (§ 19 GBO). Eine Eintragung soll nur vorgenommen werden, wenn die Eintragungsbewilligung oder die sonst zur Eintragung erforderlichen Erklärungen durch öffentliche oder öffentlich beglaubigte Urkunden nachgewiesen werden (§ 29 GBO). Vgl. § 50.

b) Soweit nichts anderes vereinbart wird (§ 1116 Abs. 2 BGB), wird die Hypothek jedoch als *Briefhypothek* bestellt. Dadurch wird eine größere Verkehrsfähigkeit, also Abtretbarkeit der Hypothekenforderung erreicht. Für die Bestellung einer Briefhypothek sind notwendig *(1)* Einigung und Eintragung wie bei der Buchhypothek; für die Eintragung ins Grundbuch gelten die dort beschriebenen Voraussetzungen; *(2)* Aushändigung des Hypothekenbriefes vom Hypothekenschuldner an den Gläubiger (§ 1117 BGB). Sofern das Grundbuchamt keine anderen Weisungen erhält, wird also der Hypothekenbrief jeweils dem Hypothekenschuldner ausgehändigt, der ihn dem Gläubiger aushändigen kann, wenn er die Darlehensvaluta erhalten hat.

c) Sowohl bei der Buchhypothek als auch bei der Briefhypothek muß eine zu *sichernde Forderung* bestehen. Für die Entstehung der Forderung ist bei der Buchhypothek der Gläubiger darlegungs- und beweispflichtig (BGH WM 85, 978). Ist die zu sichernde Forderung nicht entstanden, nichtig oder auch bereits erfüllt, so entsteht eine Eigentümerhypothek (§ 1163 BGB), d.h., der Eigentümer hat wegen einer bestimmten Geldsumme ein Befriedigungsrecht an seinem eigenen Grundstück. Diese Eigentümerhypothek kann für den Gläubiger von erheblichem Interesse sein. Die Höhe der Hypothekenzinsen richtet sich nach der Rangstelle im Grundbuch. Hypotheken des 2. oder 3. Ranges sind höher zu verzinsen als Hypotheken des 1. Ranges, soweit überhaupt eine nachrangige Hypothek erteilt wird. Ein Eigentümer kann mithin durch die Eigentümerhypothek einen bestimmten Rang im Grundstück wahren, ohne daß nachrangige Gläubiger aufrücken können und bei auftretendem Kreditbedarf den Hypothekenbrief „aushändigen" oder die Eigentümerhypothek abtreten. Ist eine Hypothek als Eigentümerhypothek eingetragen, kann ein Außenstehender nur schlecht beurteilen, inwieweit der Kreditrahmen des Eigentümers ausgeschöpft ist. Andererseits birgt die Eigentümerbriefhypothek auch gewisse Gefahren für den Eigentümer. Gerät der Hypothekenbrief in unrechte Hände, kann ein Dritter die Hypothek gutgläubig erwerben, obwohl ihr überhaupt keine Forderung zugrundeliegt.

**3. Schulden und Hypothekenhaftung.** a) Schuldner der *gesicherten Forderung und Hypothekenschuldner* können zwei verschiedene Personen sein. Es ist also durchaus denkbar, daß die Ehefrau eine Hypothek an ihrem Grundstück für die Geschäftsschulden ihres Ehemannes bestellt. Dagegen muß Gläubiger und Hypothekengläubiger immer eine und dieselbe Person sein.

b) Für das Verhältnis zwischen dem *Gläubiger und dem Schuldner* gelten die für das Schuldverhältnis vereinbarten Bedingungen, also regelmäßig die Bedingungen des Darlehensvertrages (§ 53) bzw. des Kreditvertrages mit der Bank usw.

c) Der Gläubiger und Hypothekengläubiger kann von dem Hypothekenschuldner nicht die Zahlung einer bestimmten Summe verlangen. Nach Fälligkeit der Hypothekenforderung kann er nur *Duldung der Zwangsvollstreckung* in das Grundstück und in die mithaftenden Gegenstände verlangen (§ 1147 BGB). Voraussetzung für die Geltendmachung der Hypothek ist ein dinglicher Titel gegen den Hypothekenschuldner, daß er die Befriedigung aus dem Grundstück zu dulden habe. Dieser Titel kann ein Urteil sein oder eine der in § 794 Abs. 1 ZPO aufgezählten Urkunden. Regelmäßig verlangen die Hypothekengläubiger eine vollstreckbare Urkunde bei Bestellung der Hypothek (vgl. oben I).

Vor Eintritt der Fälligkeit der durch die Hypothek gesicherten Forderung hat der Gläubiger ein Interesse daran, daß der Wert des Grundstückes nicht gemindert wird, damit seine Sicherheit nicht leidet. Ihm stehen daher nach §§ 1133ff. BGB Beseitigungs- und Unterlassungsansprüche zu, wenn durch Verschlechterung des Grundstückes seine Sicherheit gefährdet wird.

d) Dem Gläubiger *haften* bei Fälligkeit der Forderung das Grundstück mit allen Bestandteilen, Früchte bis zum Fruchterwerb durch einen Berechtigten, Zubehör des Grundstückes, das im Eigentum des Grundeigentümers steht, etwaige Miet- und Pachtzinsforderungen, Forderungen gegen eine Versicherung (z.B. Gebäudeversicherung vgl. § 48) sowie Anwartschaftsrechte auf Erwerb (§§ 1120ff. BGB). Bestandteile, Früchte, Miet- und Pachtzinsforderungen können von der Haftung frei werden, wenn sie vor Beschlagnahme des Grundstückes gezogen wurden bzw. eingezogen werden oder innerhalb der Grenzen einer ordnungsgemäßen Wirtschaft vom Grundstück getrennt werden (§§ 1121ff. BGB).

e) *Einwendungen:* Der Hypothekenschuldner kann gegenüber der Klage des Hypothekengläubigers die dem persönlichen Schuldner gegen die Forderung zustehenden Einwendungen geltend machen (§ 1137 BGB). Er hat ferner die dem Bürgen zustehenden Einwendungen nach § 770 BGB; dazu § 54 II. Er kann also z.B. einwenden, die Forderung sei nicht fällig, sei gestundet, verjährt, erloschen usw. Der Hypothekenschuldner kann aber auch die gegen die Hypothek bestehenden Einwendungen geltend machen, also z.B. das Hypothekenrecht sei nicht rechtswirksam bestellt, der Gläubiger habe die Hypothek im Wege der Abtretung nicht erworben usw.

**3.** Die Hypothek kann vom Gläubiger übertragen werden. a) Die Rechte aus einer *Buchhypothek* werden abgetreten, in dem *(1)* die zu sichernde Forderung abgetreten wird (§§ 398, 1153, 1154 Abs. 3 BGB) und *(2)* die Übertragung der Forderung in das

Grundbuch eingetragen wird (§ 1154 Abs. 3 BGB). Die Eintragung im Grundbuch erfolgt jeweils nur bei Antrag (§ 13 GBO) und Eintragungsbewilligung (§ 19 GBO) in der dafür vorgeschriebenen Form (§ 29 GBO; vgl. oben § 50). Das Verfahren ist also verhältnismäßig schwerfällig. Aus diesem Grund wird eine Buchhypothek nur gewählt, wenn eine Abtretung der Forderung durch den Gläubiger nicht beabsichtigt ist.

b) Die Rechte aus einer *Briefhypothek* werden abgetreten, in dem *(1)* die Forderung abgetreten wird; für die Abtretungserklärung ist die Schriftform einzuhalten (§ 1154 Abs. 1 BGB) und *(2)* der Hypothekenbrief übergeben wird (§ 1154 Abs. 1 BGB). Die Briefhypothek ist damit leicht übertragbar. In der Praxis verlangt der Zessionar regelmäßig die öffentliche Beglaubigung der Abtretungserklärung. Nach § 1154 Abs. 1 S. 2 BGB ist der bisherige Gläubiger auf Verlangen des Zessionars verpflichtet, die Abtretungserklärung auf seine Kosten öffentlich beglaubigen zu lassen. Die öffentliche Beglaubigung hat für den Zessionar erhebliche Bedeutung. Ergibt sich das Gläubigerrecht des Besitzers des Hypothekenbriefes aus einer zusammenhängenden, auf einen eingetragenen Gläubiger zurückzuführenden Reihe von öffentlich beglaubigten Abtretungserklärungen, so finden die Vorschriften über den gutgläubigen Erwerb von Grundpfandrechten in gleicher Weise Anwendung, wie wenn der Besitzer im Grundbuch eingetragen war. Hat der Gläubiger z. B. die Forderungen in beglaubigter Form abgetreten und den Hypothekenbrief an einen Zessionar übergeben, obwohl die zu sichernde Forderung nichtig oder inzwischen längst zurückgezahlt ist, so erwirbt der Zessionar zwar nicht die Forderung, aber gleichwohl das Recht zur Befriedigung aus dem Grundstück in Höhe der Forderung. Für die Hypothek wird der Bestand der Forderung fingiert. Hypothekenbriefe können also so wertvoll wie Bargeld sein. Der Hypothekenbrief gehört zu den Wertpapieren (§ 55).

**4. Die Befriedigung aus der Hypothek.** a) Grundbesitz stellt regelmäßig einen erheblichen Wert dar. Aus diesem Grund ist der Eigentümer eines Grundstücks berechtigt, die Forderung des Gläubigers zu befriedigen, wenn sie ihm gegenüber fällig geworden oder wenn der Schuldner zur Leistung berechtigt ist *(Ablösungsrecht)*. Die Befriedigung kann auch durch Hinterlegung und Aufrechnung erfolgen (§ 1142 BGB). Befriedigt er den Gläubiger und ist er nicht auch Schuldner der Forderung, so geht die

Forderung des Gläubigers auf ihn über (§ 1143 BGB). Insoweit ist die Rechtlage also ähnlich wie bei einem Bürgen (oben II). Der Eigentümer kann von dem Gläubiger die Aushändigung des Hypothekenbriefes und die Erteilung der sonstigen Urkunden verlangen (Löschungsbewilligung nach § 19 GBO), die zur Berichtigung des Grundbuches und zur Löschung der Hypothek notwendig sind (§§ 1144 BGB). Mit der Befriedigung wird die Hypothek zur Eigentümerhypothek.

b) Wird der Gläubiger weder durch den Schuldner noch den Hypothekenschuldner befriedigt, so erfolgt die *Verwertung des Grundstücks* im Wege der Zwangsverwaltung oder Zwangsversteigerung. Rechtsgrundlage ist das Zwangsversteigerungsgesetz i.d.F. vom 20. 5. 1898 (RGBl. S. 713) m. spät. Änd. Wird der Gläubiger aus dem Grundstück befriedigt, so erlischt die Hypothek (§ 1181 BGB). Eine Hypothek erlischt ferner, wenn ein vorrangiger Hypothekengläubiger die Zwangsvollstreckung betreibt und der Erlös zur Befriedigung des Nachrangigen nicht ausreicht (§ 52 ZVG).

### IV. Grundschuld

**1. Begriff und Rechtsnatur.** a) Ein Grundstück kann in der Weise belastet werden, daß an denjenigen, zu dessen Gunsten die Belastung erfolgt, eine bestimmte Geldsumme aus dem Grundstück zu zahlen ist (§ 1191 BGB). Anders als die Hypothek ist die Grundschuld nicht zur Sicherung einer bestimmten Forderung bestellt. Sie ist von der Forderung unabhängig. Gleichwohl wird sie auch in der Praxis regelmäßig zur Sicherung von Forderungen verwandt. Die Kreditgeber bevorzugen Grundschulden, weil dem Schuldner vielfach die Beweislast für Einwendungen überbürdet ist. Auch Grundschulden kommen im Rechtsverkehr als Buch- und Briefgrundschulden vor.

b) Auf die Grundschuld finden die Vorschriften der §§ 1191 ff. BGB, die vielfach auf das Hypothekenrecht verweisen, und die GBO Anwendung.

**2.** Für die **Begründung und Übertragung** der Rechte aus einer Grundschuld finden die Vorschriften über die Hypothek entspr. Anwendung. Eine Ausnahme besteht immer nur dann, wenn sie auf der Akzessorietät der hypothekarisch zu sichernden Forderung beruhen.

a) Die *Buchgrundschuld* wird mithin begründet durch Einigung und Eintragung ins Grundbuch, die *Briefgrundschuld* durch Einigung, Eintragung und Aushändigung des Grundschuldbriefes. Eine Briefgrundschuld kann in der Weise bestellt werden, daß die Grundschuld auf den jeweiligen Inhaber ausgestellt wird (§ 1195 BGB).

b) Anders als die Hypothek kann die Grundschuld von vornherein als *Eigentümergrundschuld* bestellt werden (§ 1196 BGB). Hierdurch kann die Grundschuld zur Kreditaufnahme benutzt werden, wenn ein Bedarfsfall eintritt. Außerdem kann der Kreditrahmen von vornherein im Unklaren gelassen werden. Bei Tilgung der Grundschuld geht sie auf den Eigentümer über (nach h. M. nach §§ 1142, 1143; nach anderer Meinung gemäß §§ 1168, 1170 BGB).

c) *Einwendungen aus dem Grundgeschäft* können der Grundschuld nicht entgegengesetzt werden.

**3.** Will der Grundstückseigentümer die durch die Grundschuld gesicherte Forderung tilgen, so ist sowohl der Schuldner wie auch der Gläubiger auskunftspflichtig, in welcher Höhe die Forderung besteht (OLG Oldenburg WM 85, 748).

## V. Rentenschuld

Die Rentenschuld ist eine Grundschuld, bei der regelmäßig zu bestimmten Terminen eine Geldsumme aus dem Grundstück zu zahlen ist (§ 1199 BGB). Bei ihrer Bestellung muß ein Betrag bestimmt werden, durch dessen Zahlung die Rentenschuld vom Eigentümer abgelöst wird (§ 1199 Abs. 2 BGB).

## VI. Sicherungsübereignung

**1. Zweck.** Die Sicherungsübereignung wurde in der Rechtsordnung entwickelt, weil die Bestellung eines Pfandrechtes an einer beweglichen Sache vielfach nicht möglich ist, weil auf den Besitz dieser Sache nicht verzichtet werden kann. Die Bestellung eines Pfandrechtes (§§ 1204 ff. BGB) setzt aber den Besitz des Pfandgläubigers an der Pfandsache voraus. Durch die Eigentumsübertragung an den beweglichen Sachen (z. B. einem Auto, dem Maschinenpark eines Unternehmens) soll die Forderung eines Gläubigers gesichert werden. Die Sicherungsübereignung gehört zu den sog. eigennützigen Treuhandgeschäften.

**2. Die Konstruktion der Sicherungsübereignung.** a) Die Sicherungsübereignung erfolgt zur Sicherung der Forderung eines Gläubigers gegen den Schuldner. Die Forderung kann z. B. aus einem Darlehen des Gläubigers (§ 53), einem Kaufvertrag oder sonstigem Schuldverhältnis beruhen.

b) Die Eigentumsübertragung an einer beweglichen Sache erfolgt *(1)* durch Einigung über den Eigentumsübergang und *(2)* Übergabe der Sache (§ 929 BGB) oder durch ein der Übergabe gleichgestelltes Rechtsverhältnis (§§ 930, 931 BGB). In gleicher Weise erfolgt die Sicherungsübereignung. Der Grundfall ist der, daß sich Schuldner und Gläubiger über den Eigentumsübergang einer bestimmten, dem Schuldner gehörenden beweglichen Sache einig sind und der Schuldner verspricht, hinfort die Sache für den Gläubiger zu besitzen (Besitzkonstitut; § 930 BGB). Das Besitzkonstitut kann als vorweggenommenes (antizipiertes) Besitzkonstitut vereinbart werden. Dies ist z. B. der Fall, wenn ein Schuldner von einem Lieferanten Waren erwirbt, deren Erwerb von einer Bank finanziert wird. Alsdann können Schuldner und Bank vereinbaren, daß das Eigentum an den gelieferten Waren auf die Bank übergeht und der Schuldner die Waren für die Bank in Besitz nimmt (vgl. dazu BGH NJW 84, 1184).

Im Verhältnis Schuldner und Gläubiger soll der Gläubiger (Sicherungsnehmer) von der Eigentumsübertragung nur dann Gebrauch machen, wenn der Schuldner seinen Verpflichtungen auf Verzinsung oder Rückzahlung des Darlehens nicht nachkommt.

c) Für die Sicherungsübereignung ist wegen des *sachenrechtlichen Bestimmtheitsgrundsatzes* notwendig, daß die zu übereignenden beweglichen Sachen genau bezeichnet werden und von den übrigen Sachen des Schuldners abgesondert werden (BGH NJW 84 S. 803). Bei einem Warenlager ist z. B. die räumliche Trennung von den übrigen Waren notwendig.

**3. Nichtigkeit der Sicherungsübereignung.** a) Die Sicherungsübereignung ist *vielfach angefeindet* worden, weil sie häufig nicht erkennbar ist und das Kreditrisiko verschiebt. Gleichwohl ist sie heute allgemein anerkannt.

b) Die Sicherungsübereignung kann *rechtsunwirksam* sein, wenn sie sittenwidrig ist (§ 138 Abs. 1 BGB). Das ist sie dann, wenn sie dem Schuldner die wirtschaftliche Selbständigkeit nimmt oder wenn über die Kreditwürdigkeit einer Person die übrigen Gläubiger irregeführt werden (Gläubigergefährdung). In diesen Fällen können auch Schadensersatzansprüche der getäuschten Gläubiger gegen den Sicherungsnehmer gegeben sein (§ 826 BGB).

**4. Sicherungsfall.** a) *Erfüllt der Schuldner* seine Verpflichtungen aus dem zu sichernden Schuldverhältnis *nicht* mehr, kann der Gläubiger die Herausgabe der Sachen zur Verwertung verlangen. Regelmäßig wird über die Art der Verwertung eine besondere Abmachung getroffen.

b) Nehmen *sonstige Gläubiger* des Schuldners auf die zur Sicherheit übereigneten Sachen im Wege der Zwangsvollstreckung Zugriff, hat der Sicherungsnehmer die Drittwiderspruchsklage nach § 771 ZPO, nach einer Mindermeinung auf vorzugsweise Befriedigung (§ 805 ZPO), da die Sicherungsübereignung das Pfandrecht wirtschaftlich ersetze. Im Konkurs des Treugebers hat der Sicherungsnehmer nach h. M. dagegen nur ein Absonderungsrecht (§§ 47ff. KO).

**5. Beendigung der Sicherungsübereignung.** Hat der Schuldner seine Verpflichtungen aus dem zu sichernden Schuldverhältnis erfüllt, ist der Treunehmer zur Rückübereignung der Sache verpflichtet. Im Sicherungsvertrag kann auch ein automatischer Rückfall des Eigentums vereinbart sein.

**6.** Wird ein **Gesamtvermögen zur Sicherheit** übereignet, so können nach bestrittener Meinung die Gläubiger des Sicherungsgebers auf den Sicherungsnehmer wegen Vermögensübernahme (§ 419 BGB) Zugriff nehmen (vgl. oben § 34 II sowie H. P. Westermann EWiR BGB § 419 2/85).

## VII. Eigentumsvorbehalt

Eine Kaufpreisforderung kann dadurch gesichert werden, daß sich der Veräußerer das Eigentum an den verkauften Waren bis zur vollständigen Bezahlung des Kaufpreises vorbehält (§ 455 BGB). Bei Ratenverkäufen können sich Besonderheiten aus dem Abzahlungsgesetz vom 16. 5. 1894 (RGBl. S. 450) m. spät. Änd. ergeben.

## § 56. Wertpapierrecht

### I. Grundbegriffe des Wertpapierrechtes

**1. Rechtlicher Wertpapierbegriff.** a) *Wertpapiere* sind Urkunden, in denen ein privates Recht derart verbrieft ist, daß zur Ausübung des Rechtes der Besitz der Urkunde erforderlich ist. Nicht zu den Wertpapieren gehören damit die Legitimationspapiere und solche Urkunden, die lediglich zum Beweis eines privaten Rechtes dienen.

b) Zu den Wertpapieren im engeren Sinne gehören diejenigen, bei denen das *Recht aus dem Papier* wie ein Gegenstand übertragen wird. Zu den Wertpapieren im engeren Sinne gehören der Wechsel und der Scheck.

c) Zu den Wertpapieren im weiteren Sinne gehören diejenigen, bei denen das *Recht am Papier* dem Recht aus dem Papier folgt. Bei diesen wird das Recht übertragen und die Urkunde gehört dem Träger des Rechtes. Zu diesen zählen die sog. Rektapapiere und der Hypothekenbrief (§ 54 III).

d) Zu unterscheiden sind ferner konstitutive und deklaratorische Wertpapiere; bei den konstitutiven hängt die Entstehung des verbrieften Rechtes von der Herstellung der Urkunde ab. Bei den deklaratorischen ist die Herstellung der Urkunde für die Entstehung des Rechtes nicht notwendig. Zu unterscheiden sind ferner schuldrechtliche (Inhaberschuldverschreibungen, Wechsel, Scheck) und sachenrechtliche, die ein Sachenrecht verkörpern (Hypothekenrecht).

Die größte praktische Bedeutung hat die Unterscheidung in Inhaber-, Order- und Rektapapiere.

**2. Bankrechtlicher Wertpapierbegriff.** Vom rechtlichen Wertpapierbegriff ist der bankmäßige zu unterscheiden. Im bankrechtlichen Sinne versteht man unter Wertpapieren die Effekten; das sind Urkunden, die Vermögenswerte verkörpern.

### II. Inhaberpapiere

**1. Inhaberpapiere** sind Wertpapiere, bei denen das Recht von dem jeweiligen Inhaber des Wertpapiers geltend gemacht werden kann.

a) Das Recht aus dem Inhaberpapier *entsteht, a)* nach der Kreationstheorie mit der Ausstellung der Urkunde, *b)* nach der Vertragstheorie mit der Begebung der Urkunde und *c)* nach der Rechtsscheintheorie mit der Ausstellung der Urkunde und der Begebung bzw. der Erweckung des Rechtsscheins, die Urkunde sei in den Verkehr gebracht worden. Die Kreationstheorie stützt sich auf § 794 BGB, die Vertragstheorie auf §§ 241, 305 BGB, aus denen der Grundsatz folgt, daß Forderungen nur aufgrund eines Vertrages entstehen können. Die Rechtsscheintheorie beruht auf der Überlegung, daß derjenige, der eine verbriefte Forderung in den Verkehr bringt, auch dafür haften muß. Sie ist heute herrschend. Aus Vorstehendem ergibt sich, daß derjenige, der einen Inhaberscheck ausgestellt hat, auch dann für die Forderung aus dem Scheck haftet, wenn ihm der Scheck entwendet worden ist und ein Gutgläubiger ihn erwirbt.

b) Das Recht aus einem Inhaberpapier wird wie eine bewegliche Sache *übertragen;* d.h., das Recht geht über, wenn sich die Parteien über den Eigentumswechsel an der Urkunde einig sind und die Urkunde dem Erwerber übergeben wird.

c) Zu den Inhaberpapieren *gehören* die Inhaberschuldverschreibung, das Inhaberzeichen, die Inhaberaktie, der Inhaberscheck, der Inhaberanteilsschein. Nicht zu den Inhaberpapieren gehören die qualifizierten Legitimationspapiere.

**2. Inhaberschuldverschreibungen.** a) Dies sind Inhaberpapiere (oben II 1), die ein Forderungsrecht verbriefen. Zur Leistung ist der Aussteller verpflichtet (§ 793 BGB), auch wenn ihm die Urkunde entwendet wird oder sie ihm sonst abhanden kommt (§ 794 BGB). Der Aussteller kann nur solche Einwendungen gegen den Anspruch geltend machen, die die Gültigkeit der Ausstellung betreffen, sich aus der Urkunde ergeben oder dem Aussteller unmittelbar gegen den Erwerber zustehen (§ 796 BGB). Der Aussteller braucht nur gegen Aushändigung der Urkunde zu leisten (§ 797 BGB). Grundsätzlich werden Inhaberschuldverschreibungen daher nur bei Vorlage eingelöst. Abhanden gekommene oder vernichtete Inhaberpapiere können im Aufgebotsverfahren für kraftlos erklärt werden.

b) Die Inhaberschuldverschreibung ist zur Kapitalbeschaffung für Klein- und Mittelbetriebe nicht geeignet. Im Interesse des Schutzes der Allgemeinheit vor Betrügereien und im Interesse des Schutzes eines geordneten Kapitalmarktes ist zur Ausgabe einer Inhaberschuldverschreibung grundsätzlich eine staatliche Genehmigung erforderlich (§ 795 BGB; G. v. 26. 6. 1954 BGBl. I S. 147

i.d.Änd. v. 24.5. 1968 BGBl. I 503 und 16.12. 1986 BGBl. I 2441). Genehmigungsfrei sind Schuldverschreibungen öffentlich rechtlicher Körperschaften, also des Bundes, der Länder und der Gemeinden.

c) Zu den Inhaberschuldverschreibungen *gehören* vor allem die Anleihen der öffentlich rechtlichen Körperschaften, Hypothekenpfandbriefe, Gewinnanteilscheine einer AG, Inhaberlagerscheine.

**3. Inhaberzeichen** sind Karten oder Marken, auf denen der Rechtsträger nicht bezeichnet ist, gegen deren Vorlage der Aussteller eine bestimmte Leistung verspricht (§ 807 BGB). Inhaberzeichen sind von den Legitimationszeichen (unten IV) zu unterscheiden. Sie sind Wertpapiere, weil der Aussteller nur dann zu leisten braucht, wenn das Inhaberzeichen ausgegeben, vorgelegt und entwertet wird. Hierzu gehörten vor allem die Rabattmarken im Einzelhandel.

**4. Inhaberscheck.** Der Scheck gehört an sich zu den geborenen Orderpapieren. Aufgrund der allgemeinen Geschäftsbedingungen der Banken kommt der Scheck regelmäßig nur noch als Inhaberscheck vor. Dieser wird auf den Inhaber oder eine bestimmte Person mit dem Zusatz „oder Überbringer“ ausgefertigt (Art. 5 ScheckG).

**5. Zero-Bonds.**[1] Sie sind i.d.R. Inhaberschuldverschreibungen. Sie kommen in zwei Anleihetypen vor. Beim „Abzinsungstyp liegt der Ausgabebetrag nach Art eines Disagios wesentlich unter dem Nennbetrag der Anleihe. Die Rückzahlung erfolgt zum Nennbetrag. Beim Aufzinsungstyp wird die Anleihe zum Nennbetrag ausgegeben und zu einem je nach Laufzeit wesentlich höheren, in den Anleihebedingungen festgelegten Betrag zurückgezahlt. Sie unterscheiden sich von den herkömmlichen Inhaberschuldverschreibungen dadurch, daß dem Anleiheerwerber während der Laufzeit der Anleihe keine Zinsen ausgezahlt werden und er im Zeitpunkt der Rückzahlung einen deutlich höheren Betrag erhält. Sie sind mithin ähnlich ausgestattet wie Bundesschatzbriefe vom Typ B, bei denen gleichfalls die Zinszahlungen kumuliert werden. Zero-Bonds werden vor allem von Personen erworben, die mit sinkenden Steuerlasten rechnen. Die Ertrags-

[1] Ulmer/Ihrig, Ein neuer Anleihetyp: Zero-Bonds, ZIP 85, 1169.

besteuerung beim Erwerber erfolgt erst im Zeitpunkt des Verkaufs bzw. der Rückzahlung der Anleihe (§ 20 Abs. 2 Nr. 4 EStG).

### III. Orderpapiere

**1. Begriff.** Orderpapiere sind Wertpapiere, in denen der Aussteller verspricht, an eine bestimmte, in ihr bezeichnete Person oder an eine andere zu leisten, die durch Indossament bestimmt worden ist.

a) Das Recht aus dem Orderpapier *entsteht*, wenn die Urkunde ausgestellt und in den Verkehr gegeben worden ist.

b) Das Recht aus dem Orderpapier wird *übertragen*, in dem die Urkunde übereignet wird; erforderlich ist mithin die Einigung über den Eigentumsübergang und die Übergabe des Orderpapieres. Hierin unterscheidet es sich von dem sog. Rektapapier, bei dem auch eine bestimmte Person als Gläubiger bezeichnet ist, das aber mit dem Recht übergeht.

**2. Geborene und gekorene Orderpapiere.** a) *Geborene Orderpapiere* heißen diejenigen, die ohne weiteres Orderpapiere sind. Zu ihnen gehören der Wechsel, der Scheck, und die Namensaktie. Geborenen Orderpapieren kann durch eine negative Orderklausel die Verkehrsfähigkeit genommen werden. Durch die Klausel „Nicht an Order" wird erreicht, daß das verbriefte Recht nur nach den Grundsätzen der Abtretung übertragen werden kann (Art. 11 WG, Art. 14 Abs. 2 ScheckG).

b) *Gekorene Orderpapiere* sind die in § 363 HGB aufgeführten Wertpapiere. Zu ihnen gehören *a)* die kaufmännische Anweisung, *b)* der kaufmännische Verpflichtungsschein, *c)* der Ladeschein, *d)* der Lagerschein, *e)* das Konnossement. Ferner gehören zu ihnen bestimmte Schuldverschreibungen und Schatzanweisungen. Die genannten Papiere werden dadurch zu Orderpapieren, daß in sie eine positive Orderklausel aufgenommen wird (oder an Order).

### IV. Rektapapiere

**1. Rektapapier** (Namenspapier) ist ein Wertpapier, in dem eine bestimmte Person als Berechtigter bezeichnet ist. Das Recht aus einem Rektapapier wird nach den Regeln der Forderungsabtretung übertragen (§§ 398 ff. BGB). Für die Übertragung kann aber als besondere Form vorgeschrieben sein, daß die Übergabe des Papieres notwendig ist (z.B. § 1194 BGB beim Hypothekenbrief). Das Recht am Papier folgt mithin dem Recht aus dem Papier. Zu den Rektapapieren gehören der Hypothekenbrief, die Anweisung, das qualifizierte Legitimationspapier.

**2. Legitimationspapiere** sind Urkunden, bei denen der Schuldner mit befreiender Wirkung an jeden leisten kann, der die Urkunde vorlegt. Der Schuldner braucht mithin nicht die Berechtigung des Gläubigers zu prüfen; andererseits ist der Gläubiger nicht allein deswegen zur Erhebung der Forderung berechtigt, weil er das Legitimationspapier vorlegt. Der Schuldner kann mithin verlangen, daß ihm das Forderungsrecht nachgewiesen wird. Der Schuldner wird nur dann nicht befreit, wenn er bösgläubig ist, wozu nach allgemeiner Meinung positive Kenntnis, nach sehr umstrittener Meinung auch grob fahrlässige Unkenntnis der Nichtberechtigung zählt. Qualifizierte Legitimationspapiere sind wie Rektapapiere zu behandeln (oben IV 1). Qualifizierte Legitimationspapiere sind vor allem die Sparkassenbücher der Sparkassen und Banken. Zahlt eine Sparkasse oder Bank bei Vorlage des Sparkassenbuches an einen Nichtberechtigten, so wird diese im allgemeinen nicht frei, wenn diese mehr als die versprochene Leistung erbringt, also mehr als den gekündigten Geldbetrag auszahlt (Engau EWiR BGB § 808 1/85) oder wenn der Konteninhaber den Verlust des Sparbuchs angezeigt hat (BGH EWiR BGB § 808 2/88).

## § 57. Wechsel und Scheck

### I. Begriff und Rechtsgrundlagen

**1. Orderpapiere.** Wechsel und Scheck gehören zu den geborenen Orderpapieren (§ 55 III). In der Praxis kommt der Scheck regelmäßig als Inhaberscheck vor (§ 55 II 4).

**2. Rechtsgrundlagen.** Das Scheckrecht ist im Scheckgesetz vom 14. 8. 1933 (RGBl. I 597) m. spät. Änd. und das Wechselrecht im Wechselgesetz vom 21. 6. 1933 (RGBl. I 399 ) m. spät. Änd. geregelt. Beide Gesetze beruhen auf internationalen Vereinbarungen.

## II. Wechsel

**1. Begründung und Übertragung der Wechselverbindlichkeit.** a) Der Wechsel ist ein *Orderpapier* (§ 55 III), das in einer bestimmten Form ausgestellt, als Wechsel bezeichnet und die unbedingte Anweisung an den Bezogenen enthalten muß, gegen den Wechsel eine bestimmte Geldsumme zu zahlen. Die weiteren Einzelheiten des Wechsels, die in Art. 1 WG vorgeschrieben sind, ergeben sich aus dem Muster (unten II 5). Die Wechselverbindlichkeit entsteht mit der Ausstellung und der Verbringung des Wechsels in den Verkehr.

b) Der Wechsel kommt als *gezogener Wechsel* (Tratte) und als *eigener Wechsel* (Solawechsel) vor. Der gezogene Wechsel wird auf einen Bezogenen, der den Wechsel akzeptieren soll, gezogen; er ist eine besondere Form der Anweisung (§ 783 BGB). Der Solawechsel wird auf keinen Dritten gezogen, sondern von dem Aussteller akzeptiert; er ist eine besondere Art des Schuldversprechens (§ 780 BGB).

c) Der Wechsel wird zunächst vom *Aussteller ausgestellt.* Er wird entweder dann vom Bezogenen akzeptiert oder an den Remittenten begeben, der alsdann regelmäßig das Akzept des Bezogenen einholt. Der Remittent kann den Wechsel behalten oder an Dritte weitergeben. Die Übertragung des Wechsels erfolgt nach sachenrechtlichen Grundsätzen durch das Indossament (für mich an ..... ). Jeder, der den Wechsel in Händen hält und durch das Indossament ausgewiesen ist, gilt als rechtmäßiger Inhaber des Wechsels (Art. 16 WG).

**2. Haftung.** Aus dem Wechsel haften der Akzeptant, der Aussteller, jeder Indossant und der Wechselbürge. Sie haften als Gesamtschuldner (§ 421 BGB).

a) *Hauptschuldner* des gezogenen Wechsels ist derjenige, der ihn akzeptiert hat; beim Solawechsel der Aussteller. Regelmäßig akzeptiert der Kreditnehmer den Wechsel.

b) Neben dem *Akzeptant* und dem *Aussteller* haften die *Indossanten* und *Wechselbürgen,* und zwar in der Reihenfolge wie der Wechsel von ihnen weitergegeben wurde. Indossant ist derjenige, der den Wechsel durch Indossament an den nächsten weitergegeben hat (für mich an ..... ). Wechselbürge (Avalist) ist eine Person, die die Bürgschaft für den Akzeptanten, Aussteller oder einen Indossanten übernommen hat. Die Bürgschaftserklärung muß auf dem Wechsel oder einem Anhang übernommen werden (Art. 31 WG). Der Wechselbürge haftet in gleicher Weise wie der, für den die Bürgschaft übernommen ist (Art. 32, 47 Abs. 1 WG). Die Wechselbürgschaft kommt in Deutschland selten vor.

c) Die *Haftung aus dem Wechsel* ist abstrakt, vom Grundgeschäft unabhängig. Hierdurch wird die Verkehrsfähigkeit des Wechsels gesteigert. Dem Wechsel liegt aber regelmäßig ein Grundgeschäft zugrunde. Das ist zumeist ein Kauf- oder Darlehensgeschäft. Alsdann bestehen zwei Forderungen, nämlich aus dem Wechsel und dem Grundgeschäft nebeneinander. Ausnahmen bestehen bei der *Wechselreiterei,* bei denen mehrere Aussteller durch wechselseitige Akzepte sich Kredit zu verschaffen versuchen. Sind Wechselforderung und Forderung aus dem Grundgeschäft nebeneinander gegeben, so ist im Zweifel die Forderung aus dem Grundgeschäft gestundet, bis die Wechselforderung fällig wird. Wird die Wechselforderung alsdann erfüllt, so erlöschen die Forderungen aus dem Wechsel und dem Grundgeschäft. Einwendungen aus dem Grundgeschäft können der Wechselforderung nicht entgegen gesetzt werden. Dies ist grundsätzlich nur dann anders, wenn die Einwendungen zwischen dem jeweiligen Wechselgläubiger und Wechselschuldner entstanden sind. Ist ein Wechsel abredewidrig ausgefüllt worden, so kann der Bezogene grundsätzlich auch Einwendungen gegen den ersten Nehmer erheben; das gilt nur dann nicht, wenn die Haftung aus dem Wechsel bei abredegemäßer Ausfüllung des Blanketts im Ergebnis dieselbe wäre (BGH NJW 85, 1957). Durch diese Beschränkung erlangt der Wechsel nahezu die Umlauffähigkeit von Geld. Zur Wechselverfälschung: BGH NJW 86, 2834.

**3. Wechseldiskont.** Wechseldiskont ist der Erwerb eines noch nicht fälligen Wechsels durch einen Diskontgeber unter Abzug von Zwischenzinsen, Unkosten und Provision. Dem Diskontgeschäft liegen regelmäßig Kauf- oder Darlehensgeschäfte zugrunde. Vor allem die Banken diskontieren Wechsel. Sie können die erworbenen Wechsel bei den Landeszentralbanken oder der Bundesbank rediskontieren. Indes werden nur dann Wechsel rediskontiert, wenn sie binnen drei Monaten fällig werden und Unterschriften von mindestens drei Personen tragen, die als zahlungsfähig anerkannt sind. Da nur Drei-Monatsakzepte rediskontiert werden, kommen andere im Rechtsverkehr weniger häufig vor.

**4. Einlösung des Wechsels und Wechselregreß.** a) Wird der Wechsel bei Fälligkeit vom Akzeptanten *eingelöst,* erlischt die Wechselforderung und im allgemeinen auch die Erfüllungsforderungen aus den einzelnen Grundgeschäften zwischen den verschiedenen Wechselschuldnern. Es braucht immer nur gegen Aushändigung des fälligen Wechsels gezahlt zu werden (Art. 39 Abs. 1, Art. 50 Abs. 1 WG).

b) Nimmt dagegen der *Bezogene den Wechsel nicht an* oder zahlt der Akzeptant nicht, so kann der Wechselinhaber Wechselregreß nehmen. Voraussetzung ist aber grundsätzlich der Wechselprotest. Wechselprotest ist die öffentliche Beurkundung der unterbliebenen Zahlung oder Annahme des Wechsels. Er muß von einem Notar, einem Gerichtsbeamten (Gerichtsvollzieher) oder einem Postbeamten aufgenommen werden (Art. 79 WG). Er wird auf den Wechsel oder ein mit ihm zu verbindendes Blatt gesetzt (Art. 81 Abs. 1 WG). Die einzuhaltenden Formvorschriften ergeben sich aus Art. 79–88 WG. Der Protest kann durch einen Bevollmächtigten erfolgen (vgl. Niehoff zu LG Mönchengladbach EWiR WG Art. 80 1/85). Nur im Falle des Konkurses kann vom Protest abgesehen werden (OLG Frankfurt ZIP 87, 1107 = WM 87, 868). Wird der Wechsel nicht protestiert, so haftet nur noch der Akzeptant. Man unterscheidet den Windprotest, wenn die Person, gegen die protestiert werden soll, nicht zu ermitteln ist, den Weigerungsprotest, wenn die Zahlung ganz oder teilweise verweigert wird, oder den Platz- oder Wandprotest, wenn der Zutritt zur Wohnung oder den Geschäftsräumen verweigert wird. Neben dem Wechselprotest muß der Inhaber seinen etwaigen Vorgänger und den Aussteller des Wechsels benachrichtigen (Art. 45 WG). Er kann alle vor ihm Verpflichteten einzeln oder als Gesamtschuldner in Anspruch nehmen. Er ist an keine Reihenfolge gebunden, kann also auch einzelne überspringen (Art. 47 Abs. 2 WG). Wer den Wechsel einlöst, kann Aushändigung des Wechsels und der Protesturkunde verlangen und dann seinerseits Regreß nehmen.

c) Im Falle des Wechselprotestes sind zu *zahlen a)* die Wechselsumme, *b)* mind. 6% Wechselzinsen, *c)* die Protestkosten und andere Auslagen sowie *d)* eine Provision von ⅓% (Art. 49 WG). Die Zinshöhe beträgt regelmäßig 2% über dem jeweiligen Bundesbankdiskontsatz (Gesetz über die Wechsel- und Scheckzinsen vom 3. 7. 1925 (RGBl. I S. 93).

d) Die Wechselforderung kann durch den *Wechselmahnbescheid* (§ 703a ZPO) oder im *Wechselprozeß* (§§ 602–605 ZPO) geltend gemacht werden. Beide Verfahren zeichnen sich dadurch aus, daß Einwendungen aus dem Grundgeschäft nicht berücksichtigt werden, sondern einem Nachverfahren vorbehalten bleiben. Der Gläubiger erlangt also schnell eine Vollstreckungsmöglichkeit aus dem Wechsel.

**5. Muster eines Wechsels vgl. S. 412.**

**6. Wechselsteuer.** Sie wird auf alle im Inland umlaufenden gezogenen oder eigenen Wechsel oder wechselähnlichen Urkunden erhoben. Sie beträgt 0,15 DM für je angefangene 100 DM Wechselsumme, bei Auslandswechseln die Hälfte. Die Wechselsteuer wird durch auf dem Wechsel zu entwertende bei der Post zu erwerbende Wertmarken entrichtet. Die Steuerschuld entsteht bei Aushändigung des Wechsels (oben II 2). Ferner haftet für die Steuer, wer auf ihn seinen Namen setzt, ihn erwirbt oder Rechte aus ihm geltend macht. Versteuerte Wechsel müssen fünf Jahre aufbewahrt werden (WechselsteuerG i.d.F. v. 24. 7. 1959 BGBl. I S. 537 m. spät. Änd. sowie DVO i.d.F. v. 20. 4. 1960 BGBl. I S. 274).

## III. Scheck

**1. Begründung und Übertragung** der Scheckverbindlichkeit: a) Der Scheck ist eine *besondere Form der Anweisung* die nur auf eine Bank, Sparkasse oder bestimmte öffentlich rechtliche Anstalten gezogen werden darf (Art. 3, 54 ScheckG). Sie muß als Scheck bezeichnet und auf die Zahlung einer bestimmten Schecksumme lauten. Die Bestandteile eines Scheckes sind in Art. 1 ScheckG vorgeschrieben. Sie ergeben sich aus dem Muster. Die Verbindlichkeit aus dem Scheck entsteht mit der Ausstellung und Verbringung in den Rechtsverkehr (§ 55 II, III).

b) Der Scheck kann von dem Bezogenen *nicht angenommen* werden (Art. 4 ScheckG). Auch ein Indossament des Bezogenen, das zu einer Haftung als Indossant führen könnte, ist nichtig (Art. 15 Abs. 3 ScheckG). Der Scheck ist zwingend bei Sicht (Vorlage) zahlbar (Art. 28 Abs. 1 ScheckG). Durch diese Regelung soll erreicht werden, daß der Scheck nur dem Zahlungsverkehr dient und nicht als Kreditmittel benutzt werden kann.

c) Der Scheck gehört zu den *geborenen Orderpapieren* (§ 55 III). Aufgrund der allgemeinen Geschäftsbedingungen der

| 42 | **Kassel** | |
|---|---|---|
| Nr.d.Zahl.-Ortes | Zahlungsort | Verfalltag |

______________, den ______________ 19____
Ort und Tag der Ausstellung (Monat in Buchstaben)

Gegen diesen **Wechsel** - erste Ausfertigung - zahlen Sie am ______________ 19____
Monat in Buchstaben

**an** ______________ DM ______________
Betrag in Ziffern

Deutsche Mark ______________ Pfennig wie oben
Betrag in Buchstaben

**Bezogener** ______________

______________

in ______________
Ort und Straße (genaue Anschrift)

Zahlbar in **Kassel**

bei **Kreissparkasse Kassel**

Name des Kreditinstitutes

Unterschrift und genaue Anschrift des Ausstellers

Stempelmarken auf der Rückseite unmittelbar **unter** diesem Rande aufkleben

Banken werden solche Schecks nicht eingelöst, bei denen die Überbringerklausel gestrichen ist (§ 55 II). Hierdurch wird der Scheck zum Inhaberscheck. Die Rechte aus dem Scheck werden übertragen durch Einigung über den Eigentumsübergang und Übergabe des Schecks sowie durch Indossament (Art. 17 Abs. 1 ScheckG). Da Inhaberschecks wie eine bewegliche Sache übertragen werden, ist ein Indossament zur Legitimation des Scheckinhabers nicht nötig.

**2. Haftung.** a) Aus dem Scheck haftet dem jeweiligen Inhaber der *Aussteller,* also derjenige, der die Scheckurkunde ausgestellt hat, der Indossant und der Scheckbürge (Art. 18, 27 ScheckG). Dagegen ist eine Haftung des Bezogenen ausgeschlossen. Dieser wird jedoch schadensersatzpflichtig, wenn er die ihm präsentierten Schecks nicht hinreichend prüft (BGH JR 85, 108). Ein Scheck, der im Land der Ausstellung zahlbar ist (OLG München NJW 85, 567), muß binnen acht Tagen nach Ausstellung zur Zahlung vorgelegt werden (Art. 29 Abs. 1 ScheckG). Die Vorlagefrist ist verlängert, wenn der Scheck nicht im selben Land bzw. selben Erdteil zahlbar ist (§ 29 Abs. 2, 3 ScheckG). Wird die Vorlagefrist versäumt, so beschränkt sich die Haftung des Ausstellers auf den Scheckbereicherungsanspruch. Der Anspruch aus einem Scheck verjährt binnen eines Jahres (Art. 58 ScheckG).

b) Neben dem Aussteller haftet dem jeweiligen Inhaber des Schecks der *Indossant,* also derjenige, der durch ein Indossament die Rechte aus einem Scheck übertragen hat, sowie der *Scheckbürge,* also derjenige, der die Bürgschaft für die Zahlung der Schecksumme übernommen hat (Art. 25 ScheckG). Die Scheckbürgschaft wird auf den Scheck oder auf einen Anhang gesetzt (Art. 26 ScheckG). Der Scheckbürge haftet wie der Aussteller oder der Indossant, für den sich der Scheckbürge verbürgt hat (Art. 27 ScheckG).

c) Die Haftung aus dem Scheck ist *abstrakt,* also von dem jeweiligen Schuldgrund, zu dessen Erfüllung der Scheck hingegeben worden ist, unabhängig (vgl. oben II). Hieraus folgt, daß der Aussteller selbst dann für die Erfüllung des Scheckes haftet, wenn der Kaufvertrag zu dessen Erfüllung der Scheck gegeben ist, nichtig ist oder die gelieferte Ware mangelhaft ist. Hat der Scheckempfänger den Scheck weitergegeben, so muß der Aussteller zunächst einmal zahlen. Diese strenge Haftung dient der Verkehrssicherheit.

Neben der Haftung aus dem Scheck besteht jeweils die Haftung aus dem Grundverhältnis. Hat z.B. der Käufer eines Autos der Lieferfirma einen Scheck gegeben, so hat die Lieferfirma einen Anspruch aus dem Kaufvertrag und dem Scheck. Den Anspruch aus dem Scheck kann sie sogar in einem besonderen Verfahren (Scheckprozeß, vgl. III 4) verfolgen. Ist das gelieferte Auto mangelhaft, so kann der Scheckaussteller aus dem zugrunde liegenden Kaufvertrag Mängelrügen erheben. Er ist aber für das Bestehen der Mängel darlegungs- und beweispflichtig. Hat die Lieferfirma den Scheck inzwischen weitergegeben, so sind die Einwendungen des Käufers gegenüber dem Dritten ausgeschlossen. Insoweit muß er zahlen. Er kann lediglich Ausgleichsansprüche gegen die Lieferfirma erlangen.

d) Wird ein Kaufvertrag durch Übereignung des Kaufgegenstandes Zug um Zug gegen Hingabe eines Schecks vollzogen, liegt in der Scheckhingabe konkludent die Erklärung des Käufers, den Kaufpreis vorbehaltlos zu zahlen, die der Verkäufer dadurch annimmt, daß er die Kaufsache im Vertrauen darauf übergibt. Der Käufer kann dann nicht den Scheck sperren lassen und mit anderen Forderungen aufrechnen (OLG Köln ZIP 86, 1402).

**3. Einlösung des Schecks oder Scheckrückgriff.** a) Die bezogene Bank braucht nur gegen Aushändigung des quittierten Schecks (ausreichend Namensunterschrift auf der Rückseite des Schecks) zu *zahlen* (Art. 34 ScheckG). Der bloße Besitz eines Inhaberschecks begründet die widerlegbare Vermutung dafür, daß sein Inhaber auch materiell berechtigt ist (BGH DB 88, 1994 = BB 1988, 1697). Zahlt sie nicht, z.B. weil der Scheck widerrufen, nicht rechtzeitig vorgelegt oder nicht gedeckt ist, so kann der Scheckinhaber Regreß nehmen.

b) Der *Scheckrückgriff* setzt einen Scheckprotest voraus. Dies ist eine öffentliche Beurkundung, daß die Zahlung des rechtzeitig vorgelegten Schecks verweigert worden ist. Der Scheckprotest wird zumeist durch die schriftliche Erklärung der bezogenen Bank ersetzt, in der unter Angabe des Vorlegungstages bestätigt wird, daß der rechtzeitig präsentierte Scheck nicht bezahlt worden ist (Art. 40 Nr. 2 ScheckG). Aufgrund des Scheckprotestes kann der jeweilige Inhaber des Schecks Rückgriff nehmen gegen den Aussteller, alle Indossanten sowie die Scheckbürgen. Sie haften ihm für die Erfüllung der Forderung aus dem Scheck als Gesamtschuldner. Neben der Scheckforderung kann er 6%

Scheckzinsen seit dem Vorlegungstag, die Protestkosten, andere Auslagen und 6% Provision verlangen (Art. 42 Nr. 2, 46 Nr. 2 ScheckG).

**4. Scheckprozeß.** Die Rechte aus dem Scheckregreß werden regelmäßig aufgrund des Scheckmahnbescheides (§ 703a ZPO) oder des Scheckprozesses (§ 605a ZPO) geltend gemacht. Der Scheckprozeß ist eine Unterart des Urkundenprozesses (vgl. dazu auch oben II 4).

**5. Besondere Scheckarten.** a) Für den *Euro-Scheck (Euro-Cheque)* gelten die Ausführungen für den Scheck entsprechend. Die Bank händigt jedoch dem Kontoinhaber oder der von ihr bestimmten Person eine Scheckkarte aus. Dies ist eine schriftliche Erklärung der Bank, worin sie sich dem Aussteller verpflichtet, Schecks bis zu einem Betrage von 400,– DM einzulösen (BGH NJW 85, 863). Aus dem Euro-Scheck verpflichtet sich die Bank nicht gegenüber dem Inhaber des Schecks, sondern nur gegenüber dem Aussteller. Dieser kann also den Scheck noch sperren lassen. Löst die Bank einen nicht gedeckten Scheck ein, so entsteht ein Erstattungsanspruch gegen den Aussteller. Dieser kann dem Range nach vorgehen, wenn das Bankkonto für einen Gläubiger gepfändet und zur Einziehung überwiesen worden ist (vgl. OLG Düsseldorf ZIP 84, 566).

b) *Reiseschecks* sind normale Orderschecks. Sie verschaffen dem Aussteller eine größere Sicherheit gegen den Verlust, weil jeweils die Weitergabe durch Indossament erfolgen muß.

c) *Verrechnungsscheck* ist ein Scheck, bei dem es dem Bezogenen verboten ist, den Scheck bar zu zahlen. Der Scheck wird nur im Wege der Gutschrift auf ein anderes Bankkonto eingelöst (Art. 39 ScheckG). Ein Verrechnungsscheck wird dadurch hergestellt, daß auf der Vorderseite der Vermerk „Nur zur Verrechnung" angebracht wird. Zweck des Verrechnungsscheckes ist der Fälschung und Veruntreuung zu begegnen, weil bei ihm festgestellt werden kann, auf wessen Konto er gutgebracht ist. Zahlt die Bank bar, kann sie schadensersatzpflichtig werden (BGH NJW 88, 911). Eine besondere Form des Verrechnungsschecks ist der sog. *gekreuzte Scheck.* Dies ist ein Scheck, der vom Bezogenen nur an eine andere Bank (vgl. Art. 54 ScheckG) oder an einen Kunden des Bezogenen bezahlt werden darf (Art. 38 ScheckG). Der gekreuzte Scheck wird durch zwei gleichlaufende Striche auf der Vorderseite (Art. 37 ScheckG) hergestellt. Der gekreuzte

Scheck hat dieselbe Funktion wie der Verrechnungsscheck. Da die Art. 37, 38 ScheckG über den gekreuzten Scheck noch nicht in Kraft getreten sind, wird er vorläufig wie ein Verrechnungsscheck behandelt (Art. 3 EG ScheckG; VO v. 28. 11. 1933, RGBl. I S. 1019).

d) Eine besondere Art des Schecks ist der *Postscheck* (Postgiroordnung v. 5. 12. 1984 (BGBl. I 1478) sowie Postgirogebührenordnung v. 5. 12. 1984 (BGBl. I 1484).

**6. Muster eines Scheckes S. 417**

**6. Muster eines Scheckes**

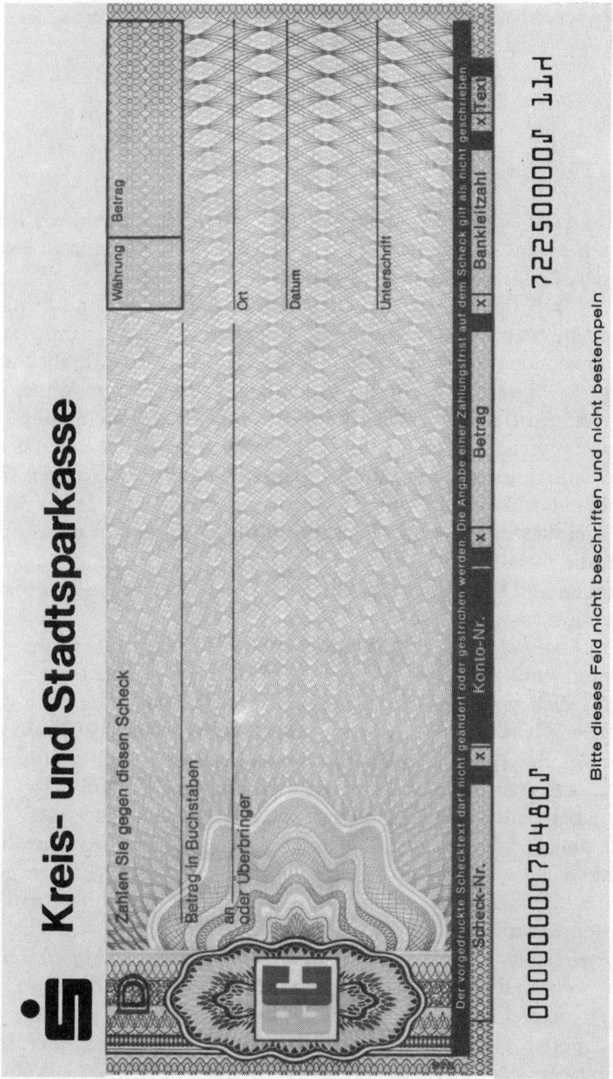

Kreis- und Stadtsparkasse

Zahlen Sie gegen diesen Scheck

Währung | Betrag

Betrag in Buchstaben

an oder Überbringer

Ort

Datum

Unterschrift

Der vorgedruckte Schecktext darf nicht geändert oder gestrichen werden. Die Angabe einer Zahlungsfrist auf dem Scheck gilt als nicht geschrieben.

Scheck-Nr. | Konto-Nr. | Betrag | Bankleitzahl | Text

0000000078480 72250000 11

Bitte dieses Feld nicht beschriften und nicht bestempeln

# Abschnitt XV. Öffentliche Lasten und Steuern

## § 58. Grundbegriffe öffentlicher Lasten

### I. Einteilung der öffentlichen Lasten

**1.** Der Staat und die sonstigen juristischen Personen des öffentlichen Rechtes brauchen zur Finanzierung der von ihnen zu erfüllenden Aufgaben **besondere Mittel.**

a) Nach dem *Kreis der Personen,* die die Mittel aufbringen müssen, werden Gemeinlasten, Vorzugslasten, Verbandslasten unterschieden. *Gemeinlasten* sind alle Geld- und Naturalleistungen, die ohne Rücksicht auf besondere Vorteile allen Angehörigen eines öffentlich-rechtlichen Gemeinwesens gleichmäßig abstrakt obliegen (hierzu können gehören Steuern, aber auch die Wehrpflicht, sowie Hand- und Spanndienste). *Vorzugslasten* sind Geld- und Naturalleistungen als Ausgleich für besondere Vorteile. Geldleistungen sind Gebühren und Beiträge. Naturalleistungen die Streupflicht. *Verbandslasten* sind Geld- und Naturalleistungen, die Mitglieder eines öffentlichen Sozialverbandes erbringen müssen.

b) *Abgaben* sind alle öffentlichen Lasten, die in Geld zu entrichten sind. Hierzu gehören Steuern, Gebühren und Beiträge.

**2.** Der **Begriff der Steuern** ergibt sich aus § 3 AO. Hiernach sind Steuern Geldleistungen, die nicht eine Gegenleistung für eine besondere Leistung darstellen und von einem öffentlich-rechtlichen Gemeinwesen zur Erzielung von Einnahmen allen auferlegt werden, bei denen der Tatbestand zutrifft, an den das Gesetz die Leistungspflicht knüpft; die Erzielung von Einnahmen kann Nebenzweck sein. Zölle und Abschöpfungen sind Steuern. Vorzugslasten unterscheiden sich mithin von den Steuern dadurch, daß sie Gegenleistungen für eine Leistung einer öffentlich-rechtlichen Körperschaft darstellen. Verbandslasten unterscheiden sich von den Steuern dadurch, daß sie die auf Mitglieder entfallenden Umlagen darstellen. Verbandslasten sind also die als Beiträge bezeichneten Umlagen zur Industrie- und Handelskammer, der Handwerkskammer usw. (§ 37 II).

3. **Vorzugslasten** (Gebühren) müssen nach dem Kostendeckungsprinzip erhoben werden. Nach dem Kostendeckungsprinzip dürfen die Vorzugslasten der Höhe nach den Aufwand der öffentlichen Hand für die erbrachte Leistung nicht übersteigen. Es wird unterschieden zwischen den Gebühren und den Beiträgen. Gebühren sind das Entgelt dafür, daß der einzelne eine öffentliche Einrichtung in besonderer Weise tatsächlich für sich in Anspruch nimmt. Zu unterscheiden sind Verwaltungsgebühren; sie sind das Entgelt für die Vornahme von Verwaltungshandlungen; Benutzungsgebühren, sie sind das Entgelt für die Inanspruchnahme einer öffentlichen Einrichtung; Verleihungsgebühren (Konzessionsabgaben), sie sind das Entgelt für die Erteilung von Verleihungen oder die Ausübung von verliehenen Rechten (Gaststättenerlaubnis usw.). Die Beiträge sind das Entgelt dafür, daß der einzelne an den Kosten einer öffentlichen Einrichtung besonders beteiligt erscheint.

## II. Einteilung der Steuern

1. Die **Finanzwissenschaft** hat die einzelnen Steuern nach verschiedenen Ordnungsprinzipien eingeteilt, die auch von der Gesetzgebung übernommen worden sind. Diese Einteilung hat daher auch rechtliche Bedeutung für den Bürger.

2. Die **Einteilung nach den wirtschaftlichen Auswirkungen** und dem Steuertatbestand hat vor allem Bedeutung für das Gesetzgebungsverfahren und die Beurteilung der Rechtmäßigkeit der Steuererhebung. Nach den wirtschaftlichen Auswirkungen wird z.B. zwischen Steuerträger und Steuerschuldner unterschieden. Bei der Mehrwertsteuer ist Steuerschuldner eine andere Person als der Steuerträger, wenn der Steuerschuldner die Mehrwertsteuer auf einen Dritten überwälzen kann. Die Steuernorm muß einen bestimmten Steuertatbestand nach persönlicher und sachlicher Seite, einen bestimmten Steuergegenstand und einen Steuersatz enthalten.

3. Bei der Unterscheidung nach **direkten und indirekten Steuern** wird darauf abgestellt, ob die Steuern von denjenigen erhoben werden, den sie wirtschaftlich treffen (Einkommen-, Körperschafts- und Vermögenssteuer), bei den indirekten Steuern sind infolge der Abwälzung Steuerschuldner und Steuerträger nicht identisch.

**4.** Die gebräuchlichste Unterscheidung der Steuern stellt auf den **Gegenstand der Besteuerung** ab.

a) *Objektsteuern oder Realsteuern* lasten auf einzelnen Gegenständen und werden von demjenigen erhoben, dem diese Gegenstände zuzurechnen sind. Realsteuern sind die Grundsteuern und die Gewerbesteuer (§ 3 Abs. 2 AO).

b) Zu den *Subjekt- oder Personensteuern* gehören

*(1)* die Besitzsteuern. Dies sind die Steuern vom Einkommen, Ertrag und Vermögen. Zu den Steuern vom Einkommen gehören die Einkommensteuer, die Kirchensteuer, zu den Steuern vom Ertrag die Körperschaftssteuer und die Gewerbesteuer. Zu den Steuern vom Vermögen, die Vermögenssteuer, die Erbschafts- und Schenkungssteuer.

*(2)* Verkehrssteuern sind Steuern, deren Erhebung an die Vornahme eines Rechtsgeschäftes oder an einen anderen wirtschaftlichen Vorgang anknüpft. Hierhin gehören die Umsatzsteuer, die Beförderungssteuer, die Grunderwerbssteuer, die Kapitalverkehrssteuer (Gesellschafts-, Wertpapier- und Börsenumsatzsteuer) die Wechselsteuer und die Versicherungssteuer.

*(3)* Verbrauchssteuern sind Steuern, deren Entstehung an das Halten von Sachen oder an den Übergang von Sachen anknüpft.

**5. Zölle** sind schließlich Abgaben, die nach Maßgabe des Zolltarifs auf der Warenbewegung über die Zollgrenzen lasten.

### III. Besteuerung der selbständigen Tätigkeit

Die für den selbständig Tätigen anfallenden Steuern können nicht abschließend aufgezählt werden. Es können daher im folgenden nur die wesentlichen Steuern behandelt werden.

## § 59. Die Realsteuern

### I. Grundsteuer

**1. Rechtsgrundlage** der Erhebung von Grundsteuern ist das Grundsteuergesetz (GrStG) vom 7. 8. 1973 (BGBl. I S. 965), zul. geänd. am 14. 12. 1976 (BGBl. I S. 3341). Die Grundsteuer steht den Gemeinden zu.

**2.** a) **Steuergegenstand** ist der Grundbesitz, nämlich der Betrieb der Land- und Forstwirtschaft und die Grundstücke (§ 2 GrStG).

Von der Grundsteuer befreit ist der in §§ 3 bis 8 GrStG näher bezeichnete Grundbesitz. Hierbei handelt es sich vor allem um den Grundbesitz öffentlich-rechtlicher Körperschaften oder um solchen, der zu gemeinnützigen oder wissenschaftlichen Zwecken benutzt wird.

b) **Steuerschuldner** ist derjenige, dem der Steuergegenstand bei der Feststellung des Einheitswertes zugerechnet wird (§ 10 GrStG). Die Grundsteuer ruht auf dem Grundstück als öffentliche Last (§ 12 GrStG).

**3.** Bei der **Berechnung der Grundsteuer** ist von einem Steuermeßbetrag auszugehen, der durch Multiplikation des Einheitswertes mit der Steuermeßzahl ermittelt wird (§ 13 GrStG). Die Steuermeßzahl beträgt zwischen 2,6‰ – 6‰ (§§ 14, 15 GrStG). Das Finanzamt setzt den Steuermeßbetrag fest. Die Gemeinde bestimmt den Hebesatz und erläßt den Grundsteuerbescheid (§ 25 GrStG).

**4. Rechtsbehelf** gegen den Grundsteuermeßbescheid des Finanzamtes ist der Einspruch (§§ 348, 367 AO) beim Finanzamt und die Anfechtungsklage zum Finanzgericht (§ 40 FGO); gegen den Grundsteuerbescheid der Widerspruch (§ 69 VwGO) und die Anfechtungsklage zum Verwaltungsgericht (§ 45 VwGO).

5. Die Grundsteuer ist regelmäßig ¼-jährlich am 15. 2., 15. 5., 15. 8. und 15. 11. **fällig.**

## II. Gewerbesteuer

**1. Rechtsgrundlagen** der Besteuerung sind das Gewerbesteuergesetz (GewStG) i. d. F. v. 14. 5. 1984 (BGBl. I S. 657), zul. geänd. 25. 7. 1988 (BGBl. I S. 1093) sowie die GewerbesteuerdurchführungsVO (GewStDV) i. d. F. v. 24. 11. 1986 (BGBl. I S. 2074), zul. geänd. 25. 7. 1988 (BGBl. I S. 1093). Von Bedeutung sind ferner die Gewerbesteuerrichtlinien (GewStR 1984) i. d. F. v. 18. 12. 1984 (BStBl. 1985 I Sondernummer 1). Die Gewerbesteuer steht den Gemeinden zu (§ 1 GewStG). Bund und Länder sind durch eine Umlage an der Gewerbesteuer beteiligt (Art. 106 VI 4 GG; § 6 GemeindefinanzreformG i. d. F. v. 28. 1. 1985 (BGBl. I S. 201). Die Gewerbesteuer ist als Leistung der Betriebe für die Mehraufwendungen gedacht, die einer Gemeinde durch den Gewerbebetrieb entstehen (z. B. Abwasserbeseitigung).

**2. Steuergegenstand** *(1)* ist jeder stehende Gewerbebetrieb (§ 2 III), soweit er im Inland betrieben wird (§ 2 GewStG, §§ 1–8

GewStDV); *(2)* Reisegewerbebetriebe (§ 14), soweit sie im Inland betrieben werden (§ 35a GewStG; § 35 GewStDV). Steuerschuldner ist der Unternehmer (§ 5 GewStG). Hebeberechtigt ist die Gemeinde, in der eine Betriebsstätte zur Ausübung des stehenden Gewerbes unterhalten wird (§ 4 GewStG), bei Reisegewerbebetrieben die Gemeinde, in der sich der Mittelpunkt der gewerblichen Tätigkeit befindet (§ 35a Abs. 3 GewStG). Von der Gewerbesteuer befreit sind die in § 3 GewStG, §§ 12a, 13 GewStDV bezeichneten Betriebe. Hierzu gehören insbesondere Betriebe der Fischerei, Pensions-, Sterbe-, Kranken- und Unterstützungskassen, Erwerbs- und Wirtschaftsgenossenschaften der Landwirtschaft, Wohnungsunternehmen usw.

3. Die **Berechnung der Gewerbesteuer** erfolgt nach dem Gewerbeertrag und dem Gewerbekapital.

a) *Gewerbeertrag* ist der nach den Vorschriften des EStG oder des KStG zu ermittelnde Gewinn aus dem Gewerbebetrieb, der bei der Ermittlung des Einkommens für den dem Erhebungszeitraum entspr. Veranlagungszeitraum zu berücksichtigen ist (§ 7 GewStG). Diesem Betrag werden alsdann die in § 8 GewStG genannten Beträge hinzugerechnet. Das sind die Hälfte der Schuldzinsen (ab 1990 Entgelte für Schulden) sowie Renten und dauernde Lasten, die mit dem Betrieb zusammenhängen, Gewinnanteile der stillen und Personengesellschafter usw. Der sich ergebende Betrag wird gekürzt um die in § 9 GewStG genannten Beträge. Grundsätzlich soll der im Betrieb erzielte Ertrag erfaßt werden, ohne Rücksicht darauf, ob er durch Eigen- oder Fremdkapital erwirtschaftet wurde. Der Gewerbeertrag ist auf volle 100,– DM nach unten abzurunden und bei natürlichen Personen und Personengesellschaften um einen Freibetrag von 36.000,– DM, höchstens jedoch in Höhe des abgerundeten Betrages zu kürzen (§ 11 GewStG). Alsdann wird dieser Betrag mit der Steuermeßzahl von 5% multipliziert, so daß sich der Steuermeßbetrag ergibt. In bestimmten Fällen ermäßigt sich die Steuermeßzahl.

b) Das *Gewerbekapital* ergibt sich aus dem Einheitswert gewerblicher Betriebe (§ 12 Abs. 1 GewStG). Diesem werden die in § 12 Abs. 2 GewStG genannten Beträge hinzugerechnet und von diesen werden die in § 12 Abs. 3 GewStG genannten Beträge abgesetzt. Erfaßt werden soll das im Betriebe arbeitende Kapital, ohne Rücksicht darauf, ob es dem Unternehmer oder einem Dritten gehört. Berücksichtigt werden mithin auch Dauerschulden, die wirtschaftlich mit der Gründung oder dem Erwerb oder der Erweiterung des Unternehmens zusammenhängen. Bei der Berechnung der Gewerbesteuer ist alsdann von dem Steuermeßbetrag auszugehen, der sich unter Berücksichtigung der Freibeträge (§ 13 GewStG) durch Multiplikation mit der Steuermeßzahl von 2‰ ergibt. Der Freibetrag beträgt 120000 DM.

c) Die vorstehenden Steuermeßbeträge werden alsdann nach § 14 GewStG zusammengerechnet und ein *einheitlicher Steuermeßbetrag* wird durch das Betriebsstättenfinanzamt (§ 18 Abs. 1 Nr. 2 AO) festgesetzt (§ 14 GewStG).

d) Die *Steuer* wird aufgrund des einheitlichen Steuermeßbetrages mit einem %-Satz (Hebesatz) festgesetzt und erhoben. Der Hebesatz wird von der Gemeinde bestimmt (§ 16 GewStG).

**4. Vorauszahlungen** auf die Gewerbesteuer sind jeweils am 15. 2., 15. 5., 15. 8. und 15. 11. zu leisten.

## § 60. Besitzsteuern

### I. Einkommensteuer

**1. Rechtsgrundlagen** der Einkommensteuer sind das Einkommensteuergesetz (EStG) i.d.F. v. 27. 2. 1987 (BGBl. I S. 657), zul. geänd. 25. 7. 1988 (BGBl. I S. 1185) und die Einkommensteuer-DurchführungsVO (EStDV) i.d.F. v. 19. 12. 1988 (BGBl. I S. 2301). Von Bedeutung sind schließlich noch die Einkommensteuerrichtlinien (EStR 1987) i.d.F. v. 24. 2. 1988 (BStBl. I Sondernummer 1). Die Einkommensteuer fließt Bund und Ländern je zur Hälfte zu, soweit sie nicht den Gemeinden zugewiesen ist (Art. 106 Abs. 3 GG). Die Gemeinden erhalten einen Anteil von 15 v.H. (Art. 106 Abs. 5 GG i.V.m. § 2 GemeindefinanzreformG).

**2. Personenkreis und Einkommen:** a) Von der Einkommensteuer werden *natürliche Personen* erfaßt. Unbeschränkt steuerpflichtig sind natürliche Personen, die im Inland ihren Wohnsitz oder ihren gewöhnlichen Aufenthalt haben, sowie Deutsche Staatsangehörige, die im Inland weder Wohnsitz noch Aufenthalt haben, aber zu einer inländischen juristischen Person des öffentlichen Rechtes in einem Dienstverhältnis stehen und dafür Arbeitslohn beziehen sowie die zu ihrem Haushalt gehörenden Angehörigen

(§ 1 Abs. 1, 2 EStG). Natürliche Personen, die im Inland weder einen Wohnsitz noch ihren gewöhnlichen Aufenthalt haben, sind beschränkt einkommensteuerpflichtig, wenn sie inländische Einkünfte haben (§ 1 Abs. 4 EStG). Bei Personengesellschaften (GbR, oHG, KG; vgl. § 27–§ 29) unterliegen die Gesellschafter der Einkommensteuer.

b) Von der Einkommensteuerpflicht erfaßt werden nur die sieben *Einkunftsarten* des § 2 EStG. Der Einkommensteuer unterliegen *(1)* Einkünfte aus Land- und Forstwirtschaft, *(2)* Einkünfte aus Gewerbebetrieb, *(3)* Einkünfte aus selbständiger Arbeit, *(4)* Einkünfte aus nicht selbständiger Arbeit, *(5)* Einkünfte aus Kapitalvermögen, *(6)* Einkünfte aus Vermietung und Verpachtung, *(7)* sonstige Einkünfte i.S. des § 22 EStG. Die sog. Gewinneinkünfte (Einkunftsarten zu *(1)* bis *(3)* werden durch eine der drei *Gewinnermittlungsarten* (§§ 4 Abs. 1, 3, § 5 EStG) ermittelt. Beim *allgemeinen Betriebsvermögensvergleich* ist Gewinn (Verlust) der Unterschiedsbetrag zwischen dem Betriebsvermögen am Schluß des Wirtschaftsjahres und dem Betriebsvermögen am Schluß des vorangegangenen Wirtschaftsjahres, vermehrt um den Wert der Entnahmen und der nicht abzugsfähigen Betriebsausgaben sowie vermindert um den Wert der Einlagen. Er gilt für buchführende Land- und Forstwirte, bilanzierende selbständig Tätige und für Gewerbetreibende, die ihren laufenden Gewinn durch Einnahmen und Überschuß-Rechnung (§ 4 Abs. 3 EStG) ermitteln. Beim *Betriebsvermögensvergleich für bestimmte Gewerbetreibende* ist das Betriebsvermögen nach den handelsrechtlichen Grundsätzen ordnungsgemäßer Buchführung anzusetzen. Er gilt nur für Gewerbetreibende, die nach Handels- oder Steuerrecht verpflichtet sind, Bücher zu führen, oder die freiwillig Bücher führen und regelmäßige Abschlüsse machen (§ 5 EStG). Bei der *Einnahmen- und Überschußrechnung* (§ 4 Abs. 3 EStG) ist Gewinn der Überschuß der Betriebseinnahmen über die Betriebsausgaben. Durchlaufende Posten scheiden aus. Warenforderungen, -schulden und -bestand beeinflussen den Gewinn nicht. Die Einkünfte zu *(4)* bis *(7)*, also die sog. *Überschußeinkünfte* ergeben sich aus der Differenz zwischen Einnahmen (§ 8 EStG) und Werbungskosten (§ 9 EStG). Die Summe der Gewinne und Überschüsse aus den sieben Einkunftsarten nach Ausgleich mit Verlusten ergibt die Einkünfte (§ 2 Abs. 2 EStG). Die Summe der Einkünfte vermindert um den Altersentlastungsbetrag, den Ausbildungsplatz-Abzugsbetrag und die nach § 34c Abs. 2, 3 abgezogene (ausländische) Steuer ergibt den Gesamtbetrag der Einkünfte (§ 2 Abs. 3 EStG). Werden vom Gesamtbetrag der Einkünfte Sonderausgaben und die außergewöhnlichen Belastungen abgezogen, so ergibt sich das Einkommen (§ 2 Abs. 4 EStG). Das Einkommen vermindert um den Kinderfreibetrag nach § 32 Abs. 6, *die Sonderfreibeträge nach § 32 Abs. 7, 8* [ab VZ 1990: den Haushaltsfreibetrag nach § 32 Abs. 7] und um die sonstigen vom Einkommen abzuziehenden Beträge ist das zu versteuernde Einkommen. Dieses bildet die Bemessungsgrundlage für die Einkommensteuer (§ 2 Abs. 5 EStG). Die Einkommensteuer ergibt sich bei Einzelveranlagung (§ 25 EStG) und getrennter Veranlagung (§§ 26, 26a EStG) aus der Grundtabelle (§ 32a Abs. 4 EStG) und bei der Zusammenveranlagung von Ehegatten (§§ 26, 26b EStG) aus der Splittingtabelle. Nach Abzug weiterer Steuerermäßigungen ergibt sich die festzusetzende Einkommensteuer (§ 2 Abs. 6 EStG).

**3.** Die Einkommensteuer wird grundsätzlich durch **Vorauszahlungen** oder durch Steuerabzug entrichtet.

a) Ein *Steuerabzug* erfolgt bei Lohnsteuern und Kapitalertragssteuern. Hinzu gehört insbesondere die sog. Quellensteuer (§§ 43ff. EStG). Im Rahmen der Veranlagung werden auf die Einkommensteuer angerechnet (§ 36 Abs. 2 EStG), *(1)* die für den Veranlagungszeitraum entrichteten Einkommensteuer-Vorauszahlungen, *(2)* die durch Steuerabzug erhobene Einkommensteuer, *(3)* die Körperschaftssteuer einer unbeschränkt körperschaftssteuerpflichtigen Körperschaft oder Personenvereinigung in Höhe von 9/16 der Einnahmen. Der Einkommensteuertarif ergibt sich aus § 32a EStG. Hiernach sind die jährlichen Einnahmen bis 4752 DM [ab VZ 1990 5616 DM] steuerfrei, bis 18035 DM reicht die sog. Proportionalzone, danach beginnt die Progressionszone. Bei Einkommen von 130032 DM wird der Höchststeuersatz von 56% erreicht; ab VZ 1990 bei 120042 DM mit 53%.

b) Die *Vorauszahlungen* sind jeweils in Höhe von 1/4 der zu entrichtenden Steuern der letzten Veranlagung nach Abzug der Abzugsbeträge am 10. 3., 10. 6., 10. 9. und 10. 12. zu *erbringen*. Das Finanzamt kann die Vorauszahlungen anpassen (§ 37 Abs. 3 EStG). Ist die Einkommensteuer höher als die Summe der Vorauszahlungen und anzurechnenden Beträge, so ist der Rest binnen Monatsfrist nach Bekanntgabe des Steuerbescheids zu entrichten; ist sie geringer, erfolgt eine Erstattung oder Gutschrift durch das Finanzamt (§ 36 Abs. 4 EStG).

## II. Körperschaftssteuer

**1. Rechtsgrundlage** für die Erhebung von Körperschaftssteuer sind das Körperschaftssteuergesetz 1984 (KStG 1984) i.d.F. v. 10. 2. 1984 (BGBl. I S. 217), zul. geänd. am 25. 7. 1988 (BGBl. I S. 1185) sowie die Körperschaftssteuer-DurchführungsVO (KStDV) v. 31. 7. 1984 (BGBl. I S. 1055); von Bedeutung sind ferner die Körperschaftssteuerrichtlinien (KStR 1985) v. 30. 12. 1985 (BStBl. 1986 I Sondernummer 1).

**2. Unbeschränkt körperschaftssteuerpflichtig** sind *(1)* Kapitalgesellschaften (AG, KG-Gesellschaften auf Aktien, GmbH, Kolonialgesellschaften, bergrechtliche Gewerkschaften); *(2)* Erwerbs- und Wirtschaftsgenossenschaften; *(3)* Versicherungsvereine auf Gegenseitigkeit; *(4)* sonstige juristische Personen des privaten Rechts; *(5)* nicht rechtsfähige Vereine, Anstalten, Stiftungen und andere Zweckvermögen des privaten Rechts; *(6)* Betriebe gewerblicher Art von juristischen Personen des öffentlichen Rechtes. Die unbeschränkte Körperschaftssteuerpflicht erstreckt sich auf sämtliche Einkünfte.

*Beschränkt körperschaftssteuerpflichtig* sind *(1)* Körperschaften, Personenvereinigungen und Vermögensmassen, die weder ihre Geschäftsleitung noch ihren Sitz im Inland haben, mit ihren inländischen Einkünften, *(2)* sonstige Körperschaften, Personenvereinigungen und Vermögensmassen, die nicht unbeschränkt steuerpflichtig sind, mit den inländischen Einkünften, von denen ein Steuerabzug vorzunehmen ist.

Die Körperschaftssteuer entspricht der Einkommensteuer, der die natürlichen Personen unterliegen. Von der Körperschaftssteuer befreit sind bestimmte juristische Personen des öffentlichen Rechtes sowie eine Reihe rechtsfähiger Pensions-, Sterbe- und Krankenkassen, Berufsverbände ohne öffentlich-rechtlichen Charakter, politische Parteien, juristische Personen mit ausschließlich gemeinnützigen, hilfstätigen und kirchlichen Zwekken, bestimmte Wohnungsunternehmen usw.

**3.** Die **Körperschaftssteuer bemißt sich** nach dem zu versteuernden Einkommen. Sie ist eine Jahressteuer (§ 7 Abs. 1, 3 KStG). Was als Einkommen gilt und wie das Einkommen zu ermitteln ist, bestimmt sich nach den Vorschriften des EStG sowie §§ 8–10, 14, 17, 18, 24, 25 KStG. Für die Ermittlung des Einkommens ist es ohne Bedeutung, ob es verteilt wird. Auch verdeckte Gewinnausschüttungen sowie Ausschüttungen jeder Art auf Genußscheine, mit denen das Recht auf Beteiligung am Gewinn und am Liquidationserlös der Kapitalgesellschaft verbunden ist, mindern das Einkommen nicht (§ 8 Abs. 3 KStG). Außer Ansatz bleiben für die Ermittlung des Einkommens Beträge, die aufgrund der Satzung von den Mitgliedern lediglich in ihrer Eigenschaft als Mitglieder erhoben werden (§ 8 Abs. 6 KStG).

**4.** Soweit nicht bereits nach dem EStG die folgenden **Aufwendungen** abgezogen werden können, sind sie nach § 9 KStG im bestimmten Umfang abzugsfähig: *(1)* bei Kommanditgesellschaften auf Aktien der Teil des Gewinns, der an persönlich haftende Gesellschafter auf ihre nicht auf das Grundkapital gemachten Einlagen oder als Vergütung (Tantieme) für die Geschäftsführung verteilt wird; *(2)* Spenden zur Förderung mildtätiger kirchlicher, religiöser, wissenschaftlicher und staatspolitischer Zwecke innerhalb bestimmter Höchstgrenzen. Nicht abzugsfähig sind die in § 10 KStG genannten Aufwendungen. Dazu gehören *(1)* die Aufwendungen für die Erfüllung von Zwecken des Steuerpflichtigen, die durch Stiftungsgeschäft, Satzung oder sonstige Verfassung vorgeschrieben sind; *(2)* Körperschaftssteuer, Vermögenssteuer und Umsatzsteuer für den Eigenverbrauch; *(3)* in einem Strafverfahren festgesetzte Geldstrafen, sonstige Rechtsfolgen vermögensrechtlicher Art, bei denen der Strafcharakter überwiegt; *(4)* die Hälfte der Vergütungen jeder Art, die an Mitglieder des Aufsichtsrates, Verwaltungsrats, Grubenvorstands oder andere mit der Überwachung der Geschäftsführung beauftragte Personen gewährt wird. Weitere Besonderheiten können sich bei Organschaft (§ 14 KStG), Liquidation (§ 11 KStG), Verschmelzung und Umwandlung ergeben (vgl. Gesetz über steuerliche Maßnahmen bei Änderung der Unternehmensform (UmwStG 1977 v. 6. 9. 1976 (BGBl. I S. 2641) zul. geänd. am 25. 7. 1988 (BGBl. I S. 1093).

5. a) Die Körperschaftssteuer **beträgt** 56% [ab VZ 1990: 50%] des zu versteuernden Einkommens, für die oben zu 2 von (3) bis (6) genannten sowie die privatrechtlichen Stiftungen 50 v.H. [ab VZ 1990: 46%]. Für Körperschaftssteuerpflichtige kommen Freibeträge in Betracht, und zwar für kleinere Unternehmen (§ 24

KStG) 5.000 DM, für Erwerbs- und Wirtschaftsgenossenschaften höchstens 30.000 DM (§ 25 KStG).

b) Schütten Körperschaftssteuerpflichtige *Gewinn* aus, so ist eine Ausschüttungsbelastung von 36% des ausgeschütteten Gewinns vor Abzug der Körperschaftssteuer herzustellen. Hierdurch soll eine Anrechnung der Körperschaftssteuer bei dem Anteilseigner mit 9/16 der Ausschüttung erfolgen. Die Herstellung der Ausschüttungsbelastung bedeutet wirtschaftlich, daß bei Ausschüttung von mit 56% belasteten Rücklagen sich die Körperschaftssteuer auf 36% vermindert und bei einer Belastung mit 0 auf 36% erhöht (§ 27 KStG). Um die Erhöhungen und Minderungen buchführungsmäßig zu erfassen, muß das für Ausschüttung verwandte Eigenkapital nach seiner Belastung mit Körperschaftssteuern gegliedert werden (vgl. § 30ff KStG).

**6.** Die auf die ausgeschütteten Gewinne entfallende Körperschaftssteuer wird auf die Einkommensteuer der Anteilseigner **angerechnet** (§ 20 Abs. 1 Nr. 1, 3 EStG). Wird ein Gewinn der Körperschaft von 100 DM voll zur Ausschüttung verwandt, so beträgt die Ausschüttungsbelastung 36% = 36 DM. Von der Ausschüttung von 64 DM sind 25% Kapitalertragssteuern, also 16 DM abzuziehen. Damit ergibt sich eine Nettoausschüttung von 48 DM, die als Einkommen oder als Betriebseinnahme zu verbuchen sind. Daneben erhält der Anteilseigner eine Bescheinigung über die Körperschaftssteuer von 36 DM und die Kapitalertragssteuer von 16 DM. Die Körperschaftssteuer kann wiederum zu 9/16 bei der Einkommensteuer angerechnet werden (§ 36 EStG). Ähnliches gilt bei der Kapitalertragssteuer (§§ 36 Abs. 2 Nr. 2, 43a Abs. 1 Nr. 1, 44 EStG).

### III. Vermögenssteuer

**1. Rechtsgrundlage** der Erhebung von Vermögenssteuer ist das Vermögenssteuergesetz (VStG) i.d.F. v. 14. 3. 1985 (BGBl. I S. 558), zul. geänd. 25. 7. 1988 (BGBl. I S. 1093). Von Bedeutung sind ferner die Vermögenssteuerrichtlinien für die Hauptveranlagung 1986 (VStR 1986) i.d.F. v. 22. 1. 1986 (BStBl I Sondernummer 2). Die Vermögenssteuern fließen den Ländern zu (Art. 106 Abs. 2 Nr. 1 GG).

**2.** Es ist zu unterscheiden zwischen unbeschränkt und beschränkt **steuerpflichtigen Personen.**

a) *Unbeschränkt vermögenssteuerpflichtig* sind natürliche Personen, die im Inland einen Wohnsitz oder ihren gewöhnlichen Aufenthalt haben, sowie besonders aufgezählte Kapital- und Personenvereinigungen und Vermögensmassen sowie Deutsche Staatsangehörige, die im Inland weder einen Wohnsitz noch ihren gewöhnlichen Aufenthalt haben, aber zu einer inländischen juristischen Person in einem Dienstverhältnis stehen und aus einer inländischen Kasse Arbeitslohn beziehen (§ 1 VStG).

b) *Beschränkt steuerpflichtig* sind natürliche Personen, die im Inland weder einen Wohnsitz noch ihren gewöhnlichen Aufenthalt haben, sowie Körperschaften, Personenvereinigungen und Vermögensmassen, die im Inland weder ihre Geschäftsleitung noch ihren Sitz haben. Die beschränkte Steuerpflicht bezieht sich nur auf das im Inland belegene Vermögen (§ 2 VStG).

c) Die in § 3 VStG aufgezählten Organisationen sind von der Vermögenssteuer *befreit.* Hierzu gehören vor allem öffentlich-rechtliche Körperschaften.

**3.** Der Vermögenssteuer bei unbeschränkt Steuerpflichtigen ist das **Gesamtvermögen,** bei beschränkt Steuerpflichtigen das Inlandvermögen. Der Wert des Gesamt- oder Inlandvermögens wird auf volle 1.000 DM nach unten abgerundet (§ 4 VStG). Die Wertermittlung des Vermögens erfolgt nach §§ 17ff BewG.

**4.** Bei der Veranlagung zur Vermögenssteuer unbeschränkt steuerpflichtiger Personen sind bestimmte **Freigrenzen** zu berücksichtigen.

a) Bei der Veranlagung einer unbeschränkt steuerpflichtigen *natürlichen Person* bleiben 70.000 DM, bei Zusammenveranlagung von Ehegatten 140.000 DM steuerfrei. Weitere Freibeträge bestehen bei Zusammenveranlagung mit Kindern (§ 6 Abs. 1, 2 VStG). Vorgesehen sind Freibeträge für Erwerbs- und Wirtschaftsgenossenschaften sowie Vereine, die Land- und Forstwirtschaft betreiben (§ 7 VStG).

b) Weitere 10.000 DM sind steuerfrei, wenn der Steuerpflichtige das *60. Lebensjahr* vollendet hat oder voraussichtlich für mindestens drei Jahre erwerbsunfähig [ab Kj. 1990: behindert i.S. des SchwbG] ist und das Gesamtvermögen 150.000 DM nicht übersteigt. Bei Zusammenveranlagung gelten höhere Grenzen (§ 6 Abs. 3 VStG).

c) Der *weitere Freibetrag* (oben b) erhöht sich auf 50.000 DM, wenn der Steuerpflichtige das 65. Lebensjahr vollendet hat oder voraussichtlich für mindestens drei Jahre erwerbsunfähig [ab Kj. 1990 behindert i.S. des SchwbG] ist, das Gesamtvermögen 150.000 DM nicht übersteigt und die steuerfreien Ansprüche des Steuerpflichtigen nach § 111 Nr. 1–4, 9 des BewG insgesamt 4.800 DM jährlich nicht übersteigen. Höhere Freigrenzen bestehen bei Zusammenveranlagung.

d) Schließlich sind bei der Ermittlung des steuerfreien Vermögens Freibeträge des § 110 Abs. 1, 2, 3 BewG zu berücksichtigen.

e) *Steuerpflichtig* ist das Vermögen natürlicher Personen, das nach Abzug der Freibeträge verbleibt, bei Körperschaften, Personenvereinigungen und Vermögensmassen mit mind. 20.000 DM Gesamtvermögen das Gesamtvermögen (§ 8 VStG), bei beschränkt Steuerpflichtigen mit mind. 20.000 DM Inlandsvermögen das gesamte Inlandsvermögen (§ 9 VStG).

**5.** Der **Steuersatz** beträgt jährlich für natürliche Personen 0,5% des steuerpflichtigen Vermögens, für die übrigen 0,6% des steuerpflichtigen Vermögens.

**6.** Die Vermögenssteuer wird für drei Kalenderjahre (§ 15 VStG) allgemein festgesetzt (**Hauptveranlagung**). Eine Neuveranlagung erfolgt, wenn der abgerundete Betrag des Gesamtvermögens um mehr als ⅕ oder um mehr als 150.000 DM sich ändert (§ 16 VStG). Eine Nachveranlagung wird durchgeführt, wenn nach dem Hauptveranlagungszeitpunkt die persönliche Steuerpflicht neu begründet wird, ein persönlicher Befreiungsgrund wegfällt oder ein beschränkt Steuerpflichtiger unbeschränkt steuerpflichtig wird (§ 17 VStG). Grundsätzlich werden Ehegatten und zum Haushalt gehörende Kinder mit den Steuerpflichtigen zusammen veranlagt (§ 14 VStG).

**7.** Die Vermögenssteuer wird in vierteljährlichen Beträgen **fällig** am 10. 2., 10. 5., 10. 8. und 10. 11. (§ 20 VStG).

## IV. Erbschafts- und Schenkungssteuer

**1. Rechtsgrundlage** der Erbschafts- und Schenkungssteuer ist das Erbschafts- und Schenkungssteuergesetz (ErbStG) v. 17. 4. 1974 (BGBl. I S. 933), zul. geänd. 19. 12. 1985 (BGBl. I S. 2436), das Gesetz zur Reform des Erbschaftssteuer- und Schenkungssteuerrechtes v. 17. 4. 1974 (BGBl. I S. 933), die Erbschaftssteuer-DurchführungsVO (ErbStDV) i.d.F. v. 19. 1. 1962 (BGBl. I S. 22) i.d. Änd. v. 17. 4. 1974 (BGBl. I S. 933). Von Bedeutung ist ferner der Einführungserlaß vom 10. 3. 1976 (BStBl. I S. 145). Das Steueraufkommen steht den Ländern zu (Art. 106 Abs. 2 Nr. 2 GG).

2. **Steuergegenstand** sind der Erwerb von Todes wegen, die Schenkung unter Lebenden, Zweckzuwendungen, das Vermögen einer Stiftung, sofern sie wesentlich im Interesse einer Familie oder bestimmter Familien errichtet ist, und eines Vereins, dessen Zweck im Interesse einer oder mehrerer Familien steht, in Abständen von 30 Jahren (§ 1 ErbStG). Die Steuerpflicht tritt nach § 2 für den ganzen Vermögensanfall ein, wenn der Erblasser z. Zt. des Todes, der Schenker z. Zt. der Ausführung der Schenkung oder der Erwerber z. Zt. der Entstehung Inländer oder die Geschäftsführung der Stiftung oder des Vereins im Inland gelegen ist, in den übrigen Fällen für den Vermögensanfall, der in Inlandsvermögen besteht.

3. Nach den persönlichen Verhältnissen des Erwerbers vom Erblasser oder Schenker werden vier **Steuerklassen** gebildet. Es gehören zur Steuerklasse I der Ehegatte, die Kinder und Stiefkinder, die Kinder verstorbener Kinder und Stiefkinder, zur Steuerklasse II die Abkömmlinge der in Steuerklasse I genannten Kinder, soweit sie nicht nach dort gehören sowie die Eltern und Voreltern bei Erwerb von Todes wegen, zur Steuerklasse III die Eltern und Voreltern, soweit sie nicht zur Steuerklasse II gehören, die Geschwister, die Abkömmlinge 1. Grades von Geschwistern, die Stiefeltern, die Schwiegerkinder, die Schwiegereltern, der geschiedene Ehegatte, zur Steuerklasse IV alle übrigen Erwerber und die Zweckzuwendungen. Die Steuersätze betragen zwischen 3% und 70%, z. B. für 250.000 DM Steuerklasse I 6%, II 12%, III 20% IV 32% (§ 19 ErbStG).

4. Fallen mehrere **Schenkungen** innerhalb von 10 Jahren von derselben Person an, so werden die Vermögensvorteile zusammengerechnet, und die Steuer von dem Gesamtbetrag berechnet (§ 14 ErbStG). Der Zweck besteht darin zu verhindern, daß im Wege der Schenkung die Erbschaftssteuer umgangen wird.

5. Die **Entstehung der Steuer** ist in § 9 ErbStG geregelt. Die Steuer entsteht grundsätzlich bei Erwerb von Todes wegen mit dem Tode des Erblassers, bei Schenkungen unter Lebenden mit dem Zeitpunkt der Ausführung der Zuwendungen, bei Zweckzuwendungen mit dem Zeitpunkt der Verpflichtung des Beschenkten, bei Stiftungen und Vereinen alle 30 Jahre. Auch hier soll

verhindert werden, daß durch die Bildung juristischer Personen das Familienvermögen der Erbschaftssteuer entzogen wird. Steuerschuldner ist der Erwerber, bei Schenkungen auch der Schenker, bei Zweckzuwendungen der Beschwerte oder die Stiftung (§ 20 ErbStG). Die Veranlagung und Erhebung erfolgt nach §§ 20ff ErbStG. Anzeigepflichten zum Zwecke der Erhebung der Erbschaftssteuer bestehen nach §§ 30, 33, 34 ErbStG für Erwerber, Vermögensverwalter, Gerichte, Behörden, Beamte und Notare.

**6.** Die **Steuerfreibeträge** ergeben sich aus §§ 13, 16–18 ErbStG. Hiernach bleiben grundsätzlich steuerfrei der Erwerb in Höhe von 250.000 DM bei Ehegatten, 90.000 DM bei den sonstigen Personen der Steuerklasse I, 50.000 DM bei Steuerklasse II, 10.000 DM in Steuerklasse III und 3.000 DM in Steuerklasse IV. Daneben können weitere Steuerbefreiungen bestehen für Versorgungsfreibeträge (§ 17 ErbStG), Hausrat und Kunstgegenstände (§ 13 ErbStG).

**7.** Die **Wertermittlung** erfolgt nach § 10 ErbStG. Bestimmte Nachlaßverbindlichkeiten werden abgezogen (Erblasserschulden, Verbindlichkeiten aus Vermächtnissen usw.). Um eine Doppelversteuerung zu vermeiden, sind der Erwerb von Grundstücken von Todes wegen und durch Schenkung unter Lebenden von der Grunderwerbssteuer befreit (§ 3 Nr. 2 GrEStG).

**8.** Zur Deckung der Erbschaftssteuer werden gelegentlich **Erbschaftssteuerversicherungen** (vgl. auch § 48) abgeschlossen. Die Beiträge sind als Sonderausgaben abzugsfähig (§ 10 Abs. 1, Nr. 2 2b, dd EStG). Besondere Steuervergünstigungen bestehen, wenn diese Versicherung vor dem 3. 12. 1973 abgeschlossen sind (vgl. Art. 6 Gesetz zur Reform des ErbStG).

## § 61. Die Verkehrssteuern

### I. Umsatzsteuer (Mehrwertsteuer)

**1. Rechtsgrundlagen** für die Erhebung von Umsatzsteuer sind das Umsatzsteuergesetz (UStG 1980) i.d.F. v. 26. 11. 1979 (BGBl. I S. 1953) m. spät. Änd., die UStDV v. 21. 12. 1979 (BGBl. I S. 2359), zul. geänd. 25. 7. 1988 (BGBl. I S. 1093) sowie die Einfuhrumsatzsteuer-Befreiungsordnung (EuStBefrO) v. 5. 6. 1984 (BGBl. I S. 747/750) i.d. Änd. v. 21. 11. 1985 (BGBl. I

S. 2116). Die Umsatzsteuer wird auch als Mehrwertsteuer bezeichnet, da nur der unternehmerische Mehrwert, also der Unterschied zwischen Eingangs- und Ausgangsleistung (z. B. Einkaufs- und Verkaufspreis) erfaßt wird. Der Unternehmer stellt dem Abnehmer die Umsatzsteuer in Rechnung; er darf aber seinerseits die ihm vom Lieferer in Rechnung gestellte Umsatzsteuer abziehen (Netto-Umsatzsteuer mit Vorsteuerabzug). Die Umsatzsteuer wird also vom Verbraucher getragen; sie ist eine Verbrauchssteuer. Von der Umsatzsteuer befreit sind ausgeführte Gegenstände; sie werden überhaupt nicht von ihr erfaßt; es darf aber gleichzeitig ein Vorsteuerabzug durchgeführt werden. Eingeführte Gegenstände werden durch die Einfuhrumsatzsteuer belastet, damit sie im gleichen Umfang besteuert werden wie die im Inland erzeugten Waren.

**2. Gegenstand** der Besteuerung sind Lieferungen (§ 3 Abs. 1 UStG) und sonstige Leistungen (§ 3 Abs. 9 UStG), die ein Unternehmer im Rahmen seines Unternehmens (§ 2 UStG) im Erhebungsgebiet (§ 1 Abs. 2, 3 UStG) gegen Entgelt (§ 10 UStG) macht (§ 1 Abs. 1 Nr. 1 UStG) sowie die verschiedenen Formen des Eigenverbrauches (§ 1 Abs. 1 Nr. 2, 3 UStG) und die Einfuhr von Gegenständen in das Zollgebiet (§ 1 Abs. 1 Nr. 4 UStG). Der Umsatzsteuer unterliegen mithin Warenlieferungen, Reparaturleistungen eines Handwerkers, Beratungs- und Prozeßführungskosten eines Rechtsanwalts, Steuerberaters usw. Eigenverbrauch liegt vor, wenn ein Unternehmer Gegenstände aus seinem Unternehmen für Zwecke entnimmt, die außerhalb des Unternehmens liegen, im Rahmen seines Unternehmens sonstige Leistungen der in § 3 Abs. 9 UStG bezeichneten Art für Zwecke ausführt, die außerhalb des Unternehmens liegen und Aufwendungen tätigt, die unter das Abzugsverbot des § 4 Abs. 5 Nr. 1–7, Abs. 6 EStG fallen [ab 1. 1. 1990: im Rahmen seines Unternehmens Aufwendungen tätigt, die unter das Abzugsverbot des § 4 Abs. 5 S. 1 Nr. 1 bis 7, Abs. 7 EStG fallen]. Dies sind Aufwendungen der privaten Lebensführung, also solche für Geschenke, Bewirtung, Gästehäuser, Jagd, Fischerei, Segelei, Fahrtkosten usw. Ferner gehören hierzu Leistungen von Kapital- und Personengesellschaften an ihre Gesellschafter. Lieferungen eines Unternehmens sind Leistungen, durch die er oder in seinem Auftrag ein Dritter den Abnehmer oder in dessen Auftrag einen Dritten befähigt, im eigenen Namen über einen Gegenstand zu verfügen (Verschaffung der Verfügungsmacht; § 3 Abs. 1 UStG). Sonstige Leistungen sind Leistungen, die keine Lieferungen sind. Sie können auch in einem Unterlassen oder im Dulden einer Handlung oder eines Zustandes bestehen (§ 3 Abs. 9 UStG).

3. Von der **Umsatzsteuer befreit** sind die in § 4 Nr. 1–28 UStG, von der Einfuhrumsatzsteuer die in § 5 UStG genannten Umsätze. Ausfuhrlieferungen (§ 4 Nr. 1–6 UStG) sind befreit, berechtigen jedoch zum Vorsteuerabzug. Zu den Befreiungstatbeständen gehören die Beförderung von Personen mit Schiffen, gewisse Bankgeschäfte, Umsätze, die unter das Grunderwerbssteuergesetz fallen, Leistungen aufgrund eines Versicherungsverhältnisses, Umsätze aus der Tätigkeit eines Bausparkassenvertreters, Umsätze aus der Tätigkeit eines Arztes, Zahnarztes, Heilpraktikers, Umsätze der gesetzlichen Sozialversicherungsträger, Leistungen der amtlich anerkannten Verbände der freien Wohlfahrtspflege, Umsätze der Blindenwerkstätten, die nicht mehr als zwei Arbeitnehmer beschäftigen, Vorträge, Kurse und andere Veranstaltungen wissenschaftlicher oder belehrender Art, die von juristischen Personen des öffentlichen Rechts, von Verwaltungs- und Wirtschaftsakademien, Volkshochschulen oder von Einrichtungen, die gemeinnützigen Zwecken dienen, durchgeführt werden usw. Um den Vorsteuerabzug zu gewinnen, darf der Unternehmer aber auf bestimmte Steuerbefreiungen verzichten. Er kann also für die Umsatzsteuerpflicht optieren (z.B. bei der Veräußerung von Grundstücken). Der Verzicht ist nur möglich bei Leistungen an Unternehmer.

4. **Bemessungsgrundlage** für Lieferungen, sonstige Leistungen und Eigenverbrauch ist das Entgelt. Entgelt ist alles, was der Leistungsempfänger aufwendet, um die Leistung zu erhalten, jedoch abzüglich der Umsatzsteuer (§ 10 Abs. 1 UStG). Umsatzsteuerpflichtig sind damit auch Preise zu Selbstkosten oder unter Selbstkosten. Der Regelsteuersatz beträgt 14% der Bemessungsgrundlage. Er ermäßigt sich auf 7% in den in § 12 Abs. 2 UStG genannten Fällen. Hierzu gehören Lieferungen, Eigenverbrauch und Einfuhr der in einer Anlage zum UStG bezeichneten Gegenstände (bestimmte Lebensmittel, Bücher, Kunstgegenstände) sowie die Leistungen der Freiberufler. Ein ermäßigter Umsatzsteuersatz gilt für Leistungen im innerdeutschen Warenverkehr (§ 26 Abs. 4 UStG).

5. Kernstück der Umsatzsteuer ist der **Vorsteuerabzug.**

a) Ein Unternehmer kann die in Rechnungen *gesondert ausgewiesene Umsatzsteuer* für Lieferungen oder sonstige Leistungen, die von einem anderen Unternehmer für sein Unternehmen erbracht worden sind, von seiner Umsatzsteuer abziehen, soweit er die empfangenen Leistungen zur Ausführung von Abzugsumsätzen verwendet (§ 15 UStG). Nach § 14 UStG ist der Unternehmer berechtigt und, soweit er die Umsätze an einen anderen Unternehmer für dessen Unternehmen ausführt, auf Verlangen des anderen verpflichtet, Rechnungen auszustellen, in denen die Steuer gesondert ausgewiesen ist (BGH DB 88, 903). Bei Rechnungen bis zu einem Betrage von 200 DM braucht der Umsatzsteuerbetrag nicht beziffert zu werden (§ 33 UStDV). Ausreichend ist, daß in dem Rechnungsformular der Steuersatz (7% oder 14%) angegeben ist. Unzureichend ist ein bloßer Stempelaufdruck. Abzugsumsätze sind steuerpflichtige Lieferungen, sonstige Leistungen, Eigenverbrauch, befreite Ausfuhrtatbestände und nicht steuerbare Umsätze ins Außengebiet. Ausschlußumsätze, die nicht zum Vorsteuerabzug berechtigen, sind die von der Umsatzsteuer nach § 4 Nr. 7–28 UStG befreiten Umsätze. Hat ein Unternehmer sowohl Abzugsumsätze wie Ausschlußumsätze, so erfolgt eine Aufteilung entweder nach § 15 Abs. 4 oder Abs. 5 UStG).

b) Eine *Berichtigung des Vorsteuerabzuges* erfolgt, wenn sich bei einem Wirtschaftsgut die Verhältnisse, die im Kalenderjahr der erstmaligen Verwendung für den Vorsteuerabzug maßgebend war, innerhalb von fünf Jahren (bei Grundstücken 10 Jahre) seit dem Beginn der Verwendung ändern (§ 15a UStG). Ist der Vorsteuerabzugsbetrag größer geworden, so ist der vom Finanzamt zu zahlende Betrag Betriebseinnahme; ist er kleiner, ist der Berichtigungsbetrag Betriebsausgabe oder Werbungskosten.

**6.** Die Umsatzsteuer ist grundsätzlich nach den vereinbarten Entgelten (**Sollbesteuerung**) zu berechnen (§ 16 Abs. 1 S. 1 UStG). Auf Antrag kann jedoch das Finanzamt gestatten, daß ein Unternehmer die Steuer nicht nach den vereinbarten Entgelten, sondern den vereinnahmten Entgelten (Istbesteuerung) berechnet (§ 20 Abs. 1 UStG). Der Antrag kann nur von solchen Unternehmern gestellt werden, deren Gesamtumsatz im vorausgegangenen Jahr 250.000 DM nicht übersteigt, die von der Verpflichtung zur

Führung von Büchern befreit sind oder die die Umsätze aus einer Tätigkeit als Angehöriger eines freien Berufes erzielt haben.

7. Besonderheiten bestehen bei der Besteuerung von **Kleinunternehmern** (§ 19 UStG). Bei ihnen wird eine Umsatzsteuer nicht erhoben, wenn der Umsatz im vorangegangenen Jahr zuzüglich der daraus entfallenden Steuern 20.000 DM [ab 1. 1. 1990: 25.000 DM] nicht überstiegen hat und im laufenden Jahr 100.000 DM voraussichtlich nicht übersteigen wird. Andererseits sind sie auch nicht zum Vorsteuerabzug berechtigt. Der Kleinunternehmer kann auf die Anwendung von § 19 Abs. 1 UStG verzichten (§ 19 Abs. 2 UStG). Beträgt der Ist- oder Sollumsatz im laufenden Kalenderjahr bis 60.000 DM, erhält der Unternehmer einen degressiven Steuerabzugsbetrag (§ 19 Abs. 3 UStG; aufgehoben mit Wirkung vom 1. 1. 1990).

8. Für nicht **buchungspflichtige Gewerbetreibende und Freiberufler** kann auf Antrag die Umsatzsteuer pauschaliert werden (§ 23 UStG).

9. Der Unternehmer hat für das Kalenderjahr oder für einen kürzeren Besteuerungszeitraum eine **Steuererklärung** nach amtlich vorgeschriebenem Vordruck abzugeben (§ 18 Abs. 3 UStG). Aufgrund monatlicher bzw. vierteljährlicher Voranmeldung, sofern Jahressteuer im Vorjahr bis 6.000 DM betrug, sind Vorauszahlungen zu leisten.

## II. Grunderwerbssteuer

1. **Rechtsgrundlage** der Erhebung von Grunderwerbssteuern ist das Grunderwerbsteuergesetz (GrEStG 1983) vom 17. 12. 1982 (BGBl I 1777), das für alle Erwerbsvorgänge gilt, die nach dem 31. 12. 1982 verwirklicht worden sind. Eine Übersicht ergibt sich aus dem Einführungserlaß vom 21. 12. 1982 (BStBl. I S. 968 ff.). Sie kommt den Ländern zu (Art. 106 Abs. 2 Nr. 4 GG).

2. **Steuergegenstand** sind Erwerbsvorgänge, die sich auf inländische Grundstücke beziehen (§ 1 GrEStG). Hierzu gehören insbesondere Kaufverträge oder andere Rechtsgeschäfte, die den Anspruch auf Übereignung begründen, Rechtsvorgänge, die es ohne Begründung eines Anspruches auf Übereignung einem andern rechtlich oder wirtschaftlich ermöglichen, ein inländisches Grundstück auf eigene Rechnung zu verwerten (langfristige Pachtverträge mit Bebauungsrecht), gesellschaftsrechtliche Vor-

gänge, wenn zum Vermögen der Gesellschaft ein Grundstück gehört (z.B. Vereinigung von Gesellschaftsanteilen in einer Hand (§ 30). Grundstücke i.S. des Grunderwerbssteuergesetzes sind Grundstücke i.S. des BGB. Diesen stehen gleich Erbbaurechte und Gebäude auf fremden Grundstücken. Nicht zu den Grundstücken gehören Maschinen und sonstige Vorrichtungen aller Art, die zu einer Betriebsanlage gehören, Mineralgewinnungsrechte und sonstige Gewerbeberechtigungen (§ 2 GrEStG).

Von der Besteuerung sind die in § 3 GrEStG aufgezählten Erwerbsvorgänge ausgenommen. Hierzu gehören vor allem der Erwerb eines Grundstückes, wenn der für die Berechnung maßgebende Wert 5.000 DM nicht übersteigt, der Grundstückserwerb von Todes wegen, der Erwerb eines zum Nachlaß gehörenden Grundstücks durch Miterben, der Erwerb eines Grundstücks von Ehegatten oder früheren Ehegatten im Rahmen der Vermögensauseinandersetzung sowie von Personen, die mit dem Veräußerer in gerader Linie verwandt sind, sowie der Rückerwerb vom Treugeber. Ferner bestehen Ausnahmen von der Besteuerung bei Erwerb des Grundstückes durch öffentlich-rechtliche Körperschaften. Besonderheiten der Besteuerung bestehen, wenn ein Grundstück von denselben Miteigentümern auf eine Gesamthand bzw. von einer Gesamthand übergeht (Übergang von Gesellschaftern auf Personengesellschaft, § 28). sowie für die Umwandlung von gemeinschaftlichem Eigentum in Flächeneigentum (§§ 5–7 GrEStG).

**3. Besteuerungsgrundlage** ist der Wert der Gegenleistung, also regelmäßig der Kaufpreis, und wenn ein solcher nicht vorhanden ist, der Einheitswert des Grundstückes (§§ 8–10 GrEStG). Der Steuersatz beträgt 2 v.H., der auf volle DM nach unten abzurunden ist (§ 11 GrEStG).

**4. Steuerschuldner** sind die an dem Erwerbsvorgang Beteiligten als Gesamtschuldner (§ 13 GrEStG). Gerichte, Behörden und Notare haben dem zuständigen Finanzamt Anzeige nach vorgeschriebenem Vordruck zu erstatten (§ 18 GrEStG).

**5. Umsätze,** die unter das GrEStG fallen, sind von der Umsatzsteuer befreit (§ 4 Nr. 9a UStG). Der Unternehmer kann jedoch den Umsatz als steuerpflichtig behandeln, wenn der Umsatz an einen anderen Unternehmer für dessen Unternehmen ausgeführt wird. Dies kann wegen der Erlangung des Vorsteuerabzuges sinnvoll sein.

## III. Kapitalverkehrssteuern

**1. Rechtsgrundlage** der Kapitalverkehrssteuer sind das Kapitalverkehrssteuergesetz (KVStG 1972) i.d.F. v. 17. 11. 1972 (BGBl. I S. 2129) m. spät. Änd. und die Kapitalverkehrssteuer-Durchführungsverordnung (KVStDV 1960) i.d.F. v. 20. 4. 1960 (BGBl. I S. 243) i.d. Änd. v. 4. 7. 1980 (BGBl. I S. 836). Sie werden erhoben als Gesellschaftssteuer und als Börsenumsatzsteuer. Beide Steuern können zusammentreffen; sie werden dann nebeneinander erhoben (§ 26 KVStG). Die Kapitalverkehrssteuer fließt dem Bund zu (Art. 106 Abs. 1 Nr. 4 GG).

**2. Gesellschaftssteuer:** a) Die *Steuergegenstände* sind in § 2 KVStG zusammengefaßt. Hiernach sind steuerpflichtig der Ersterwerb von Gesellschaftsrechten an einer inländischen Kapitalgesellschaft, Leistungen der Gesellschafter an die Gesellschaft (Einlagen, freiwillige Leistungen, Zuschüsse), Verlegung einer ausländischen Kapitalgesellschaft in die BRD sowie die Zuführung von Anlage- und Betriebskapital durch eine ausländische Kapitalgesellschaft an ihre inländische Niederlassung.

b) *Ausnahmen von der Steuerpflicht* bestehen nach § 7 KVStG.

c) Der *Steuersatz* beträgt grundsätzlich 1 v.H. des Wertes der Gegenleistung bzw. der Leistung, der Gesellschaftsrechte oder des Anlage- oder Betriebskapitals. Steuerschuldner ist die Kapitalgesellschaft.

3. Der **Börsenumsatzsteuer** unterliegt der Abschluß von Anschaffungsgeschäften über Wertpapiere, wenn die Geschäfte im Inland oder unter Beteiligung wenigstens eines Inländers im Ausland abgeschlossen werden (§ 17 Abs. 1 KVStG). Anschaffungsgeschäfte sind entgeltliche Verträge, die auf den Erwerb des Eigentums an Wertpapieren gerichtet sind (§ 18 KVStG). Als Wertpapiere gelten Schuldverschreibungen, Dividendenwerte (Aktien), Anteilscheine an Kapitalanlagegesellschaften und vergleichbare Urkunden ausländischer Unternehmen, deren Geschäftszweck dem der Kapitalanlagegesellschaften entspricht. Der Steuersatz beträgt zwischen 1–2,5‰ vom vereinbarten Preis (§§ 17ff. KVStG).

## IV. Wechselsteuer

Die Wechselsteuer ist im Zusammenhang mit dem Wechselrecht behandelt.

## Stichwortverzeichnis

Zahlen verweisen auf Seiten

# Buchanzeigen

# ARBEITSRECHT/

## Textausgaben

**ArbG · Arbeitsgesetze**
mit wichtigsten Bestimmungen zum Arbeitsverhältnis, Kündigungsrecht, Arbeitsschutzrecht, Berufsbildungsrecht, Tarifrecht, Betriebsverfassungsrecht, Mitbestimmungsrecht und Verfahrensrecht.
(dtv-Band 5006, Beck-Texte)

**JugR · Jugendrecht**
Jugendrecht, Jugendwohlfahrt, Jugendschutz, Jugendarbeitsschutz, Jugendstrafrecht, BAföG.
(dtv-Band 5008, Beck-Texte)

**AVG · Angestelltenversicherungsgesetz**
mit Angestelltenversicherungs-Neuregelungsgesetz und Sozialgesetzbuch.
(dtv-Band 5020, Beck-Texte)

**SGB · RVO**
**Sozialgesetzbuch · Reichsversicherungsordnung**
mit Arbeiterrentenversicherungs-Neuregelungsgesetz und Handwerkerversicherungsgesetz.
(dtv-Band 5024, Beck-Texte)

**BAföG · Bildungsförderung**
Bildungsförderung in Bund und Ländern mit den geltenden Leistungssätzen und allen Verordnungen, BerufsbildungsG.
(dtv-Band 5033, Beck-Texte)

**SchwbG · BVG**
**Schwerbehindertengesetz, Bundesversorgungsgesetz**
Durchführungsverordnungen zum Schwerbehindertengesetz, Opferentschädigungsgesetz, Sozialgerichtsgesetz, Sozialgesetzbuch – Allg. Teil, Steuervergünstigungen für Behinderte.
(dtv-Band 5035, Beck-Texte)

**AFG · Arbeitsförderungsgesetz**
mit AFG-LeistungsVO, Arbeitslosenhilfe-VO, ZumutbarkeitsAO, MeldeAO, ArbeitnehmerüberlassungsG.
(dtv-Band 5037, Beck-Texte)

**MitbestG · Mitbestimmungsgesetze**
in den Unternehmen mit allen Wahlordnungen.
(dtv-Band 5524, Beck-Texte)

**BeamtenR · Beamtenrecht**
Bundesbeamtengesetz, Beamtenrechtsrahmengesetz, Bundesbesoldungsgesetz mit Anlagen, Beamtenversorgungsgesetz, Beihilfevorschriften, Bundespersonalvertretungsgesetz und weitere Vorschriften des Beamtenrechts.
(dtv-Band 5529, Beck-Texte)

**SGB V · Gesetzliche Krankenversicherung**
mit Gesundheitsreformgesetz (Auszug), Sozialgesetzbuch Allgemeiner Teil, Gemeinsame Vorschriften für die Sozialversicherung.
(dtv-Band 5559, Beck-Texte)

**SGB VI · Gesetzliche Rentenversicherung**
mit Fremdrentengesetz, Fremdrenten- und Auslandsrenten-Neuregelungsgesetz, Versicherungsunterlagenverordnung.
(dtv-Band 5561, Beck-Texte)

## Rechtsberater

**Schaub · Arbeitsrecht von A–Z**
Aussperrung, Betriebsrat, Gewerkschaften, Gleichbehandlung, Jugendarbeitsschutz, Kündigung, Mitbestimmung, Mutterschaftsurlaub, Ruhegeld, Streik, Tarifvertrag, Zeugnis u. a. m.
(dtv-Band 5041, Beck-Rechtsberater)